KB048264

Contents

기초

은행

은행주 투자 길라잡이

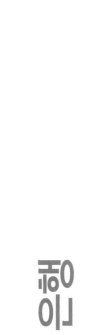

Part I 은행 재무제표와 수익구조의 이해

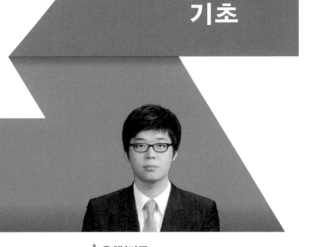

Part II 2021년 은행주를 설명하는 4가지 변수

은행/지주
Analyst 은경완

기초
은행

Part I

은행 재무제표와 수익구조의 이해

금융경제와 실물경제

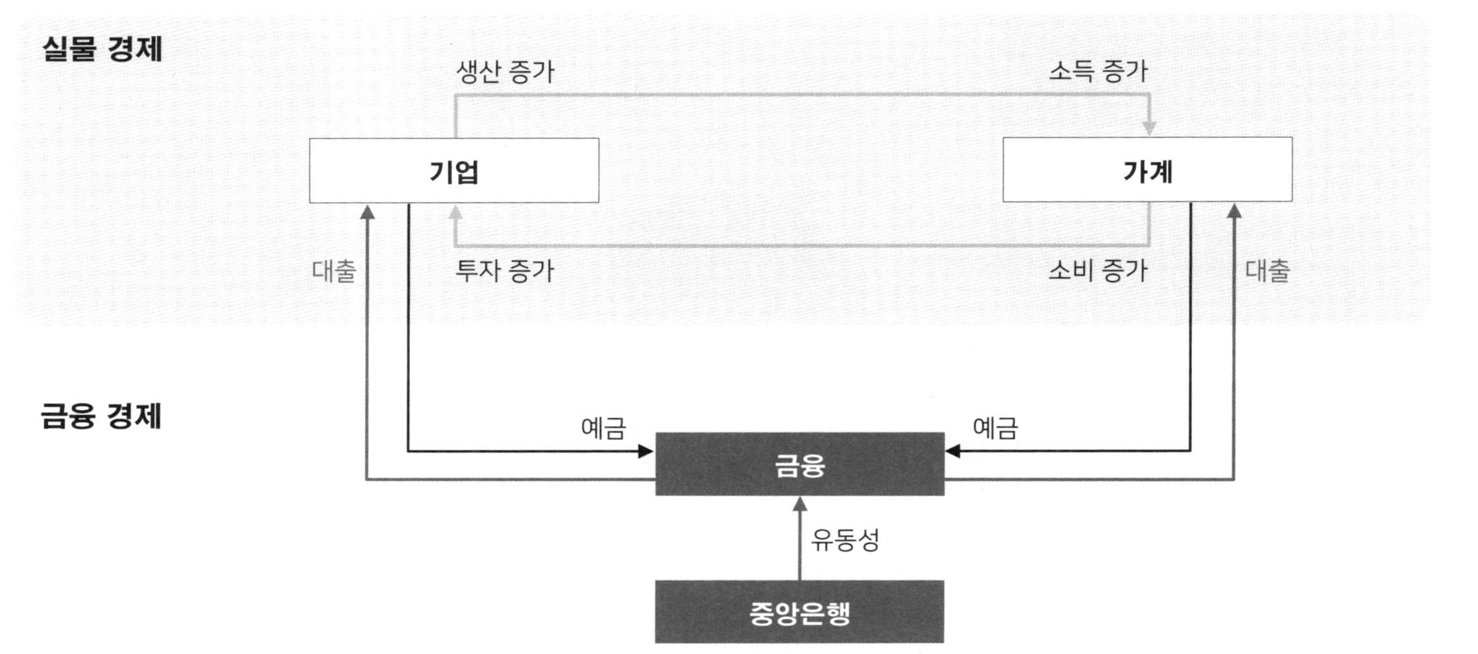
실물 경제
생산 증가
소득 증가
기업
가계
대출
투자 증가
소비 증가
대출
금융 경제
예금
예금
금융
유동성
중앙은행

자료: 메리츠증권 리서치센터

우리나라 금융기관 종류

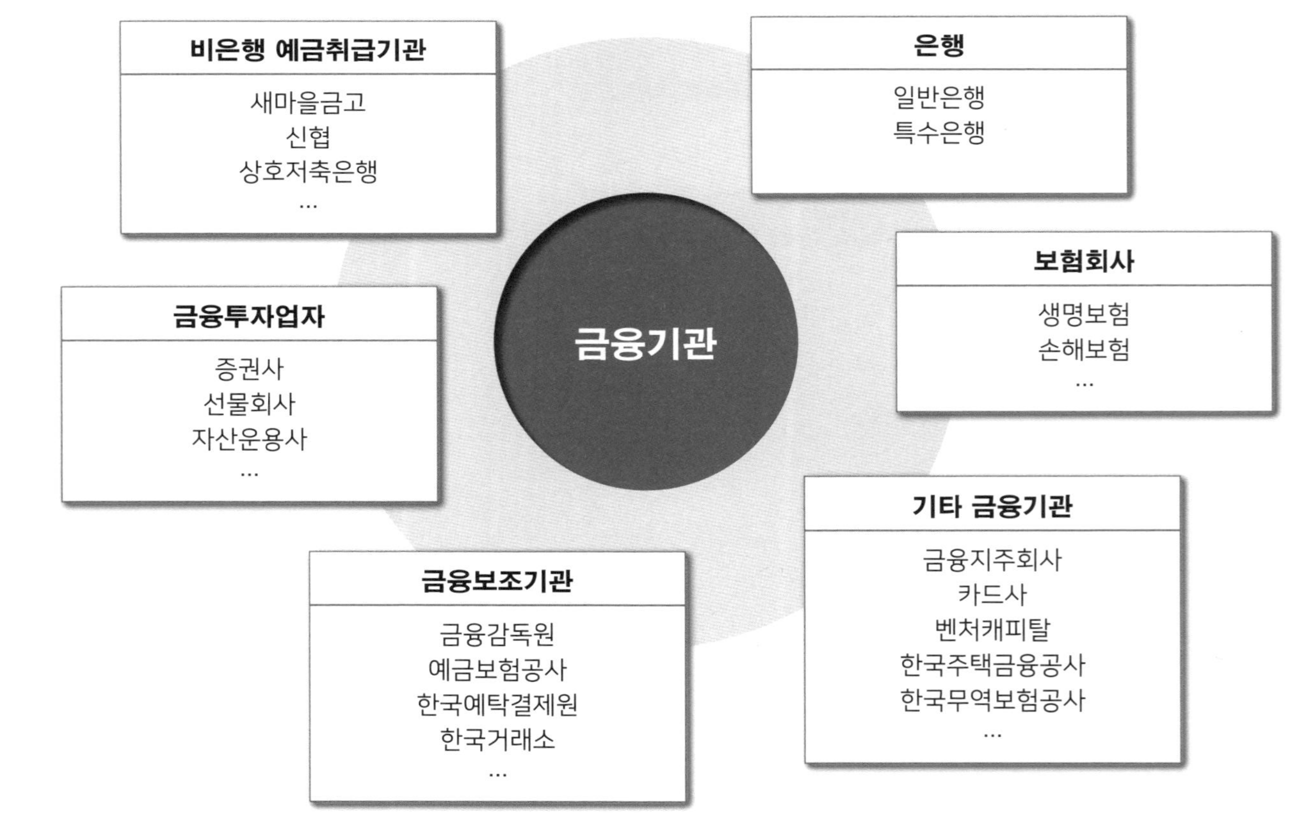
금융기관
비은행 예금취급기관
새마을금고
신협
상호저축은행
…
은행
일반은행
특수은행
금융투자업자
증권사
선물회사
자산운용사
…
보험회사
생명보험
손해보험
…
금융보조기관
금융감독원
예금보험공사
한국예탁결제원
한국거래소
…
기타 금융기관
금융지주회사
카드사
벤처캐피탈
한국주택금융공사
한국무역보험공사
…

자료: 메리츠증권 리서치센터

은행의 구분

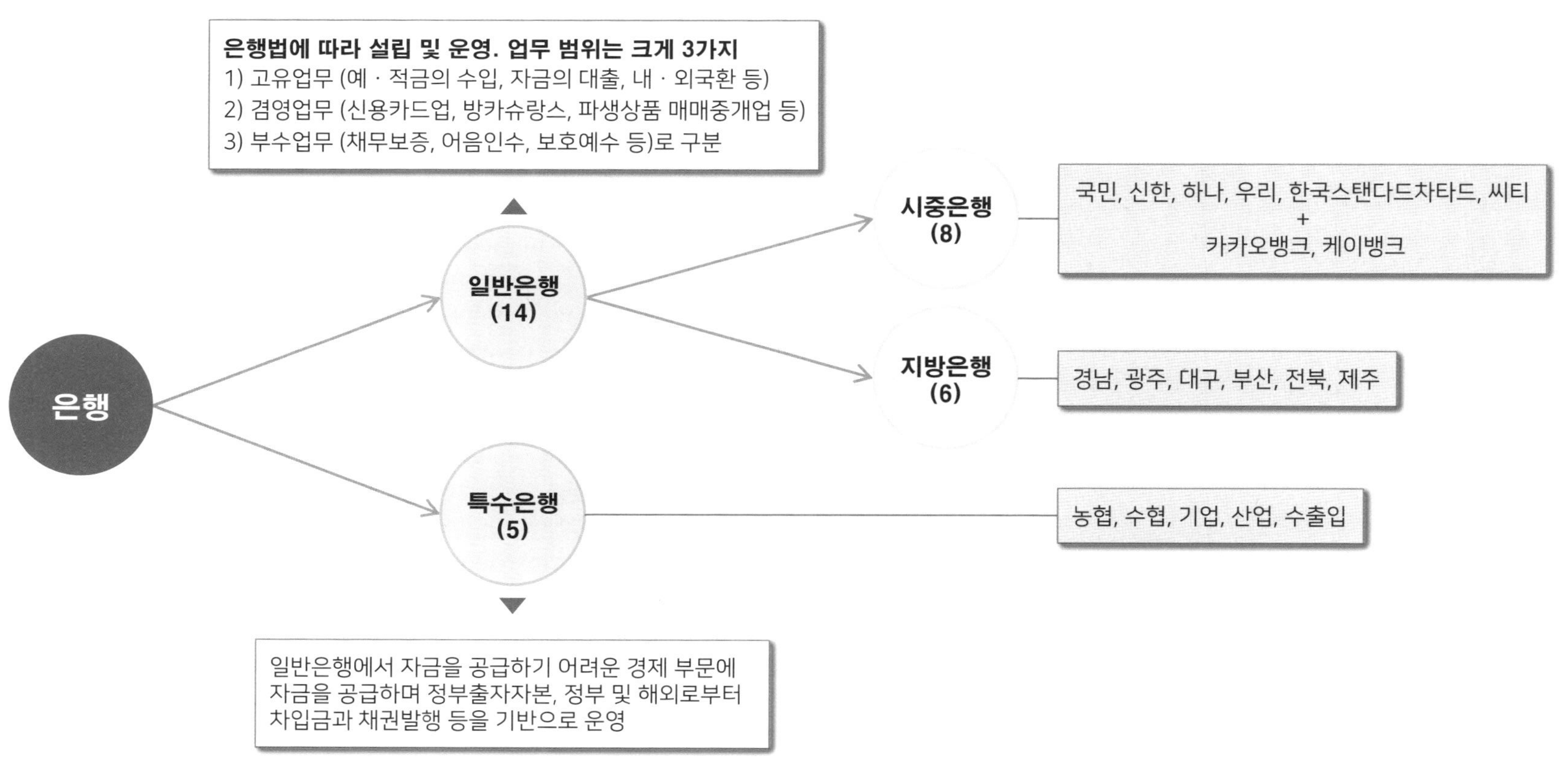
은행
은행법에 따라 설립 및 운영. 업무 범위는 크게 3가지
1) 고유업무 (예 · 적금의 수입, 자금의 대출, 내 · 외국환 등)
2) 겸영업무 (신용카드업, 방카슈랑스, 파생상품 매매중개업 등)
3) 부수업무 (채무보증, 어음인수, 보호예수 등)로 구분
일반은행 (14)
시중은행 (8)
국민, 신한, 하나, 우리, 한국스탠다드차타드, 씨티
+
카카오뱅크, 케이뱅크
지방은행 (6)
경남, 광주, 대구, 부산, 전북, 제주
특수은행 (5)
농협, 수협, 기업, 산업, 수출입
일반은행에서 자금을 공급하기 어려운 경제 부문에 자금을 공급하며 정부출자자본, 정부 및 해외로부터 차입금과 채권발행 등을 기반으로 운영

자료: 메리츠증권 리서치센터

Balance Sheet

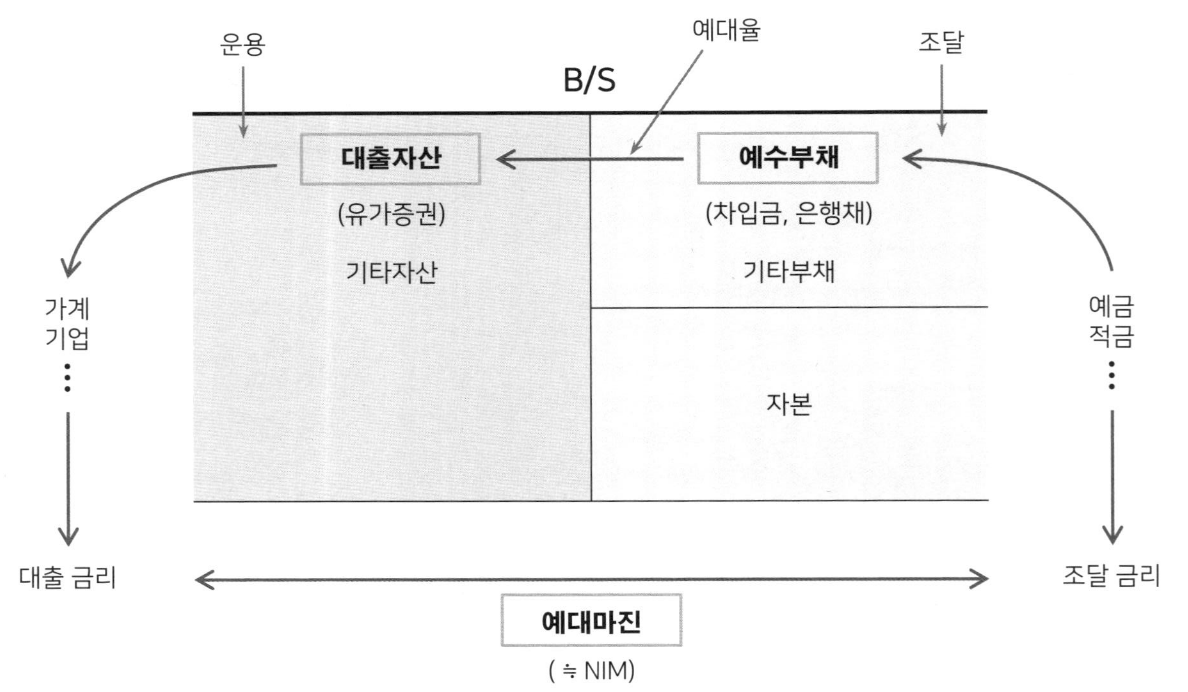
B/S
운용
예대율
조달
대출자산
(유가증권)
기타자산
예수부채
(차입금, 은행채)
기타부채
자본
가계
기업
⋮
예금
적금
⋮
대출 금리
조달 금리
예대마진
(≒ NIM)

자료: 메리츠증권 리서치센터

Income Statement

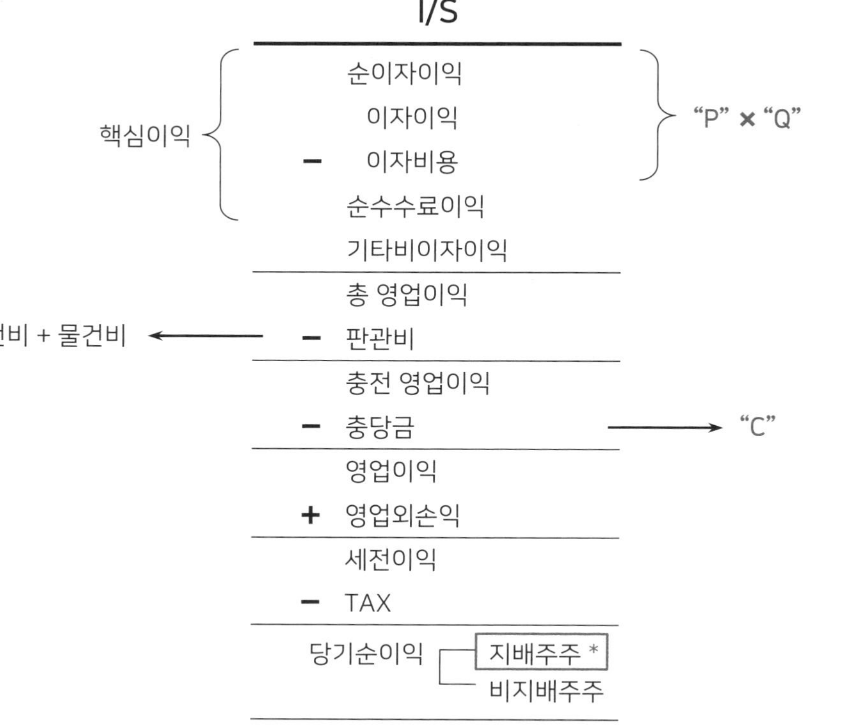
I/S
순이자이익
이자이익
– 이자비용
순수수료이익
기타비이자이익
총 영업이익
– 판관비
충전 영업이익
– 충당금
영업이익
+ 영업외손익
세전이익
– TAX
당기순이익
지배주주 *
비지배주주
핵심이익
"P" × "Q"
인건비 + 물건비
"C"

자료: 메리츠증권 리서치센터

P (≒ NIM)

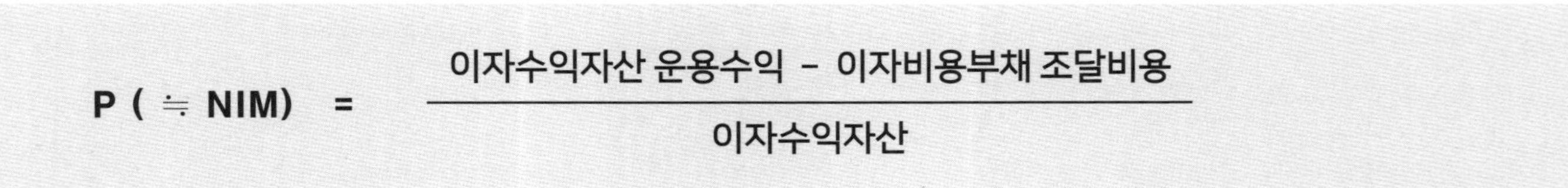

P (≒ NIM) = 이자수익자산 운용수익 − 이자비용부채 조달비용 / 이자수익자산

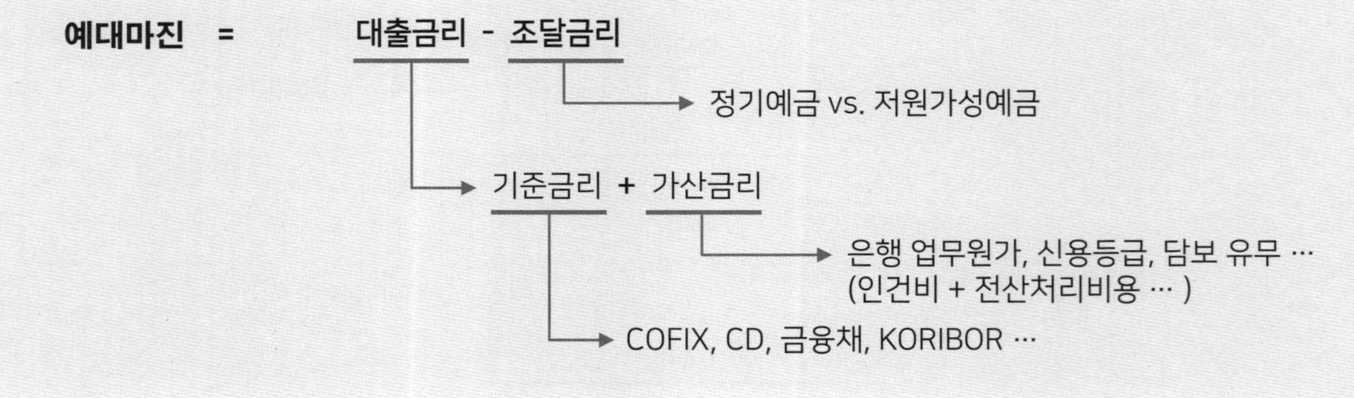

Re-pricing 주기 ⇒ 대출금리 > 조달금리

자료: 메리츠증권 리서치센터

Q (≒ Loan Growth)

은행 대출성장률 ≒ 명목GDP성장률 ≒ 시스템성장률

주: 중소기업 대출에 개인사업자 대출(289조원) 포함
자료: 메리츠증권 리서치센터

Q (≒ Loan Growth)

원화 대출금

원화 대출금	(%)	KB	SH	NH	WR	IBK	BNK	DGB	JB
가계대출	주택담보대출	40.7	34.1	38.4	42.9	10.3	24.3	21.3	30.6
	신용대출 등	14.4	17.3	14.6	11.9	7.1	8.0	7.7	14.3
기업대출	대기업대출	5.5	6.1	6.7	6.9	2.9	5.4	6.7	2.6
	중소기업대출	38.4	41.0	39.3	37.5	79.3	60.0	62.7	49.9
공공 및 기타		0.9	1.4	1.0	0.9	0.4	2.3	1.7	2.6
	총 대출 규모	약 270조원	약 230조원	약 217조원	약 219조원	약 205조원	약 71조원	약 40조원	약 32조원

자료: 메리츠증권 리서치센터

C (≒ Credit Cost)

$$\text{대손비용률 (Credit Cost Ratio)} = \frac{\text{대손충당금 전입액}}{\text{총여신}}$$

자산건전성 분류

구분	분류 단계별 정의	충당금 적립률
정상	채무상환능력 양호	0~2%
요주의	채무상환능력 떨어질 수 있는 요인 잠재	7~10%
고정	채무상환능력 악화 요인 가시화	20~50%
회수의문	채권회수에 심각한 위험 발생	50~100%
추정손실	채권회수 불가능	100%

고정이하여신
≒ 부실채권(NPL)

$$\text{고정이하여신비율(≒ 부실채권비율)} = \frac{\text{고정이하여신}}{\text{총여신}}$$

자료: 메리츠증권 리서치센터

자본 규제

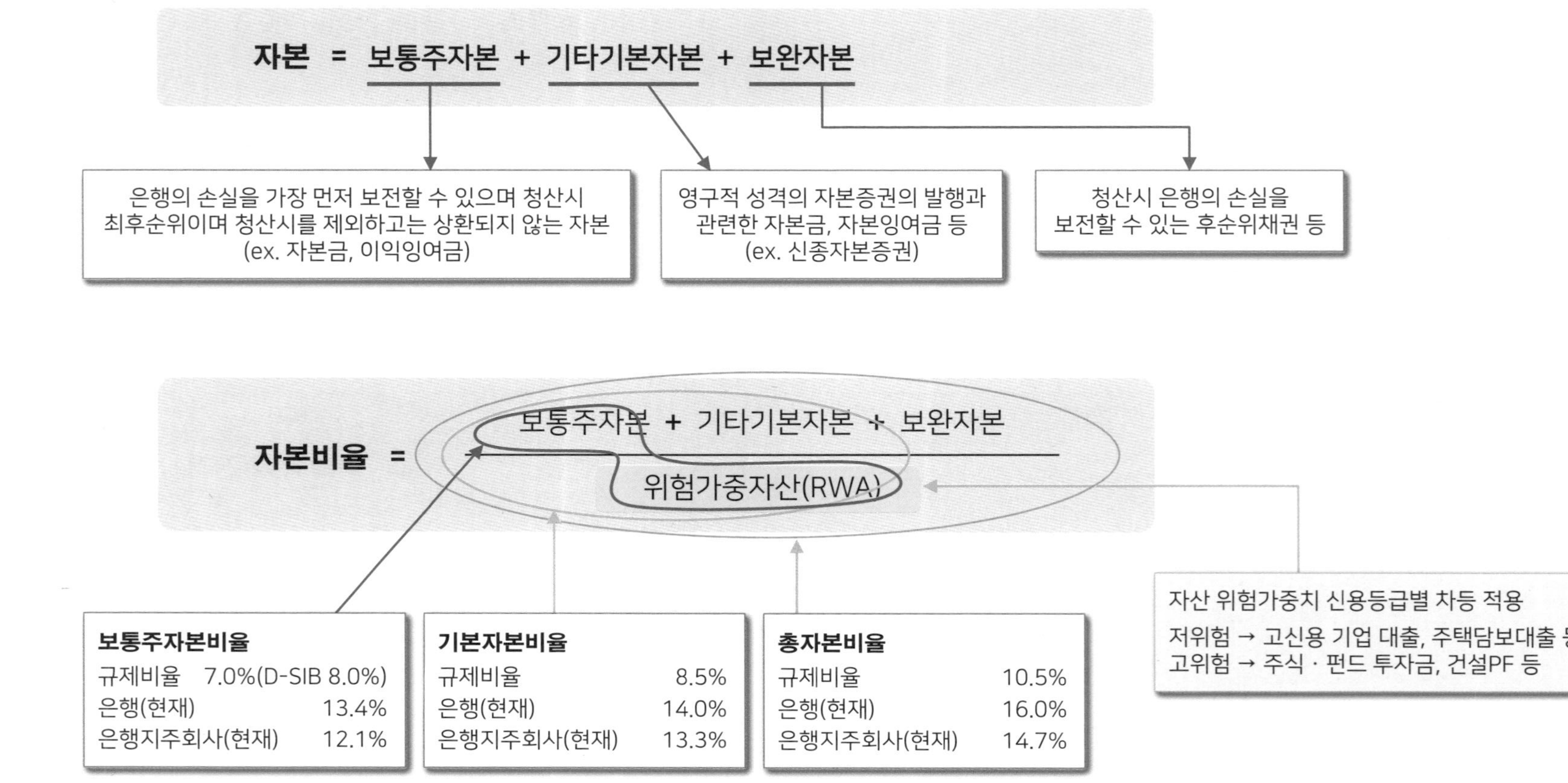
자본 = 보통주자본 + 기타기본자본 + 보완자본
은행의 손실을 가장 먼저 보전할 수 있으며 청산시 최후순위이며 청산시를 제외하고는 상환되지 않는 자본 (ex. 자본금, 이익잉여금)
영구적 성격의 자본증권의 발행과 관련한 자본금, 자본잉여금 등 (ex. 신종자본증권)
청산시 은행의 손실을 보전할 수 있는 후순위채권 등
자본비율 = 보통주자본 + 기타기본자본 + 보완자본 / 위험가중자산(RWA)
보통주자본비율
규제비율 7.0%(D-SIB 8.0%)
은행(현재) 13.4%
은행지주회사(현재) 12.1%
기본자본비율
규제비율 8.5%
은행(현재) 14.0%
은행지주회사(현재) 13.3%
총자본비율
규제비율 10.5%
은행(현재) 16.0%
은행지주회사(현재) 14.7%
자산 위험가중치 신용등급별 차등 적용
저위험 → 고신용 기업 대출, 주택담보대출 등
고위험 → 주식 · 펀드 투자금, 건설PF 등

자료: 메리츠증권 리서치센터

Trade Off

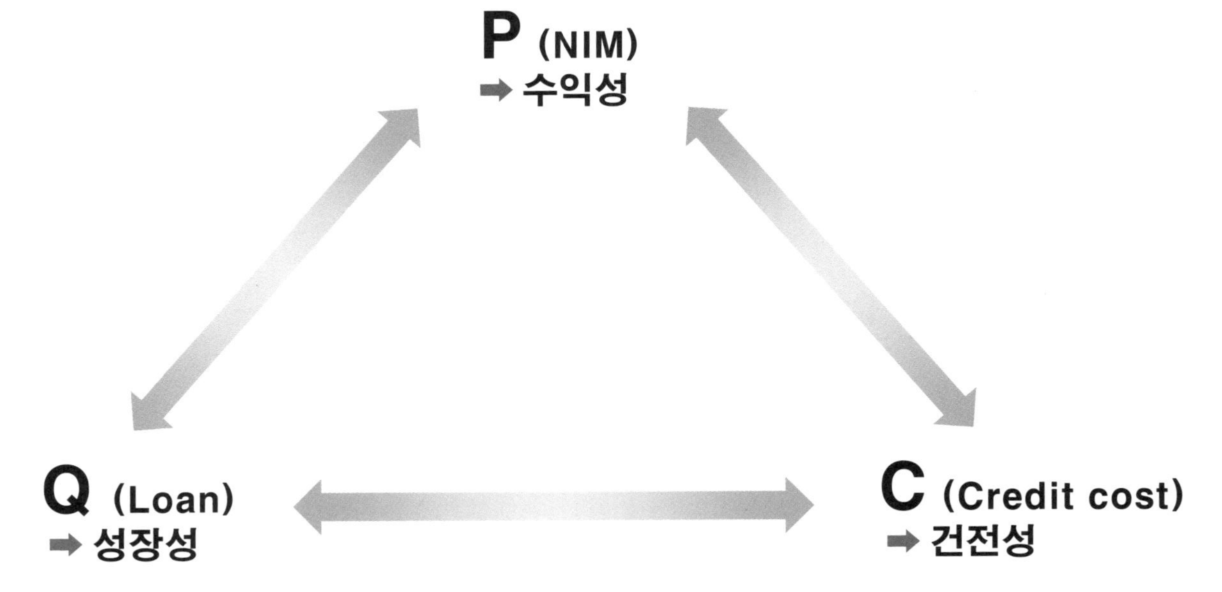

ex) 신용대출이 증가한다면?

자료: 메리츠증권 리서치센터

Part II

2021년 은행주를 설명하는 4가지 변수

은행주 주가 변수

구분	항목	주요 내용
내부변수	NIM	기준금리 및 시중금리, 운용(대출) 및 조달(예적금) 구성, 은행간 경쟁강도
	Loan Growth	국내 GDP성장률, 코로나19 관련 중소기업·소상공인 금융지원, 대출 규제
	Credit Cost	주요 자산건전성 지표(고정이하여신비율, 연체율 등), 코로나19 관련 추가 충당금 전입 여부
	SG&A	디지털(핀테크) 경쟁, 지점 및 인력 구조조정
	CET1 Ratio	순이익, 유상증자, RWA(위험가중자산), 배당성향, M&A, 자회사 증자
외부변수	금리	글로벌 주요국 통화정책/재정정책 방향성, 코로나19 관련 백신/치료제 개발
	환율	신흥국 투자 매력도, 외국인 수급, 환율 변동에 따른 환평가손익
	경기상황	코로나19 경기 충격에 따른 회복 여부(수출 증가 vs. 내수 부진), 부동산 경기
기타변수	정부규제	코로나19 금융지원 종료, 배당정책 정상화 여부
	기타	카카오뱅크 상장, ESG

자료: 메리츠증권 리서치센터

이자이익 중심의 단순한 수익구조

1. NIM

- 은행업의 기본 수익구조는 이자이익과 비이자이익으로 구성
- 비이자이익은 수수료이익, 신탁관련 이익, 유가증권 및 파생상품 관련 손익 등으로 구성
- 회사별로 비중 차이는 존재하나, 수수료이익이 70% 이상의 비중을 차지

일반은행의 핵심이익(순이자이익 + 순수수료이익) 추이

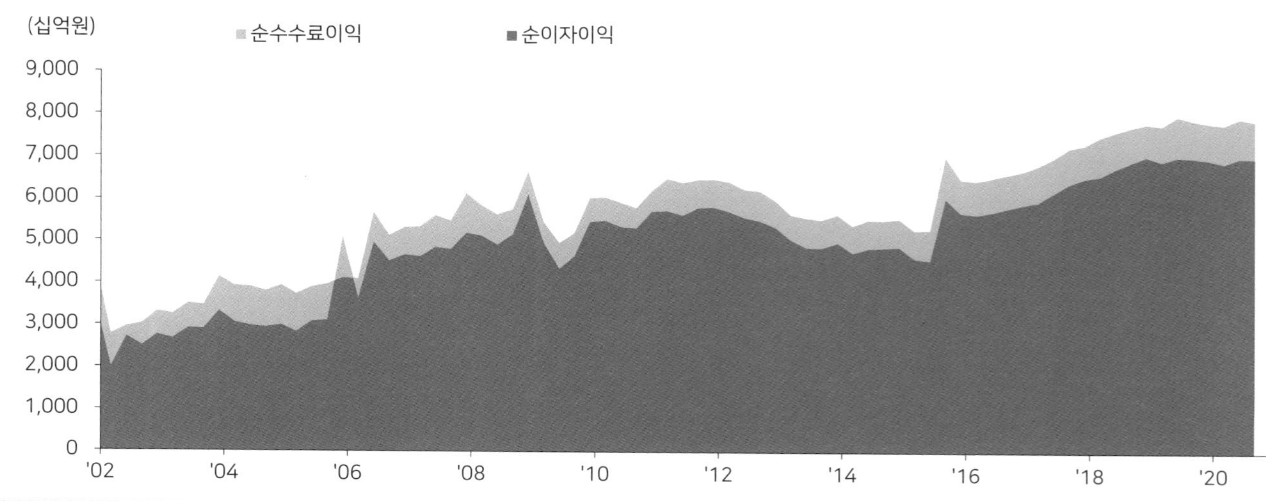

자료: 금감원, 메리츠증권 리서치센터

수수료이익 정체는 구조적 현상

1. NIM

- 과거 수수료이익은 핵심이익 내 20%를 상회했으나 현재는 10% 수준에서 정체 지속
- 정부의 지속적인 수수료 관련 규제 강화와 은행간의 서비스 경쟁 등이 원인
- 국내 소비자들이 무형의 금융 서비스를 공공재로 인식하는 사회적 분위기도 수수료이익 개선에 걸림돌

수수료이익 정체 지속

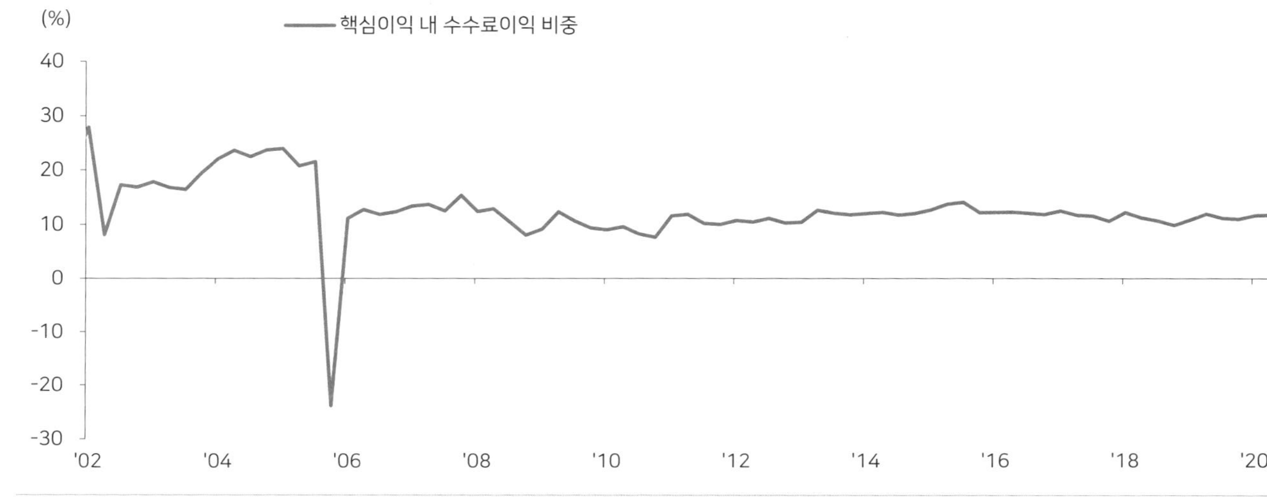

자료: 금감원, 메리츠증권 리서치센터

수익성 개선을 위해선 금리 상승이 반드시 필요

1. NIM

- 이자이익 중심의 수익구조상 은행업종 수익 개선을 위해서는 금리 상승이 반드시 필요
- COVID-19로 비정상적인 통화정책이 지속되며 구조적 개선을 기대하기엔 무리
- 실증적으로 14세기 이후 발생한 모든 펜데믹 사례에서 평균 20년 이상의 금리 하락 관찰

10만 명 이상의 사망자를 낸 과거 12번의 팬데믹 사례

팬데믹 사례	시작	종료	사망자수(명)
Black Death	1331	1353	75,000,000
Great Plague of London	1665	1666	100,000
First Asia Europe Cholera Pandemic	1816	1826	100,000
Second Asia Europe Choolera Pandemic	1829	1851	100,000
Russia Cholera Pandemic	1852	1860	1,000,000
Global Flu Pandemic	1889	1890	1,000,000
Sixth Cholera Pandemic	1899	1923	800,000
Encephalitis Lethargica Pandemic	1915	1926	1,500,000
Spanish Flu	1918	1920	100,000,000
Asian Flu	1957	1958	2,000,000
Hong Kong Flu	1968	1969	1,000,000
H1N1 Pandemic	2009	2009	203,000

자료: Longer-run economic consequences of pandemics(2020), 메리츠증권 리서치센터

팬데믹 발생 이후 '금리(자연이자율)'의 변화: 전쟁 vs. 팬데믹

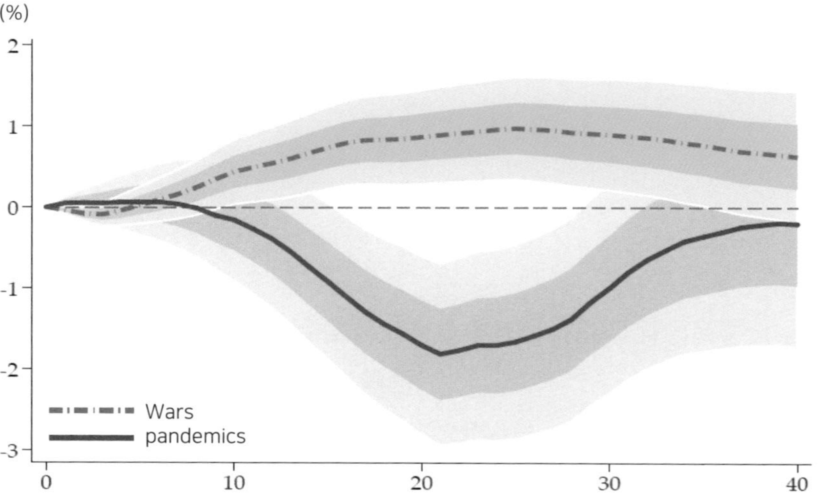

자료: Longer-run economic consequences of pandemics(2020), 메리츠증권 리서치센터

4Q20을 저점으로 NIM 바닥 확인

1. NIM

- 최근 재정정책, 백신 및 치료제 개발 등 경기 회복 기대감 확산되며 금리 반등 성공
- 은행 NIM 역시 4Q20을 저점으로 바닥을 통과한 것으로 파악
- 은행업종 밸류에이션과 NIM의 높은 상관관계에 주목할 필요

기준금리와 국채3년물 금리 추이

예대마진과 은행업종 밸류에이션 추이

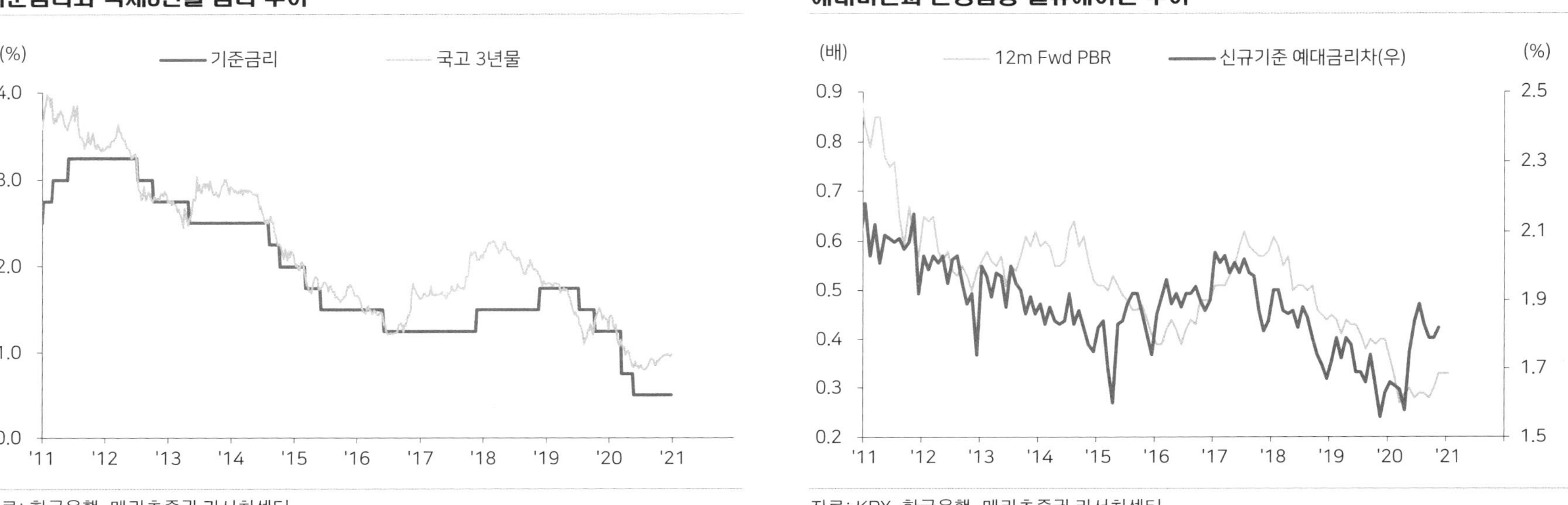

자료: 한국은행, 메리츠증권 리서치센터

자료: KRX, 한국은행, 메리츠증권 리서치센터

NIM 반등 ≒ 밸류에이션 상승

1. NIM

- 통상적으로 금리 상승은 주식시장에 부정적 영향 → 밸류에이션 부담 발생
- 반면 은행업종의 경우 금리 상승시 수익성 개선은 물론 밸류에이션도 상승
- Risk Free Rate 상승 보단 Risk Premium 하락이 밸류에이션 상승 견인

Fair PBR 산출 공식

$$\text{Fair PBR} = \frac{\text{ROE} - g}{\text{COE} - g}$$

$\text{COE} \rightarrow \text{Rf} + \text{RP} \times \text{Beta}$

자료: 메리츠증권 리서치센터

KRX 업종별 12m Fwd ROE-PBR

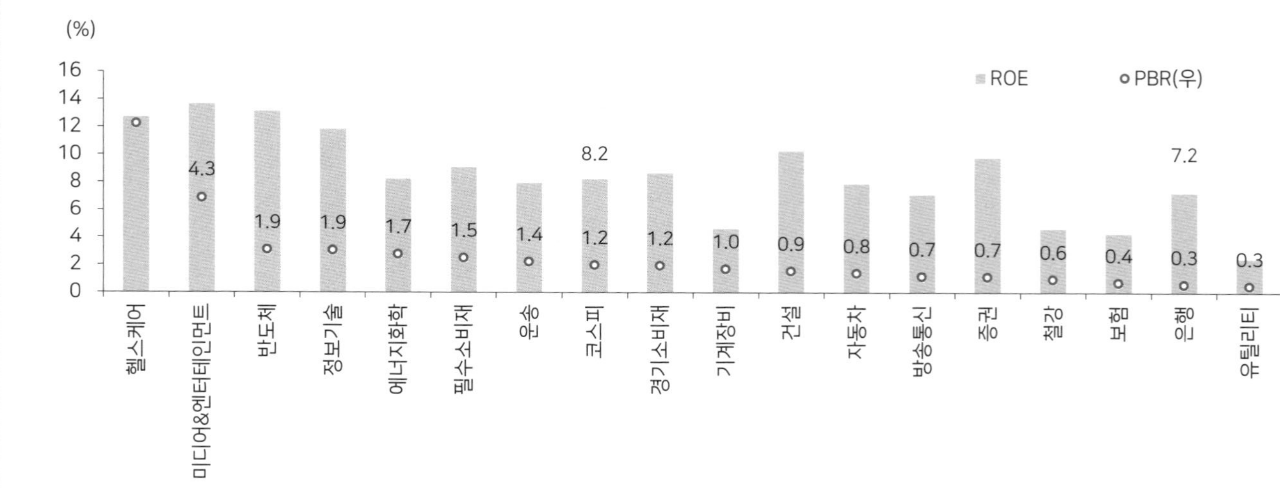

자료: KRX, 메리츠증권 리서치센터

Credit Risk와 은행주

2. Credit Risk

- COVID-19 이후 은행주는 항공주, 에너지주와 동행 또는 후행하는 모습
- 백신 개발, 경기 부양책 등의 기대감이 높아지는 국면에서 금리와 함께 상기 업종의 주가도 Outperform
- 이는 현재 은행을 바라보는 투자자들의 관심이 은행권의 신용위험 경감 여부에 집중되어 있다는 방증

연초대비 미국 은행주, 에너지주, 항공주 추이

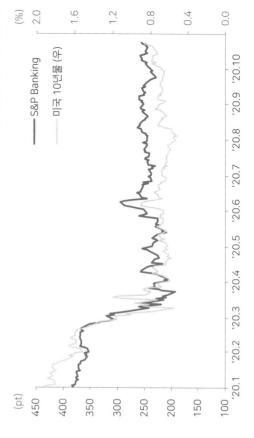

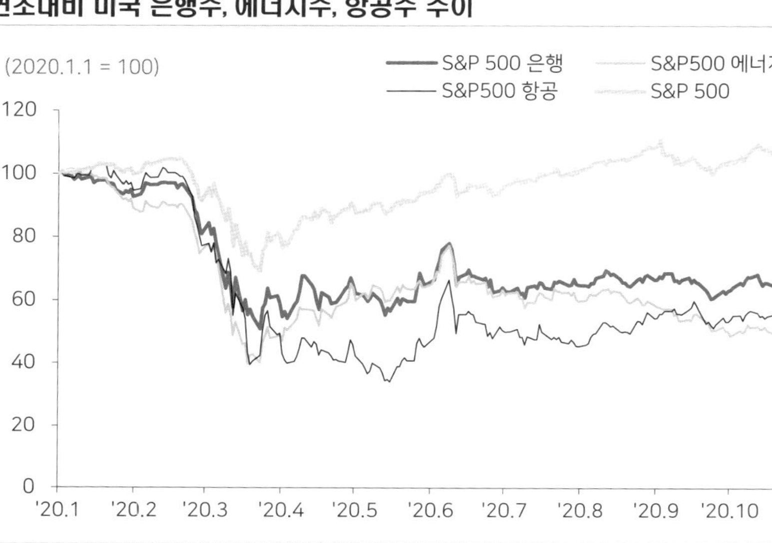

자료: Bloomberg, 메리츠증권 리서치센터

미국 10년물과 S&P 500 은행 지수 추이

(pt) 450 400 350 300 250 200 150 100 / (%) 2.0 1.6 1.2 0.8 0.4 0.0

S&P Banking / 미국 10년물 (우)

'20.1 '20.2 '20.3 '20.4 '20.5 '20.6 '20.7 '20.8 '20.9 '20.10

자료: Bloomberg, 메리츠증권 리서치센터

낙관론 vs. 비관론

2. Credit Risk

- 국내 은행권에 대한 신용위험 내지 충당금과 관련해 낙관론과 비관론 존재
- 낙관론 → 1) 대출 포트폴리오의 변화, 2) 과거대비 높아진 담보 & 보증 비중, 3) 정부의 유동성 지원
- 비관론 → 1) 한계 차주 디폴트 가능성, 2) 부동산 경기 위축, 3) 과신용 공급의 부작용

낙관론: 국내 은행의 높은 자산 건전성

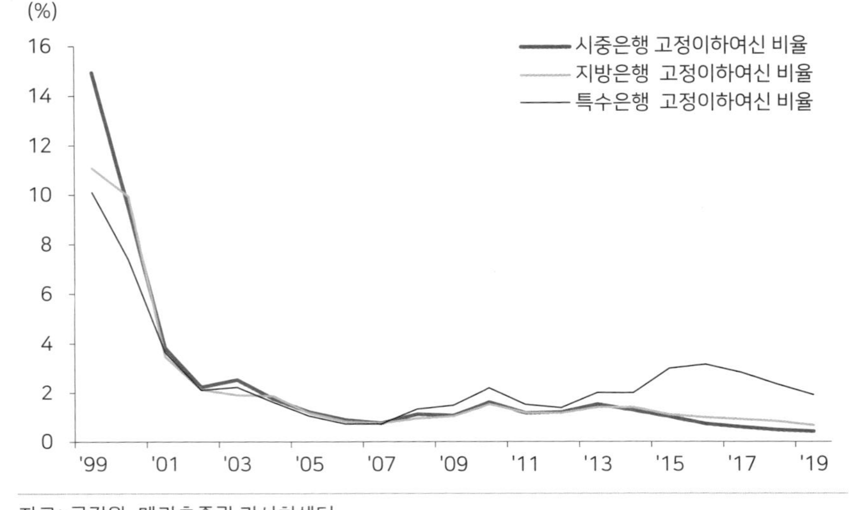

자료: 금감원, 메리츠증권 리서치센터

비관론: Debt-deflation Theory

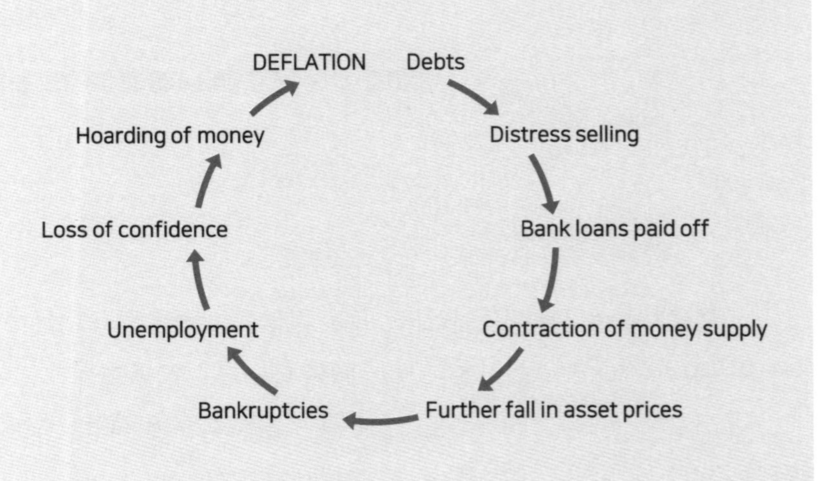

자료: Pete Comley, Inflation Matters, 메리츠증권 리서치센터

낙관론 1-1) 대출 포트폴리오 변화

2. Credit Risk

- 지난 15년간 지방은행의 대출 포트폴리오는 비슷한 반면 시중은행은 크게 변화
- 기업 여신은 감소한 반면 부동산 가격 상승에 따른 주담대와 개인사업자(SOHO) 대출 비중은 증가
- 대출 자산이 과거대비 소액 다계좌화 되며 경기 부침에 영향을 덜 받는 구조로 개선

시중은행 차주별 대출 포트폴리오 변화 추이

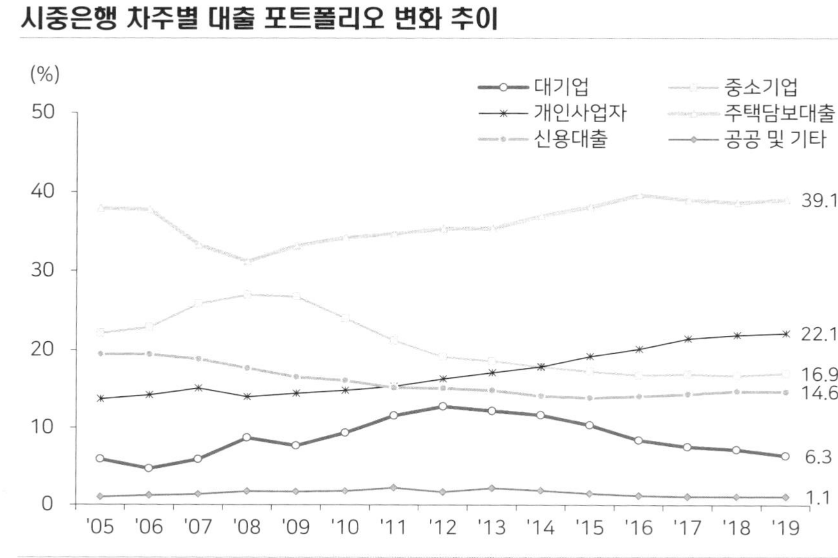

자료: 금감원, 메리츠증권 리서치센터

기업 및 지방은행 차주별 대출 포트폴리오 변화 추이

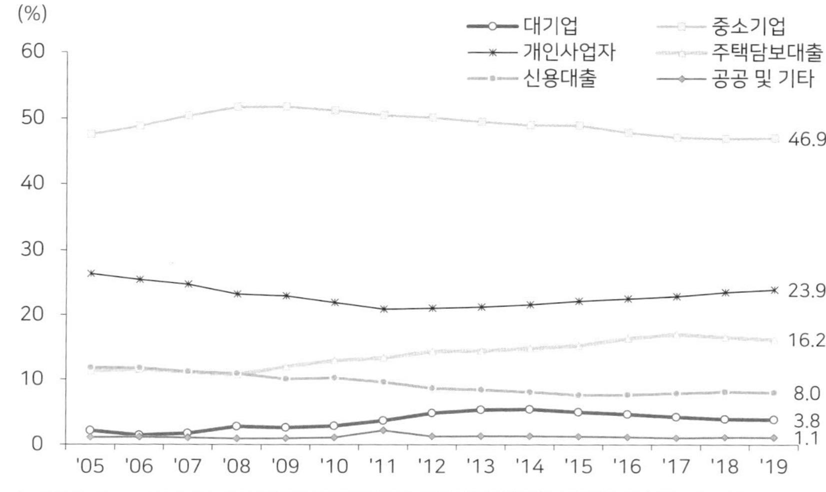

자료: 금감원, 메리츠증권 리서치센터

낙관론 1-2) 대출 포트폴리오 변화

2. Credit Risk

- 금융위기, 부동산 PF사태 → 제조업 및 경기민감업종 ↓ & 부동산 및 임대업 비중 ↑
- 현재 문제가 되는 도/소매업, 숙박/음식업의 합산 비중은 시중은행, 지방은행 각각 20.7%, 17.0%
- 일부 부실은 발생할 수 있으나 여신 규모가 상대적으로 작고 차주가 분산되어 있어 충분히 감내 가능

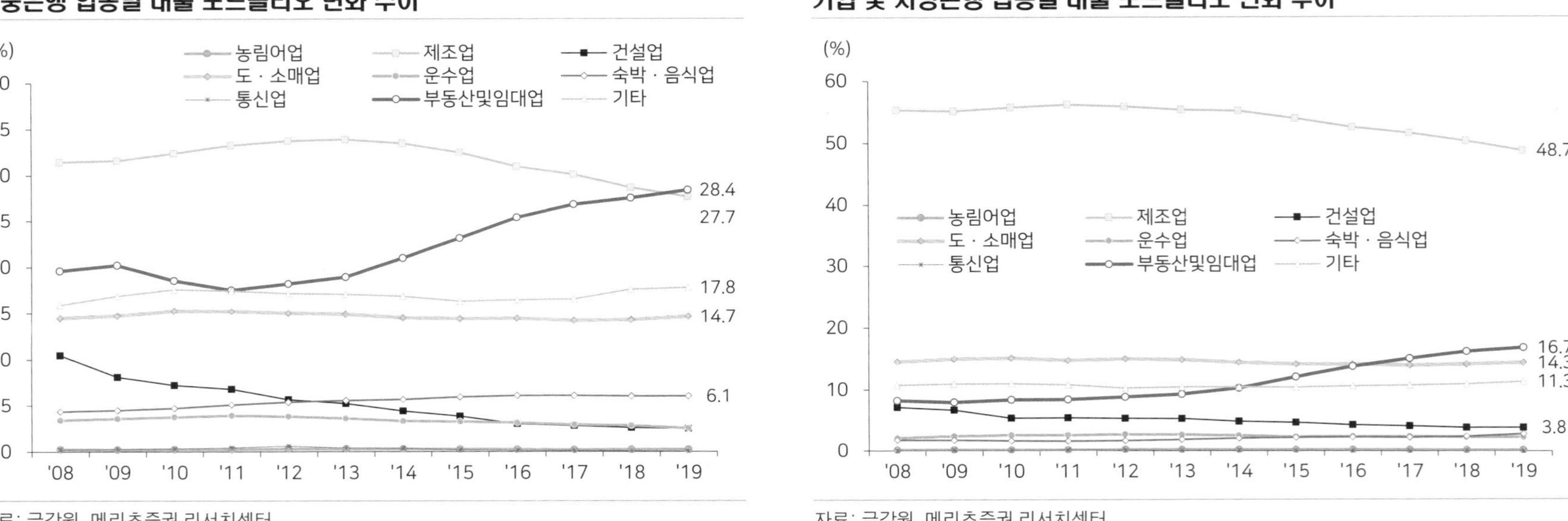

낙관론 2) 과거대비 높아진 담보/보증 비중

2. Credit Risk

- ’08년 금융위기를 기점으로 은행권의 신용대출 비중 감소
- ’19년말 기준 시중은행과 지방은행의 담보/보증 대출 비중은 각각 73.1%, 75.9%
- 담보의 대부분은 부동산 → 부동산 가격 급락이 전제되지 않는 이상 디폴트 리스크는 제한적

시중은행 보증/담보/신용 대출 비중 추이

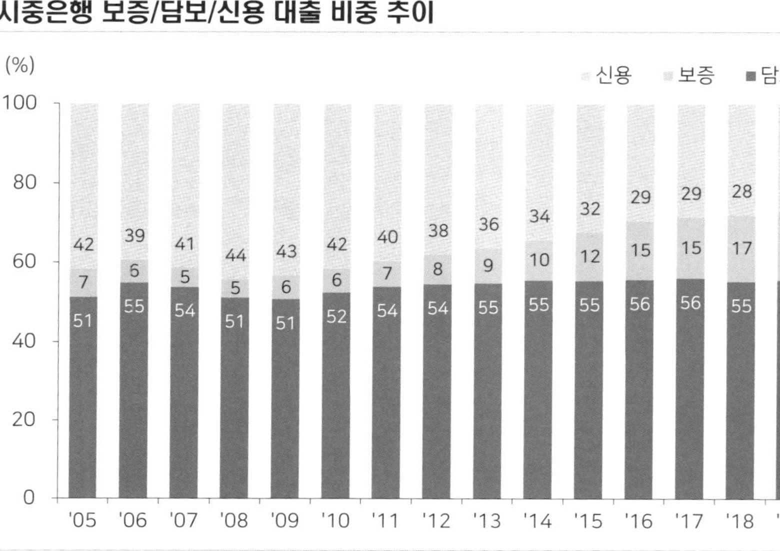

자료: 금감원, 메리츠증권 리서치센터

기업 및 지방은행 보증/담보/신용 대출 비중 추이

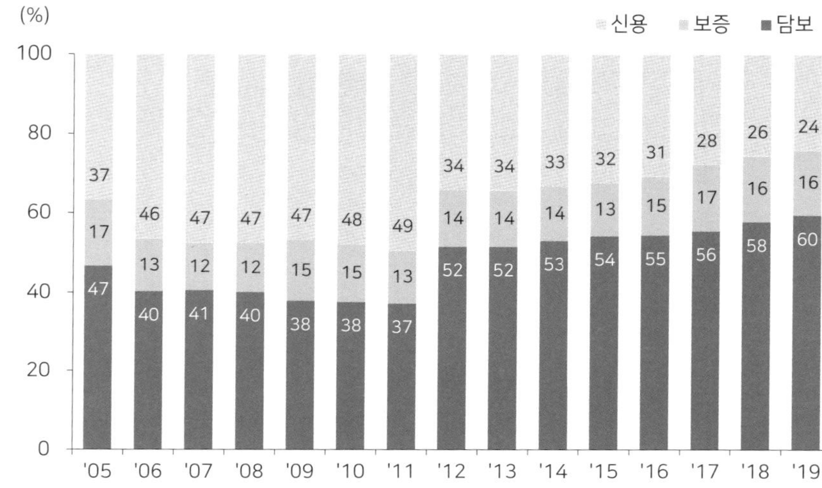

자료: 금감원, 메리츠증권 리서치센터

낙관론 3-1) 정부의 유동성 지원

2. Credit Risk

- COVID-19 이후 정부는 확대 재정정책 시행 → 추경만 4차례 66.8조원 편성
- 이에 국가채무는 800조원에 육박, '20년 8월까지 재정적자는 사상 최대인 96조원 기록
- 당장의 재정건전성 악화에도 실물 경기 침체 방어가 더 중요하다는 판단 때문

국내 재정정책 관련 주요 내용 Summary ('20년 상반기)

3월

18일 **1차 추경예산 국무회의 의결**
- 1차 추경 규모: 11.7조원
  (세출확대 10.9조원 + 세입경정 0.8조원)
  * 국회확정: 3.17

19일 **제1차 비상경제회의**
- 민생금융안정 패키지 프로그램 조성(50조원 + α)
- 채안펀드, P-CBO, 증안펀드 조성

24일 **제2차 비상경제회의**
- 1차 비상경제회의서 제시된 정책지원 규모 확대
  * 50조원 + α → 100조원 + α
  주요골자: 기업자금 공급(58.3조원) + 회사채/단기
  자금 안정(31.1조원) + 주식시장 안정(10.7조원)

30일 **제3차 비상경제회의**
- 건강보험 감면대상 확대(하위 20% → 40%대)
- 긴급재난지원금 골격 설계(4인가구 기준 100만원)

4월

8일 **제4차 비상경제회의**
- 3.3조원 규모 소비, 투자 집행
  * 2.1조원 내수 조기집행+1.2조원 정부/공공기관 건설, 장비투자 집행

16일 **2차 추경예산안 발표**
- 2차 추경 규모: 7.6조원(긴급재난지원금)
  * 4차 비상경제회의까지 대책 규모: 150조원
  실물대책(32조원) + 금융안정(100조원) + 추가보강대책(20조원)

22일 **제5차 비상경제회의**
- 매주 목요일 정례 중대본회의 진행
- 고용안정 특별대책(10.1조원) 재원조달 위한 9.3조원의 추경편성
- 기업 안정화 지원방안(75조원):
  1) 기간산업안정화(40조원) + 2) 100조원 + α 증액(35조원)

25일 **기간산업안정기금 의결**
- 채무자/ 발행액: 산업은행 / 40조원 이내

5월

12일 **한국산업은행법 시행령 개정안**
- 당초 열거한 7개의 기간산업 업종
  →2개(항공, 해운)로 축소
  * 기존 7개 업종:항공, 해운, 기계, 자동차, 조선, 전력, 통신
- 다른 업종은 금융위 소관부처 의견을 듣고 기재부
  협의하여 지정

20일 **저신용등급 포함 회사채 · CP매입기구 설립 방안**
- 저신용등급 회사채 · CP · 단기사채도 포함하여 매입:
  [회사채] AA ~ BB, [CP · 단기사채] A1 ~ A3
- BB등급은 코로나19 충격으로 투자등급에서
  투기등급으로 하락한 경우(fallen angel)로 한정

28일 **기간산업안정기금 출범**
- 기안기금 40조원 규모
- 국민경제, 고용안정 등에 중대한 영향을 미치는 기업 대상
- 적시에 충분한 규모로 지원

자료: 기획재정부, 금융위원회, 메리츠증권 리서치센터

낙관론 3-2) 정부의 유동성 지원

2. Credit Risk

- 통화정책 역시 사상 최저 기준금리 유지와 함께 다양한 방법의 유동성 공급 진행
- 국고채 단순 매입, RP 무제한 매입(7월말 종료), 회사채 및 기업어음 사들이는 SPV 설립 등
- 금융시장 안정, 부동산 과열 우려, 실효하한 논란 등으로 추가 인하 가능성은 낮아진 편

국내 통화정책 관련 주요 내용 Summary ('20년 상반기)

3월

16일 **3월 긴급 금통위**
- 기준금리 인하(1.25% → 0.75%)
- 금융중개지원대출 금리 인하(0.5~0.75% → 0.25%)
- 공개시장 대상증권 은행채 편입

19일 **한-미 통화스왑계약 체결**
- 규모: 600억 달러
- 기간: 최소 6개월(연장가능)

19일 **국고채 단순매입 실시**
- 매입규모: 1.5조원
- 대상증권: 국고채

4월

1일 **금융기관 담보여력 확충**
- 담보증권 제공비율 인하 및 적격담보증권 내 은행채, 공공채 포함

9일 **4월 금통위**
- 정책금리 동결(0.75%), 추가 인하가능성 언급

공개시장운영 대상증권 확대
- 특수은행채, MBS 단순매매대상 포함
- 예보채 RP, 대출 적격 담보증권에 포함

16일 **금융안정 특별대출 제도**
우량회사채 AA- 담보부 6개월 내 대출운용
- 기간/규모: 3개월(연장가능) / 10조원
- 금리: 통안6개월 + 85bp

신임 금통위원 임명
- 조윤제(기재부), 고승범(한은), 주상영(금융위), 서영경(대한상의) 임명

5월

13일 **금융중개지원 자금 5조원 확대**
- 코로나19 피해업체 지원 확대 방안 제출
  *지원규모 5조원(1차 지원 5조 포함 時 총 10조원)
- 만기1년이내 운전자금 대출

28일 **5월 금통위**
- 기준금리 인하: 0.75% → 0.50%,
  필요시 금리 이외에 정책수단 고려

자료: 한국은행, 메리츠증권 리서치센터

낙관론 3-3) 정부의 유동성 지원

2. Credit Risk

- '20.4.20 가계 및 기업에 원활한 자금 지원을 위한 금융규제 유연화 방안 발표
- 주 내용은 1) 예대율 완화, 2) 자본비율 부담 경감, 3) 건전성 분류 유지 등으로 요약
- 유동성 제공 과정에서의 은행권 주요 지표(마진, 건전성, 자본비율 등) 악화 부담을 단기적으로 완화

금융규제 유연화 방안 Summary

	업권	세부방안	조치 필요사항	적용 기한
가. 자본 적정성 규제	공통	증안펀드 출자 자본부담 경감	(은행) 법령해석(4월) (보험 · 증권)시행세칙 개정(4월)	-
	은행	「바젤III 최종안」 조기 시행	시행세칙 개정(4월)	-
	은행	D-SIB에서 소규모지방은행 제외	감독규정 · 세칙 개정(6월)	-
	은행	거액 익스포져 한도규제 시행연기	-	-
	증권	종투사 기업대출금 위험값 하향조정	시행세칙 개정(4월)	~'20.9월 신규 취급 대출
		증권사 대출채권 위험값 하향조정	금투업규정 개정 및 금융위 의결(4월)	~'20.9월 신규취급대출채권
		증권사 중기대출 위험값 하향조정	금투업규정 개정(6월)	-
	지주	자회사간 신용공여한도 한시적 완화	감독규정 개정 및 금융위 의결(5월)	-
나. 유동성 규제	은행	외화 LCR 규제 한시적 완화	금융위 의결(4.16)	~'20.9월
		통합 LCR 규제 한시적 완화	금융위 의결(4.16)	~'20.9월
	은행	예대율 한시적 적용 유예	법령해석 및 비조치의견서 발급(4월)	~'21.6월
		예대율 개인사업자대출 가중치 조정	감독규정 개정(5월)	~'20.12월 신규 취급 대출
	산은	NSFR 한시적 적용 유예	비조치의견서 발급(4월)	~'21.6월
	보험	채안 · 증안펀드 출자목적 RP 허용	법령해석 발급 (4월)	-
	보험	유동성 평가기준 한시적 완화	-	~'20.9월
	여전 저축	유동성비율 한시적 적용 유예	비조치의견서 발급(4월)	~'21.6월
	저축 상호	예대율 한시적 적용 유예	비조치의견서 발급(4월)	~'21.6월
다. 자산 건전성 규제	공통	만기연장 대출 건전성 분류 유지	법령해석 발급(4월)	-
	여전	폐업 사업자 대출 건전성 분류 개선	감독규정 개정(5월)	-
라. 면책 등	공통	금융회사 임직원 면책 강화	검사및제재규정 개정(4.16)	-
	공통	공시기한 등 미준수 제재 면제	비조치의견서 발급(4월)	-
	보험	보험 대면채널에 TM절차 허용	비조치의견서 발급(4월)	-
	여전	카드사 레버리지 한도 확대 및 산정방식 개선	감독규정 개정(7월)	-
	저축	영업구역내 의무여신비율 한시적 적용 유예	비조치의견서 발급(4월)	~'21.6월
	정책금융	적극 위기대응 인센티브 부여	경영실적평가지침 개정(4월)	-

자료: 금융위, 금감원, 메리츠증권 리서치센터

비관론 1-1) 한계 차주 디폴트 가능성

2. Credit Risk

- '18년 기준 국내 자영업자 비율은 25.1%로 OECD 회원국(평균 15.3%) 중 5위
- 진입 장벽이 비교적 낮은 휴게음식점의 폐업률은 '10년 이후 꾸준히 상승 추세
- 하반기 이후 COVID-19의 영향이 본격적으로 반영되며 추가적으로 악화되는 모습 확연

OECD 평균 대비 높은 국내 자영업자 비중

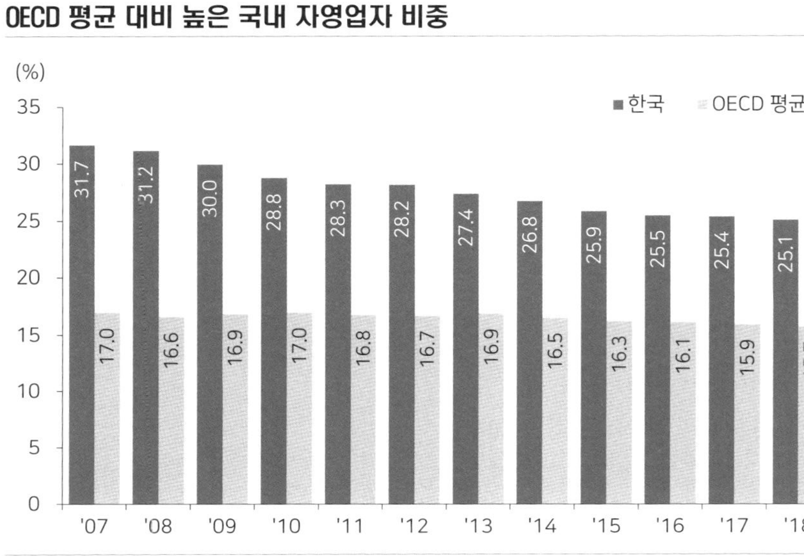

자료: OECD, 메리츠증권 리서치센터

서울 휴게음식점 폐업률(연간 총 폐업/총 허가) 추이

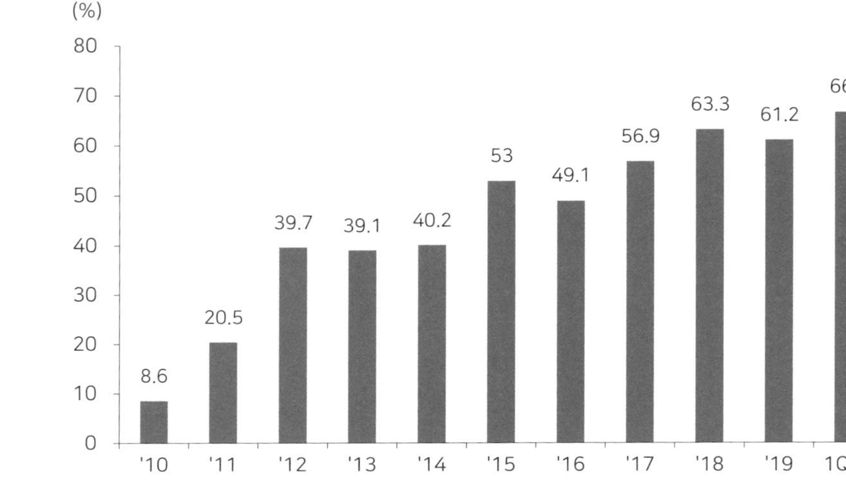

자료: 행정안전부, 부동산114, 메리츠증권 리서치센터

비관론 1-2) 한계 차주 디폴트 가능성

2. Credit Risk

- 코로나19로 국민 해외관광객은 물론 방한 외래관광객 급감
- 올해 8월까지 방한 외래관광객 수와 국민 해외관광객 수는 모두 전년 동기 대비 80% 이상 감소
- 항공사들은 코로나19 발 여객감소는 물론 화물량 감소로 이중고

방한 외래관광객 및 국민 해외관광객 현황

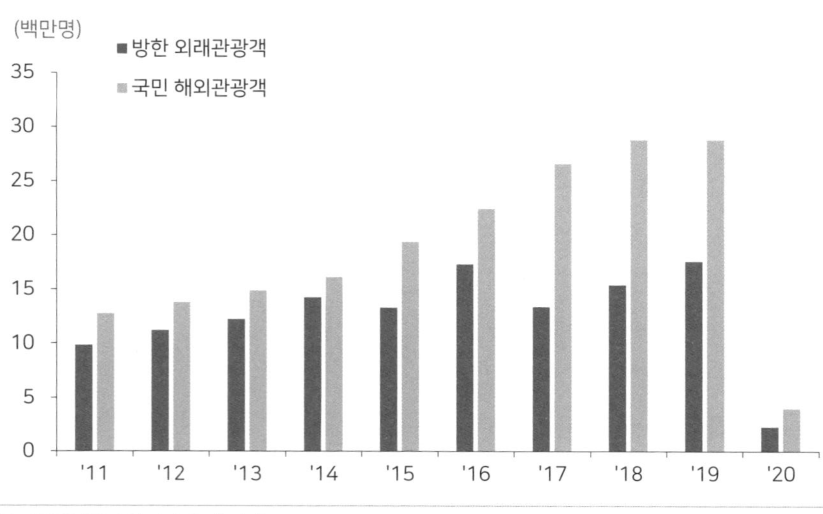

주: 2020년은 8월까지의 데이터
자료: 한국관광공사, 메리츠증권 리서치센터

항공 여객 및 화물 추이

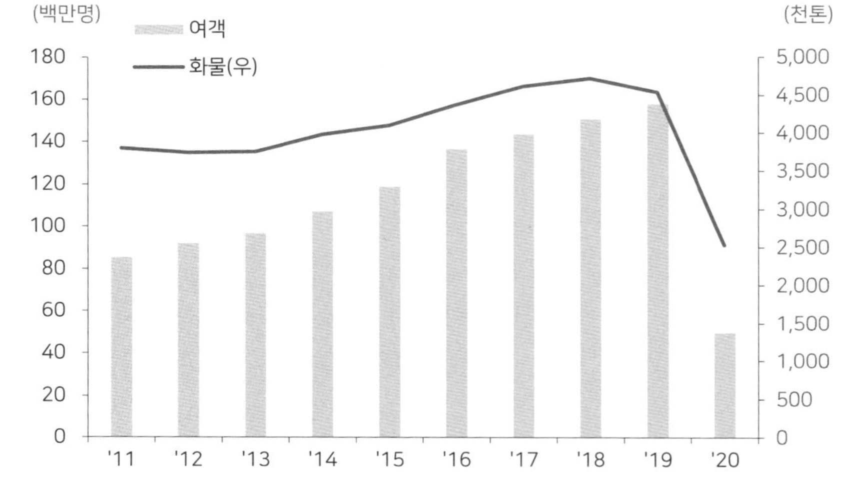

주: 2020년은 9월까지의 데이터
자료: 한국공항공사, 메리츠증권 리서치센터

비관론 2-1) 부동산 경기 위축

2. Credit Risk

- 은행권이 보유한 담보의 대부분은 부동산(주거용 부동산 4,709조원, 상업용 부동산 3,674조원)
- 주거용보다 경기와 금리에 더 크게 영향을 받는 상업용 부동산 시장의 Risk 점검 필요
- 특히 COVID-19 이후 공실 확대, 임대료 하락, 상권의 분화 등이 시장 변동성을 확대시킬 것으로 전망

주거용 부동산 시가총액 규모

자료: 통계청, 메리츠증권 리서치센터

상업용 부동산 시가총액 규모

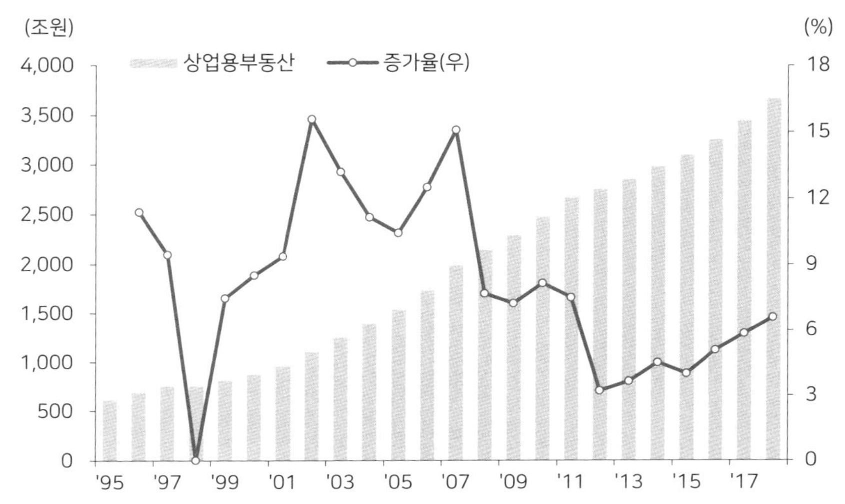

자료: 통계청, 메리츠증권 리서치센터

비관론 2-2) 부동산 경기 위축

기초
은행

2. Credit Risk

- 저금리 확산 및 대체투자 수요 증가 등으로 상업용 부동산 거래가격은 꾸준한 상승 추세
- 문제는 '18년 이후 경매 시장에서 매각율 하락이 두드러지게 나타나고 있다는 점
- 전체 가격과 달리 중소형 상가 및 상업용 빌딩 시장이 선행해서 침체 국면에 진입하고 있음을 의미

상업용 부동산 거래량 및 거래가격 추이

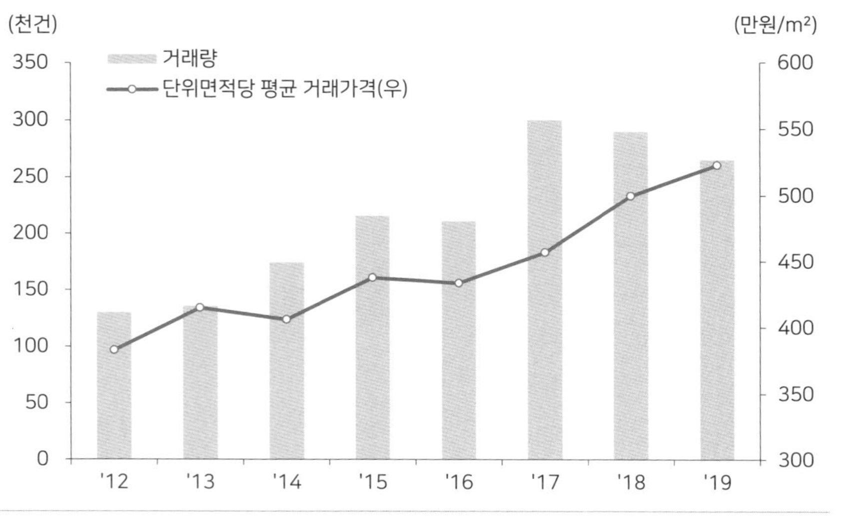

주: '19년 평균 거래가격은 국토교통부 실거래가를 바탕으로 추산한 추정치
자료: 국토교통부 실거래가, 메리츠증권 리서치센터

상업용 부동산 경매 매각 추이

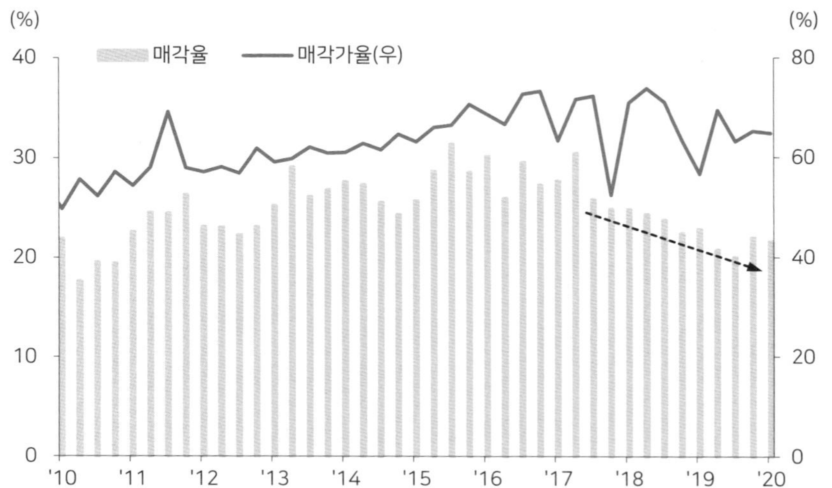

자료: KB경영연구소, 메리츠증권 리서치센터

비관론 2-3) 부동산 경기 위축

2. Credit Risk

- 점포의 수익성/경쟁력 평가 척도로 상가권리금 비율 및 평당 권리금은 감소 추세
- 입지, 단골고객, 상권 등이 중요한 숙박 음식업의 권리금 유 비율은 높은 편이나 가장 빠른 속도로 감소
- 상권 침체, 공실률 상승 등 권리금 하락 → 공급 과잉 심각한 아파트 상가가 가장 타격이 클 전망

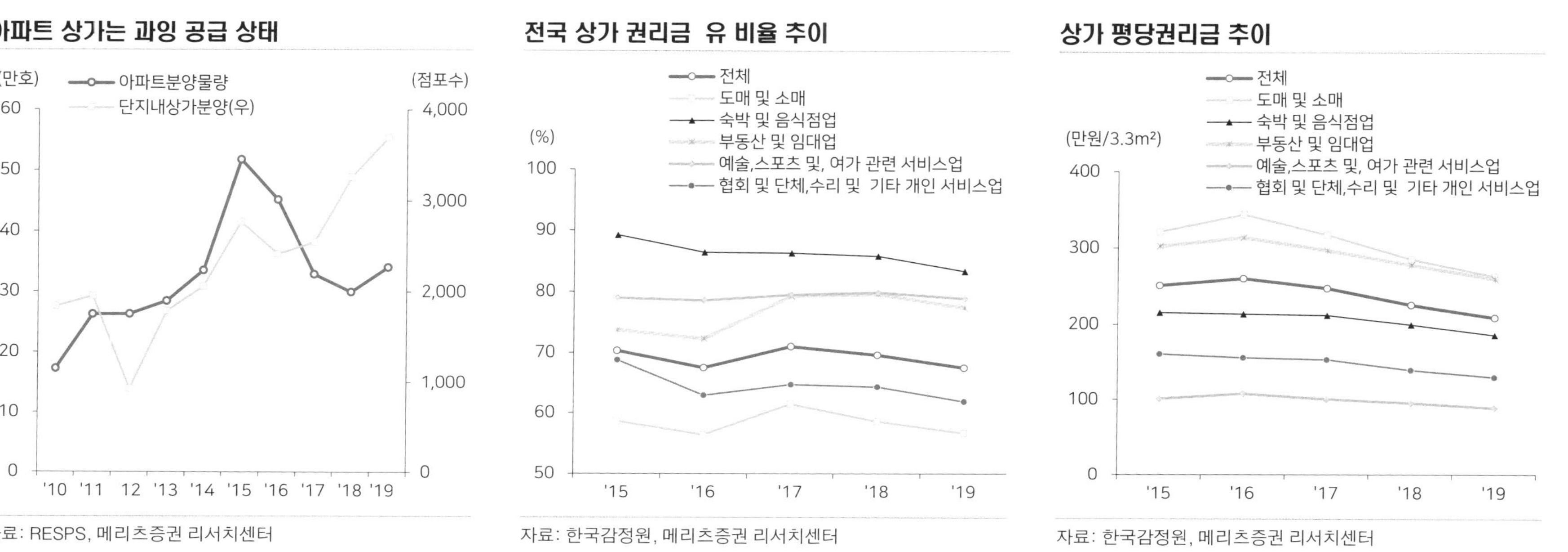

자료: RESPS, 메리츠증권 리서치센터

자료: 한국감정원, 메리츠증권 리서치센터

자료: 한국감정원, 메리츠증권 리서치센터

비관론 3-1) 과신용 공급의 후유증

2. Credit Risk

- 과거 은행 대출 성장률이 시스템 성장률(≒ 명목 GDP 성장률)을 크게 상회한 시기는 3번
- 1) '98~'02년: 내수진작 정책, 2) '05~'08년: 은행간 외형확대 경쟁, 3) '14~'15: 부동산 활성화 정책
- 과신용 공급은 반드시 부작용 초래 → 카드사태, 기업(주로 경기민감업종) 부실, 부동산 가격 폭등

명목 GDP 성장률과 은행 대출 성장률 추이

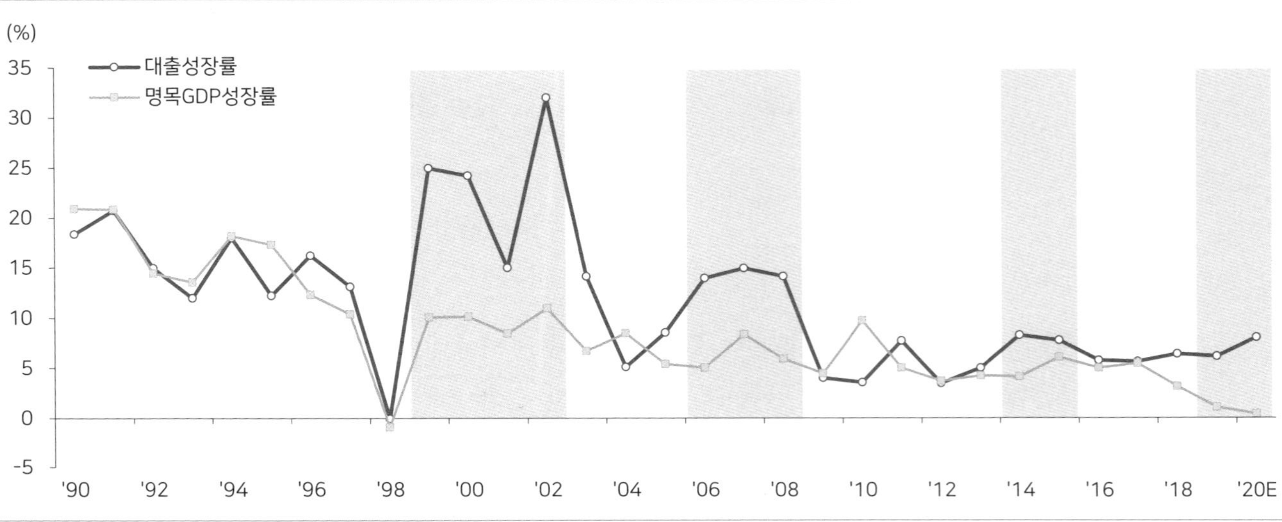

자료: 한국은행, 메리츠증권 리서치센터

비관론 3-2) 과신용 공급의 후유증

2. Credit Risk

- COVID-19 확산이 본격화 된 3월 이후 은행권 대출 급증세
- 실수요, 예비수요, 투기수요 등이 정부 지원책 및 저금리와 맞물리며 나타난 결과
- 지금 당장 부실이 발생할 가능성은 낮으나 향후 경기 회복 속도가 더딜 경우 신용위험 확대 불가피

가계 및 기업 대출성장률 추이

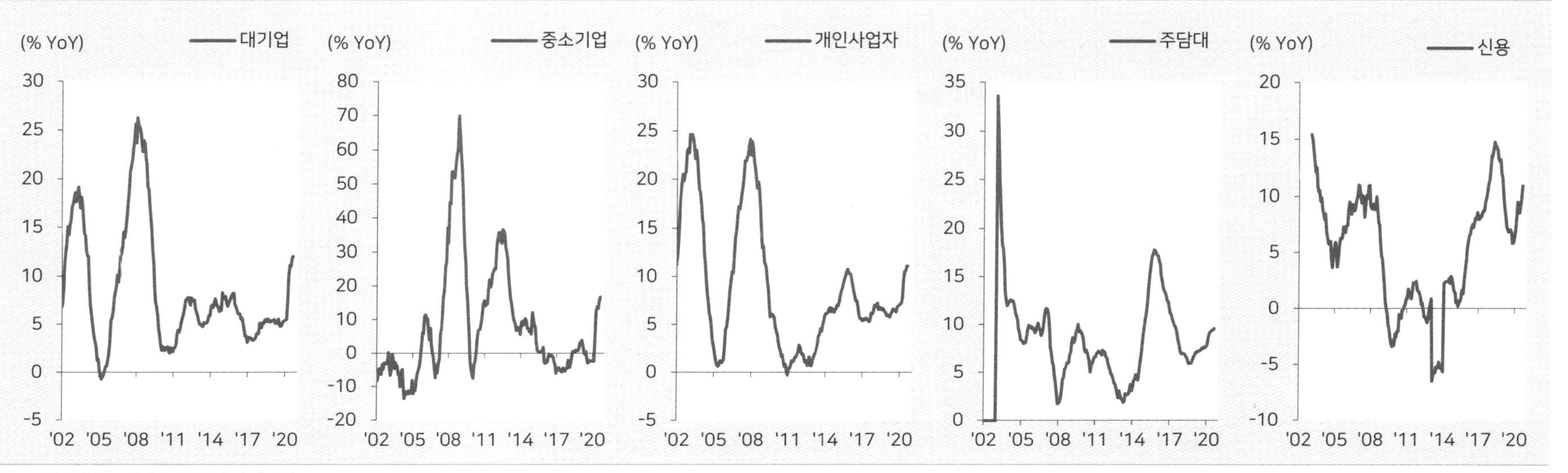

자료: 한국은행, 메리츠증권 리서치센터

심증과 물증의 괴리

2. Credit Risk

- 투자자들이 낙관론과 비관론 사이에서 혼란스러워 하는 이유는 심증과 물증의 괴리 때문
- 은행권은 물론 제2금융권(카드, 저축은행, 캐피탈 등)의 건전성 지표도 아직은 안정된 수준을 유지
- 일부 P2P 업체의 연체율이 급등하고 있으나 규모가 미미해 신용위험 Proxy로 간주 하기엔 무리

국내 카드사 고정이하여신비율 추이

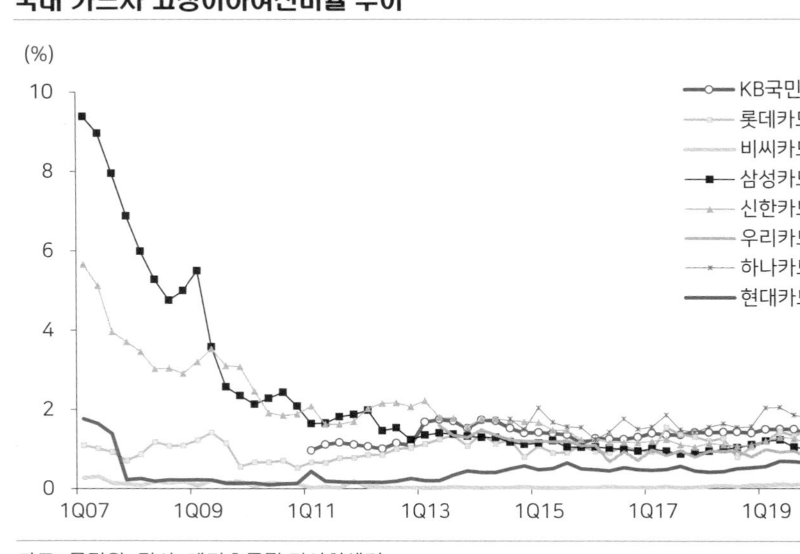

자료: 금감원, 각사, 메리츠증권 리서치센터

국내 P2P 업체 대출 잔액 및 연체율 추이

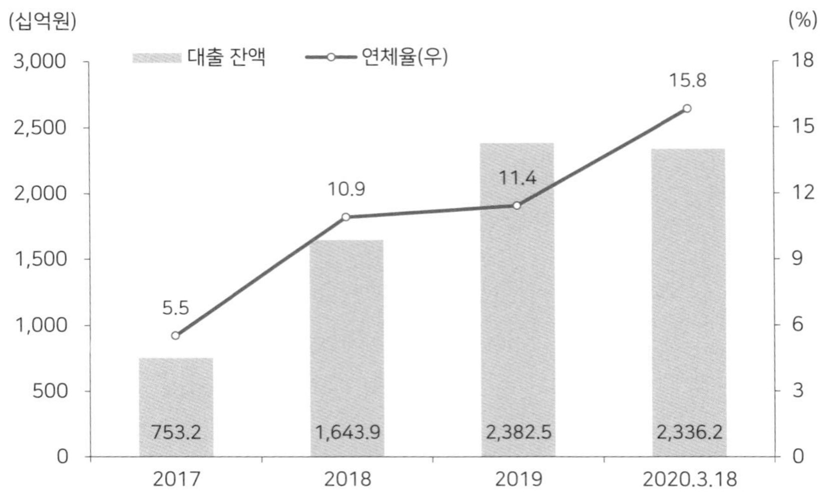

자료: 금감원, 메리츠증권 리서치센터

불편한 동행은 상반기에도 지속

2. Credit Risk

- 주가가 오르는 날엔 낙관론이, 주가가 빠지는 날엔 비관론이 힘을 얻는 모습
- 각종 정부 정책 지원이 강하게 뒷받침되고 있는 이상 은행권 대손비용의 급격한 악화 가능성은 제한적
- 3월말 종료 예정인 만기연장 및 상환유예 가이드라인 이후에 투자자들의 관련 우려 해소 가능

대손비용과 은행주의 De-coupling

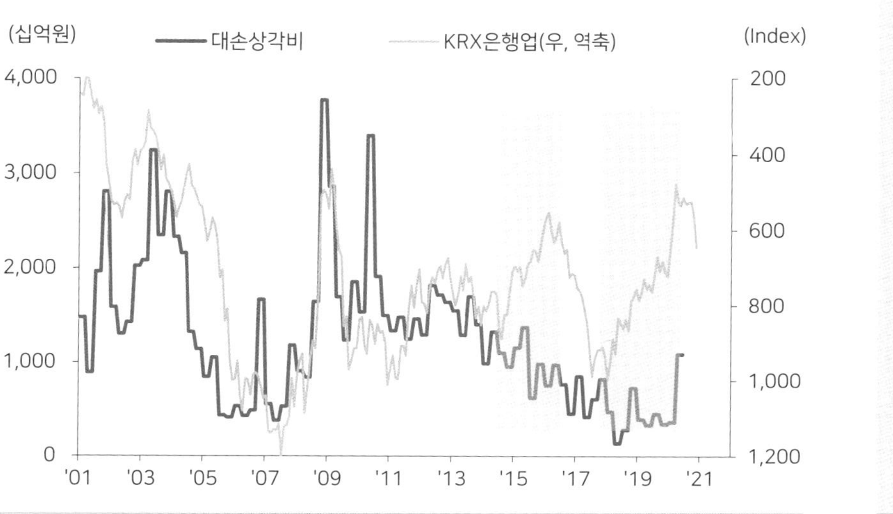

자료: KRX, 금감원, 메리츠증권 리서치센터

코로나19 피해 중소 · 소상공인 만기연장 및 상환유예 가이드라인

(지원대상) 코로나19로 인해 직 · 간접적 피해가 발생한 중소기업 · 소상공인으로서, 원리금 연체, 자본잠식, 폐업 등 부실이 없는 경우

- 연매출 1억원 이하 업체는 별도 증빙 없이 피해 업체로 간주
- 연매출 1억 초과 업체는 원칙적으로 매출 감소를 입증하는 자료 제출 (카드사 매출액 자료, 전자세금계산서, 통장사본 등)

(적용 대상 대출) 2021.3.31일까지 상환기한이 도래하는 개인사업자를 포함한 중소기업대출로 보증부대출, 외화대출 등 포함

- 2020.3.31일 이전에 대출 받은 기존 대출에만 적용
- 정책자금 · 협약대출은 자금지원기관의 동의가 있는 경우 지원대상에 포함
- 파생상품(금리 · 통화스왑 등) 관련 대출도 모든 거래당사자가 동의시 지원대상에 포함

자료: 금융위, 메리츠증권 리서치센터

주식으로서의 은행업

3. Equity

- 제조업에서 IT/서비스업으로 산업의 축이 이동하면서 유형 집약적 투자에서 무형 집약적 투자로 전환
- 즉, 자산 경량화 시대로 가고 있는 만큼 주식시장 내 전통 금융업종 비중 축소는 불가피
- 과거 20%에 육박하던 코스피 내 금융업종(은행, 보험, 증권) 비중은 현재 7%를 하회

금융업종 코스피 내 비중 7% 하회

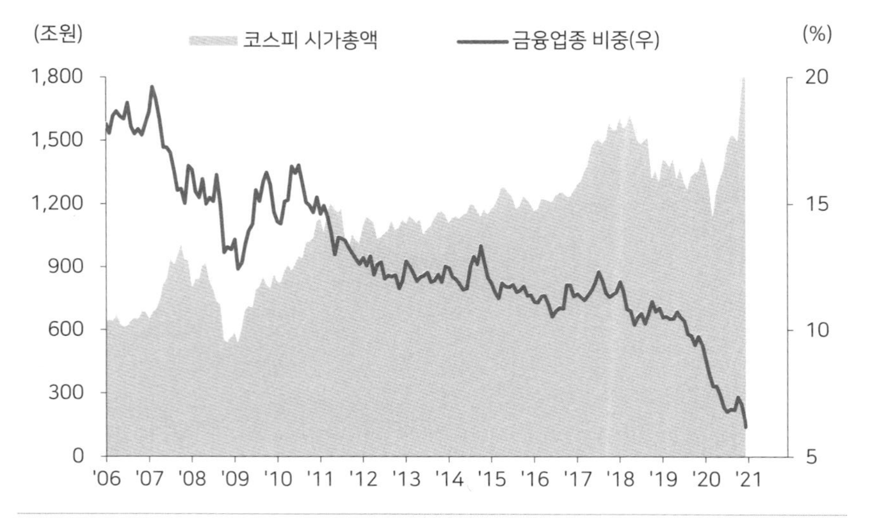

자료: Quantiwise, 메리츠종금증권 리서치센터

금리와 KOSPI내 은행업종 비중 추이

자료: Quantiwise, 메리츠종금증권 리서치센터

KOSPI 주도주의 변화

3. Equity

- 국내 주식시장의 지형 변화를 보면 해당 국면의 주도주가 탄생 → 시대의 흐름 반영
- '90년대 이후 ''90년대 은행 → '00년대 IT(통신) → '07년대 시클리컬 → '15년 화장품'로 주도주 변화
- 현재는 '언택트(IT S/W), 2차전지, 바이오 및 헬스케어' 관련 기업이 빠르게 시총 상위권으로 도약

'90년 이후 KOSPI 시가총액 상위 종목의 지형변화: 금융의 시대에서 언택트의 시대까지

	금융(은행) 부상	→	IT(통신) 버블	→	시클리컬 전성시대	→	화장품 열풍	언택트 시대(?)
순위	'90년	'95년	'00년	'05년	'07년	'10년	'15년	'20년
1	한국전력	한국전력	삼성전자	삼성전자	삼성전자	삼성전자	삼성전자	삼성전자
2	프항제철	삼성전자	SK텔레콤	국민은행	POSCO	POSCO	현대차	SK하이닉스
3	한일은행	포항제철	한국통신공사	현대차	현대중공업	현대차	한국전력	**삼성바이오로직스**
4	제일은행	SK텔레콤	한국전력	한국전력	한국전력	현대중공업	삼성물산	**NAVER**
5	조흥은행	LG전자	포항제철	POSCO	국민은행	현대모비스	아모레퍼시픽	**셀트리온**
6	하나은행	신한은행	주택은행	우리금융	신한지주	LG화학	현대모비스	**LG화학**
7	삼성전자	현대건설	신한은행	하이닉스	SK텔레콤	신한지주	LG화학	**삼성SDI**
8	(舊)신한은행	LG데이콤	국민은행	LG필립스LCD	현대차	KB금융	SK하이닉스	**카카오**
9	대우	현대차	외환은행	SK텔레콤	LG필립스LCD	삼성생명	삼성생명	LG생활건강
10	현대차	유공	담배인삼공사	신한지주	SK에너지	기아차	NAVER	현대차
11	대우증권	삼성SDI	기아차	LG전자	LG전자	한국전력	기아차	현대모비스
12	유공	조흥은행	현대차	KT	우리금융	SK이노베이션	삼성에스디에스	삼성물산
13	LG전자	외환은행	삼성전기	하나금융지주	신세계	LG전자	신한지주	SK텔레콤
14	LG투자증권	대한항공	삼성SDI	기아차	KT	LG	SK텔레콤	**엔씨소프트**
15	동서증권	기아차	삼성증권	외환은행	두산중공업	LG디스플레이	SK	SK

자료: WiseFn, 메리츠증권 리서치센터

Equity 활용이 유일한 해법

3. Equity

- 주식으로서 은행주가 주목 받기 위해선 ROE 개선이 유일한 해법. 단, 은행 자체 노력만으로는 ROE 개선 한계
- 밸류에이션 리레이팅을 위해서는 M&A, 비은행 자회사 증자, 자사주 매입, 배당성향 확대 등이 필요
- 상기 요인 모두 Equity와 관련된 사항으로 분자(이익)가 아닌 분모(자본) 변화에 따른 ROE 제고 방안

ROE 분해: 듀퐁 방정식(Dupont identity)

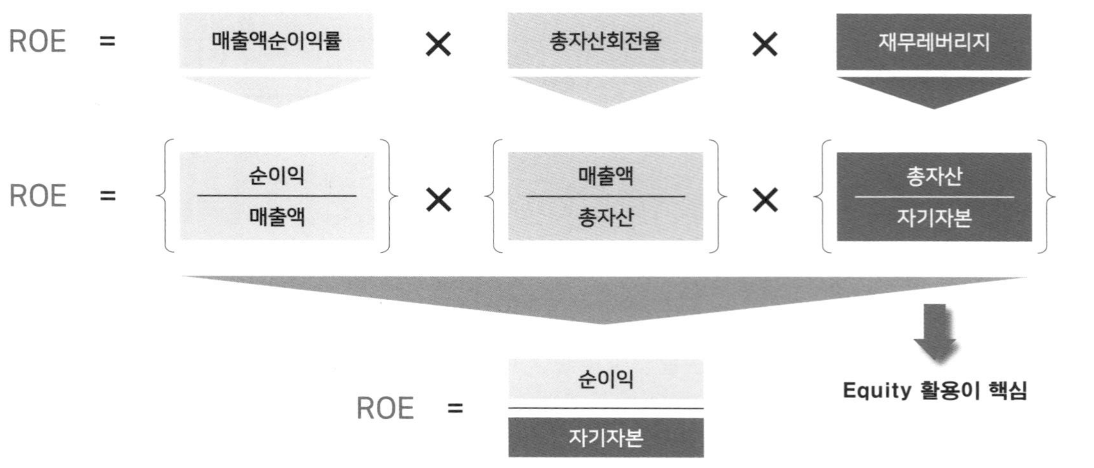

ROE = 매출액순이익률 × 총자산회전율 × 재무레버리지
ROE = 순이익/매출액 × 매출액/총자산 × 총자산/자기자본
ROE = 순이익/자기자본
Equity 활용이 핵심

자료: 메리츠증권 리서치센터

상업은행으로서의 한계

3. Equity

- 국내 일반 은행은 글로벌 주요 은행과는 달리 투자은행이 아닌 상업은행. 즉, 높은 수익률 추구보다 고객 예금 보호기능이 가장 중요하며 역설적으로 위험 업무의 한계가 명확히 존재. 혁신형 기업에 대한 투자나 모험자본 공급 등 국내 은행이 고위험 · 고수익 비즈니스 모델을 확장할 수 없는 근본적인 이유
- 이러한 상업은행의 업무적 한계를 극복하기 위해 '00년 국내에도 금융지주회사 제도가 도입. 금융지주회사법 상(제6조의 3) 비금융회사의 주식소유가 제한되기 때문에 주요 자회사로 보험 · 증권 · 카드 · 운용사 등을 보유. 금융업종 계열회사간 교차판매 · 복합상품 개발 등 연계영업 강화, 규모의 경제효과 실현 등이 주목적

금융그룹 형성에서의 조직 구성 방식

내용		**In-House 방식** 은행 자체적으로 비은행 업무를 직접 수행	**자회사 방식** 비은행 금융업무는 자회사를 통해 수행	**금융지주회사 방식** 지주회사가 다양한 금융자회사를 소유하여 겸업화 수행
사업 시너지	장점	▪ 강력한 통합기능으로 규모 및 범위의 경제 실현 용이 ▪ Service 제공을 위한 인가나 업무이전 관련 추가 비용 소모 최소화	▪ Full Financial Service 제공 가능 ▪ 모회사의 강력한 리더십으로 인한 Service간 협조 용이 ▪ 규모 및 범위의 화장이 상대적으로 수월	▪ Full Financial Service 제공 가능 ▪ 지주회사 조정아래 업무간 협조가 용이 ▪ 그룹차원에서 의사결정이 이루어지므로 시너지 창출 및 효율적 자원배분이 가능
	단점	▪ Full Financial Service 제공이 불가능할 수 있음 ▪ 부문간 이행상충 가능성이 높음 ▪ 부문별 전문성 확보가 어려움	▪ License 획득을 위한 비용 소요 ▪ 모회사와 자회사간 전략 방향 상충시 모회사의 의사 결정이 우선하여 이해상충 가능성 높음	▪ License 획득을 위한 비용 소요 ▪ 지주회사 본부조직의 전문인력 확보가 필요
경영 체제	장점	▪ 조직내 변화관리 필요성 감소	▪ 전사적인 강력한 리더십 체제 구축 용이	▪ 자회사의 독립/투명 경영 보장 ▪ 비은행 업무에 필수적인 유연한 조직구조와 전문적 인력관리 체제 구축 용이
	단점	▪ 비은행 업무에 필수적인 유연한 조직구조와 경제적 인력관리 체제 구축이 어려움 ▪ 전문인력 영입이 어려움 ▪ 은행 건전성 훼손 우려 ▪ 조직 효율성 및 안정성 저하	▪ 자회사의 체계적 독립경영이 어려움 ▪ 모자회사간 전문성, 차별성이 부각되기 어렵고 중복 서비스 발생 ▪ 비은행 업무에 적합한 유연한 조직구조 구축이 어려움	▪ 선진 경영기법 도입과 그룹 전략 차원에서 모자회사간 이해관계를 조정할 전문 인력 확보가 필요

자료: 각사, 메리츠증권 리서치센터

자본력을 활용한 M&A 전략

3. Equity

- 비우호적인 외부환경과 정부 규제 압박 속에 은행권이 선택한 돌파구는 자본을 활용한 주주가치 제고
- 특히 자본력이 높은 대형은행을 중심으로 M&A 활발히 진행
- 업종 대표주인신한지주와 KB금융의 경우 금융회사 Full line up 보유

금융지주 주요 M&A 및 자회사 증자 현황

M&A / 주요 자회사 증자

회사	'15년	'16년	'17년	'18년	'19년	'20년
신한지주		신한금융투자: 5,000억원 (9월)		오렌지라이프:2조2,989억원 (9월) 아시아신탁: 1,900억원 (10월)	신한금융투자: 6,600억원 (7월)	오렌지라이프: 완전자회사 편입 (포괄적 주식교환 1:0.66) (1월)
KB금융	LIG손해보험: 6,450억원 (3월)	현대증권: 1조2,375억원 (4월)	KB손해보험 · 캐피탈: 완전자회사 편입		프라삭 마이크로파이낸스(캄보디아): 7,022억원, 70.0%(12월)	푸르덴셜생명: 2.3조원(4월)
하나금융지주				하나금융투자: 7,000억원 (3월), 4,975억원 (11월)	BIDV(베트남): 15.0% 인수, 1조원 (7월)	하나금융투자: 4,997억원 (2월)
우리금융지주					동양자산운용 · ABL글로벌자산운용: 1,700억원 (3월) 국제자산신탁: 2,000억원 (4월) (우리은행 20% · MBK 80% 컨소시엄) 롯데카드: 1조7,500억원 (5월)	아주캐피탈 74.04% 지분 인수 (10월)
BNK금융지주	GS자산운용: 51.0% 인수 (7월) 부산은행:1,100억원 (6월) 경남은행: 1,500억원 (9월) BNK캐피탈: 500억원 (10월)	경남은행: 2,500억원 (2월) 부산은행: 1,800억원 (2월)		BNK투자증권: 2,000억원 (2월)		
DGB금융지주		LS자산운용: 340억원		하이투자증권: 4,720억원 (10월)		
JB금융지주	전북은행:1,000억원 (12월)	JB우리캐피탈: 700억원 (6월) 전북은행:1,000억원 (7월)	JB우리캐피탈: 700억원 (5월)	JB우리캐피탈: 600억원 (5월) 전북은행: 500억원 (6월)	모건스탠리 게이트웨이(베트남): 195억원(12월)	

자료: Dart, 언론보도, 메리츠증권 리서치센터

비은행 이익기여도는 지속 상승 추세

3. Equity

- M&A 및 자회사 증자 등을 통한 Inorganic growth의 결과물로 비은행 이익기여도 30~40% 수준으로 상승
- 은행 대비 상대적으로 ROE가 높은 비은행 계열사 추가 → 그룹 ROE 제고 및 Valuation 상승으로 연결
- 현재 은행업종 종목간 밸류에이션 역시 비은행 이익기여도가 높은 순으로 부여

신한지주의 비은행 이익기여도 추이

그룹사별 당기순이익 비중 (단위: 십억원)

■ 은행 ■ 비은행 ○ 비은행 부문 기여도

	FY15	FY16	FY17	FY18	FY19	3Q19 YTD	3Q20 YTD
은행	1,503	1,958	1,729	2,298	2,350	1,992	1,777
비은행	1,087	1,046	1,371	1,051	1,211	1,009	1,249
비은행 부문 기여도	42.0%	34.8%	44.2%	31.4%	34.0%	33.6%	41.3%

주: 지분율 감안 후 당기순이익 기준
자료: 신한지주, 메리츠증권 리서치센터

하나금융지주의 비은행 이익기여도 추이

비은행부분 기여도 (세전이익, 별도합산)

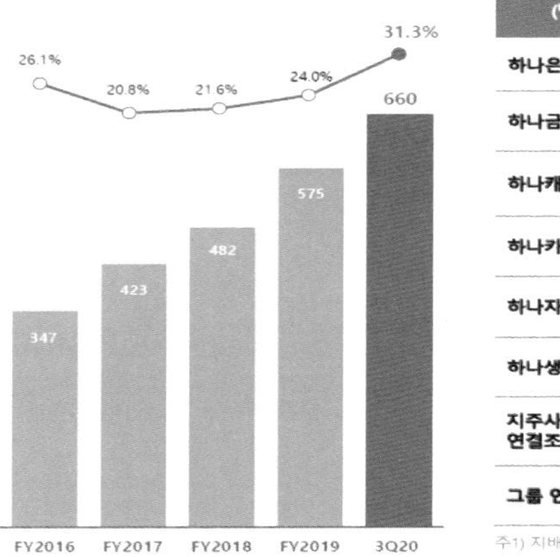

그룹 관계사별 당기순이익 현황 (연결기준)

(단위: 십억원)	3Q20 누적	3Q19 누적	YoY(%)	3Q20	2Q20	QoQ(%)	지분율 (%)
하나은행	1,654.4	1,791.3	-7.6%	591.4	508.4	16.3%	100.0%
하나금융투자	288.0	211.4	36.2%	115.5	125.8	-8.2%	100.0%
하나캐피탈	127.1	77.0	65.2%	43.1	39.9	8.0%	100.0%
하나카드	114.4	49.8	129.6%	49.1	35.0	40.4%	85.0%
하나자산신탁	65.7	47.9	37.0%	26.4	19.6	34.7%	100.0%
하나생명	25.7	17.2	49.1%	2.4	4.3	-45.1%	100.0%
지주사 및 기타관계회사 연결조정 등	(169.2)	(153.5)	N.A.	(67.8)	(43.9)	N.A.	-
그룹 연결 당기순이익 1)	2,106.1	2,041.1	3.2%	760.1	689.0	10.3%	-

주1) 지배주주 지분 기준

자료: 하나금융지주, 메리츠증권 리서치센터

글로벌 은행 대비 낮은 주주환원율

3. Equity

- 국내 은행의 평균 배당성향은 약 24.0% 내외
- 미국, 유럽 은행들의 경우 배당은 물론 정기적인 자사주 매입도 진행
- 즉, 글로벌 주요 은행대비 낮은 주주환원율(ex. 배당, 자사주)이 국내 은행업종 저평가의 결정적 원인

글로벌 주요 은행 배당성향 현황 (FY19 기준)

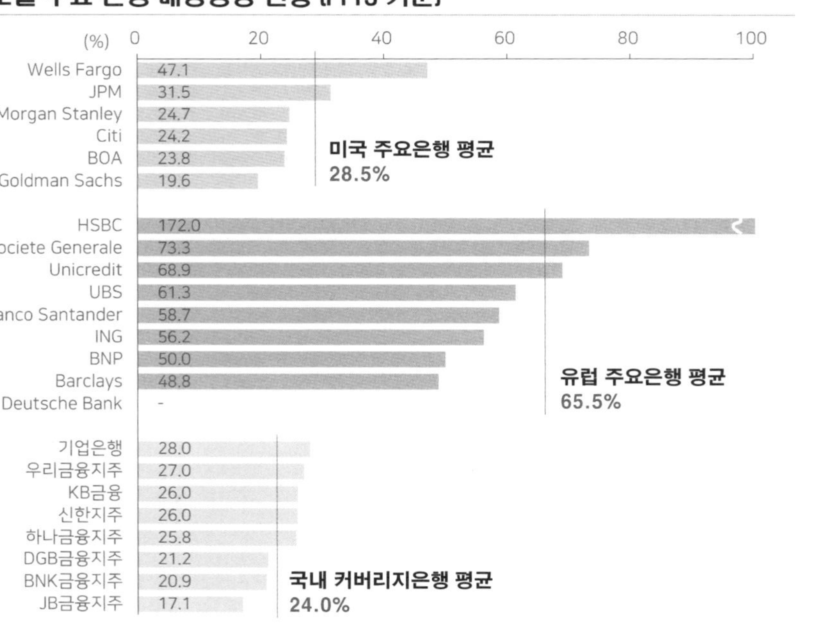

자료: Bloomberg, 메리츠증권 리서치센터

글로벌 주요 은행 CET1 ratio 현황 (FY19 기준)

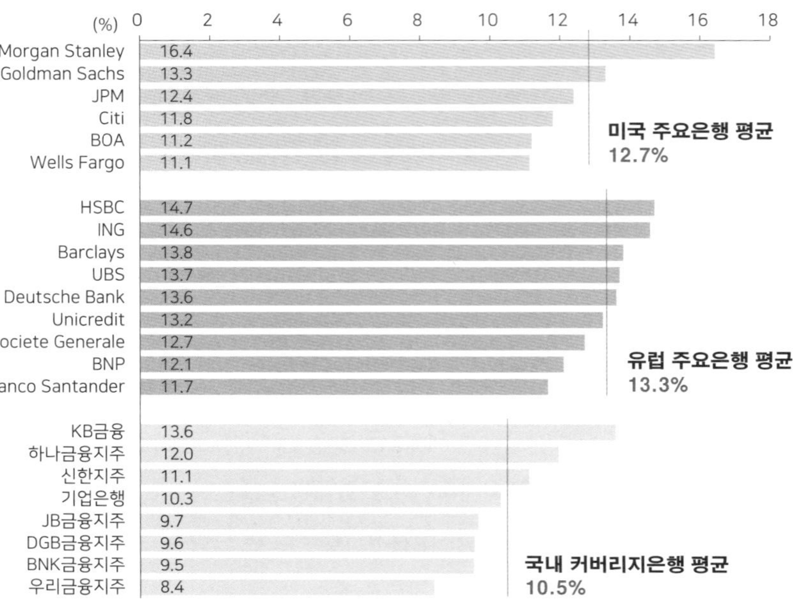

자료: Bloomberg, 메리츠증권 리서치센터

은행주는 원화강세 수혜주

4. 환율

- 은행주는 원/달러 환율과 높은 음의 상관관계 보유
- 이는 환율과 실적의 상관관계가 아닌 국내 경기를 대표하는 은행주의 특징 때문
- 실제 하나금융지주 정도를 제외하고 환율과 은행 실적은 무관

원/달러 환율과 은행주 추이

자료: KRX, 메리츠증권 리서치센터

수급의 Key는 외국인

4. 환율

- 은행주가 환율과 높은 상관관계를 보이는 또 다른 이유는 외국인 중심의 주주 구성 때문
- 대형은행의 경우 외국인 지분율이 50~70%로 절대적 수준

환율과 은행주 외국인 지분율 추이

자료: Quantiwise, 메리츠증권 리서치센터

종목별 외국인 지분율

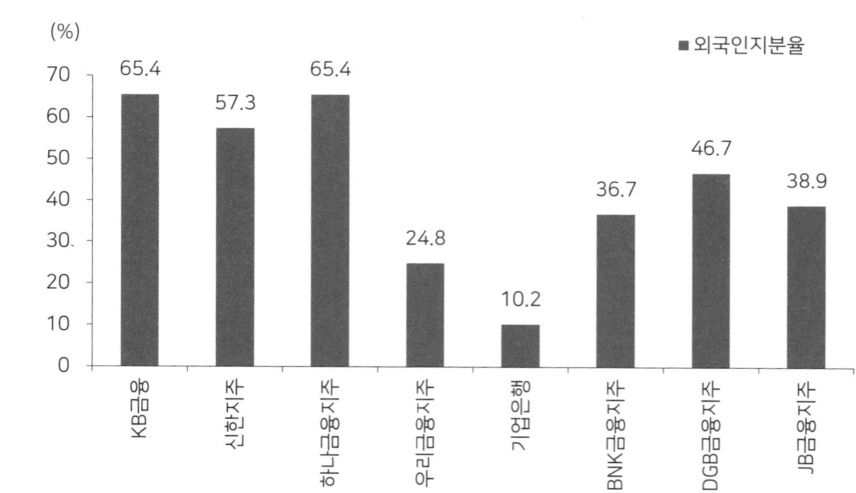

자료: Quantiwise, 메리츠증권 리서치센터

연기금의 은행주 추가 매입 한계는 아쉬운 점

4. 환율

- 금융지주회사법 제8조 → 은행주 보유 제한(시중은행 10%, 지방은행 15%)
- 국내 대표적인 연기금인 국민연금이 은행주 비중을 추가적으로 확대하지 못하는 현실적 이유

코로나19 이후 투자자별 은행주 순매수금액 추이

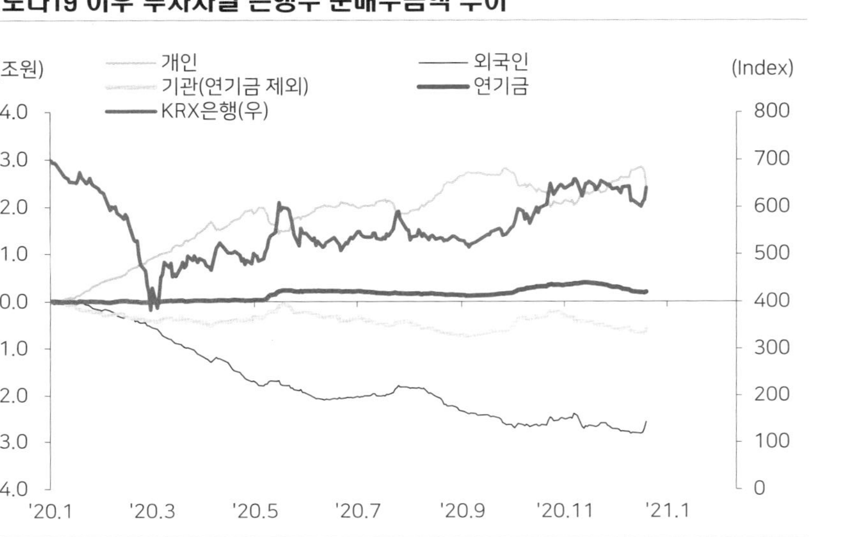

자료: Quantiwise, 메리츠증권 리서치센터

국민연금 은행주 보유 지분 현황

(%) ■국민연금 지분율

	KB금융	신한지주	하나금융지주	우리금융지주	기업은행	BNK금융지주	DGB금융지주	JB금융지주
국민연금 지분율	10.0	9.1	10.0	9.9	6.9	13.5	13.0	10.2

자료: Dart, 메리츠증권 리서치센터

은행

Next Theme

Summary

은행
3년 만의 투자 Theme 변화

Next Theme

- 연중 부진한 흐름을 보이던 은행주 → 바이든 당선, 백신 개발 소식 등으로 금리와 함께 반등에 성공
- 추가적인 주가 상승을 위해선 Bottom up call(실적·배당) 보단 Top down call이 필요한 시점
- 우리는 금리 상승 압력에 기반한 멀티플 확장 가능성, 원화 강세 기조 연장에 따른 우호적인 수급 여건에 주목
- 자본력 보단 레버리지가 높은 종목에 대한 관심 필요 → 우리금융지주/DGB금융지주 최선호주 추천
- 카카오뱅크 상장시 긍정과 부정적 요인 혼재 → 은행업종의 낮은 밸류에이션 환기 vs. 기관·외국인 수급 이탈 리스크 노출

시나리오별 2021년 전망

항목		변수	Worst	Base	Best
주가 결정 요인	**1. 은행**	▪ 금리(NIM) ▪ 환율(외국인수급) ▪ 자산건전성(충당금) ▪ 자본규제(배당)	▪ 하락 (유지 내지 하락) ▪ 원화 약세 (외국인 수급 ↓) ▪ 경상충당금 악화 + 코로나19 충당금 ↑↑ ▪ 배당성향 후퇴	▪ 상승 (소폭 개선) ▪ 원화 강세 유지(외국인 수급 ↑) ▪ 경상충당금 안정 + 코로나19 충당금 ↑ ▪ 배당성향 유지	▪ 상승 (추가 개선) ▪ 원화 추가 강세 (외국인 수급 ↑↑) ▪ 경상충당금 개선 + 코로나 충당금 미발생 ▪ 배당성향 확대
산업 투자 전략			▪ 비중축소	▪ 비중확대	▪ 비중확대
Top-Picks			▪ KB금융, 하나금융지주	▪ 우리금융지주, DGB금융지주	▪ 우리금융지주, DGB금융지주

Part I

3년 만의 투자 Theme 변화

코로나에 울고 백신에 웃고

FY20 Review

- COVID-19 확산 이후 은행주 부진 심화
- 1) 금리 인하, 2) 신용 위험, 3) 정책 부담, 4) 배당 후퇴 가능성 등이 맞물린 결과
- 최근 바이든 당선, 백신 개발 소식 등으로 금리와 함께 반등에 성공

KOSPI 대비 KRX은행 상대주가 추이

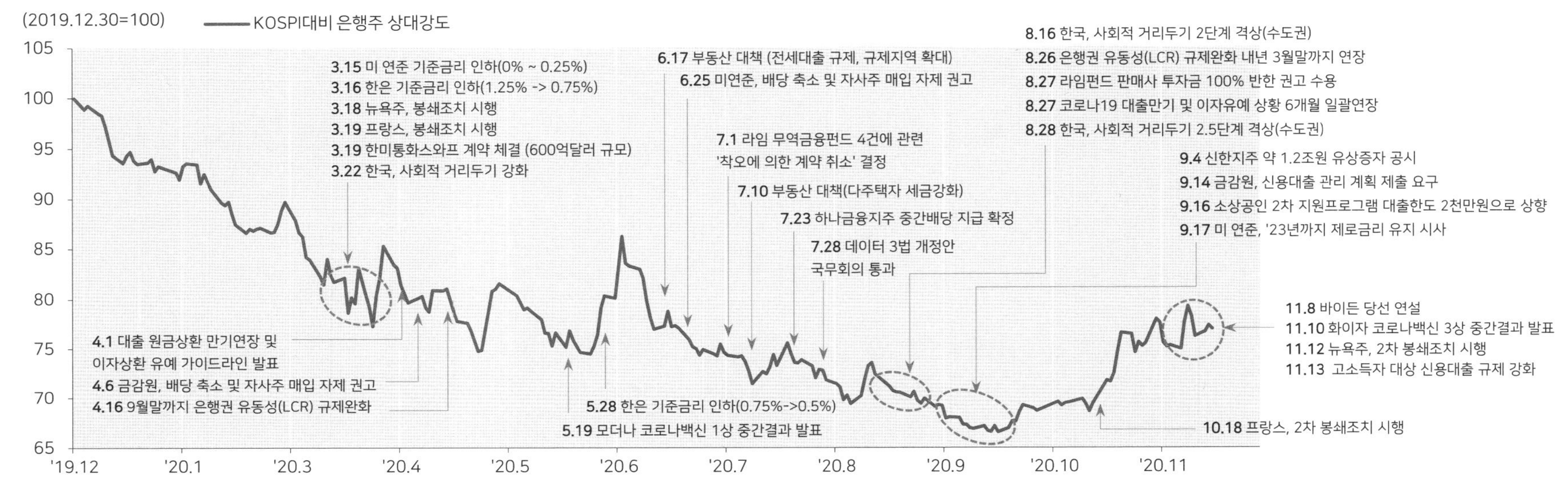
(2019.12.30=100)
KOSPI대비 은행주 상대강도
105
100
95
90
85
80
75
70
65
'19.12
'20.1
'20.3
'20.4
'20.5
'20.6
'20.7
'20.8
'20.9
'20.10
'20.11
3.15 미 연준 기준금리 인하(0% ~ 0.25%)
3.16 한은 기준금리 인하(1.25% -> 0.75%)
3.18 뉴욕주, 봉쇄조치 시행
3.19 프랑스, 봉쇄조치 시행
3.19 한미통화스와프 계약 체결 (600억달러 규모)
3.22 한국, 사회적 거리두기 강화
4.1 대출 원금상환 만기연장 및
이자상환 유예 가이드라인 발표
4.6 금감원, 배당 축소 및 자사주 매입 자제 권고
4.16 9월말까지 은행권 유동성(LCR) 규제완화
5.19 모더나 코로나백신 1상 중간결과 발표
5.28 한은 기준금리 인하(0.75%->0.5%)
6.17 부동산 대책 (전세대출 규제, 규제지역 확대)
6.25 미연준, 배당 축소 및 자사주 매입 자제 권고
7.1 라임 무역금융펀드 4건에 관련
'착오에 의한 계약 취소' 결정
7.10 부동산 대책(다주택자 세금강화)
7.23 하나금융지주 중간배당 지급 확정
7.28 데이터 3법 개정안
국무회의 통과
8.16 한국, 사회적 거리두기 2단계 격상(수도권)
8.26 은행권 유동성(LCR) 규제완화 내년 3월말까지 연장
8.27 라임펀드 판매사 투자금 100% 반환 권고 수용
8.27 코로나19 대출만기 및 이자유예 상황 6개월 일괄연장
8.28 한국, 사회적 거리두기 2.5단계 격상(수도권)
9.4 신한지주 약 1.2조원 유상증자 공시
9.14 금감원, 신용대출 관리 계획 제출 요구
9.16 소상공인 2차 지원프로그램 대출한도 2천만원으로 상향
9.17 미 연준, '23년까지 제로금리 유지 시사
10.18 프랑스, 2차 봉쇄조치 시행
11.8 바이든 당선 연설
11.10 화이자 코로나백신 3상 중간결과 발표
11.12 뉴욕주, 2차 봉쇄조치 시행
11.13 고소득자 대상 신용대출 규제 강화

자료: 언론보도, 메리츠증권 리서치센터

실적 보단 멀티플이 문제

FY20 Review

- 투자자들의 우려 또는 부진했던 주가와 달리 은행권은 양호한 실적 시현
- NIM 하락, 코로나 충당금 부담을 높은 자산 성장과 비은행 계열사 호실적 등으로 만회
- 즉, EPS 보단 밸류에이션 멀티플이 주가 부진을 야기했던 셈

업종별 지배주주순이익 및 성장률

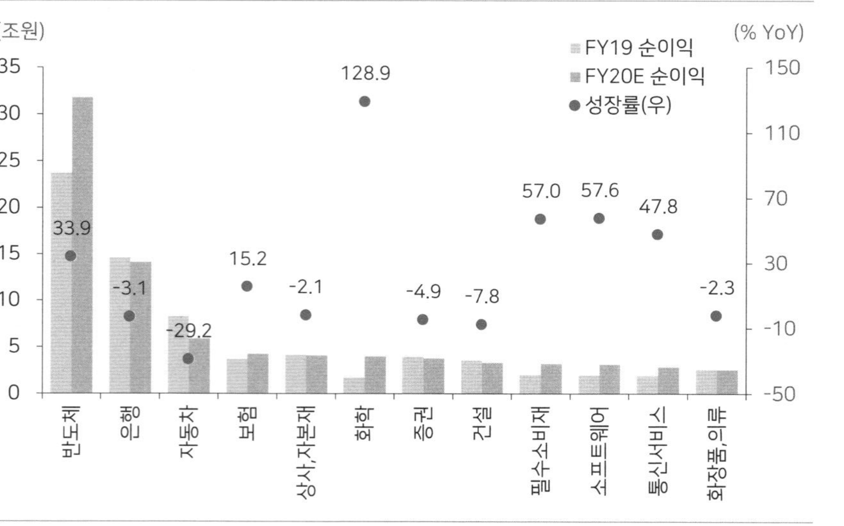

자료: Quantiwise, 메리츠증권 리서치센터

업종별 YTD 수익률

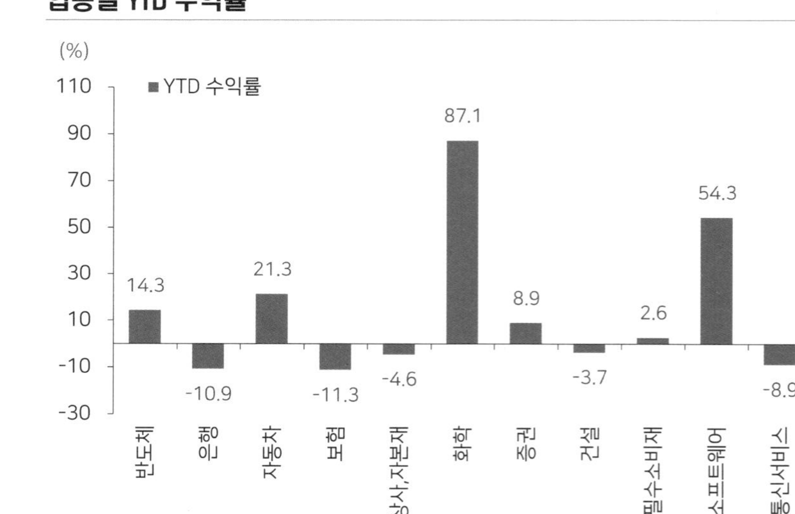

자료: Quantiwise, 메리츠증권 리서치센터

지방은행의 약진

FY20 Review

- 큰 흐름에선 종목간 동행 관계가 유지되고 있으나 수익률 격차는 확대
- 유상증자를 실시한 신한지주, 기업은행이 가장 부진한 가운데 지방은행의 약진이 인상적
- 각종 우려를 뒤로하고 극단적으로 낮아진 밸류에이션에서 금리 모멘텀이 부각된 영향

시중·기업·지방은행 주가 추이

자료: Quantiwise, 메리츠증권 리서치센터

종목별 YTD 수익률

(%) YTD수익률

	KOSPI	JB	DGB	KB	HN	BANK	WR	BNK	IBK	SH
YTD수익률	15.9	5.6	4.1	-2.4	-3.3	-11.6	-14.7	-21.9	-23.1	-23.3

자료: Quantiwise, 메리츠증권 리서치센터

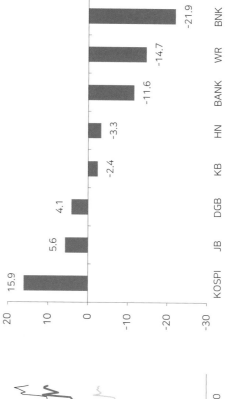

증익? 감익?

FY21 Earnings

- 금리가 추세적으로 하락하기 시작한 '18년 이후 매년 말 감익 우려 부각
- 금리와 실적의 상관관계가 낮아졌음에도 투자자들은 여전히 '금리=은행' 프레임에 갇혀 있는 모습
- 실제 은행업종 밸류에이션은 여전히 금리 방향성이 결정

실적과 밸류에이션의 De-coupling

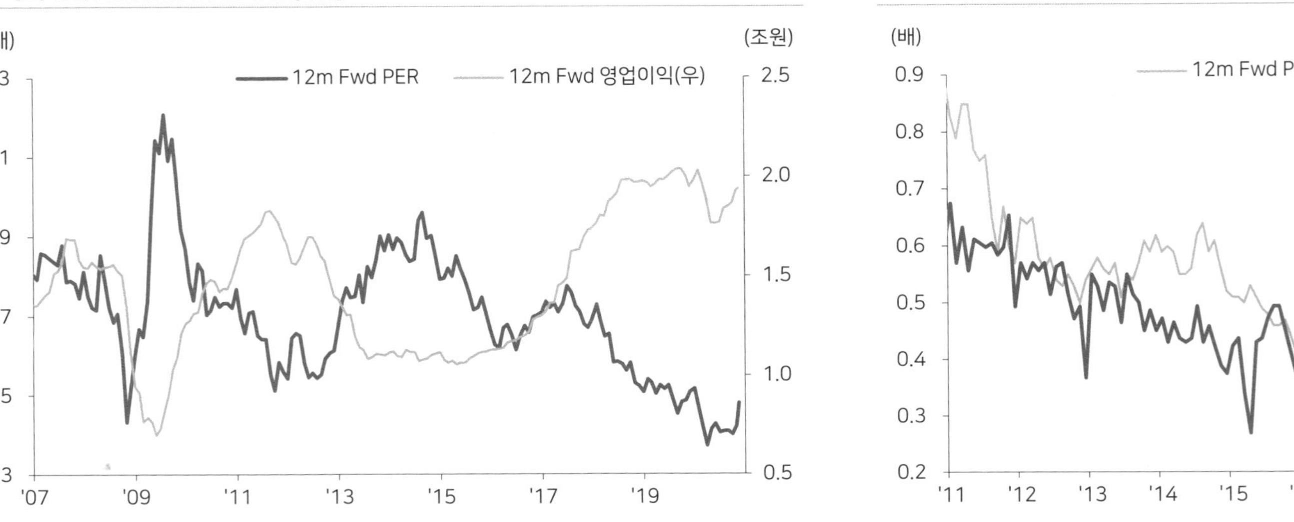

자료: Quantiwise, 메리츠증권 리서치센터

금리가 업종 밸류에이션 방향성 결정

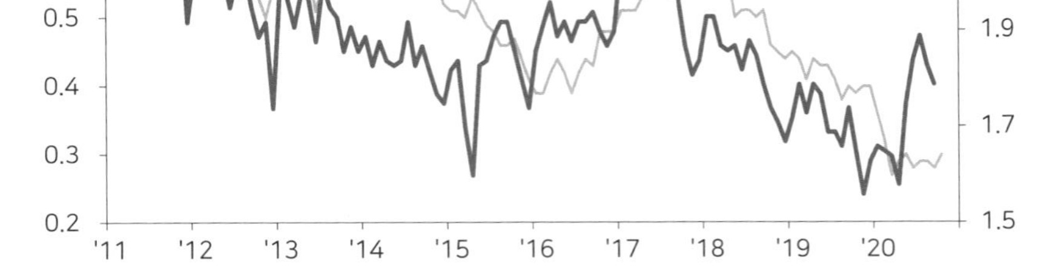

자료: 한국은행, KRX, 메리츠증권 리서치센터

서프라이즈는 없다

FY21 Earnings

- 소폭이나마 NIM 개선이 예상되는 만큼 안정된 실적 흐름은 내년에도 지속
- 그렇다고 '16~'18년과 같은 시장 기대치를 뛰어넘는 어닝 서프라이즈는 재현 불가
- 당시엔 NIM 개선은 물론 가계 중심 자산 포트폴리오로 재편되는 과정에서의 충당금 하락이 동반

FY21E 지배주주순이익 13.7조원(+4.5% YoY)

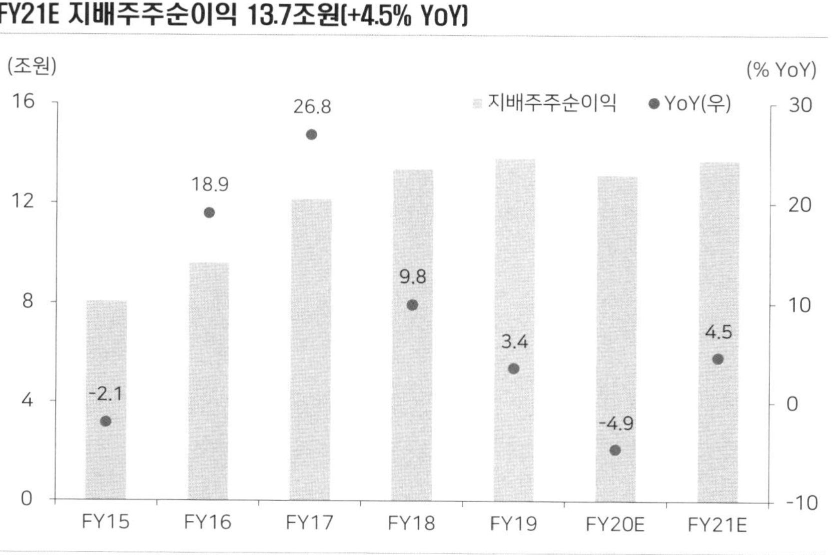

주: 메리츠증권 은행업 유니버스 8개사 합산 기준
자료: 각 사, 메리츠증권 리서치센터

충당금 전입액 추이 및 전망

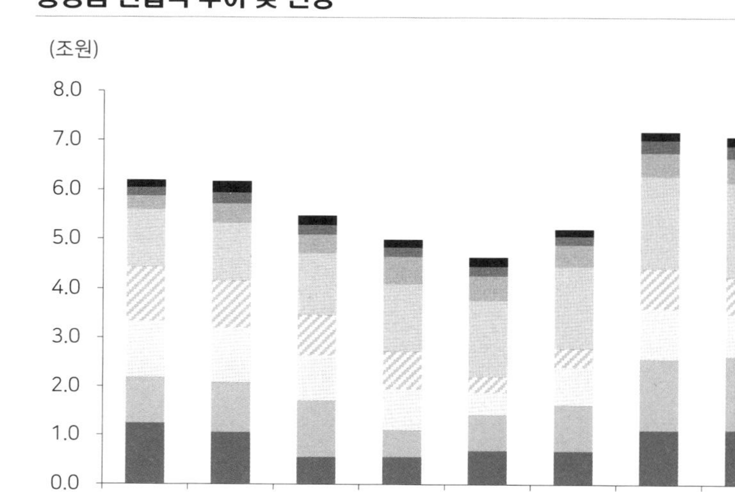

자료: 각사, 메리츠증권 리서치센터

그렇다고 실망도 없다

FY21 Earnings

- 내년 실적 추정의 핵심 변수로 코로나19 관련 추가 충당금 전입 여부 지목
- 각종 금융 지원책으로 이연된 리스크가 현실화 될 경우 단기 실적 악화는 불가피
- 그러나 경기 회복 과정에서 인식될 일회성 비용이란 점에서 불확실성 해소로 접근

대출 만기연장 및 이자상환 유예 실적

	대출 만기연장	이자상환 유예
시중은행	51조 3,180억원 (17만 8,168건)	391억원 (3,480건)
정책금융기관	23조 5,546억원 (4만 3,251건)	319억원 (3,385건)
제2금융권	9,023억원 (2만 4,592건)	364억원 (2,517건)
합계	**75조 7,749억원 (24만 6.011건)**	**1,075억원 (9,382건)**

주: '20년 8월 14일 기준
자료: 금융위, 메리츠증권 리서치센터

코로나19 피해 중소기업 · 소상공인 만기연장 및 상환유예 가이드라인

(지원대상) 코로나19로 인해 직 · 간접적 피해가 발생한 중소기업 · 소상공인으로서, 원리금 연체, 자본잠식, 폐업 등 부실이 없는 경우

- 연매출 1억원 이하 업체는 별도 증빙 없이 피해 업체로 간주
- 연매출 1억 초과 업체는 원칙적으로 매출 감소를 입증하는 자료 제출 (카드사 매출액 자료, 전자세금계산서, 통장사본 등)

(적용 대상 대출) 2021.3.31일까지 상환기한이 도래하는 개인사업자를 포함한 중소기업대출로 보증부대출, 외화대출 등 포함

- 2020.3.31일 이전에 대출 받은 기존 대출에만 적용
- 정책자금 · 협약대출은 자금지원기관의 동의가 있는 경우 지원대상에 포함
- 파생상품(금리 · 통화스왑 등) 관련 대출도 모든 거래당사자가 동의시 지원대상에 포함

자료: 금융위, 메리츠증권 리서치센터

끊어진 연결고리

FY21 Dividend

- 비은행 자회사 확대, 글로벌 진출 등의 노력으로 은행권 이익 체력 큰 폭으로 향상
- 그럼에도 주가가 화답하지 못한 이유는 글로벌 Peer 대비 낮은 주주환원율 때문
- 실제 자사주 매입을 제외한 배당성향 기준으로도 미국/유럽은행 대비 한참 뒤쳐지는 수준

한국·미국·유럽 주요은행 FY19 배당성향

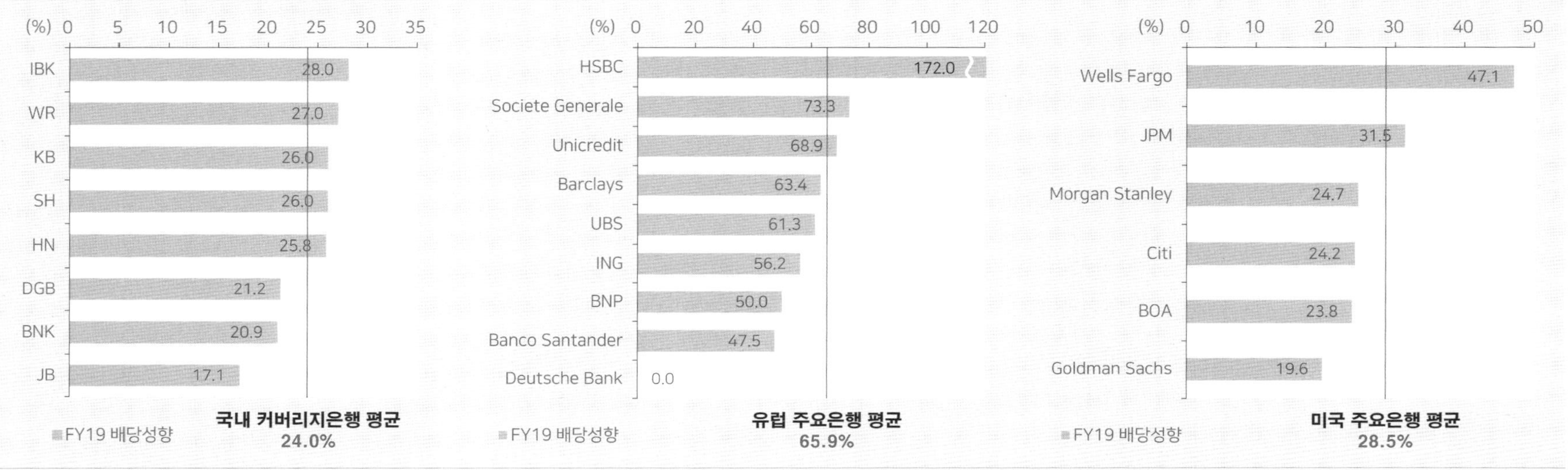

자료: Dart, Bloomberg, 메리츠증권 리서치센터

배당성향 확대 기대는 시기상조

FY21 Dividend

- 업종 대표주들을 중심으로 반기 배당, 분기 배당 등의 의지 피력
- 방법론 변경에 불과하나 연말 배당 불확실성을 경감시킨다는 점에서 긍정적으로 평가
- 그러나 배당성향 상향이 쉽지 않은 만큼 업종 Re-rating 요인으로 간주하기에도 무리

3대 금융지주 Payout Ratio 추이 및 전망

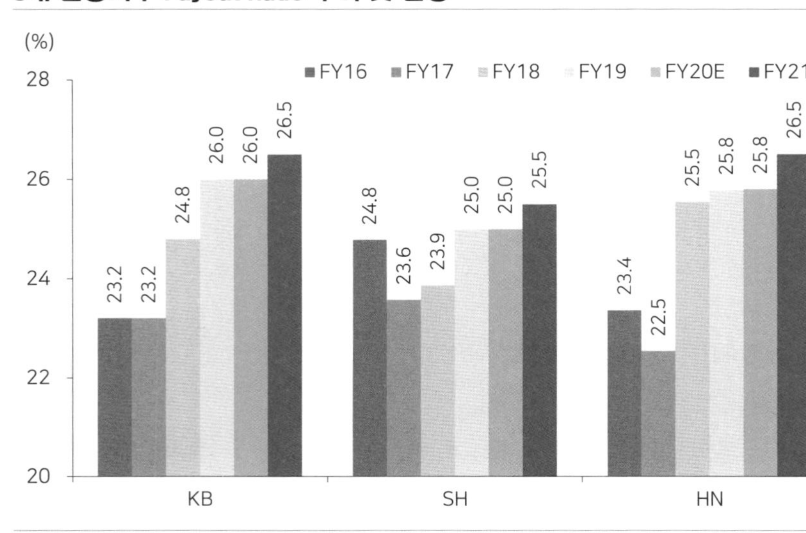

자료: 각 사, 메리츠증권 리서치센터

종목별 FY20E 배당수익률

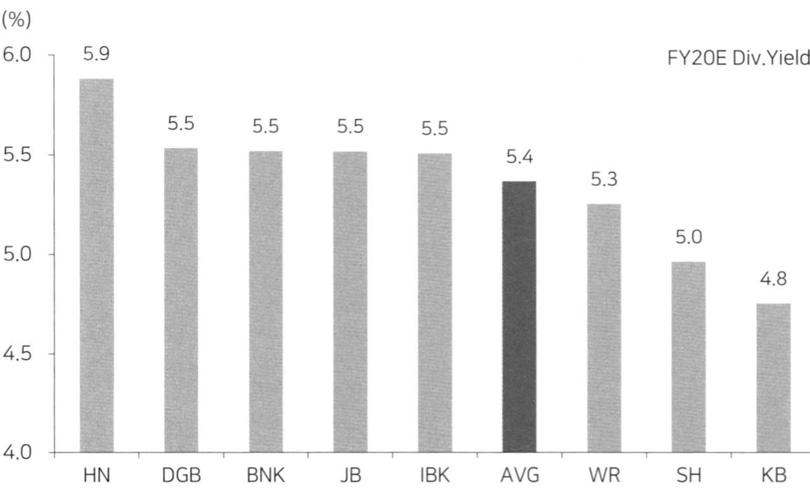

자료: 각 사, 메리츠증권 리서치센터

멀티플 + 수급 > 실적 + 배당

FY21 Outlook

- 주가 상승의 피로감이 존재하는 만큼 전술한 실적·배당 등에 기댄 Bottom up call은 설득력 부족
- 추가 상승을 위해선 Top down call이 필요하단 의미
- 우리는 금리 상승 압력에 기반한 멀티플 확장, 원화 강세 기조 연장에 따른 우호적인 수급 여건을 주목

금리 모멘텀 여부에 따른 은행주 투자 Theme

자료: 메리츠증권 리서치센터

금리 상승 ≒ 신용위험 경감

FY21 Multiple

- 실물 경기 부진에도 경기 회복 기대감(≒ 백신 및 치료제 개발)이 금리에 투영되는 요즘
- 이를 은행 입장에서 해석하면 현재의 금리 상승은 잠재 신용위험 경감과 동일한 표현
- 미국 은행주가 항공주, 에너지주에 동행 또는 후행 하는 것도 같은 맥락

백신 개발 기대감 금리에 투영

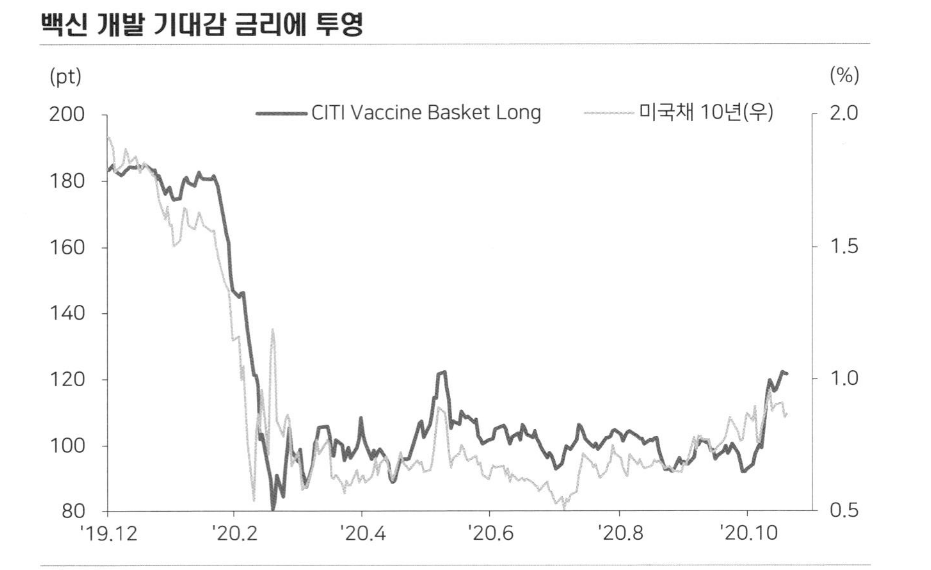

자료: Bloomberg, 메리츠증권 리서치센터

미국 은행 · 항공 · 에너지주 추이

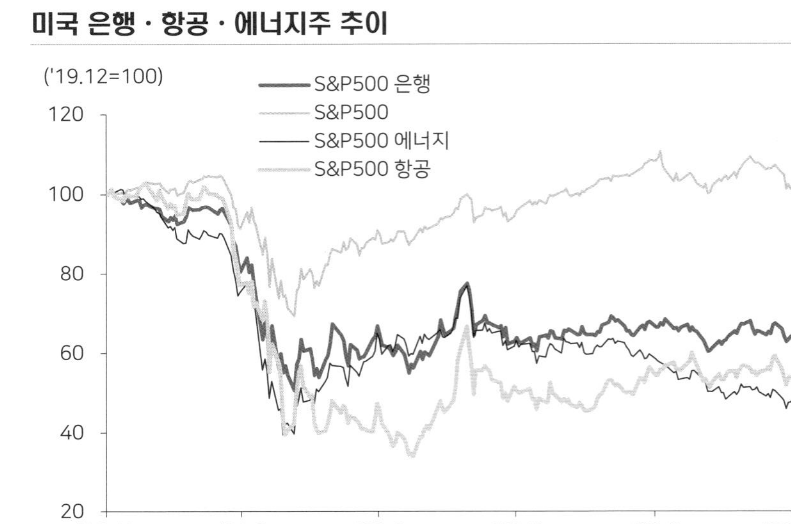

자료: Bloomberg, 메리츠증권 리서치센터

단기 부침은 있어도 방향성은 명확

FY21 Multiple

- 코로나 확진자 수 증가, 사회적 거리두기 및 락다운 등은 이제 주식시장의 변수가 아닌 상수
- 백신 및 치료제 개발, 재정정책 시행 등 과정의 둔탁함 속에 부침은 있겠으나 방향성은 비교적 명확
- 금리 상승 압력이 지속될 가능성이 높은 만큼 밸류에이션 멀티플 확장 기대감 유효

코로나 확진자 수 증가에도 금리 상승 기조 유지

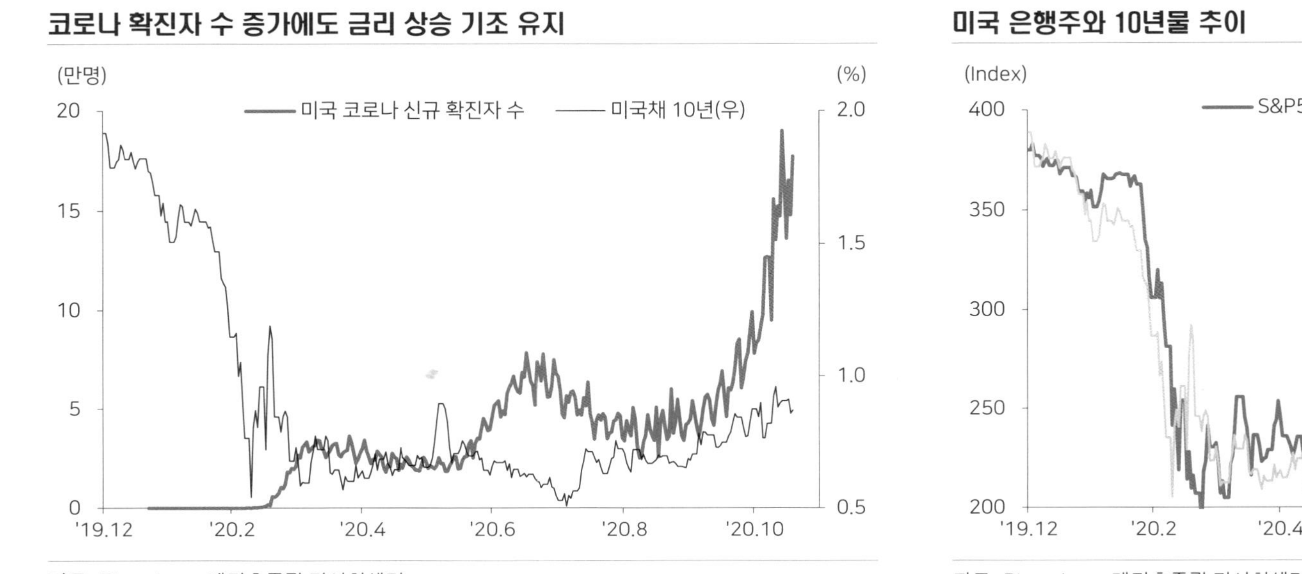

자료: Bloomberg, 메리츠증권 리서치센터

미국 은행주와 10년물 추이

자료: Bloomberg, 메리츠증권 리서치센터

달러 약세 & 위안화 강세

FY21 FX

- 달러화는 전형적인 경기 역행적(Counter-Cyclical) 통화이자 안전자산
- 글로벌 경기 회복이 가시화 될수록 약달러 현상 심화 불가피
- 반면 위안화는 가파른 경기 회복 및 자본시장 개방 등을 근거로 강세 기조 유지 가능

달러화 약세

자료: Bloomberg, 메리츠증권 리서치센터

위안화 강세

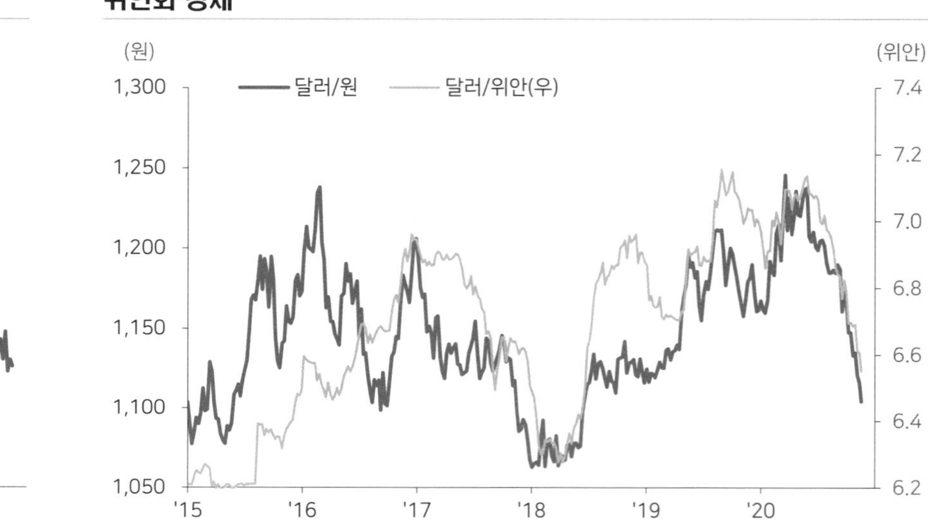

자료: Bloomberg, 메리츠증권 리서치센터

외국인이 돌아온다

FY21 FX

- 원화는 전형적인 Risk-on Currency로 달러 보단 위안화에 연동
- 은행 실적과 환율의 상관관계는 높지 않으나 주가는 강력한 역의 상관관계 보유
- 원화 강세 연장으로 역대 최저 수준으로 하락한 외국인 수급 여건 개선 기대

환율과 은행주의 역의 상관관계

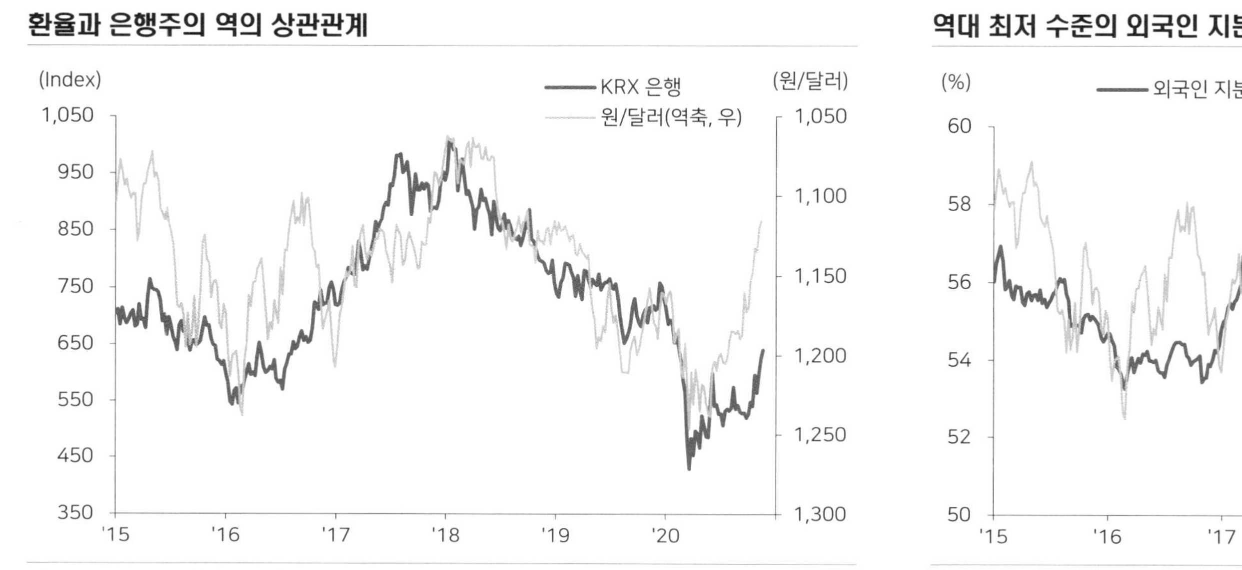

자료: Quantiwise, 메리츠증권 리서치센터

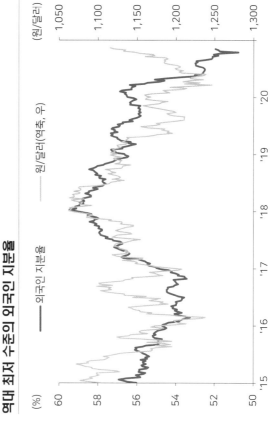

역대 최저 수준의 외국인 지분율

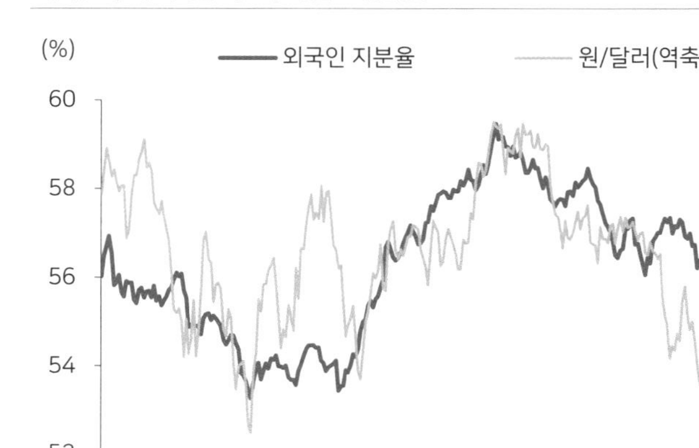

자료: Quantiwise, 메리츠증권 리서치센터

순환적 사고의 극복

FY21 Strategy

- 부진했던 주가 탓에 투자자들의 기저엔 순환적 사고 또는 트레이딩 전략 관성화
- 일례로 배당수익률 밴드 상단 터치, 실적 기저효과 부담 등이 투자 심리에 부정적으로 작용 가능
- 이에 단기 기간 · 가격 조정이 나올 수 있으나 우호적인 매크로 환경을 감안시 상승 추세는 지속될 전망

KB금융 배당수익률 Band Chart

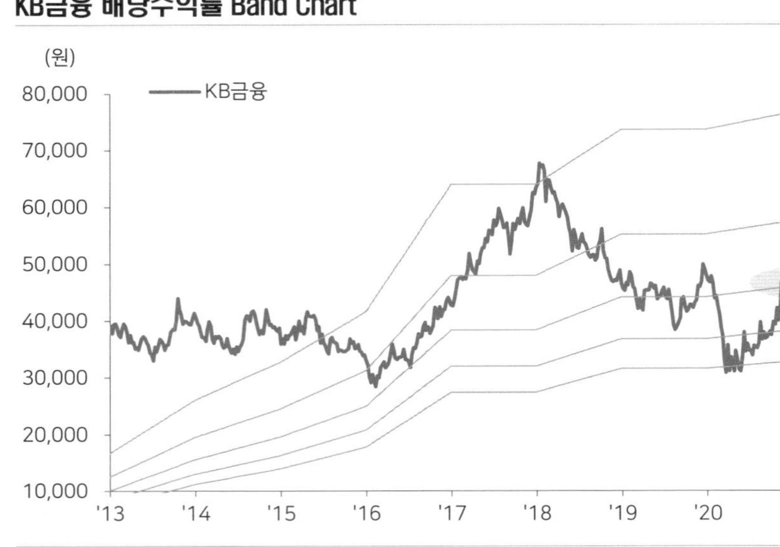

자료: KB금융, 메리츠증권 리서치센터

업종별 '20년, '21년 순이익 및 증감률(컨센서스 기준)

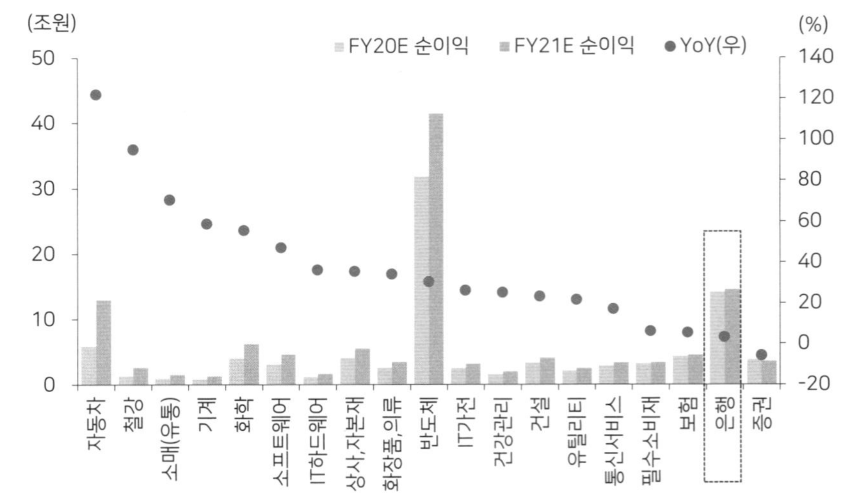

자료: Quantiwise, 메리츠증권 리서치센터

자본력 보단 레버리지

FY21 Strategy

- 지난 3년간 은행업종을 관통했던 투자 아이디어는 높은 자본비율이 가진 밸류에이션 프리미엄
- 경기 및 금리 하강 국면(≒ 은행업종 비중 축소 과정)에서의 일종의 방어 논리 기재
- 반대로 내년엔 자본력 보단 금리 레버리지가 큰 종목에 좀 더 관심을 가질 필요

CET1 비율과 Valuation

KOSPI 내 은행업종 비중 추이

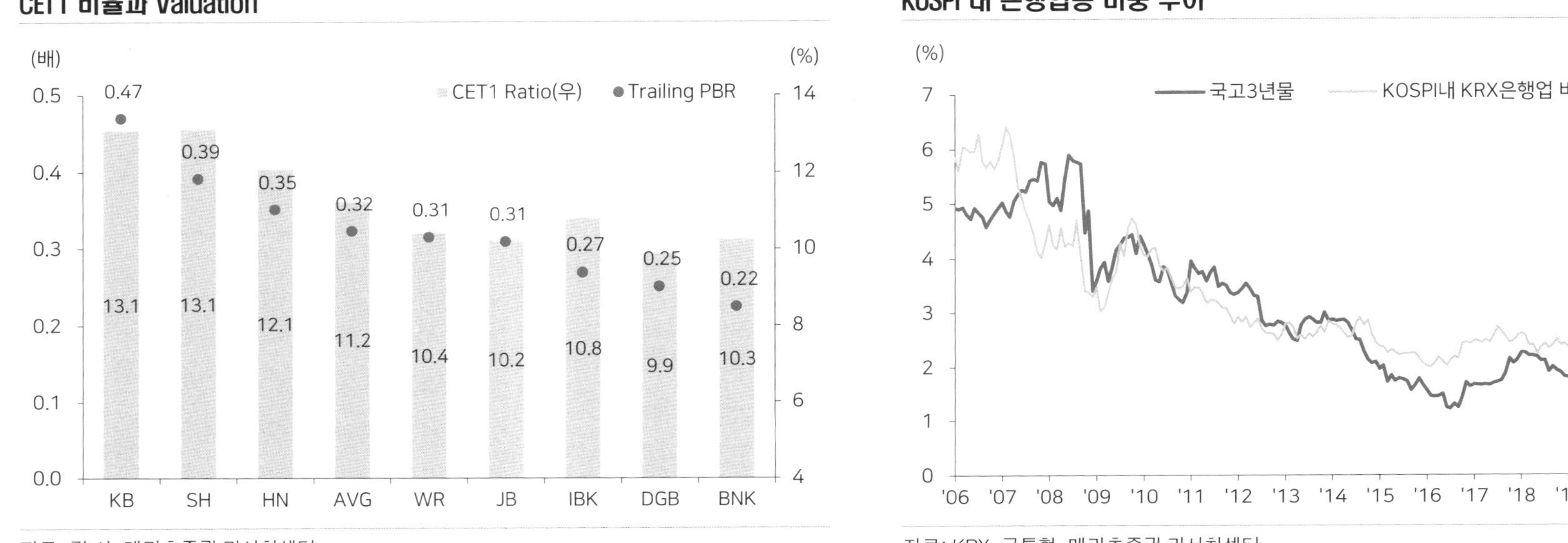

자료: 각 사, 메리츠증권 리서치센터

자료: KRX, 금투협, 메리츠증권 리서치센터

카카오뱅크 IPO 추진

FY21 Issue

- 언론 보도상 카카오뱅크 내년 하반기를 목표로 IPO 준비 시작
- 최근엔 상장 전 추가 자산 성장 및 자본비율 관리를 위한 1조원의 자본 확충 단행
- 현재 장외 시가총액은 30~40조원에서 형성, 투자자 유치 과정에선 약 9.3조원의 기업가치 인정

여·수신 잔액 및 예대율 추이

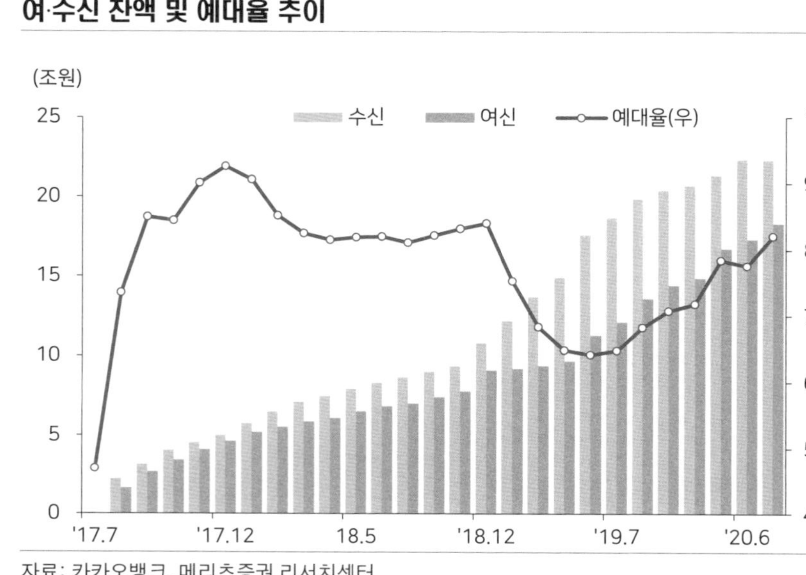

자료: 카카오뱅크, 메리츠증권 리서치센터

고 신용자 중심 영업으로 출범 3년 만에 흑자전환 성공

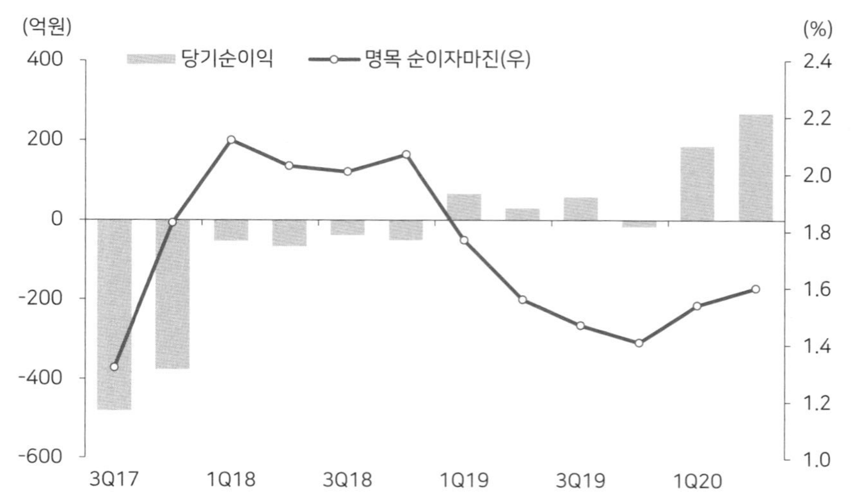

자료: 카카오뱅크, 메리츠증권 리서치센터

플랫폼 기반의 리테일 뱅크

FY21 Issue

- 카카오뱅크의 핵심 경쟁력은 플랫폼에 기반한 리테일 뱅크라는 점
- 실제 출범과 동시에 8.2 부동산 대책 발표로 신용대출 수요 급증하며 초기 흥행 성공
- 이후 공격적인 금리 및 한도 제공, 발 빠른 자본확충 등으로 현재 가계대출 시장 7.6% 수준까지 침투

차주별 대출성장률 추이

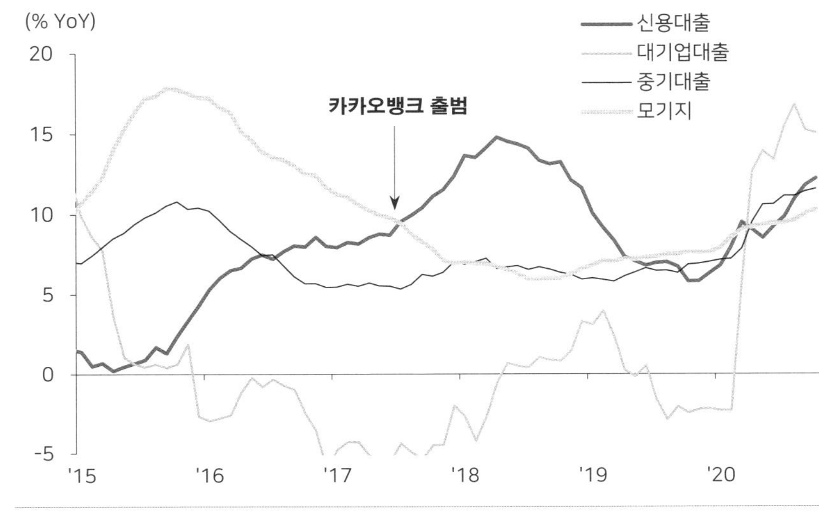

자료: 한국은행, 메리츠증권 리서치센터

은행별 신용대출 잔액 비중 추이

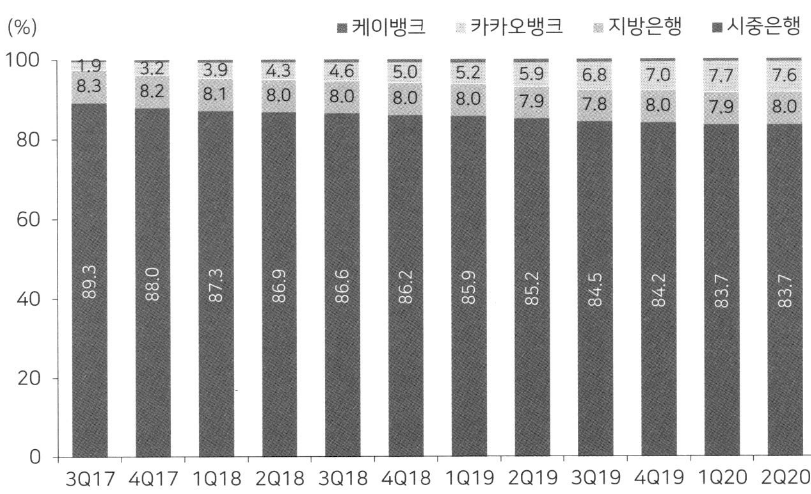

자료: 금감원, 메리츠증권 리서치센터

목적이 아닌 수단으로서의 은행

FY21 Issue

- 신용대출 규제 강화, 모기지 시장 진출의 한계 등 추가 여신 성장 동력 확보 가능성에 대해선 의문
- 다만 목적이 아닌 수단으로서의 은행인 만큼 여·수신 기능보단 금융 플랫폼 역할 수행 여부가 더 중요
- 같은 의미에서 신용카드 발급, 제2금융권 연계대출 등의 새로운 서비스 출시는 긍정적인 행보로 평가

카카오뱅크 신용카드 가입자수

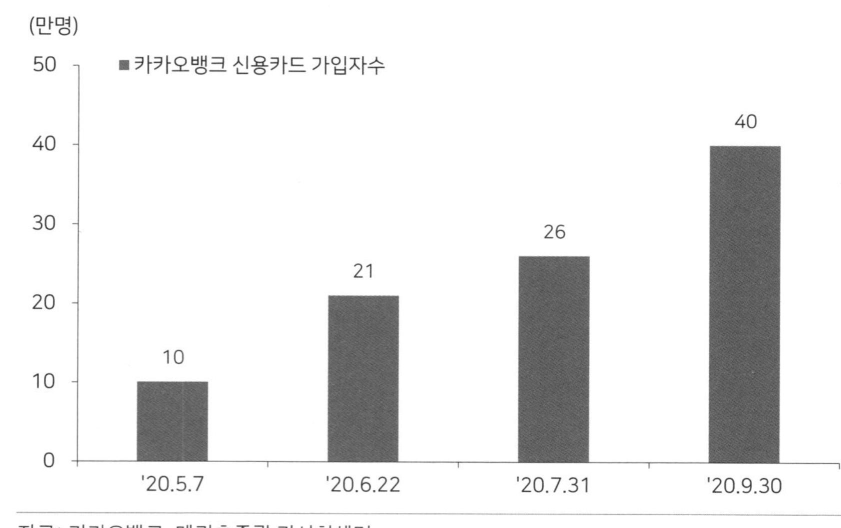

자료: 카카오뱅크, 메리츠증권 리서치센터

카카오뱅크 연계대출 실행건수와 대출 금액

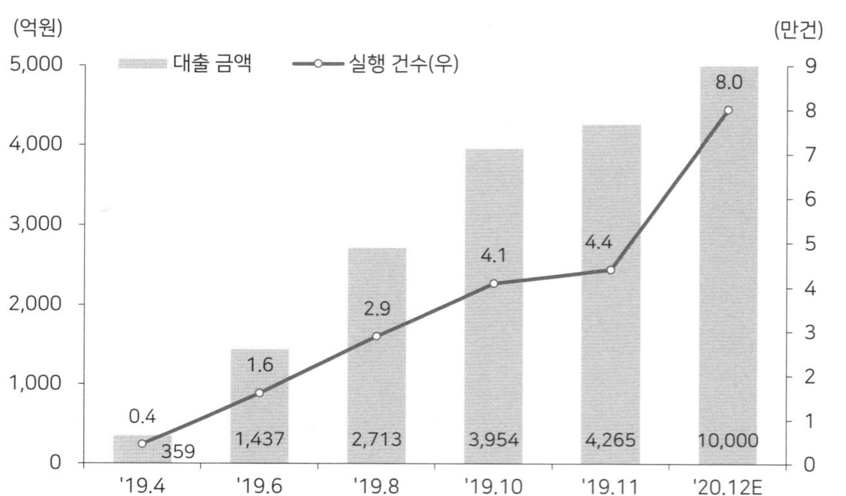

자료: 카카오뱅크, 메리츠증권 리서치센터

카카오뱅크 상장은 긍정과 부정 혼재

FY21 Issue

- 은행업이 자본 규모에 비례한 레버리지 산업이라는 점에서 예대업무 관련 실질 영향력은 아직 제한적
- 다만 상장시 주가적인 측면에선 긍정과 부정적 요인이 혼재
- 낮은 밸류에이션을 환기시킬 수 있는 이벤트인 동시에 기관·외국인 수급 이탈 리스크 노출 예상

상장은행 및 카카오뱅크 시가총액

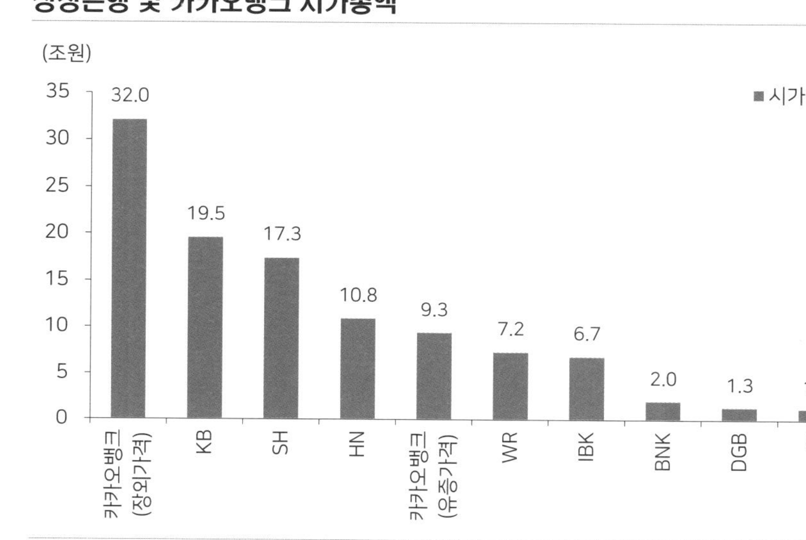

자료: Quantiwise, 메리츠증권 리서치센터

주요은행 및 카카오뱅크 자기자본

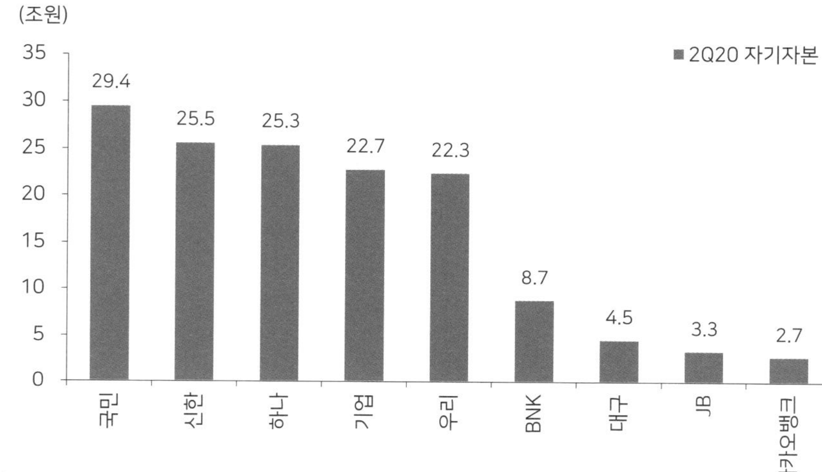

주: 1) BNK는 부산은행/경남은행 합산, JB는 전북은행/광주은행 합산 기준
2) 카카오뱅크 1조원 유상증자 완료 기준
자료: 금감원, 메리츠증권 리서치센터

기초

엔터/레저

주식 관점에서 접근하는 놀이문화

엔터/레저
Analyst 이효진

Part I

엔터테인먼트 산업

1. 엔터 이익의 핵심은 여전히 '앨범, 콘서트, 굿즈'

실적의 swing factor 가려내기

- 아이돌의 활동은 '앨범-방송활동-국내 콘서트-해외 콘서트'가 하나의 주기를 형성
- 엔터 업체들의 수익 구조 핵심은 '앨범, 콘서트, 굿즈'임. 이 중 영업이익은 콘서트와 연관관계가 가장 높음

엔터 3사 콘서트 매출 vs. 영업이익

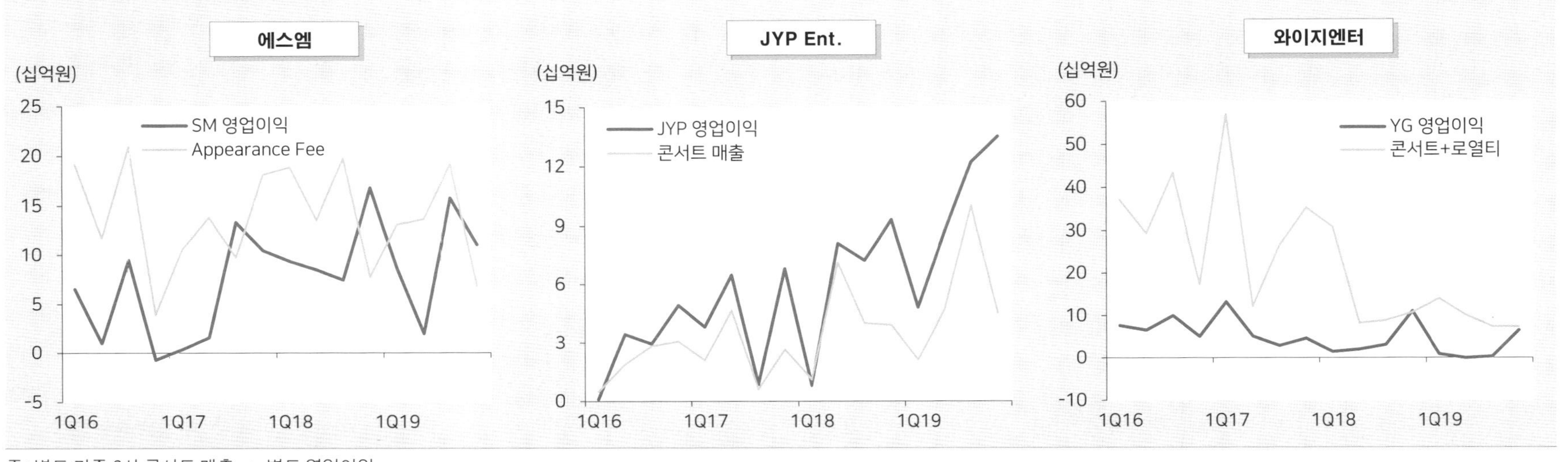

주: 별도 기준 3사 콘서트 매출 vs. 별도 영업이익
자료: 각 사 홈페이지, 메리츠증권 리서치센터 추정

2. 주가 이야기: 과거 돌아보기 ① ~2017년

엔터 산업 주가 변동 요인은?

- ~2016년: 주요 요소는 중국
- 2017년: THAAD로 중국 프리미엄 사라지며 SM, YG 고전. JYP 독주

엔터 3사 시가총액 추이

자료: Quantiwise, 메리츠증권 리서치센터

2. 주가 이야기: 과거 돌아보기 ② 2018년

Next BTS를 찾아라

- 엔터 3사 내 데뷔 만 3년 이내 그룹을 중심으로 투자자 각자가 생각하는 next BTS에 따라 투자가 결정됨
- 이는 곧 3사 시가총액의 '키 맞추기' 과정으로 이어짐
- 사실 BTS 이전에도 여러 아이돌이 글로벌 성과를 기록한 바 있음. BTS의 성공을 과거 사례와 달리 높이 평가하는 이유는 하나. Pop의 본 고장인 미국에서 뿌리내리는 데 성공했기 때문

2018년 엔터테인먼트 업체들 시가총액 추이

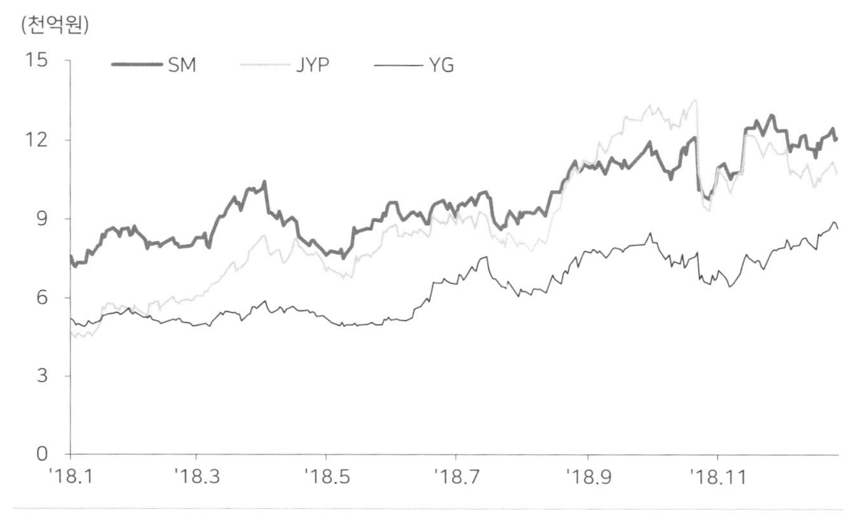

자료: Quantiwise, 메리츠증권 리서치센터

Next BTS로 투자자들이 점 찍은 그룹은?

주: 왼쪽 위부터 시계방향으로 NCT127, 블랙핑크, 스트레이키즈, GOT7
자료: 각 사 홈페이지

2. 주가 이야기: 과거 돌아보기 ② 2018년

투자자들이 유튜브에 주목하기 시작한 시점

- 그러나 해외 팬덤 규모를 가늠할 지표가 사실상 부재함
- 이에 투자자들은 유튜브 지표에 주목하기도 함. BTS의 성공 요인 중 하나로 '유튜브'가 꼽히기 때문
- 일부 투자자들은 유튜브 조회 수가 높은 그룹이 규모의 팬덤을 구축한다고 여기며 중요 지표로 평가하기도 하며 이 때부터 유튜브에 대한 시장 관심도 높아짐

방탄소년단 성공 요인으로 꼽히는 요소들

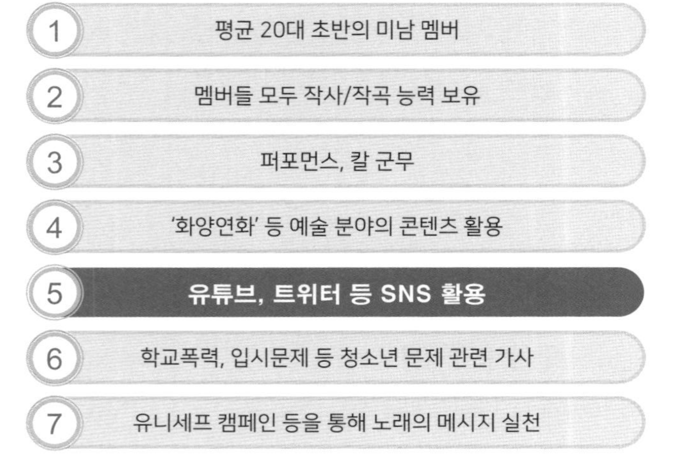

1 평균 20대 초반의 미남 멤버
2 멤버들 모두 작사/작곡 능력 보유
3 퍼포먼스, 칼 군무
4 '화양연화' 등 예술 분야의 콘텐츠 활용
5 유튜브, 트위터 등 SNS 활용
6 학교폭력, 입시문제 등 청소년 문제 관련 가사
7 유니세프 캠페인 등을 통해 노래의 메시지 실천

자료: 중소기업신문, 2017.11.6 "왜 방탄소년단이 대세인가", 메리츠증권 리서치센터

BTS와 3사 대표 아티스트의 공식 유튜브 채널 조회수 순증 추이

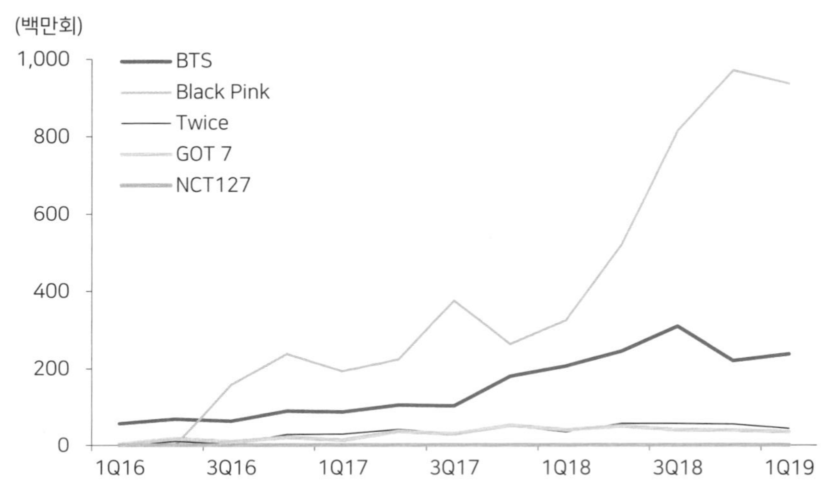

자료: Youtube, 메리츠증권 리서치센터

2. 주가 이야기: 과거 돌아보기 ② 2018년

유튜브 증가율과 이익 증가율 괴리 커

- 유튜브 뷰 수는 실제로 크게 증가
- 각 업체별 이익과 유튜브 수치의 증가율을 비교했을 때 특별한 연관관계를 찾기 어려움
- 결국 유튜브 수치 자체가 산업의 이익 방향성을 바꾼 것은 아님을 알 수 있음

엔터 3사 공식 유튜브 채널 뷰 수 순증 추이

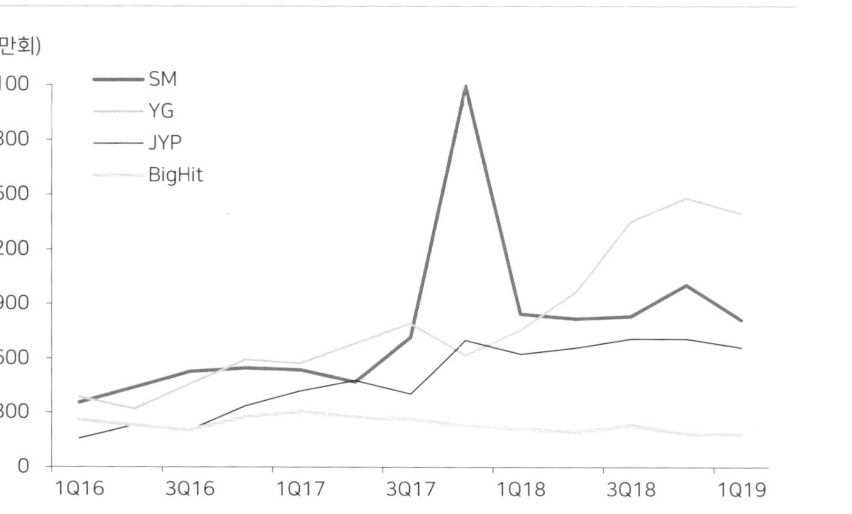

주: SM은 SM Town, 엑소, 샤이니, NCT 127, YG는 YG Family, 빅뱅, 블랙핑크, 위너, 아이콘, JYP는 JYP Nation, Twice, GOT 7, BigHit는 BTS 합산
자료: Social Blade, 메리츠증권 리서치센터

엔터 3사 1Q19 유튜브 뷰 수 증가율과 별도 이익 증가율

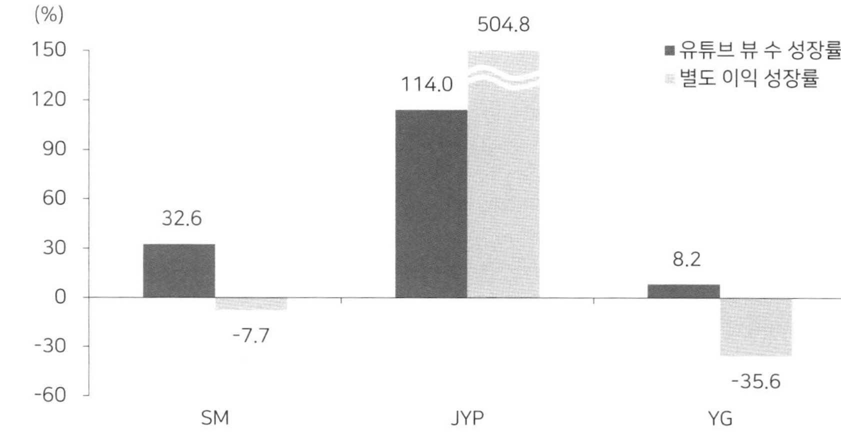

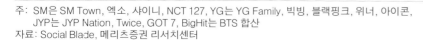

자료: Social Blade, company data, 메리츠증권 리서치센터

2. 주가 이야기: 과거 돌아보기 ③ 2019년

버닝썬이 쏘아 올린 작은 공

- 버닝썬 사태는 상승세였던 엔터주에 찬물을 끼얹는 사건이 됨
- YG에 국한된 사건이었으나 주가는 3사 동조화 보여

버닝썬 사건 관련 개요

일시	내용
2018-12-14	▪ 김씨가 빅뱅 승리가 운영하는 클럽 '버닝썬'에서 성추행 당하던 여성을 도와주려다 보디가드에 집단 구타를 당했다는 내용의 글을 인터넷 커뮤니티에 업로드. ▪ 이 과정에서 경찰이 제대로 된 수사를 진행하지 않았고, 오히려 클럽 측과 협력하는 모습을 보였다고 주장
2018-12-21	▪ 여성 3명이 김씨를 강제 추행 혐의로 고소. 하지만 이 여성들은 중국인 담당 MD '애나'를 포함하여 모두 버닝썬 연관 인물들이라는 것이 밝혀짐.
2019-01-28	▪ 마약에 취한 여성의 모습이 담긴 CCTV 영상 공개되면서 논란 확산. 마약 유통 및 복용이 횡행했다는 증언도 잇따라 발생
2019-01-30	▪ 서울경찰청 광역수사대가 경찰 유착과 클럽 내 성폭행 및 마약 의혹 수사에 착수 ▪ 수사 결과, 마약으로 의심되는 액체와 백색 가루 다수 발견. 버닝썬 대표 및 영업사장 모발에서도 마약 성분 검출
2019-02-21	▪ 전직 강남경찰서 소속 경찰관 강모씨는 소환 조사 도중, 버닝썬에서 돈을 받아 돈을 살포했다는 사실을 인정 ▪ 서울지방경찰청은 버닝썬 폭력 사건을 강남경찰서에서 서울지방경찰청 광역수사대로 이송
2019-02-26	▪ 승리가 2015년 말 재력가 고객에게 성접대를 제공하려 한 카카오톡 대화가 보도
2019-03-10	▪ 경찰은 성매매알선 등 행위의 처벌에 관한 법률 위반 혐의로 승리를 입건. 피의자 신분으로 조사 ▪ 경찰, 성접대 의혹이 제기된 클럽 아레나를 압수 수색
2019-03-11	▪ 경찰은 승리 조사 과장에서 정준영이 불법 촬영이 의심되는 성관계 동영상을 유포한 혐의를 포착. 이후 입건 조사
2019-03-13	▪ 방정현 변호사는 버닝썬 사건에 강남경찰서장 넘어서는 직위가 관련되어 있다고 폭로
2019-03-20	▪ 국세청은 YG엔터테인먼트 본사 및 유흥업소를 상대로 특별 세무조사에 착수. '바지사장'을 활용한 탈세와 해외공연 수익 역외탈세 등 조사
2019-05-27	▪ MBC '스트레이트' 2014년 7월 양현석이 동남아시아 재력가 2명 등을 상대로 성접대를 했다는 사실을 보도

자료: 머니투데이 등 언론 종합, 메리츠증권 리서치센터

2. 주가 이야기: 과거 돌아보기 ④ 2020년

이벤트에 따른 2020년 주가 해석하기

- 2020년 엔터 산업의 주가는 세 구간으로 나눌 수 있음
- 코로나19와 빅히트 상장이 각각의 분기점으로 작용
- 코로나19 이전(~3월): 대통령 1월 신년사 '시진핑 방한' 언급-중국 기대감 급부상
- 빅히트 증권신고서 제출 및 상장(9월): 투자 대상 3사 → 4사

엔터 4사 주가 추이

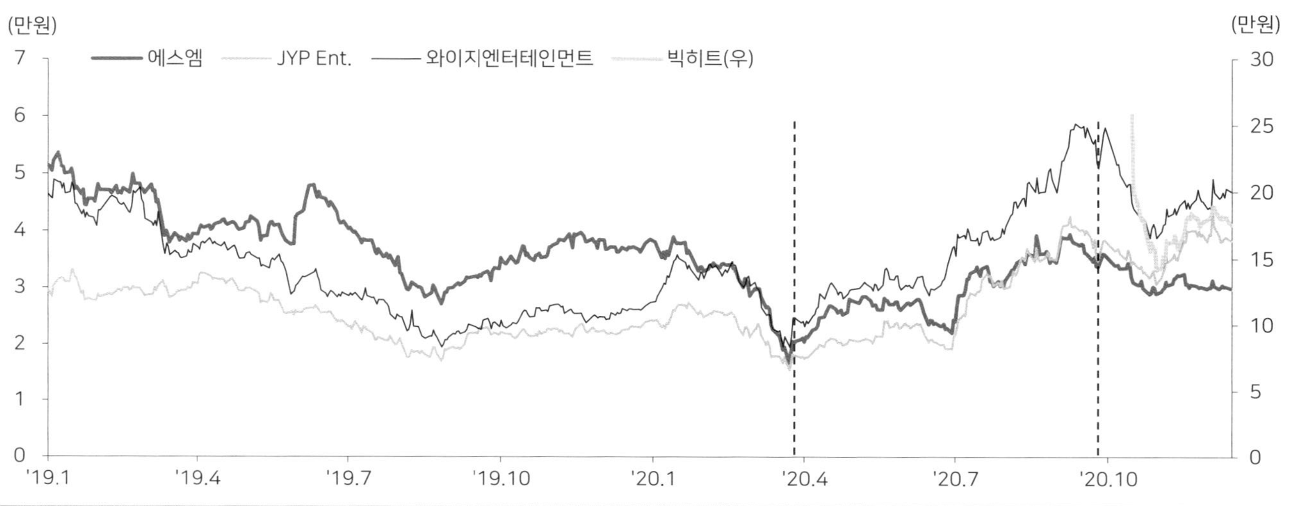

자료: Quantiwise, 메리츠증권 리서치센터

2. 주가 이야기: 과거 돌아보기 ④ 2020년

2020년-2차

▪ 코로나19 이후 앨범의 위상 변화

2019년 30만장 이상 판매고를 올린 앨범 리스트

아티스트명	앨범명	판매량 (장)
방탄소년단	MAP OF THE SOUL _ PERSONA	3,718,230
세븐틴	3RD ALBUM `An Ode`	858,872
EXO	OBSESSION - The 6th Album	766,294
X1	비상 _ QUANTUM LEAP	580,573
방탄소년단	BTS WORLD OST	553,364
백현	City Lights - The 1st Mini Album	525,935
강다니엘	color on me	500,134
세븐틴	6TH MINI ALBUM `YOU MADE MY DAWN	475,998
슈퍼주니어	Time_Slip - The 9th Album	427,647
TWICE	Feel Special	413,459
TWICE	FANCY YOU	394,405
세훈&찬열	What a life - The 1st Mini Album	391,121
방탄소년단	LOVE YOURSELF 承 `Her`	369,601
방탄소년단	LOVE YOURSELF 結 `Answer`	363,570
방탄소년단	LOVE YOURSELF 轉 `Tear`	332,372
NCT DREAM	We Boom - The 3rd Mini Album	327,805
BLACKPINK	KILL THIS LOVE	324,577
GOT7	SPINNING TOP _ BETWEEN SECURITY & INSECURITY	314,948

자료: 가온차트, 메리츠증권 리서치센터

2020년 Top 18 앨범 리스트

아티스트명	앨범명	판매량 (장)
방탄소년단	MAP OF THE SOUL _ 7	4,349,651
방탄소년단	BE (Deluxe Edition)	2,655,843
NCT	NCT RESONANCE Pt. 1 - The 2nd Album	1,453,630
BLACKPINK	THE ALBUM	1,227,656
세븐틴	Special Album '; [Semicolon]'	1,119,516
NCT 127	NCT #127 Neo Zone - The 2nd Album	831,249
NCT DREAM	Reload	626,975
TWICE	Eyes wide open	473,195
투모로우바이투게더	minisode1 _ Blue Hour	450,860
Stray Kids	IN生	430,892
더보이즈	5th MINI ALBUM [CHASE]	367,708
투모로우바이투게더	꿈의 장_ ETERNITY	353,094
Stray Kids	GO生	332,055
ENHYPEN	BORDER _ DAY ONE	318,528
GOT7	Breath of Love _ Last Piece	280,188
몬스타엑스	Fatal Love	277,083
SUPER JUNIOR-D&E	BAD BLOOD - The 4th Mini Album	227,835
TREASURE	THE FIRST STEP _ CHAPTER THREE	218,855

주: 2020년 11월 누적 판매량 기준
자료: 가온차트, 메리츠증권 리서치센터

Part II

콘텐츠 산업

1. 콘텐츠 산업의 주요 사건 되짚기

넷플릭스는 왜 한국 콘텐츠를 사기 시작했을까?

- 넷플릭스 미국(domestic) 보급률은 2017년 기준 이미 61%에 달함. Penetration ratio 높아지며 넷플릭스가 international에 본격적으로 집중하던 시기
- 전세계에서 OTT 시장 성장이 가장 두드러지는 지역은 라틴 아메리카와 동남아 지역

넷플릭스의 domestic 가입자수와 international 가입자수 추이

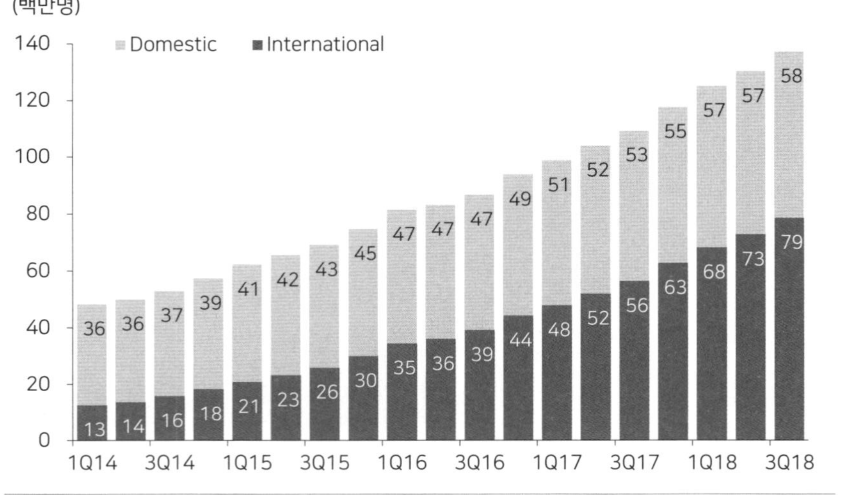

자료: Netflix 홈페이지, 메리츠증권 리서치센터

동남아 주요 OTT 업체 전략

업체	내용
iflix	▪ 호주 인터넷 기업인 'Catcha'가 설립한 말레이시아 기반 VOD 서비스 회사 ▪ 넷플릭스보다 더 로컬 콘텐츠에 집중하는 전략. 로컬 정부의 검열에 순응하는 경향 ▪ 넷플릭스와 경쟁 구도를 설정하지 않고 보완재로서 자리 잡으려는 전략을 가지고 있음 ▪ '도깨비','태양의 후예'등을 태국에서 독점 공급하는 등 한국 콘텐츠 독점이 하나의 전략
Hooq	▪ 2015년 설립된 싱가폴 통신사인 싱텔(Singtel)과 소니픽쳐스, 워너 브라더스의 합작사 ▪ 과거에는 통신사나 ISP를 통해 콘텐츠를 공급하다가, 독자적 OTT로 전환 중 ▪ 인도네시아 내 1위 VOD서비스 사업자. 인도 시장 공략에 박차를 가하고 있음 ▪ 할리우드 콘텐츠를 중심적으로 제공하며 성장했으나 최근 오리지널 콘텐츠 역량 강화
Viu	▪ 2015년 10월 설립된 홍콩 기반 OTT 서비스 회사로, PCCW 자회사 ▪ 2017년 4월 기준 14개국에서 600만 회원을 보유하고 있음 ▪ 4G 사용자 수의 성장이 가장 빠른 신흥국을 주로 타겟으로 삼고 있음 ▪ 아시아 드라마 및 TV쇼, 특히 한국 드라마를 주요 콘텐츠로 삼으며 성장중임. ▪ 한국 드라마로 한정하여 보았을 때, 타 OTT서비스 대비 보유 콘텐츠 수가 많다는 평가
Hollywood TV	▪ 독일 자본으로 설립된 VOD 서비스 회사 ▪ 할리우드 콘텐츠가 풍부하고 HD, 4K 영상을 지원. 가격이 비싼 편 (월 7,000원 가량) ▪ 160억원 가량의 투자 계획을 발표하는 등 할리우드 콘텐츠 수급에 집중

자료: 각 사 홈페이지, 메리츠증권 리서치센터

1. 넷플릭스의 한국 콘텐츠 본격 구매는 동남아 시장 진출 시점과 맞물려

단일 시장 중요성 부각은 넷플릭스 역할 커

- 중국의 부재에도 불구하고 2017년 하반기부터 드라마 업체 밸류에이션 Re-rating 원인이 됨
- 넷플릭스 등 OTT의 등장은 기존 개별 국가 위주의 소규모 계약 및 불법 유통으로 점철되던 동남아 시장의 Monetizing을 가능케 한 원인
- '맨투맨', '푸른 바다의 전설' 등은 중국 OTT 업체와 계약 불발 이후 각각 Netlix, Iflix와의 계약을 통해 플러스 수익률을 기록하는 데 성공

2017년 하반기 주가 상승의 근원: OTT의 동남아 시장 진출 덕분

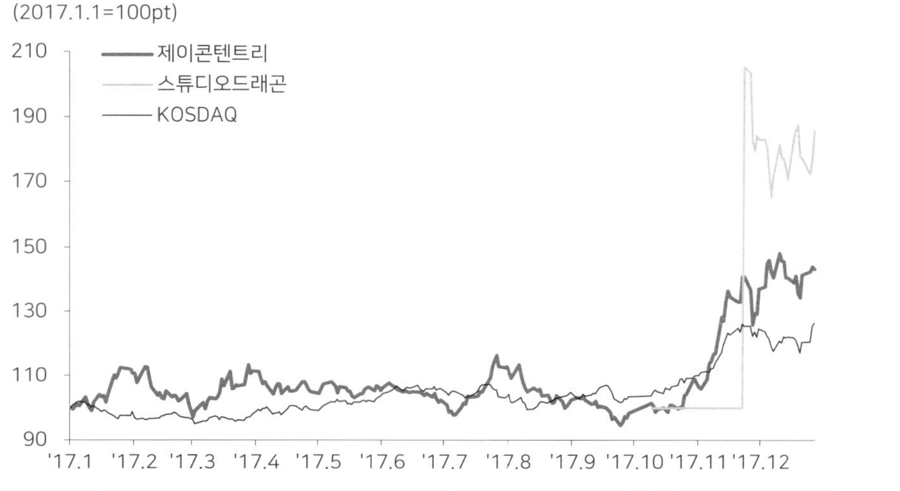

주: 스튜디오드래곤은 공모가 35,000원을 100으로 환산한 지수
자료: Quantiwise, 메리츠증권 리서치센터

넷플릭스의 '맨투맨' 구매는 사실 iflix의 '푸른바다의 전설' 성공을 참고한 것

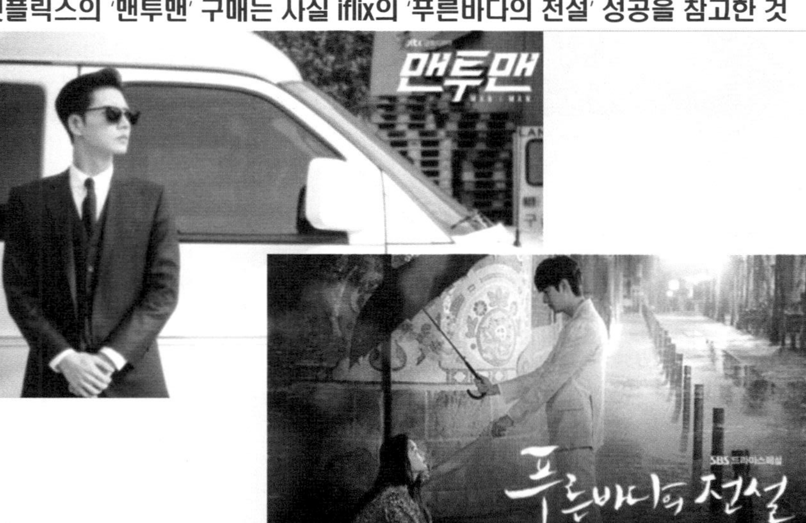

자료: JTBC, SBS

2. history: 1세대 main power는 지상파. 제작사가 하청하는 구조

외주 받아 성장한 드라마 1세대들

- 1995년 드라마 '모래시계' 흥행이 산업에 준 변화
- 1세대 下 지상파가 외주 제작사들에 소위 '하청(OEM)'을 주는 구조

미디어 산업 1세대 Value Chain

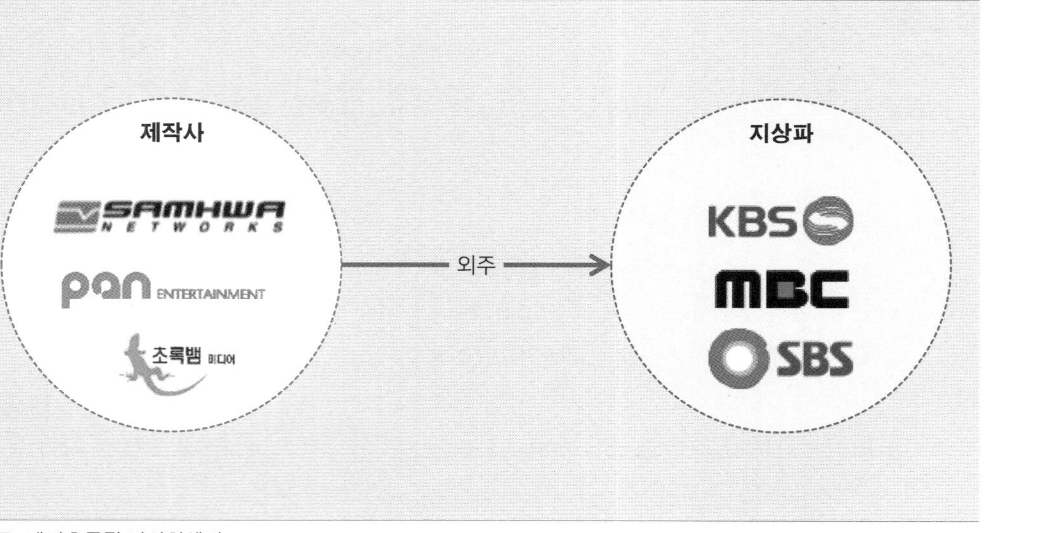

자료: 메리츠증권 리서치센터

드라마 <모래시계>

자료: SBS

2. 1세대 main power는 지상파. 제작사가 하청하는 구조

드라마 산업 1세대 수익 구조

- 제작사들, 제작비 보존 받으나 단 자릿수 불과한 마진 구조에 갇힐 수 밖에
- 동 구조에서 1) 방영권은 물론, 2) 부가판권(해외판권, 국내 VOD) 포함된 지적 재산권(IP)는 당연 방송사 몫
- 실제로는 방송사가 80%를 주고 PPL로 제작비 100% 이상의 매출을 달성하는 것이 1세대 수익 구조
- 판권을 제작사가 요구하는 경우 이보다도 낮은 리쿱율. 한한령 이전 중국 판권 판매 가능하던 시기 상당수의 제작사가 이 구조를 택하며 레버리지 일으켜

드라마 제작사 수익 구조

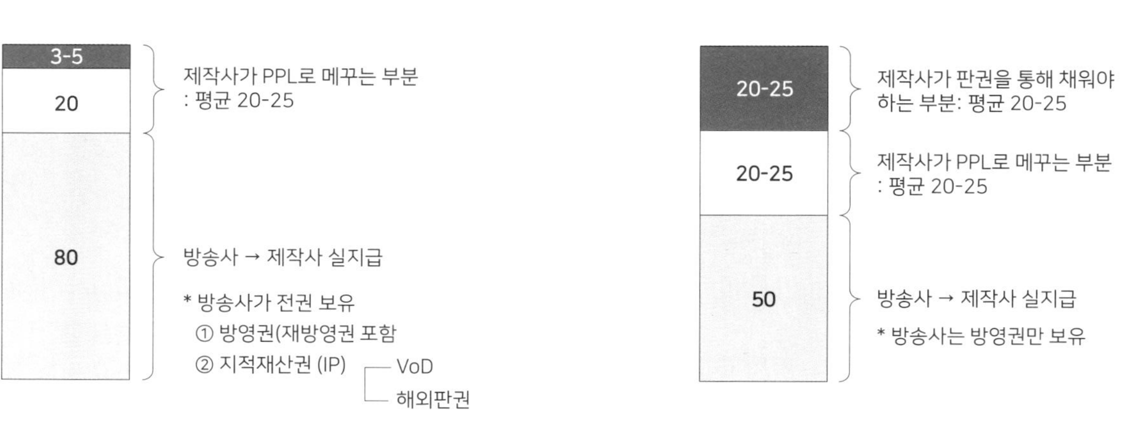

주: 방송사에 판권을 요구하는 경우, 판권의 배분 비율에 따라 상기 비율은 소폭 다를 수 있음
자료: 메리츠증권 리서치센터

2. 2세대 TVN, JTBC 공격수로 등단, 수비에 바빠진 지상파

지상파 ↓, 유료방송 ↑

- 기존 드라마 시장 이끌던 지상파 채널, 광고 수익 감소로 드라마 편성 예산 삭감: 경쟁력 있는 드라마 유치 못하는 원인으로 작용
- 이 기회를 TVN, JTBC와 같은 유료 방송이 적극적으로 활용

미디어 산업 2세대 Value chain

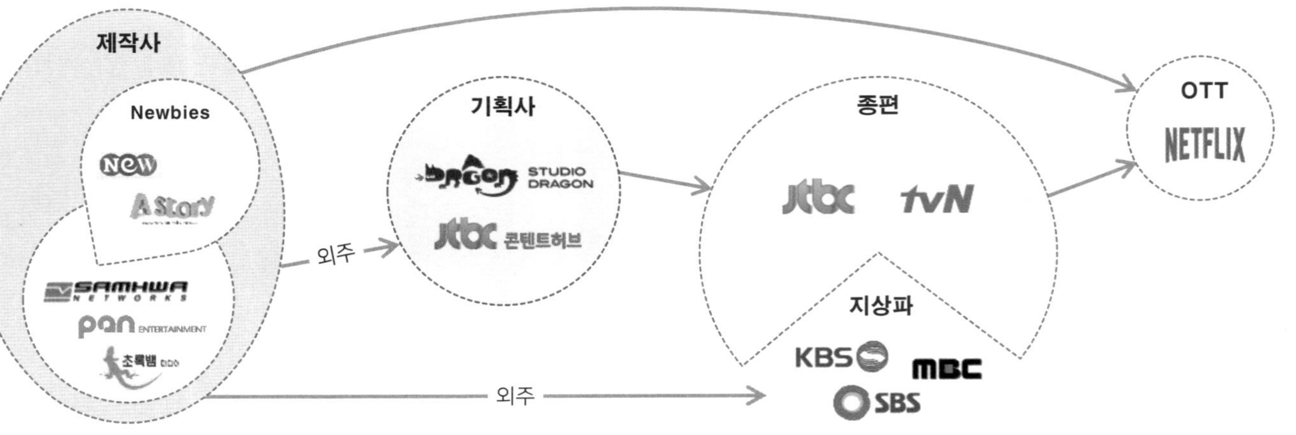

자료: 메리츠증권 리서치센터

2. 2세대 TVN, JTBC 공격수로 등단, 수비에 바빠진 지상파

제작사를 움직인 힘은 수익 구조 개선과 지상파 부진

- 유료 방송 채널은 유인책으로 제작사에도 더 나은 수익구조를 제안
- 당시 지상파의 드라마 편성 전략 보수적으로 전환한 것도 이들의 움직임의 또다른 이유로 작용
- 1) 일부 외주 제작사는 새로운 플레이어에게도 드라마 납품을 시작했고, 2) 영화 사업자들도 드라마 진출
- **제작사들의 이러한 움직임은 유료 방송 중심의 미디어 구조적 성장(2세대로의 변화)에 큰 역할을 함**

드라마 기획사 수익 구조

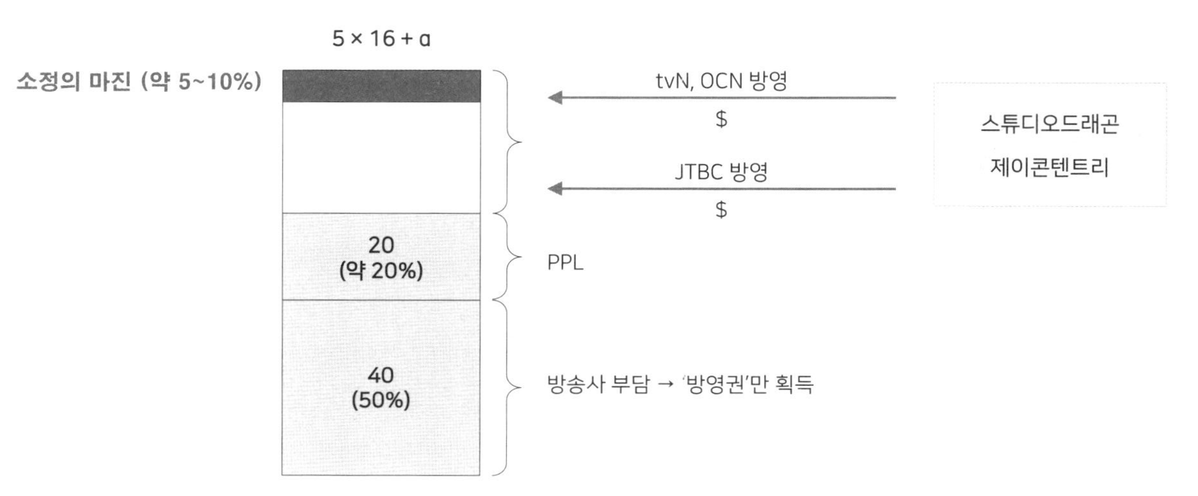

주: 제작비 80억원 가정
자료: 메리츠증권 리서치센터

2. history: 3세대 다차원적 변화

수직적 변화와 수평적 변화가 이끈 새로운 미디어 3.0 세계

- 국내 미디어 변화 방향성은
- 1) 플랫폼 다변화에서 기인한 힘의 이동(수직적 변화),
- 2) 제작사 핵심 역량의 다변화(수평적 변화)로 요약됨

미디어 산업 3세대 Value chain

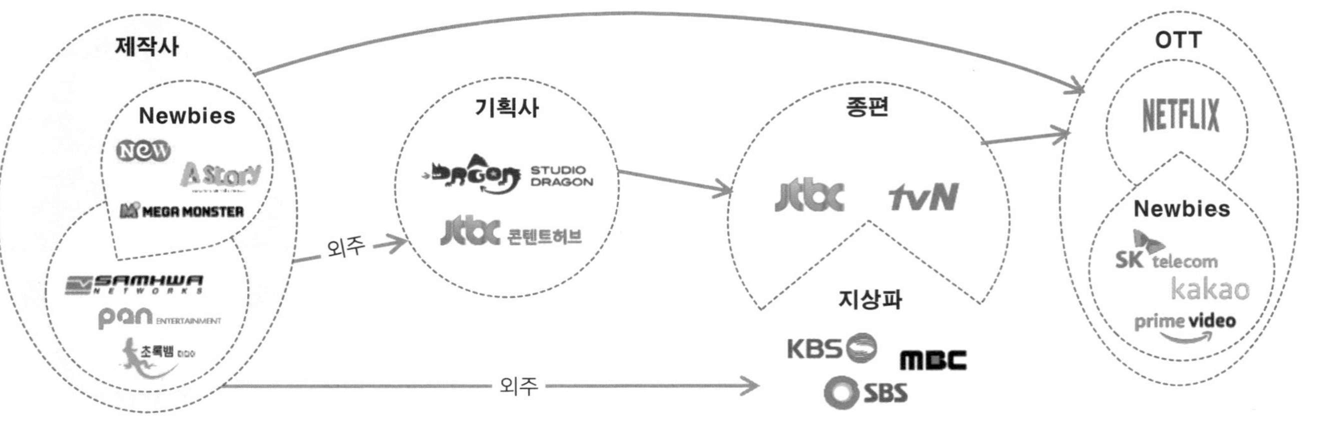

자료: 메리츠증권 리서치센터

2. 3세대 다차원적 변화

1) 수직적 변화

1) 수직적 변화: 플랫폼 다변화

- 2세대: Netflix, 3세대: 국내외 다양. 단 각자의 중심은 달라
- 수요 증가와 맞물려 제작 시장 신규 진입자도 증가 추세
- 산업 진입자 증가에도 불구하고 높아지는 수익 배분 목소리는 공급자 우위 시장임을 증명

드라마 제작 산업 최근 5년 내 신규 진입 사업자

메가몬스터	NEW	스튜디오 S	스튜디오N
▪ (구)로엔과 스튜디오드래곤이 합작하여 설립한 영상 제작사 ▪ 주로 카카오페이지가 보유한 스토리 IP ('진심이 닿다' 등)를 영상 콘텐츠로 제작시키기 위해 2017년 출범 ▪ 해마다 3~4편 제작 목표. 2018년 4편, 2019년 1편, 2020년 3편 제작. 2021년 '망자의 서' 방영 예정 ▪ 2020년 3월 카카오M은 메가몬스터 유상증자 참여, 82.41% 지분 확보	▪ 2016년 태양의 후예를 통해 드라마 제작 시작. 이후 드라마 제작 자회사 '스튜디오앤뉴' 신설 통해 시장 진입 ▪ 2대주주인 화책미디어(12.8%)는 중국 1위 드라마제작사. JV기업인 화책합신은 중국 시장을 위한 콘텐츠 기획 중 ▪ 2018년 '미스 함무라비', '뷰티인사이드' 제작 및 방영. 2019년 2편, 2020년 3편 제작. 2021년 5편 제작 예정	▪ 2020년 4월 1일 SBS 드라마 사업부 분사 및 출범. 중간광고 도입으로 수익을 제고하고, 판권 사업 강화하기 위함 ▪ 100% 자회사 '더스토리웍스'를 모태. 외주제작사들과 레이블 형태 제휴 ▪ '별에서 온 그대' 장태유 PD, '낭만닥터 김사부' 강은영 작가 등 스타 작가 및 PD 보유 ▪ WAVVE와 전략적 제휴를 통해 콘텐츠 장기 공급처 확보	▪ 웹툰IP활용 위해 2018년 8월 네이버 웹툰의 100% 자회사로 설립. 웹툰/웹소설 IP 이외에도 오리지널 작품 기획 중 ▪ 설립 당시 공개한 드라마 제작 라인업 15개 중 현재까지 4편 제작 ▪ 2019년 '타인은 지옥이다' 등 2편, 2020년 '여신강림', '스위트홈' 제작. 2021년 '유미의 세포들' 제작 예정 ▪ 네이버웹툰은 2019년 2월 스튜디오N에 30억원 유상증자 실시

자료: 언론 보도 종합, 각 사 홈페이지, 메리츠증권 리서치센터

2. history: 3세대 다차원적 변화

2) 수평적 변화

2) 수평적 변화: 제작사 핵심 역량 다변화

- 대작 드라마, 콘텐츠 한한령 이후 주춤하다 2019년 이후 다시 증가: spotlight 분산
- 작가'빨' 받지 못하는 드라마 증가: 기본 성공 공식의 균열
- 웹툰/웹소설로 소재 다양화된 점 또한 드라마 장르 다변화에 영향 미쳐
- <더킹> / <SKY캐슬> / <경이로운 소문>

<도깨비>, <미스터 선샤인> 집필한 김은숙 작가의 최신작 SBS <더킹>

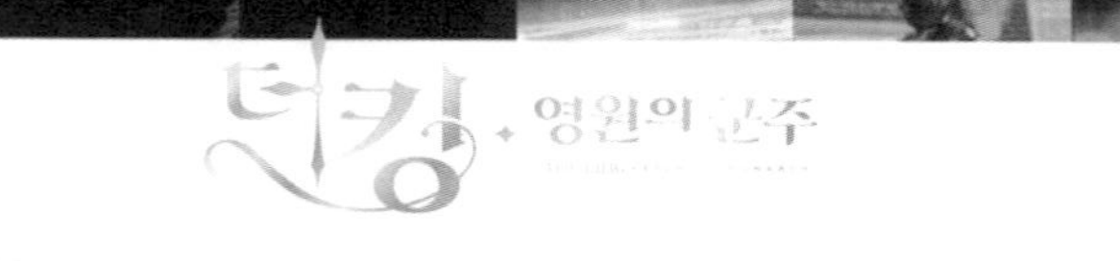

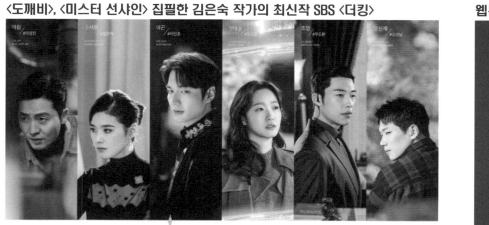

자료: SBS

웹툰 원작의 <경이로운 소문>

자료: OCN

3. 이벤트 실전 대응: 중국이 열리면?

콘텐츠 산업의 마지막 한방: 중국

- 중국은 열릴 듯 열리지 않고 있는 상황
- 그러나 레버리지를 가능케 하는 중국 시장에 대한 기대는 여전
- IP보유업체들은 OTT를 통한 매출 이외에도 중국향 판권 판매를 통해 추가적인 매출 기대 가능

'미스터 션샤인' 중국 판매 가정 시 수익률은 43%에서 93%로 크게 상승

	(억원)	
-	430	← 스튜디오드래곤이 자회사 화앤담픽쳐스에 지급한 금액
+	250	← CJ E&M 방영료 (매출 인식 후 비용으로 전액 처리)
+	30	← PPL (매출 인식 후 비용으로 전액 처리)
-	150	← 스튜디오드래곤의 '미스터 션샤인'에 대한 실 투자금액
+	300	← 넷플릭스 판권 350억원 가정. E&M 수수료 제외 후 매출총이익 (GP)
+	37	← 편당 VOD 매출 3억원 가정. 3억원/편 × 24편 × 60% (IP보유자 몫) × 85% (수수료 공제)
+	187	← '미스터 션샤인' 프로젝트 예상 수익 금액
+	213	← 중국 판권 250억원 가정. E&M 수수료 15% 제외 후 매출총이익(GP)
+	400	← 중국판권 발생 시 수익

자료: 언론 자료를 토대로 메리츠증권 리서치센터 추정

4. 콘텐츠 재무제표 읽기: 예시) 스튜디오드래곤

스튜디오드래곤 사례 통해 재무제표 읽기

(십억원)	1Q19	2Q19	3Q19	4Q19	1Q20	2Q20	3Q20	4Q20E	2017	2018	2019	2020E
매출액	**111.8**	**128.2**	**131.2**	**97.4**	**120.3**	**161.4**	**106.3**	**116.2**	**286.8**	**379.6**	**468.6**	**504.2**
(% YoY)	*39.9*	*72.5*	*6.1*	*-4.2*	*7.6*	*25.9*	*-19.0*	*19.2*	*46.7*	*32.4*	*23.5*	7.6
드라마 부문	111.7	128.1	131.1	97.3	120.2	161.3	106.2	116.1	262.0	367.8	468.2	503.8
1. 작품 방영 매출액	**44.1**	**58.1**	**60.8**	**45.7**	**45.2**	**65.4**	**45.7**	**37.3**	**131.2**	**178.1**	**208.7**	**193.6**
작품당 편성매출	6.7	6.7	6.4	6.5	7.7	9.3	8.0	7.9	5.6	6.7	7.1	8.3
작품 수 (편)	6.6	8.6	9.6	7.1	5.9	6.1	4.9	4.8	21.0	24.5	29.5	21.6
ENM 필요 작품 수 (편)									15.0	33.0	38.0	24.0
ENM 드라마 슬롯 (개)									4.0	6.5	6.5	4.0
2. PPL	**11.4**	**9.7**	**10.3**	**8.8**	**8.1**	**20.2**	**9.6**	**7.0**	**19.0**	**27.5**	**40.2**	**44.9**
작품당 PPL	1.7	1.1	1.1	1.2	1.4	2.8	1.4	1.5	0.8	1.1	1.4	1.8
3. VOD 매출	**13.6**	**18.1**	**16.1**	**11.1**	**14.1**	**16.3**	**8.8**	**11.2**	**44.6**	**51.9**	**58.9**	**50.4**
작품당 VOD	2.1	2.1	1.7	1.6	2.4	2.7	1.8	2.4	2.1	2.1	2.0	2.3
4. 해외판권	**42.6**	**42.2**	**35.9**	**31.7**	**40.8**	**59.4**	**42.1**	**30.5**	**67.2**	**110.2**	**152.4**	**172.8**
작품당 해외판권	6.5	4.9	3.8	4.5	6.9	9.7	8.6	6.4	3.2	4.5	5.2	8.0
ㄴ중국	0.0	0.0	0.0	0.0	0.0	0.0	6.0	0.0	0.0	0.0	0.0	6.0
5. 글로벌	**0.0**	**0.0**	**8.0**	**0.0**	**12.0**	**0.0**	**0.0**	**30.0**		**0.0**	**8.0**	**42.0**
작품당	0.0	0.0	0.0	0.0	0.0	0.0	0.0	0.0		0.0	8.0	21.0
작품수 (편)	0.0	0.0	0.0	0.0	0.0	0.0	0.0	0.0		0.0	1.0	2.0
엔터테인먼트 부문	**0.1**	**0.1**	**0.1**	**0.1**	**0.1**	**0.1**	**0.1**	**0.1**	**24.7**	**11.9**	**0.4**	**0.4**
매출원가	**96.8**	**112.8**	**115.9**	**95.2**	**103.6**	**139.6**	**85.0**	**99.3**	**239.7**	**324.0**	**420.7**	**427.5**
제작비	48.8	64.5	70.8	48.6	61.8	75.0	46.8	59.9	149.7	185.6	232.7	243.5
작품당 제작비	7.4	7.5	6.7	6.9	9.1	12.1	9.4	9.3	6.4	7.6	7.8	10.1
CJ ENM 수수료	15.0	10.4	10.4	11.5	10.0	13.0	10.5	11.1	16.9	36.9	47.2	44.5
감가상각	26.7	32.2	28.5	27.6	25.6	44.7	18.9	20.7	41.0	74.9	115.0	109.9
기타	6.4	5.6	6.2	7.6	6.2	6.8	8.7	7.6	0.1	13.3	19.4	29.4
판관비	**4.0**	**4.6**	**4.4**	**6.2**	**5.1**	**4.9**	**5.3**	**6.6**	**14.1**	**15.7**	**19.2**	**21.9**
매니지먼트 수수료	0.0	0.0	0.0	0.0	0.0	0.0	0.0	0.0	2.3	1.1	0.0	0.0
드라마 관련 판관비	4.0	4.6	4.4	6.2	5.1	4.9	5.3	6.6	11.8	14.5	19.2	21.9
EBITDA	37.7	43.0	39.4	23.6	37.2	61.6	34.9	30.9	74.0	114.8	143.7	164.6
영업이익	**11.0**	**10.8**	**10.9**	**-4.0**	**11.6**	**16.9**	**16.0**	**10.2**	**33.0**	**39.9**	**28.7**	**54.7**
드라마 부문	10.9	10.7	10.8	-4.1	11.5	16.9	16.0	10.2	32.2	40.7	28.3	54.6
엔터테인먼트부문	0.1	0.1	0.1	0.1	0.1	0.0	0.0	0.0	0.9	-0.8	0.4	0.1

자료: 스튜디오드래곤, 메리츠증권 리서치센터

Part III

여행

여행 업체는 어떻게 돈을 벌까?

여행 경험을 통해 이해하는 여행사 수익 인식 구조

- 하나투어를 통해 발급한 외항사 티켓 환불은 왜 하나투어가 해주지 않을까?
- 자유여행을 위해 항공권을 끊은 당신. 호텔까지 정하면 여행 준비의 절반은 되었다. 당신이 방문할 곳은?

여행 형태 및 상품에 따른 여행업체의 수익 구조도

자료: 메리츠증권 리서치센터

패키지 사업체들 영업이익, 2017년 고점 이후 지속 하락

패키지 산업의 이익 체력 약화 요인은?

- 한국 여행 업체들의 사업 구조 상 영업이익 100% 패키지 사업에서 창출
- 2017년 고점 이후 지속 하락세
- 여행 업체들의 영업이익은 Q보다는 P와 상관관계 높은데 P의 구조적 하락이 있었기 때문

하나투어 P, Q, OP 추이

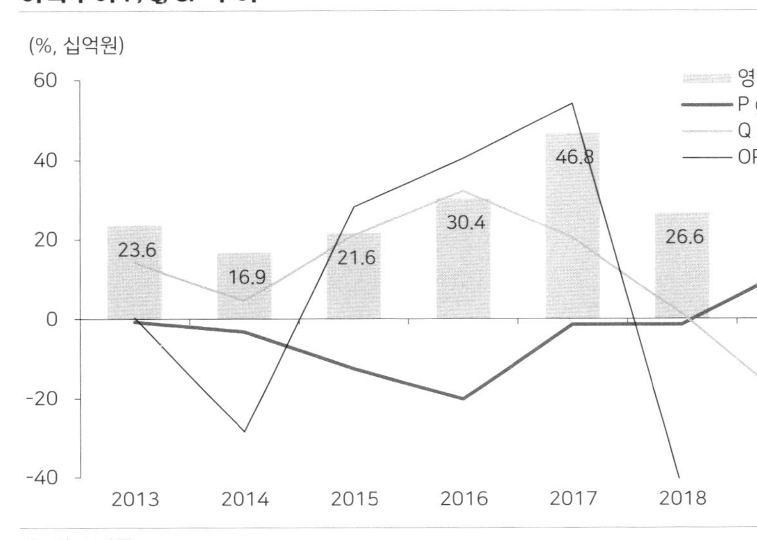

주: 별도 기준
자료: 하나투어, 메리츠증권 리서치센터

모두투어 P, Q, OP 추이

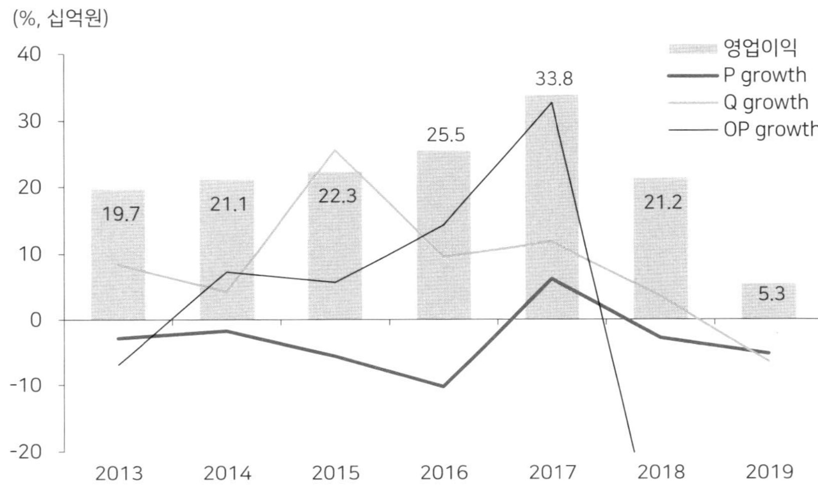

주: 별도 기준
자료: 모두투어, 메리츠증권 리서치센터

P: 원가가 빠지는 데 왜 영업이익에 negative 영향인가?

원가 연동 구조인 패키지 판매가

- 패키지 가격 구조는 원가에 mark-up(이 부분이 (순)매출에 해당)을 붙이는 구조
- 2017년은 왜 가격이 올랐을까?
- LCC와 외항사 증가→ 항공료 하락(원가 하락)→ ASP 하락

2016, 2017, 2018, 2019 : 원가 및 가격 구조

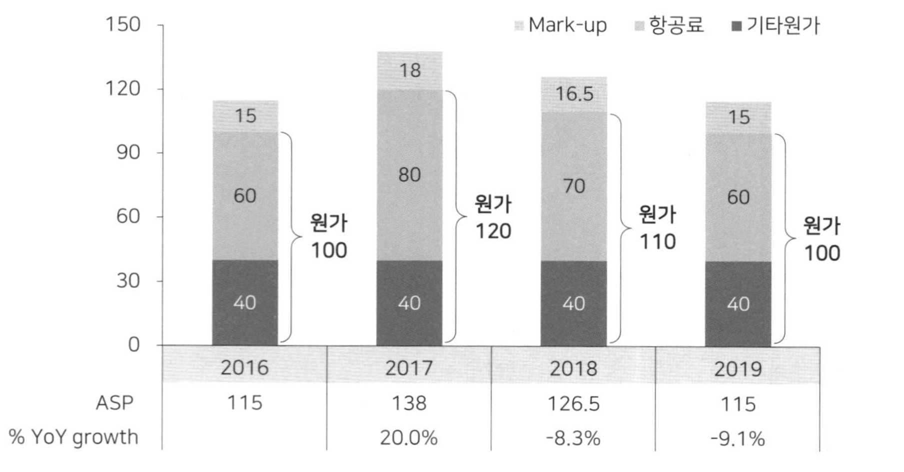

주: 2016년 매출 원가를 100으로 산정
자료: 메리츠증권 리서치센터

하나투어와 모두투어의 매출 성장률과 OP 성장률

(% YoY)		2013	2014	2015	2016	2017	2018	2019
하나투어	매출성장률	10.2	7.8	8.3	9.3	15.5	2.3	-6.9
	OP성장률	0.3	(28.7)	28.2	40.4	54.0	(43.1)	(78.7)
모두투어	매출성장률	4.2	4.4	22.7	3.8	21.1	0.4	-5.7
	OP성장률	(6.8)	7.2	5.6	14.2	32.6	(37.2)	(74.8)

주: 별도 기준
자료: 메리츠증권 리서치센터

P: 원가 가장 큰 비중 차지하는 항공료 하락이 ASP 하락을 야기

상황의 반전: 인천공항 제2터미널 오픈

- 2017년 항공권 가격 상승 원인은 초과수요 때문. 당시 인천공항 CAPA를 10% 초과해 처리함
- 오랜만의 봄/가을 '황금연휴'도 이를 자극한 요인
- 2018년 1월 인천공항 제2터미널 오픈하며 상황은 역전. 1) LCC와 2) 외항사 증가가 원인

인천공항 제 2여객 터미널 2018년 오픈, CAPA 40% 늘어

여객터미널	1,2단계 T1	3단계 T2	3단계 후 T+T2
최대 여객 수용 인원	4,400만명	1,800만명	6,200만명
화물 터미널	450만t	130만t	580만t
교통 센터	25만㎡	13.5만㎡	43일
셔틀 트레인	0.9km 복선셔틀	1.5km 복선셔틀	
여객계류장	108개소	56개소	164개소
화물계류장	36개소	21개소	57개소

자료: 인천국제공항공사, 메리츠증권 리서치센터

연간 출국자 수 추이

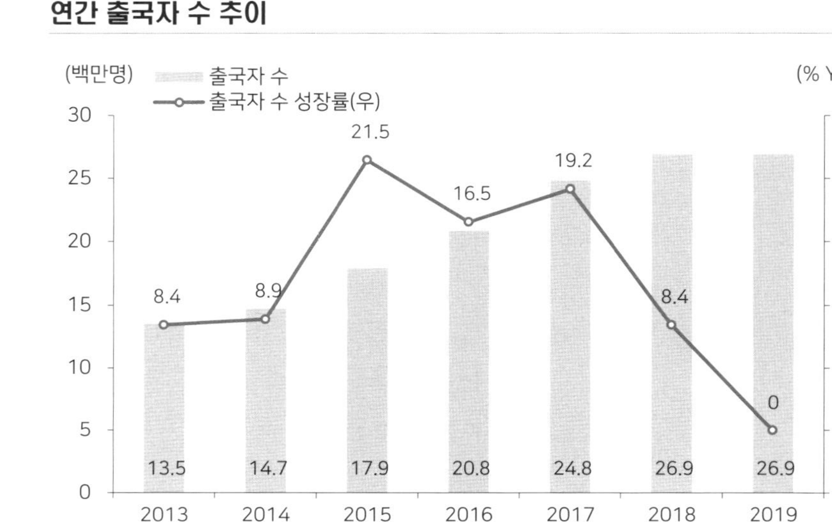

자료: 한국관광공사, 메리츠증권 리서치센터

Q: FIT의 잠식, 패키지가 설 자리 더 좁아져

Q 성장 더뎌지며 M/S 중요도↑

- 높아진 기저 효과(base effect)로 Q 성장 더뎌져
- 한국인은 글로벌 대비 '짧게 자주' 여행을 감. 즉, 같은 곳을 재방문 하게 될 가능성이 높다는 뜻
- 현재의 패키지 고객 또한 장기적으로 FIT로 흡수될 가능성이 높음을 시사함
- 2017년 상반기 42%였던 패키지 점유율은 2018년 상반기 37%으로 불과 1년 만에 5%p 하락함

한국인의 짧게 자주 가는 여행 습관은 산업 내 패키지 장기 하락 요인

자료: Visa, '2015 비자 글로벌 여행 계획 설문조사', 메리츠증권 리서치센터

패키지 Top tier들도 출국자 수 성장 따라가기 벅차

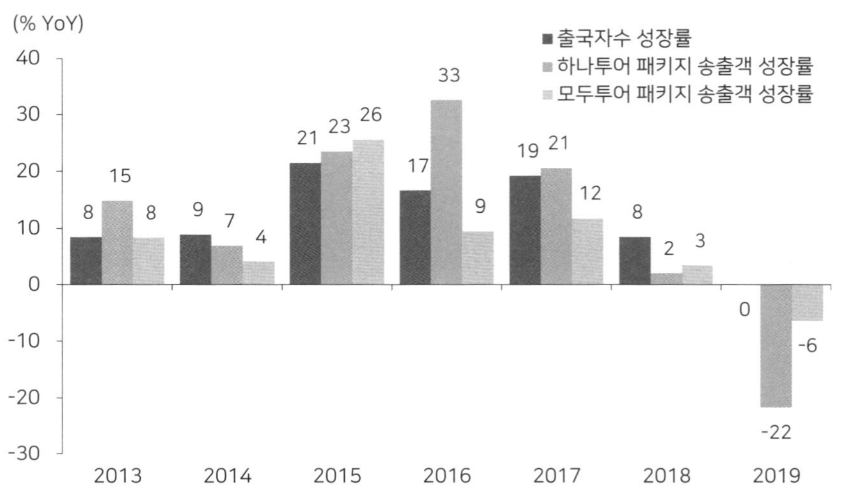

자료: 한국관광공사, 각 사 홈페이지, 메리츠증권 리서치센터

C: 브랜드 로열티 낮아지며 경쟁 더욱 심해져

상품의 quality 균일화로 마케팅 비용 구조적 증가

- 반면 비용은 구조적으로 증가
- 1) 마케팅↑(∵브랜드 로열티↓)
- 2) 인건비 high single 증가

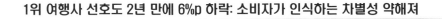

1위 여행사 선호도 2년 만에 6%p 하락: 소비자가 인식하는 차별성 약해져

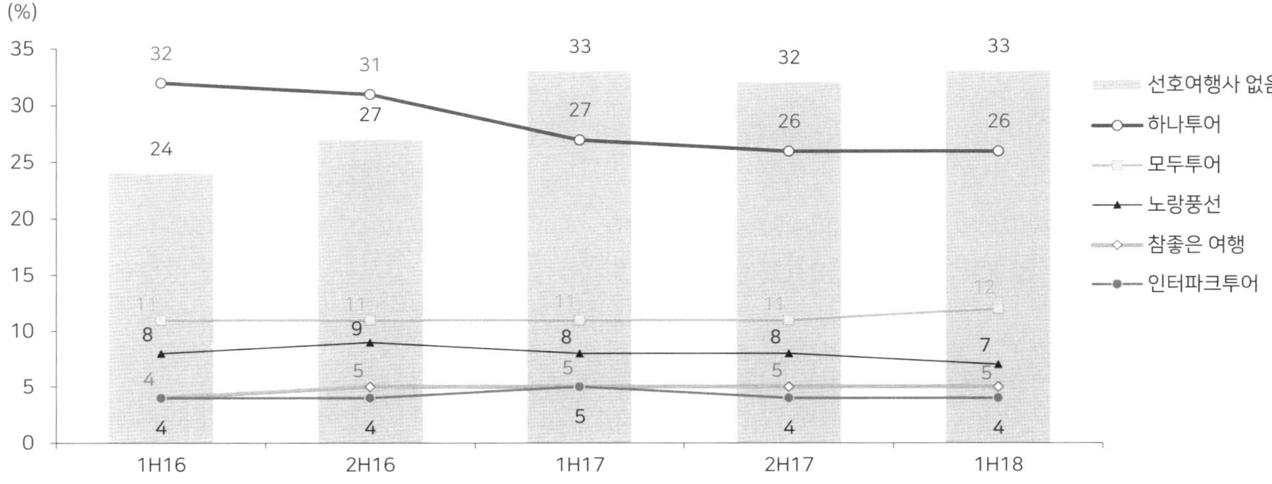

주: 계획하고 계신 여행을 위해 여행상품을 예약/구입했거나 이용하고 싶은 여행사는 어디입니까?
자료: 세종대 관광산업연구소/컨슈머인사이트, '주례 여행 행태 및 계획 조사', 메리츠증권 리서치센터

[결론] 헤게모니를 빼앗긴 산업에서의 투자 전략은?

After COVID, 여행 업체들의 살 길은?

- 여행 산업의 성장과 가장 동행하는 소산업은 액티비티 관련 산업
- 마이리얼트립, 와그, 클룩 등 현지투어 사업자들의 거래액은 2018년, 2019년 3~5배 YoY 성장
- 시장 자금 유입 또한 여행업 내 이들이 가장 활발한 상황
- 이들은 여행업 호황이던 2017년 본격적으로 두각을 드러낸 뒤 2018년 ramp-up에 성공
- '가이드 투어'가 이들의 차별점이자 메인 비즈니스임을 감안했을 때 패키지와 FIT 사이에서 주저하던 젊은 층이 이 부분으로 적극적으로 흡수된 것으로 추정됨
- 기존 패키지 사업자들의 경우 향후 부띠끄 혹은 액티비티 사업으로의 참여가 없다면 산업에 도태될 가능성 높음

여행 형태 및 상품에 따른 여행업체의 수익 구조도

자료: 메리츠증권 리서치센터

Part IV

카지노

1. 외인 카지노

- **외인 카지노 산업 결정 요소:** 1) 고객 소득 수준
  2) 인바운드 (트래픽)
  3) 경쟁강도
- **사례로 보는 인바운드 영향:** 1) 한국: THAAD 피해
  2) 마카오: 강주아오 대교 오픈
- 직접적 경쟁 관계의 중요 요소: **거리**!

아시아 카지노 개발 현황

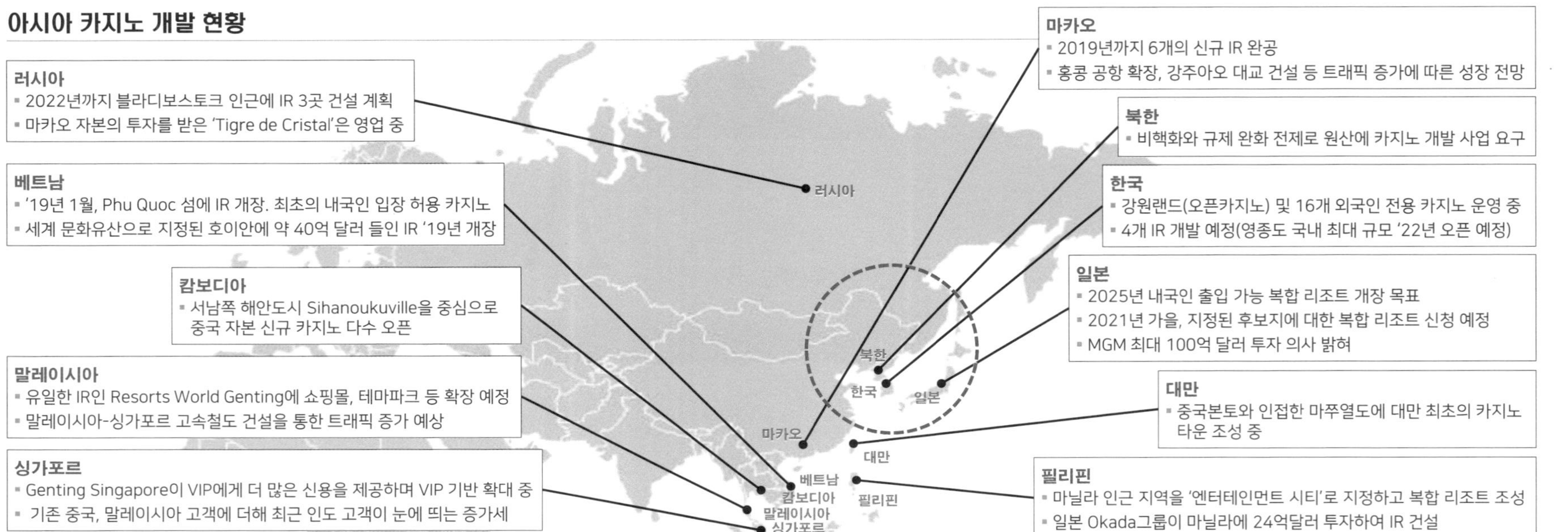
러시아
- 2022년까지 블라디보스토크 인근에 IR 3곳 건설 계획
- 마카오 자본의 투자를 받은 'Tigre de Cristal'은 영업 중
베트남
- '19년 1월, Phu Quoc 섬에 IR 개장. 최초의 내국인 입장 허용 카지노
- 세계 문화유산으로 지정된 호이안에 약 40억 달러 들인 IR '19년 개장
캄보디아
- 서남쪽 해안도시 Sihanoukuville을 중심으로 중국 자본 신규 카지노 다수 오픈
말레이시아
- 유일한 IR인 Resorts World Genting에 쇼핑몰, 테마파크 등 확장 예정
- 말레이시아-싱가포르 고속철도 건설을 통한 트래픽 증가 예상
싱가포르
- Genting Singapore이 VIP에게 더 많은 신용을 제공하며 VIP 기반 확대 중
- 기존 중국, 말레이시아 고객에 더해 최근 인도 고객이 눈에 띄는 증가세
마카오
- 2019년까지 6개의 신규 IR 완공
- 홍콩 공항 확장, 강주아오 대교 건설 등 트래픽 증가에 따른 성장 전망
북한
- 비핵화와 규제 완화 전제로 원산에 카지노 개발 사업 요구
한국
- 강원랜드(오픈카지노) 및 16개 외국인 전용 카지노 운영 중
- 4개 IR 개발 예정(영종도 국내 최대 규모 '22년 오픈 예정)
일본
- 2025년 내국인 출입 가능 복합 리조트 개장 목표
- 2021년 가을, 지정된 후보지에 대한 복합 리조트 신청 예정
- MGM 최대 100억 달러 투자 의사 밝혀
대만
- 중국본토와 인접한 마쭈열도에 대만 최초의 카지노 타운 조성 중
필리핀
- 마닐라 인근 지역을 '엔터테인먼트 시티'로 지정하고 복합 리조트 조성
- 일본 Okada그룹이 마닐라에 24억달러 투자하여 IR 건설
러시아
북한
한국
일본
마카오
대만
베트남
캄보디아
필리핀
말레이시아
싱가포르

자료: 언론 보도 종합, 메리츠증권 리서치센터

1. 외인 카지노: 2) 인바운드-중국

넓어진 중국 하늘길

- 중국 인바운드 swing factor: 항공공급, 한중 관계
- 특히 한국과 가까운 중국 동북부 베이징 신공항(비행 시간:2~3시간 소요) 오픈은 중국 인바운드에 긍정적

중국 신공항 주요 건설 현황 (2035년까지 200여개 신규 공항 건설 계획 중)

공항명	도시	완공(예정)일	투자 규모 (억위안)	연간 수용 인원 계획
Dalian Jinzhouwan International	Dalian	2018년 말	263	3,100만명
Xiamen Xiangan	Xiamen	2018년 말	137	2025년 450만명, 최종적으로 750만명.
Beijing Daxing International	Beijing	2019년 중순	840	2025년까지 7천2백만명, 최종적으로1억명
New Hohhot	Hohhot	2019년 말	224	2030년까지 2,000만명
Pingdingshan Yaoshan	Pingdingshan	2019년 말	155	100만명
Qingdao Jiaodong International	Qingdao	2019년 말	956	2025년까지 3,500만명, 2045년까지 5,500만명
Chengdu Tianfu International	Jianyang	2020년 말	719	초기에는 4천만명, 최종적으로 9천만명
New Lianyungang	Lianyungang	2020년 말	23	250만명
New Mudanjiang	Mudanjiang	2020년 말		2025년 180만명
Lishui	Lishui	2021년 말	288	2025년 100만명

자료: 언론 보도 종합, 메리츠증권 리서치센터

중국 주요 도시와 인천 간 비행 거리

도시	비행시간
위해威海, 산둥성	1시간 5분
연태烟台, 산둥성	1시간 10분
대련大连, 산둥성	1시간 20분
청도青岛, 산둥성	1시간 30분
심양沈阳, 요녕성	1시간 45분
제남济南, 산둥성	1시간 50분
상해上海	1시간 55분
천진天津	1시간 50분
북경北京	2시간 5분

자료: 대한항공 홈페이지, 메리츠증권 리서치센터

1. 외인 카지노: 2) 인바운드-일본

해금법 통과된 일본

- 외인 카지노 성장에서 투자자들의 가장 큰 우려 요인은 일본 카지노 오픈에 따른 한국 점유율 하락
- 2018년 일본(내국)인 출입이 가능한 오픈 카지노 법안 통과
- 글로벌 카지노 사업자와 중국 사업자의 관심 전세계에서 가장 높은 지역

기존 일본 복합 리조트 승인 절차: 코로나로 2020년 이후 중단된 상황

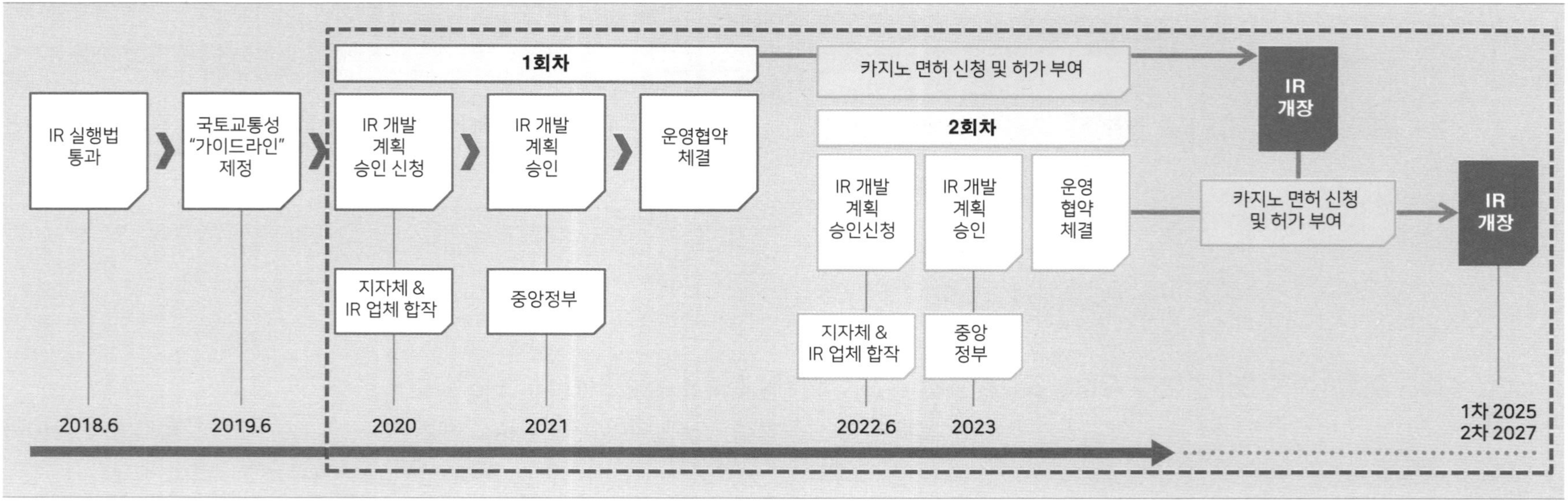

자료: 언론 보도 종합, 메리츠증권 리서치센터

1. 외인 카지노: 2) 인바운드-일본

파친코 시장 5% 타깃 시 '19년 대비 3배 성장 가능

- 일본 파친코 시장은 200조원 규모. 업계 예상 일본 카지노 시장 규모는 15~20조원. 파친코 흡수 가정에 기인
- 글로벌 카지노 업계의 일본 러브콜 또한 파친코 시장을 통한 내수 성장 가능성을 높게 평가했기 때문
- 2019년 기준 일본인 관광객 드롭액은 약 3조원
- 對日 카지노 시장 점유율은 파친코 시장 5% 타깃. 해당되는 한국 몫은 드롭액 기준 10조원

일본 파친코 시장 추이 vs. 파라다이스와 GKL 對일본 드롭액

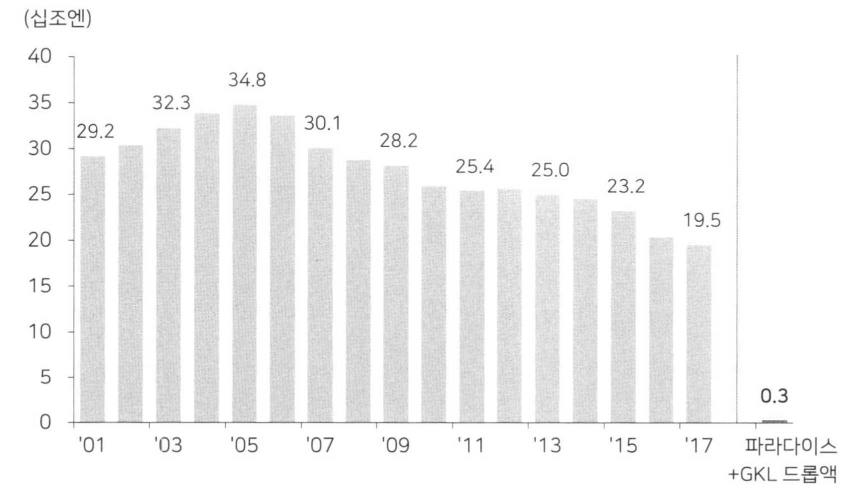

자료: company data, 메리츠증권 리서치센터 추정

동북아 카지노 현황: 2025년 이전 신규 카지노 진입은 제주도, 러시아 정도

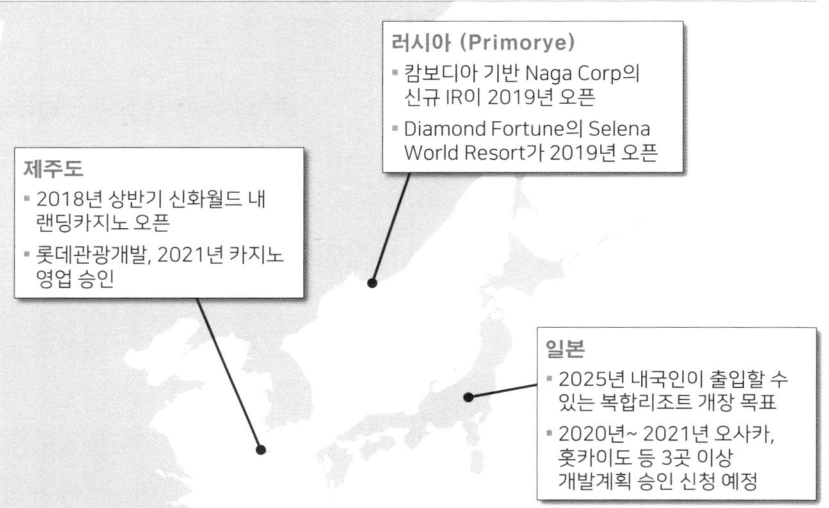

러시아 (Primorye)
▪ 캄보디아 기반 Naga Corp의 신규 IR이 2019년 오픈
▪ Diamond Fortune의 Selena World Resort가 2019년 오픈
제주도
▪ 2018년 상반기 신화월드 내 랜딩카지노 오픈
▪ 롯데관광개발, 2021년 카지노 영업 승인
일본
▪ 2025년 내국인이 출입할 수 있는 복합리조트 개장 목표
▪ 2020년~ 2021년 오사카, 홋카이도 등 3곳 이상 개발계획 승인 신청 예정

자료: 언론 보도 종합, 메리츠증권 리서치센터

2. 내국인 카지노 - 강원랜드

규제 산업 투자 가이드

- 넘치는 수요, 규제를 통해 공급을 '매출 총량제'를 통해 제한
- 막힌 탑라인 → 배당이 주가 레벨을 결정
- 이전 주가 레벨을 뛰어 넘기 위해서는? 매출 총량제 기준 변경 필요
- 현재까지 논의된 방안은
  1) GDP의 0.58% 현행에서 OECD 평균인 0.63%로 상향, 2) 외국인 카지노 매출 총량제 배분 대상에서 삭제

외국인 카지노와 다른 강원랜드의 카지노 매출 구성

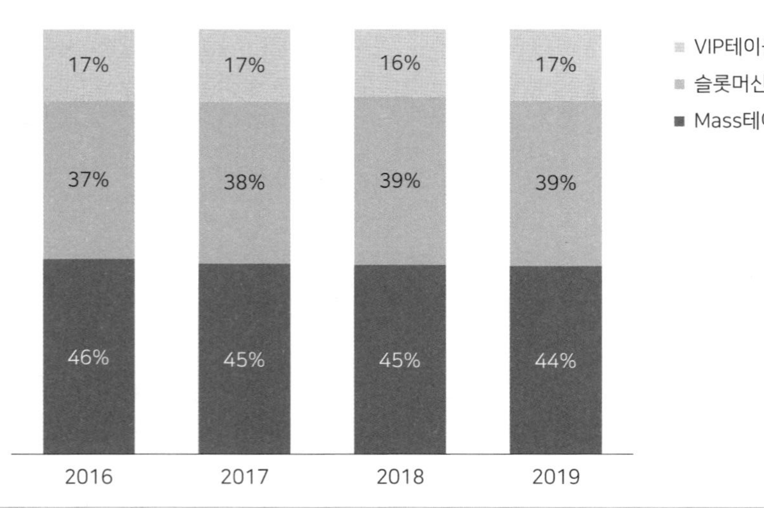

자료: 강원랜드, 메리츠증권 리서치센터

강원랜드 DPS 및 배당수익률

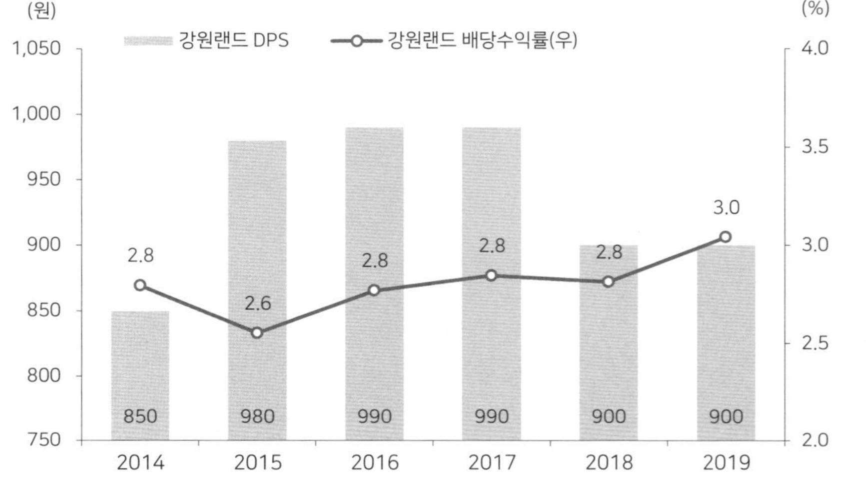

자료: Quantiwise, 메리츠증권 리서치센터

엔터/레저

202N년 놀잇거리를 찾아서

Summary

202N년 놀잇거리를 찾아서

I&II 2020 Review & 2021 Preview

좋았던 산업, 좋아질 산업

- 2020년 소섹터 내 수익률 가장 우수했던 산업은 엔터테인먼트. 산업 성장 긍정하나 9월 이전 대비 모멘텀 약화되었고 2022년 기준 PER 30배 남짓으로 실적 성장 기대감 반영
- 콘텐츠는 2020년 부진한 성과를 기록. Disney+를 제외한 미국 OTT들의 아시아 진출은 2023년 본격화 예상
- 산업 측면에서 중국 OTT 동남아 진출은 긍정적으로 해석. 다만 과실(果實)이 Top tier 2사에게 집중될 지는 미지수
- 중국 OTT, THAAD 이전과 같은 행보 보인다면 순수 제작사 투자 매력도 높아질 것
- 카지노와 여행은 2020년 부진한 성과 기록. 다만 백신 접종 스케쥴 가시화 가능성 높아 2021년 주가 하방 대비 상방이 높아진 상황. 백신 기대감에 따른 동반 상승 일단락 후 카지노 위주로 섹터 수익률 집중될 것

III 2020년, 당신은 무엇을 하고 놀았나요?

2020년대 New entertainment 탐색기

- 코로나는 인간의 야외 활동을 단절시키고 집안에서의 활동을 인위적으로 늘리는 역할을 함
- 동 기간 전 세대에 거쳐 인터넷 및 TV에 연결해 이용하는 미디어(DVD, 콘솔 게임, OTT 등) 시간 크게 증가
- 특히, 장년층 OTT 침투율이 크게 상승함. 소비재 성격 상 미국 OTT 시장, 2021년 성숙 시장 진입 가능성 높아짐
- 그러나 모든 OTT가 행복했던 코로나는 아니었음
- 기대했던 HBO Max는 cord-cutting을 중지시키는 정도에 불과하고 할리우드 기대를 모았던 Quibi(퀴비)는 사업을 종료
- 코로나 기간 전세계적 OTT 이용률 증가로 신규 진입자들 시장을 탐색할 시간을 빼앗김
- 기존 OTT 시장 참여자들과의 경쟁 어렵기 때문에 퀴비가 그러하듯 국내에서도 숏폼 위주로 OTT 플랫폼 런칭 활발
- '틱톡'이 유발한 숏폼 경쟁은 콘텐츠 시장에도 영향을 미침. 드라마 시장에서는 웹드라마 성장의 기폭제가 되고 있음
- 반면 TV 채널은 '어차피' 안보는 20대 대신 중장년층에 초점을 맞춰 컨텐츠 재구성 중. 트로트 프로그램 크게 증가한 이유
- 2010년대 이루어지던 세대별 놀이문화의 플랫폼이 2020년대 더욱 파편화 될 것으로 전망됨
- 엔터 산업의 핵심인 팬덤 활동, 이른바 '덕질'에도 2020년은 우호적인 해였음. 백신 개발로 야외 활동 가능해질 경우 화제성 측면에서 엔터 산업이 2020년 누린 독점적 지위는 2021년 다소 누그러질 가능성 높음

시나리오별 2021년 전망

항목		변수	Worst	Base	Best
주가 결정 요인	**1. 카지노**	▪ 백신 ▪ 글로벌 항공 수급 ▪ 중국	▪ 2020년 상황 지속 ▪ 사드 당시와 유사한 교류 빙하기 진입 ▪ 강원랜드 규제 강화	▪ 백신 접종 2H21 인구 50% 이상 달성 ▪ 2022년 항공 수요, 2019년 70% 회복	▪ 1H21 내 백신 접종 인구 50% 이상 달성 ▪ 2021년 항공 수요, 2019년 70% 회복 ▪ 사드 이전과 같은 제한 없는 교류
	2. 여행	▪ 백신 ▪ 글로벌 항공 수급 ▪ 여행자 여행 패턴 변화	▪ 2020년 상황 지속 ▪ 테러 등에 의한 여행 수요 감소	▪ 백신 접종 2H21 인구 50% 이상 달성 ▪ 2020년 항공 수요, 2019년 70% 회복 ▪ 여행 수요 정상화 후 2019년으로 회귀	▪ 1H21 내 백신 접종 인구 50% 이상 달성 ▪ 2021년 항공 수요, 2019년 70% 회복
	3. 콘텐츠	▪ 미국 OTT 아시아 진출 ▪ 중국 OTT ▪ 국내 방송산업 변화	▪ OTT 콘텐츠 예산 축소 발표 ▪ 방송사 편성 매출 비중 하락 ▪ 방송사 드라마 슬롯 추가 축소	▪ 글로벌 OTT 오리지널 콘텐츠 제작 원년 ▪ 방송사 드라마 전략 2020년 수준 유지	▪ 중국 OTT 發 동남아 시장 판권 가격 상승 ▪ 2021년 훌루, HBO Max 동남아 진출 ▪ 아이치이, 텐센트 한국 드라마 재개 ▪ 방송사 드라마 투자 확대
	4. 엔터	▪ Next BTS 등장 ▪ 중국	▪ 사건/사고에 의한 팬덤 분열 ▪ 2021년 오프라인 콘서트 재개 불발 ▪ 한국 연예인의 중국 출현 및 활동 금지	▪ 2H21 콘서트 재개 ▪ 타 국적 보유한 한국 연예인의 중국 출현 가능한 현 상황 유지	▪ 1H21 콘서트 재개 ▪ 강력한 팬덤 보유한 Next BTS 등장 ▪ 한국인 연예인의 중국 출현 및 활동 재개
산업 투자 전략			▪ 비중 축소	▪ 중립. 선별적 접근 필요 ▪ 레저: 카지노>여행 ▪ 엔터/콘텐츠는 등락 이어질 것	▪ 비중 확대 ▪ 레저: 카지노>여행 ▪ 엔터/콘텐츠, 이벤트 발생시 비중 확대
Top-picks			▪ 스튜디오드래곤	▪ 카지노 3사	▪ 전 종목 매수 유효

Part I

Adieu, 2020

2020 Review

엔터: 연간 수익률 소섹터 내 가장 뛰어나

- 엔터테인먼트 산업은 소섹터 중 2020년 수익률이 가장 뛰어났던 섹터
- 4월 이후 동 산업은 1) 중국 한한령에 대한 기대감, 2) 코로나가 해결될 경우 미디어 내 개선이 가능한 유일 산업이라는 점, 그리고 3) 10월 빅히트 상장에 따른 섹터 리레이팅에 대한 기대로 9월까지 압도적인 주가 상승률을 기록한 바 있음
- 코로나로 인해 콘서트가 부재하며 업체들의 수익성 훼손이 염려된 바 있음. 그러나 팬덤의 화력이 앨범으로 집중되며 수익성은 예상 대비 선방

엔터 3사의 주가 추이

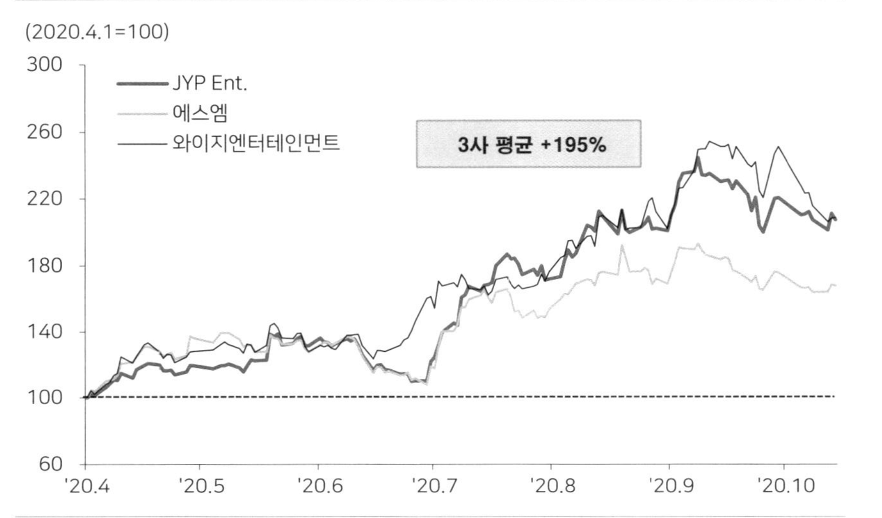

자료: Quantiwise, 메리츠증권 리서치센터

2020년 5월 이후 본격화된 팬덤 간 앨범 신기록 경쟁

발간일	기사 제목	언론사
2월 18일	BTS 새 앨범 선주문 400만 장 돌파...자체 최고 기록	YTN
3월 06일	NCT127 신보 선주문 53만장 육박…자체 최고 기록	연합뉴스
5월 25일	엑소 백현, 'Delight' 선주문량 73만장 돌파 '자체 최고기록'.. 오늘 컴백 V라이브	조선일보
5월 27일	트와이스 새 앨범, 선주문 50만장 돌파…자체 최고기록	연합뉴스
6월 12일	데뷔 후 첫 밀리언셀러…세븐틴, 새 앨범 '헹가래' 선주문량 106만장 돌파	조선일보
7월 21일	에이티즈, 새 앨범 선주문만 25만장 돌파…28일 컴백	뉴시스
8월 12일	트레저, 첫싱글 선주문 20만장… "올해 신인 초동 최고"	조선일보
8월 18일	ITZY, 'Not Shy' 선주문 20만장+MV 17시간 만에 1000만뷰 '자체 신기록'	조선일보
9월 3일	블랙핑크, 첫 정규앨범 선주문 80만 장 돌파…기록 행진 스타트	한국일보
9월 11일	스트레이 키즈, 신보 '인생' 선주문 30만장… 자체 최고 기록	이데일리

자료: 언론 보도를 메리츠증권 리서치센터 정리

엔터: 코로나 發 앨범 인플레 발생

앨범 판매량 기대치 상회하며 실적 선방

- 팬덤간 경쟁이 촉발되며 2020년 전세계적으로 한국 앨범 시장만 특이적 호황을 기록함
- 구조적인 팬덤 성장도 영향을 끼쳤으나 2019년까지는 2020년 수준의 앨범 성장을 보이지 않았음. 이는 콘서트가 부재하며 팬덤의 갈 곳 없어진 주머니가 앨범 시장으로 화력을 집중시킨 탓으로 보는 것이 합리적
- 앨범 판매량을 통한 아티스트 줄세우기가 심화된 만큼 다작보다는 하나의 앨범에 화력이 집중되는 전략이 통하는 시기가 됨. 코로나 이후 JYP보다는 YG의 스타일이 유리해진 이유
- 콘서트 재개된 후 팬덤의 규모가 현재와 유사하다면 앨범 판매량은 하향 안정화 될 것으로 추정됨

코로나 이전 발매 앨범 판매량 vs. 코로나 이후 발매 앨범 판매량 (만장)

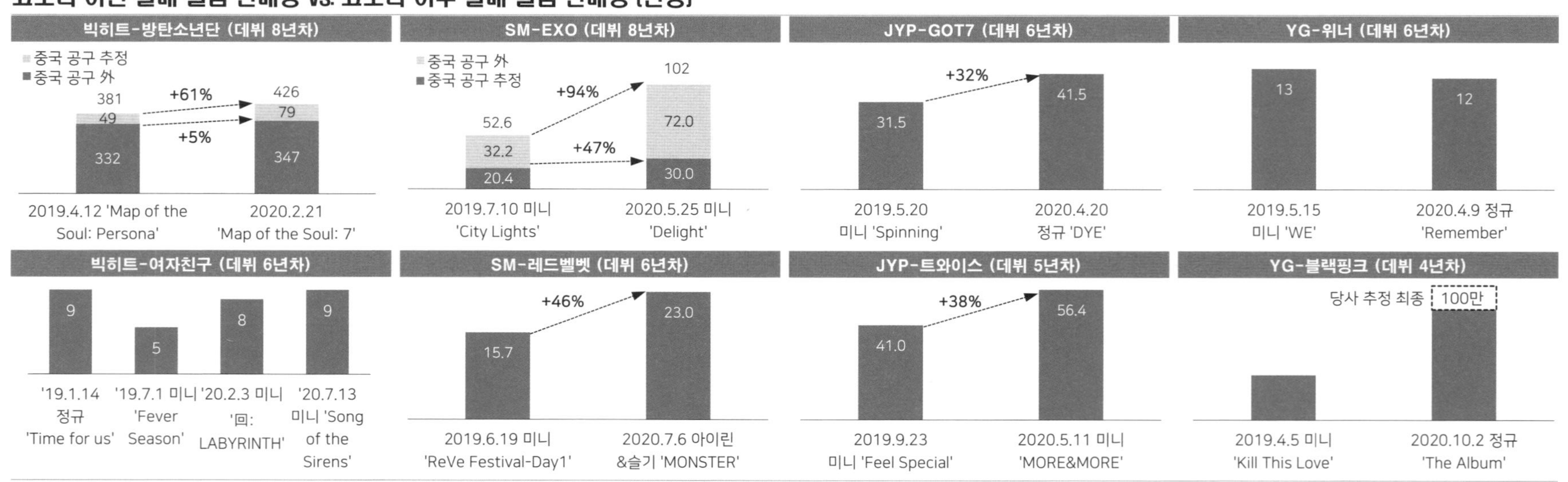

주: 중국 공구 물량은 당사 추정
자료: 가온차트, 메리츠증권 리서치센터

엔터: Top down 스토리 뿐 아니라 bottom up 변화도 수익률에 기여

- 콘서트 부재를 온라인 콘서트로 만회하려는 산업의 노력, 예상보다 높은 성장을 보인 앨범 수익은 엔터 산업의 높은 수익률을 뒷받침하는 부차적 요소로 작용함
- 그 사이 bottom up 스토리 변화도 엔터 이야기를 풍부하게 한 요소
- JYP는 일본 내 니지 프로젝트가 성공적으로 평가 받았고, YG도 신인 '트레저'의 경우 철저한 아이돌 그룹을 지향, 연간 수회 컴백을 통해 수익화를 지향하는 전략으로 변화함
- 걸그룹임에도 불구하고 블랙핑크 앨범 선주문량이 80만장을 넘기며 팬덤의 높은 성장을 기정 사실화한 점도 YG 주가에 긍정적 역할, 결국 산업 리레이팅에 화력을 보탬

엔터 3사의 bottom up 변화

기업	내용
JYP	신인 '니쥬' 데뷔시킨 니지 프로젝트 성료 및 BLC 설립 참여
YG	블랙핑크 팬덤 확대 및 트레저 수익화 선언
SM	BLC 설립 주도 참여

주: BLC는 Beyond Live Corporation라는 온라인 전용 콘서트 전문 합작회사의 약자
자료: company data, 메리츠증권 리서치센터

블랙핑크의 2020 똑똑했던 전략: 기대감의 이연

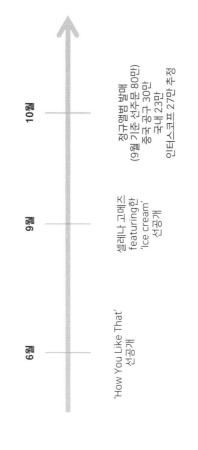

6월	9월	10월
'How You Like That' 선공개	셀레나 고메즈 featuring한 'Ice cream' 선공개	정규앨범 발매 (9월 기준 선주문 80만) 중국 공구 30만 국내 23만 인터스코프 27만 추정

자료: 메리츠증권 리서치센터 추정

엔터: 빅히트 상장 기점으로 모멘텀 소멸기

- 10월 빅히트가 상장되며 모멘텀 소멸, 섹터는 거침없이 오르던 시기를 지나 조정 국면에 진입함
- 더불어 콘서트 부재에도 불구하고 높은 주가 상승으로 2021/2022 기준 밸류에이션 매력도 크게 감소, 9월 고점 대비 섹터 평균 30% 내외의 조정이 이루어진 상황
- 되돌림이 빨랐던 만큼 bottom up 이슈를 타깃해 JYP(12/2 니쥬 데뷔), 빅히트(11/22 방탄 컴백) 등 반등이 일부 진행되고 있으나 섹터를 아우를 수 있는 모멘텀이 소멸된 만큼 9월 고점을 벗기기는 어렵다고 판단

엔터 3사 및 빅히트의 주가 추이 (7월~ 현재)

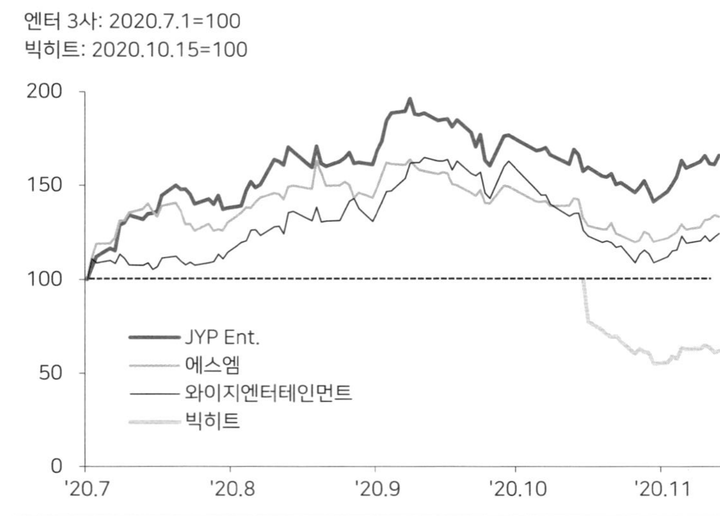

자료: Quantiwise, 메리츠증권 리서치센터

4분기 업체별 주요 아티스트 예상 일정

SM	
동방신기	12월 유노윤호 솔로 (13만장 가정)
슈퍼주니어	10월 일본 정규 가정
소녀시대	11/18 태연 일본 앨범
샤이니	11/9 태민 정규3집 'Act2' (13.8만장 가정)
엑소	10/26 첸 군입대 11/30 카이 미니앨범(50만장 가정) 11월 백현/찬열 입대 가정 12/6 시우민 제대
레드벨벳	11월 정규 앨범(30만장 가정) 11월 리팩 가정(12만장 가정)
NCT	10/12 정규2집 'Pt.1' (130만장) 11월 정규2집 'Part.2'(70만장 가정) 12월 127 일본 미니2집 '러브홀릭'
에스파	11/17 싱글 '블랙맘바' 데뷔
YG	
위너	10/30 송민호 정규2집 (10만장 가정)
블랙핑크	10/2 정규 1집 'The Album' (120만장 가정) 지수, JTBC '설강화' 촬영 시작
트레져	11/6 Chapter3 (30만장 가정)

JYP	
GOT7	11월 정규 앨범 'Breath of Love' (42만장 가정) 진영, tvN '악마판사' 촬영 시작
트와이스	10/26 정규 2집 'Eyes wide open' (42만장 가정) 11/18 일본 싱글 7집 12월 리팩 가정 (20만장 가정)
Stray Kids	11/22 V live 콘서트 11/4 일본 미니앨범
ITZY	12월 일본 미니앨범 가정
NiziU	12/2 싱글 'Step and a step' (20만장 추정/오리콘 앨범 다운로드 10만건)
빅히트	
방탄소년단	10/10,11 온라인 콘서트(동접 99만명) 10월 Skool luv special addition (66.9만장) 11/20 스페셜 'BE(Delxe Edition)' (400만장 가정)
TXT	10/26 미니3집 'minisode1: Blue Hour' (35만장 추정)
여자친구	10/14 일본 앨범 / 10/31 온라인 콘서트 11/9 정규 2집 '回: Walpurgis Night' (13만장 가정)
뉴이스트	11/7 일본 앨범
세븐틴	10/19 스페셜 'Semicolon' (140만장 가정)
엔하이픈	11/30 데뷔앨범

자료: 메리츠증권 리서치센터 추정

콘텐츠: 전방산업 ① 국내(방송)

- 코로나19로 방송사들이 콘텐츠에 배정된 예산을 기존 대비 보수적으로 변경하며 후방 업체에 해당되는 콘텐츠 업체들의 영향이 하반기 이후 두드러졌음
- 당사 또한 이로 인해 방송사의 편성매출과 PPL이 감소하며 프로젝트 마진 하락을 예상한 바 있으나 실제 진행은 이보다는 Q 감소 위주로 이루어짐
- 방송사들은 하반기 이후 이전 대비 확연히 줄어든 드라마 슬롯을 운영하였고, 이는 CJ ENM, SBS 등 광고 감소 영향을 상반기 오롯이 받았던 방송사들의 하반기 실적 개선 원인이었음

2020년 방송사 드라마 슬롯 변경 사항

방송사	내용
OCN	2019년 10월 월화 슬롯 일시 중단 이후 재방영 없음 토일 슬롯 또한 간헐적 방송 중 2020년 방영 회차는 66회에 불과(연간 가능 회차는 총 104회)
MBC	월화 슬롯 수차례 임시 휴업 중 수목 시간대 편성 재조정 토요 드라마 3월 이후 잠정 중단
SBS	6월 이후 월화 슬롯 간헐적 방송 중. 빠진 자리는 예능/교양 편성 수목 슬롯은 지속적 휴지기

자료: 메리츠증권 리서치센터 추정

스튜디오드래곤 연도별 드라마 IP 신규 취득 현황

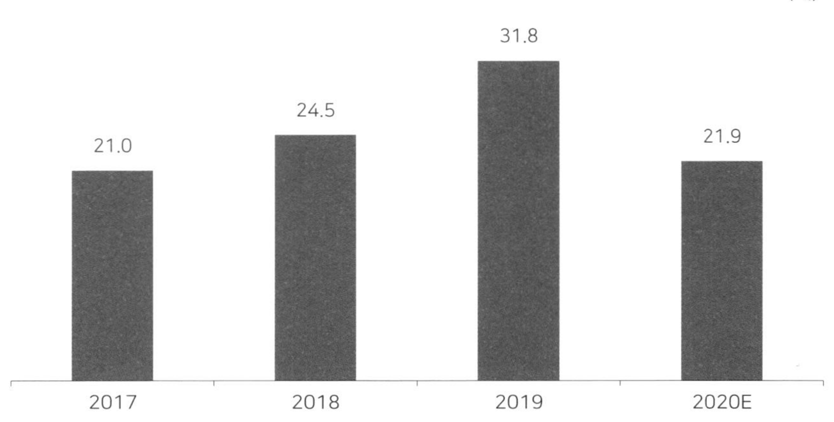

자료: 메리츠증권 리서치센터 추정

콘텐츠: 전방산업 ② 글로벌 (OTT)

- 글로벌 전방 산업에 해당되는 미국 OTT 사업자들의 콘텐츠 투자 계획이 코로나19로 차질이 생긴 점 또한 화제성 측면에서 동 산업을 밋밋하게 했던 원인으로 지목됨
- 콘텐츠 사업자들의 주가도 이러한 상황이 반영됨
- Pure play인 스튜디오드래곤은 YTD 수익률이 -1%로 코스닥 대비 -27% 언더퍼폼하였고, 제이콘텐트리는 영화관 사업 부진까지 더해지며 YTD 수익률은 -20%, 코스피 대비 -35% 언더퍼폼함

2020년 스튜디오드래곤 주가 및 코스닥 추이

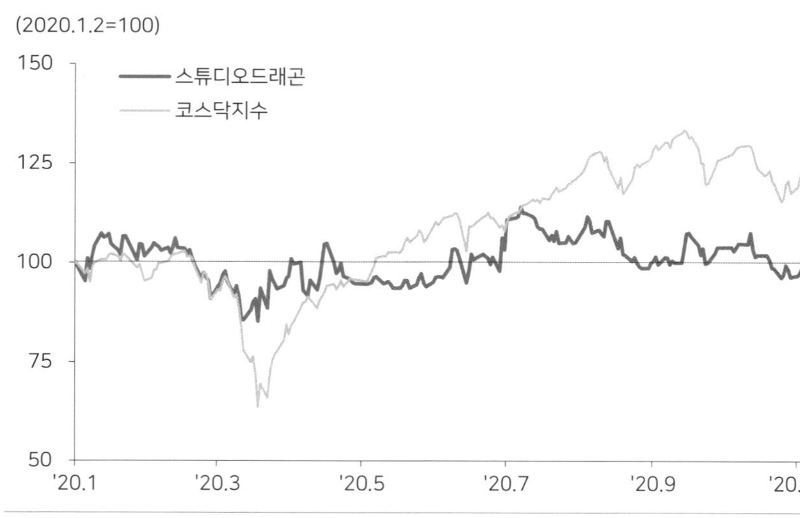

자료: Quantiwise, 메리츠증권 리서치센터

2020년 제이콘텐트리 및 코스피 추이

자료: Quantiwise, 메리츠증권 리서치센터

콘텐츠: 전방산업 ③ 중국

- 스튜디오드래곤은 3분기 중국 판권이 인식되며 실적 서프라이즈를 기록함. 동 판권은 방영 여부와 관계없이 취득된, 반환 의무가 없는 금액으로 <알함브라 궁전의 추억> 이후 2년만의 등장
- 이를 통해 중국 판권에 대한 이야기가 이전 대비 구체화되었으나 주가는 이에 대해 큰 반응을 보이지 않음
- 중국 판권의 오랜만의 등장이 반가운 것은 사실이나 방영 조건 없이 판권을 구매하는 중국 OTT들의 이와 같은 행위가 지속성이 있을지에 대한 투자자들의 의구심 때문으로 해석됨
- 당사 또한 지속성을 증명하기까지 시간이 필요할 것으로 예상됨. 다만 지속적인 관심은 필요하다고 판단됨

2018년 중국 OTT 계약이 성사되었던 <알함브라 궁전의 추억>

자료: tvN

콘텐츠 사업자 실적발표 다음날 주가 추이

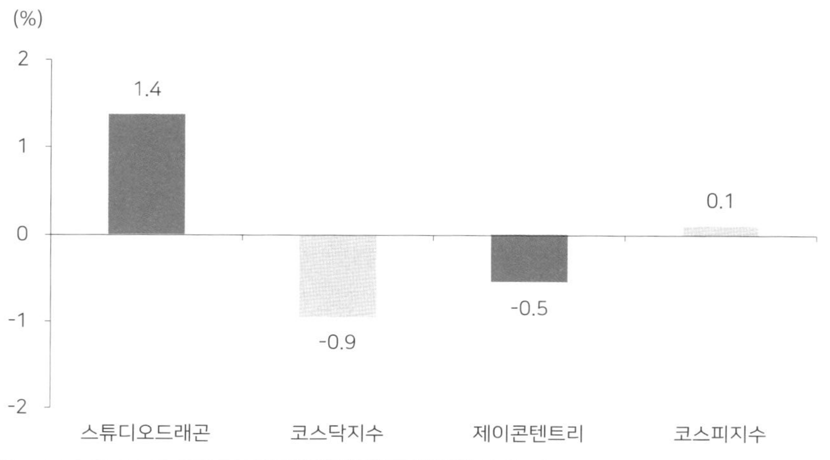

자료: Quantiwise, 메리츠증권 리서치센터

카지노/여행

- 글로벌 레저 산업과 마찬가지로 국내 카지노/여행 업체들도 2020년 절대 수익률, 상대 수익률 측면 모두에서 부진한 성과를 기록함
- 3월 12일 WHO의 코로나19 팬데믹 선언과 함께 전세계는 국경의 벽을 높임
- 이로 인해 항공/선박 등 국가간 이동이 중단되며 '자유로운 이동'이 전제 조건인 카지노/여행 산업 피해가 막심한 상황

글로벌/한국 레저 사업체들의 2020년 YTD 수익률

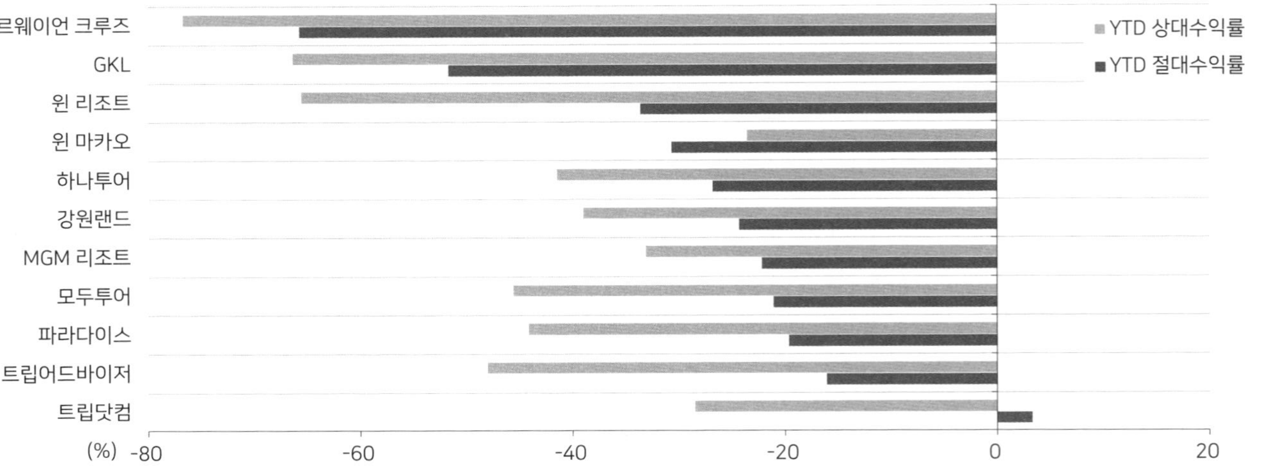

자료: Bloomberg, Quantiwise, 메리츠증권 리서치센터

카지노/여행

- 여행 산업은 사실상 매출 제로 시계에 돌입했으며 외국인 카지노는 국내 거주 외국인을 대상으로만 영업이 가능해 기존 매출 대비 30% 수준에 머물러 있음
- 내국인 출입이 가능한 카지노, 강원랜드는 공기업 특성 상 정부의 거리두기 단계 상향에 발 맞출 수 밖에 없는 상황. 이로 인해 연내 긴 휴장을 가짐
- 카지노가 없는 정선까지 여행객들의 발길이 이어지기는 힘든 상황. 호텔, 골프 등 카지노를 제외한 부문은 정상 영업을 이어갔지만 방문객 감소로 부진한 실적을 기록함

여행/외국인 카지노의 2019년 대비 2020년 실적

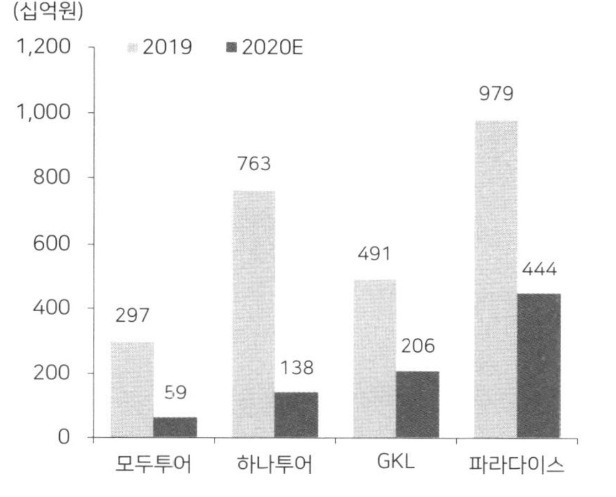

자료: Quantiwise, 메리츠증권 리서치센터

강원랜드의 2020년 휴장 시기

구분	운영 날짜	운영 방식	트래픽 (YoY)
1분기	1.1 ~ 2.22(53일)	Mass / VIP 정상 운영	-42.0%
2분기	5.8 ~ 6.30(54일)	Mass 휴장 / VIP만 운영	-99.6%
3분기	7.1 ~ 8.20 & 8.22 (52일)	Mass / VIP 사회적 거리두기 체제 운영 7.20 ~ 8.2: 日 동시 방문인원 750명/827석 제한(슬롯머신 & 전자테이블) 8.3 ~ 8.22: 日 동시 객장인원 1,200명/1,277석 제한(슬롯머신 & 전제테이블 & 테이블)	-95.0%
4분기	10.12 ~ 현재	Mass / VIP 사회적 거리두기 체제 운영 10.12 ~ 10.15: 日 동시 방문인원 750명/827석 제한(슬롯머신 & 전자테이블) 10.16 ~ 11.6: 日 동시 객장인원 1,200명/1,277석 제한(슬롯머신 & 전자테이블 & 테이블) 11.7 ~ 현재: 日 동시 객장인원 2,200명/약 2,300석 제한(슬롯머신 & 전자테이블 & 테이블)	
		Mass	VIP
COVID-19 이전		최대 객장인원 6,000명 175개 테이블(1,214석) + 5개 전자테이블(208석) + 1,360개 슬롯머신	20개 테이블 (148석)
사회적 거리두기		최대 객장인원 1,200명~2,200명 101~110개 테이블(450석) + 5개 전자테이블(107석) + 720개 슬롯머신	84석

자료: 강원랜드, 메리츠증권 리서치센터

카지노/여행

- 5월 당사가 제시한 하반기 전망 당시는 카지노/여행이 개선에 대한 기대를 충분히 반영한 주가라 판단, 하반기 주가 부진을 주장한 바 있음. 그러나 9월 이후 동 산업에 대한 의견을 상향함
- 여전히 국가간 이동이 불가한 상황이나 1) 5월 대비 낮아진 주가, 2) 10월/11월 예정된 코로나19 백신의 임상 3상 결과를 앞두고 있었기 때문
- 실제로 11월 화이자의 백신 'BNT162b2'가 임상 중간 결과가 발표되자 글로벌 여행, 카지노, 영화관 등 코로나19 피해 업종의 주가 상승이 본격적으로 반등하기 시작함
- 운송, 연간 생산 능력 등의 고려 사항이 존재하나 화이자 이외에도 모더나, 아스트라제네카 등 다양한 후보군이 존재하는 만큼 향후 레저 산업의 상대적 매력도 우위는 역전되지 않을 것

화이자의 백신 임상 3상 결과 발표 당일(24h) 코로나 피해 업종 주가 수익률

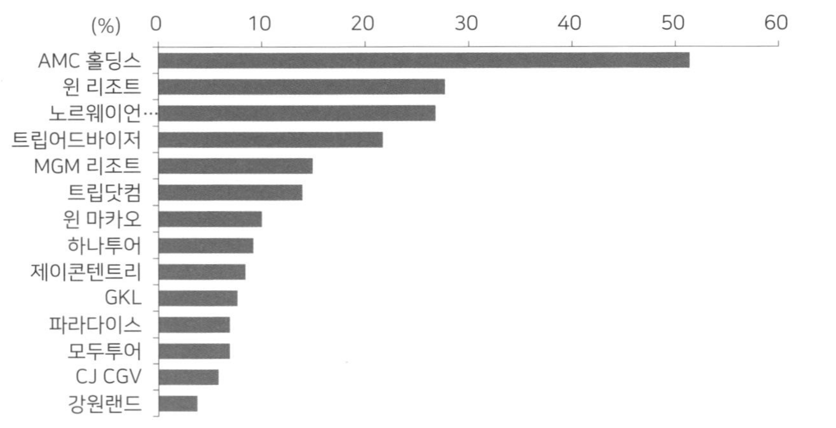

자료: Bloomberg, 메리츠증권 리서치센터

당사 카지노/여행 커버리지 주가 추이

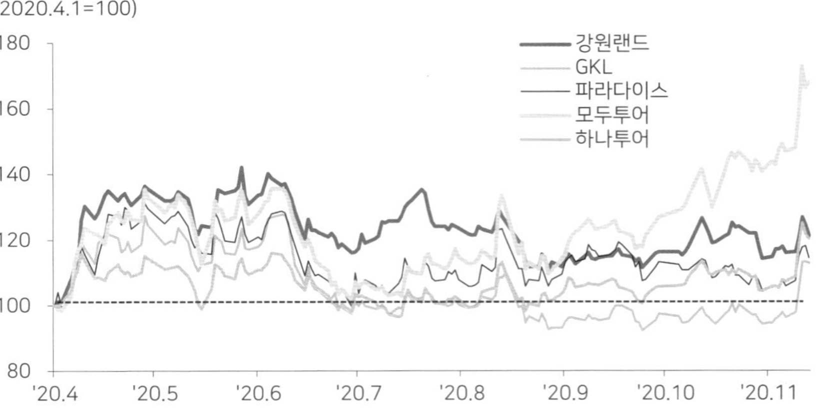

자료: Quantiwise, 메리츠증권 리서치센터

2021 전망 엔터/레저

Part II

Hello, 2021
2021 Preview

엔터: 화려했던 2020을 뒤로 하고

Next BTS 등장까지 쿨타임

- 2020년 엔터 업종의 수익률은 당사 커버리지 4개 소섹터 내 가장 뛰어난 성과를 기록함
- 오프라인 콘서트의 재개 시점은 여전히 불투명하나 엔터 업체들의 주가는 콘서트 재개를 가정한 상황
- 1) 실적 개선에 대한 가정은 주가에 반영되어 있고, 2) 2021년 섹터 모멘텀은 전년 대비 뚜렷하지 않은 상황
- 주요 아티스트 컴백과 같은 단기 이벤트에 따른 등락이 이어질 것으로 예상됨
- 미국 내 BTS와 유사한 팬덤의 성격을 가진, 이른바 Next BTS가 등장한다면 섹터 주목도 다시 높아지겠으나 이는 '중국'과 마찬가지로 예측보다는 대응의 영역

2020 4개 소섹터 YTD 수익률

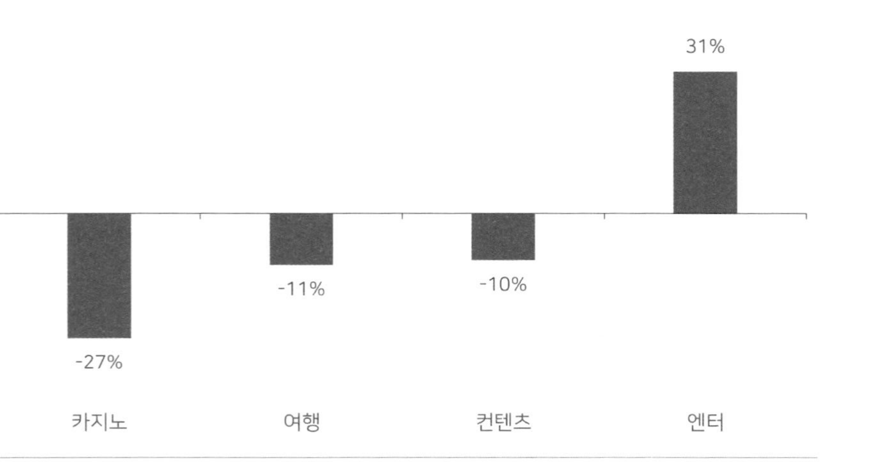

주: 컨텐츠 수익률은 영화관 사업자 제이콘텐트리 영향. 스튜디오드래곤 YTD −1% 기록
자료: Quantiwise, 메리츠증권 리서치센터

엔터4사의 2021년, 2022년 기준 PER

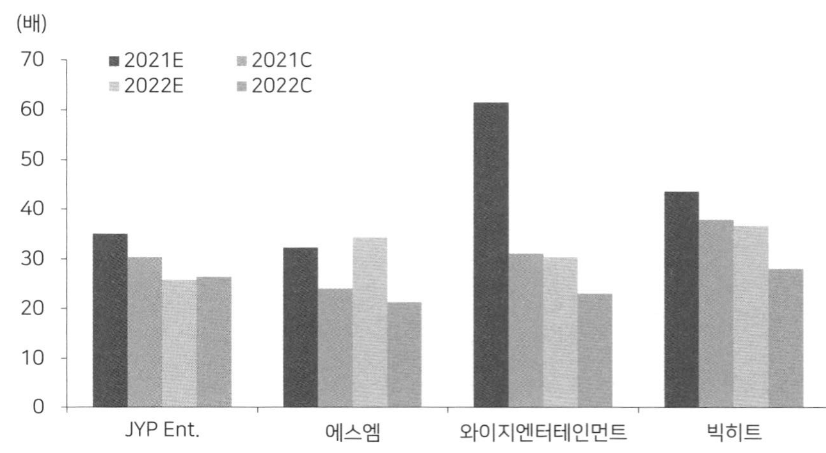

자료: FnGuide, 메리츠증권 리서치센터

콘텐츠: 필요한 next step은?

- 콘텐츠의 주요 Top down 스토리는 글로벌 OTT들의 행보와 중국으로 요약됨
- 2019년 하반기 두드러졌던 글로벌 OTT 사업자들의 공격적인 행보는 코로나19 이후 밋밋해진 상황
- 2019년말 진행된 국내 2대 컨텐츠 사업자들의 넷플릭스 MOU를 통해 요율 상승 이미 진행된 바 있어 다음 스텝(타OTT의 아시아 진출→bidding 참여자 증가→판권 상승)이 필요한 상황

2016년 이후 연도별 콘텐츠 산업 내 이벤트, 이에 따른 영향

	2016	2017	2018	2019	2020	2021~ expected
이벤트	THAAD	넷플릭스 동남아 진출		글로벌 신규 OTT 런칭		HBO Max, 훌루 동남아 진출
영향 (제작비 대비 판권 비율)	중국 판권 수출 중단	넷플릭스의 국내 컨텐츠 구매 본격화 (30-50%)		SD/JCON 넷플릭스와 MOU 체결 (요율 상승)	변화 없음	Bidding 참여자 증가에 따른 판권 상승
국내 상황	TVN,『도깨비』로 드라마 1위 등극	JTBC 드라마 투자 본격화	넷플릭스, JTBC 이어 CJ ENM 콘텐츠도 구입 시작	SD,『아스달 연대기』로 시즌제 시도	반격을 계획한 SBS의『더킹』투자	TVN『지리산』, ENM 대작 중 SD 컨트롤 제외된 첫 드라마

자료: 메리츠증권 리서치센터

콘텐츠: 글로벌 OTT 해외 전략은 2021년 국내 영향 미미

글로벌 OTT 사업자들의 해외 확장 첫 타깃, 아시아보다는 남미/유럽

- 넷플릭스 수준의 가격을 제시할 수 있는 사업자는 디즈니와 HBO의 OTT 정도로 압축됨
- 신규 런칭한 OTT 중 가장 뛰어난 성과를 기록하고 있는 플랫폼은 Disney+
- Disney+의 성과가 국내 콘텐츠 업체에게 긍정적 영향을 미치지 못하는 이유는 이들의 모토가 'Disney exclusive' 즉, 다른 콘텐츠 업체로부터 판권 구매를 필요로 하지 않는 구조이기 때문
- 디즈니는 오는 12월 10일 Investor day를 통해 보유 OTT들의 향후 콘텐츠 투자 등 세부 계획을 밝힐 예정
- 국내 콘텐츠 사업자 입장에서는 이를 통해 'Hulu'의 구체적 해외 전략(특히 아시아)이 밝혀져야 best
- 현실상 가능한 수순은 2021년 남미 및 유럽, 이후 아시아가 타깃될 가능성이 가장 높음

디즈니가 보유한 3개의 OTT

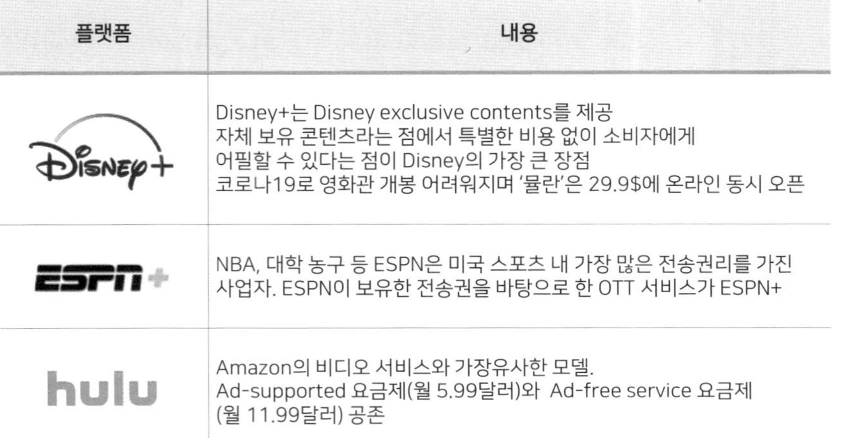

플랫폼	내용
Disney+	Disney+는 Disney exclusive contents를 제공 자체 보유 콘텐츠라는 점에서 특별한 비용 없이 소비자에게 어필할 수 있다는 점이 Disney의 가장 큰 장점 코로나19로 영화관 개봉 어려워지며 '뮬란'은 29.9$에 온라인 동시 오픈
ESPN+	NBA, 대학 농구 등 ESPN은 미국 스포츠 내 가장 많은 전송권리를 가진 사업자. ESPN이 보유한 전송권을 바탕으로 한 OTT 서비스가 ESPN+
hulu	Amazon의 비디오 서비스와 가장유사한 모델. Ad-supported 요금제(월 5.99달러)와 Ad-free service 요금제 (월 11.99달러) 공존

자료: The Walt Disney Company, 메리츠증권 리서치센터

Disney+ 런칭 이후 가입자 수 추이

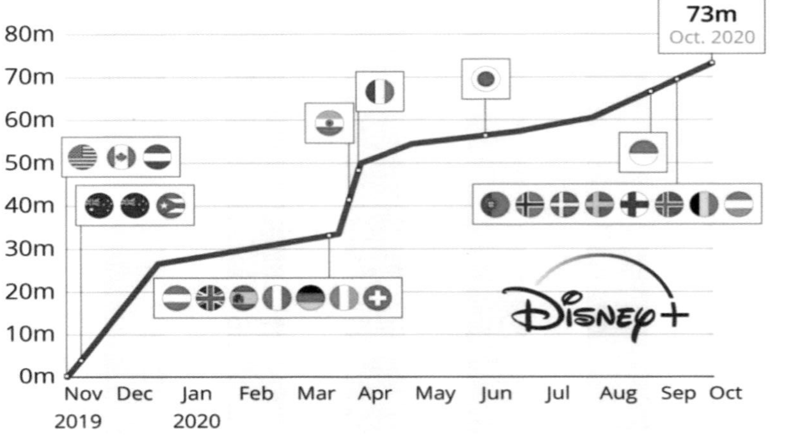

주: Disney+의 시기별 진출 국가 및 전세계 유료 가입자 수 추이. Disney+ 2019년 9월 런칭
자료: Statista, The Walt Disney Company

콘텐츠: 하지만 중국 OTT의 동남아 진출은 기대할 만

- 중국 OTT 사업자들의 2021년 주목해야 할 행보는 TVN <지리산>을 구입한 아이치이(iQiyi)의 행보
- 중국 OTT의 동남아 진출 진행 중. 아이치이 또한 싱가폴을 통해 2019년 동남아 진출을 선언함
- 에이스토리에 따르면 아이치이는 2021년 TVN 기대작인 <지리산>의 동남아 판권을 구매한 것으로 알려짐. <지리산>은 <킹덤>의 김은희 작가가 집필한 작품으로 전지현, 주지훈 등 쟁쟁한 주연을 자랑함
- 자세한 금액은 밝혀진 바 없으나 아이치이가 제시한 가격은 넷플릭스와 견줄 수 있을 정도로 추정됨
- 넷플릭스는 2017년 JTBC <맨투맨>을 구매해 동남아 지역에서 마케팅용 콘텐츠로 활용하며 이목을 끈 바 있음. 아이치이 또한 <지리산>을 마케팅용 콘텐츠로 활용할 가능성 높은 만큼 성과를 주목해야 할 것

Netflix, <맨투맨>을 마케팅에 활용, 방영 시점부터 태국 다운로드 수 급증

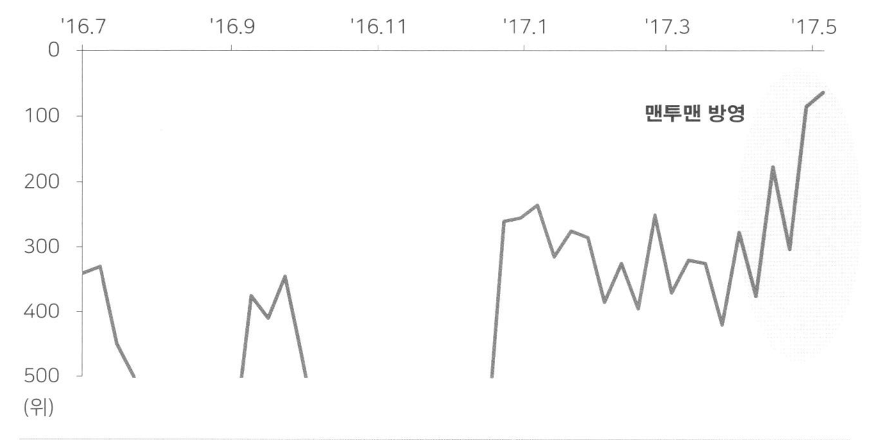

주: 태국 내 App 다운로드 순위
자료: Appannie, 메리츠증권 리서치센터

쟁쟁한 작가진과 주연이 예고된 2021년 TVN 기대작 <지리산>

자료: tvN

콘텐츠: 넷플릭스에 떠밀려 시장에 나온 동남아 OTT들

- 6월 30일, 텐센트가 동남아 넷플릭스로 불리는 '아이플릭스(iflix)'를 인수함
- 인수가는 공개되지 않았으며 수 천만 달러 수준으로 알려져 있음
- 언론에 따르면 인수 후 6-12개월간 브랜드명 '아이플릭스'는 유지하고 CEO(Marc Barnett)을 포함한 주요 직원들의 고용 승계가 이루어질 예정
- 동남아 OTT Hooq도 대형 OTT들의 경쟁에 밀려 어려움을 겪다 지난 3월 파산보호 신청, 이후 7월 쿠팡에 인수되었다는 언론 보도가 있었음
- 넷플릭스가 막강한 자금력을 바탕으로 한국 텐트폴 드라마를 사실상 독식하기 시작하면서 동남아 기반의 OTT 사업 환경이 악화됨
- 통신 사업자 PCCW의 자회사인 Viu를 제외하고는 동남아 기반 OTT들이 시장에 매물로 등장한 이유
- 바이두 자회사인 아이치이 또한 이들과의 동남아 시장 경쟁을 위해서 한국 콘텐츠를 본격적으로 구매하기 시작한 것으로 해석
- 아이치이의 <지리산> 마케팅이 성공한다면, 텐센트를 모회사로 둔 iflix 또한 유사한 방식으로 반격에 나설 가능성이 높음

시장에 나온 동남아 OTT들

업체	내용
Iflix	▪ 호주 인터넷 기업인 'Catcha'가 2014년 설립한 말레이시아 기반 VOD 서비스 회사. 월 이용료는 3달러 ▪ 2020년 4월 기준 13국에서 2,500만개의 활성 계정을 가지고 있음 ▪ Netflix보다 더 로컬 콘텐츠에 집중하는 전략. 로컬 정부의 검열에 순응하는 경향 ▪ Netflix와 경쟁 구도를 설정하지 않고 보완재로서 자리 잡으려는 전략을 가지고 있음 ▪ '응답하라 1988','도깨비','태양의 후예'등을 태국에서 독점 공급하는 등 동남아 시장에서 한국 콘텐츠 독점을 하나의 전략으로 삼았으나 Netflix의 동남아 진출 이후 유료 고객 일부가 유실되며 사업 확장 정체됨 ▪ 7차례의 투자 라운드를 통해 3억 4,800만달러(약 4,200억원)의 자금을 유치한 바 있으며 2019년 호주에서 IPO 계획 당시 약 10억달러(1.1조원)의 기업가치를 평가받은 바 있음 ▪ 2020년 6월 텐센트에 인수됨
Hooq	▪ 2015년 설립된 싱가폴 통신사인 싱텔(Singtel)과 소니픽쳐스, 워너 브라더스의 합작사 ▪ 과거에는 통신사나 인터넷서비스 기업(ISP) 통해 콘텐츠를 공급하다가, 독자적 OTT로 전환 중 ▪ 인도네시아 내 1위 VOD서비스 사업자 ▪ 할리우드 콘텐츠를 중심적으로 제공하며 성장했으나 최근 오리지널 콘텐츠 역량을 강화하는 중 ▪ 넷플릭스 등 대형 OTT와 경쟁에 밀려 어려움을 겪다 지난 3월파산보호 신청, 이후 4월부터 동남아 서비스 중단 ▪ 2020년 7월 쿠팡에 인수됨
Viu	▪ 2015년 10월 설립된 홍콩 기반 OTT 서비스 회사로, PCCW 자회사 ▪ 2017년 4월 기준 14개국에서 600만 회원을 보유하고 있음 ▪ 4G 사용자 수의 성장이 가장 빠른 신흥국을 주로 타겟으로 삼고 있음 ▪ 아시아 드라마 및 TV쇼, 특히 한국 드라마를 주요 콘텐츠로 삼으며 성장중임 한국 드라마로 한정하여 보았을 때, 타 OTT서비스 대비 보유 콘텐츠 수가 많다는 평가

자료: company data, 메리츠증권 리서치센터

콘텐츠: 다만 누가 수혜자가 될 것인가는 계산이 필요한 영역

- 다만 누가 과실(果實)을 취할지에 대해서는 계산이 필요한 영역
- 첫 스타트를 끊은 중국 OTT의 국내 counter party가 순수 제작사, 에이스토리였기 때문
- 2019년 스튜디오드래곤과 제이콘텐트리는 연간 6개 내외의 작품을 넷플릭스에 제공하는 MOU를 체결함
- 특히 스튜디오드래곤은 넷플릭스가 5% 지분까지 획득한 상황
- 아이치이가 전략적으로 넷플릭스와 계약관계가 없는 순수 제작사를 선택한 것인지, 아니면 에이스토리의 영업력에 따른 결과인지 현 상황으로는 판단하기 어려움
- 순수 제작사가 중국 OTT와 직접 계약을 성사시키는 사례가 지속된다면 THAAD 이전과 같이 순수 제작사의 투자 매력도가 높아지며 산업 성장을 독식하다시피 했던 Top tier 2사의 상대 매력도는 하락할 것

중국 판권 판매 History: 중국은 원래 제작사로부터 직접 사갔다

구분	회당 판매가 (달러)	방영 시기	제작사
상속자들	15,000	13년 10월	화앤담픽쳐스
별에서 온 그대	40,000	13년 12월	HB엔터테인먼트
닥터 이방인	80,000	14년 4월	아우라미디어
운명처럼 널 사랑해	120,000	14년 7월	넘버쓰리픽쳐스
내겐 너무 사랑스런 그대	200,000	14년 9월	에이스토리
피노키오	280,000	14년 11월	버진 인터랙티브
하이드 지킬, 나	100,000	15년 1월	KPJ, H E&M
프로듀사	170,000	15년 5월	초록뱀
태양의후예	250,000	16년 2월	NEW
보보경심: 려	400,000	16년 8월	바람이분다
함부로 애틋하게	300,000	16년 9월	IHQ
화랑: 더 비기닝	250,000	16년 12월	오보이프로젝트
사임당 더 히스토리	267,000	17년 1월	그룹에이트

자료: 각 사 홈페이지, 메리츠증권 리서치센터

<지리산>과 스튜디오드래곤 이전 작품(ex. <청춘기록>) 수익 인식 구조 비교

	2021 <지리산>	2020 <청춘기록>
한국 방영	TVN (CJ ENM)	TVN (CJ ENM)
해외 판권 판매자(유통)	에이스토리	CJ ENM
IP (지적재산권) 원 소유자	**에이스토리**	**스튜디오드래곤**
편성매출/해외판권 매출 인식	에이스토리	스튜디오드래곤
비용 인식	에이스토리	스튜디오드래곤
프로젝트 수익 배분(RS) 수익자	스튜디오드래곤	팬엔터테인먼트

자료: 메리츠증권 리서치센터 추정

카지노/여행

- 어느 때보다 외부 변수의 영향력이 높아진 상황
- 백신에 대한 임상 3상 결과들이 발표되며 산업 수익률은 반등 중
- 주지하는 바와 같이 '백신의 안정성 입증 → FDA 승인 → 생산 및 운반 → 범용적 접종'까지 시간은 소요될 것
- 그러나 성장주의 높은 프리미엄이 의미하는 바와 같이 개선이 예상되는 산업에 대한 투자자들의 현 시계열은 2021년 단일 해가 아닌 정상화 혹은 성장 후를 기준으로 맞춰져 있음

2013년 이후 카지노/여행업체 주가 추이

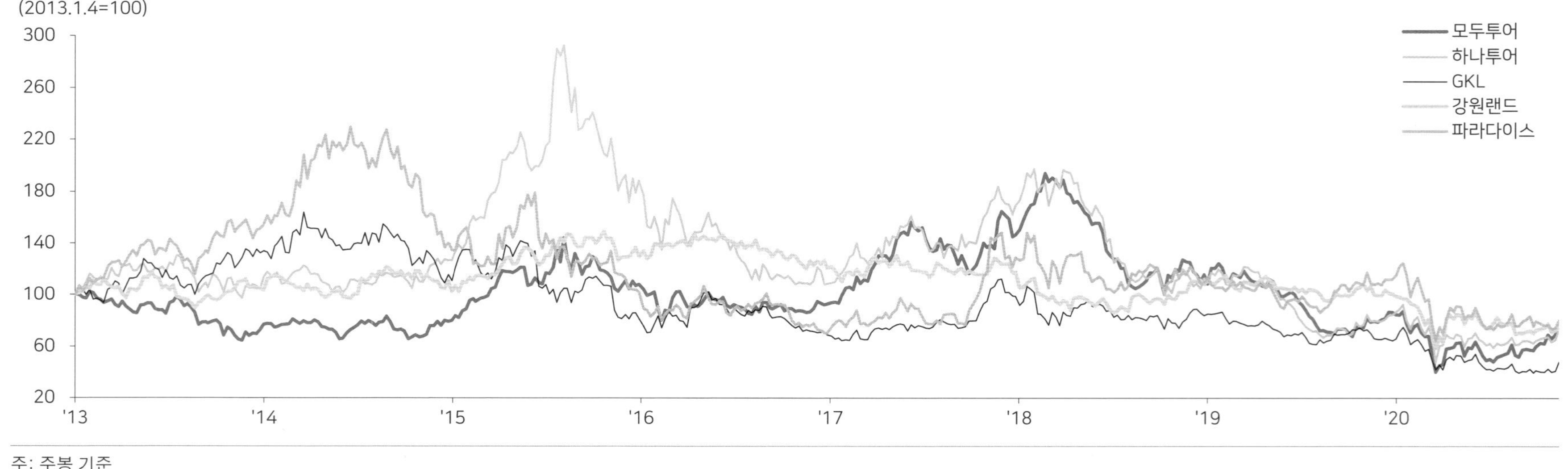

주: 주봉 기준
자료: Quantiwise, 메리츠증권 리서치센터

카지노/여행

- 레저 산업의 경우 코로나로 인해 2020년 크게 소외된 바 있음. 이는 백신 이후 반등한 산업에 대한 관심도가 주가의 하방보다는 상방 압력을 높일 것임을 시사함
- 코로나19로 인해 피해가 큰 현 상황이 지속된다고 하더라도 당사 레저 산업 커버리지 대상 업체들의 현재 현금 여력으로 버틸 수 있는 기간은 하나투어를 제외, 24개월 이상으로 추정됨
- 업종 대표 업체들에 해당되는 특성 상 현금 여력이 소진된 후 정부의 자금 지원(ex. 금융기관을 통한 대출)은 동 산업 내 제시된 사업자들이 혜택을 받을 가능성 가장 높음

2020년 3분기말 기준 가용 현금-1년 내 만기 도래하는 차입금

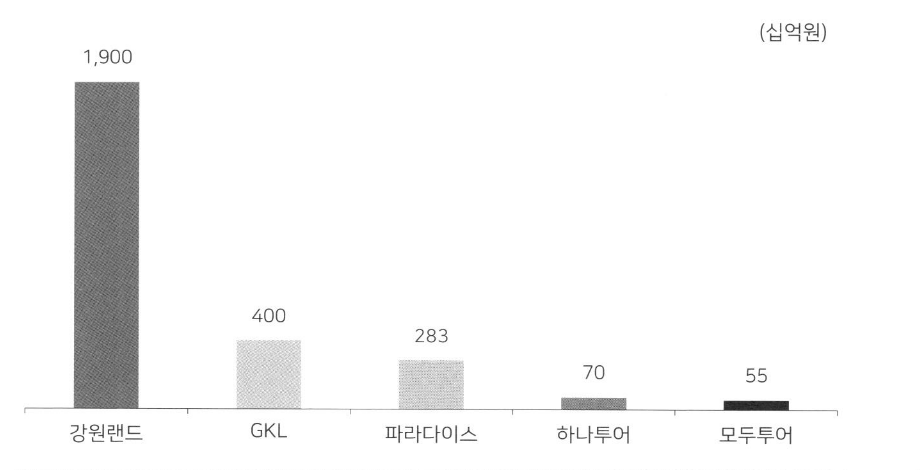

자료: 메리츠증권 리서치센터 추정

현 상황 유지 가정 시 현금 소진까지 걸리는 시간

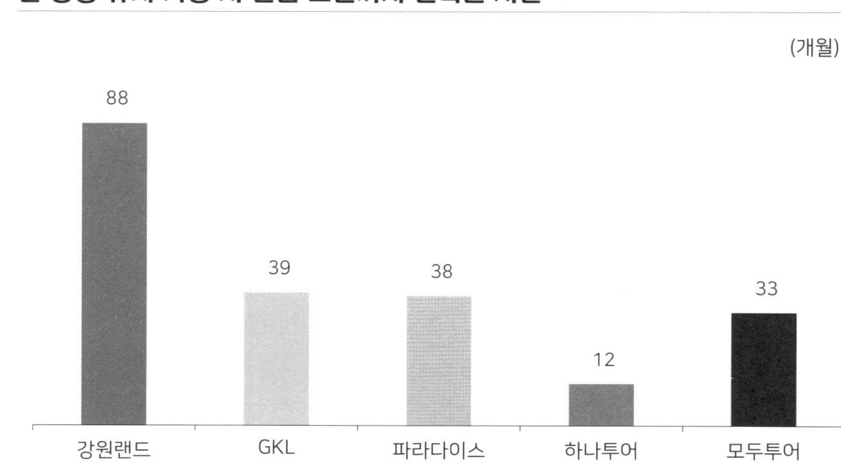

주: 3분기 매출 유지된다고 가정
자료: 메리츠증권 리서치센터 추정

카지노/여행

- 현금 소진에 따른 셧다운이란 테일 리스크가 없다면 레저 산업의 2021년 가치는 현 레벨보다 높이 평가될 것
- 코로나 이전을 기준으로 실적이 되돌아온 시점의 적정주가를 가정할 경우 여행 산업보다는 카지노의 주가 상승 여력이 높은 상황
- 기술적 반등이 완료되면 두 산업 간 수익률 차이는 본격화 될 것

카지노 3사의 2020년 1월 주가 대비 현 주가의 상승 여력

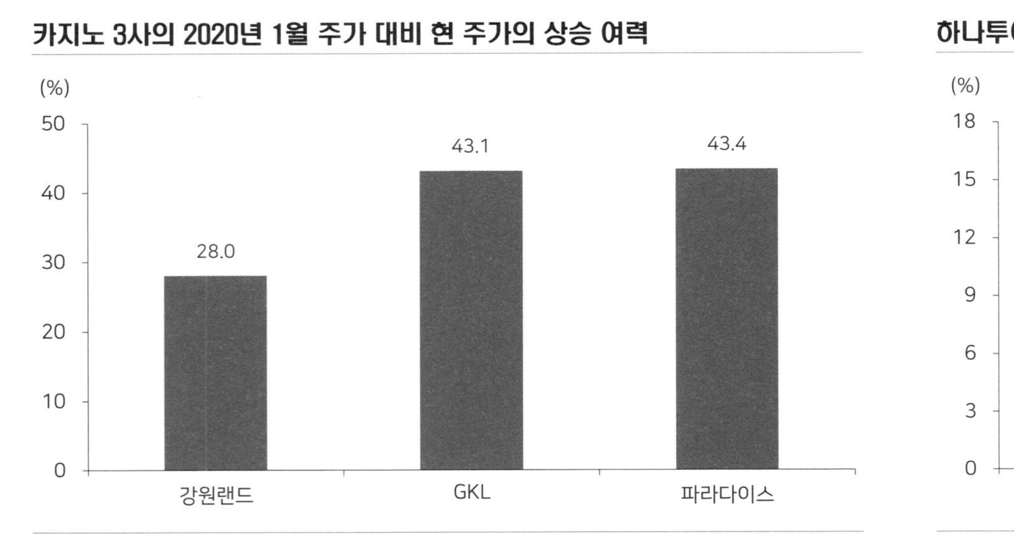

자료: Quantiwise, 메리츠증권 리서치센터

하나투어, 모두투어의 2020년 1월 주가 대비 현 주가의 상승 여력

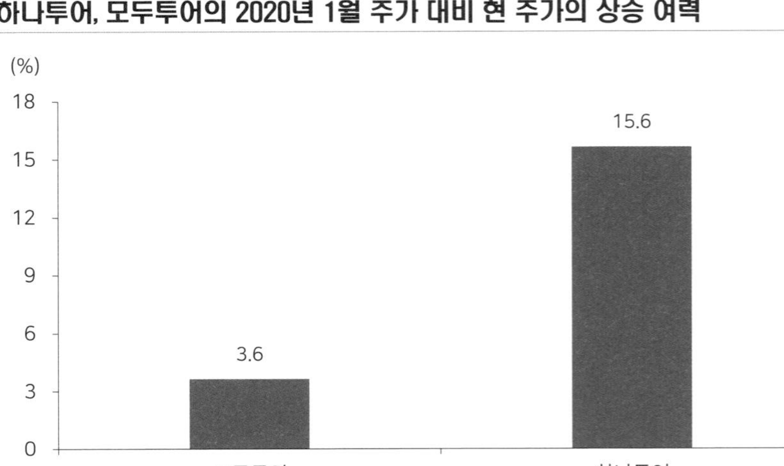

자료: Quantiwise, 메리츠증권 리서치센터

[종합] 2021년 소섹터 간 우위는?

- 산업의 이벤트 측면에서는 2021년 엔터 대비 컨텐츠가 우위. 반대로 실적에서는 컨텐츠 대비 엔터 우위
- 엔터테인먼트 업종 2021년 특별하게 나빠지는 것은 없으나 반대로 1) 특별한 이벤트가 없음. 더불어 연초 대비 여전히 높아진 주가는 2) 실적의 swing factor인 콘서트를 기정사실화 한 상황
- 이벤트의 부재, 코로나 개선 여부를 기정사실화한 눈높이는 엔터의 상방 여력을 크게 보기 어려운 이유. 화제성 측면에서도 즐길 수 있는 놀잇거리 증가하며 2020년 대비 떨어질 것
- 백신 중간 결과가 발표되며 여행/카지노 등 코로나19 피해가 컸던 레저 업종 전반적 상승세 지속되고 있음
- 비탄력적 수요가 특징인 카지노 산업은 중국 정부 규제와 같은 새로운 이벤트를 제외하면 성장 가능해 상방 여력 열려 있지만 여행은 기술적 반등 이후부터는 빼앗긴 헤게모니를 되찾아 와야 추가 상승 가능할 것

상대 주가 추이

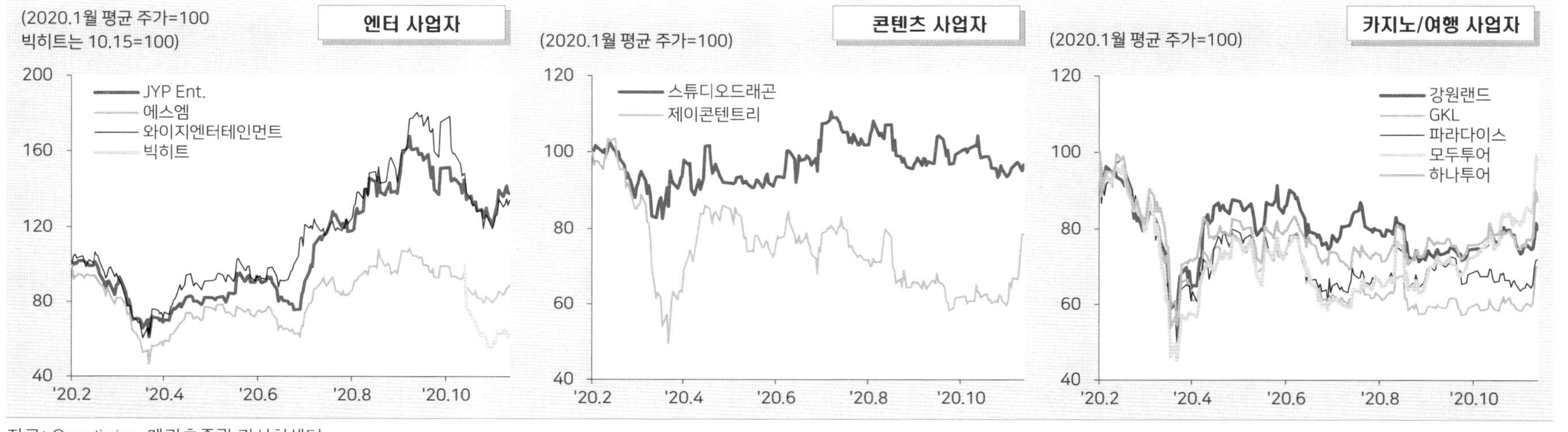

자료: Quantiwise, 메리츠증권 리서치센터

Part III

2020년, 당신은 무엇을 하고 놀았나요?

2020년대 New entertainment 탐색기

202N년 놀잇거리를 찾아서

- 코로나는 인간의 야외 활동을 단절시키고 집안에서의 활동을 인위적으로 늘리는 역할을 함
- Part3에서는 코로나로 인하여 촉발된 범미디어 산업 내 파편화된 변화를 짚어보고자 함
- 동 변화가 2021년 산업 참여자들의 전략을 극적으로 변화시키지는 않을 것
- 다만 장기적 변화인 만큼 이를 통해 Next generation의 엔터테인먼트는 무엇이 될 지, 미디어 사업자들의 현 초점은 어디를 향하는지 살펴보는 것이 본 장의 목적

1020 플랫폼 틱톡의 2020 핫트렌드는?

자료: 스포츠서울

3059 트로트 열풍은 어디에서 왔을까?

자료: TV조선, MBN

코로나 기간, 사람들은 왜 TV를 많이 샀을까?

- 주지하는 바와 같이 코로나로 인해 집안에서 즐기는 미디어 이용 시간은 증가함
- 조사기관 Nielsen의 미국인을 대상으로 한 미디어 조사에 따르면,
  1) 인터넷 사용 시간이 전 세대에 거쳐 전반적으로 늘었으며, 2) TV에 연결해 이용하는 미디어(DVD, 콘솔 게임, OTT 등) 시간도 큰 폭으로 증가함. 코로나 기간 전세계적인 TV 판매가 호조세를 띈 이유를 알 수 있음
- 이를 제외한 TV 채널 시청, 라디오 청취, 태블릿/스마트폰/컴퓨터를 활용한 미디어 이용 시간은 유의미한 변화가 없었음 . 국내 조사에서도 결과는 유사하게 도출됨

미국인의 2Q20 스트리밍 비디오 사용량, 전년 동기 대비 74% 늘어

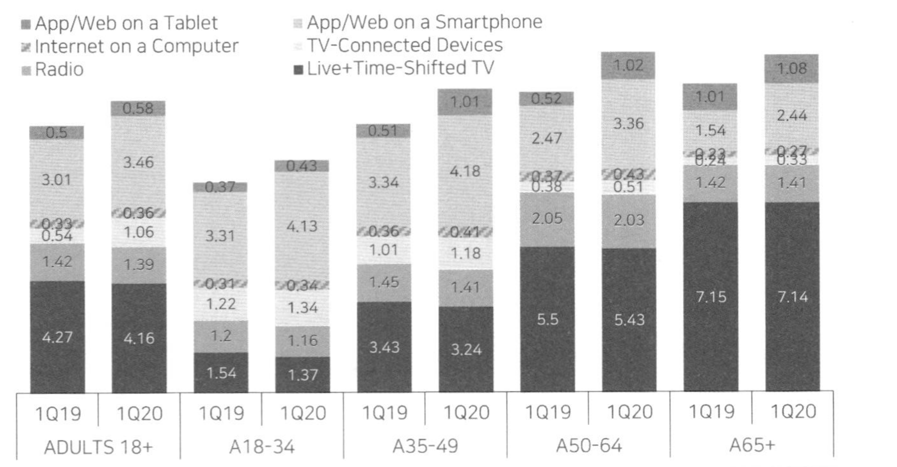

자료: Nielsen, 메리츠증권 리서치센터

국내 코로나로 '집에서 본' 사람 YoY 26% 증가

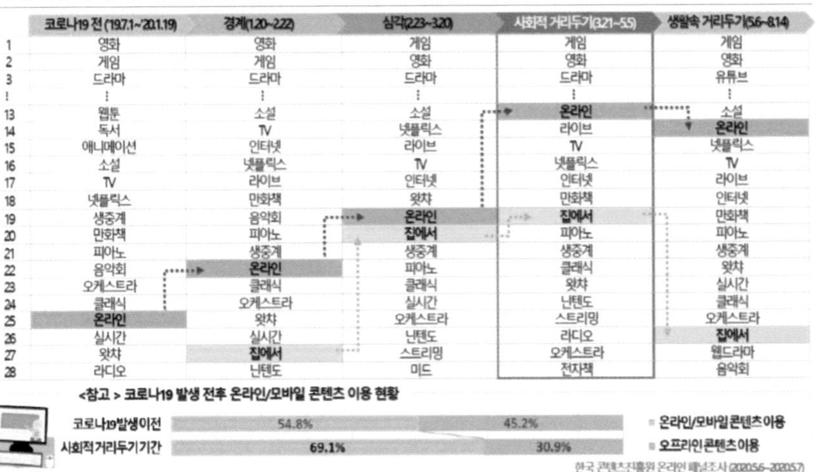

주: 위기 단계별 '보다' 주요 연관어 추이
자료: 한국콘텐츠진흥원, 온라인 패널조사

코로나 기간, 사람들은 집안에서 무엇을 했을까?

집 안에 갇힌 사람들, 화면 앞으로 더 많이 모였다

- 코로나19로 집 안에서의 시간이 많아지면서 늘어난 활동은 단연 streaming video 이용
- Streaming video는 넷플릭스, 유튜브 등 플랫폼으로부터 실시간 전송받는 동영상을 이용하는 서비스를 통칭함
- 닐슨 데이터에 따르면, 미국인의 streaming video 사용량은 2Q19 817억분에서 2Q20 1,425억분으로 YoY 74% 증가함

2Q20 스트리밍 비디오 사용량, 전년 동기 대비 74% 늘어

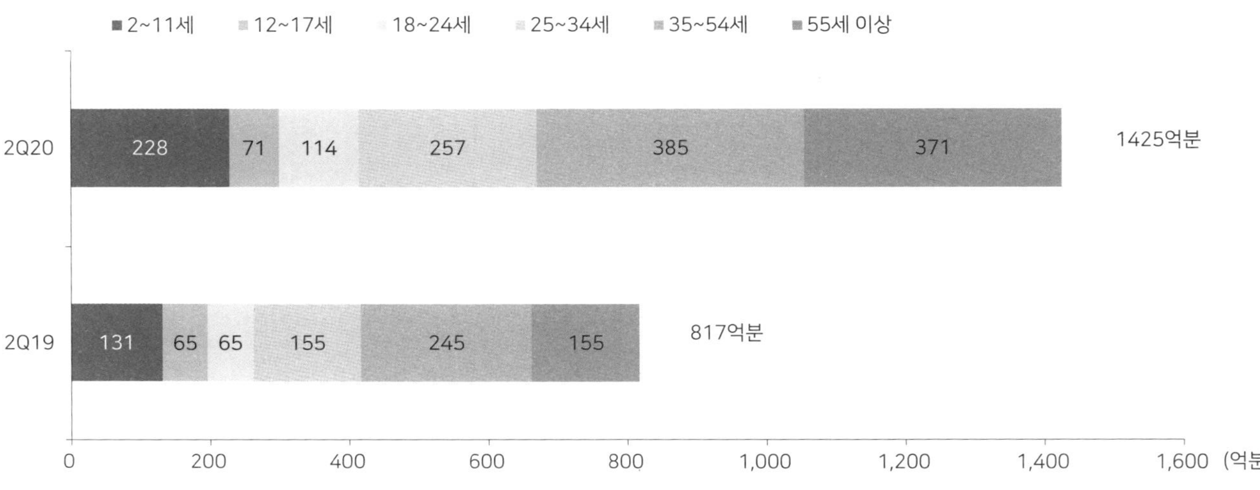

자료: Nielsen, 메리츠증권 리서치센터

코로나로 Streaming video에 친숙해진 the old

**OTT , 코로나 통해
중장년층 침투율 크게 증가**

- 연령별로 보면, 55세 이상의 이용률이 가장 크게 증가함
- 은퇴한 삶을 영위하는 비율이 압도적인 55세 이상 인구의 경우 상대적으로 타 연령대 대비 풍부한 여가시간을 보유한 세대
- 코로나19 이전에는 오프라인 사교 생활 등으로 여가 시간의 다수를 보내며 25~34세와 유사한 이용 시간을 보인 바 있으나 락다운으로 생활반경에 제약이 생기며 이용 시간이 가장 많이 늘어난 점이 특이사항
- 55세 이상 인구는 절대적 이용 시간 측면에서도 전 세대 중 가장 많은 시간을 이용하는 세대가 됨

이용 시간 증가는 고령층이 가장 많아

연령	총 이용 시간 (억분)		비율 (%)		
	2Q19	2Q20	2Q19	2Q20	*% YoY*
2~11세	131	228	16%	16%	*74%*
12~17세	65	71	8%	5%	*9%*
18~24세	65	114	8%	8%	*74%*
25~34세	155	257	19%	18%	*65%*
35~54세	245	385	30%	27%	*57%*
55세 이상	**155**	**371**	**19%**	**26%**	***139%***
총 사용량	**817**	**1,425**			***74%***

자료: Nielsen, 메리츠증권 리서치센터

당겨온 미래

미국 OTT 시장은 2021년부터 성숙시장 진입 가능성 높아

- 일반적으로 소비재에서 장년층의 소비가 가장 크게 성장하는 시점은 산업의 침투가 일정부분 완료되며 경쟁의 강도가 본격적으로 높아지는 시점에 해당됨
- OTT를 1개 이상 구독하는 사람을 대상으로 한 설문조사에서 코로나 기간 내 구독 OTT 수를 줄였다고 답한 비율은 2%에 불과, 구독 OTT 수를 늘렸다는 답변은 25%에 달함
- Streaming video와 같이 사용 빈도가 높은 소비재의 경우 소비자가 안착하는 가짓수는 2~3개. 코로나로 인해 미국 OTT 시장 성숙기로 접어들었을 가능성 높아진 것으로 추정됨
- 이러한 현상이 가장 극심했던 시기는 2분기였음. 넷플릭스 실적에서도 2분기 미국과 미국 외 지역 모두에서 높은 성장률을 기록했고, 3분기 둔화된 모습을 보임. 2021년까지 둔화된 성장 흐름은 지속될 것으로 전망

코로나 중 OTT 구독 수를 늘린 비율은 25% 이상

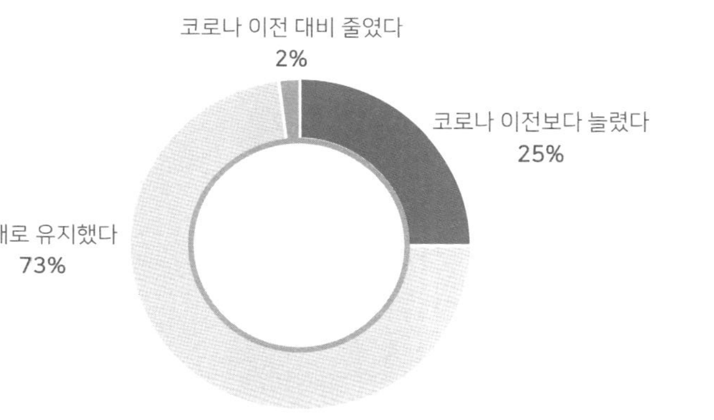

주: 미국 내 조사 결과. 1개 이상 OTT 구독자를 대상으로 설문
자료: Nielsen, 메리츠증권 리서치센터

넷플릭스의 분기별 가입자 수 추이

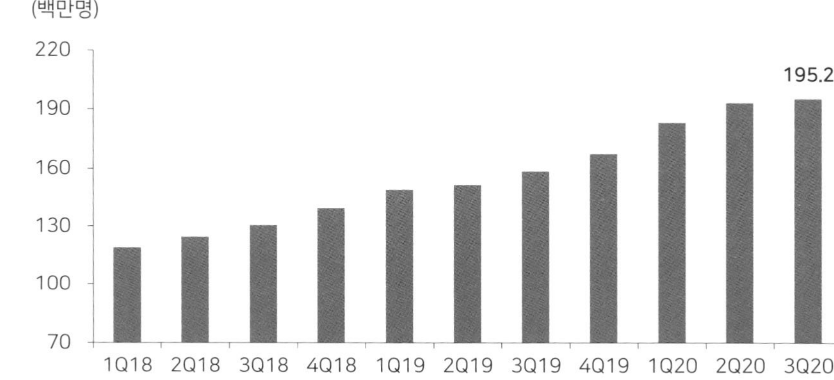

자료: Netflix 홈페이지, 메리츠증권 리서치센터

OTT 이용, 코로나 기간 얼마나 많이 늘었을까?

- 조사기관 Coviva에 따르면, 코로나 기간 TV를 활용한 스트리밍 비디오 이용량은 3Q20 YoY 200% 증가함
- 2019년 말 이후 글로벌 OTT의 런칭이 두드러진 바 있음. 이로 인해 미국인들은 이전보다 다양한 OTT 선택지를 보유하게 됨
- 닐슨에 따르면, 2Q20 미국인의 TV를 활용한 스트리밍 비율은 25%로 나타남. 넷플릭스와 유튜브가 사용량의 54%를 차지하였으며 넷플릭스와 함께 미국 내 3대 유료 OTT에 포함되는 훌루와 아마존 비디오가 각각 11%, 8%를 차지함. 고무적인 성과는 런칭 만 1년이 되지 않은 Disney+가 4%를 차지했다는 점
- 국내에서도 카카오TV가 신규 런칭하는 등 소비자 선택지가 다양화된 시기. OTT 사용에 유리한 환경 조성되며 신규 OTT 및 기존 OTT 신규 가입자도 크게 증가

미국인의 2Q20 스트리밍 비디오 사용량, 전년 동기 대비 74% 늘어

% OF STREAMING OUT OF TOTAL USAGE OF TV
AMONG STREAMING CAPABLE HOMES
2Q20, P2+

25%

VIDEO STREAMING DISTRIBUTION % BY BRAND
2Q20, P2+

Other 23%
Netflix 34%
Disney+ 4%
Amazon 8%
Hulu 11%
YouTube 20%

자료: Nielsen, 메리츠증권 리서치센터

국내 소비자도 거리두기 이후 신규 가입한 매체 크게 증가

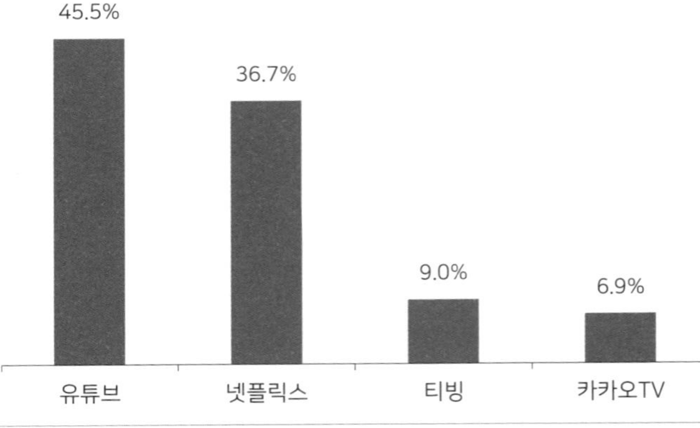

자료: 문화체육관광부, 메리츠증권 리서치센터

그렇지만 모든 OTT가 행복했던 코로나는 아니었다 ①

모습을 드러낸 HBO Max

- 그러나 전체 시장과 달리 모든 OTT가 코로나 기간 괄목할만한 성과를 낸 것은 아니었음
- AT&T가 Warner Media를 인수한 뒤 야심차게 선보인 OTT, HBO Max가 지난 5월 드디어 모습을 드러냄
- HBO Max 투자예산은 2020년 20억달러(약 2.3조원)으로 3분기에도 6억달러(약 7천억원)을 투자함
- 현재는 미국 국내만을 대상으로 서비스하고 있으며 2021년부터 해외 지역 서비스를 시작할 예정. 3분기 컨퍼런스 콜에서 동사는 2021년 라틴 아메리카와 서유럽에 HBO Max가 진출할 계획이라고 밝힘
- 일반적으로 글로벌 플랫폼의 아시아 첫 진출 지역이 일본이란 점을 고려했을 때 동남아 및 한국에 HBO Max가 정식 런칭되는 시기는 2023년 이후로 추정됨

HBO Max 화면

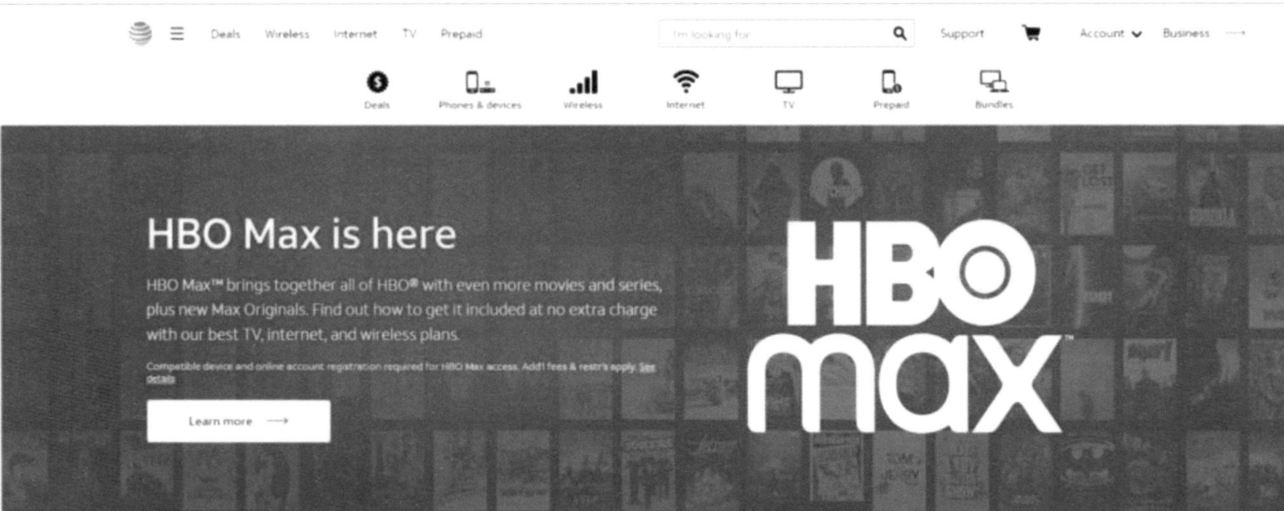

자료: HBO Max

그렇지만 모든 OTT가 행복했던 코로나는 아니었다 ①

높은 눈높이를 만족시키기엔 실망스러웠던 HBO Max

- HBO및 HBO Max의 가입자 수는 3분기말 기준 3,800만
- 미국 국내에 한정되는 점이 핸디캡으로 작용하기는 하나 빠르게 가입자 확보하는 Disney+와 비교될 수 밖에 없는 실망스러운 수치
- 이는 회사의 2020년 가이던스였던 3,600만을 뛰어넘는 수치이나 1) cord-cutting되던 HBO 감소를 막은 수준이며 2) 가입자 대부분이 wholesales에 의존하고 있는 상황
- AT&T에 따르면, 합산 가입자 수의 60% 이상이 HBO Now에서 발생하는 것으로 알려짐
- 현재 14.99$에 서비스되고 있는 HBO Max는 추후 광고가 삽입된 대신 더욱 저렴한 서비스를 런칭할 예정

HBO Max, HBO 기존 가입자 포함하여 3분기말 3,800만 달성

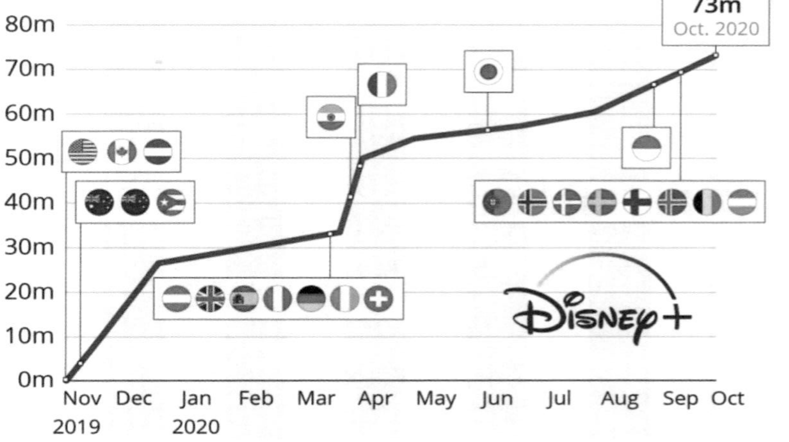

자료: AT&T 홈페이지, 메리츠증권 리서치센터

코로나 타고 훨훨 난 Disney+, 10월 기준 전세계 7,300만 가입자 확보

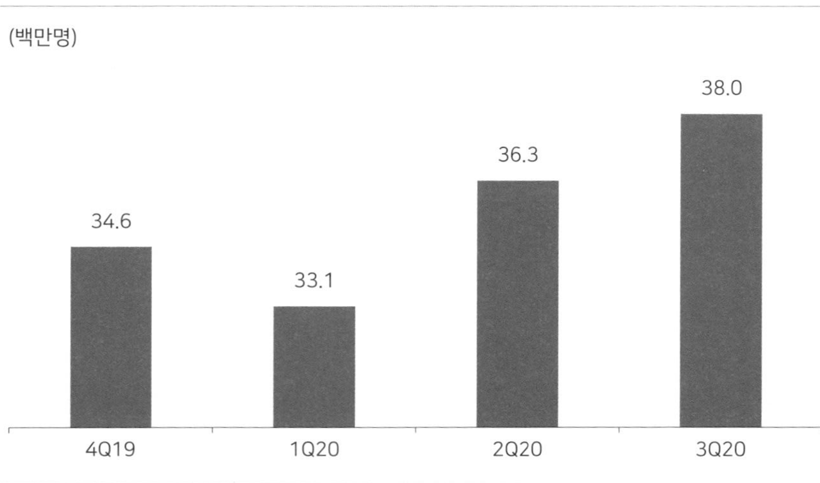

주: Disney+의 시기별 진출 국가 및 전세계 유료 가입자 수 추이. Disney+ 2019년 9월 런칭
자료: Statista, The Walt Disney Company

그렇지만 모든 OTT가 행복했던 코로나는 아니었다 ②

할리우드의 눈이 모였던 퀴비

- 문을 닫은 OTT도 존재했음. 이는 바로 퀴비(Quibi)
- 지난 1월 CES 2020에 등장하며 큰 주목을 받은 퀴비는 HP와 이베이 CEO 출신인 맥 휘트먼과 드림웍스 공동 창업자이자 월트디즈니 스튜디오 회장을 지낸 제프리 카젠버그가 2018년 설립한 회사
- 동사는 서비스 론칭 전 10억달러(약 1조 2천억원)의 투자금을 모은 바 있으며 스티븐 스필버그, 기예르모 델 토로 등 유명 제작자를 파트너로 영입해 할리우드의 기대를 모은 바 있음

CES 2020에서 기조연설 중인 퀴비 대표 맥 휘트먼(Meg Whitman)

자료: S&P Global Market Intelligence

그렇지만 모든 OTT가 행복했던 코로나는 아니었다 ②

Netflix killer가 되고 싶었던 퀴비(Quibi)

- 퀴비의 목표는 제대로된 숏폼 OTT를 만들어 Z세대를 공략하는 것이었음
- 메조미디어에 따르면 Z세대인 10대의 1회 시청 선호 시간은 10분 이하가 과반수 이상으로 매우 짧은 편
- 모바일 전용 플랫폼으로 영상 재생 시 스마트폰을 가로에서 세로로 돌려도 영상이 잘리지 않고 화면을 가득 채우는 이른바 '턴스타일' 방식이 퀴비가 내세운 특징
- 퀴비는 지난 4월 미국과 캐나다에서 서비스를 제공하기 시작. 첫 날 앱 다운로드 수는 30만건으로 6개월 전 런칭한 Disney+(400만건)의 7.5%에 그쳤으며 런칭 1주일 기준으로도 다운로드 수가 170만건으로 기대치에 미달함. 이용할 콘텐츠가 부족해 무료 체험 기간(3개월)이 끝나자 가입자가 대거 이탈
- 2020년 10월 21일, 퀴비는 런칭 6개월만에 사업 종료를 결정

10대 이용자의 1회 시청 선호 시간은 10분 이하가 과반수 이상

주: 10대 이용자의 동영상 1회 시청 시 선호 시간
자료: 메조 미디어, 메리츠증권 리서치센터

퀴비가 야심차게 내놓은 '턴스타일'

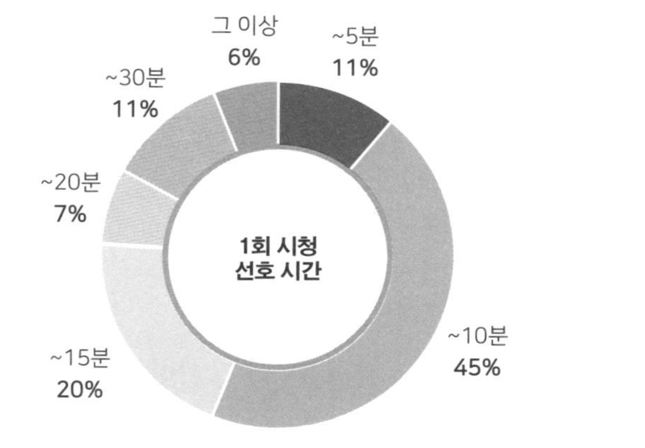

자료: 퀴비

그렇지만 모든 OTT가 행복했던 코로나는 아니었다 ②

퀴비의 몰락: 왜 실패했을까

- 퀴비의 실패에 대한 가장 큰 원인은 킬러 콘텐츠 부족. 동사가 제공한 타이틀(작품)은 총 50개 수준에 불과
- 숏폼 동영상을 할리우드 스타 감독을 기용하며 고급화했다는 점 또한 퀴비가 트렌드를 읽지 못했다는 반증. Z세대가 영광하는 컨텐츠는 예능, 스포츠 콘텐츠 위주인데 반해 퀴비는 뉴스 콘텐츠 위주였기 때문
- 가격도 소비자에게 소구하지 못한 이유 중 하나. 광고 없는 경우 월 7.99달러로 Disney+보다도 높음
- 게다가 '턴스타일'도 소비자 반응을 끌지 못했고 과도하게 저작권을 부여해 소비자가 활발하게 영상을 퍼뜨릴 수 있는 공유 기능이 없다는 것 또한 퀴비의 약점이었음

미국 서비스 중인 OTT 비교

	Disney+	애플TV	퀴비	HBO Max	Netflix
런칭 시기	2019년 9월	2019년 11월	2020년 4월	2020년 5월	2007년
보유 콘텐츠	TV시리즈 7,500편 이상 영화 500편 이상	일주일에 1개의 오리지널 콘텐츠를 내놓는 중	타이틀 총 50여개	타이블 600개 이상 영화 650개 이상 제공	TV 프로그램 평균 3,000개 제공 영화 1500~2,000개 제공
유료 가입자 수	7,300만명 (10월 기준)	N/A	7만명 (10월 기준)	3,800만명 (3분기말 기준)	2억명
가격	월 6.99$	월 4.99$	광고O: 월 4.99$ 광고X: 월 7.99$	월 14.99$	국가별 상이
프로모션	번들 이용 시 월 12.99$	아이폰 등 신형 애플 제품 구매 시 1년 무료		HBO, HBO Now 이용 고객 무료	국가별 상이

자료: company data, 메리츠증권 리서치센터

왜 하필 숏폼(Shortform)이었을까?

1020, "길면 안 봐요"

- 퀴비 뿐만이 아니라 국내외 플랫폼에서도 숏폼 전용 플랫폼 신규 런칭이 활발함
- 숏폼 콘텐츠란 짧게는 15초(틱톡)에서 길게는 10분(웹드라마/웹예능) 길이로 제작되어 언제 어디서나 짧은 시간 안에 소비할 수 있는 콘텐츠를 통칭함
- 메조미디어가 발표한 <2020 숏폼 콘텐츠 트렌드>에 따르면 광고 및 홍보 동영상의 73%가 영상 길이 2분 이하의 숏폼 콘텐츠로 나타났으며 이는 주로 10대/20대를 타깃하고 있음
- 같은 조사에서 10대 이용자의 1회 시청 선호 시간은 10분 이하가 과반수 이상을 차지, 숏폼 콘텐츠를 통해 Z세대를 잡기 위함임을 알 수 있음

10대 이용자의 1회 시청 선호 시간은 10분 이하가 과반수 이상

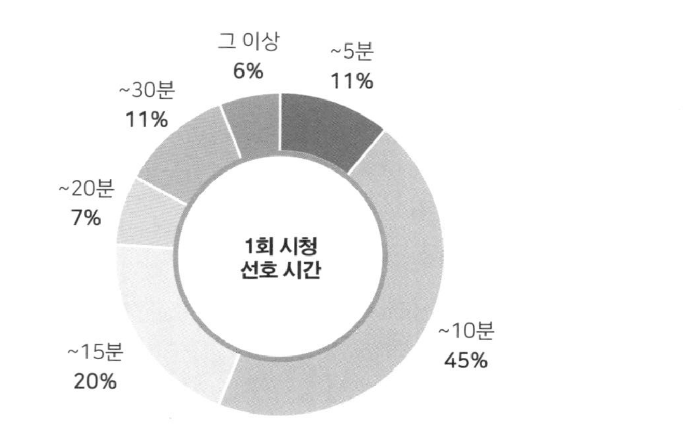

주: 10대 이용자의 동영상 1회 시청 시 선호 시간
자료: 메조 미디어, 메리츠증권 리서치센터

국내외 주요 숏폼 콘텐츠 플랫폼 현황

	플랫폼	숏폼 전용 플랫폼	내용
국내	네이버	블로그 모먼트	2020년 4월 10일 출시. 블로그 내에 올릴 수 있는 짧은 영상 편집
	카카오	카카오TV	회별 10~20분 내외의 숏폼 콘텐츠 제공. 일부 예능은 모바일 환경 고려해 세로형으로 제작
해외	바이트댄스	틱톡	최대 60초 길이의 춤/노래 영상 공유 2017년 출시 후 전세계 숏폼 시장 선도
	퀴비	퀴비	6일 글로벌 정식 출시 영화/드라마 등을 4~10분 길이로 잘라서 공개
	유튜브	쇼츠(Shorts)	지난 9월 유튜브 앱에 베타서비스 시작 틱톡보다 짧은 15초 내 짧은 동영상 서비스

자료: 서울경제, 2020.4.7 “"콘텐츠 더 짧게"… 숏폼 전쟁 뛰어든 포털』 인용, 당사 정리

지금의 숏폼 시장을 키운 건 '틱톡'

페이스북(3040)
→ 인스타그램(2030)
→ 다음은 틱톡(1020)?

- 전세계적 숏폼 콘텐츠의 인기를 선도한 플랫폼은 틱톡(Tiktok). 틱톡은 MAU 8억명에 이르는 글로벌 No.6 소셜미디어. 페이스북, 구글 등 글로벌 공룡 플랫폼도 숏폼 관련 서비스를 출시했으나 시장 장악력은 미미. 자금력, 시장 점유율도 결정 요인이 아니란 뜻
- 틱톡은 사용자 맞춤형 콘텐츠 전송을 위한 AI를 핵심기술로 보유, 출시 3년만에 글로벌 Top 10 소셜미디어에 진입. 특히 2020년 상반기 앱 다운로드는 1위를 달성함
- 2020년 상반기 '아무 노래 챌린지'가 틱톡의 위력을 볼 수 있는 좋은 예. 1020은 과거 '싸이월드' 미니홈피가 유행한 것처럼 틱톡을 통해 자기 자신을 표현하고 공유하는 새로운 문화를 공유하고 있는 것

틱톡 연령별 분포: 10대 비중 가장 높아

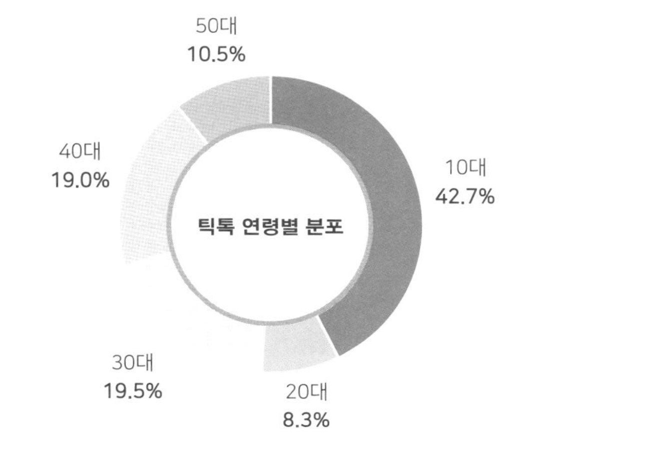

자료: 와이즈앱, 메리츠증권 리서치센터

틱톡 2020년 핫 콘텐츠, '아무노래 챌린지' : 관련 영상 조회 수 8억뷰 넘어

자료: 스포츠서울

드라마 시장도 숏폼 영향, 웹드라마 성장

1020은 알고 3040은 모르는 이 것

- 드라마 시장 또한 숏폼 인기 영향을 받아 웹드라마 기세가 강해지는 중
- 틱톡과 마찬가지로 웹드라마도 10대와 20대를 중심으로 성장 중
- 논문 「웹드라마 브랜드 전략: 브랜드 구성 요소를 중심으로」에 따르면, 모바일 통신 기술의 혁신적 발전으로 빠른 시간 안에 스마트폰을 이용한 전송과 시청이 가능해졌고, 제작 주체의 입장에서는 방송 심의 준수에 대한 기준이 약해 간접광고(PPL)나 다양한 직접 광고가 가능하다는 점이 웹드라마의 성장 주요인

10대 청소년 웹드라마 구독 실태: 70% 이상이 3작품 이상 봤다

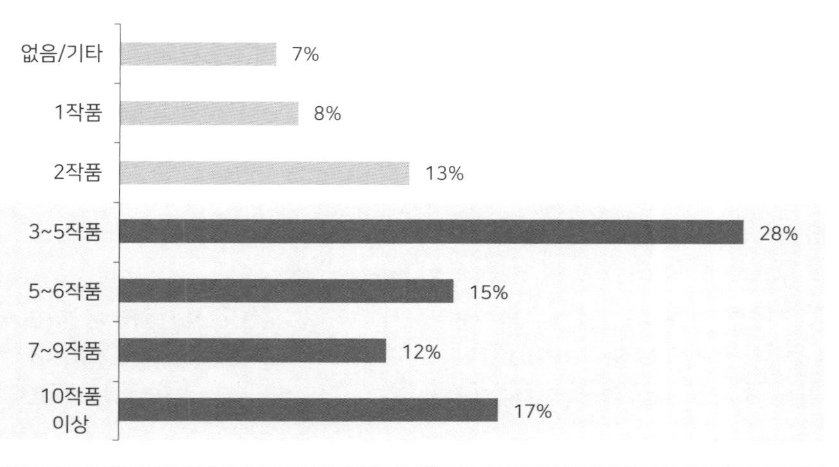

주: 초중고 1,975명 대상 웹드라마 시청 구독 실태 조사
자료: 형지엘리트, 메리츠증권 리서치센터

1020은 알고, 3040은 모르는 이 드라마, '연플리'와 '에이틴'

자료: 스포츠서울

드라마 시장도 숏폼 영향

소비자층 확대라는 숙제를 안은 '웹드라마' 시장

- 웹드라마는 다양한 소재, 신예 배우 발굴, 홍보 효과 등 여러 면에서 콘텐츠 다양화를 이루고 있음
- 산업의 주목도를 받는 점은 사실이나 소비자층 확대 또한 웹드라마의 숙제
- 엠브레인 트렌드모니터 설문 조사 결과에 따르면 30대 이상에서의 웹드라마 시청 경험은 사실상 전무한 상황. 시청하지 않는 이유는 웹드라마가 아직 '저연령층의 전유물같다(58.9%)'는 것
- 웹드라마의 장점 중 하나는 소재의 제한성이 없다는 것. 소재의 제한성이 없다는 것은 향후 라이브러리가 축적되면 문제가 해결될 가능성이 높다는 뜻이기에 산업 참여자들 또한 주목할 부분

웹드라마 나이별 인지 및 시청경험 유무

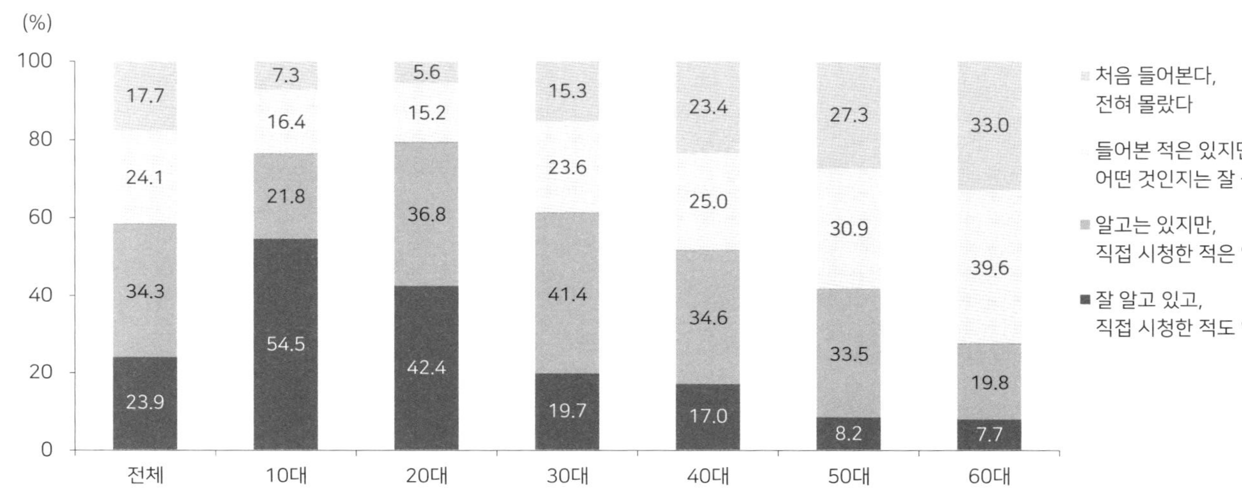

주: 조사기간은 2019년 7월 1일~7월 3일, 대상은 전국 만 16세~64세 남녀 1,000명
자료: 엠브레인 트렌드모니터, 메리츠증권 리서치센터

카카오TV, 카카오M의 TVN이 되어줄까?

카카오TV 통해 공격적 콘텐츠 투자 밝힌 카카오M

- 플랫폼 중 가장 적극적으로 웹드라마를 선보여 온 곳은 네이버. 최근 스튜디오드래곤 지분을 취득했는데 스튜디오드래곤을 통해 향후 더 많은 웹드라마 콘텐츠를 제공할 가능성 높음
- 2020년 출범한 카카오TV도 작품 대부분이 회별 10~20분 내외의 숏폼 콘텐츠 중심
- 카카오TV를 운영하는 카카오M에 따르면, 2023년까지 3년간 총 3,000억원의 오리지널 콘텐츠 제작에 투자, 총 240개 이상의 타이틀을 제작할 예정
- 카카오M은 2023년에는 연간 4,000억원 규모의 콘텐츠를 제작하는 스튜디오로 자리매김 하겠다는 목표를 밝힘. 이는 국내 최대 제작사인 스튜디오드래곤의 2020년 제작 규모(3,300억원 추정)를 능가하는 수준

네이버 V 오리지널 콘텐츠

자료: 네이버

카카오TV, 최대 성공작은 웹드라마 '연애혁명'

자료: 카카오TV

트로트 전성시대: 2049는 옛말. 3059 타깃하는 방송가

'어차피' TV 안 보는 1020은 포기한다

- 1020이 숏폼을 중심으로 바삐 움직였던 바와 달리 전통적 방송 채널에는 여전히 관심을 두지 않았음
- 방송가 또한 20대는 '어차피' 안본다고 생각, 중장년층을 타깃한 콘텐츠 비중을 지속적으로 확대하는 중
- 빠르게 선호가 변하는 1020과 달리 중장년층은 충성도가 높은 편이라는 점도 방송가의 타깃 이유
- 다큐멘터리, 시사교양 프로그램의 증가, 트로트 프로그램의 범람 또한 같은 맥락

트로트 전성시대

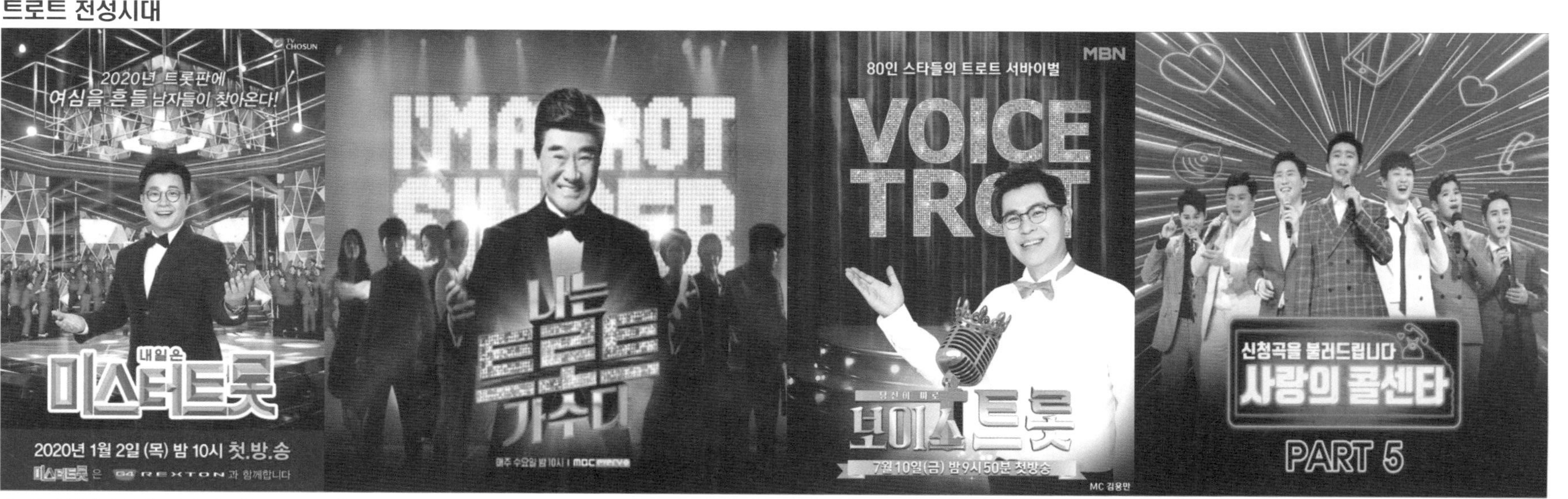

주: 왼쪽부터 TV조선 <미스터트롯>, MBC <나는 트로트 가수다>, MBN <보이스트롯>, TV조선 <사랑의 콜센타>
자료: 각 사 홈페이지

방송가의 시선은 3059로

TV 드라마 시장도 3059 콘텐츠 위주로 주목 끌어

- 드라마 시장 또한 3059 중심의 소재가 단연 높은 인기를 구가함
- 상반기 드라마 시장에서 빼놓을 수 없던 작품은 단연 JTBC <부부의 세계>. SBS도 불륜에 입시, 부동산 이슈까지 더해진 <펜트하우스>를 방영 중인데 시청률은 매회 최고 시청률 경신 중
- <사랑의 불시착>, <더킹>, <이태원 클라쓰>, <청춘기록> 등 3059 대비 젊은 연령층을 타깃한 작품 중 잘 된 작품도 있었으나 대세라 하기엔 부족한 감이 없지 않음
- 특히 <더킹>은 SBS가 젊은 소비층을 되찾기 위해 대규모 자금을 투자한 기획작이었음
- <더킹>의 해외 반응 대비 미진한 국내 반응도 방송가의 중년층으로의 타깃 변화에 한 몫 했을 것

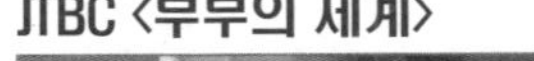

JTBC <부부의 세계>

자료: JTBC

SBS <펜트하우스>

자료: SBS

[종합] 더 이상 모두를 위한 미디어는 없다 ①

독과점화 앞둔 OTT 시장, 남은 시장은 숏폼인가?

- 앞서 살펴본 바와 같이 코로나로 인해 OTT 시장의 침투율은 빠르게 높아짐. 이로 인해 소비자들이 신규 OTT들을 탐색할(신규 업체들에게는 성장할 수 있는) 가능성은 낮아졌고 신규 진입자들의 기대 ROI는 낮아짐
- 넷플릭스의 가입자 수는 2021년 전세계적으로 2억명을 돌파할 것으로 보임. 이는 코로나19 이전 시장 참여자들이 예상하던 2020년대 후반 달성 가입자 수에 해당됨
- 과점적 사업자와 경쟁하기 위해서 다른 전략을 구가한 것은 후발주자들의 어쩔 수 없는 선택
- 특히 next gen인 Z세대의 선호 시청 시간이 짧다는 점은 숏폼 플랫폼의 런칭 경쟁을 촉발시킨 원인으로 작용함. 숏폼으로 Netflix killer가 되고자 했던 퀴비가 그러했으며 국내에서는 네이버TV, 카카오TV가 이러한 전략을 선택함

넷플릭스의 분기별 가입자 수 추이

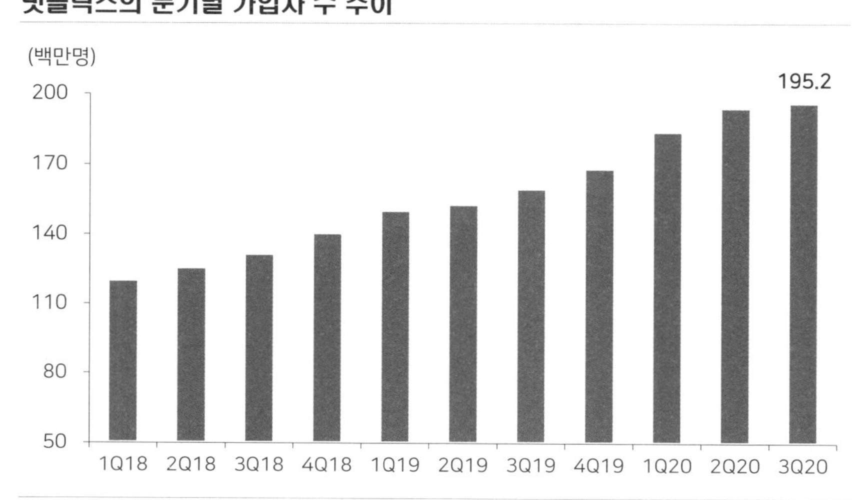

자료: Netflix 홈페이지, 메리츠증권 리서치센터

틱톡이 야기한 국내외 숏폼 플랫폼 런칭 봇물

	플랫폼	숏폼 전용 플랫폼	내용
국내	네이버	블로그 모먼트	2020년 4월 10일 출시. 블로그 내에 올릴 수 있는 짧은 영상 편집
	카카오	카카오TV	회별 10~20분 내외의 숏폼 콘텐츠 제공. 일부 예능은 모바일 환경 고려해 세로형으로 제작
해외	바이트댄스	틱톡	최대 60초 길이의 춤/노래 영상 공유 2017년 출시 후 전세계 숏폼 시장 선도
	퀴비	퀴비	6일 글로벌 정식 출시 영화/드라마 등을 4~10분 길이로 잘라서 공개
	유튜브	쇼츠(Shorts)	지난 9월 유튜브 앱에 베타서비스 시작 틱톡보다 짧은 15초 내 짧은 동영상 서비스

주: 국내외 주요 숏폼 플랫폼 런칭 현황
자료: 서울경제, 2020.4.7 『"콘텐츠 더 짧게"… 숏폼 전쟁 뛰어든 포털』 인용, 당사 정리

[종합] 더 이상 모두를 위한 미디어는 없다 ②

미디어 채널 공략층 파편화

- 세대별로 사용하는 플랫폼이 이질화되면서 미디어 사업자들의 전략도 양극단으로 치닫는 중
- 숏폼 플랫폼은 1020을 타깃하는 콘텐츠를 중심으로 생산하고 있고, 방송 미디어 채널은 돌아오지 않는 1020을 대신 충성도가 높은 중장년층(3059)를 타깃하는 콘텐츠 위주로 생산을 늘리는 중
- 편성 매출 비중이 여전히 높은 콘텐츠 업체들에게는 이와 같은 변화가 반가울 수 없음
- 드라마 시장에도 이러한 변화는 영향을 미칠 것이기 때문. 성장의 측면에서 기존의 1시간 분량의 드라마는 수급이 타이트해질 수 밖에 없고, 반면 관련 예산은 숏폼인 웹드라마로 향할 가능성이 높아짐
- 실제로 국내 방송 채널 중 가장 드라마 투자에 적극적이던 CJ ENM의 TVN도 2019년까지 지속적으로 드라마 슬롯을 늘렸던 데 반해 2019년 말부터 드라마 슬롯을 순차적으로 닫은 상황

국내 1위 제작사, 스튜디오드래곤의 프로젝트 마진 추이

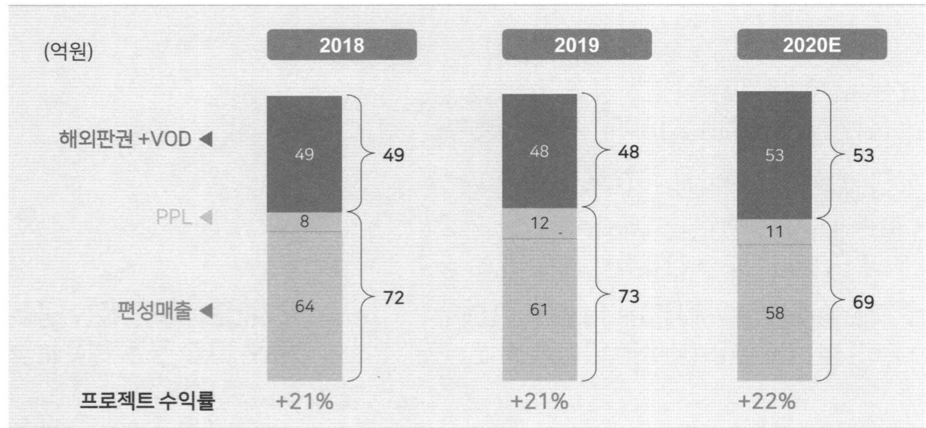

주: 제작비 100억원 가정 시 프로젝트 수익 구조
자료: 메리츠증권 리서치센터 추정

스튜디오드래곤의 드라마 IP 보유, 2019년 peak로 감소세 돌입

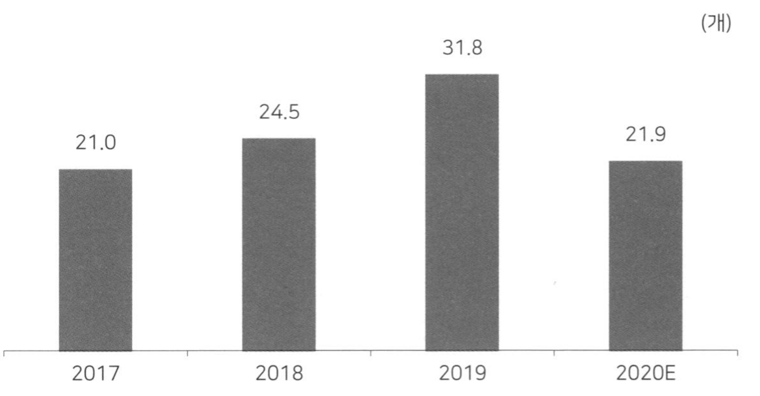

주: 넷플릭스 오리지널(19년 1개, 2020년 2개) 제외한 IP 보유 드라마만을 기준으로 산정. 16편을 기준으로 1개 드라마로 계산함
자료: 메리츠증권 리서치센터 추정

[종합] 더 이상 모두를 위한 미디어는 없다 ③

방송되지 않는 콘텐츠 비중을 늘려야 산다

- 네이버의 지분 투자는 국내 웹드라마 투자의 양대 산맥이라는 측면에서 스튜디오드래곤에게 새로운 기회
- 제작 예산 측면에서 기존 드라마 대비 실적에 미치는 영향은 미미할 것이나 Z세대가 즐기는 웹드라마 시장을 탐색할 동반자를 찾았다는 점에서 긍정적으로 해석
- 반면 제이콘텐트리의 경우 JTBC의 악화된 재무구조가 부담. 넷플릭스와의 MOU 통해 리쿱율 상승만큼 영업이익으로 연결되지 않는 이유는 JTBC 편성매출 분담 비율이 제작비 증가와 함께 한번 더 낮아졌기 때문
- JTBC 상장 가능성이 열려있는 만큼 젊은 소비자층을 위한 콘텐츠 지속 생산하겠지만 타 방송 채널과 같은 길 간다면 넷플릭스가 선호할 부류의 드라마는 장기적으로 줄어들 가능성 높음

네이버, 유상증자로 스튜디오드래곤 신규 지분 취득

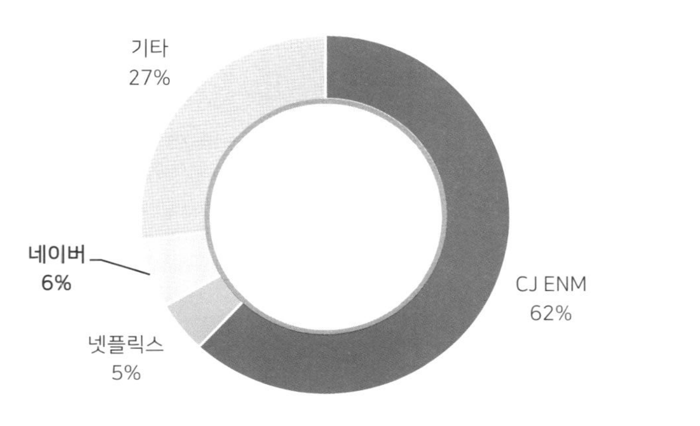

자료: DART, 메리츠증권 리서치센터

JTBC 실적 및 순차입금: 2019년 이후 영업환경 악화

(십억원)	2015	2016	2017	2018	2019	1H20
매출	197.2	199.5	311.2	347.9	325.4	148.8
매출 성장률 (% YoY)	51%	1%	56%	12%	-6%	-54%
영업이익	-56.4	-53.4	9.9	12.9	-25.2	-17.3
(% YoY)	-34%	-5%	-119%	31%	-295%	-31%
영업이익(%)	-29%	-27%	3%	4%	-8%	-12%
순차입금	21.7	81.3	77.3	34.7	124.3	160.4

자료: DART, 메리츠증권 리서치센터

[종합] 국내 엔터 산업에는 좋았던 2020년

집안에서 즐길 수 있는 안전한 놀잇거리, '덕질'

- 놀잇거리 측면에서 2020년은 국내 엔터테인먼트 산업에 유리한 해였음
- 해외여행이 불가능해지고 영화 개봉이 대다수 지연되었으며 국내를 제외하면 글로벌 콘텐츠 제작이 차질을 빚으며 즐길 수 있는 놀잇거리가 크게 줄어든 데 대한 반대 수혜를 입었기 때문
- 글로벌 음악 엔터테인먼트 산업도 크게 다르지 않았음. 콘서트 수익 의존도가 높은 글로벌 아티스트들은 앨범 발매를 지연시키거나 2020년 활동이 부재했음. 반면 팬덤 위주의 국내 아이돌은 앨범 수익이 글로벌 대비 높은 편으로, 이를 위해 이전 대비 오히려 빈번한 컴백을 가짐
- 백신 개발로 야외 활동 가능해질 경우 화제성 측면에서 엔터 산업이 2020년 누린 독점적 지위는 2021년 다소 누그러질 가능성 높음

앨범으로도 수익 창출이 가능한 한국 아이돌들, 2020년 빈번한 컴백의 이유

발간일	기사 제목	언론사
2월 18일	BTS 새 앨범 선주문 400만 장 돌파...자체 최고 기록	YTN
3월 06일	NCT127 신보 선주문 53만장 육박…자체 최고 기록	연합뉴스
5월 25일	엑소 백현, 'Delight' 선주문량 73만장 돌파 '자체 최고기록'..	조선일보
5월 27일	트와이스 새 앨범, 선주문 50만장 돌파…자체 최고기록	연합뉴스
6월 12일	데뷔 후 첫 밀리언셀러…세븐틴, 새 앨범 '헹가래' 선주문량 106만장 돌파	조선일보
7월 21일	에이티즈, 새 앨범 선주문만 25만장 돌파…28일 컴백	뉴시스
8월 12일	트레저, 첫싱글 선주문 20만장… "올해 신인 초동 최고"	조선일보
8월 18일	ITZY, 'Not Shy' 선주문 20만장+MV 17시간 만에 1000만뷰 '자체 신기록'	조선일보
9월 3일	블랙핑크, 첫 정규앨범 선주문 80만 장 돌파…기록 행진 스타트	한국일보
9월 11일	스트레이 키즈, 신보 '인생' 선주문 30만장… 자체 최고 기록	이데일리

자료: 언론 보도 자료를 메리츠증권 리서치센터 정리

연 1회 컴백하는 블랙핑크도 2020년에는 3번의 컴백

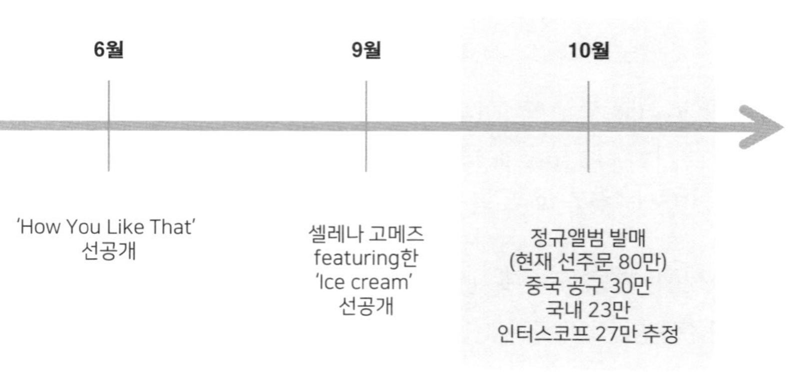

자료: 메리츠증권 리서치센터 추정

기초

화장품/섬유의복

화장품/섬유의복
Analyst 하누리

기초

화장품/섬유의복

Part I

산업 특성

I. 산업 특성: 자유소비재

**화장품/의류,
필수재이자 사치재**

- **'화장품/의류', 소득 무관한 적정 수요에 소득 연동된 특정 수요 공존하는 자유소비재**
- 하방은 단단하고 (= 필수재), 상방은 열려있는 (= 사치재) 소비 품목

① 필수품: '입고 (의류)' '바르다 (화장품)', 일상 생활 영위의 기본

② 사치품: 소득탄력성 1 이상으로 소득 증분에 소비량 비례

소득분위별 화장품/의류 지출

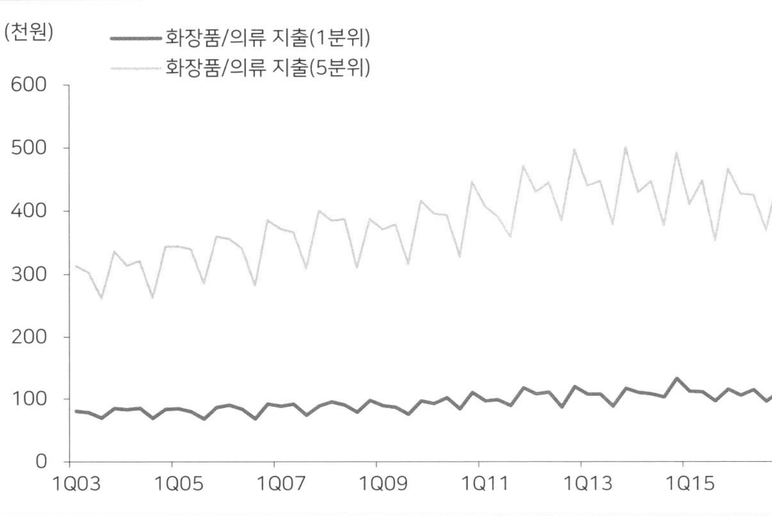

자료: 통계청 국가통계포털, 메리츠증권 리서치센터

한국: 화장품/의류 지출 vs. 가처분 소득

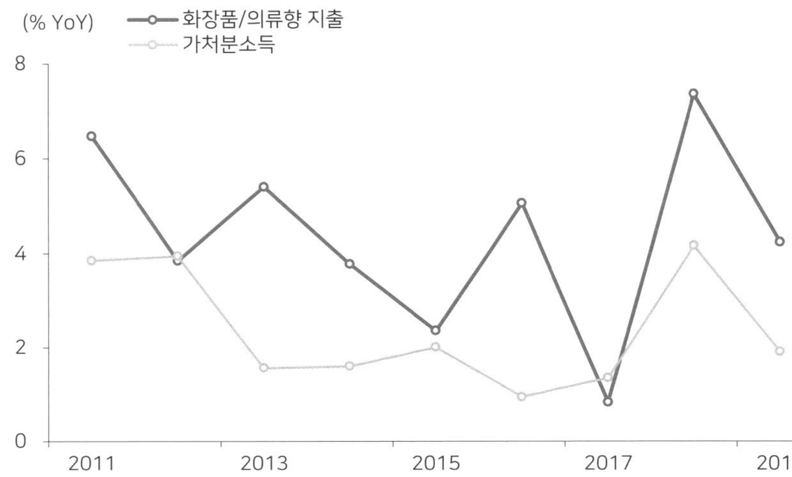

자료: 통계청 국가통계포털, 메리츠증권 리서치센터

I. 산업 특성: 자유소비재

화장품/의류, 선매품 성격

- **'화장품/의류', 비탄력 수요에 기반한 자유소비재**

③ 선매품: 상표 표준화되어 있지 않고, 제품 다양성 높은 기호 품목 → 소비 수요 비탄력적

- 소비자별 선호도 및 구매 성향 상이 → 주력 소비층 설정에 따라 카테고리 상이
- 트렌드 및 유행에 민감 → 제품 개발력 및 변화 대응력 중요

시대별 유행 패션 변천사

	1960	1970	1980	1990	2000	2010	2018
사회/문화	베트남 전쟁 반항 운동 청년 문화	석유 파동 디스코 열풍	여성 사회적 역할 증가 보수 정권 집권	세계화, 자유무역 확대 해외 여행 급증	911 테러 세계 경제불황	이상기후 자연주의	웰빙 가치 증대 욜로 라이프 중시
유행	히피룩 미니스커트	청바지 디스코룩	기성복 확대 파워 수트	과시형 소비 해외 럭셔리 브랜드	합리적 소비 힙합	가치소비 개화 내추럴/애슬레저룩	가치소비 심화 레트로/스포티룩

자료: 메리츠증권 리서치센터

I. 산업 특성: 자유소비재

화장품/의류, 성장 여력 충분

- **'화장품/의류', 구조적 성장 가능한 자유소비재**
- 라이프 스타일 변화 따른 낙수효과 기대
- 개인 행복 중시 → 결혼 및 출산 ↓ & 이혼 & 비혼 ↑ → 1인 가구 ↑
- 가구당 자유재 지출 금액: 1인가구 > 다가구

결혼 非의향 이유: 개인의 여가 감소에 대한 우려가 1위

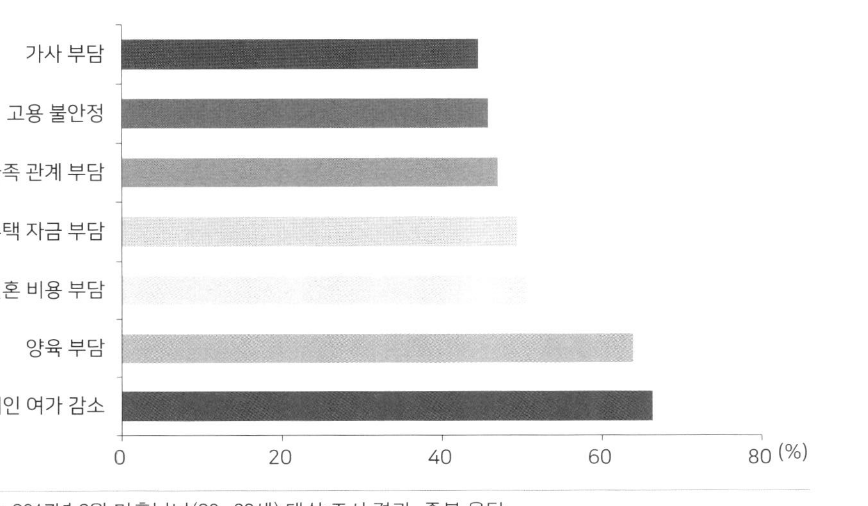

주: 2017년 2월 미혼남녀(20~39세) 대상 조사 결과, 중복 응답
자료: 오픈서베이, 메리츠증권 리서치센터

월평균 인당 의류비 지출액: 1인가구 의류비 지출 최고 수준

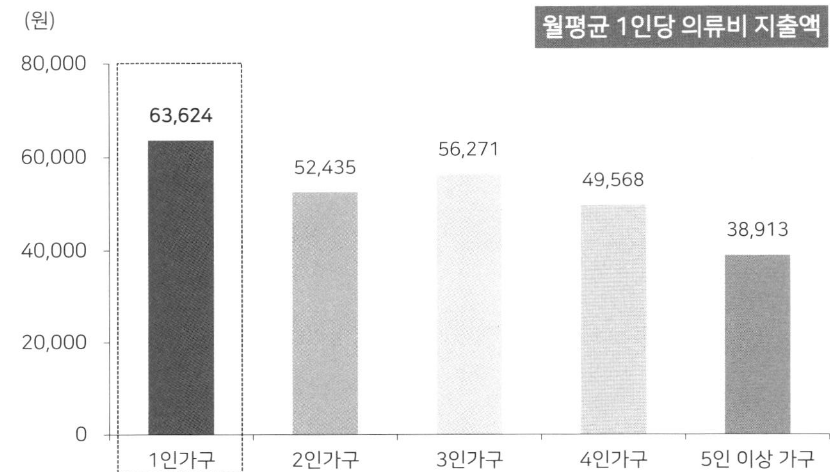

주: 각 가구별 의류 소비지출에 가구 구성원 수로 나누어 산출, 5인 이상 가구는 가구원 수 5명 구성으로 간주
자료: 통계청 국가통계포털, 메리츠증권 리서치센터

I. 산업 특성: 자유소비재

화장품/의류, 성장 여력 충분

- **'화장품/의류', 구조적 성장 가능한 자유소비재**
- 라이프 스타일 변화 따른 낙수효과 기대
- 여성 경제활동 참여↑ → 소비 여력 ↑
- 성별 자유재 지출 금액: 여성 > 남성

경제활동참가율: 여성 참가 증가세 지속

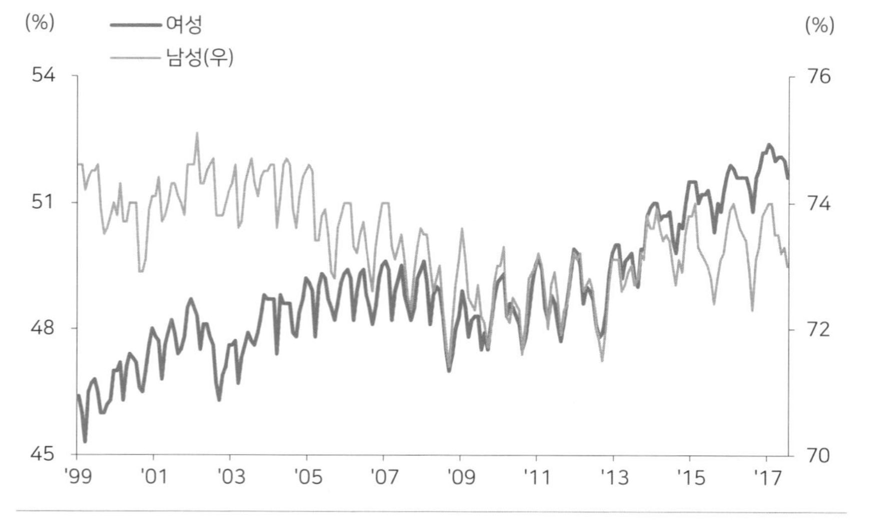

주: 비농가 경제활동 인구 기준, 1999년 6월부터 2017년 12월 데이터 기준
자료: 통계청 국가통계포털, 메리츠증권 리서치센터

연령별 의류 소비: 모든 연령에서 여성이 남성보다 높은 편

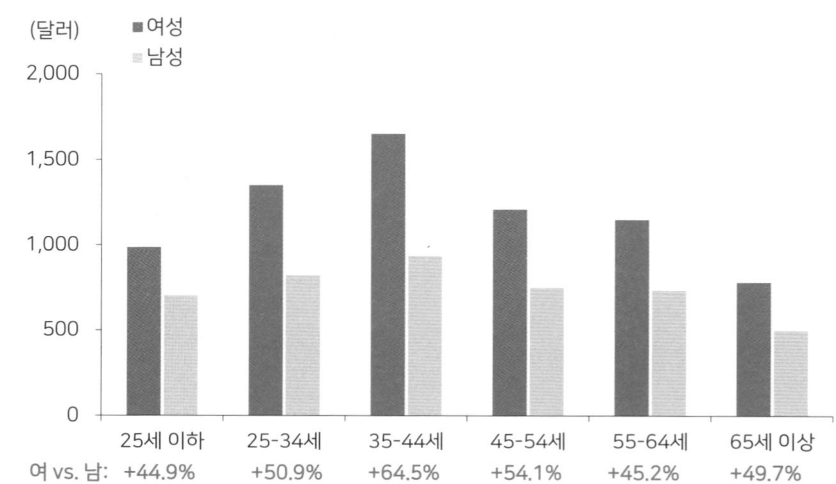

주: 2016년 기준, 연평균 의류 소비지출액 기준
자료: US Statistics Bureau, 메리츠증권 리서치센터

기초

화장품/섬유의복

Part II

품목 분류

II. 품목 분류: 화장품

화장품 대분류:
기초/색조

- 취급 품목에 따라 재화 분류, 화장품은 크게 기초와 색조로 구분
- 품목간 경계 확실, 사용 목적 명확함에 따라 이종 품목간 경쟁 불가
- 산업 융복합 및 연구 개발 확대로 신규 및 파생 품목 추가 지속 (e.g. 기능성 더마 화장품 등)
- 기초: Based Cosmetics, 피부 세정, 정돈, 보호의 기본이 되는 모든 화장품 (e.g. 스킨, 에센스, 로션, 크림 등)
- 색조: Color Cosmetics, 미화를 목적으로 사용되는 화장품 (e.g. 파운데이션, 아이섀도, 아이라이너 등)

화장품 품목 분류

분류		사용 목적	주요 제품
피부용	스킨케어 화장품	세정	세안 크림, 폼
		정돈	화장수, 팩, 마사지 크림
		보호	유액, 수분 크림
	메이크업 화장품	베이스 메이크업	파운데이션
		포인트 메이크업	입술연지, 볼연지, 아이섀도, 아이라이너, 매니큐어
	바디케어 화장품	목욕용	비누, 액체 세정용, 입욕제
		자외선 방어	선스크린 크림, 선오일
		지한, 방취	데오도란트 스프레이
		탈색, 제모	탈색, 제모 크림
		방충	방충 로션, 스프레이
두발 · 두피용	헤어케어 화장품	세정	샴푸
		트리트먼트	린스, 헤어 트리트먼트
		정발	헤어 무스, 헤어 젤, 포마드
		퍼머	퍼머 로션
		염색, 탈색	헤어 컬러, 헤어 블리치, 컬러 린스
		육모, 양모	육모제, 헤어토닉
		트리트먼트	두피 트리트먼트
구강용	구강용 화장품	치마제	치약
		구강 청량제	구강 · 세척액
피부 · 의복용	방향 화장품	방향용	향수, 오데코롱

자료: 빛과 색, 메리츠증권 리서치센터

II. 품목 분류: 의류

의류 대분류:
기성복/캐주얼/스포츠

- 취급 품목에 따라 재화 분류, 의류는 6개 복종으로 구분
- 복종간 경계 애매, 착용 상황 또한 명확하지 않아 이종 복종간 경쟁 가능 (e.g. 여성복 vs. 캐주얼)
- 기성복: 남성복 및 여성복 포괄 (e.g. 타임, 폴스미스, 닥스 등)
- 캐주얼: 중저가의 평상복 브랜드 (e.g. 지오다노, 빈폴, 갭 등)
- 스포츠: 운동 목적의 특수 트레이닝복부터 가벼운 일상복까지 영역 확장 (e.g. 휠라, 나이키, 디스커버리 등)

의류 품목 분류

남성복	여성복	캐주얼	스포츠	내의	아동복
▪ 포멀 정장	▪ 영캐주얼	▪ 트레디셔날 캐주얼	▪ 전통 스포츠	▪ 전통 내의	▪ 유아복
▪ 트렌디 캐주얼	▪ 캐릭터	▪ 캐릭터 캐주얼	▪ 아웃도어	▪ 패션 내의	▪ 아동복
▪ 셔츠 & 타이	▪ 커리어	▪ 진캐주얼	▪ 골프	▪ 스포츠 내의	
▪ 수입 명품	▪ 디자이너	▪ 스트리트 캐주얼		▪ 보정 내의	
	▪ 수입 명품	▪ 이지 캐주얼			
		▪ 어덜트 캐주얼			

자료: 한국패션협회, '패션 산업의 이해', 메리츠증권 리서치센터

II. 품목 분류: 가격

가격 대분류:
저가 ~ 최고가

- 가격 존에 따른 브랜드 분류, 저가형 매스티지에서 최고가 프레스티지까지 6개 존으로 구분
- 저가: 가격 대비 성능 (가성비) 뛰어난 대중 브랜드 포괄
- 중가: 적정 수준 이상의 인지도 보유한 브랜드로 주요 유통점에 입점
- 고가: 가격 대비 심리적 만족도 (가심비) 뛰어난 명품 브랜드

가격 존에 따른 브랜드 분류

가격 존	가격대	특징	브랜드
프리스티지(Prestige)	최고가	가장 고가로 럭셔리 가격의 브랜드	루이비통, 샤넬, 프라다 등
브리지(Bridge)	고가	고가이지만 럭셔리 브랜드 대비 저렴한 브랜드	비비안웨스트우드, 마크제이콥스 등
배터(Better)	중고가	국내 유명 백화점 입점 브랜드	타임, 오브제, 구호 등
모더레이트(Moderate)	중가	중가 수준으로, 꽤 잘 알려진 브랜드	시슬리, 보브, 톰보이 등
볼륨(Volume)	중저가	전국적 로드숍 혹은 대형 아울렛 점포에서 판매되는 브랜드	자라, 지오다노, 폴햄 등
버짓(Budget)	저가	가장 저렴한 가격대로 재래시장, 인터넷 쇼핑몰 포함	H&M, Uniqlo 등

자료: 한국패션협회, '패션 산업의 이해', 메리츠증권 리서치센터

II. 품목 분류: 브랜드 특성

브랜드 대분류:
NB/PB/SPA

- 브랜드 특성에 분류, 제조 및 유통 방식에 따라 구분
- National brand (NB): 전국적으로 유통되고 있는 브랜드 (e.g. 2080 치약 등)
- Private brand (PB): 유통사가 자체 개발한 브랜드, 해당 유통점에서만 구입 가능 (e.g. 이마트 노브랜드)
- Special Retailer's Store of Private Label Apparel (SPA): 기획/개발에서 제조/판매까지 완전 수직계열화 (e.g. ZARA, H&M, 에잇세컨즈)

브랜드 특성 따른 분류

1) 디자이너 브랜드(Designer brand)	맞춤복, 오트쿠튀르, 유명/신진 디자이너 모두 포함
2) 제조업체 브랜드(NB; National brand)	의류 제조업체가 소유주, 전국적으로 유통되고 있어 브랜드 인지도 높은 편
3) 중간상 브랜드(PB; Private brand or Private label)	소매업체가 소유하거나 개발한 상표. 특정 제조업체 브랜드 독점 유통에도 해당
4) 제조/소매점 브랜드 (SPA: Special Retailer's Store of Private Label Apparel)	디자인 기획에 생산 제조 기능까지 갖춘 짧은 리드 타임
5) 라이선스 브랜드(LB; Licensed Brand)	해외 브랜드를 국내 시장에 유통 ▪ 의류기업이 상표주로부터 제조/판매 허가 받는 조건 대신 판매액의 일정액을 상표주에게 지불하는 계약 ▪ 상표명만 계약하고 기획/디자인/제조/판매 등 모든 기능 수행 시 완제품 수입하는 해외 브랜드보다 저가 (e.g. 노스페이스, 시슬리 등)
6) 비브랜드(Non Brand)	브랜드 아이덴티티 없는 브랜드가 부착된 것으로 인터넷이나 시장에서 유통되는 저가 제품에 해당

자료: 한국패션협회, '패션 산업의 이해', 메리츠증권 리서치센터

II. 품목 분류: 유통 방식

유통 대분류:
직영점/대리점

- 브랜드별 유통 방식 및 전략 상이, 유통점 특성에 따라 구분
- 직영점: 직접 운영 및 관리하는 매장으로 판촉 제공 및 재고 부담 모두 본사에 귀속
- 대리점: 위탁 판매로서 일종의 도매상, 판매 관련 일체 본사가 지정, 지급수수료 및 재고 부담 대리점에 귀속
- 전문점: 한 매장에서 여러 브랜드를 모아 판매하는 유통점으로 품목 종류 다양

유통 경로

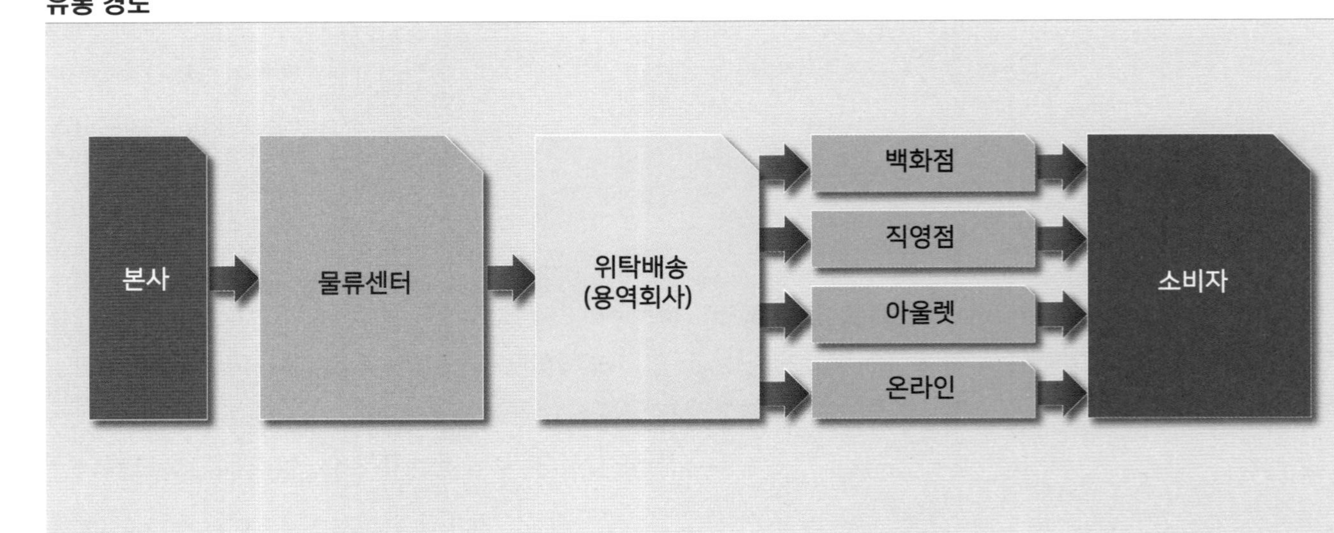

자료: 한국패션협회, '패션 산업의 이해', 메리츠증권 리서치센터

Part III

업태 구분

III. 업태 구분: 전방

전방 - 브랜드

- 사업 전개 영역에 따라 전방 및 후방 사업자로 구분

[전방 – 브랜드]

- 제품 기획/개발 및 유통/판매 담당 → 자본집약적 고부가가치 산업
- 판가 책정, 유통 방식, 제품 광고 등 판매 계획 자체 수립

소비재 파이프라인

전방
브랜드

기획/개발 → 제조/생산 → 유통/판매

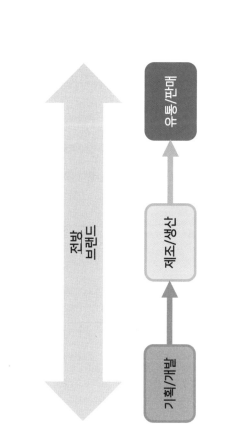

자료: 메리츠증권 리서치센터

스마일 커브

자료: 한겨레, 2020.9.9, "웃지 못하는 한국제조업 '스마일커브'…연계 '사업서비스업' 취약"

III. 업태 구분: 전방

전방 - 브랜드

- 사업 전개 영역에 따라 전방 및 후방 사업자로 구분

[전방 – 브랜드]

- 매출: 최종 소비자에 직접 (B2C) 혹은 중간 공급자에 간접 (B2B) 유통 → 판매 시점에 매출 인식
- 비용: 매출 연동 변동비 비중 절대적 (e.g. 매출원가 – 매출의 35~40%, 판매수수료 – 매출의 30~35%)
  ** 판매수수료: 브랜드사가 유통사에게 지급하는 일종의 입점 비용

전방 사업자 매출 구조

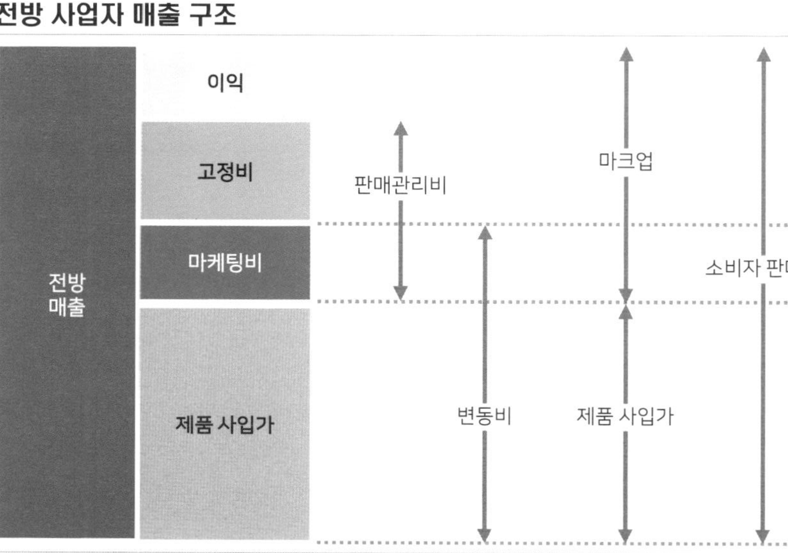

자료: 메리츠증권 리서치센터

전방 사업자 비용 구조: 변동비 (= 판매관리비) 비중 절대적

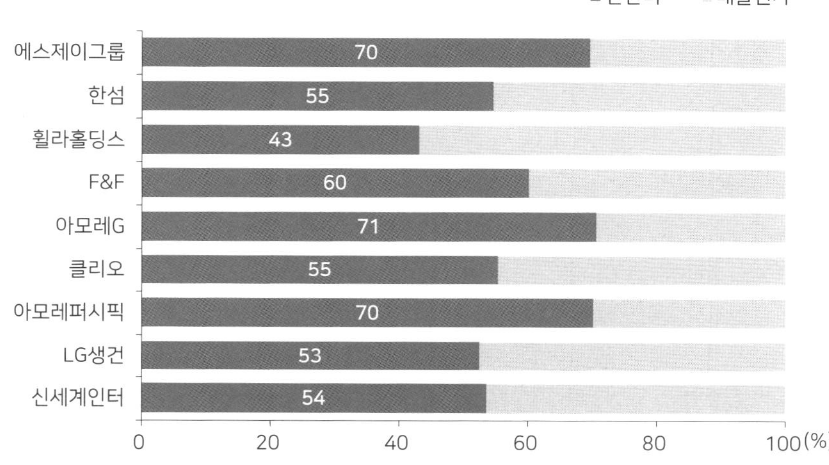

주: 2017~2019 3개년 평균 값 적용
자료: Quantiwise, 메리츠증권 리서치센터

III. 업태 구분: 후방

후방 - OEM

- 사업 전개 영역에 따라 전방 및 후방 사업자로 구분

[후방 – OEM]

- 제품 제조/생산 담당 → 노동집약적 低부가가치
  ** OEM: Original 'Equipment' Manufacturing = 위탁 생산
  ** ODM: Original 'Development' Manufacturing = 개발 생산
- 단가 책정, 유통 시점 등 판매 계획 자체 수립 불가

소비재 파이프라인

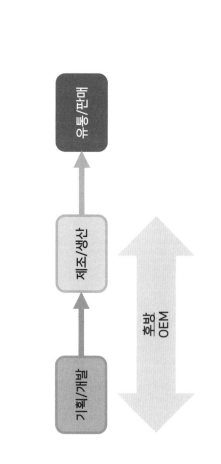

기획/개발 → 제조/생산 → 유통/판매

후방
OEM

자료: 메리츠증권 리서치센터

스마일 커브

자료: 한겨레, 2020.9.9, "웃지 못하는 한국제조업 '스마일커브'…연계 '사업서비스업' 취약"

III. 업태 구분: 후방

후방 - OEM

- 사업 전개 영역에 따라 전방 및 후방 사업자로 구분

[후방 – OEM]

- 매출: 고객사로부터 수주 확보 후 제품 생산→ 완제품 선적 시점에 매출 인식
- 비용: 매출 무관 고정비 비중 절대적 (e.g. 원재료 – 매출원가의 60%, 노무비 – 매출원가의 30%)
  ** 노무비: 제조 생산에 투입된 노동력에 지급하는 비용으로 원가에 반영, 판관비로 집행되는 인건비와 상이

후방 사업자 매출 구조

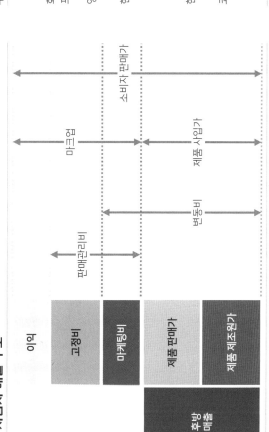

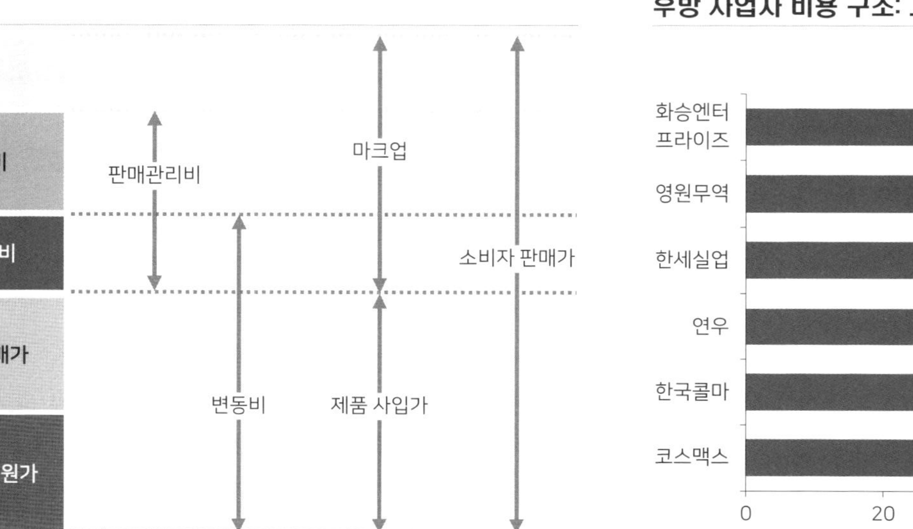

자료: 메리츠증권 리서치센터

후방 사업자 비용 구조: 고정비 (= 매출원가) 비중 절대적

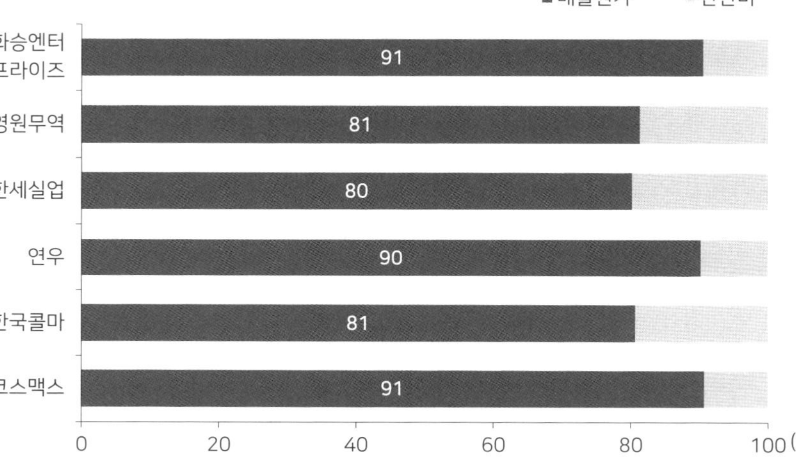

주: 2017~2019 3개년 평균 값 적용
자료: Quantiwise, 메리츠증권 리서치센터

Part IV

성장 전략

IV. 성장 전략: 전방

전방 - 브랜드

- 수익: 매출 (평균 판매 가격 x 총 판매 수량) – 비용 (매출원가 + 판매관리비)

① 평균 판매 가격 ↑

- 럭셔리 제외 시 ASP 인상 전략 구사 불가, 실질 가격 인상 폭은 인플레이션 수준으로 제한
  ** ASP: Average Selling Price, 정상가 및 할인가 판매 합산 후 산술 평균한 판매 가격
- 단, 콜라보레이션 통해 희소성 가치 및 가격 프리미엄 부여 가능. 차별화된 제품 기획으로 판매량 또한 촉진

소비재 전방 사업자 매출 및 원가 구조

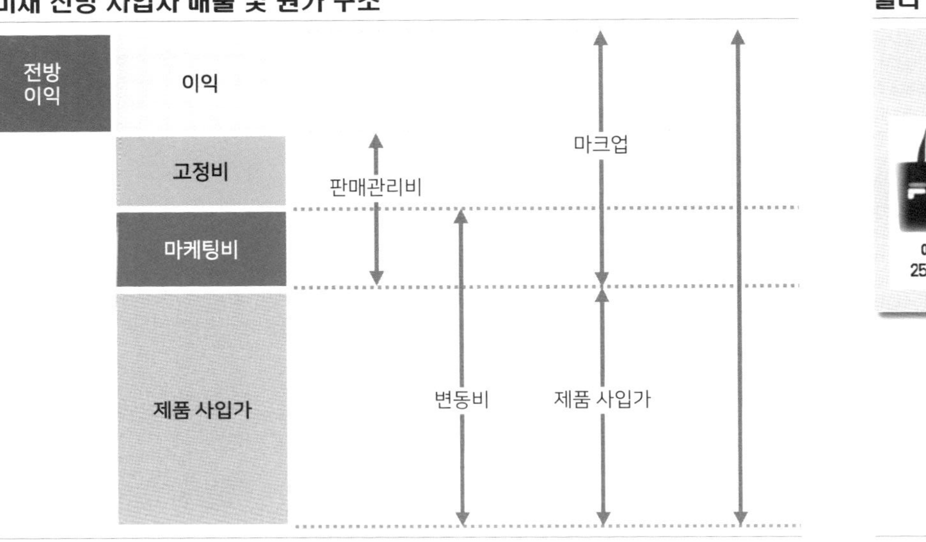

자료: 메리츠증권 리서치센터

휠라 상품 가격 비교: 콜라보레이션을 통한 가격 프리미엄 추가, Up-selling!

기존 베이직 라인
에코백 25,000원
후드집업 69,000원
맨투맨 69,000원

VS.

콜라보레이션 콜렉션 라인
[휠라X펩시] 맨투맨 89,000원
[휠라X츄파춥스] 후드집업 99,000원
[휠라X포켓몬] 에코백 35,000원

프리미엄 +29%
프리미엄 +43%
프리미엄 +40%

자료: 휠라홀딩스, 메리츠증권 리서치센터

IV. 성장 전략: 전방

전방 - 브랜드

- 수익: 매출 (평균 판매 가격 x 총 판매 수량) – 비용 (매출원가 + 판매관리비)

② 판매 수량↑

- 가격 인상 제한적 → 양적 성장 (= 판매량 증대) 전략 집중 필요
- 품목 확장: 기존 브랜드에의 품목 종류와 수를 확대시키는 전략 (e.g. 세컨드 브랜드 출시 등)
- 인수 합병: 브랜드 포트폴리오 자체를 다각화하는 전략

글로벌 업체 세컨드 브랜드

퍼스트 브랜드	세컨드 브랜드
Calvin Klein	CK
Dolce & Gabbana	D&G
Donna Karan	DKNY
Giorgio Armani	Emporio Armani
Boss	Hugo Boss
Karl Lagerfeld	Karl
Alexander McQueen	McQ
Balmain	Pierre Balmain
Chloé	See by Chloe
Vera Wang	Simply Vera

자료: 각 사 홈페이지, 메리츠증권 리서치센터

국내외 자유소비재 인수합병 사례

인수자	업태	피인수자	업태	브랜드
해외				
VFC	의류	Sketchers	의류	스케쳐스
		Timberland	의류	팀버랜드
		Vans	의류	반스
에스티로더	화장품	Have & Be	화장품	닥터자르트
		Too Faced	화장품	투페이스드
		Smashbox	화장품	스매쉬박스
국내				
신세계인터내셔날	화장품/의류	RAWRAW	패션잡화(가방)	로우로우
		비디비치코스메틱	화장품	비디비치
		톰보이	의류	톰보이, 코모도
F&F	의류	DUVETICA	의류	듀베티카
한섬	의류	클린젠	화장품	코스메슈티컬 브랜드
현대백화점그룹	유통	SK바이오랜드	화장품/헬스케어	미정

자료: 언론 보도 종합, 메리츠증권 리서치센터

IV. 성장 전략: 전방

전방 - 브랜드

- 수익: 매출 (평균 판매 가격 x 총 판매 수량) – 비용 (매출원가 + 판매관리비)

② 판매 수량↑

- 가격 인상 제한적 → 양적 성장 (= 판매량 증대) 전략 집중 필요
- 해외 진출: 외형 확대 (Q↑) 직결, 주가 프리미엄 요소로도 작용 가능
  ** 직진출: 판매 직접 관여 함에 따라 소비자 반응 대응 용이
  ** 수출/도매: 제반 비용 및 재고 부담 완화

휠라 Fwd. PER: 1차 확장 – 중국 성장 확대, 2차 확장 – 미국 고성장

자료: Quantiwise, 메리츠증권 리서치센터

F&F Fwd. PER: 1차 확장 – 중국 판권 확보, 2차 확장 – 중국 도매 계약 체결

자료: Quantiwise, 메리츠증권 리서치센터

IV. 성장 전략: 전방

전방 - 브랜드

- 수익: 매출 (평균 판매 가격 x 총 판매 수량) – 비용 (매출원가 + 판매관리비)

③ 매출원가 ↓

- 재고 효율화: 효율적 재고자산 관리 통해 할인 판매 축소 및 일회성 재고자산평가손실 축소
- 할인 판매: 초기 책정한 정상가 판매율 저조할 시 할인 제공하여 판매 촉진
- 재고자산평가손실: 판매 불가 판정한 과재고를 소각하거나, 취득원가 대비 감소한 가치분에 대한 손실 처리
  ** Leftover: 할인가에도 소진되지 않은 3년 차 이상 과재고를 매출원가 이하의 초저가로 대형 할인점에 판매

전방 사업자 할인 적용 따른 매출원가 및 수익 변화

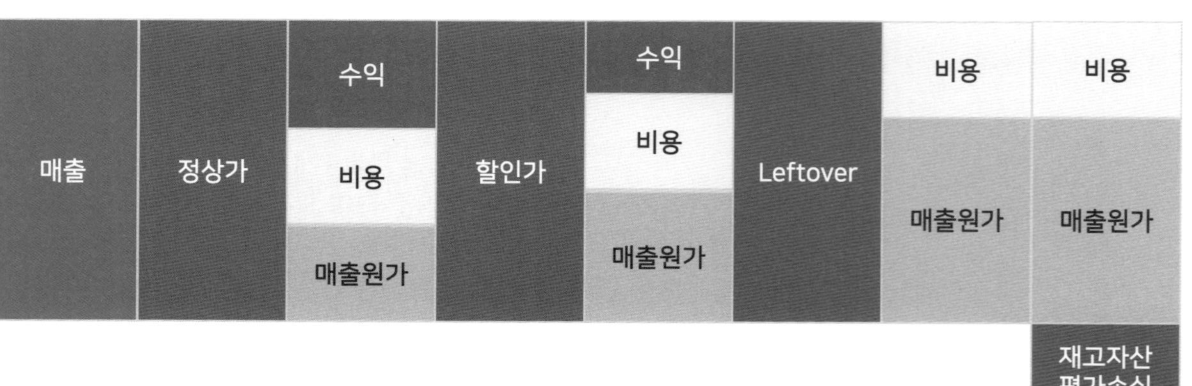

자료: 메리츠증권 리서치센터

IV. 성장 전략: 전방

전방 - 브랜드

- 수익: 매출 (평균 판매 가격 x 총 판매 수량) – 비용 (매출원가 + 판매관리비)

④ 판매관리비 ↓

- 매장 효율화: 효율적 매장 운영 통해 수수료 절감
- 온라인: 지급수수료 절감 따른 영업 레버리지 효과 창출
  ** 백화점 판매수수료율 평균 25% vs. 자사 온라인몰 판매수수료율 0%
  ** 온라인 주요 구입 품목 = 화장품/의류 최상위

백화점 복종별 판매수수료

복종		판매수수료 (%)			
		평균	국내 브랜드	해외 브랜드	최고
남성복	정장	27.4	27.5	18.0	44.3
	캐주얼	28.5	28.5	26.8	42.9
	셔츠/넥타이	25.9	25.9	27.4	34.9
여성복	정장	25.8	25.8	-	44.5
	캐주얼	25.1	25.1	26.3	49.0
	란제리/모피	25.2	25.2	-	40.8
유아동복		25.4	25.4	25.2	40.7
진/유니섹스		22.2	22.2	-	46.4
스포츠용품		23.7	23.7	25.9	44.7

자료: 공정거래위원회, 2011년 대형유통업체 판매수수료 정보 공개, 메리츠증권 리서치센터

주요 온라인 쇼핑 품목: 화장품/의류 최상위권

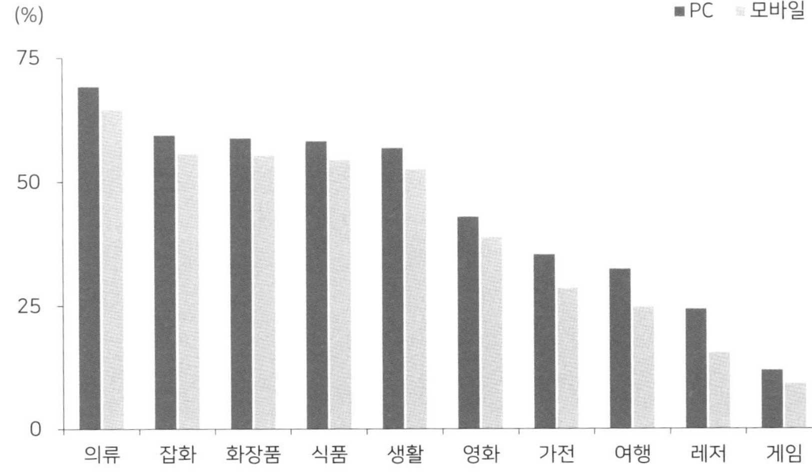

자료: DMC 미디어, 2019 인터넷 쇼핑 행태 및 구매 접점 분석 보고서, 메리츠증권 리서치센터

IV. 성장 전략: 전방

전방 - 브랜드

- 수익: 매출 (평균 판매 가격 x 총 판매 수량) – 비용 (매출원가 + 판매관리비)

④ 판매관리비 ↓

- 매장 효율화: 효율적 매장 운영 통해 수수료 절감
- 온라인: 유통 패러다임 변화로 멀티 채널 활용 급증, 온라인 강화로서 판매량 증대 또한 도모 가능
  ** 소비의 목적, '소유'에서 '공유'로 이동 → 유기적 온/오프라인 활용
  ** 오프라인 매장 = 제품 체험의 공간, SNS = 정보 공유의 장, 온라인몰 = 최종 구매처

의류 구매 경로 다양화

채널 유형	발견	시도/테스트	구매	수령	반품	비중
오프라인	오프라인	오프라인	오프라인	오프라인	오프라인	35%
멀티	디지털	오프라인	오프라인	오프라인	오프라인	15%
디지털	디지털	디지털	디지털	디지털	디지털	10%
멀티	디지털	오프라인	디지털	디지털	오프라인	7%
멀티	오프라인	오프라인	오프라인	디지털	오프라인	6%
멀티	디지털	오프라인	디지털	디지털	디지털	5%
멀티	디지털	오프라인	오프라인	디지털	오프라인	4%

자료: A.T.Kearney, KOTRA, 메리츠증권 리서치센터

IV. 성장 전략: 후방

후방 - OEM

- 수익: 매출 (평균 판매 가격 x 총 판매 수량) – 비용 (매출원가 + 판매관리비)

① 평균 판매 가격↑

- 후방 사업자 '을'의 입장으로 판매 단가 협상력 미미, 원재료비 증감 정도만 전가 가능
- 수주 확보/제품 생산/선적 이행 모두 고객사에 의해 결정
- 노동 집약적 산업으로 제조 기술력 또한 무차별

소비재 후방 사업자 매출 및 원가 구조

이익
고정비
마케팅비
후방 이익
제품 판매가
제품 제조원가
판매관리비
마크업
변동비
제품 사입가

자료: 메리츠증권 리서치센터

스마일 커브

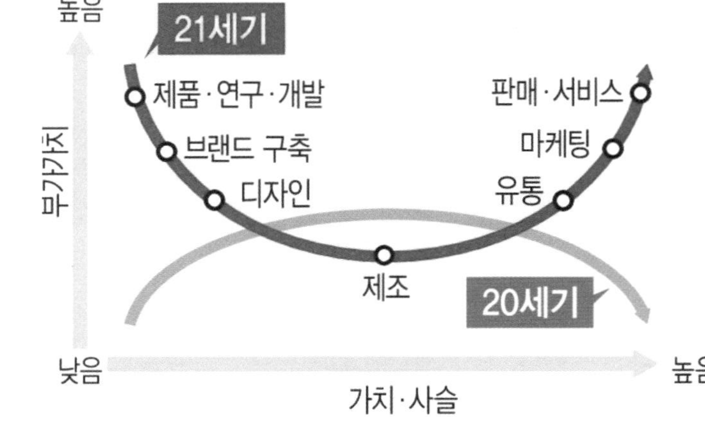

자료: 한겨레, 2020.9.9, "웃지 못하는 한국제조업 '스마일커브'…연계 '사업서비스업' 취약"

IV. 성장 전략: 후방

후방 - **OEM**

- 수익: 매출 (평균 판매 가격 x 총 판매 수량) – 비용 (매출원가 + 판매관리비)

② 판매 수량↑

- **화장품:** 유통기한 및 운반 등에 특수 존재, 빠른 운반 위해 주력 고객사 포진한 지역 내 현지 생산 기지 확충
- 아시아: 중국 (상해/광저우/북경/우시), 동남아 (인도네시아/태국) 보유
- 북미: 미국 (오하이오/뉴저지/펜실베니아), 캐나다 (온타리오) 보유

코스맥스 공장별 생산 실적

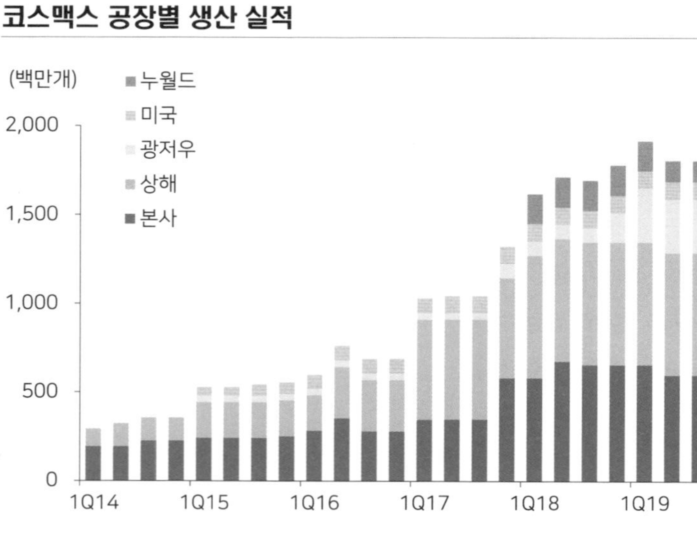

자료: 코스맥스, 메리츠증권 리서치센터

한국콜마 공장별 생산 실적

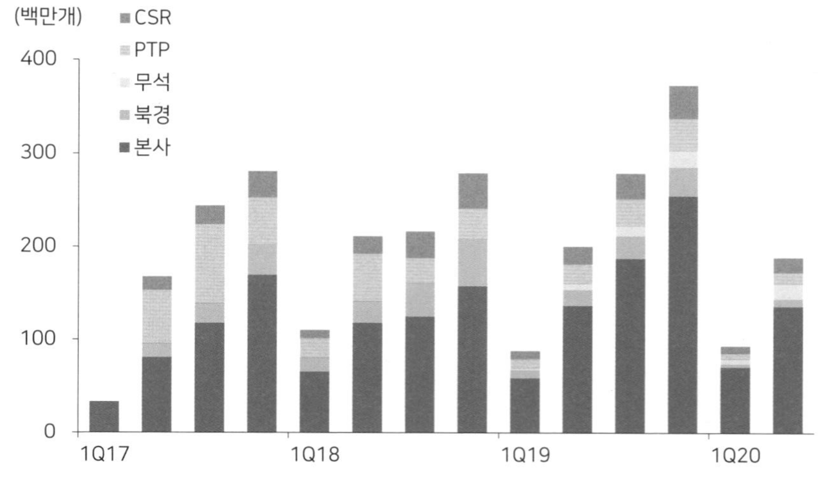

자료: 한국콜마, 메리츠증권 리서치센터

IV. 성장 전략: 후방

후방 - OEM

- 수익: 매출 (평균 판매 가격 x 총 판매 수량) – 비용 (매출원가 + 판매관리비)

② 판매 수량↑

- **의류**: 주력 고객사향 출고에 관세 혜택 부여된 지역 내 생산 기지 집중하여 수주 증가 도모 가능
- 미국 고객사는 CAFTA (중남미), 유럽 고객사의 경우 GSP 활용 (베트남, 방글라데시, 인도네시아)
  ** CAFTA: Central American Free Trade Agreement '중미 자유 무역 협정', 전 품목 수출입 무관세
  ** GSP: Generalized System of Preferences '일반특혜관세제도'

OEM 업체 생산 거점 무역 조항

회사명	생산 거점	서구권 무역 조항
한세실업	베트남	EU-FTA, EU-GSP, CPTPP
	중남미	CAFTA
	인도네시아	EU-GSP
영원무역	방글라데시	EU-GSP
	베트남	EU-FTA, EU-GSP, CPTPP
	중국	-
화승엔터프라이즈	베트남	EU-FTA, EU-GSP, CPTPP
	인도네시아	EU-GSP
	중국	-

자료: KOTRA, European Commission, United States Trade Representative, 메리츠증권 리서치센터

OEM 업체 거점별 생산 비중

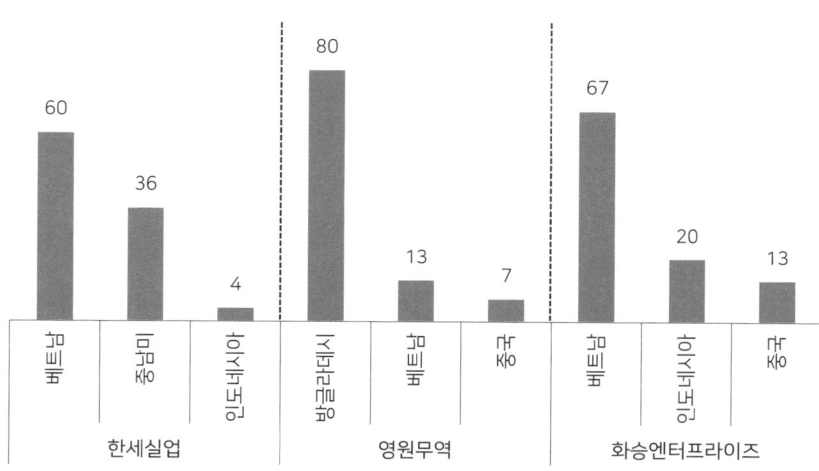

자료: DART, 메리츠증권 리서치센터

IV. 성장 전략: 후방

후방 - OEM

- 수익: 매출 (평균 판매 가격 x 총 판매 수량) – 비용 (매출원가 + 판매관리비)

③ 매출원가 ↓

- 후방 수직계열화: 인수합병 통한 후방 수직계열화로서 원부자재 역내 조달
- OEM 매출원가의 원재료비 비중 60%로 절대적, 후방 산업 직접 전개로서 구조적 원가 절감 가능

화장품 OEM 업체별 수직계열화 현황

업체명	계열사명	지역	주요 사업	지분율
코스맥스	코스맥스이스트	한국	화장품 제조 및 판매	90%
	농업회사법인 코스맥스향약원	한국	농업	90%
	COSMAX WEST	미국	서비스업	50%
한국콜마	Process Technologies and Packaging	미국	화장품 / 용기 제조 및 판매	100%
	Hankol Healthcare Vina	베트남	음료 / 건강기능식품 수입 및 유통	100%
	Seokoh Canada	캐나다	투자 및 부동산 임대	100%

자료: DART, 메리츠증권 리서치센터

OEM 업체별 수직계열화 현황

업체명	계열사명	지역	주요 사업	지분율
한세실업	칼라앤터치	베트남	원단 수출업	100%
	C&T VINA	베트남	직물 제조 및 염색업	100%
	C&T G-Tech	베트남	의류 염색 가공	100%
영원무역	DTI	베트남	직물 제조	100%
	YGA	방글라데시	의류 부품 제조	100%
화승엔터프라이즈	UNIPAX	베트남	모자 제조	50%

자료: DART, 메리츠증권 리서치센터

IV. 성장 전략: 후방

후방 - OEM

- 수익: 매출 (평균 판매 가격 x 총 판매 수량) – 비용 (매출원가 + 판매관리비)

④ 판매관리비 ↓

- 후방 사업자의 판매관리비 전체 매출의 평균 10%로 낮은 수준
- 본사 운영 관련 비용이 대부분으로 축소 여지 낮은 편

화장품 후방 사업자 비용 구조

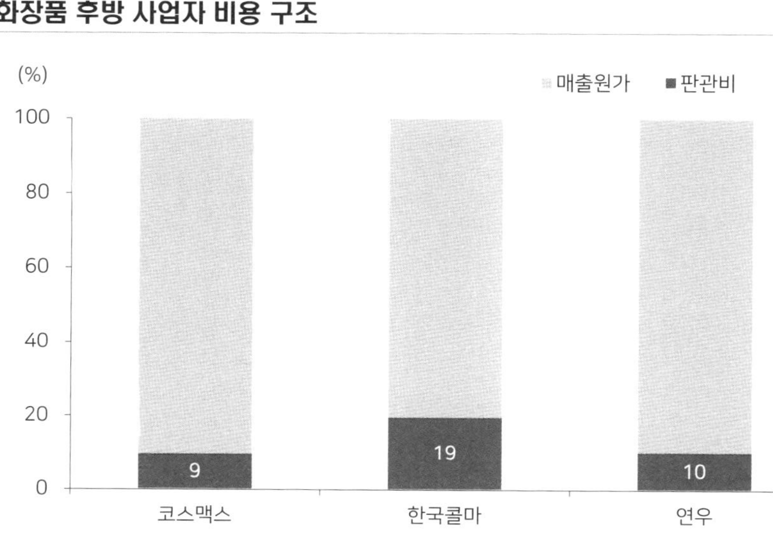

주: 2017~2019 3개년 평균 값 적용
자료: Quantiwise, 메리츠증권 리서치센터

의류 후방 사업자 비용 구조

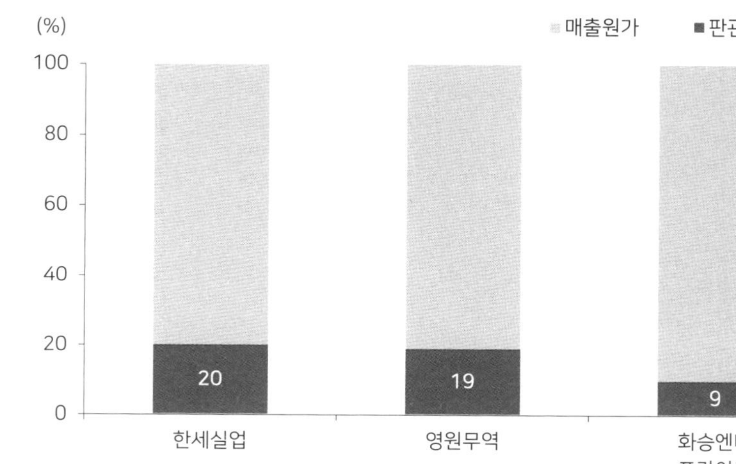

주: 2017~2019 3개년 평균 값 적용
자료: Quantiwise, 메리츠증권 리서치센터

기초
화장품/섬유의복

Part V

주요 자료

전방 – 국내 소매판매

국내 소매판매: 전체 > 의류 > 화장품

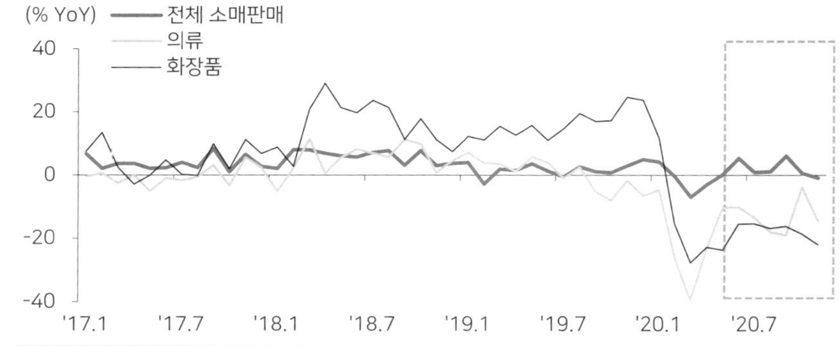

자료: 통계청 국가통계포털, 메리츠증권 리서치센터

업태별 소매판매: 온라인 고성장세 지속 (전체 소매판매 기여도 22%)

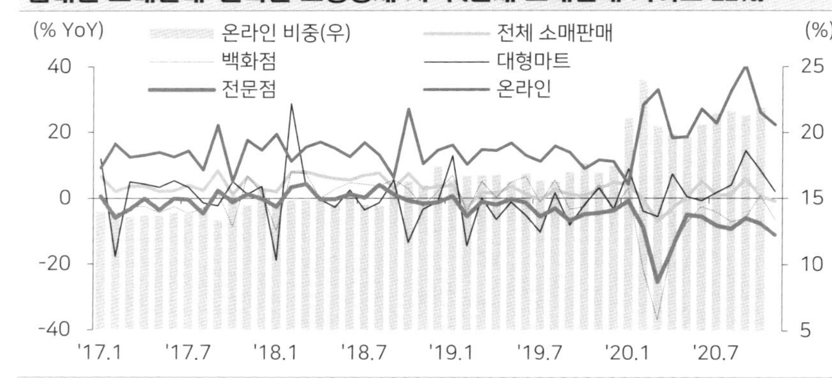

자료: 통계청 국가통계포털, 메리츠증권 리서치센터

백화점 품목별 판매액: 해외유명브랜드/가정용품 강세

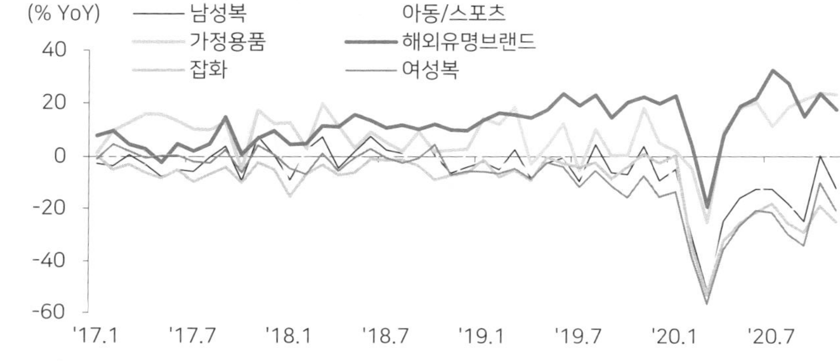

자료: 산업통상자원부 유통업체 동향 보도자료, 메리츠증권 리서치센터

면세점 매출: 2월 -47%, 3월 -3%, 4월 -10%, 5월 +3%, 6월 +11%, 7월 +13%, 8월 +17%, 9월 +4% → 10월 -4% → 11월 +5% MoM

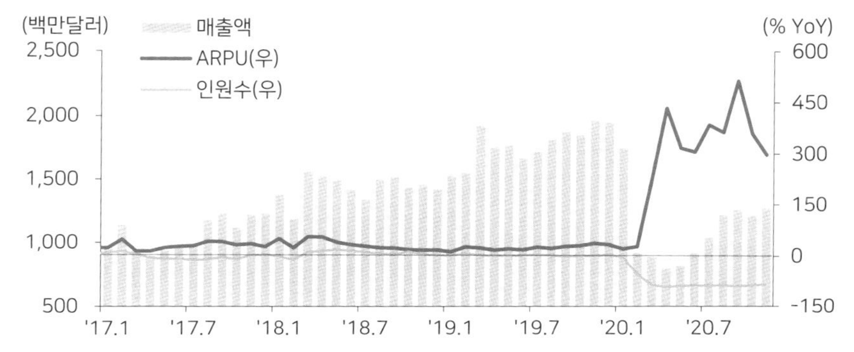

자료: 한국면세점협회 홈페이지, 메리츠증권 리서치센터

전방 – 중국 소매판매

중국 소매판매: 화장품 > 전체 > 의류

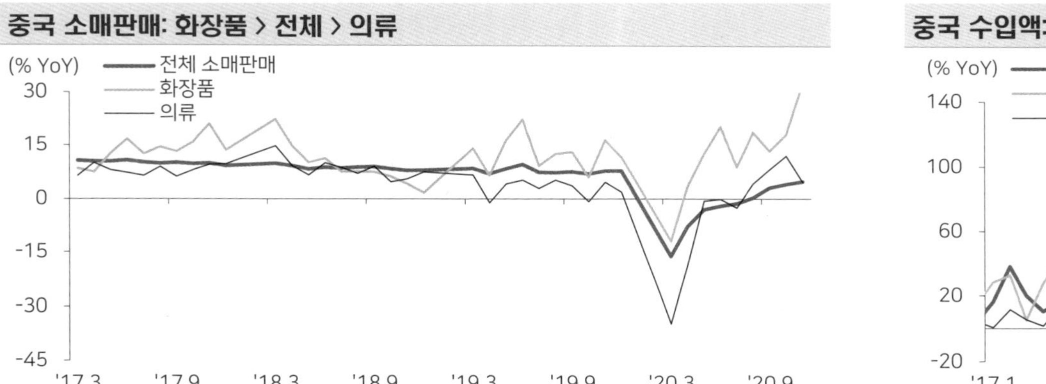

자료: 통계청 국가통계포털, 메리츠증권 리서치센터

중국 수입액: 화장품 > 의류 > 전체

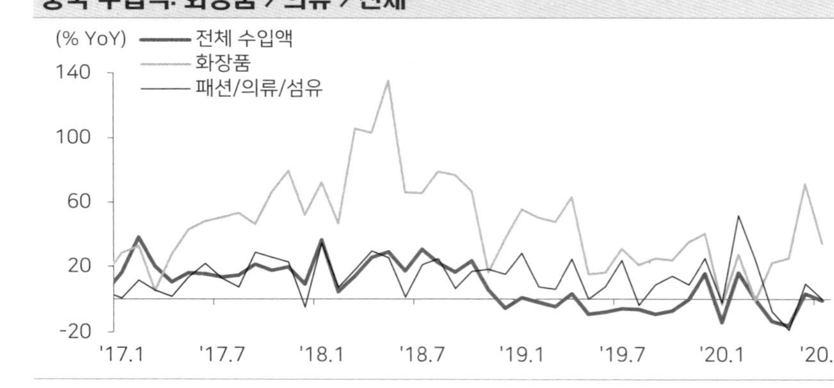

자료: KITA 홈페이지, 메리츠증권 리서치센터

하이난 면세점 매출액 추이

	'18.1	'18.2	'18.3	'18.5	1H18	'18.7	'18.8	'18.10	'18.11	2018	'19.4	'19.5	1Q20	'20.7	'20.8	'20.9	2020E
하이난 매출액(억위안)	9.4	14.9	8.8	6.3	52.5	5.8	7.4	7.7	8.3	100.1	8.2	8.1	29.8	22.2	33.6	30.3	320
하이난 매출액(십억원)	**159**	**254**	**150**	**107**	**893**	**99**	**126**	**130**	**141**	**1,702**	**140**	**137**	**506**	**377**	**571**	**515.1**	**5,440**
YoY(%)	6.5	38.9	30.9		24.1					26.0	15.1	27.5	-30.3	42.7	221.9	276.4	
판매품목수 YoY(%)	-14.0	40.7	34.7		32.2						16.0	25.4					
구매자수 YoY(%)	-33.4	29.7	31.9		22.6					20.0	13.5	21.4	-42.6				130
국내 면세 매출액(백만달러)	1,380	1,187	1,560	1,491	8,559	1,343	1,496	1,438	1,459	17,238	1,749	1,766	3,559	1,044	1,217	1,260	12,120
국내 면세 매출액(십억원)	**1,518**	**1,306**	**1,716**	**1,640**	**9,415**	**1,477**	**1,646**	**1,582**	**1,605**	**18,962**	**1,924**	**1,943**	**3,915**	**1,148**	**1,339**	**1,386**	**13,332**
YoY(%)	48.2	20.9	54.3	37.7	46.7	25.8	21.3	16.3	15.0	34.6	15.7	18.9	-28.8	-39.1	-32.7	-32.7	-43.1
국내 면세 대비 하이난 규모(%)	**10.5**	**19.5**	**8.7**	**6.5**	**9.5**	**6.7**	**7.7**	**8.2**	**8.8**	**9.0**	**7.3**	**7.0**	**12.9**	**32.9**	**42.7**	**37.2**	**40.8**

자료: 중국관세청, 메리츠증권 리서치센터

후방 – 미국 소매재고

미국 전체 소매판매 및 의류 소매판매 성장률

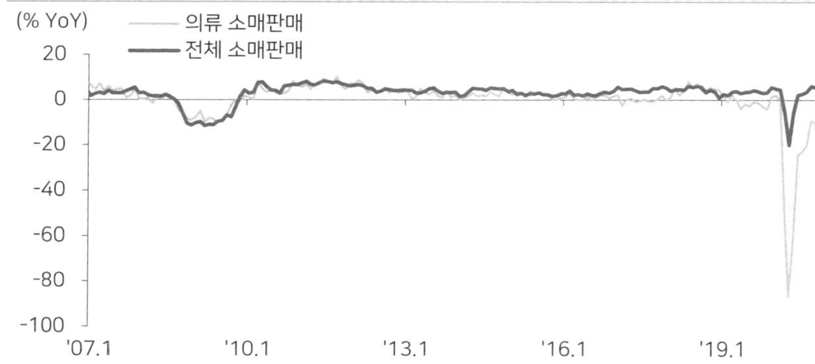

자료: US Statistics Bureau, 메리츠증권 리서치센터

미국 의류 소매판매 및 소매재고 성장률

(% YoY) Re-stocking(우) (% YoY)
의류 소매판매
의류 소매재고
30 / 0 / -30 / -60 / -90
'17.1 '17.7 '18.1 '18.7 '19.1 '19.7 '20.1 '20.7

자료: US Statistics Bureau, 메리츠증권 리서치센터

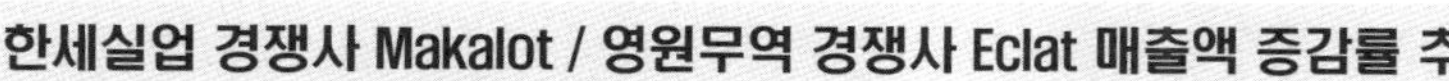

한세실업 경쟁사 Makalot / 영원무역 경쟁사 Eclat 매출액 증감률 추이

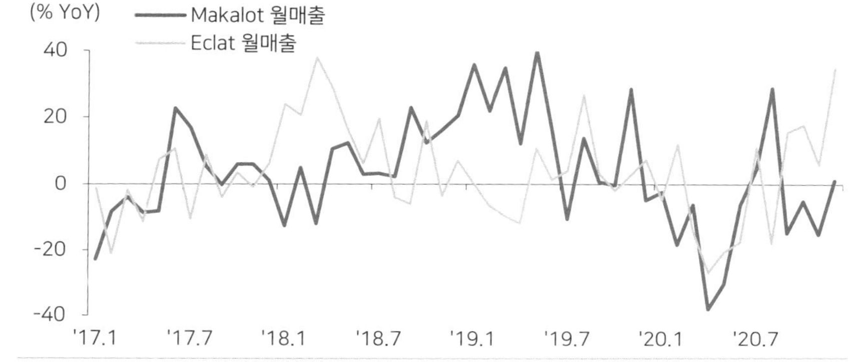

자료: 각 사 홈페이지, 메리츠증권 리서치센터

주요 의류 OE/DM 업체 주가 상대강도 추이

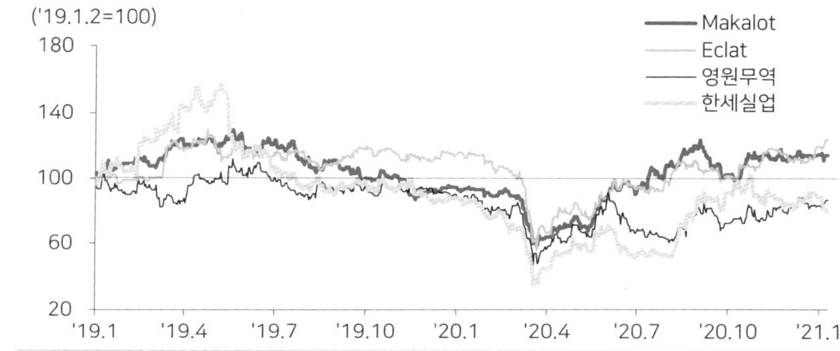

자료: Bloomberg, 메리츠증권 리서치센터

Part VI

산업 현황

'외제 강세', 거부할 수 없는 트렌드

화장품/의류: 내수 소매판매 vs. 해외 직접구매

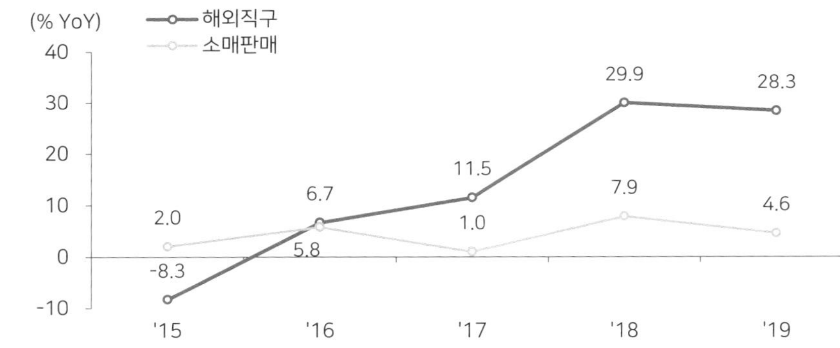

자료: 통계청 국가통계포털, 메리츠증권 리서치센터

한국 총 수입 규모 및 화장품/의류 비중

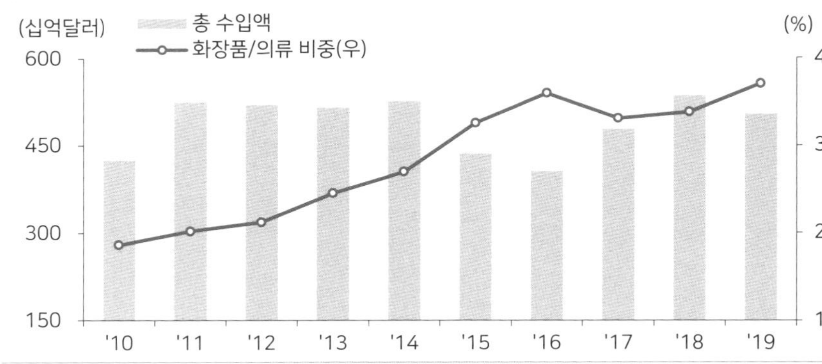

자료: KITA 홈페이지, 메리츠증권 리서치센터

백화점 품목별 판매액: 해외유명브랜드/가정용품 강세

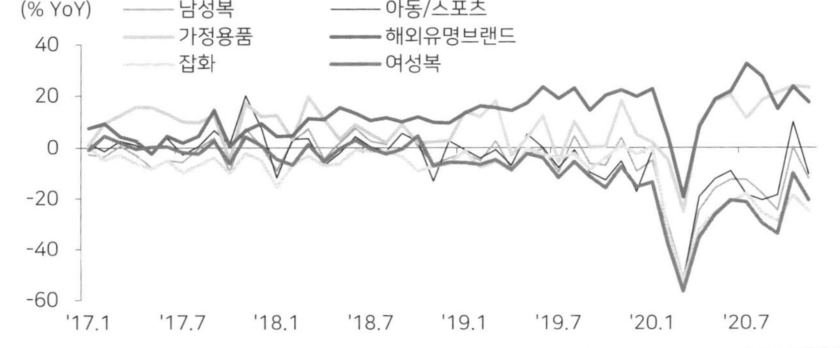

자료: 산업통상자원부 유통업체 동향 보도자료, 메리츠증권 리서치센터

국내 주요 화장품 브랜드 업체 면세점 점유율 추산

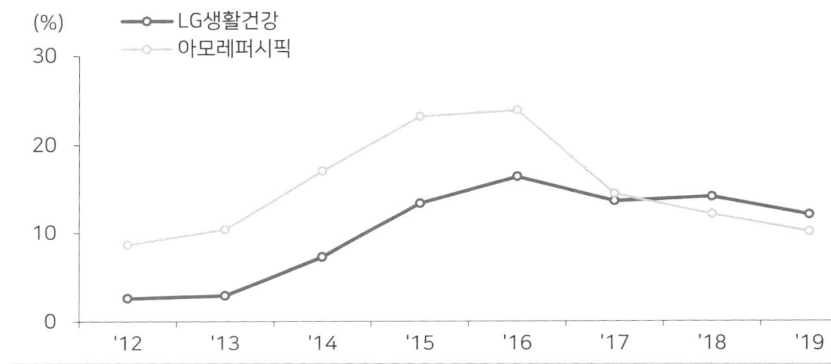

주: 당사 예상 면세점 화장품 매출액에 각 사 면세점 매출액을 나누어 산출
자료: 한국면세점협회 홈페이지, company data, 메리츠증권 리서치센터

'외제 강세', 거부할 수 없는 트렌드

글로벌 화장품/의류 직접 구매액

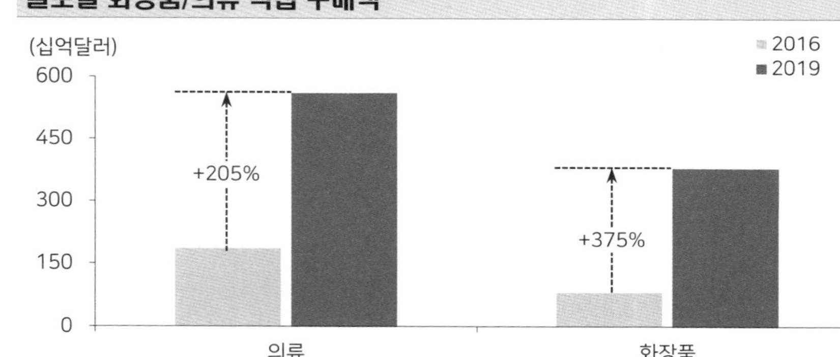

주: 직접 구매액은 전체 시장 규모에 품목별 구매 경험률을 곱하여 산출
자료: Invesp, Paypal, 메리츠증권 리서치센터

글로벌 직구 이용자 수 및 인당 구매액 증감

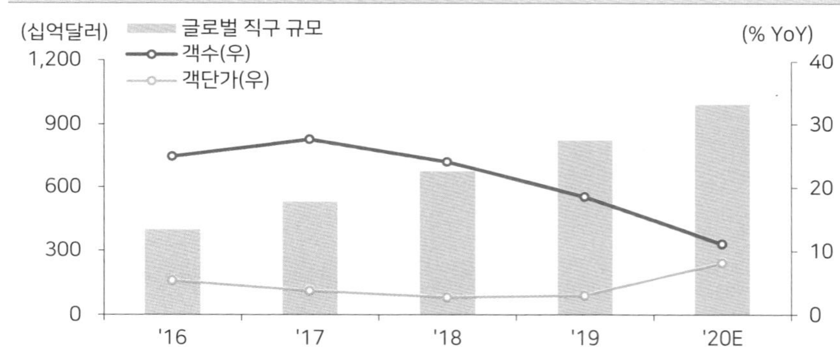

주: 객단가는 전체 직구 규모에 이용자 수를 나누어 산출
자료: Invesp, 메리츠증권 리서치센터

중국 화장품/의류 수입액 vs. 총 수입액

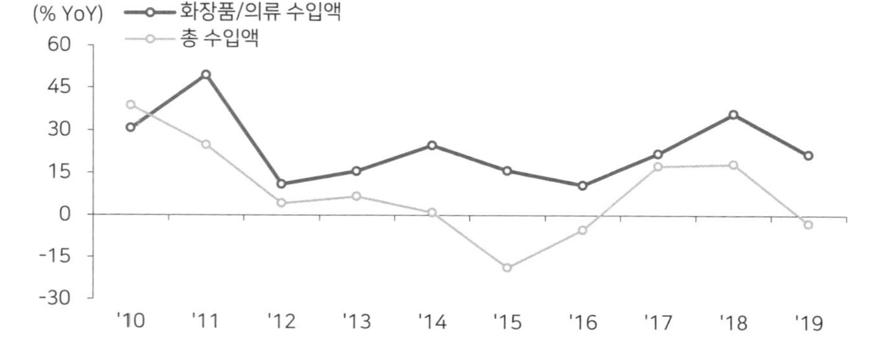

자료: KITA 홈페이지, 메리츠증권 리서치센터

한국 화장품/의류 수입액 vs. 총 수입액

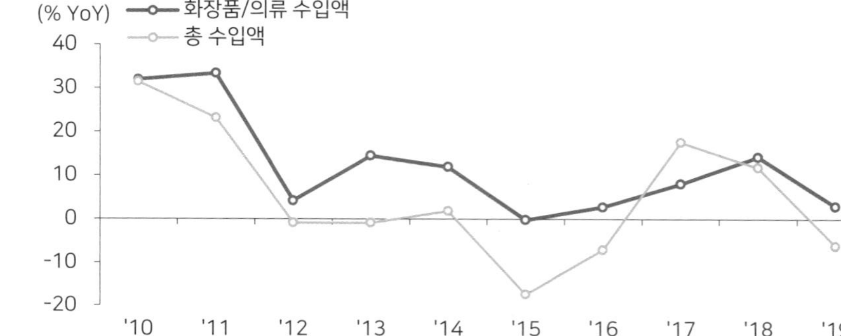

자료: KITA 홈페이지, 메리츠증권 리서치센터

외제 강세의 이유 1) 공급 – 판매 가격 인하 + 2) 수요 – 소비 행태 변화

FTA 관세 혜택 품목 소비자가 인하율

한-미 FTA 이후			한-EU FTA 이후		
웰치스(음료)	네이블(오렌지)	밀러(맥주)	필립스(면도기)	오랄비(전동칫솔)	테팔(가정용품)
-9%	-26%	-37%	-4%	-13%	-30%

주: 미국 제품은 2012년 3월 15일, 유럽 제품은 2011년 7월 1일 가격 기준
자료: 공정거래위원회, 한국소비자원, 메리츠증권 리서치센터

백화점 품목별 판매수수료율 비교

품목(국산)	판매수수료율	품목(외산)	판매수수료율
패션잡화	35~40%	**패션잡화**	**1~5%**
의류	35~40%	**의류**	**8~15%**
화장품	30~35%	**SPA**	**10~20%**

자료: 한국섬유패션연감, 패션런칭, 메리츠증권 리서치센터

연령별 패션 관련 소비지출 비중: MZ 세대 최고

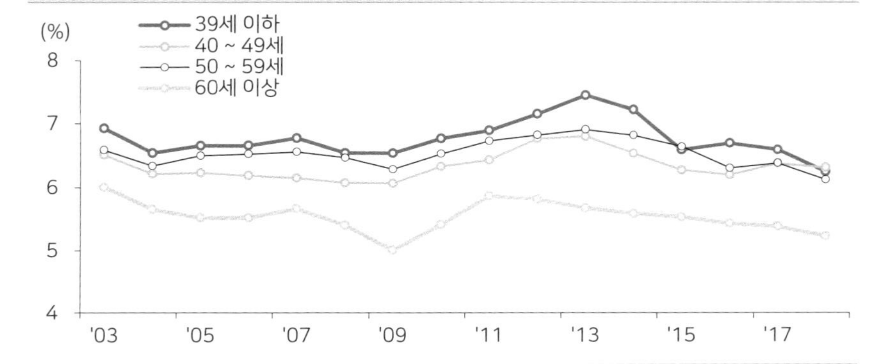

주: 패션 관련 소비지출을 전체 소비지출에 나누어 산출
자료: 통계청 국가통계포털, 메리츠증권 리서치센터

20대 소비자 분석: 수입 브랜드 선호 응답률

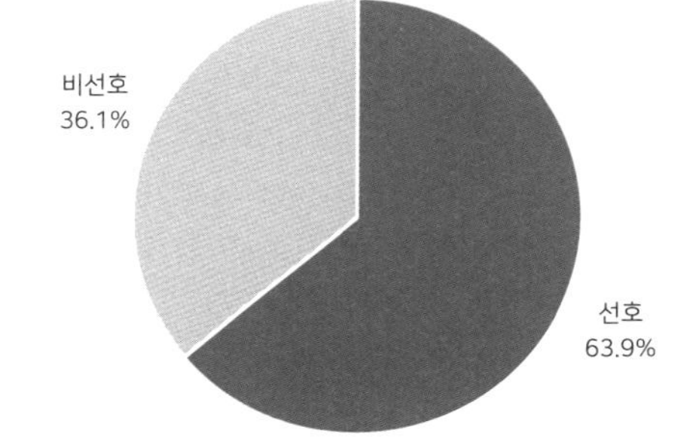

자료: 국제섬유신문, '2019 상반기 구매성향 및 베스트 브랜드', 메리츠증권 리서치센터

외제를 '팔'면 된다

해외 브랜드 국내 유통 형태

방식	브랜드 소유	개발 및 생산	국내 유통	내용
라이선싱	해외 업체 (MLB)	국내 업체 (F&F)	국내 업체 (F&F)	▪ 라이선서가 라이선시에게 상품 개발/생산/유통에 대한 전권 부여 ▪ 브랜드 사용료 = 로열티 = MG (Minimum guarantee) + RS (Revenue share) ▪ 손익: 라이선서 로열티 수익 vs. 라이선시 제품 매출 및 수수료
판권	해외 업체 (딥티크)	해외 업체 (딥티크)	국내 업체 (신세계인터내셔날)	▪ 특정 시장/채널에 대한 판매 권한 계약 ▪ 국내 업체는 수입 에이전시 및 중간 유통상으로서 완제품 매입 후 유통을 담당 ▪ 손익: 해외 업체 도매 매출 및 매출원가 vs. 국내 업체 상품 매출 및 상품 매입 원가
직진출	해외 업체 (샤넬)	해외 업체 (샤넬)	해외 업체 (샤넬 한국 법인)	▪ 해외 브랜드 본사가 국내 자회사 설립 후 사업 전개 ▪ 유통망 확보, 매장 운영 등 브랜드 소유주의 직접 관여 필요 ▪ 손익: 브랜드 소유주 현지 법인 통해 매출 및 매출원가 인식

자료: 메리츠증권 리서치센터

전개 형태별 브랜드: 해외 52.8% vs. 국산 47.2%

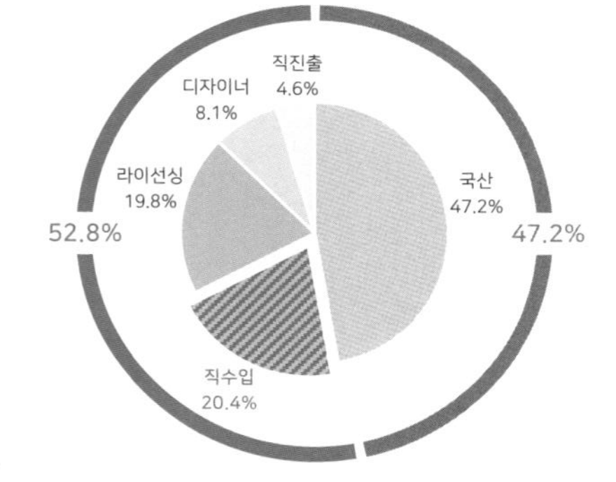

자료: 한국패션브랜드연감, 메리츠증권 리서치센터

글로벌 라이선싱: 품목별 매출 비중 (2018년)

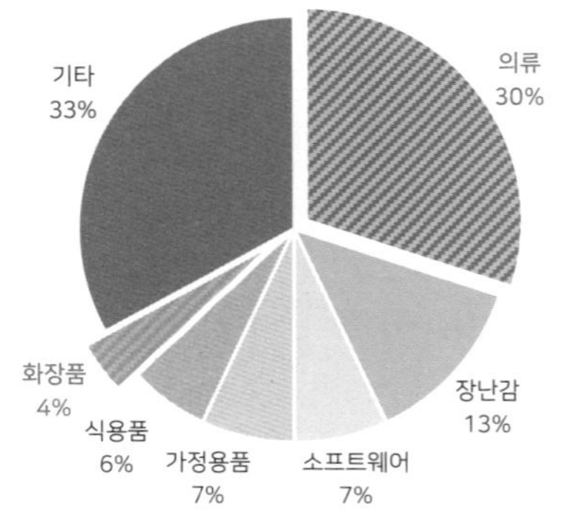

주: 의류는 신발 및 패션잡화 포함
자료: Licensing Industry Merchandisers' Association, 메리츠증권 리서치센터

외제가 '되'면 된다

중국 온라인 쇼핑 품목: 화장품/의류 합산 38%

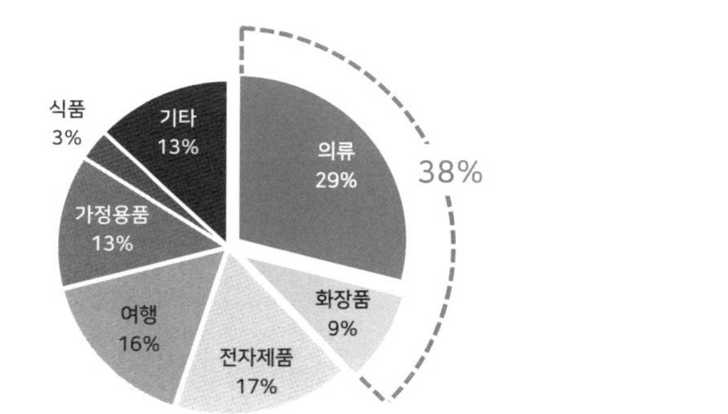

자료: 중국 통계청, 메리츠증권 리서치센터

면세점 국적별 매출 비중: 중국인 기여 확대 지속

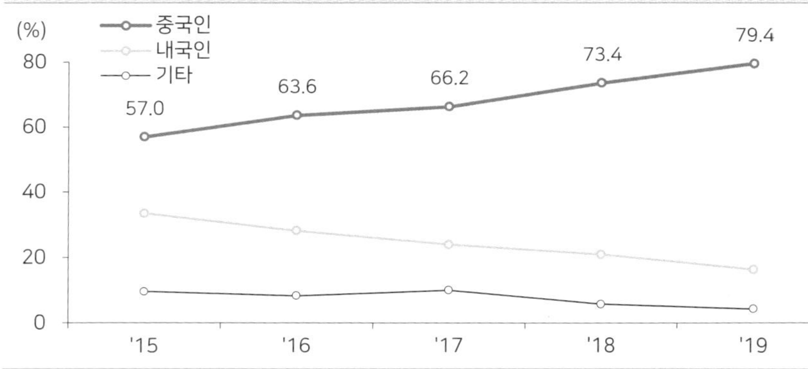

자료: 국회의원 김정우 의원실 보도 자료, 메리츠증권 리서치센터 추정

국내 화장품/의류 직구 및 역직구 성장률

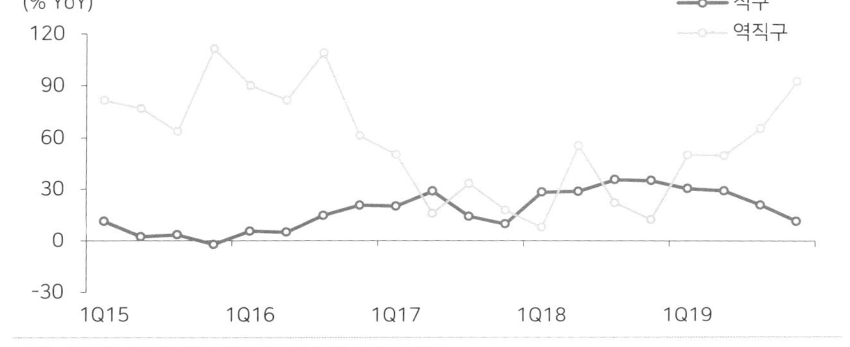

자료: 통계청 국가통계포털, 메리츠증권 리서치센터

글로벌 해외 직구: 화장품/의류 직구 확대

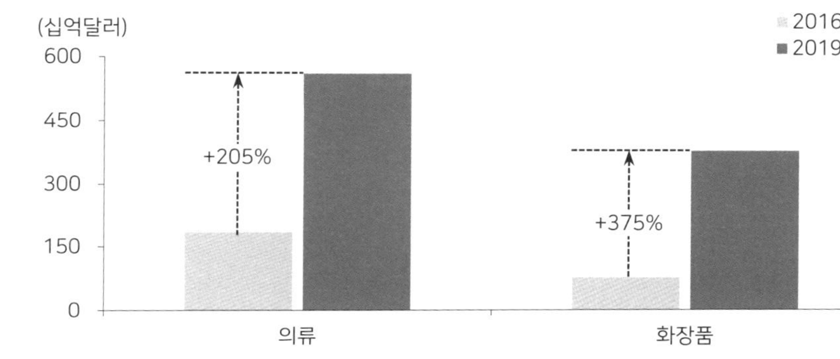

자료: Paypal, 메리츠증권 리서치센터

기초
화장품/섬유의복

Part VII

기업 소개

기업 소개

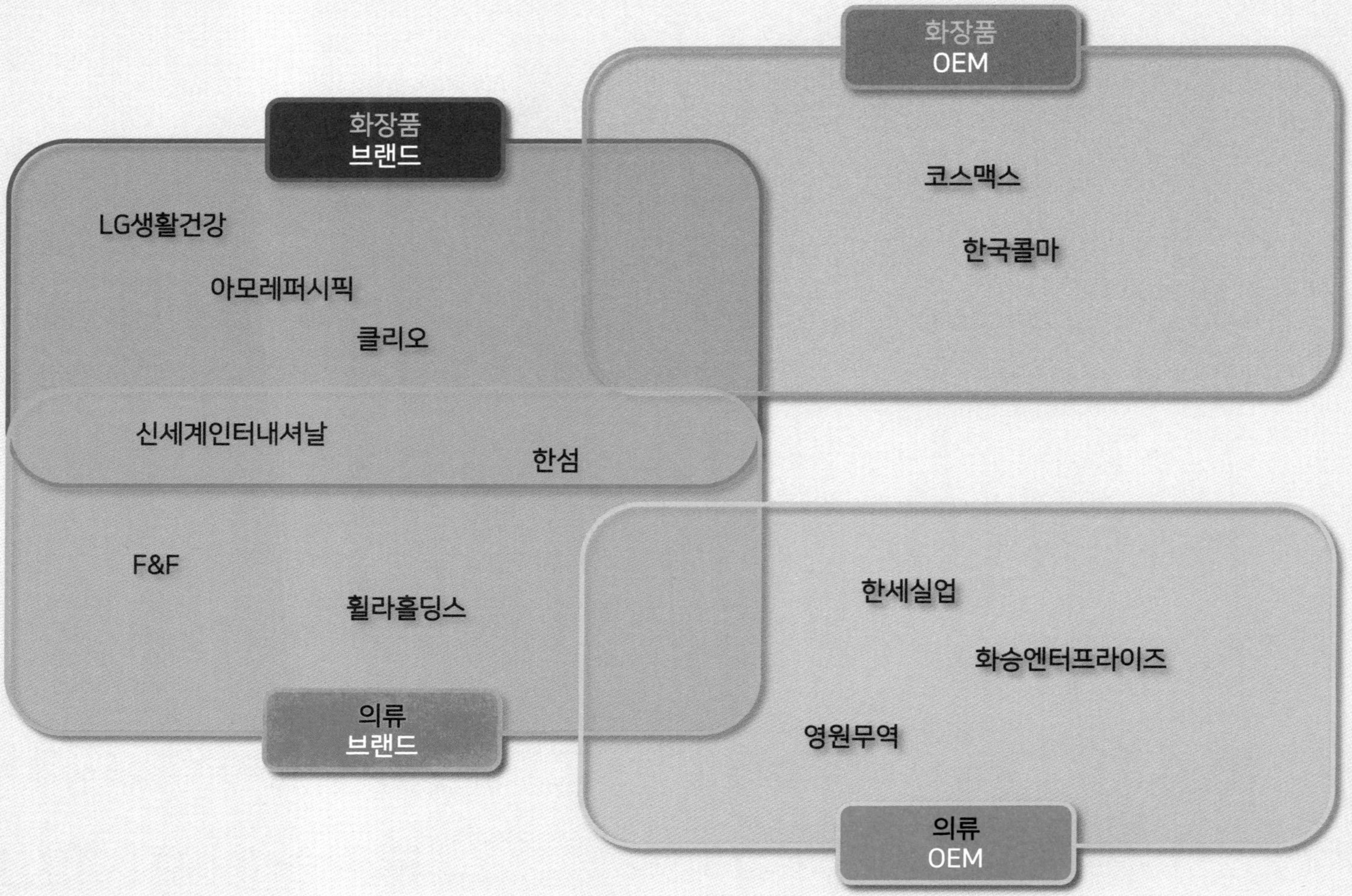

화장품 브랜드
LG생활건강
아모레퍼시픽
클리오

화장품 OEM
코스맥스
한국콜마

신세계인터내셔날
한섬

의류 브랜드
F&F
휠라홀딩스

의류 OEM
한세실업
화승엔터프라이즈
영원무역

자료: 메리츠증권 리서치센터

LG생활건강(051900) – 화장품

LG생활건강 국내 화장품 매출액: 면세 vs. 비면세

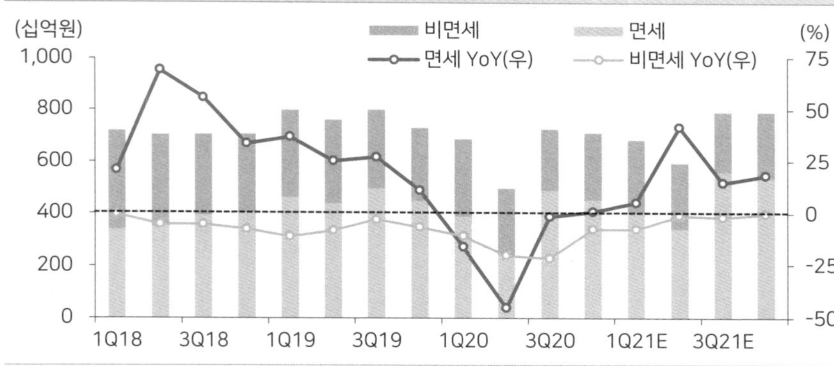

자료: LG생활건강, 메리츠증권 리서치센터

LG생활건강 해외 화장품 매출액

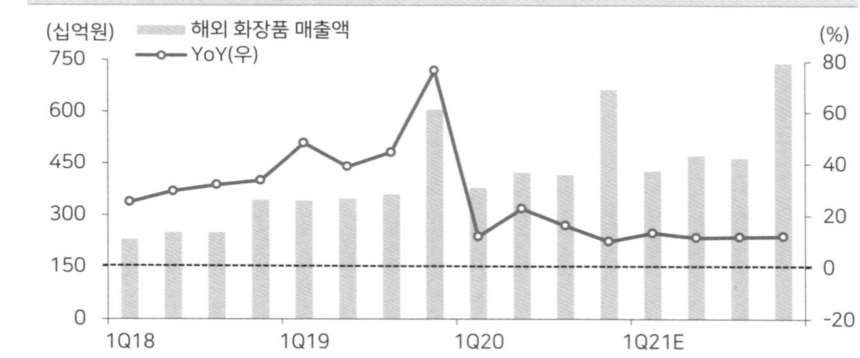

자료: LG생활건강, 메리츠증권 리서치센터

LG생활건강 중국 매출액 vs. 중국 화장품 소매판매

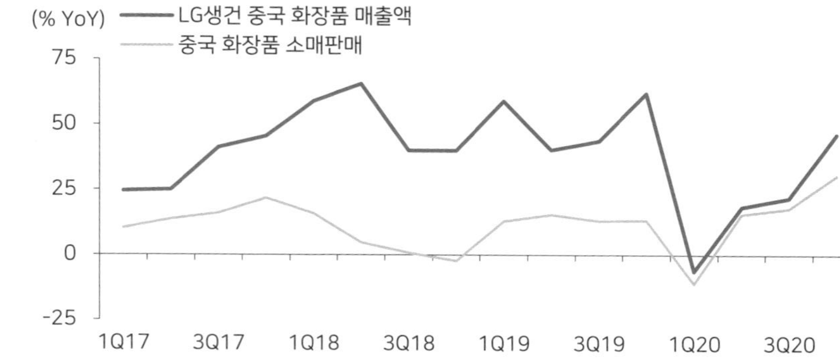

자료: LG생활건강, 메리츠증권 리서치센터

LG생활건강 카테고리별 매출 비중 (후 & 숨 = 럭셔리 포함)

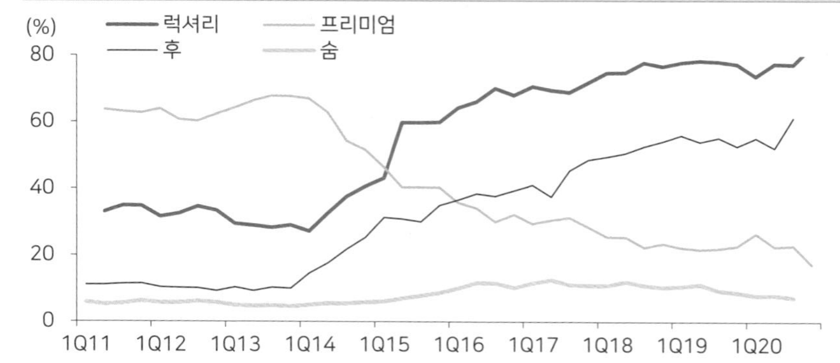

자료: LG생활건강, 메리츠증권 리서치센터

LG생활건강(051900) - 생활용품 및 음료

LG생활건강 생활용품 부문별 매출액 및 OPM

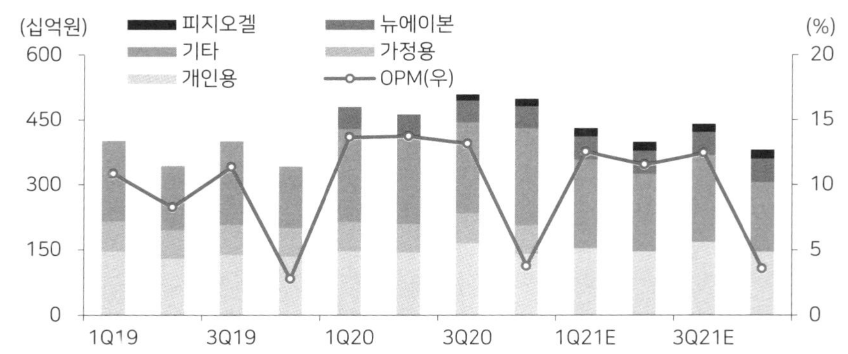

자료: LG생활건강, 메리츠증권 리서치센터

LG생활건강 생활용품 채널별 매출 비중

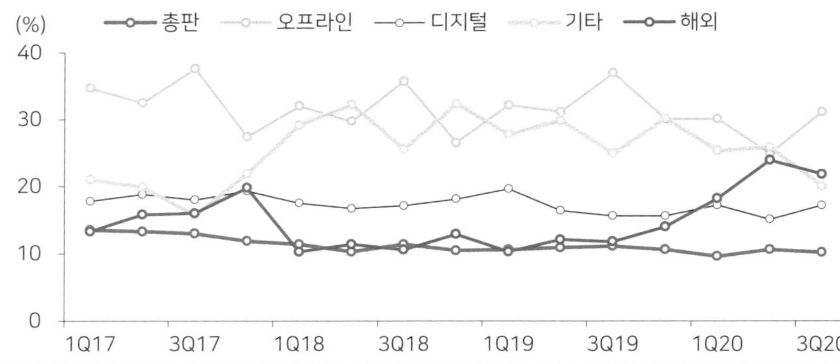

자료: LG생활건강, 메리츠증권 리서치센터

LG생활건강 음료 채널별 매출 성장률 및 OPM 증감

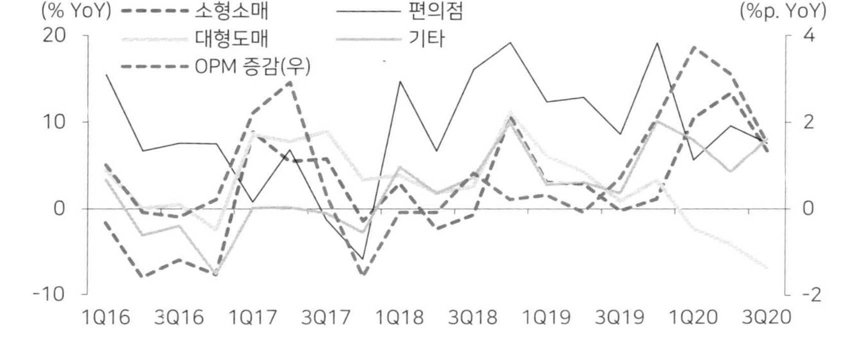

자료: LG생활건강, 메리츠증권 리서치센터

LG생활건강 음료 OPM 증감 vs. 배달 음식 시장

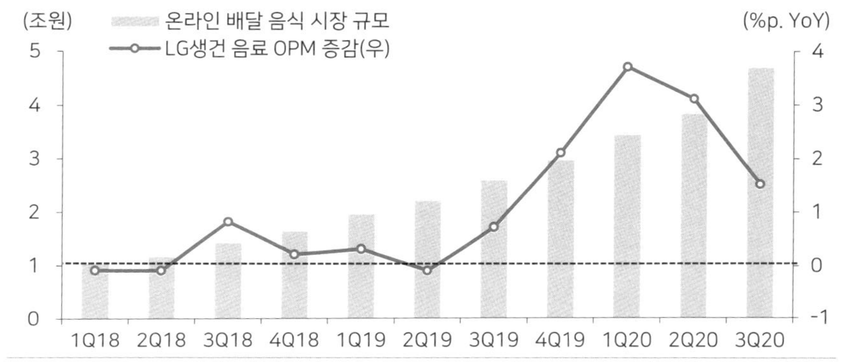

자료: LG생활건강, 메리츠증권 리서치센터

LG생활건강(051900) – 기타

LG생활건강 재고자산회전

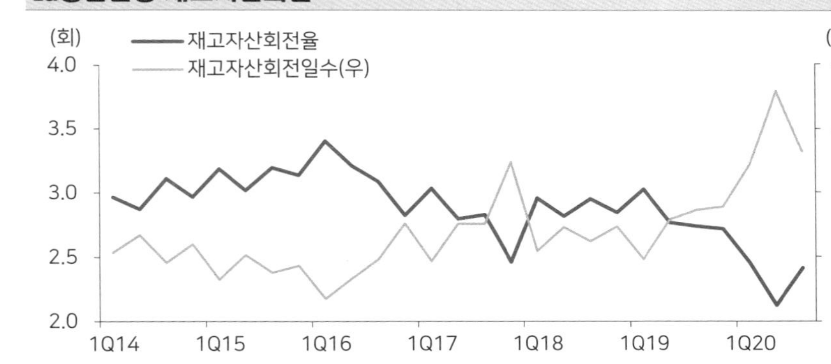

자료: LG생활건강, 메리츠증권 리서치센터

LG생활건강 매출액 vs. 광고비

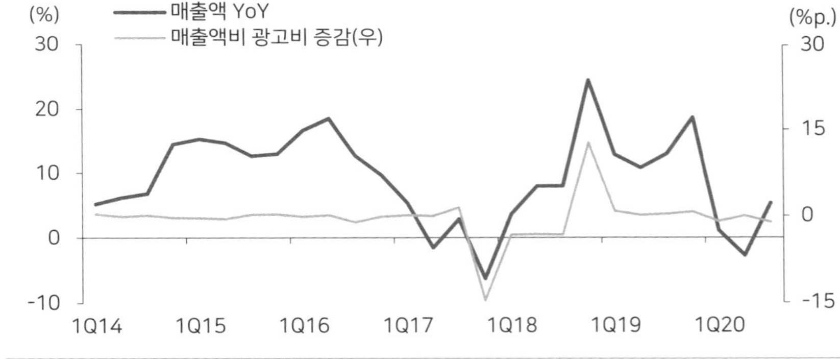

자료: LG생활건강, 메리츠증권 리서치센터

LG생활건강 매출액 vs. 연구개발비

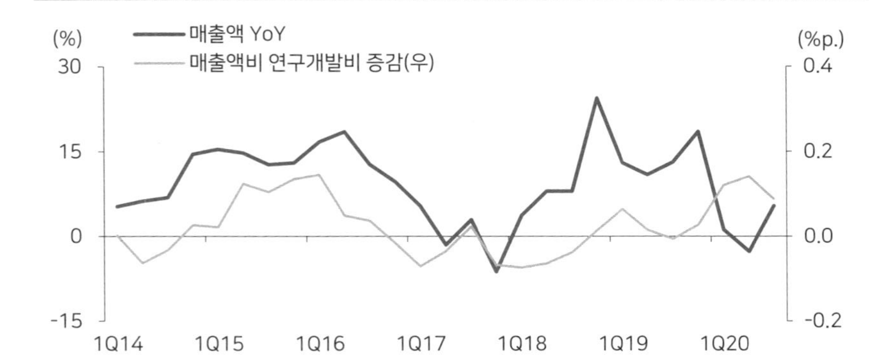

자료: LG생활건강, 메리츠증권 리서치센터

LG생활건강 부문별 생산실적

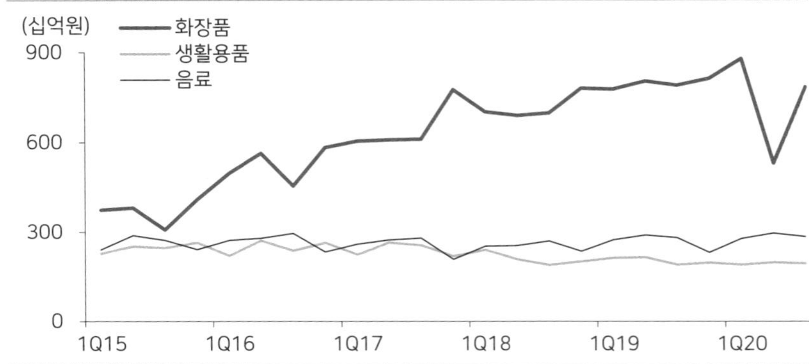

자료: LG생활건강, 메리츠증권 리서치센터

아모레퍼시픽(090430)- 국내 화장품

아모레퍼시픽 국내 화장품 매출 vs. 한국 면세점 매출

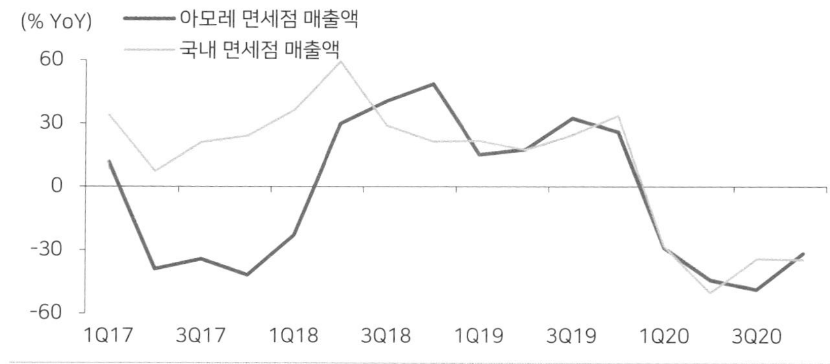

자료: 아모레퍼시픽, 메리츠증권 리서치센터

아모레퍼시픽 국내 채널별 매출 비중

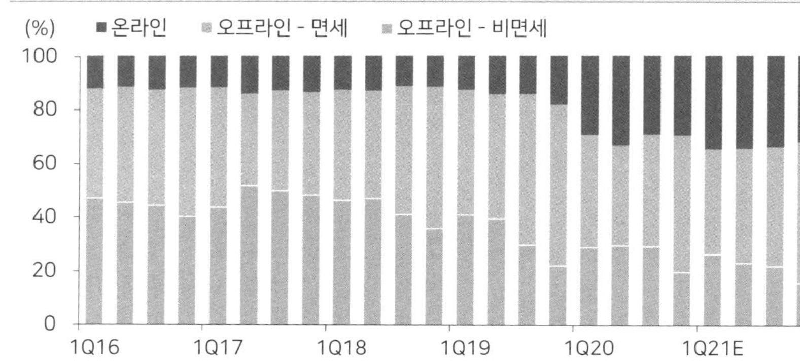

자료: 아모레퍼시픽, 메리츠증권 리서치센터

아모레퍼시픽 국내 화장품 채널별 매출 성장률

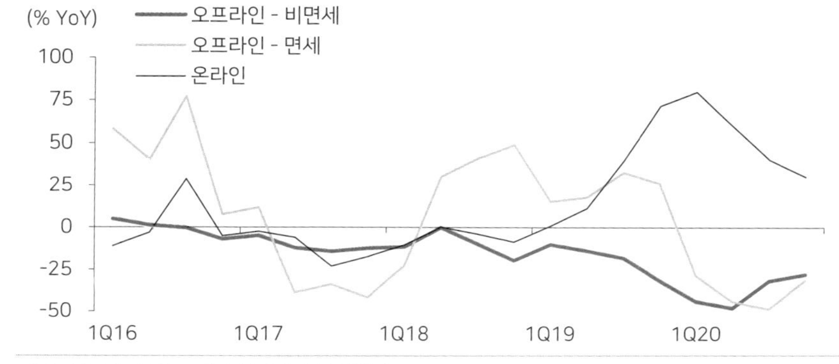

자료: 아모레퍼시픽, 메리츠증권 리서치센터

아모레퍼시픽 국내 화장품 카테고리별 매출 성장률

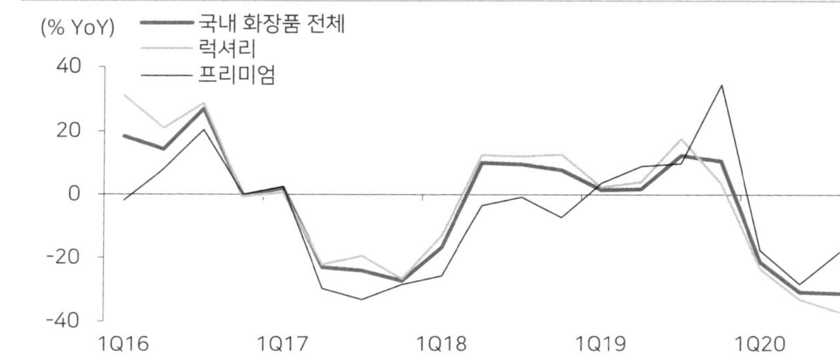

자료: 아모레퍼시픽, 메리츠증권 리서치센터

아모레퍼시픽(090430)- 해외 화장품

아모레퍼시픽 중국 매출 vs. 중국 화장품 소매

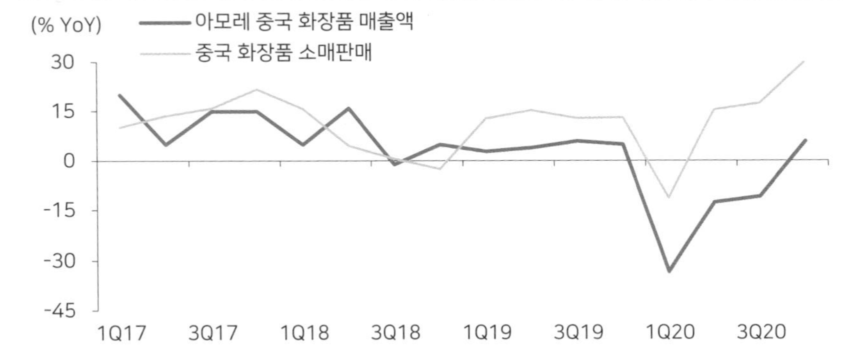

자료: 아모레퍼시픽, 메리츠증권 리서치센터

아모레퍼시픽 해외 권역별 매출 성장률

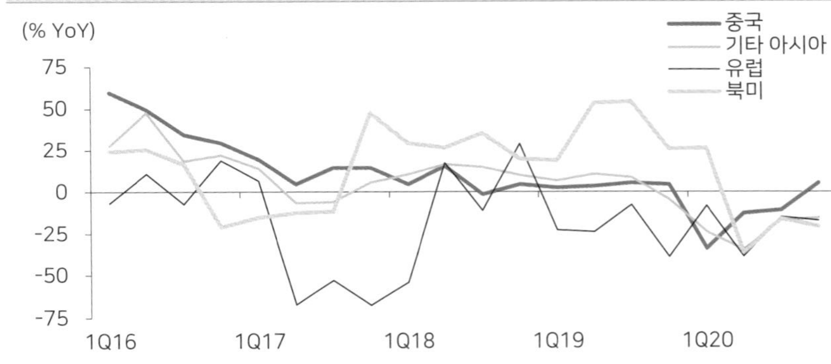

자료: 아모레퍼시픽, 메리츠증권 리서치센터

아모레퍼시픽 아시아 분기별 영업이익 추정

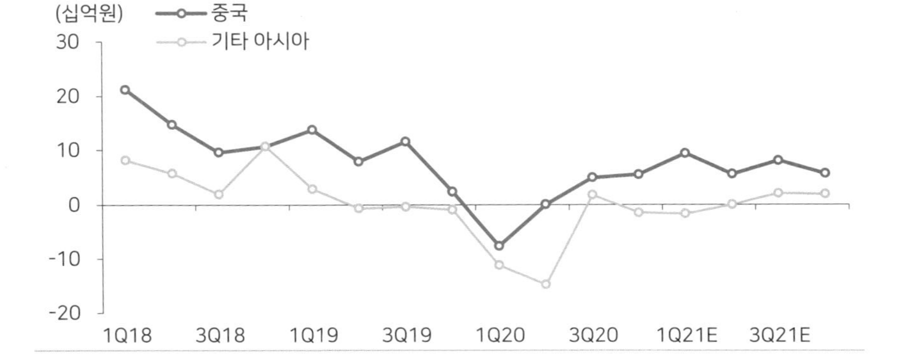

자료: 아모레퍼시픽, 메리츠증권 리서치센터

아모레퍼시픽 해외 권역별 영업이익 추정

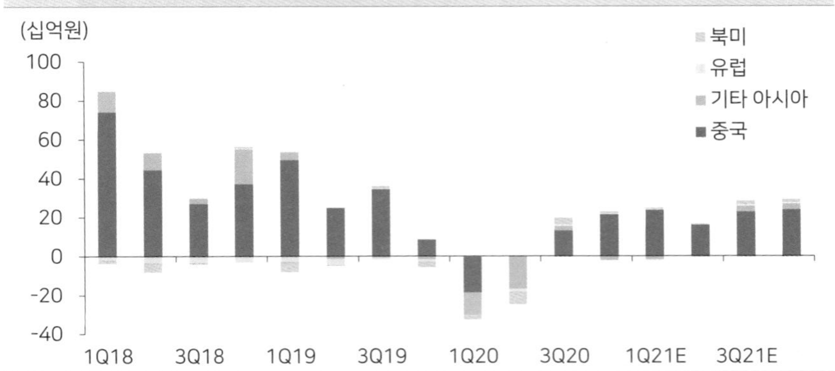

자료: 아모레퍼시픽, 메리츠증권 리서치센터

아모레퍼시픽(090430)- 기타

아모레퍼시픽 재고자산회전

자료: 아모레퍼시픽, 메리츠증권 리서치센터

아모레퍼시픽 매출액 vs. 광고비

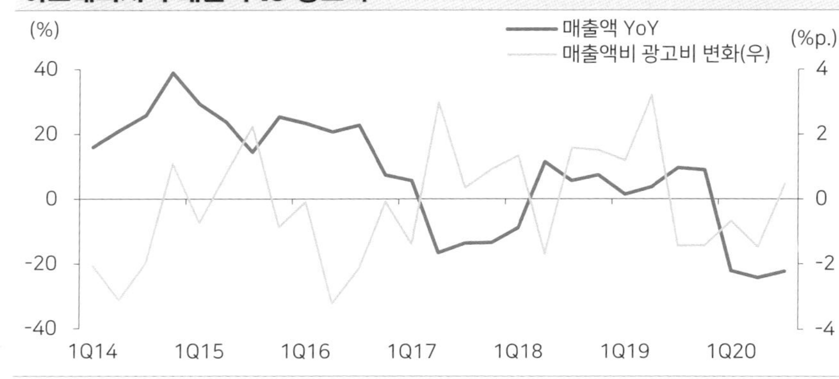

자료: 아모레퍼시픽, 메리츠증권 리서치센터

아모레퍼시픽 매출액 vs. 연구개발비

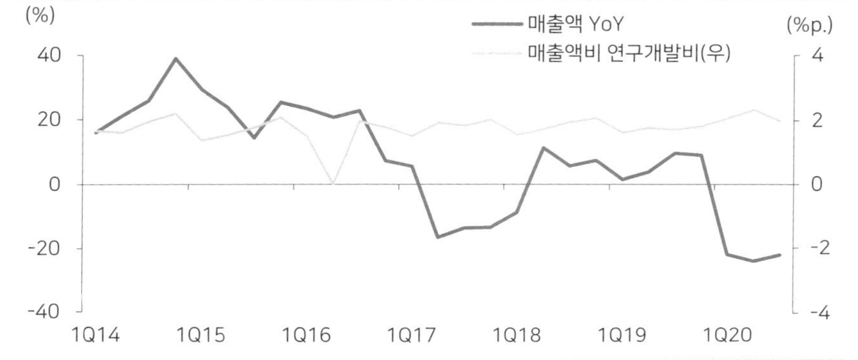

자료: 아모레퍼시픽, 메리츠증권 리서치센터

아모레퍼시픽 부문별 생산실적

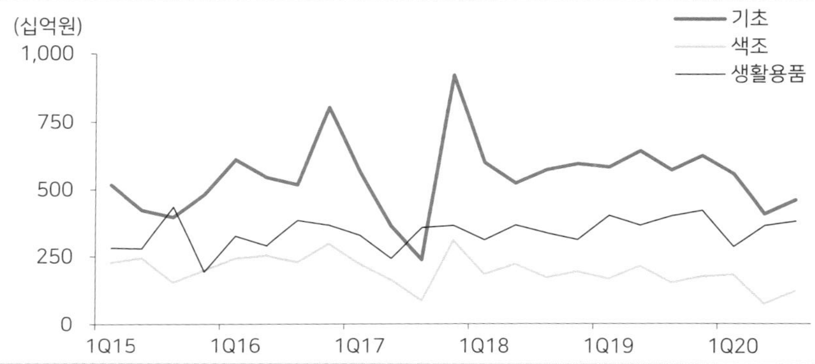

자료: 아모레퍼시픽, 메리츠증권 리서치센터

아모레G(002790)

아모레G 12개월 선행 PER

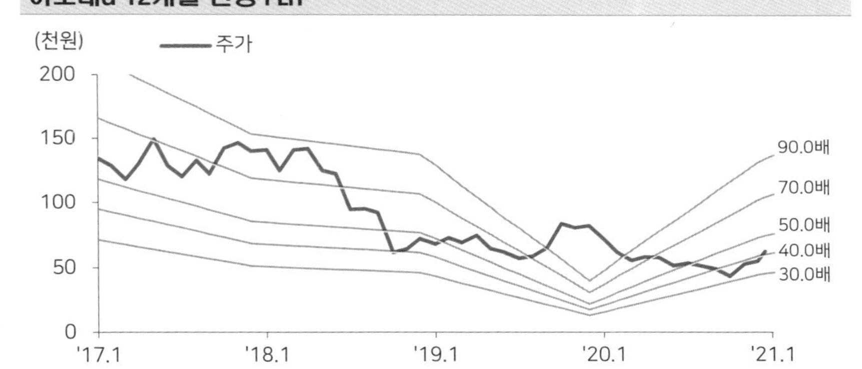

자료: Quantiwise, 메리츠증권 리서치센터

아모레G 12개월 선행 PBR

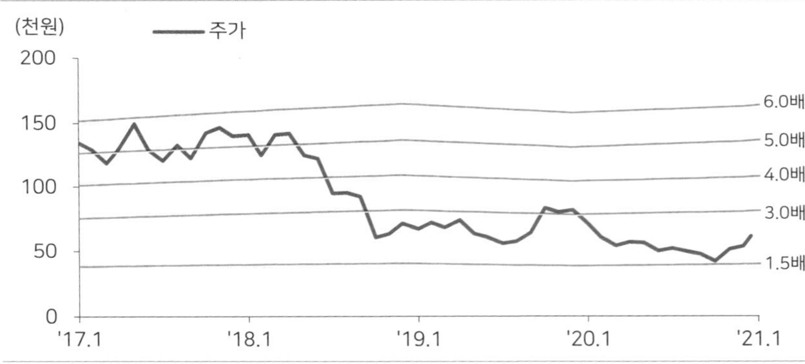

자료: Quantiwise, 메리츠증권 리서치센터

아모레G 매출 구성 (3Q20)

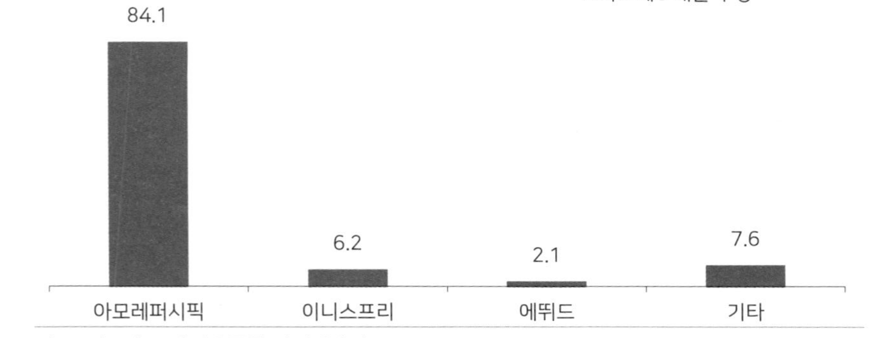

자료: 아모레G, 메리츠증권 리서치센터

아모레G 영업이익 구성 (3Q20)

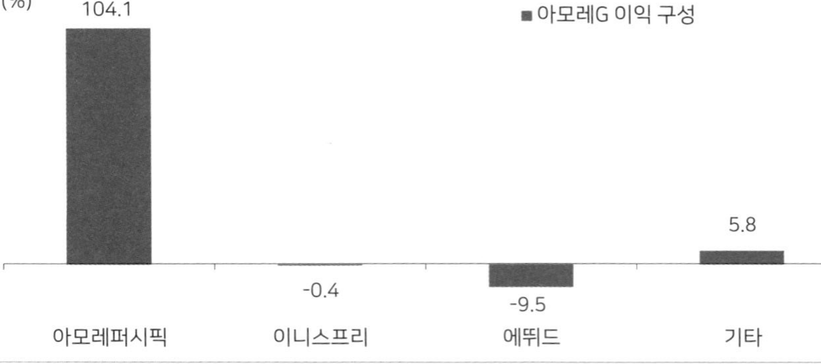

자료: 아모레G, 메리츠증권 리서치센터

아모레G(002790)

기초
화장품/섬유의복

이니스프리 실적 추이 및 전망

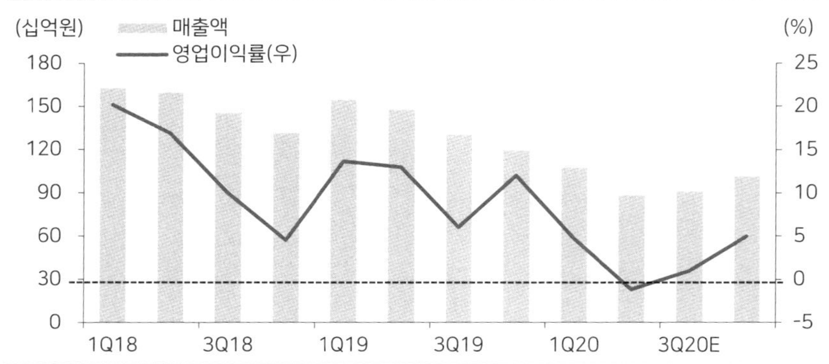

자료: 아모레G, 메리츠증권 리서치센터

에뛰드 실적 추이 및 전망

(십억원) 매출액 영업이익률(우) (%)

80, 70, 60, 50, 40, 30, 20 / 5, 0, -5, -10, -15, -20, -25

1Q18 3Q18 1Q19 3Q19 1Q20 3Q20E

자료: 아모레G, 메리츠증권 리서치센터

에스트라 실적 추이 및 전망

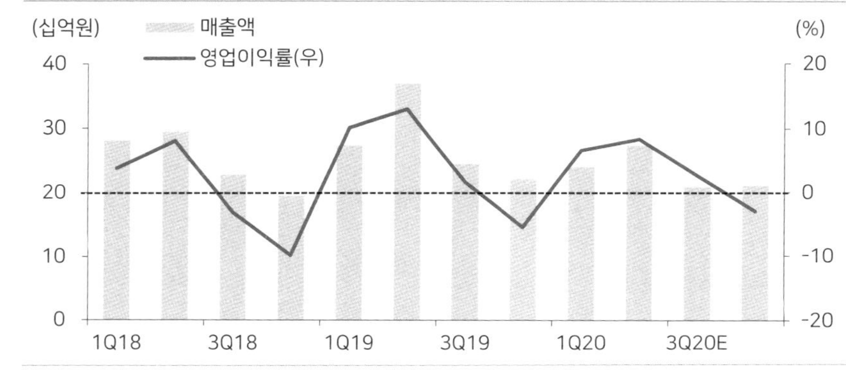

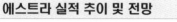

자료: 아모레G, 메리츠증권 리서치센터

아모스프로페셔널 실적 추이 및 전망

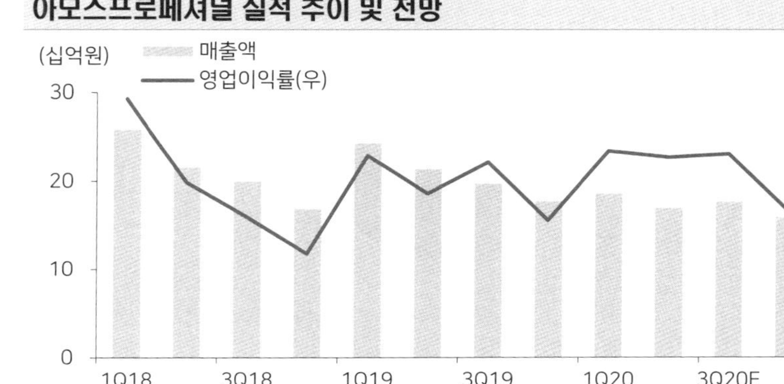

자료: 아모레G, 메리츠증권 리서치센터

신세계인터내셔날(031430)

국내 패션 점포 수: 라이선싱 브랜드 추가

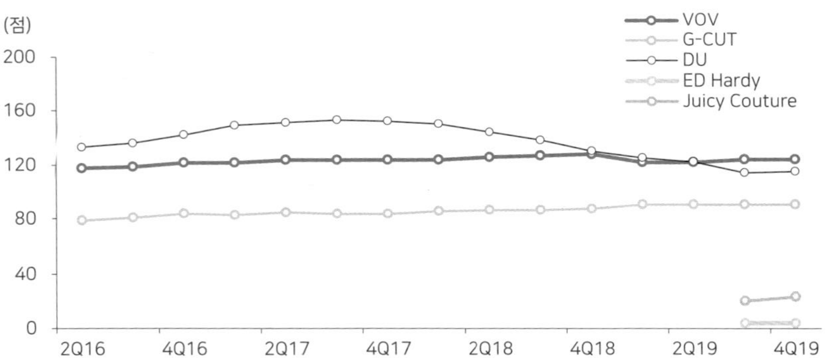

주: DU는 Design United의 준말
자료: 신세계인터내셔날, 메리츠증권 리서치센터

해외 패션 점포 수: 브랜드 포트폴리오 다각화

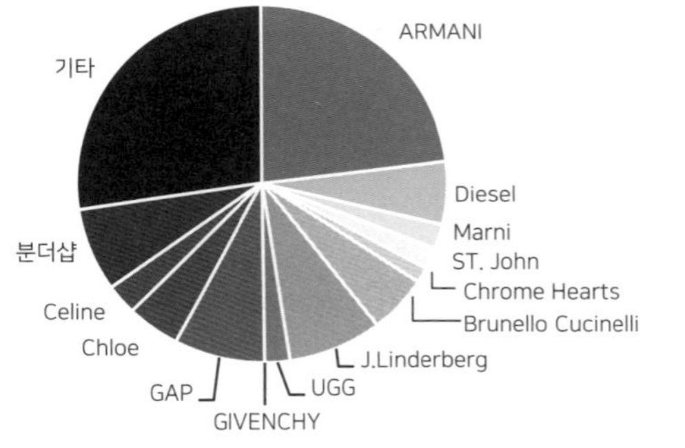

주: 4Q19 기준
자료: 신세계인터내셔날, 메리츠증권 리서치센터

화장품 점포 수: 자체 브랜드 확장

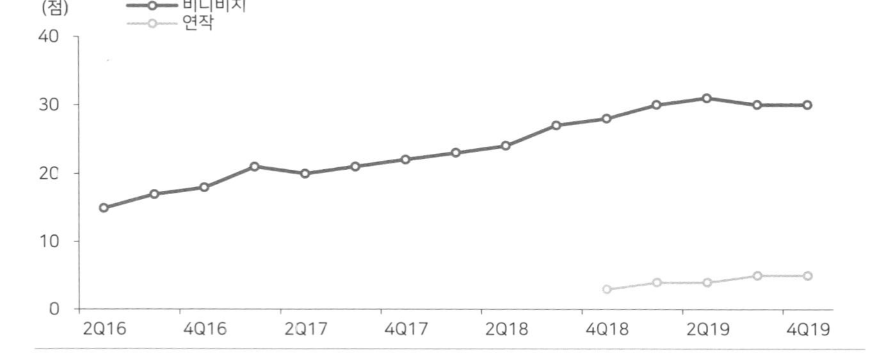

자료: 신세계인터내셔날, 메리츠증권 리서치센터

화장품 점포 수: 수입 브랜드 판권 추가

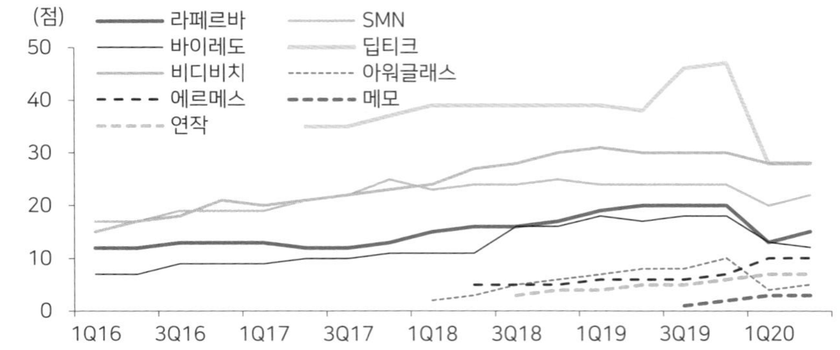

주: SMN은 산타마리아노벨라의 준말
자료: 신세계인터내셔날, 메리츠증권 리서치센터

신세계인터내셔날(031430)

신세계인터내셔날 부문별 실적 기여도 (4Q20E)

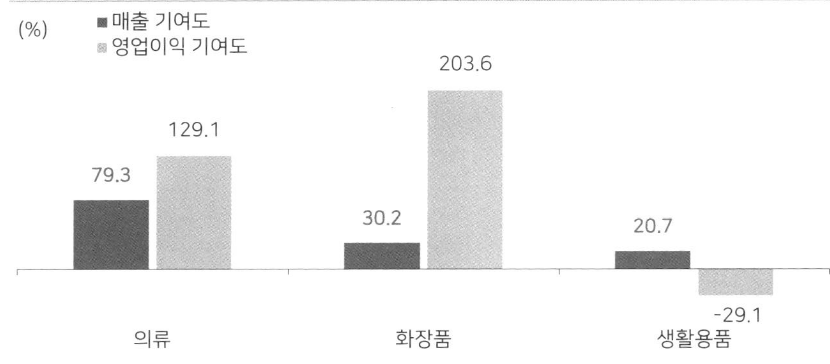

자료: 신세계인터내셔날, 메리츠증권 리서치센터

신세계인터내셔날 화장품 실적 추이

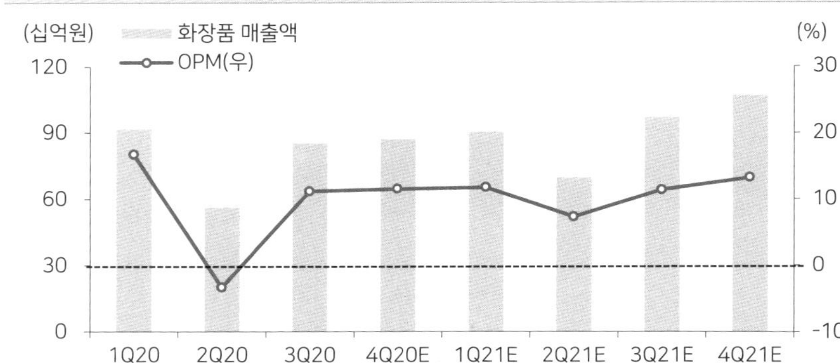

자료: 신세계인터내셔날, 메리츠증권 리서치센터

신세계인터내셔날 의류 실적 추이

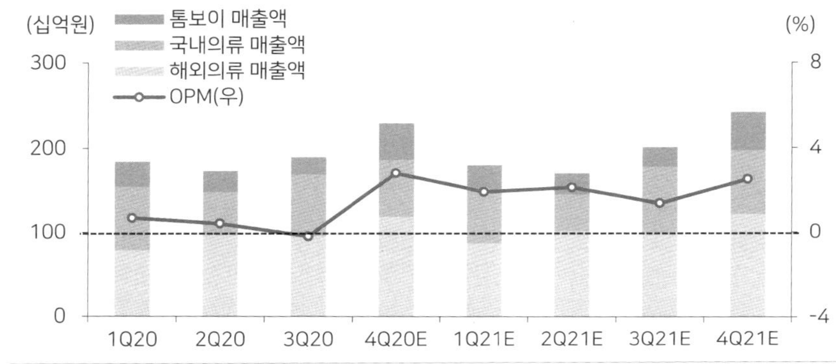

자료: 신세계인터내셔날, 메리츠증권 리서치센터

신세계인터내셔날 생활용품 부문 실적 추이 및 전망

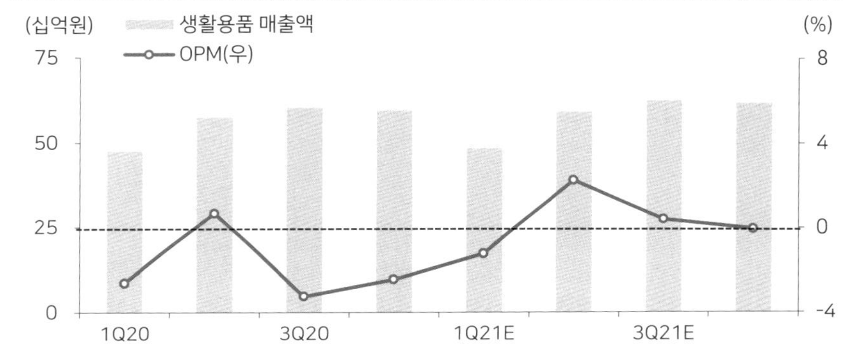

자료: 신세계인터내셔날, 메리츠증권 리서치센터

클리오(237880)

기초
화장품/섬유의복

클리오 매장: 클럽클리오 감소 및 해외 면세 철수

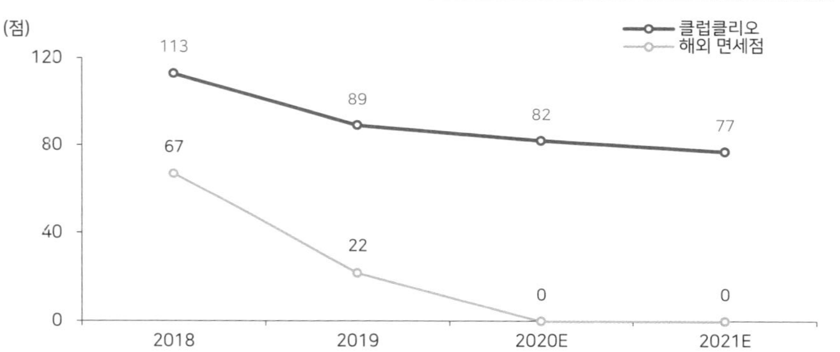

자료: 클리오, 메리츠증권 리서치센터

클리오 매장: H&B 확대 및 중국 철수

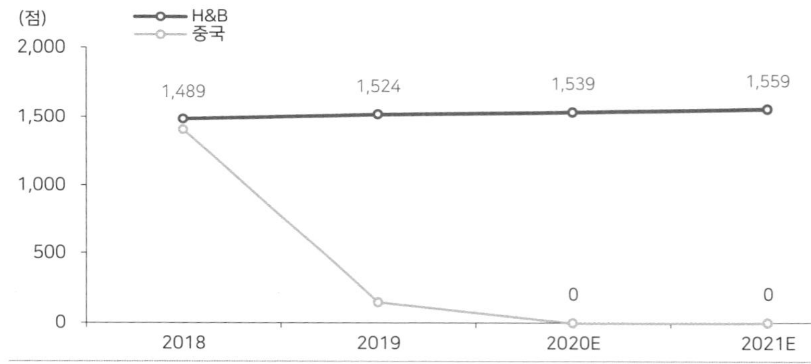

자료: 클리오, 메리츠증권 리서치센터

화장품 유통 업태별 점유율: 전문점 및 인터넷 강화

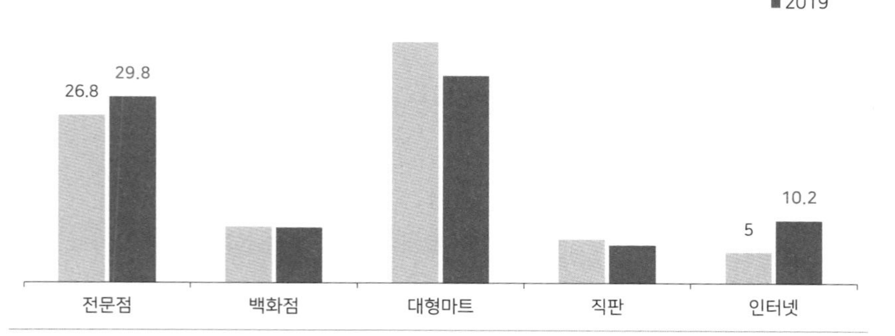

자료: Euromonitor International, 메리츠증권 리서치센터

화장품 주요 구매처: 온라인 및 드럭스토어 위주

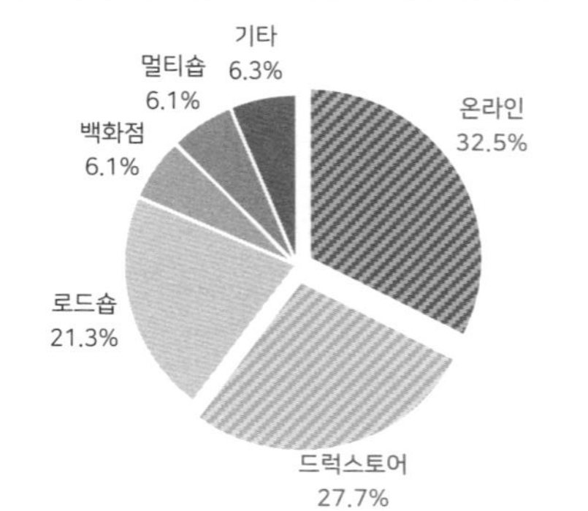

자료: 메조미디어, '2020 업종 분석 리포트', 메리츠증권 리서치센터

클리오(237880)

클리오 면세 매출액 추이 및 전망

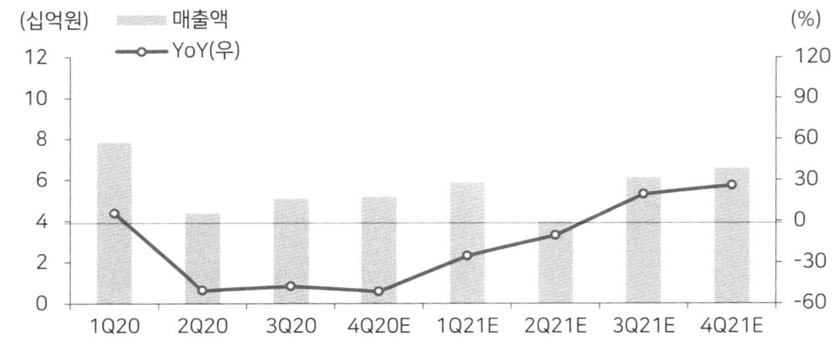

자료: 클리오, 메리츠증권 리서치센터

클리오 온라인 매출액 추이 및 전망

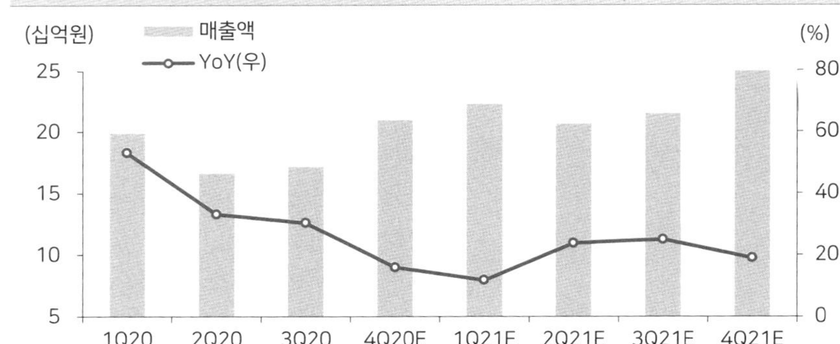

자료: 클리오, 메리츠증권 리서치센터

클리오 H&B 매출액 추이 및 전망

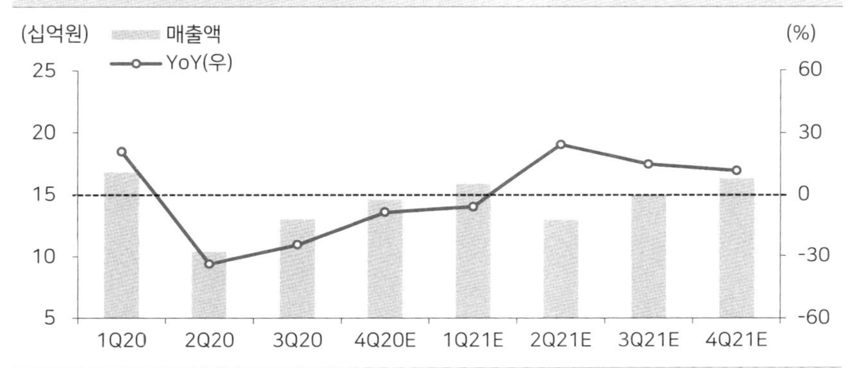

자료: 클리오, 메리츠증권 리서치센터

클리오 지역별 매출액 추이 및 전망

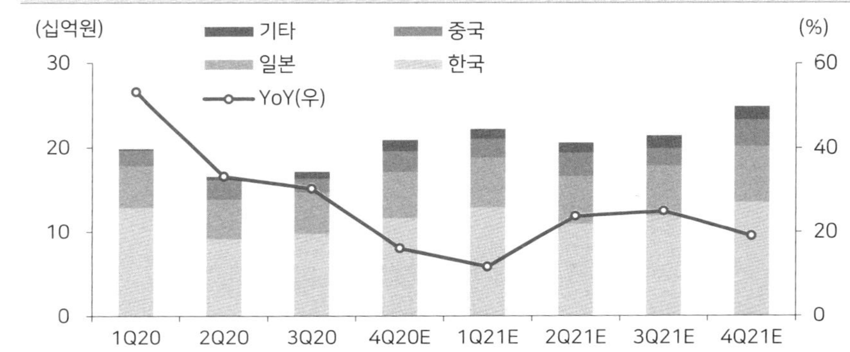

자료: 클리오, 메리츠증권 리서치센터

한국콜마(161890)

한국콜마 국내 화장품 실적

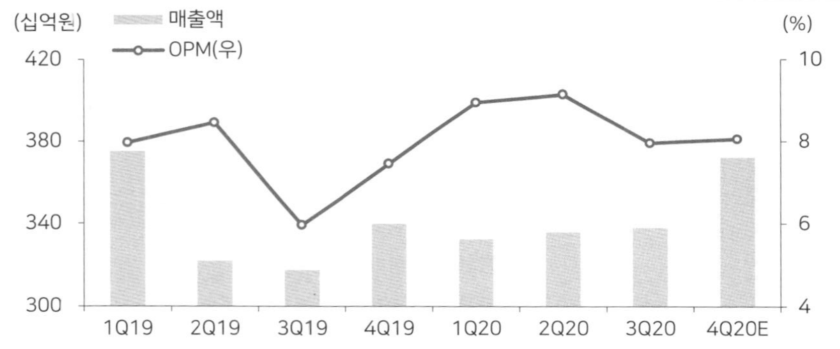

자료: 한국콜마, 메리츠증권 리서치센터

한국콜마 국내 의약품 실적 추이 (3Q20E 매각 완료)

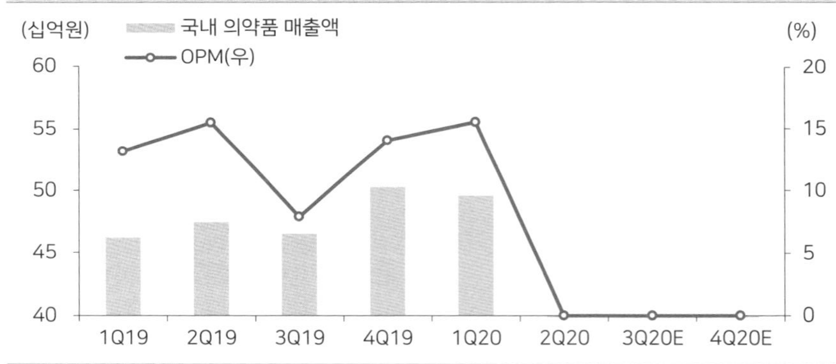

자료:한국콜마, 메리츠증권 리서치센터

한국콜마 중국 화장품 실적

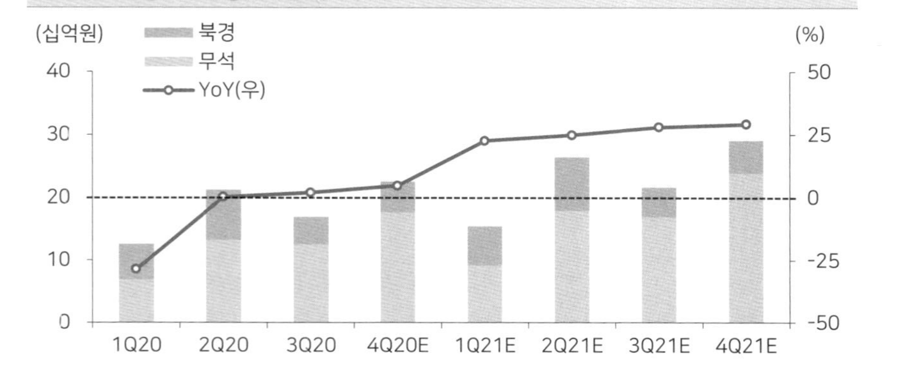

자료: 한국콜마, 메리츠증권 리서치센터

한국콜마 북미 화장품 실적

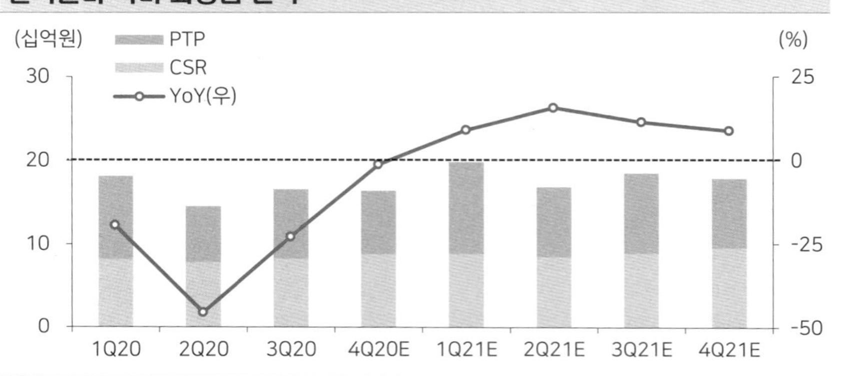

자료: 한국콜마, 메리츠증권 리서치센터

한국콜마(161890)

한국콜마 HKN 실적

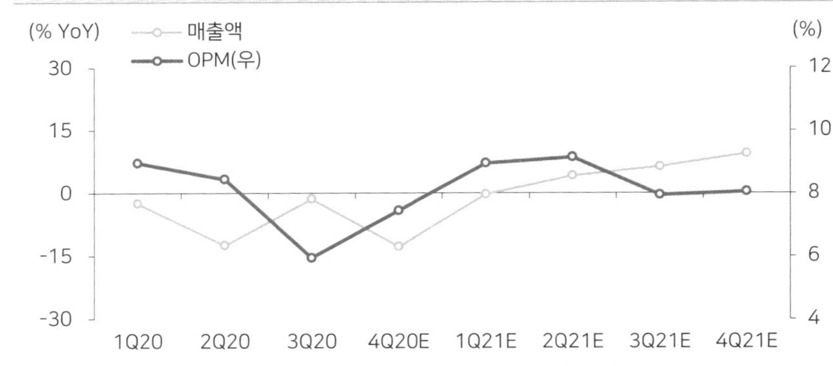

자료: 한국콜마, 메리츠증권 리서치센터

한국콜마 분기별 매출성장률 및 영업이익률

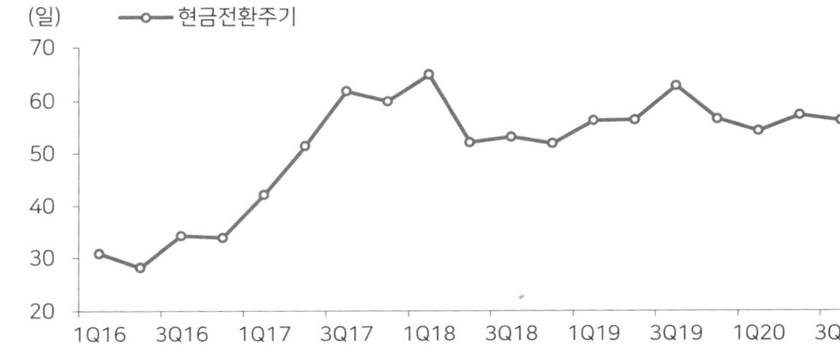

자료: 한국콜마, 메리츠증권 리서치센터

한국콜마 운전자본회전

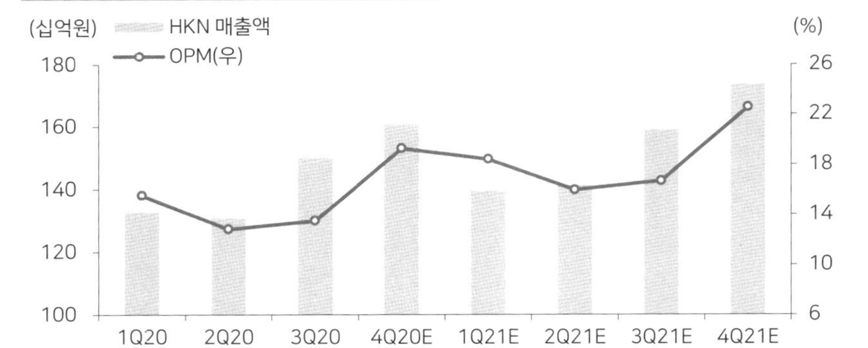

자료: 한국콜마, 메리츠증권 리서치센터

한국콜마 현금전환주기

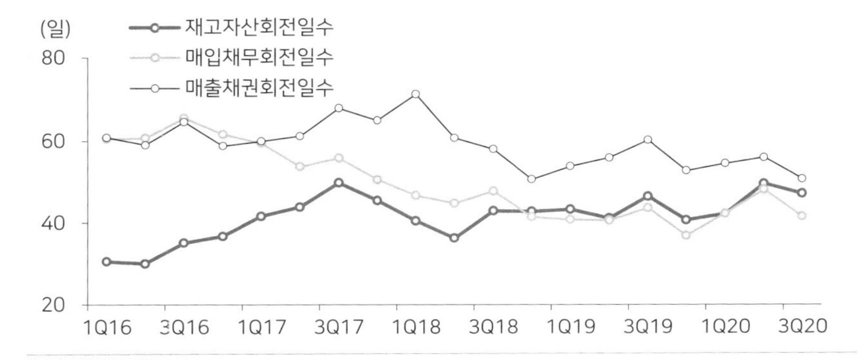

자료: 한국콜마, 메리츠증권 리서치센터

코스맥스(192820)

기초
화장품/섬유의복

코스맥스 국내 개별 실적

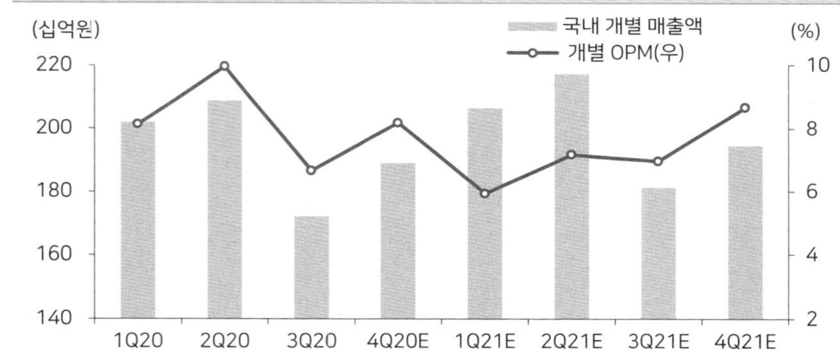

자료: 코스맥스, 메리츠증권 리서치센터

코스맥스 중국 법인별 매출액

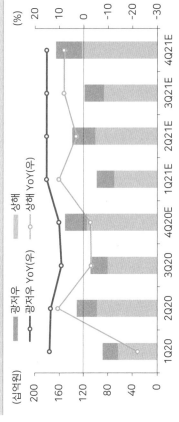

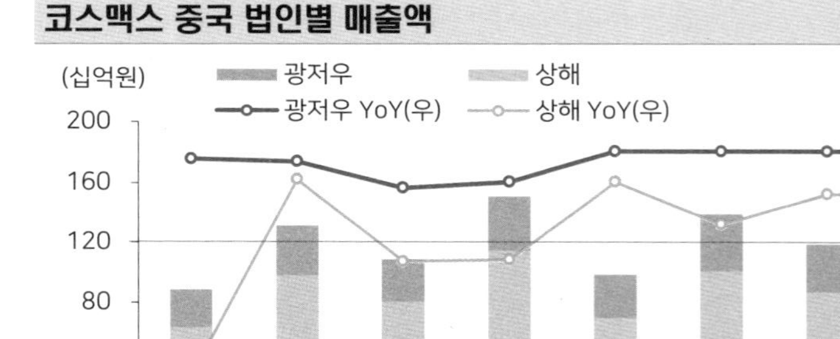

자료: 코스맥스, 메리츠증권 리서치센터

코스맥스 미국 법인별 매출액

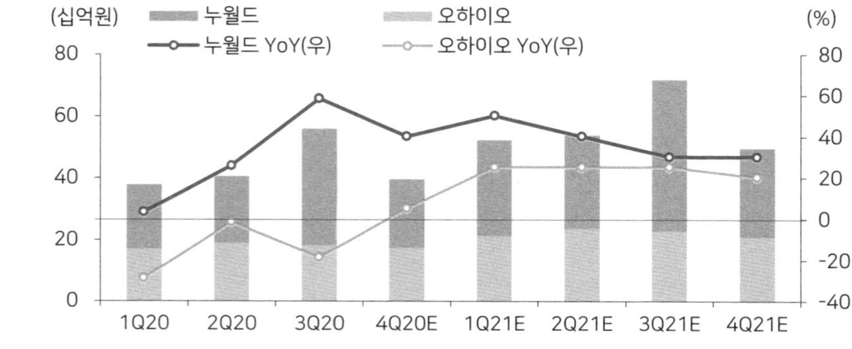

자료: 코스맥스, 메리츠증권 리서치센터

코스맥스 동남아 법인별 매출액

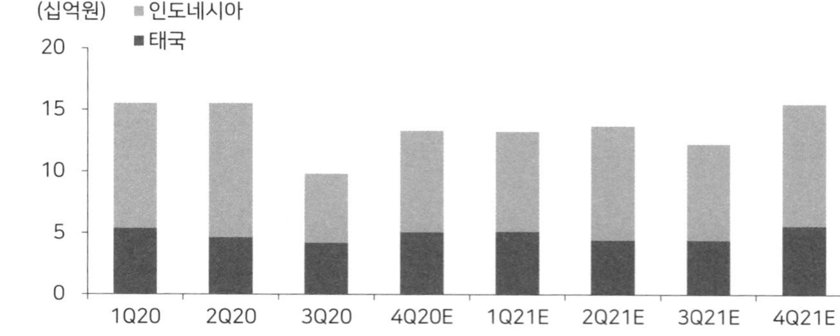

자료: 코스맥스, 메리츠증권 리서치센터

코스맥스(192820)

코스맥스 운전자본회전

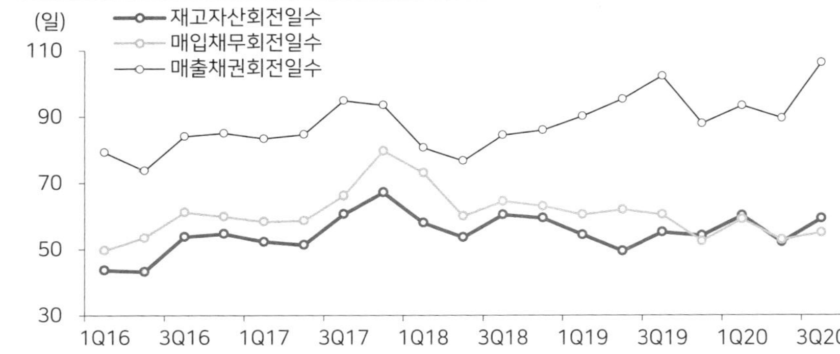

자료: 코스맥스, 메리츠증권 리서치센터

코스맥스 현금전환주기

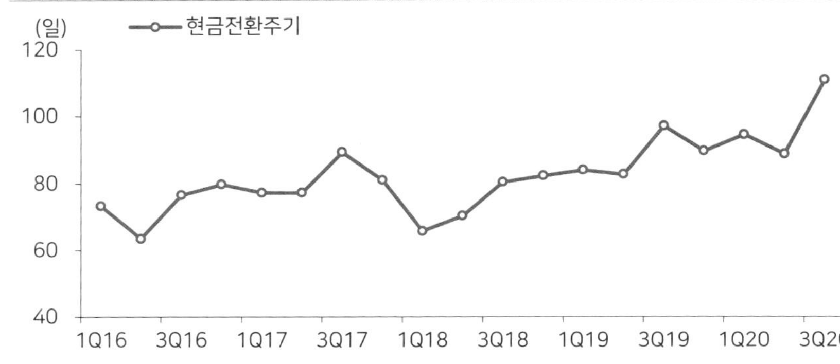

자료: 코스맥스, 메리츠증권 리서치센터

코스맥스 법인별 생산 비중

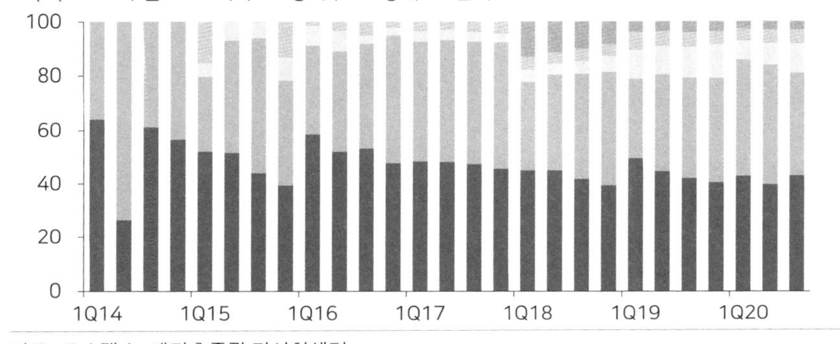

자료: 코스맥스, 메리츠증권 리서치센터

코스맥스 법인별 생산 수량

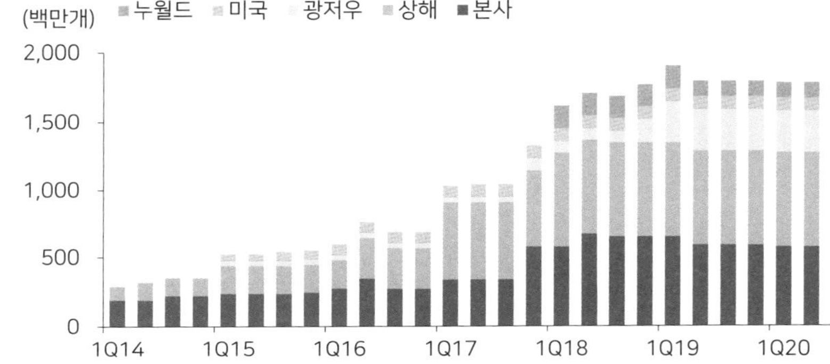

자료: 코스맥스, 메리츠증권 리서치센터

휠라홀딩스(081660)

기초
화장품/섬유의복

FILA 사업부문별 매출 기여도

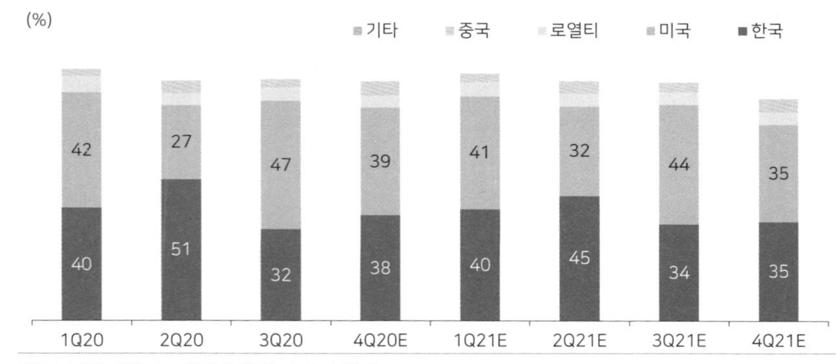

자료: 휠라홀딩스, 메리츠증권 리서치센터

FILA 사업부문별 이익 기여도

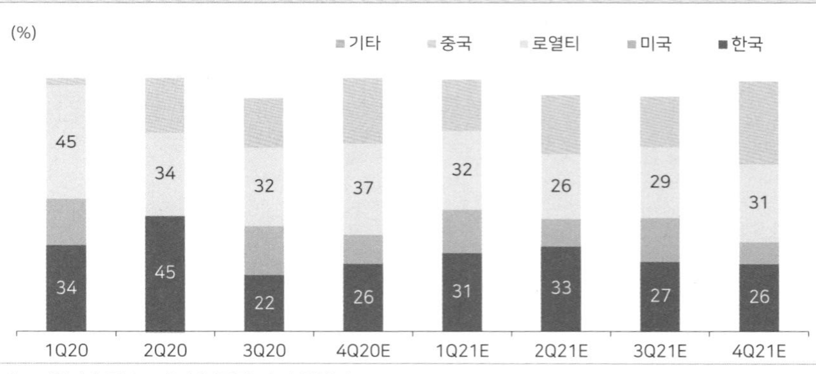

자료: 휠라홀딩스, 메리츠증권 리서치센터

중국 수익 추이 및 전망

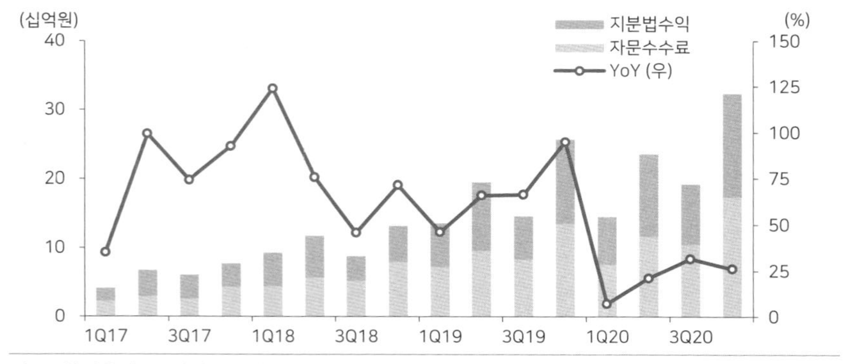

자료: 휠라홀딩스, 메리츠증권 리서치센터

아쿠시네트 실적 추이 및 전망

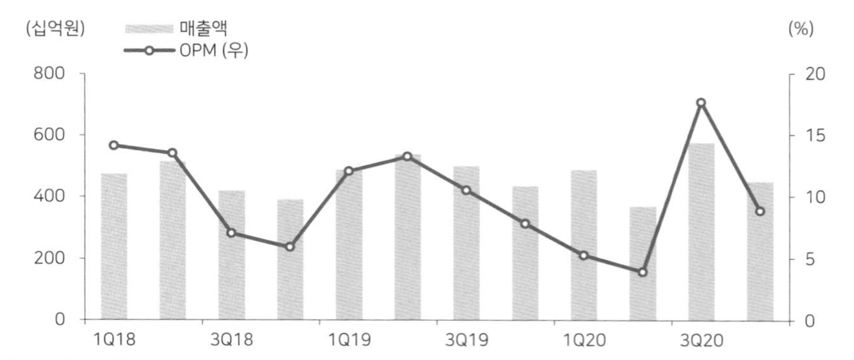

자료: 휠라홀딩스, 아쿠시네트, 메리츠증권 리서치센터

F&F(007700)-브랜드별 성과 ① 중국

MLB 중국: 분기 매출액 및 OPM

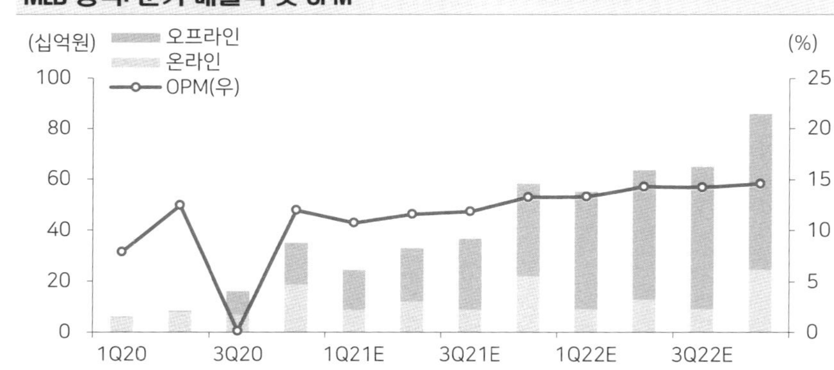

자료: F&F, 메리츠증권 리서치센터

MLB 중국: 연간 매출액 및 OPM

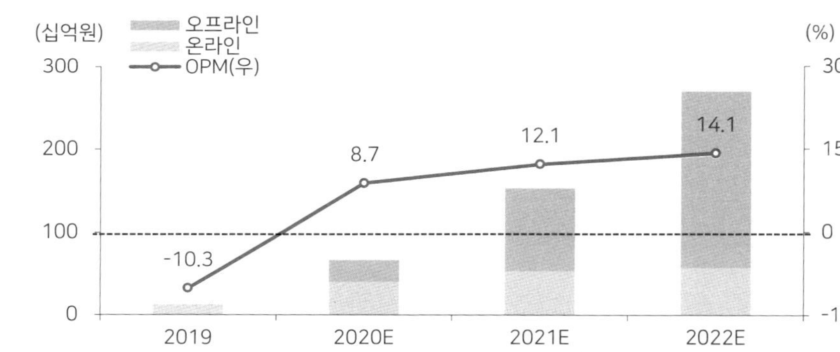

자료: F&F, 메리츠증권 리서치센터

MLB 중국: 채널별 매출액

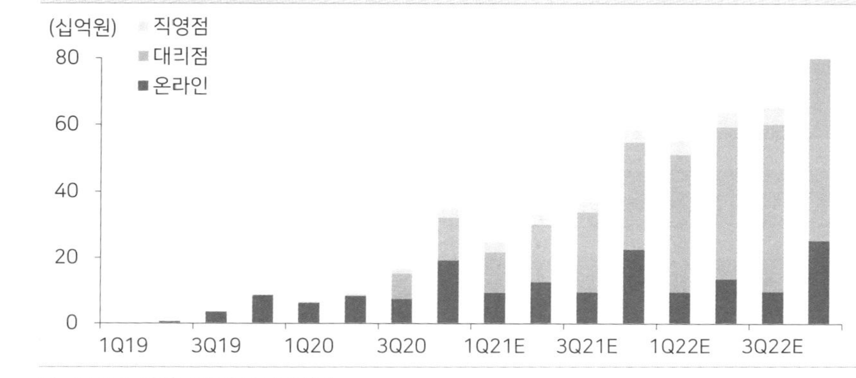

자료: F&F, 메리츠증권 리서치센터

MLB 해외 라이선스 현황

직접 진출	방식	진출연도
중국	온/오프라인	2019년 (6월)
홍콩	오프라인	2017년 (12월)
마카오	오프라인	2018년
대만	오프라인	2018년
간접 진출	**방식**	**방식**
태국	도매 수출	2018년
베트남	도매 수출	2019년
미진출	**계획**	
싱가포르	미정	
인도네시아	미정	
말레이시아	미정	
필리핀	미정	

자료: F&F, 메리츠증권 리서치센터

F&F(007700)-브랜드별 성과 ② 기타

Discovery: 판매 신장 견조

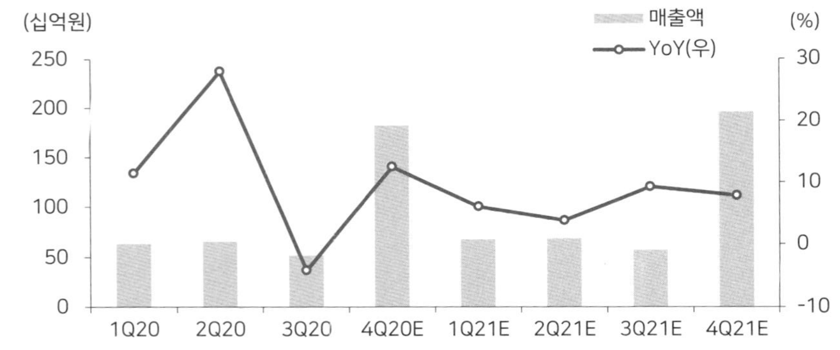

자료: F&F, 메리츠증권 리서치센터

MLB 한국: 면세 vs. 비면세

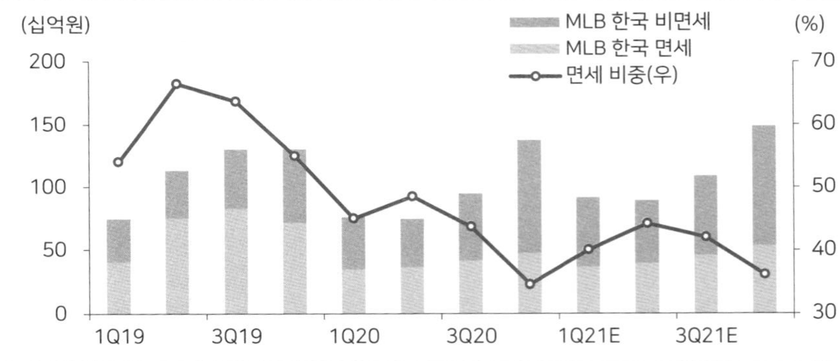

자료: F&F, 메리츠증권 리서치센터

MLB 홍콩: 1Q21E 성장 전환 예상

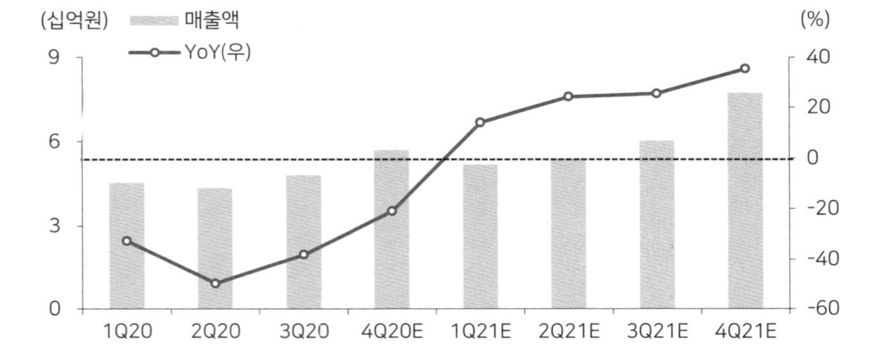

자료: F&F, 메리츠증권 리서치센터

MLB 키즈: 1Q21E 성장 전환 예상

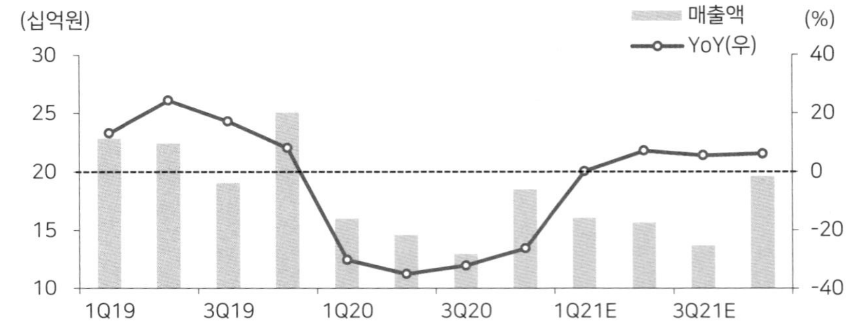

자료: F&F, 메리츠증권 리서치센터

F&F(007700)

F&F 현금전환주기

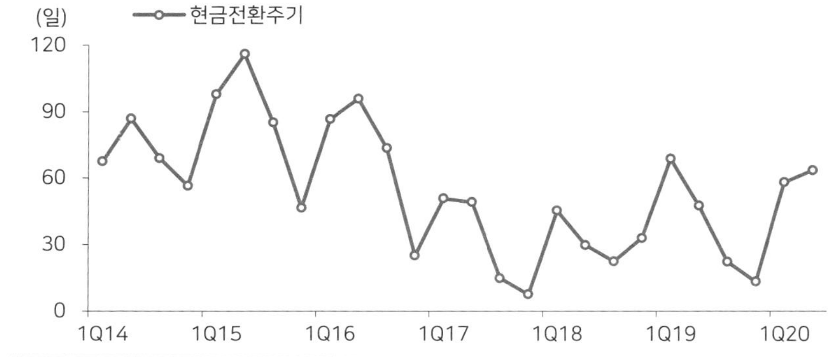

자료: F&F, 메리츠증권 리서치센터

F&F 재고자산 및 매출채권 회전일

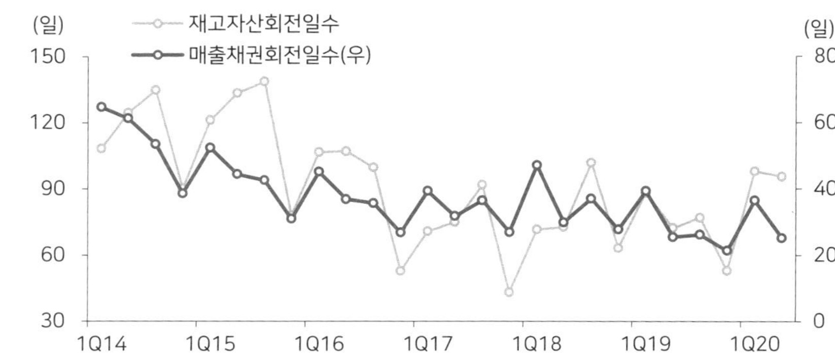

자료: F&F, 메리츠증권 리서치센터

국내 주요 의류 브랜드 업체 영업이익률: F&F 최고

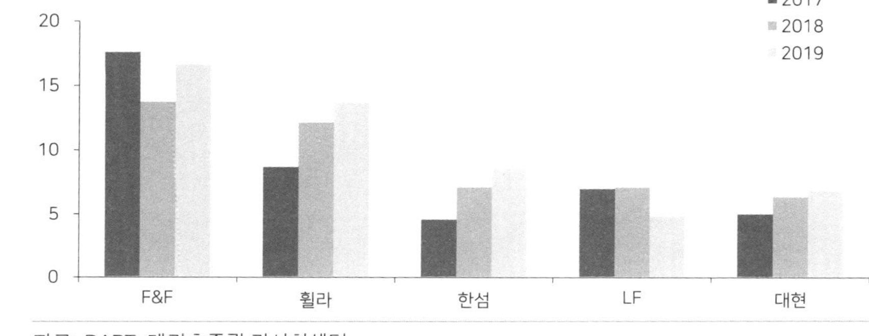

자료: DART, 메리츠증권 리서치센터

국내 주요 의류 브랜드 업체 ROE: F&F 최고

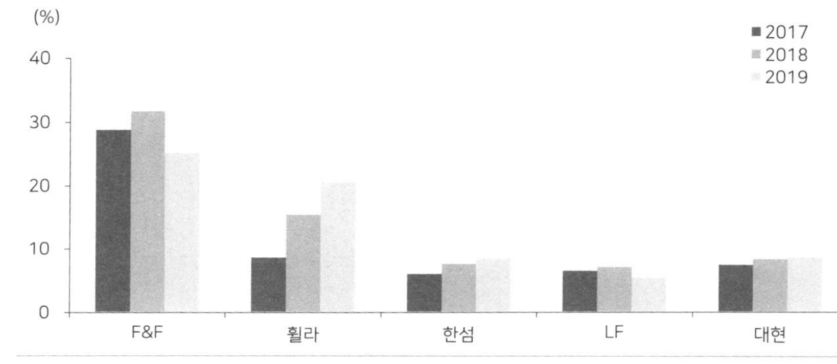

자료: DART, 메리츠증권 리서치센터

한섬(020000)- 채널별 성과

한섬 온라인 매출액 추이

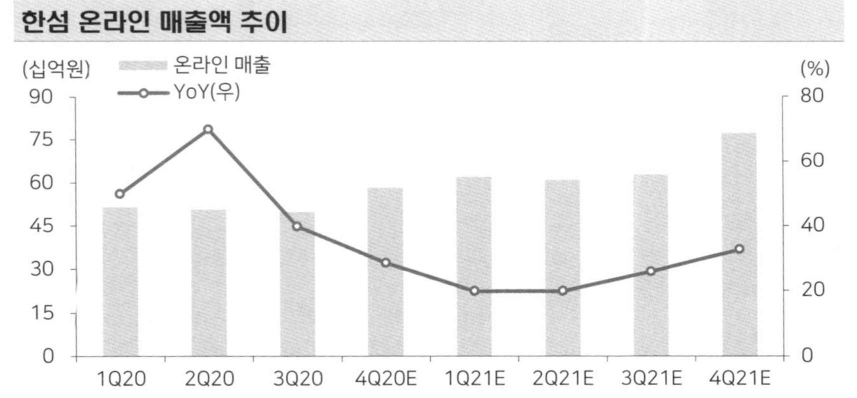

자료: 한섬, 메리츠증권 리서치센터

한섬 온라인 실적 기여도 추이

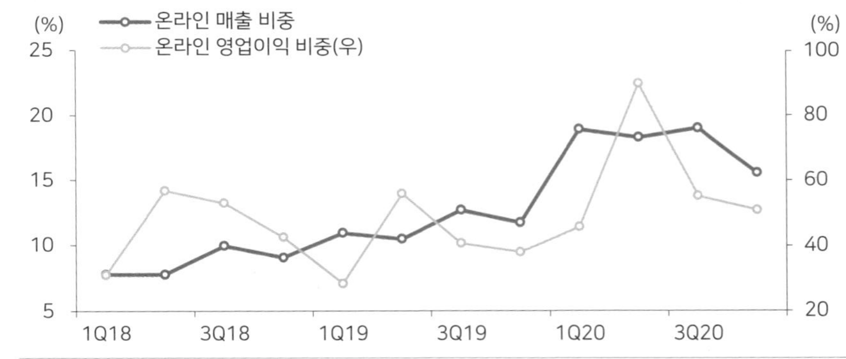

자료: 한섬, 메리츠증권 리서치센터

한섬 오프라인 매출액 추이

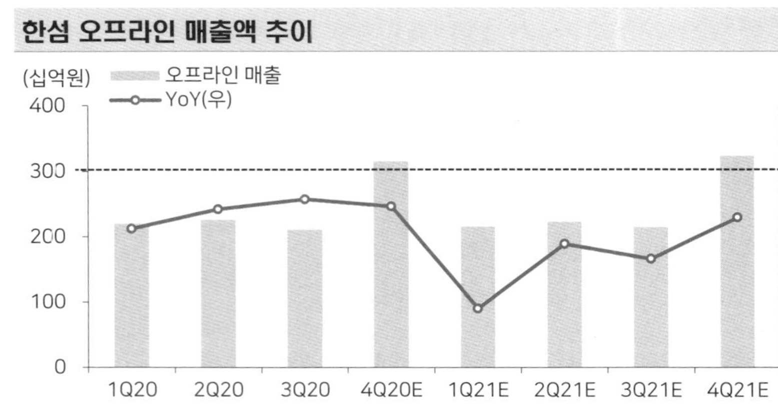

자료: 한섬, 메리츠증권 리서치센터

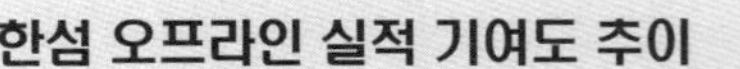

한섬 오프라인 실적 기여도 추이

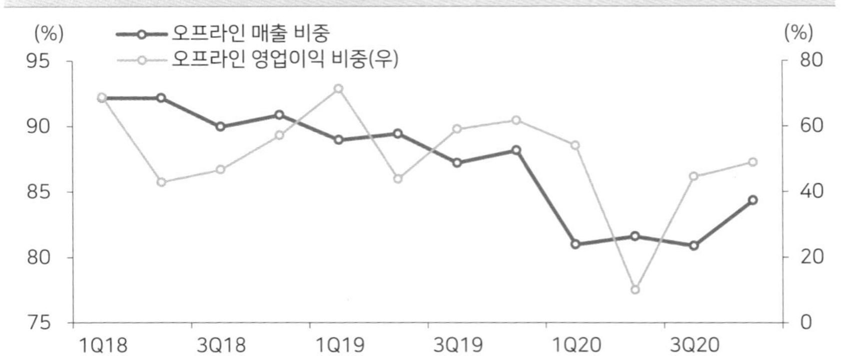

자료: 한섬, 메리츠증권 리서치센터

영원무역(111770)- 부문별 성과

영원무역 OEM 부문 실적 추이

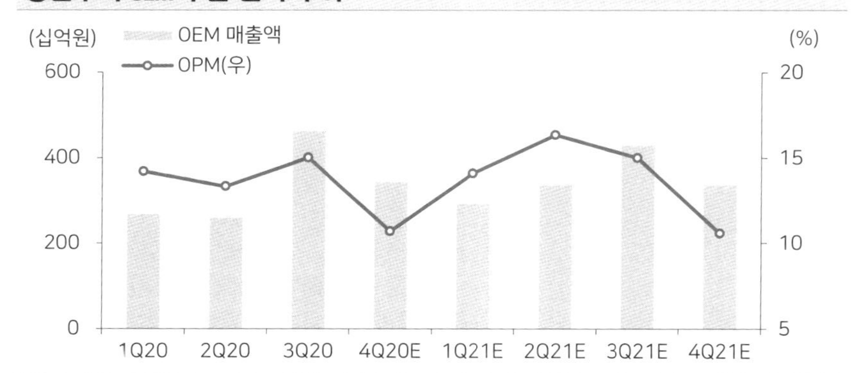

자료: 영원무역, 메리츠증권 리서치센터

영원무역 OEM 매출 성장률

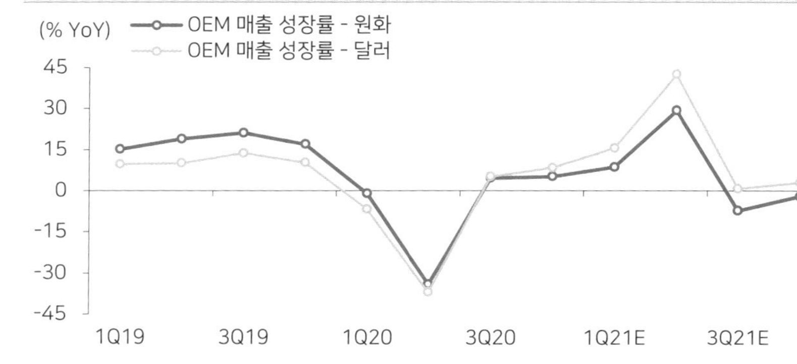

자료: 영원무역, 메리츠증권 리서치센터

영원무역 브랜드 부문 실적 추이

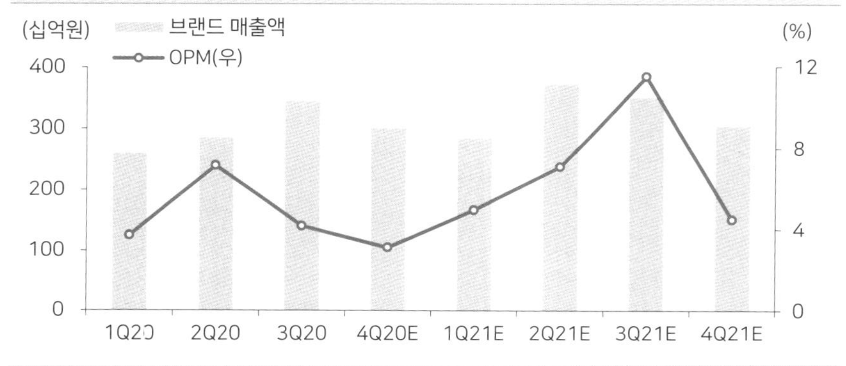

자료: 영원무역, 메리츠증권 리서치센터

OEM 매출 성장률: 영원무역 vs. Eclat

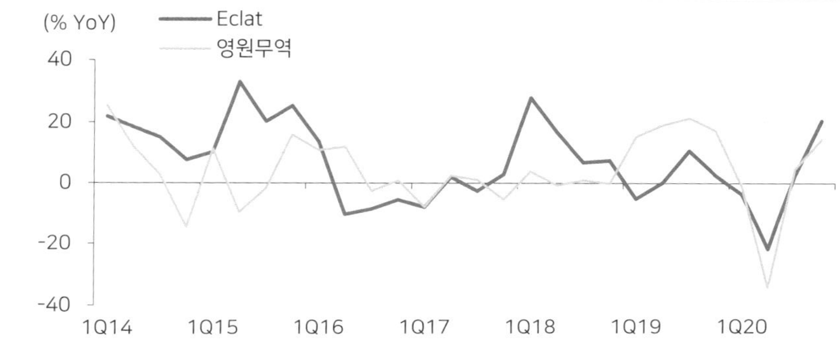

자료: 영원무역, Eclat, 메리츠증권 리서치센터

영원무역(111770)- 재고 현황

영원무역 재고자산회전

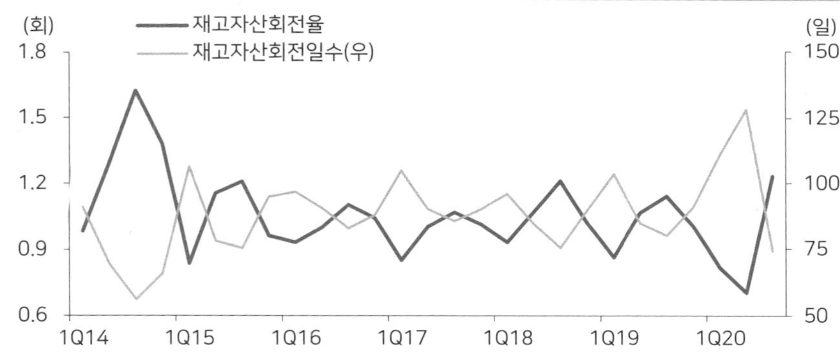

자료: 영원무역, 메리츠증권 리서치센터

영원무역 재고자산 및 평가손실

(십억원) (십억원)
재고자산
평가손(우)
900 50
700 45
500 40
300 35
100 30
1Q17 1Q18 1Q19 1Q20

자료: 영원무역, 메리츠증권 리서치센터

영원무역 OEM 매출액 vs. 원재료 재고

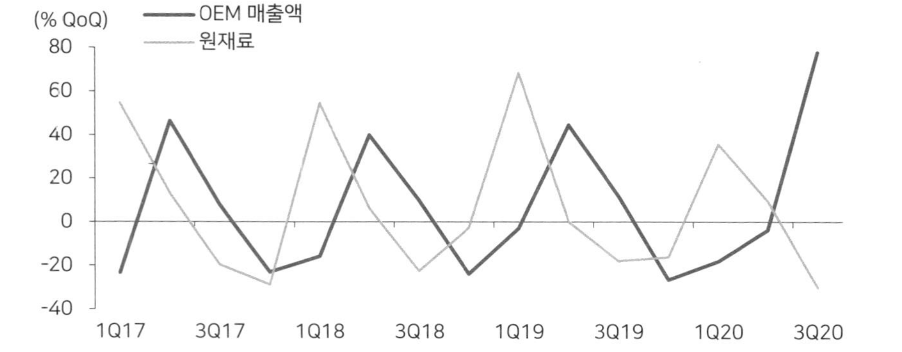

자료: 영원무역, 메리츠증권 리서치센터

영원무역 브랜드 매출액 vs. 상품 재고

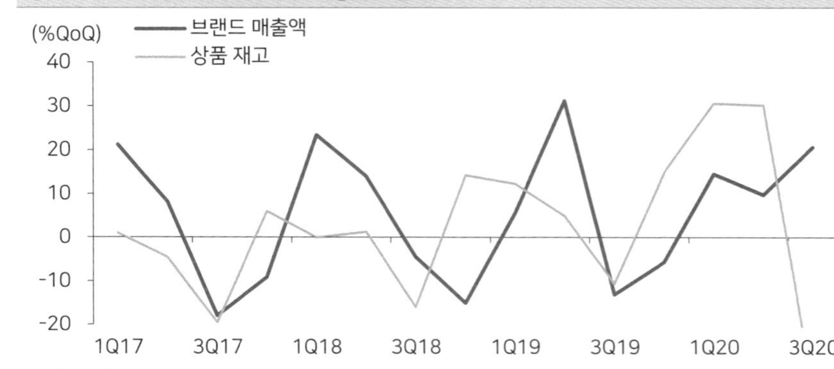

자료: 영원무역, 메리츠증권 리서치센터

화승엔터프라이즈(241590)- 주요 지표

화승엔터프라이즈 신발 완제품 생산 실적 및 가동률

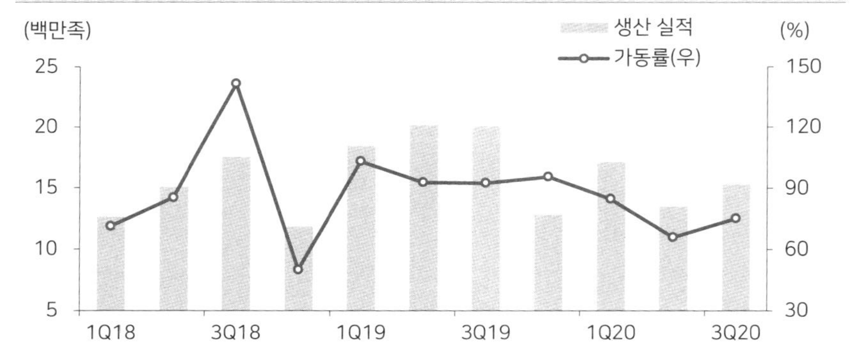

자료: 화승엔터프라이즈, 메리츠증권 리서치센터

화승엔터프라이즈 가동률 (완제/반제 합산) 및 OPM

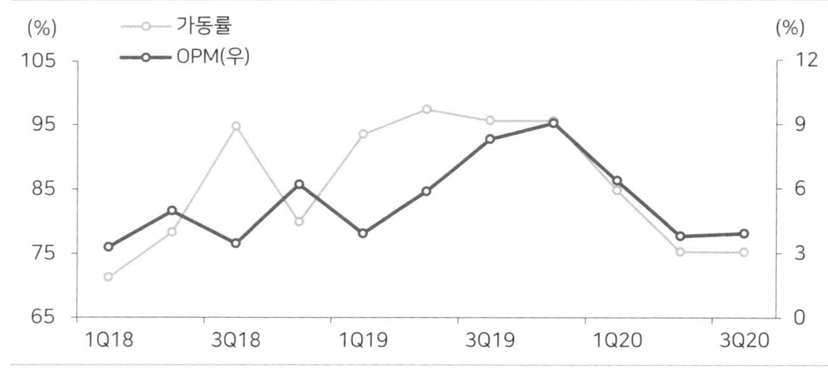

자료: 화승엔터프라이즈, 메리츠증권 리서치센터

화승엔터프라이즈 신발 완제품 ASP 추이

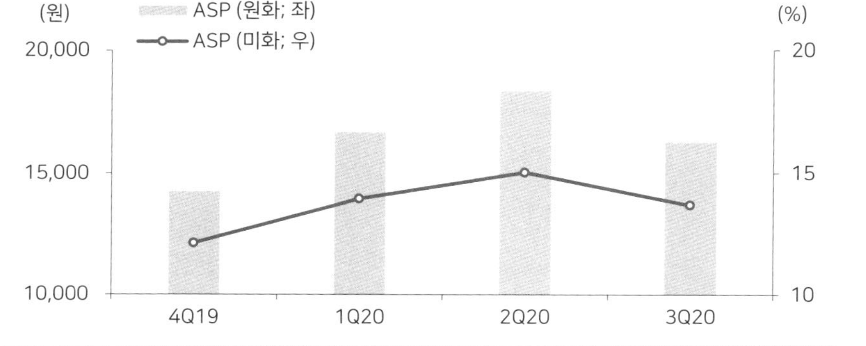

자료: 화승엔터프라이즈, 메리츠증권 리서치센터

아디다스 재고자산 및 재고자산회전율

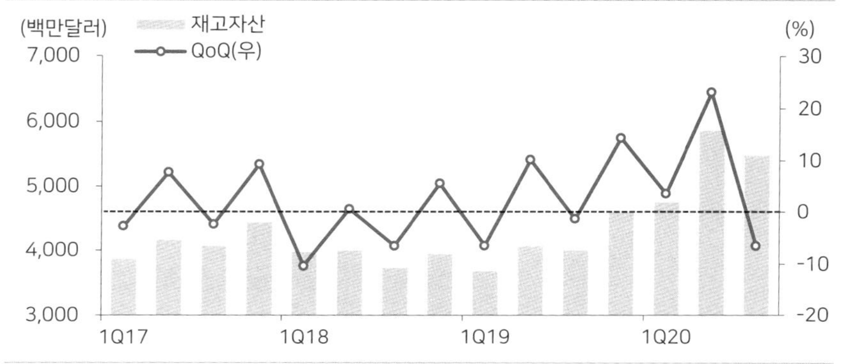

자료: 화승엔터프라이즈, 메리츠증권 리서치센터

한세실업(105630)-양적 성장 ① 마스크

한세실업 방호 제품 매출 예상

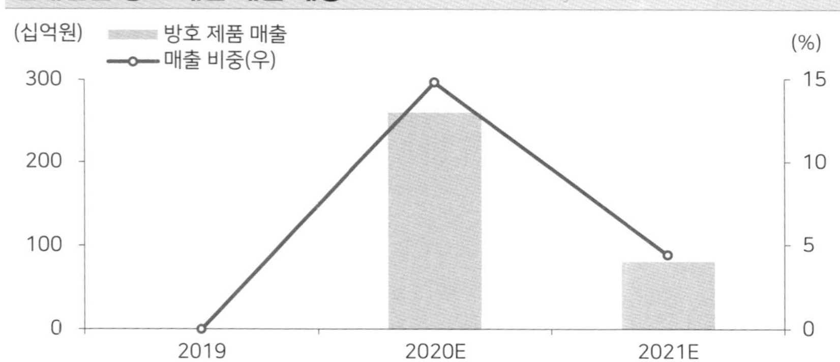

자료: 메리츠증권 리서치센터

한세실업 생산단가/생산수량/영업이익률 증감

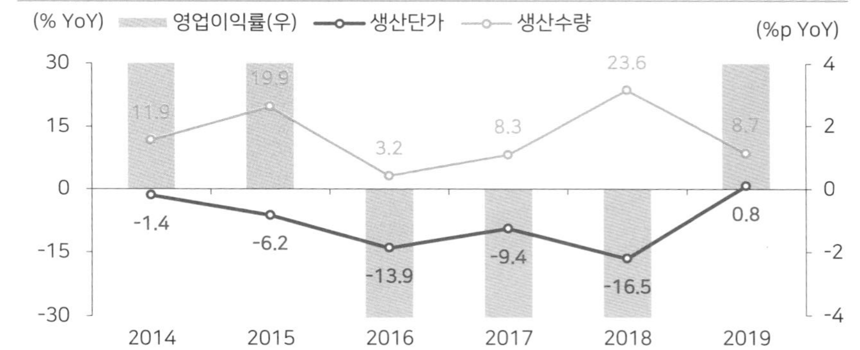

주: 생산단가는 OEM 달러 매출액을 생산물량으로 나누어 산출
자료: 한세실업, 메리츠증권 리서치센터

한세실업 분기별 생산단가

주: 생산단가는 OEM 달러 매출액을 생산물량으로 나누어 산출
자료: 한세실업, 메리츠증권 리서치센터

한세실업 분기별 생산수량

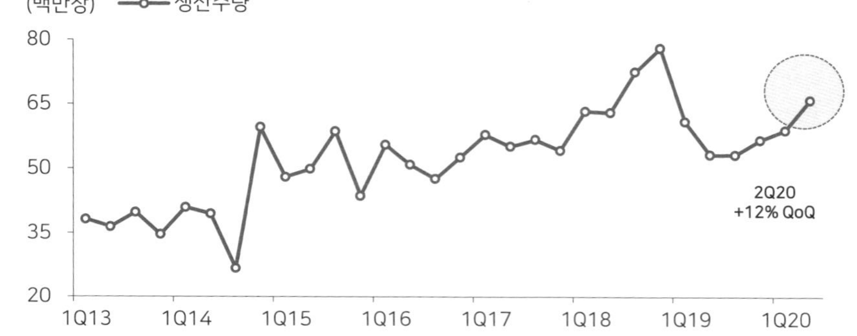

자료: 메리츠증권 리서치센터

한세실업(105630)-양적 성장 ② Yeezy Gap

한세실업 Gap향 매출 예상

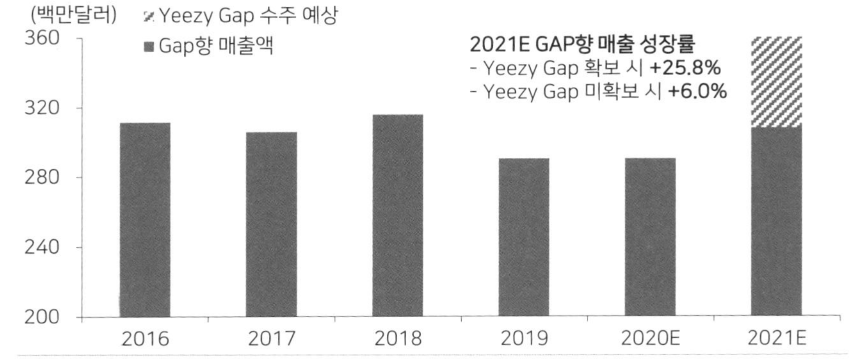

자료: 메리츠증권 리서치센터 추정

한세실업 OEM 주요 거래선별 매출 비중

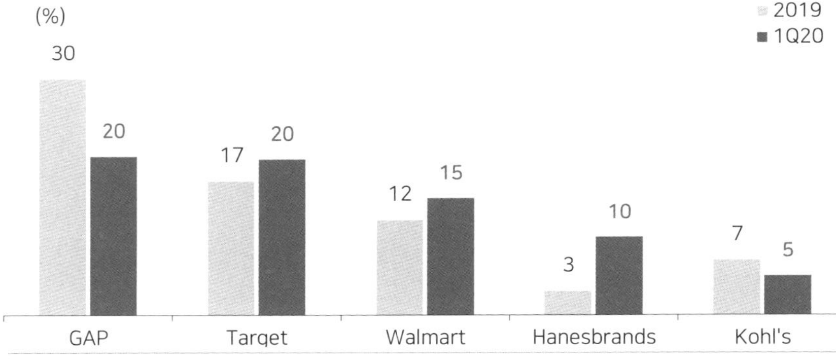

자료: 한세실업, 메리츠증권 리서치센터

Kanye West 트위터: GAP과의 파트너십 체결 게시

자료: Twitter, 메리츠증권 리서치센터

Gap Inc. 주가 추이

자료: Bloomberg, 메리츠증권 리서치센터

한세실업(105630)-질적 성장 ① 원가 개선

한세실업 지배구조

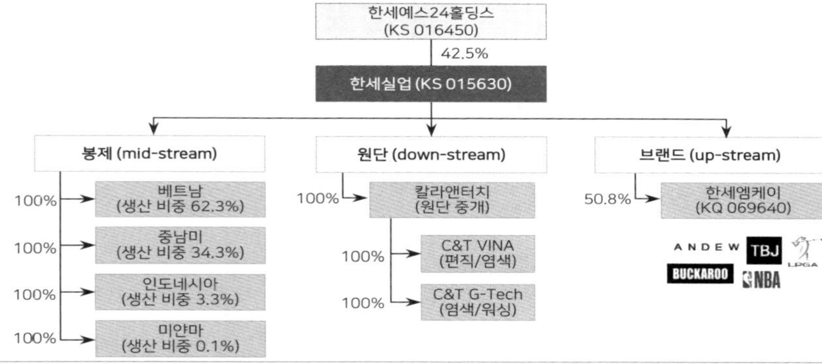

자료: 한세실업, 메리츠증권 리서치센터

한세실업 원단 자회사 순이익 및 내재화 비중

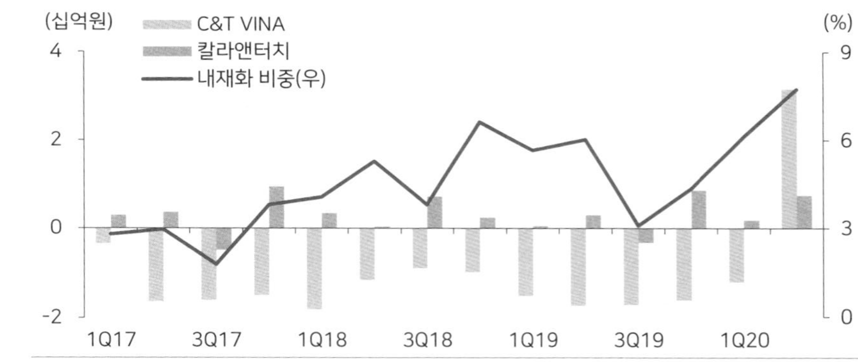

자료: 한세실업, 메리츠증권 리서치센터

한세실업 매출원가 구성

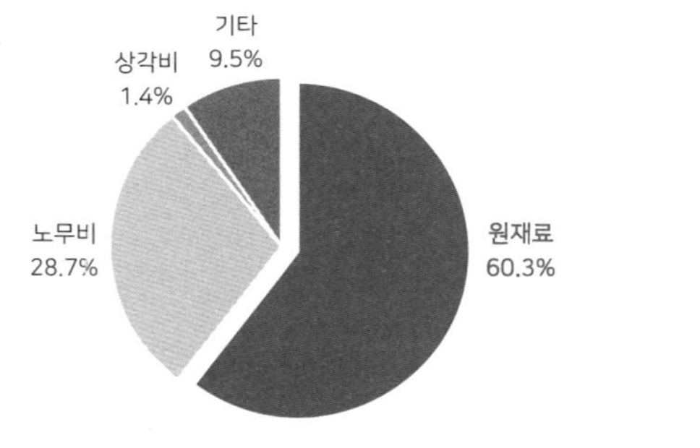

자료: 한세실업, 메리츠증권 리서치센터

한세실업 원가율 vs. 주요 원사 가격

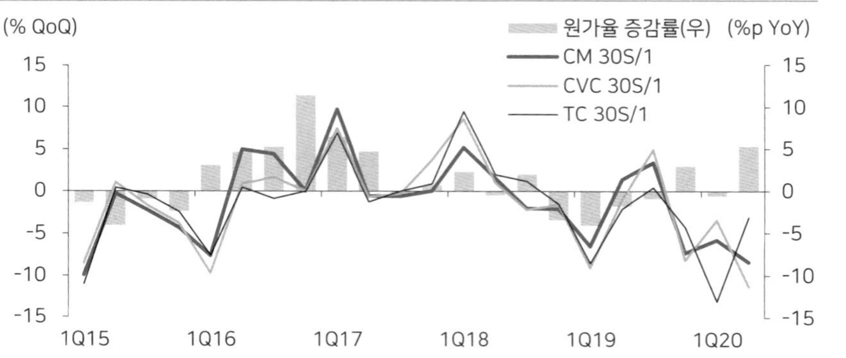

자료: 한세실업, 메리츠증권 리서치센터

한세실업(105630)-질적 성장 ② 판관비 통제

한세엠케이 광고비 vs. 판관비 증감

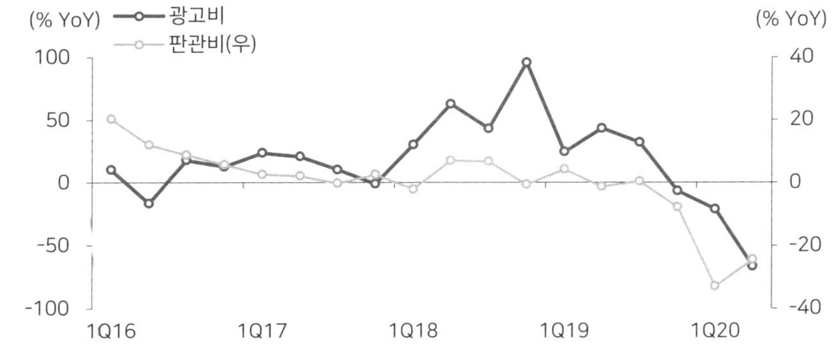

자료: 한세엠케이, 메리츠증권 리서치센터

한세엠케이 영업이익

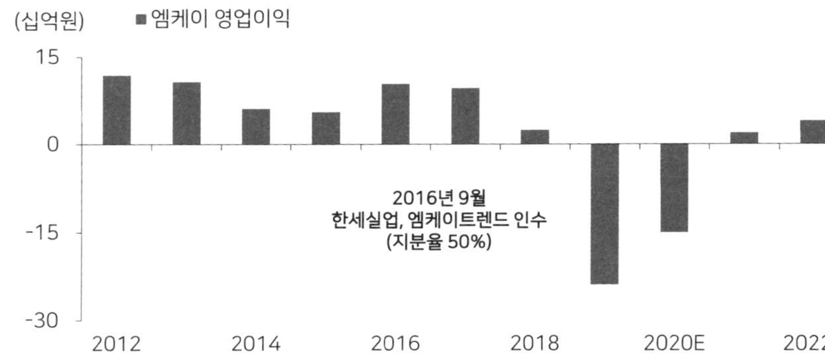

자료: 한세엠케이, 메리츠증권 리서치센터

한세실업 매출채권대손충당금

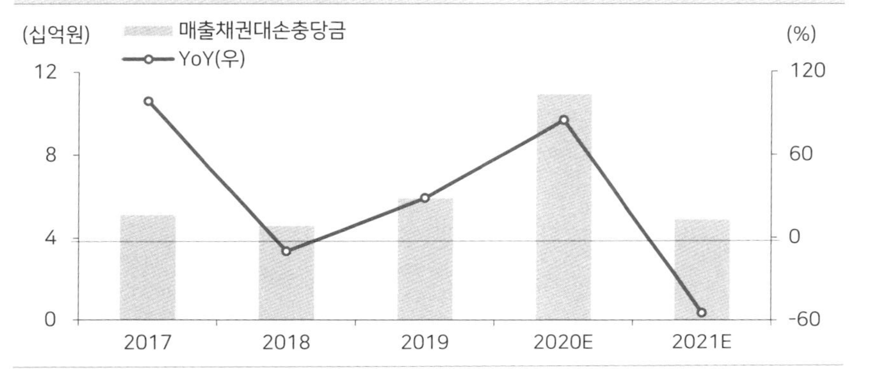

자료: 한세실업, 메리츠증권 리서치센터

한세실업 매출원가율 및 판관비율 증감

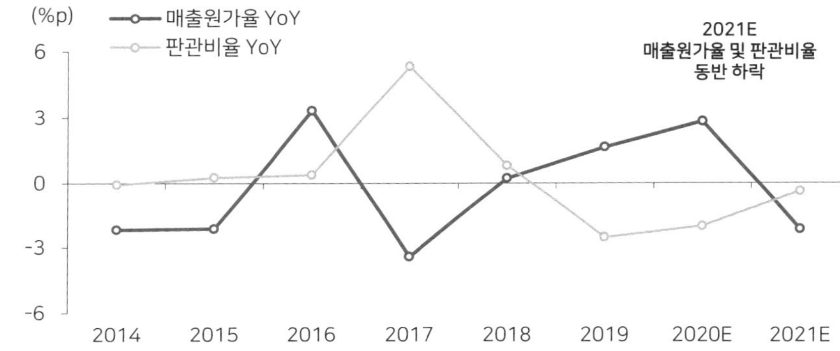

자료: 한세실업, 메리츠증권 리서치센터

한세실업(105630)-질적 성장 ③ 영업외비용 축소

한세실업 기타영업외비용 축소 → 순익 흑자 전환

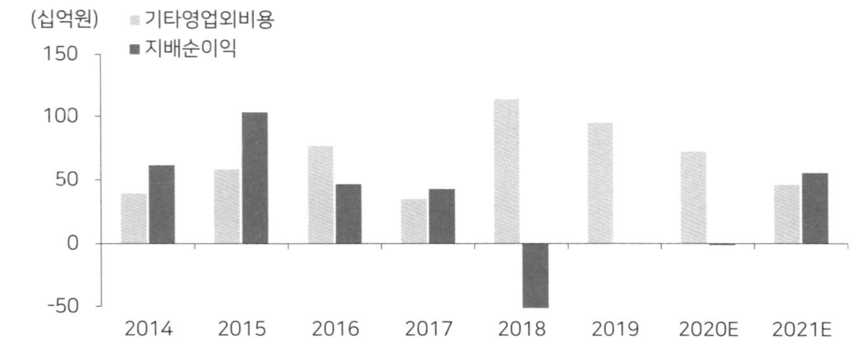

자료: 한세실업, 메리츠증권 리서치센터

한세실업 항목별 기타비용 추이

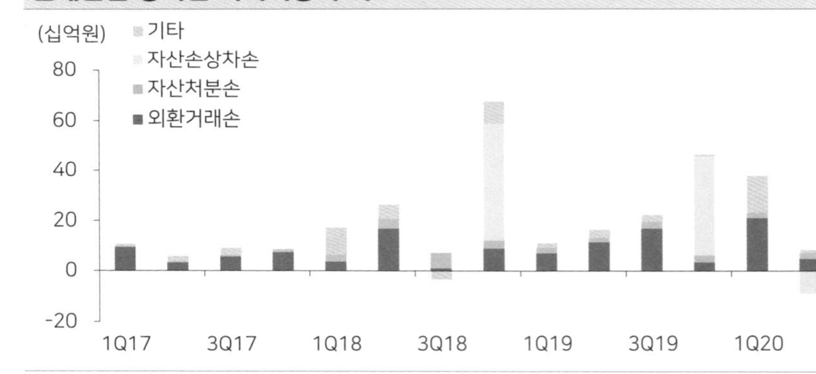

자료: 한세실업, 메리츠증권 리서치센터

한세실업 연결 무형자산 규모 추이

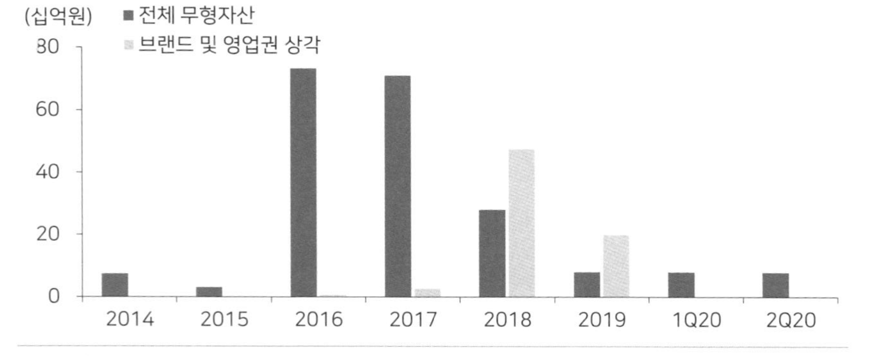

자료: 한세실업, 메리츠증권 리서치센터

한세실업 외화환산손실 vs. 원/달러 환율

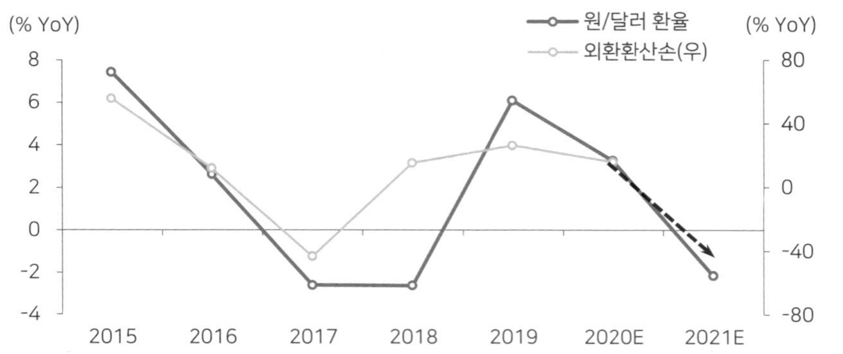

주: 평균 환율 기준, 2020E~2021E은 당사 예상치 적용
자료: Quantiwise, 한세실업, 메리츠증권 리서치센터

화장품

중국인을 잡아라

Summary

중국인을 잡아라

2020 Review
승자 독식

I

- 2020년 코로나 영향 직격타, 전체 소매판매 침체 속 자유 소비재 부진 심화
- 주력 채널 판매 급감하는 가운데 (2020년 면세 월평균 매출액 -35%), 중국 현지 경쟁 심화 (ASP 인하 등 치킨 게임)
- '승자독식', 어려운 업황에도 성장 실현한 업체 위주로 쏠림 현상 (브랜드 – LG생활건강, OEM – 코스맥스)
- 2021E 승자 독식 체계 유지 전망 (∵ 기저 효과≠투자 요인, 컨센서스 하향 지속, Valuation 부담, 불확실성 여전)
- 승자 = 시장 성장 상회 = '중국인'이 가는 채널 및 사는 제품에 적중하는 업체

2021E Preview
중국인을 잡아라

II

- 성장 조건: 중국인을 잡아라! (2021E 면세점 내 화장품 80%, 중국인 면세 매출 기여도 80%)
- **소비력**: ① MZ 인구 최대 + 화장품 소비 증가 = 구매량 증가 (Q↑)
  ② 인당 가처분 소득 성장 + 중산층 비중 확대 = 구매가 상승 (P↑)
  ③ 위안화 가치 절상 + 세금 인하 정책 = 구매력 증대 (C↓)
- **플랫폼**: 내수 진작 정책 + 국외 여행 제한 = 중국 현지 채널 중요 → '현지' 중국인을 잡아라
  ① 현지 면세 (중국 면세 협상력 증대), ② 역직구 (하이타오 확대), ③ 온라인 (SNS /주요 온라인몰 지배력 강화)
- **콘텐츠**: 화장품 수요 증가 + 구매력 상승 = 중국 인기 콘텐츠 전개 → 중국인의 '구미'를 잡아라
  ① 프리미엄 (고가 수입품 선호), ② 로컬 색조 (수요 증가/궈차오), ③ 더마 (성분 중시), ④ 방향 (실내 생활 증가)

투자 전략
최선호주: LG생활건강

III

- **최선호주: LG생활건강**

① 플랫폼: 주력 채널 (면세 및 중국) 내 시장 성장 상회하는 유일한 업체 → 브랜드 가치 입증

② 콘텐츠: '후' 기반으로 프리미엄 카테고리 내 지배력 강화, 'CNP' 및 '피지오겔' 통해 더마 공략

시나리오별 2021년 전망

	항목	변수	Worst	Base	Best
주가 결정 요인	1. 국내 면세	▪ 여객 ▪ 객단가 ▪ 객수	▪ 자가격리 지속 → 여객 감소 유지 ▪ 객단가 +63.3% * 객수 -45.6% = 면세 매출 -11.2% YoY (객단가 = 2Q~3Q20 평균, 객수 = 2Q~3Q20 평균*4개 분기)	▪ 자가격리 부분 해제 → 여객 점진적 확대 ▪ 객단가 -4.7% * 객수 +30.0% = 면세 매출 +23.9% YoY (객단가 = 1Q~2Q20 평균, 객수 = 2020E * 1.3)	▪ 자가격리 완전 해제 → 여객 급증 ▪ 객단가 -54.4% * 객수 +239.8% = 면세 매출 +37.9% YoY (객단가 = 1Q20, 객수 = 1Q20 * 2개 분기 + 2019년 분기 평균 *2개 분기)
	2. 중국 현지	▪ 정책 - 내수 진작 ▪ 정책 - 면세 육성	▪ 중국 수입 화장품 부과세 인하 (관세 <5%, 소비세 <8%, 증치세 <13%) ▪ 중국 면세 육성 정책 강화 (하이난 면세 구매 한도 및 면세 품목 확대)	▪ 중국 수입 화장품 부과세 현행 유지 (관세 5%, 소비세 8~15%, 증치세 13%) ▪ 중국 면세 육성 정책 현행 유지 (하이난 면세 구매 한도 10만위안, 면세 품목 45개)	▪ 중국 수입 화장품 부과세 인상 (관세 >5%, 소비세 >15%, 증치세 >13%) ▪ 중국 면세 제한 정책 (하이난 면세 구매 한도 및 품목 축소)
	3. 경쟁 강도	▪ 서구권 록다운	▪ 북미 및 유럽 록다운 지속 → 글로벌 유수 브랜드 중국 사업 강화 → 경쟁 강도 심화	▪ 북미 영업 완전 재개, 유럽 부분적 영업 → 글로벌 유수 브랜드 중국 사업 유지 → 경쟁 강도 유지	▪ 북미 및 유럽 영업 완전 재개 → 글로벌 유수 브랜드 내수 판매 회복 → 경쟁 강도 완화
산업 투자 전략			▪ 비중 축소 ▪ 보수적 대응 권고: 판매 역신장 불가피 + 투자 모멘텀 악화	▪ 비중 확대 ▪ 선별적 대응 권고: 주력 채널 내 시장 성장 상회 업체 선별 (면세 및 중국 현지 성과 모니터링 필요)	▪ 비중 확대 ▪ 공격적 대응 권고: 판매 고성장 기대 + 투자 모멘텀 강화
Top-Picks			▪ OEM > 브랜드 → 코스맥스, 한국콜마	▪ LG생활건강	▪ 브랜드 > OEM → 아모레퍼시픽, 신세계인터내셔날

Part I

승자 독식

2020 Review: 부진 그 자체

코로나 직격탄 → 판매 급감

- 2020년 코로나 영향 직격탄, 전체 소매판매 침체 속 자유 소비재 부진 심화
- 주력 채널 내 판매량 감소 및 경쟁 심화
- **[면세]** 국제 여객 급감 → 월평균 매출액 1.28조원(-34.7% YoY) 3년 전 수준으로 회귀
  - 2019년 1.95조원, 2018년 1.58조원, 2017년 1.17조원
- **[중국]** 글로벌 유수 브랜드 중국 현지 사업 강화 → ASP 인하 → 경쟁 심화

국내 화장품 소매판매: 2020년 두 자릿수 역신장

자료: 통계청 국가통계포탈, 메리츠증권 리서치센터

국내 면세점 매출액 및 이용객 수: 2020년 매출액 -35%, 이용객 -78%

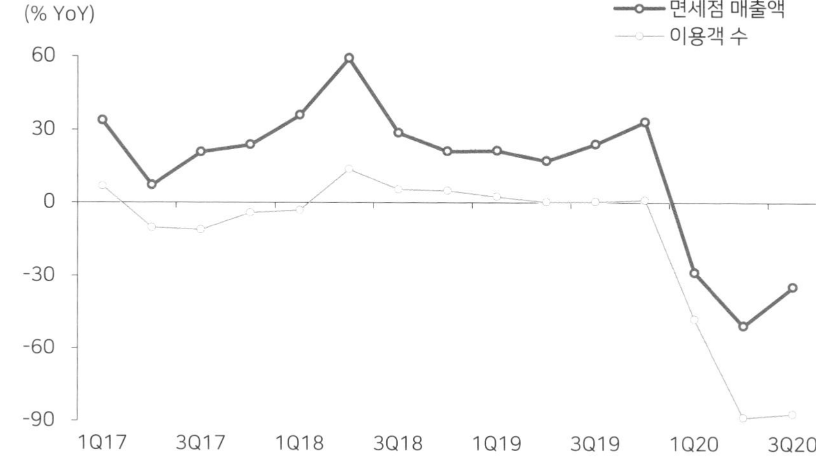

자료: 한국면세점협회 홈페이지, 메리츠증권 리서치센터

2020 Review: 주가 차별화 뚜렷

쏠림 현상

- 어려운 시장 환경에도 성장 실현한 업체로의 쏠림 현상 뚜렷
- [브랜드]
  LG생활건강: 화장품 주력 채널 (면세/중국) 성과 견조, 생활용품 및 음료 제품/채널 믹스 개선
- [OEM]
  코스맥스: 상해 법인 성장 전환, 소독제 생산 통한 물량 확대, 원가 절감 통한 영업 레버리지 효과 창출

화장품 업체별 주가 수익률 (YTD)

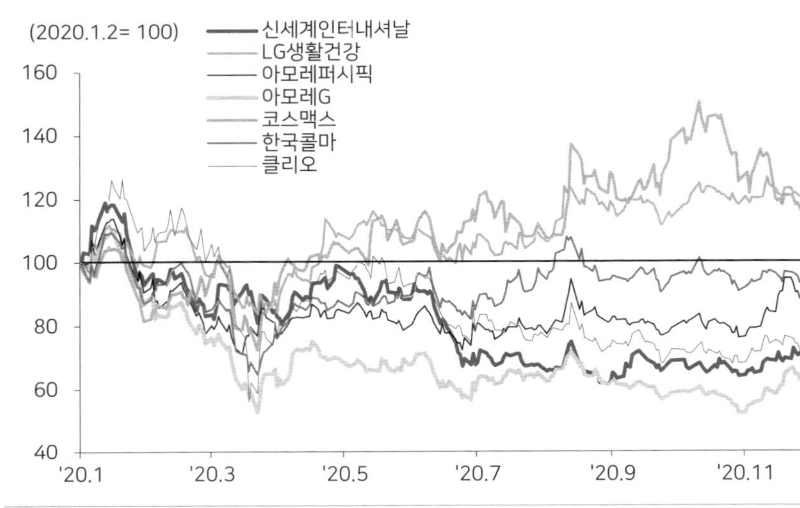

자료: Quantiwise, 메리츠증권 리서치센터

화장품 업체별 영업이익 증감률 (2020E)

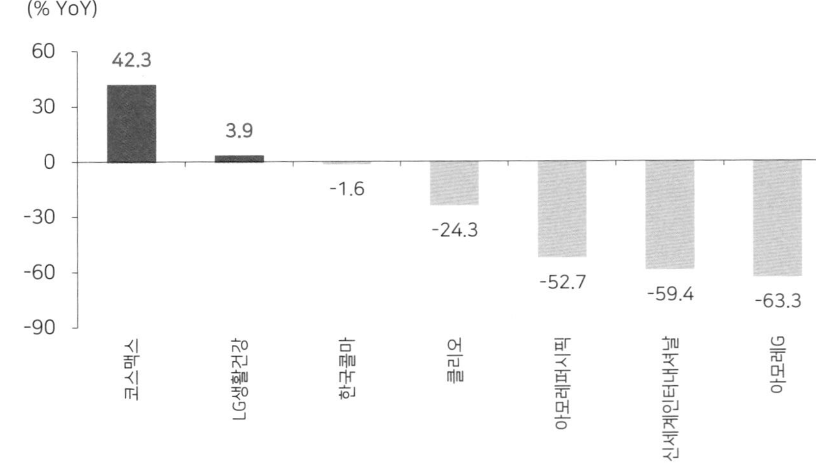

자료: Quantiwise, 메리츠증권 리서치센터

2021E Preview: 성장 동력 = '기저' ≠ 투자 요인

성장성 충분 vs. 투자성 고민

- 기저 영향 감안 전 업체 '+' 성장 실현 예상 (커버리지 7개사 평균 2021E 매출액 +9.9%, 영업이익 +49.1%)
- 단, 투자성에 대한 고민 필요
  ① 기저 효과: 대부분 산업 기저 낮은 상황 → 화장품에의 특수 투자 요인으로 작용 불가 판단
  ② 컨센서스: 기대치 부담 여전 → 추가 하향 조정 가능성 또한 농후

산업별 영업이익 증가율 및 컨센서스 변화율 (2021E)

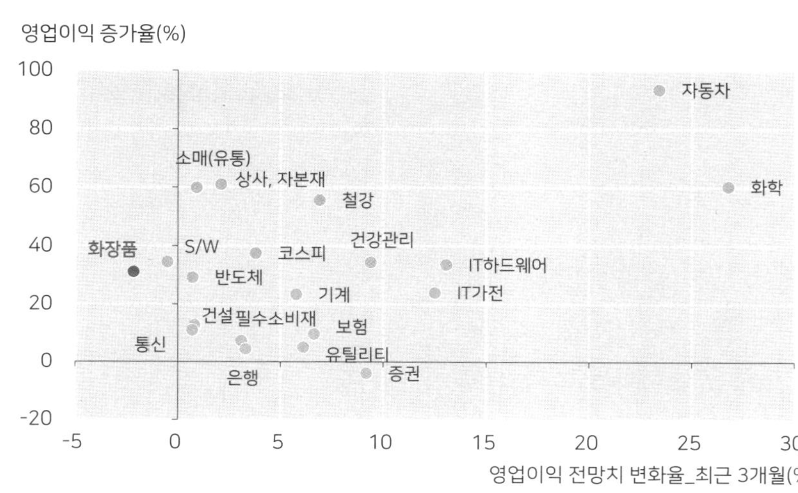

자료: Quantiwise, 메리츠증권 리서치센터

화장품 영업이익 컨센서스 추이

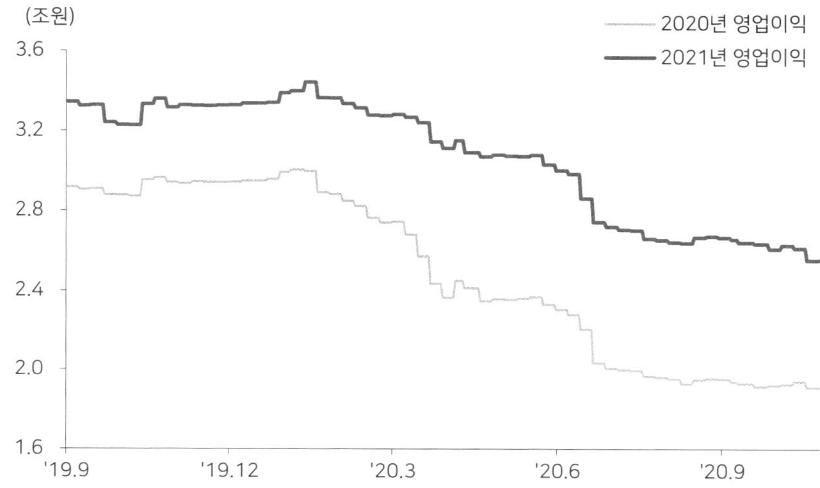

자료: Quantiwise, 메리츠증권 리서치센터

2021E Preview: 성장 동력 = '기저' ≠ 투자 요인

성장성 충분 vs. 투자성 고민

- 기저 영향 감안 전 업체 '+' 성장 실현 예상 (커버리지 7개사 평균 2021E 매출액 +9.9%, 영업이익 +49.1%)
- 단, 투자성에 대한 고민 필요
  - ③ 밸류에이션: Peer 평균 값과 유사 거래 → 추가 확장 및 프리미엄 부여 요인 부재
  - ④ 모멘텀: 백신/치료제 유통 따른 모멘텀 개선 가능하나, 국제 운항 재개 시점 예측 불가 → 불확실성 여전

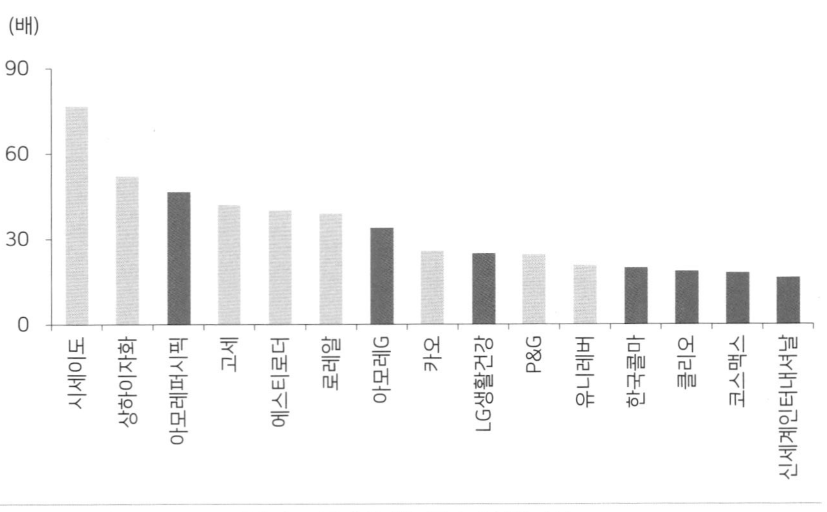

주: 해외 업체는 Bloomberg 컨센서스, 국내 업체는 당사 예상치 기준
자료: Bloomberg, 메리츠증권 리서치센터

한-중 노선 여객기 편수 추이

(만편) 한중 노선 여객기 편수 / 증감률(우) (% YoY)
16, 12, 8, 4, 0 / 30, 0, -30, -60, -90
2010 2012 2014 2016 2018 2020.10 YTD

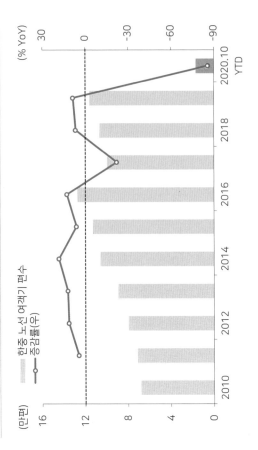

자료: 한국공항공사, 인천국제공항공사, 메리츠증권 리서치센터

2021E Preview: 승자독식 체제 유지

승자 = 시장 상회 = 중국 확보

- 회복 정도 및 시점 불확실 & 업체간 경쟁 심화 → 승자독식 체제 유지 전망
- 승자 = 시장 대비 더 많이 팔리는 브랜드 전개사/제조사
- 기·승·전·'중국', 중국인이 가는 채널 및 사는 제품에 적중하는 업체만이 시장 성장 상회 가능

화장품 승자 찾기, 중국인을 잡아라

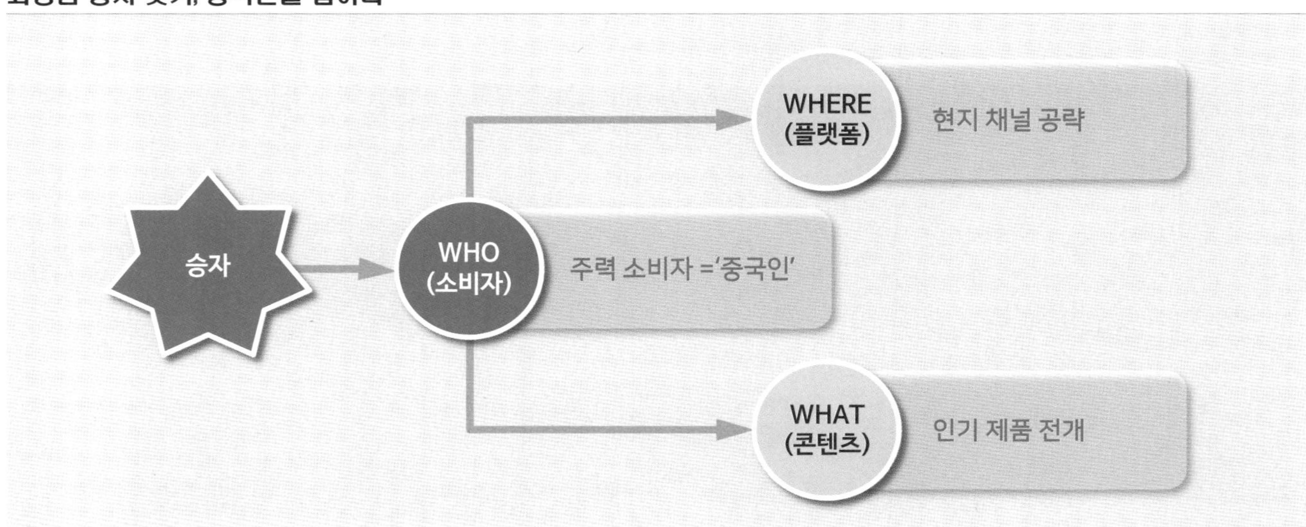

자료: 메리츠증권 리서치센터

2021 전망 화장품

Part II

중국인을 잡아라

중국인을 잡아라

주력 소비자,
'중국인' 확보가 핵심

- 지속 가능 성장 도모 위한 필수 조건: 중국인을 잡아라!
- 중국인 = 국내 화장품사에 가장 주요한 소비자
  - 2021E 면세점 내 화장품 판매 비중 80%, 중국인 국내 면세 매출 기여도 80% 추정
- 2021E 커버리지 평균 중국향 매출 비중 25% (면세 매출 * 중국 비중 + 현지 판매)
  - 아모레 44% > 코스맥스 35% > LG생활건강 31% > 신세계인터내셔날 20% > 클리오 14% > 한국콜마 6%

국적별 국내 면세점 매출 비중: 중국인 기여 ↑

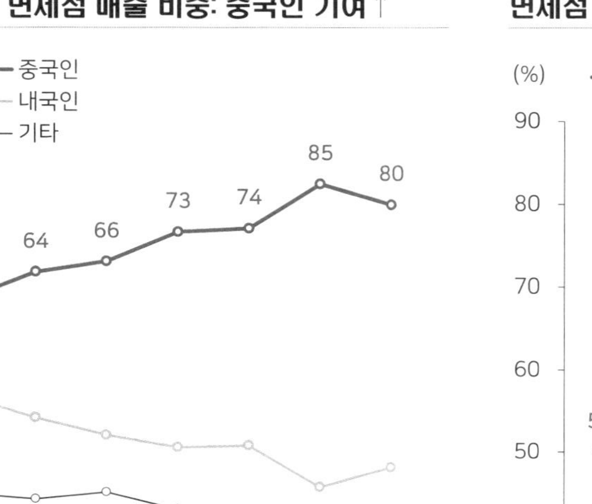

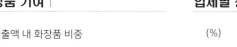

주: 2020E~2021E은 당사 예상치 기준
자료: 국회의원 김정우 의원실, 메리츠증권 리서치센터

면세점 매출액: 화장품 기여 ↑

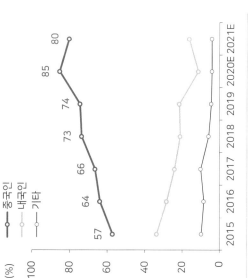

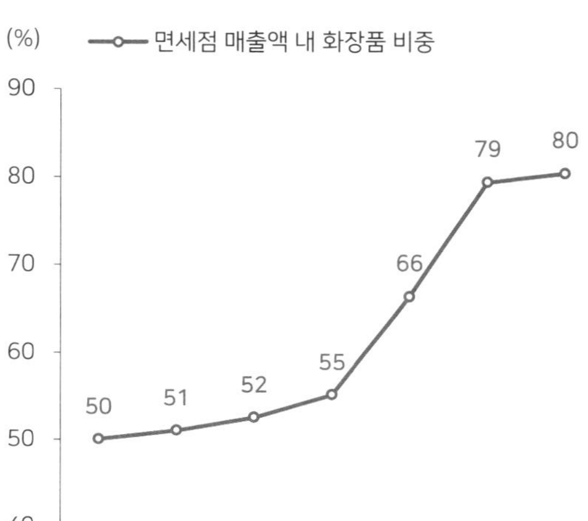

주: 2020E~2021E은 당사 예상치 기준
자료: 국회의원 김정우 의원실, 메리츠증권 리서치센터

업체별 중국 매출 비중 (연결 매출 대비)

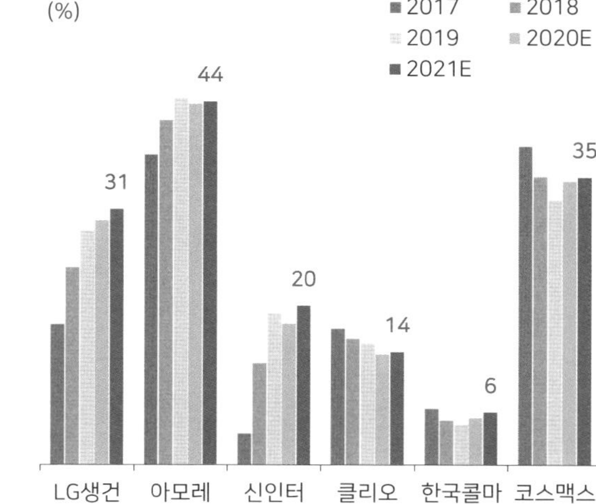

주: 1) 면세점 매출액 * 중국인 비중 + 2) 중국 현지 매출액
자료: companyt data, 메리츠증권 리서치센터

중국인을 잡아라: 소비 여력 확대 ① Q↑

MZ↑ + 수요↑ = 구매량↑

- 중국, MZ 인구 최다 + 화장품 소비 확대 = **구매량 증가 (Q↑)**
- **[인구]** 경제 주축인 MZ 세대, 중국 전체 인구의 43.4% (Millennial + Z = 1980년 이후 년생)
- **[수요]** 중국 화장품 수요 강세 지속
  - 인당 화장품 소비지출액 확대 (2014~2019년 CAGR +8.7%)
  - 화장품 판매, 전체 소매 시장 성장 상회 지속 (2020년 10월 누적 화장품 +13.0% vs. 소매 전체 -3.3%)

2020E 주요국별 MZ 세대 비중: 중국 최대

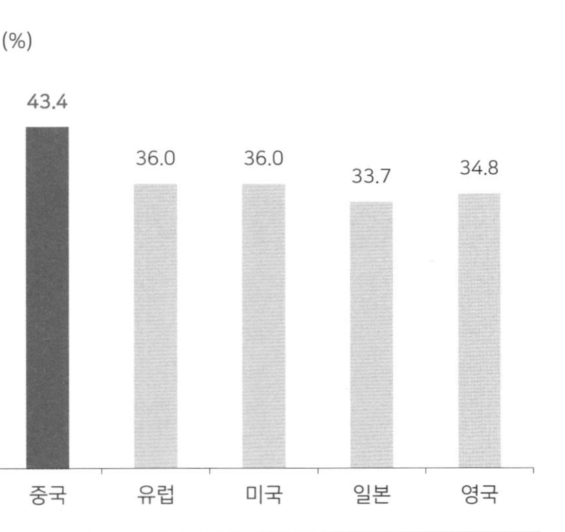

자료: UN, OECD, World Bank, 메리츠증권 리서치센터

중국 인당 화장품 소비지출액

(% YoY)
중국 인당 화장품 소비지출액

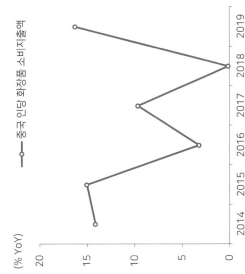

주: 중국 전체 화장품 소비지출액을 인구 수로 나누어 산출
자료: UN, OECD, World Bank, CEIC, 메리츠증권 리서치센터

중국 소매판매: 전체 vs. 화장품

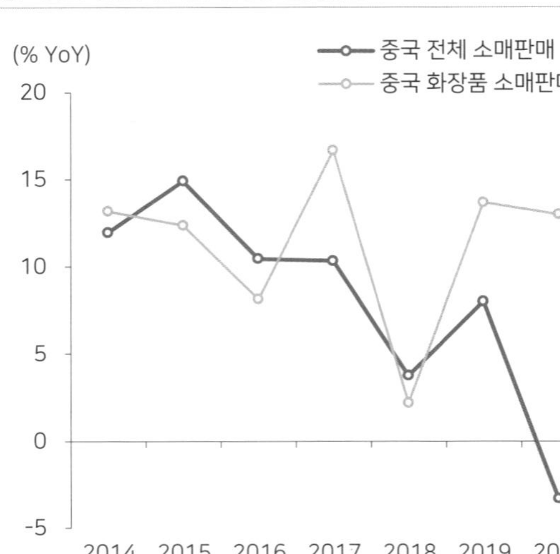

주: 2020년은 10월 누적 기준
자료: 중국 통계청, 메리츠증권 리서치센터

중국인을 잡아라: 소비 여력 확대 ② P↑

소득↑+중산층↑= 구매가↑

- 중국, 인당 가처분소득 성장 최고 + 중산층 비중 확대 = 구매가 상승(P↑)
- [소득] 인당 가처분 소득 증가세 (2014~2019년 CAGR: 중국 +6.3% vs. 한국 +3.5% vs. 미국 +2.9%)
- [분위] 중산층 급증 (중산층 + 상류층 인구 비중: 2010년 7.9% → 2018년 48.9%)
  - Trading-up 현상 → 글로벌 럭셔리 시장 성장 견인 (중국 기여도: 2018년 33% → 2025E 48%)

주요국 인당 가처분소득 증감: 중국 성장 최고

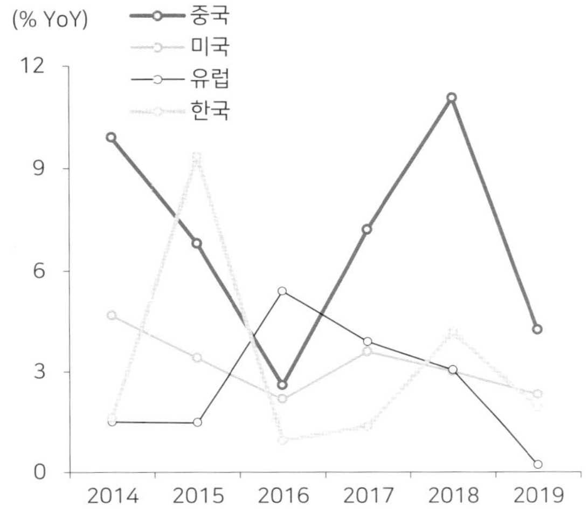

자료: UN, OECD, World Bank, 메리츠증권 리서치센터

중국 소득 분위 변화: 중산층 이상 인구 급증

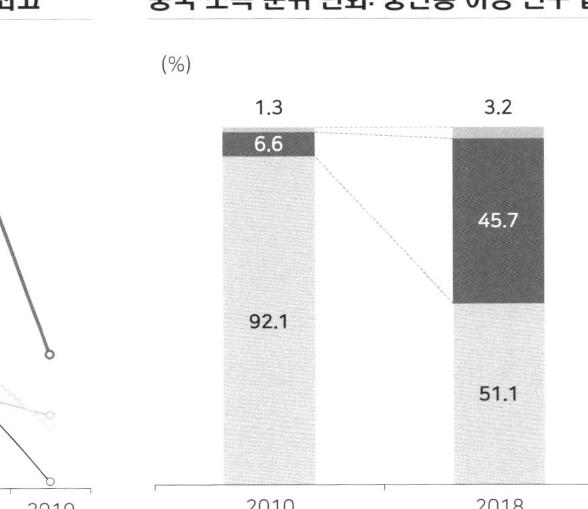

주: 가구당 연간 가처분소득 기준, 중산층은 13.8~29.7만위안, 상류층은 그 이상
자료: McKinsey Global Institute, 메리츠증권 리서치센터

럭셔리 시장 규모: 글로벌 vs. 중국

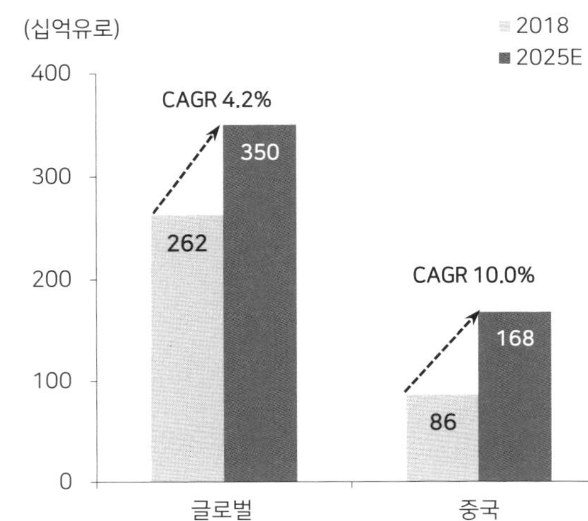

자료: Bain&Company, 메리츠증권 리서치센터

중국인을 잡아라: 소비 여력 확대 ③ C↓

위안↑ + 세금 ↓ = 구매력 ↑

- 중국, 위안화 가치 절상 + 절세 정책 = 구매력 증대 (C↓)
- **[환율]** 2021E 위안/달러 6.55위안 (-5.3% YoY) → 수입품 구매 부담 완화
- **[세금]** 소비 품목에 대한 세금 정책 완화 → 판매가 인하 (P↓) = 구매가 절감 (C↓)

위안/달러 추세: 2021E -5.3% YoY

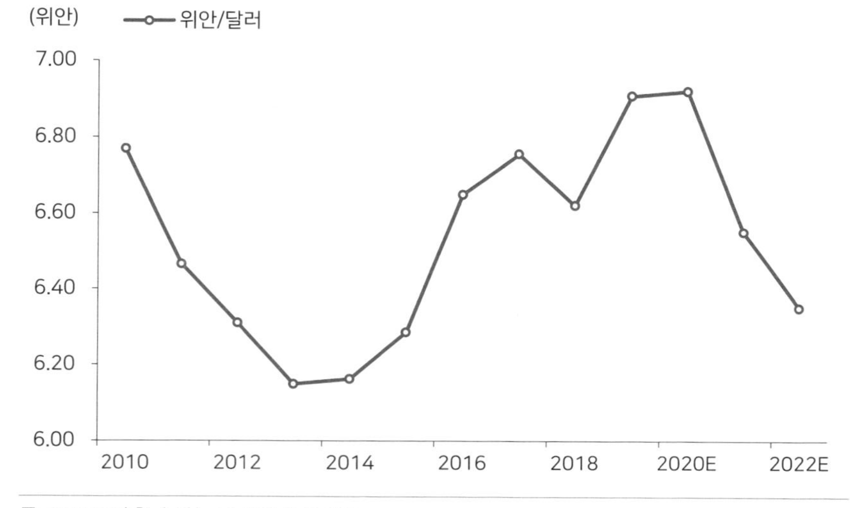

주: 2020E 이후 수치는 당사 예상치 기준
자료: Quantiwise, 메리츠증권 리서치센터

중국 내 수입 화장품 세금 분류: 3개 부문 모두 인하

구분	관세	소비세	증치세
기존	**10%**	**30%**	**17%**
2006년		기초화장품 폐지	
2015년	평균 10% 이하	색조 15%	
2016년			
2017년			
2018년			17% → 16%
2019년	평균 5% 이하		16% → 13%
현재			
기초화장품	**1%**	**-**	**13%**
색조화장품	**1~5%**	**15%**	**13%**

주: 세부 품목별 관세율 상이, 수입통관가격(FOB 수출가격+관세납부) 기준 1㎖(g)당 10위안 혹은 1장당 15위안 이상 단가의 화장품
자료: 중국재정부, KOTRA, 언론 종합, 메리츠증권 리서치센터

플랫폼: '현지' 중국인을 잡아라

중국 내수 ↑ + 국외 여행 ↓
= 현지 채널 중요도 ↑

- 내수 진작 정책 + 국외 여행 제한 = 중국 현지 채널 중요성 증대
- **[정책]** 미국 보호무역주의 기조 → 중국 정부 내수 진작 집중 → 소비주도형 경제 성장 도모
  - 2020년 5월 양회, 10월 5중전회 모두, 내수 확대 및 외화 유출 방지에 초점
  - 해외 소비 국내 전환 → 수입 화장품 관세 인하 (기존 10% → 1~5%) → 국내외 제품 가격 차이 ↓
  - 대중국 수입 화장품 부과세 = 관세 (10% → 5%) + 소비세 (30% → 8~15%) + 증치세 (16% → 13%)

중국 경제 발전 전략: 내수 확대 및 외화 이탈 방지 초점

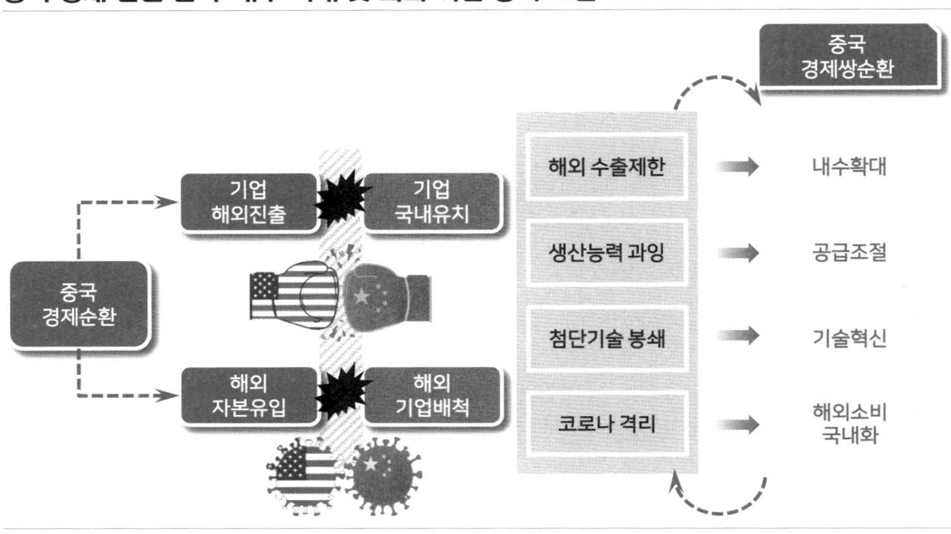

자료: 중국경제금융연구소, 메리츠증권 리서치센터

수입 화장품 세금 구조: 관세 + 소비세 + 증치세

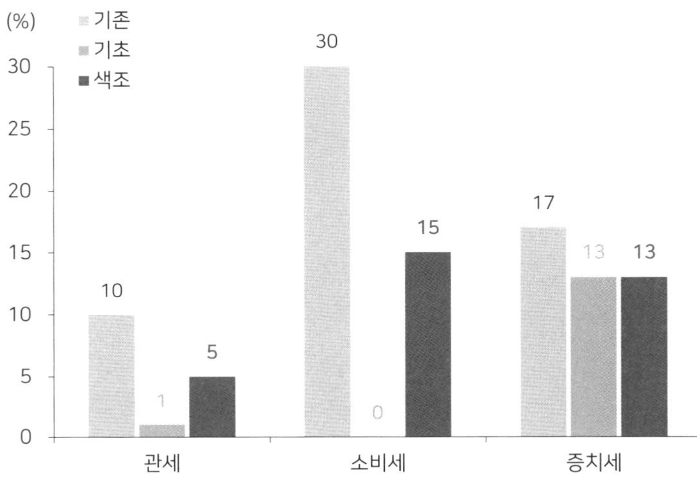

주: 색조화장품에 대한 관세 1~5%로 세부 품목별 관세율 상이, 수입통관가격(FOB 수출가격+관세납부) 기준 1㎖(g)당 10위안 혹은 1장당 15위안 이상 단가의 화장품
자료: 중국재정부, KOTRA, 언론 종합, 메리츠증권 리서치센터

플랫폼: '현지' 중국인을 잡아라

중국 내수↑ + 국외 여행↓
= 현지 채널 중요도↑

- 내수 진작 정책 + 국외 여행 제한 = **중국 현지 채널 중요성 증대**
- **[환경]** 코로나 장기화 → 국외 여행 제한 → 국내 여행 증가 → 현지 면세 수요 확대
  - 1H20 중국 내 면세업 관련 신규 기업 등록 수 3,871건으로 급증 (vs. 1H19 262건)
- 2020년 7월 하이난 면세 제도 완화 → 매출액 고성장 (3Q20 86억위안 vs. 1Q20 30억위안)
  *** 하이난 면세 구매 한도 인당 연간 3만위안 → 10만위안, 면세 품목 38개 → 45개
  - 신정책 도입 후 하이난 면세 점당 매출액, 국내 수준 대폭 상회 (3Q20 하이난 810억원 vs. 한국 230억원)

중국 면세 관련 기업 등록: 정책 완화 후 급증

(개) ■중국 면세업 관련 기업 등록 규모

	1Q19	2Q19	1Q20	2Q20
중국 면세업 관련 기업 등록 규모	118	144	1,215	2,656

자료: KOTRA, 메리츠증권 리서치센터

면세점 전체 매출: 하이난, 국내의 40%까지 추격

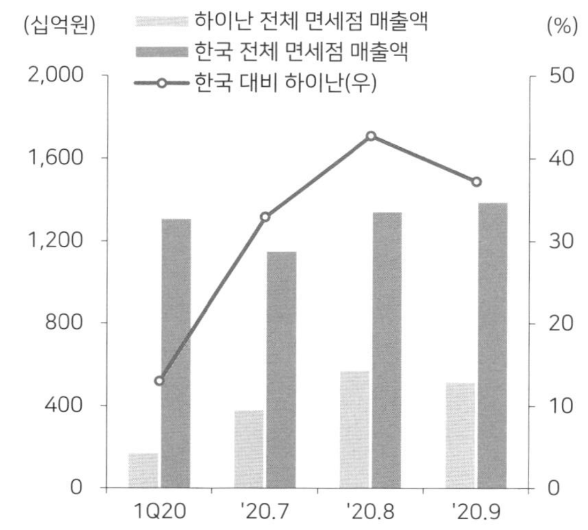

주: 1Q20은 월평균 기준
자료: 한국면세점협회, 중국 관세청, 메리츠증권 리서치센터

면세점 점당 매출: 하이난, 국내의 350%로 확대

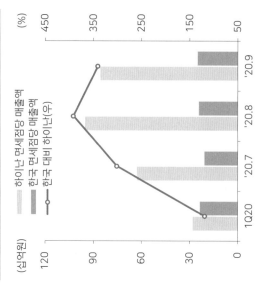

(십억원) 하이난 면세점당 매출액 / 한국 면세점당 매출액 / 한국 대비 하이난(우) (%)

120, 90, 60, 30, 0 (좌) / 450, 350, 250, 150, 50 (우)

1Q20 '20.7 '20.8 '20.9

주: 1Q20은 월평균 기준, 전체 면세 매출액을 면세점 개수로 나누어 산출 (하이난 6개, 국내 55개)
자료: 한국면세점협회, 중국 관세청, 메리츠증권 리서치센터

플랫폼: '현지' 중국인을 잡아라

중국 현지 플랫폼 강화
1) 면세

- 중국인이 한국에 올 수 없는 상황 (∵ 자가격리 지속, 국외 여행 현실적으로 불가) → **현지 면세 활용**
- 중국 면세 산업 육성 정책 (= 구매 제한 완화 & 면세 품목 범위 확대 & 시내 면세점 출점 증가)
  → 중국 면세 시장 비약적 성장 구가 (중국면세품그룹 CDFG 매출액 CAGR: 3개년 +74.4%, 6개년 +40.2%)
- 2025E 중국 면세 시장 규모 236억달러로 글로벌 전체의 17% 기여 전망
- 2020년 10월 Alibaba와 글로벌 최대 면세 업체 Dufry의 JV 설립안 체결 또한 추후 시장성 확대 요인

글로벌 상위 5개 면세 업체 매출액

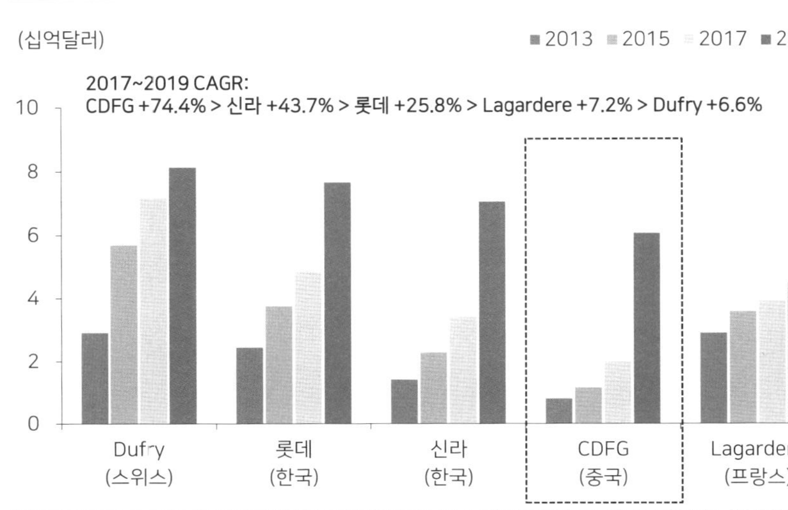

자료: Moodie Davitt 연도별 글로벌 면세 산업 보고서, 메리츠증권 리서치센터

면세 시장 규모: 글로벌 vs. 중국

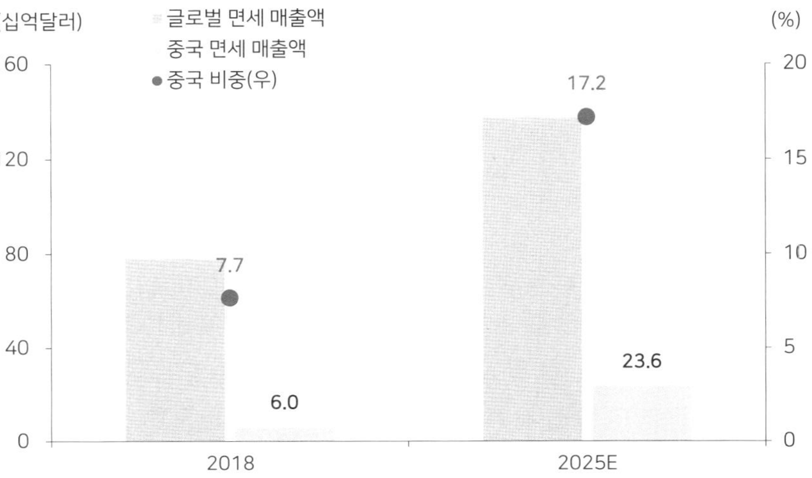

자료: 중국산업연구원, Moodie Davitt, 메리츠증권 리서치센터

플랫폼: '현지' 중국인을 잡아라

중국 현지 플랫폼 강화
1) 면세

- 중국인이 한국에 올 필요 없는 상황 (∵ 중국 면세점 협상력 증대, 가격 경쟁력 강화) → **현지 면세 활용**
- 팬데믹 발생으로 글로벌 소매 시장 침체, 특히 서구권 오프라인 영업 중단으로 부진 심화
- 중국 현지, 유일한 돌파구로 작용 (∵ 미국/유럽 – 록다운 vs. 중국 – 코로나 진정 & 영업 활황)
  - 중국 화장품 소매판매 회복을 넘어 고성장세 실현 (1Q20 -11.1% → 2Q20 +15.6% → 3Q20 +17.7%)
- 중국 플랫폼사 협상력 증대 → 글로벌 유수 브랜드 중국 현지 판매가 인하

주요 제품 면세 가격 비교: 중국 vs. 한국

브랜드명	제품명	CDFG 광저우	하이난 싼야	롯데	신라	신세계
SK-II	스킨파워 크림 80g	940위안 (132달러)	912위안 (128달러)	143달러	143달러	143달러
Lamer	크렘 드 라 메르 100g	2,830위안 (396달러)	3,257위안 (456달러)	475달러	475달러	475달러
Estee Lauder	6세대 갈색병 100ml 듀오	1,670위안 (234달러)	1,790위안 (251달러)	322달러	324달러	304달러
Lancome	토닉 꽁포르 400ml	275위안 (39달러)	310위안 (43달러)	55달러	55달러	55달러
Shiseido	파워 인퓨징 에센스 100ml	1,035위안 (145달러)	1,070위안 (150달러)	174달러	174달러	174달러
Jo Malone	와일드 블루벨 코롱 30ml	475위안 (67달러)	475위안 (67달러)	68달러	68달러	68달러

주: 온라인몰 판매 가격 기준
자료: 각 사 홈페이지 및 어플, 메리츠증권 리서치센터

플랫폼: '현지' 중국인을 잡아라

중국 현지 플랫폼 강화
1) 면세

- 중국인이 한국에 올 필요 없는 상황 (∵ 중국 면세점 협상력 증대, 가격 경쟁력 강화) → **현지 면세 활용**
- 브랜드 MD 또한 뒤쳐지지 않는 상황
  - CDFG (중국면세품그룹, 중국 면세 시장 85% 점유 추산) 온라인몰 내 3,000여개 이상 브랜드 입점
  - 온라인몰 브랜드 입점 수: CDFG 광저우 181개, 하이난 싼야 369개 vs. 신라 503개, 신세계 480개
- 중국 면세점 내 주요 화장품 브랜드 대부분 입점
  - 화장품 브랜드 입점 수: CDFG 광저우 31개, 하이난 싼야 50개

중국 주요 면세점 화장품 브랜드 입점 현황 (온라인몰 기준)

면세점	입점 수	입점 브랜드명						
하이난 싼야	50개	Avene	Cle de Peau Beaute	Elixir	innisfree	LA ROCHE-POSAY	Mediheal	sisley
		A.H.C	Caudalie	FILORGA	IPSA	L'OREAL	MAKE UP FOREVER	su:m37°
		BIOTHERM	CHANEL	Fresh	Jurlique	LA MER	NUXE	SEKKISEI
		BOBBI BROWN	DIOR	GUERLAIN	Kiehl's	LAB SERIES	ORIGINS	shu uemura
		CLINIQUE	Dr.Ci:Labo	GIVENCHY	LANCÔME	MOMOTANI	SHISEIDO	SKINCEUTICALS
		COSME DECORTE	Estee Lauder	HELENA	LANEIGE	Meishoku	Sulwhasoo	SNP
		CLARINS	Elizabeth Arden	RUBINSTEIN	L'OCCITANE	Mustela	SK-II	VICHY
								Whoo
CDFG 광저우	31개	A.H.C	CLINIQUE	Fresh	L'OREAL	SHISEIDO		
		ANNA SUI	Cle de Peau Beaute	Guerlain	LANCÔME	shu uemura		
		Armani Beauty	COSME DECORTE	L'occitane	LANEIGE	Sulwhasoo		
		BOBBI BROWN	Dr.Jart+	La Mer	Make Up Forever	Tom Ford Beauty		
		BVLGARI	Estee Lauder	La Prairie	M.A.C	Vichy		
		CLARINS	Elizabeth Arden	LA ROCHE-POSAY	Origins	Whoo		
						YSL		

주: 한국 브랜드 음영 처리
자료: 각 사 홈페이지 및 어플, 메리츠증권 리서치센터

플랫폼: '현지' 중국인을 잡아라

중국 현지 플랫폼 강화
2) 역직구

- 중국인이 한국에 올 필요 없는 상황 (∵ 유통 패러다임 변화, 온라인 채널 강세) → **중국향 역직구 활용**
- 중국 구매력 상승 (= Trading-up 소비, 외제품 선호) → 하이타오 (= 직구 인구) 확대
  - 2021E 글로벌 해외 직구 시장의 33% 기여 전망
- 화장품, 중국 해외 직구 대표 품목으로 시장 성장 따른 낙수효과 기대 가능

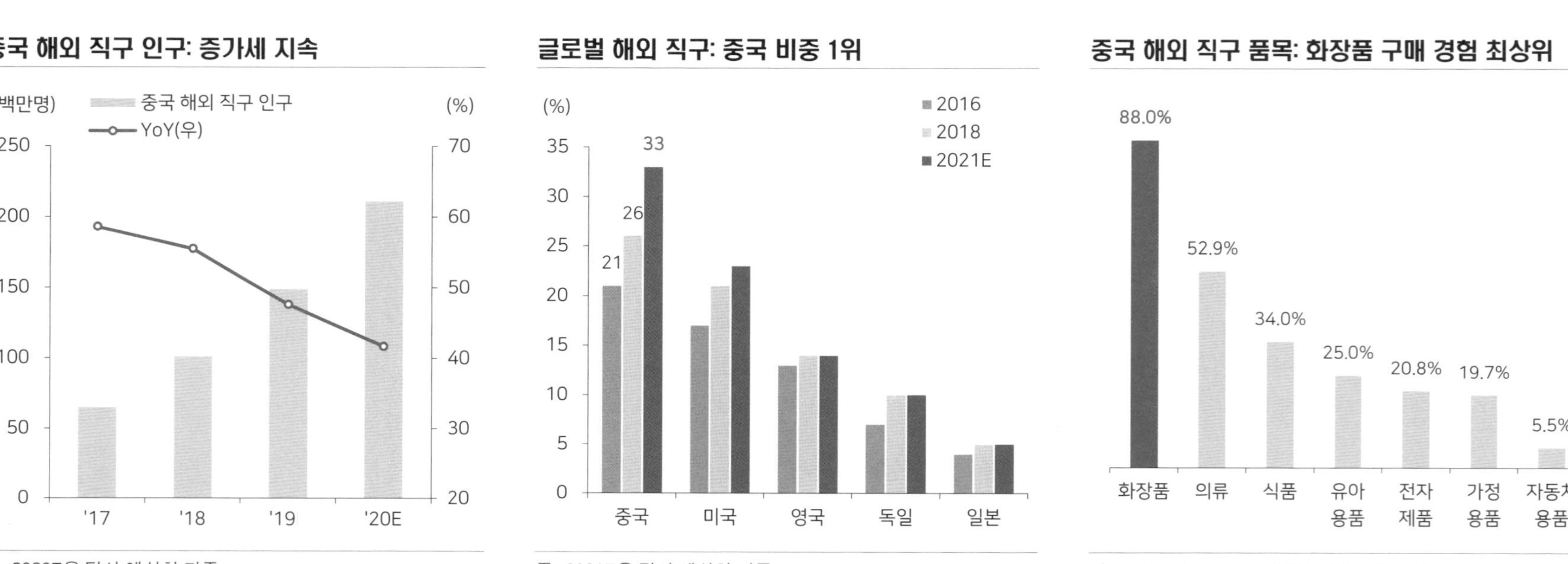

주: 2020E은 당사 예상치 기준
자료: iimedia Research, 메리츠증권 리서치센터

주: 2021E은 당사 예상치 기준
자료: Paypal, 메리츠증권 리서치센터

자료: Strawberry Pie, 메리츠증권 리서치센터

플랫폼: '현지' 중국인을 잡아라

중국 현지 플랫폼 강화
2) 역직구

- 중국인이 한국에 올 필요 없는 상황 (∵ 유통 패러다임 변화, 온라인 채널 강세) → **중국향 역직구 활용**
- 국내 역직구 시장 또한 폭발적 성장세 (2014~2019년 CAGR: 역직구 +54.4% vs. 직구 +17.2%)
- 최대 판매 품목 = 화장품, 3Q20 누적 화장품 역직구액 3.8조원, 전체의 87% (+3.6%p YoY)
- 최다 기여 국가 = 중국, 3Q20 누적 화장품 역직구의 중국인 구매 비중 96% (+3.4%p YoY)

국내 직구 및 역직구 시장 성장률

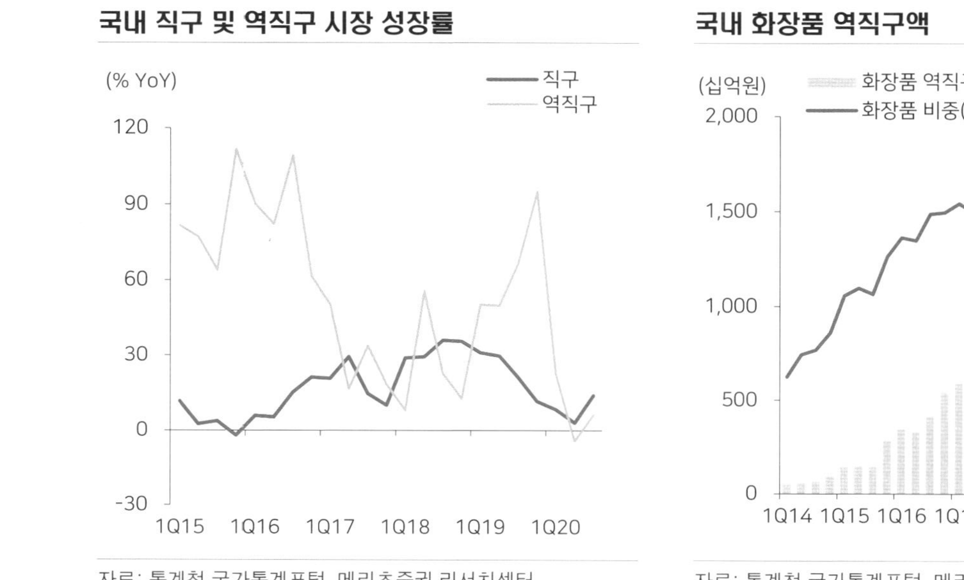

자료: 통계청 국가통계포털, 메리츠증권 리서치센터

국내 화장품 역직구액

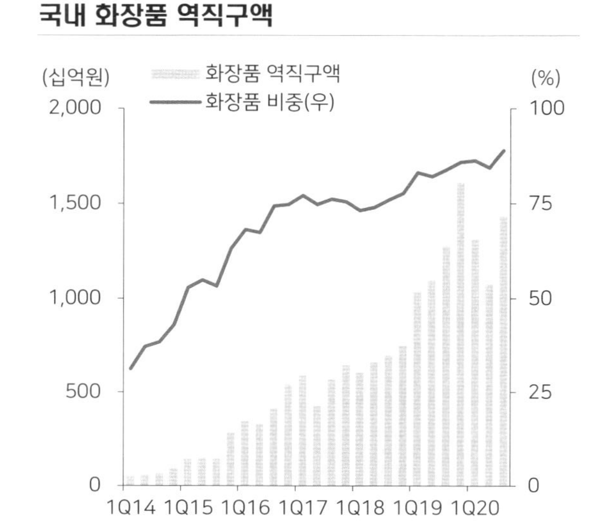

자료: 통계청 국가통계포털, 메리츠증권 리서치센터

국내 역직구의 중국인 기여도

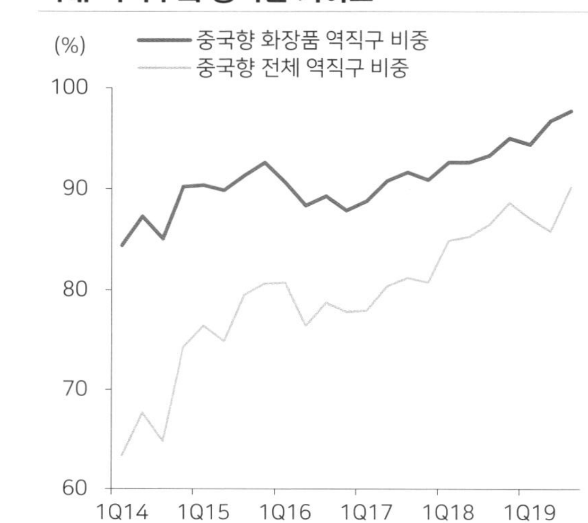

자료: 통계청 국가통계포털, 메리츠증권 리서치센터

플랫폼: '현지' 중국인을 잡아라

중국 현지 플랫폼 강화
3) 온라인

- 중국인이 한국에 올 필요 없는 상황 (∵ 유통 패러다임 변화, 온라인 채널 강세) → 중국 온라인몰 활용
- 중국 전자 상거래 시장 전세계 1위
  - 2020E 시장 규모 2.1조원 예상, 글로벌 전체 시장의 54% 기여 전망
  - 1H20 온라인 쇼핑 인구 7.5억명(+17.3% YoY) 육박
  - 2021E 온라인 쇼핑 보급률 68%(+4.0%p YoY)로 증가세 지속

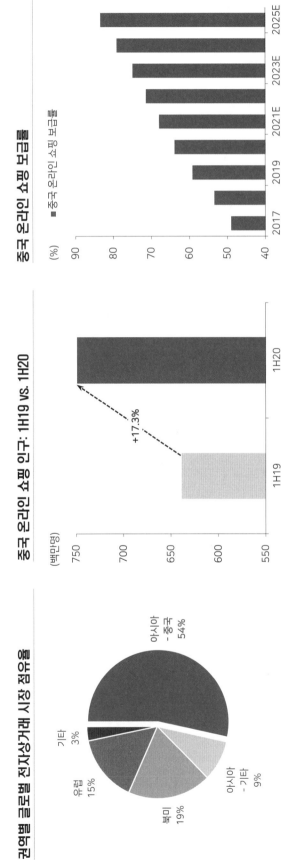

권역별 글로벌 전자상거래 시장 점유율

기타 3%
유럽 15%
북미 19%
아시아 - 기타 9%
아시아 - 중국 54%

자료: eMarketer, 메리츠증권 리서치센터

중국 온라인 쇼핑 인구: 1H19 vs. 1H20

(백만명)
750
700
650
600
550
+17.3%
1H19
1H20

자료: eMarketer, 메리츠증권 리서치센터

중국 온라인 쇼핑 보급률

자료: eMarketer, 메리츠증권 리서치센터

플랫폼: '현지' 중국인을 잡아라

중국 현지 플랫폼 강화
3) 온라인

- 중국인이 한국에 올 필요 없는 상황 (∵ 유통 패러다임 변화, 온라인 채널 강세) → 중국 온라인몰 활용
- 왕홍 통한 마케팅 전개 및 브랜드 노출 필수
  - 2021E 소셜 미디어의 소비 연계성 43% 추산
  - 전체 전자상거래 시장 내 라이브커머스 매출 비중: 2020E 10.2% → 2021E 15.2%
  - 온라인 체류 목적: SNS 1위 (33%), 동영상 2위 (19%)

중국 소셜 미디어 및 소비 연계성

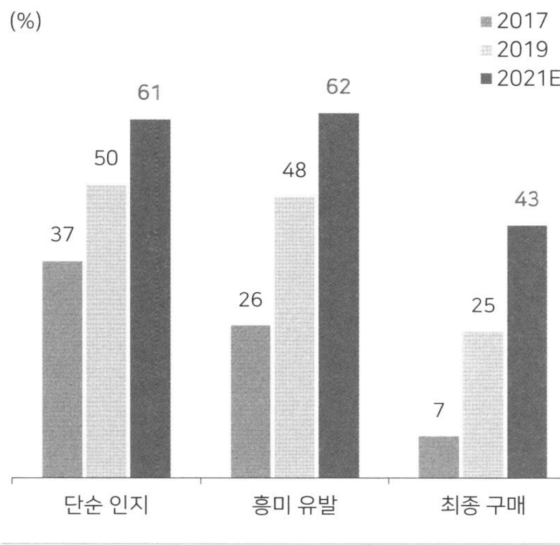

자료: iConsumer, 메리츠증권 리서치센터

중국 온라인 쇼핑 인구: 1H19 vs. 1H20

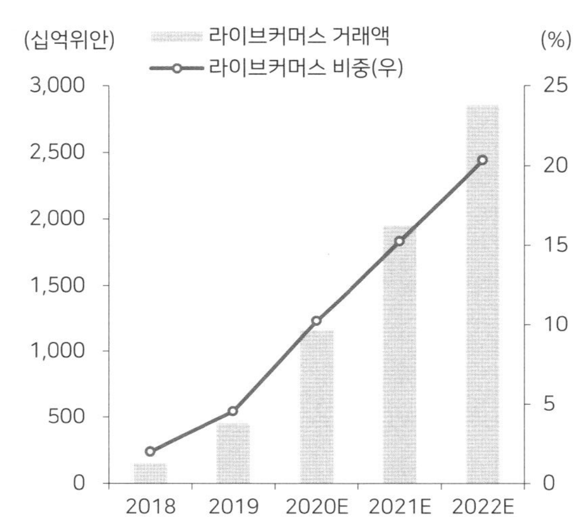

자료: eMarketer, 메리츠증권 리서치센터

중국 온라인 체류 시간: SNS 및 동영상 최대 할애

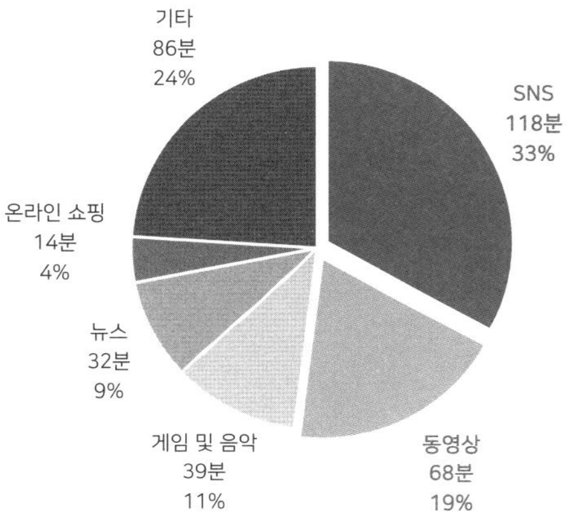

자료: QuestMobile, 메리츠증권 리서치센터

플랫폼: '현지' 중국인을 잡아라

중국 현지 플랫폼 강화
3) 온라인

- 중국인이 한국에 올 필요 없는 상황 (∵ 유통 패러다임 변화, 온라인 채널 강세) → 중국 온라인몰 활용
- 상위 3개 플랫폼 시장 점유율 89%로 압도적 → 주요 온라인 플랫폼 입점 필수
  - Tmall 50% > JD 26% > Pinduoduo 13%
- 쇼핑 행사 (6.18 페스티벌, 11.11 광군제 등) 특수 향유 가능
  - 2020년 알리바바 광군제 총거래액 84조원 기록 = 국내 화장품 전체 소매판매액의 288% 수준

온라인 플랫폼별 중국 전자상거래 시장 점유율

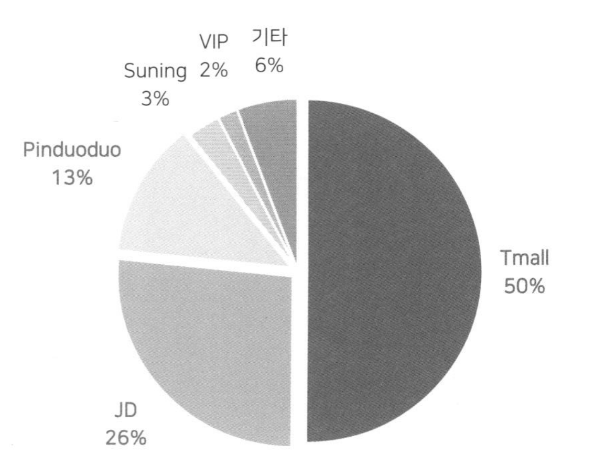

자료: Walkthechat, 메리츠증권 리서치센터

중국 광군제 매출액

자료: Alibaba, 언론 종합, 메리츠증권 리서치센터

콘텐츠: 중국인의 '구미'를 잡아라

중국 인기 콘텐츠 전개
1) 프리미엄

- 중국인 구매력 상승 (∵ 중산층 확대, 세금 인하) → 프리미엄화
- 중산층 확대 → 가격 ≠ 구매 결정 요인 → Trading-up 현상 → 고단가 수입품 선호
  - 2018~2025E 중국 럭셔리 시장 CAGR +10.0%
- 화장품 또한 프리미엄 카테고리 및 수입 브랜드 지배력 강화
  - 2016~2021E 중국 카테고리별 화장품 매출액 CAGR: Prestige +16.8% > Masstige +5.9%
  - 중국 수입 화장품 고성장 지속, 전체 화장품 소매판매의 수입 브랜드 비중 36%

중국 럭셔리 시장 규모

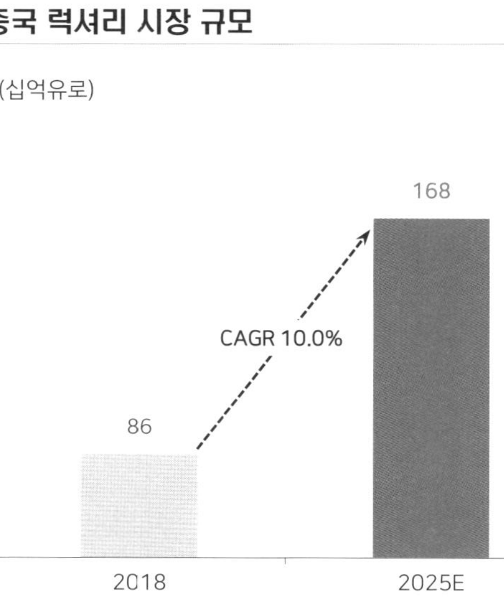

자료: Bain&Company, 메리츠증권 리서치센터

중국 카테고리별 화장품 시장 점유율

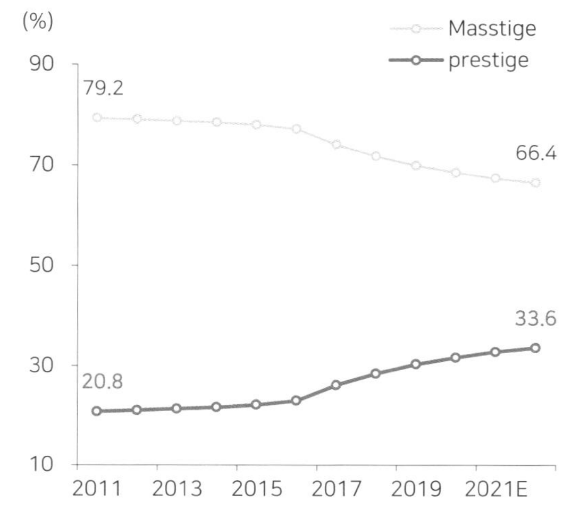

자료: Euromonitor, 메리츠증권 리서치센터

중국 화장품 수입 vs. 화장품 소매판매

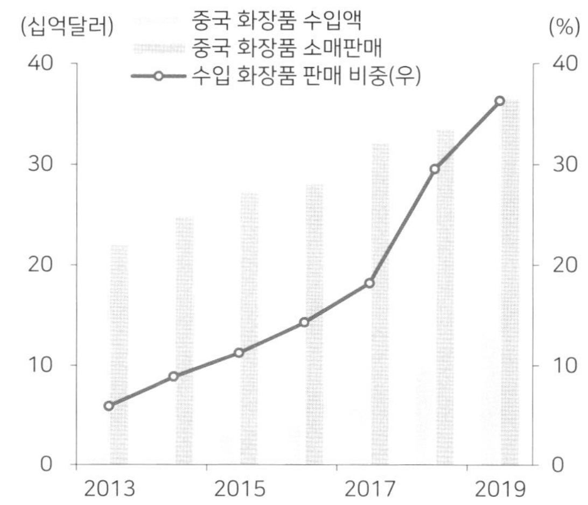

주: 수입 화장품 판매 비중은 수입품 전량 판매된 것으로 가정, 전체 화장품 소매판매를 화장품 수입액으로 나누어 산출
자료: CEIC, KITA, 메리츠증권 리서치센터

콘텐츠: 중국인의 '구미'를 잡아라

중국 인기 콘텐츠 전개
2) 로컬 색조

- 색조 화장품 소비 증가 + 애국주의 열풍 (∵ 미중 무역 갈등) → **로컬 색조 강세**
- 중국 색조 화장품 수요 확대 본격화
  - 2018~2021E 중국 화장품 매출액 CAGR: 색조 +11.9% > 전체 +7.2%
- 중국 인당 색조 화장품 소비액 한국 대비 12%에 불과, 성장 여력 부각

중국 카테고리별 화장품 시장 점유율

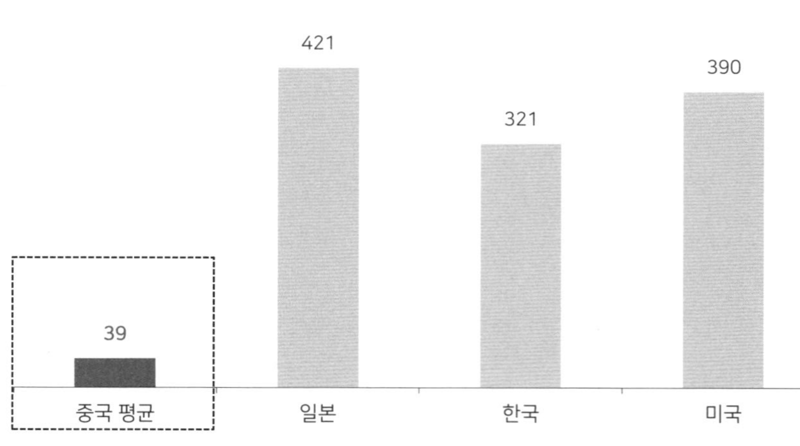

자료: Euromonitor, 메리츠증권 리서치센터

주요국 인당 색조 화장품 소비액 비교

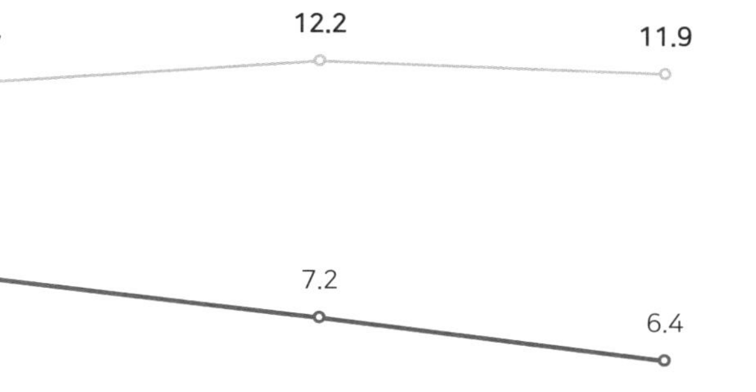
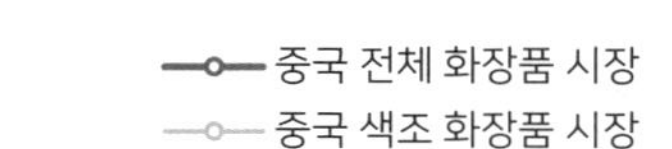

자료: 치엔잔연구원, 메리츠증권 리서치센터

콘텐츠: 중국인의 '구미'를 잡아라

중국 인기 콘텐츠 전개
2) 로컬 색조

- 색조 화장품 소비 증가 + 애국주의 열풍 (∵ 미중 무역 갈등) → 로컬 색조 강세
- 중국 현지 색조 브랜드 급성장 (∵ 가성비 + SNS/왕홍 마케팅 + 애국 소비, '궈차오' 굴기 + Alibaba 지원)
  - 2019년 5월 신국산품양성계획 발표 (연매출 10억위안 로컬 브랜드 200개 성장 지원 정책)

  1) Perfect Diary: 2017년 광저우 설립, 아이섀도 강점, 2019년 티몰 광군제 화장품 매출 1위 기록
  2) Florasis: 2017년 항저우 설립, 립스틱/공기파우더 인기
  3) Hedone: 2014년 상해 설립, 아이섀도/립글로즈 집중

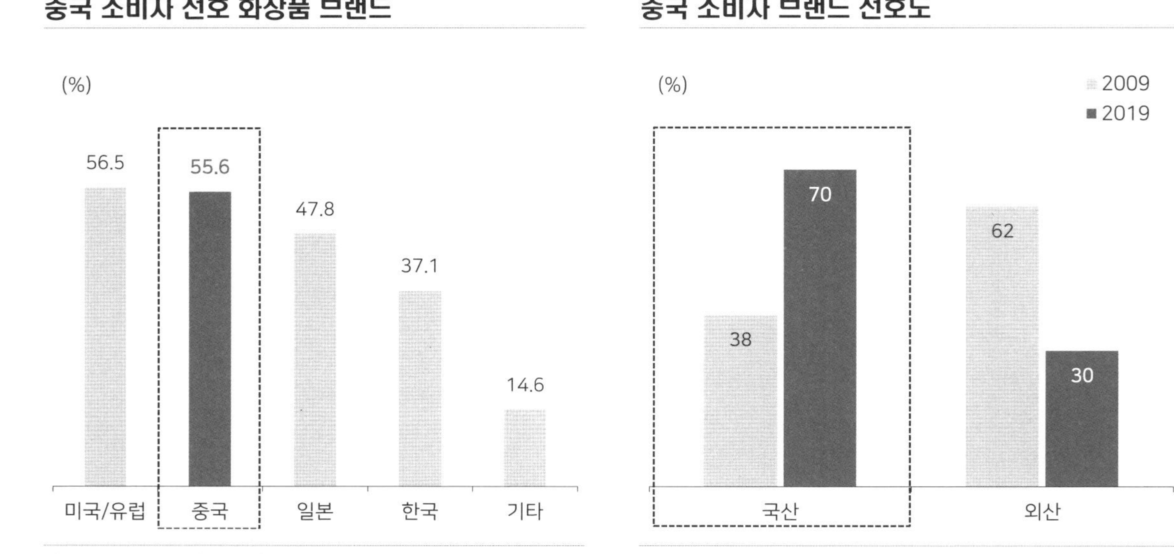

자료: iimedia, 메리츠증권 리서치센터

자료: 바이두, 인민망, 메리츠증권 리서치센터

중국 로컬 색조 브랜드 비교

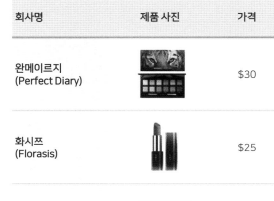

회사명	제품 사진	가격
완메이르지 (Perfect Diary)		$30
화시쯔 (Florasis)		$25
헤도네 (Hedone)		$15

주: 각 사 온라인몰 또는 Amazon 가격 기준
자료: 각 사 홈페이지, 메리츠증권 리서치센터

콘텐츠: 중국인의 '구미'를 잡아라

중국 인기 콘텐츠 전개
3) 더마

- 위생 경각심 증대 (∵ 코로나) + 화장품 성분 중시 → 더마 화장품
- 체크슈머 확산 → 화장품 성분 정보 조회 어플 '메이리시우싱' 인기 (다운로드 횟수 1천만건 돌파)
- 2021E 중국 의약 화장품 시장 규모 595억위안으로, 전체의 22% 차지 예상
  - 프랑스사 위주로 시장 조성 (Vichy, Avene, La Roche-Posay 3개 브랜드 합산 시장 점유율 66%)
  - 상하이자화의 'Dr.Yu' 등 로컬 브랜드 또한 각광 (2019년 매출 +40% YoY)

중국 더마 화장품 시장 규모

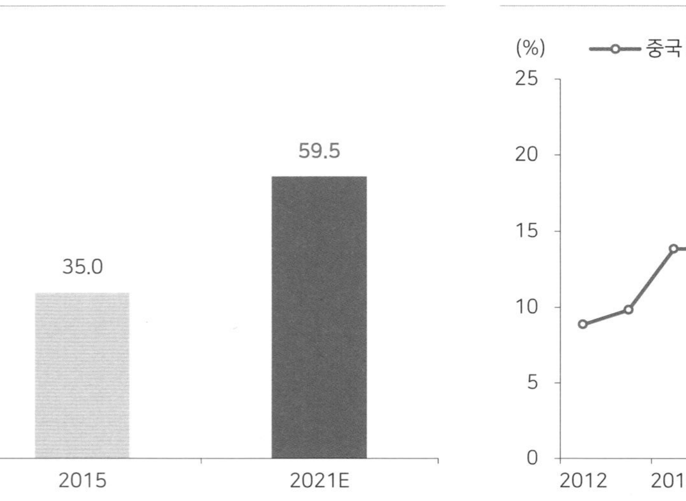

자료: Leqee, 메리츠증권 리서치센터

중국 의약 화장품 매출 비중

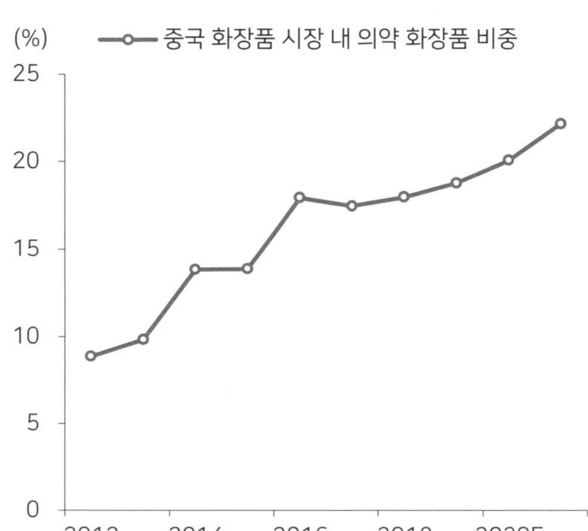

자료: 전망산업연구원, 메리츠증권 리서치센터

중국 의약 화장품 시장 점유율

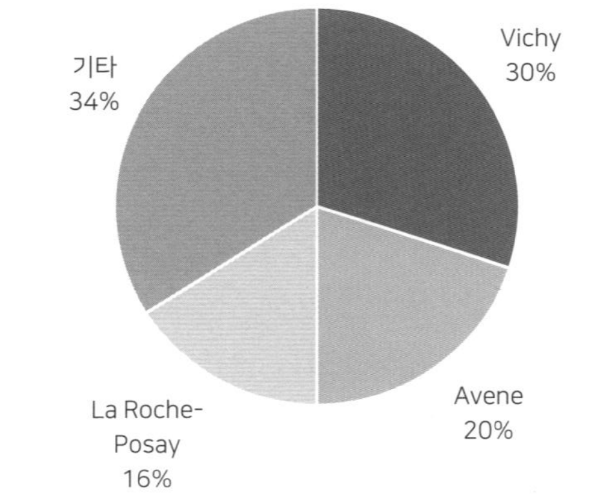

자료: KOTRA, 메리츠증권 리서치센터

콘텐츠: 중국인의 '구미'를 잡아라

중국 인기 콘텐츠 전개
4) 방향

- 실내 생활 증가 (∵ 코로나) → 삶의 질 제고 → **방향 제품 인기**
- 향수/향초/디퓨저/바디워시 등 퍼스널 케어 강세 두각
  - 2020년 7월 누적 수입 향수 비안등록 전년동기대비130% 증가
  - 중국 디퓨저 오일 시장 고성장 시현 (2017~2021E CAGR +29.5%)
  - 향수 또한 고성장 지속, 2021E 133억위안(+24.0% YoY) 달성 예상

중국 수입 향수 비안등록 건수

(건)
800
600
400
200
0
249
572
2019
2020

주: 2020년 1~7월 누적 기준
자료: 중국 국가약품감독관리국, 메리츠증권 리서치센터

중국 디퓨저 오일 시장 규모

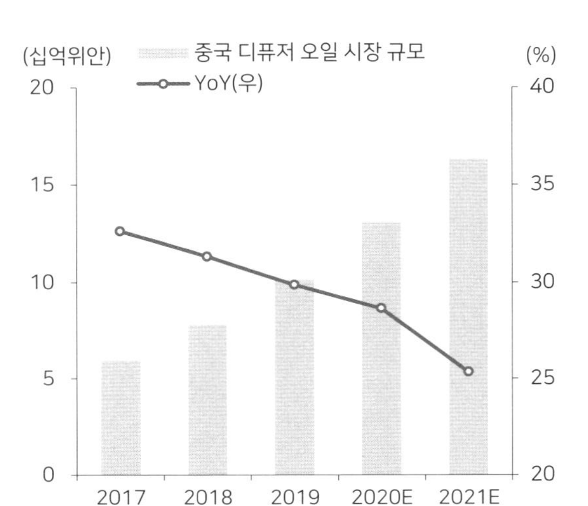

자료: 즈앤컨설팅, 메리츠증권 리서치센터

중국 향수 시장 규모

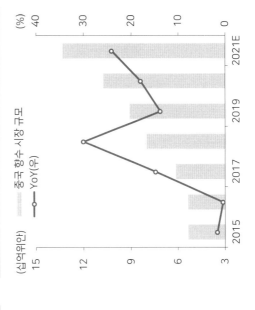

(십억위안)
중국 향수 시장 규모
YoY(우)
(%)
15
12
9
6
3
40
30
20
10
0
2015
2017
2019
2021E

주: 2020년은 당사 예상치 기준
자료: 치엔짠산업연구원, 메리츠증권 리서치센터

2021 전망 화장품

Part III

투자 전략

2021E 화장품 Positive!

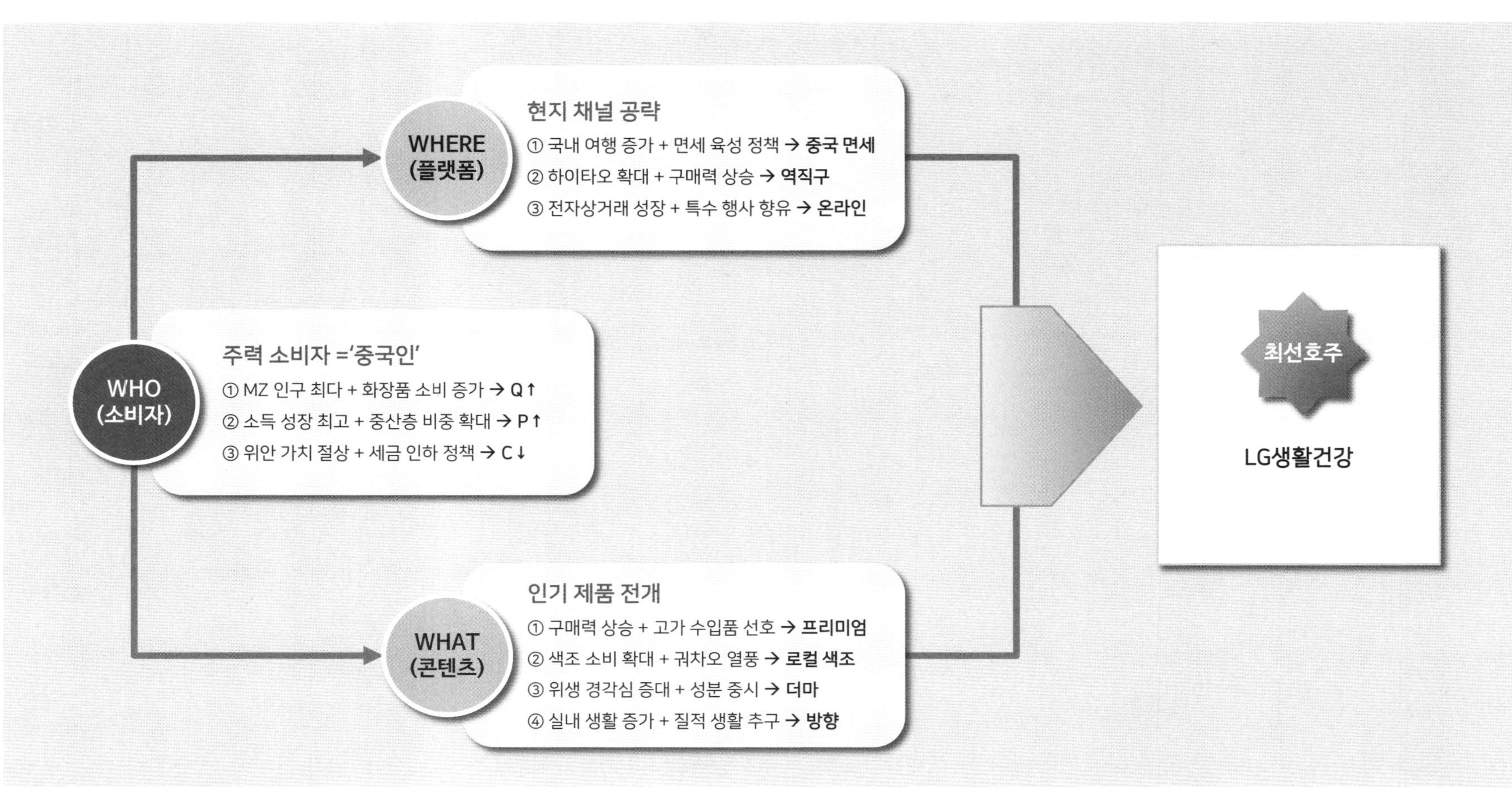
WHO
(소비자)
주력 소비자 ='중국인'
① MZ 인구 최다 + 화장품 소비 증가 → Q↑
② 소득 성장 최고 + 중산층 비중 확대 → P↑
③ 위안 가치 절상 + 세금 인하 정책 → C↓
WHERE
(플랫폼)
현지 채널 공략
① 국내 여행 증가 + 면세 육성 정책 → 중국 면세
② 하이타오 확대 + 구매력 상승 → 역직구
③ 전자상거래 성장 + 특수 행사 향유 → 온라인
WHAT
(콘텐츠)
인기 제품 전개
① 구매력 상승 + 고가 수입품 선호 → 프리미엄
② 색조 소비 확대 + 궈차오 열풍 → 로컬 색조
③ 위생 경각심 증대 + 성분 중시 → 더마
④ 실내 생활 증가 + 질적 생활 추구 → 방향
최선호주
LG생활건강

자료: 메리츠증권 리서치센터

화장품 커버리지 투자 포인트

회사명	플랫폼			콘텐츠			
	면세	역직구	온라인	프리미엄	색조	더마	방향
LG생활건강	● 하이난	● 티몰	● 티몰, 샤오홍슈	● 후, 숨		● CNP, 피지오겔	
아모레퍼시픽	● 하이난	● 티몰	● 티몰, 샤오홍슈	● 설화수			
신세계인터내셔날		● 티몰	● 티몰, 샤오홍슈		● 아워글래스		● 딥티크, 바이레도
코스맥스					● 퍼펙트 다이어리	● 세정/소독제	
한국콜마						● 애터미	
클리오		● 티몰	● 티몰				

자료: 메리츠증권 리서치센터

화장품 커버리지 Valuation Table

업태		브랜드					OEM	
종목명		LG생활건강	아모레퍼시픽	아모레G	신세계인터내셔날	클리오	한국콜마	코스맥스
최대주주지분율(%)		34.0	49.3	62.0	61.0	67.3	30.3	26.6
외인율(%)		45.6	32.3	19.9	5.1	2.4	27.9	23.9
매출액(십억원)	2019	7,685.4	5,580.1	6,284.3	1,425.0	250.4	1,540.7	1,330.7
	2020E	7,904.0	4,444.1	4,970.2	1,320.7	226.2	1,321.9	1,393.6
	2021E	8,474.5	4,761.2	5,420.6	1,388.7	237.6	1,437.7	1,547.5
매출액성장률(%)	2019	13.9	5.7	3.4	12.9	33.6	13.5	5.6
	2020E	2.8	-20.4	-20.9	-7.3	-9.7	-14.2	4.7
	2021E	7.2	7.1	9.1	5.1	5.0	8.8	11.0
영업이익(십억원)	2019	1,176.4	427.8	498.2	84.5	18.6	117.8	54.0
	2020E	1,224.2	120.6	167.1	30.7	9.4	94.7	76.9
	2021E	1,320.8	358.3	298.1	56.7	13.4	129.6	93.7
OPM(%)	2019	15.3	7.7	7.9	5.9	7.4	7.6	4.1
	2020E	15.5	2.7	3.4	2.3	4.2	7.2	5.5
	2021E	15.6	7.5	5.5	4.1	5.6	9.0	6.1
순이익(십억원)	2019	778.1	238.8	133.7	74.0	2.9	29.1	31.8
	2020E	830.8	21.9	43.8	38.1	10.7	41.2	47.2
	2021E	938.5	250.6	98.0	54.2	14.1	55.8	59.0
EPSG(%)	2019	13.7	-33.9	-26.6	28.3	195.3	-12.5	-13.0
	2020E	7.0	-96.1	-67.8	-48.5	259.6	12.8	55.7
	2021E	12.6	2,636.0	124.6	42.3	32.0	62.1	74.6
ROE(%)	2019	20.3	5.4	4.1	13.0	2.1	6.4	10.5
	2020E	18.9	0.5	1.3	6.3	7.2	8.5	13.1
	2021E	18.8	5.6	3.0	8.4	9.0	10.7	14.7
PER(배)	2019	26.1	51.2	54.2	21.2	126.6	36.8	25.2
	2020E	31.4	1,070.2	98.2	30.3	28.5	26.1	22.8
	2021E	27.5	47.8	41.5	21.3	24.2	19.3	18.2
PBR(배)	2019	5.4	3.1	2.4	2.6	2.6	2.3	2.3
	2020E	6.2	3.2	1.4	1.9	2.0	2.2	2.9
	2021E	5.3	3.0	1.4	1.7	2.1	2.0	2.5
EV/EBITDA(배)	2019	15.0	13.5	8.8	13.9	10.6	13.7	13.6
	2020E	18.0	23.6	8.1	16.6	13.1	15.1	12.3
	2021E	16.5	16.4	7.7	13.6	11.9	13.2	10.3
순현금(십억원)	2019	-4.2	319.4	1,010.2	-373.0	42.6	-993.7	-471.3
	2020E	72.4	567.2	1,403.0	-403.8	16.9	-787.1	-500.7
	2021E	524.1	805.7	1,859.5	-366.9	24.7	-678.2	-428.1

주: 2021년 1월 13일 종가 기준
자료: Quantiwise, 메리츠증권 리서치센터

섬유의복

다 좋다

Summary

다 좋다

2020 Review
구간 변경

I

- 2020년 코로나 영향 직격타, 전체 소매판매 침체 속 자유 소비재 부진 심화
- 의류 판매 급감 (한국 -41.7%, 중국 -30.3%, 미국 -30.7%) → De-stocking 심화
- 다 '안' 좋았던 2020년: 전/후방 모두 부진 → 주가 하락 동조화 (브랜드 – 역기저 부담, OEM – 거래선 발목)
- 다 좋을 2021E: 펀더멘털 개선 + 모멘텀 강화 → 구간 변경, Overweight

2021E Preview
다 좋다

II

- [브랜드] 인당 의류 구매, 전체 소비지출의 6.3% 내외 지속 → 더 '안'산다 → **저변을 넓혀라!**
  ① 포트폴리오 다각화: 세컨드 브랜드, 콜라보레이션, 카테고리 다각화, 인수합병 = 판매량 증가 (Q↑)
  ② 플랫폼 다변화: 해외 진출, 온라인 = 판매량 증가 (Q↑) + 수수료 절감 (C↓)
- [OEM] 자생적 매출 실현 및 영업 레버리지 효과 창출 제한적 → **경쟁력을 높혀라!**
  ① 수직계열화: 원부자재 역내 조달 → 원가 절감 (C↓)
  ② 무관세 활용: 무관세 지역 내 생산 기지 집중 → 수주 증가 (Q↑)
  ③ 벤더 통합화: 미중 분쟁 지속 → 중국 외 지역 내 대형사 물량 집중 → 수주 증가 (Q↑)

투자 전략
최선호주: F&F
차선호주: 한세실업

III

- **최선호주: F&F**
  ① 플랫폼: 중국 현지 사업 강화 통한 신성장동력 확보
  ② 콘텐츠: 주력 브랜드 (MLB/Discovery) 카테고리 확장, 신규 브랜드 (Duvetica) 추가
- **차선호주: 한세실업**
  ① 외형: 주력 거래선 내 점유율 상승 + PPE (마스크/방호복) 추가 + 최대 거래선 (GAP) 카테고리 확장
  ② 내실: 수직계열화 기반의 원가 개선 + 한세엠케이 판관비 효율화 + 기타비용 (재고자산평가손, 무형자산상각비 등) 제거

시나리오별 2021년 전망

항목		변수	Worst	Base	Best
주가 결정 요인	1. 내수 - 브랜드	▪ 코로나 확산 여부 ▪ 날씨 영향	▪ 코로나 확진자 수 급증 → 오프라인 부진 심화 (2021E 의류 판매 -10%) ▪ 4Q20~1Q21E 전년동기대비 기온 상승 (4Q20~1Q21E 매출 비중 평균 40%) → 판매 5% 이상 감소	▪ 코로나 확진자 수 점진적 축소 → 오프라인 개선 (2021E 의류 판매 +10%) ▪ 4Q20~1Q21E 전년동기대비 기온 유사 (4Q20~1Q21E 매출 비중 평균 40%) → 판매 5% 이상 증가	▪ 코로나 확진자 수 급감 → 오프라인 영업 확대 (2021E 의류 판매 +20%) ▪ 4Q20~1Q21E 전년동기대비 기온 하락 (4Q20~1Q21E 매출 비중 평균 40%) → 판매 10% 이상 증가
	2. 미국 - OEM	▪ 서구권 록다운 ▪ 거래선 재고 조정	▪ 북미 및 유럽 록다운 지속 → 거래선 재고 소진 주력 → De-stoking 심화	▪ 북미 및 유럽 오프라인 영업 점진적 재개 → 거래선 재고 비축 → Re-stoking 진입	▪ 북미 및 유럽 영업 완전 재개 → 거래선 재고 비축 → Re-stoking 진입
산업 투자 전략			▪ 비중 축소 ▪ 보수적 대응 권고: 판매 역신장 불가피 + 투자 모멘텀 악화	▪ 비중 확대 ▪ 선별적 대응 권고: 주력 채널 내 시장 성장 상회 업체 선별 (국내 및 미국 현지 성과 모니터링 필요)	▪ 비중 확대 ▪ 공격적 대응 권고: 판매 고성장 기대 + 투자 모멘텀 강화
Top-Picks			▪ F&F	▪ F&F, 한세실업	▪ 업태 무관 전 업체 호조

Part I

구간 변경

2020 Review: 부진 그 자체

코로나 직격타 → 판매 급감

- 2020년 코로나 영향 직격타, 전체 소매판매 침체 속 자유 소비재 부진 심화
- 아시아 판매 급감 및 서구권 De-stocking 심화
- [아시아] 실내 활동 증가 → 의류 수요 감소
  - 한국 전체 소매판매 -25.9% vs. 의류 -41.7%, 중국 전체 소매판매 -24.8% vs. 의류 -30.3%
- [서구권] 의류 소비 감소 → 거래선 재고 소진 집중
  - 미국 전체 소매판매 -1.0% vs. 의류 -30.7%

아시아 의류 소매판매: 한국 -41.7%, 중국 -30.3%

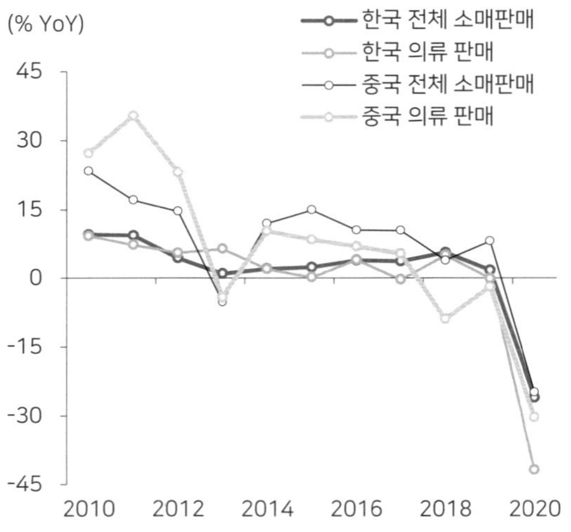

주: 2020년은 9월 누적 기준
자료: 통계청 국가통계포털, CEIC, 메리츠증권 리서치센터

미국 소매판매: 전체 -1.0% vs. 의류 -30.7%

(% YoY)
의류 소매판매
전체 소매판매
20
0
-20
-40
-60
-80
-100
'10
'12
'14
'16
'18
'20

주: 2020년은 9월 누적 기준
자료: US Census, 메리츠증권 리서치센터

미국 의류 소매판매: De-stocking 심화

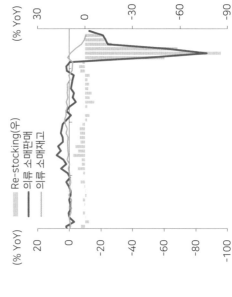

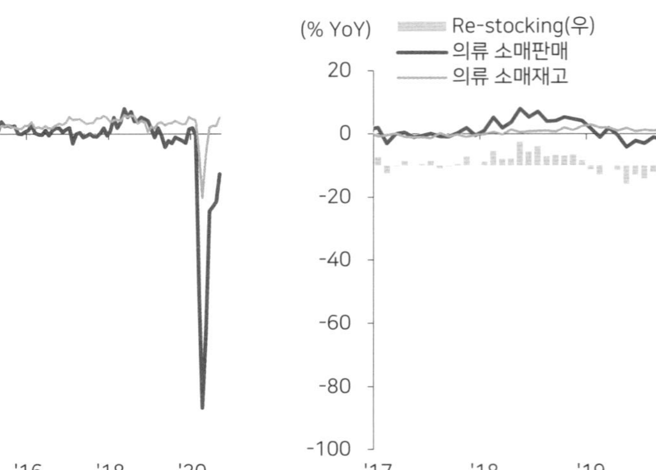

주: 2020년은 9월 누적 기준
자료: US Census, 메리츠증권 리서치센터

2020 Review: 다 '안' 좋았다

다 '안' 좋았던 2020년

- 업태 무관하게 전반적으로 부진했던 한 해 → 주가 동조화
- [브랜드]
  발목 = '역기저': F&F MLB 면세, 휠라 중국 외 전 부문, 한섬 국내 소매판매 기고 작용
- [OEM]
  발목 = '거래선': 한세실업/영원무역/화승엔터프라이즈 주력 거래선 재고 조정

섬유의복 업체별 주가 수익률 (YTD)

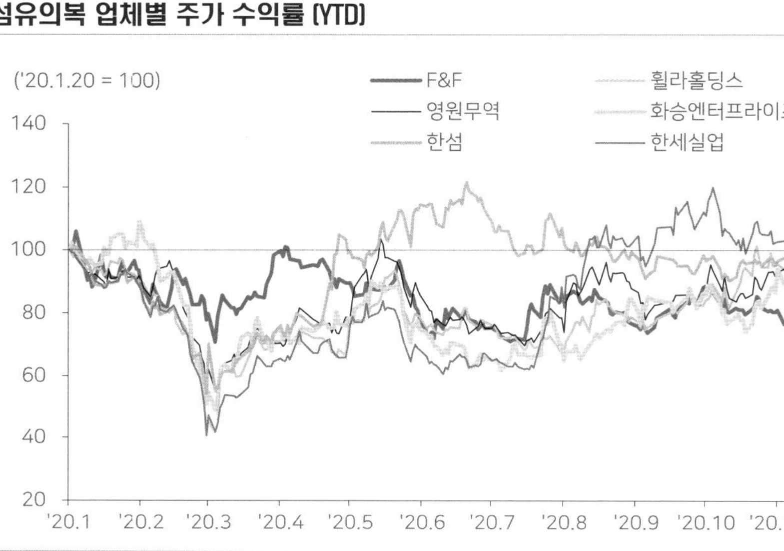

자료: Quantiwise, 메리츠증권 리서치센터

섬유의복 업체별 영업이익 증감률 (2020E)

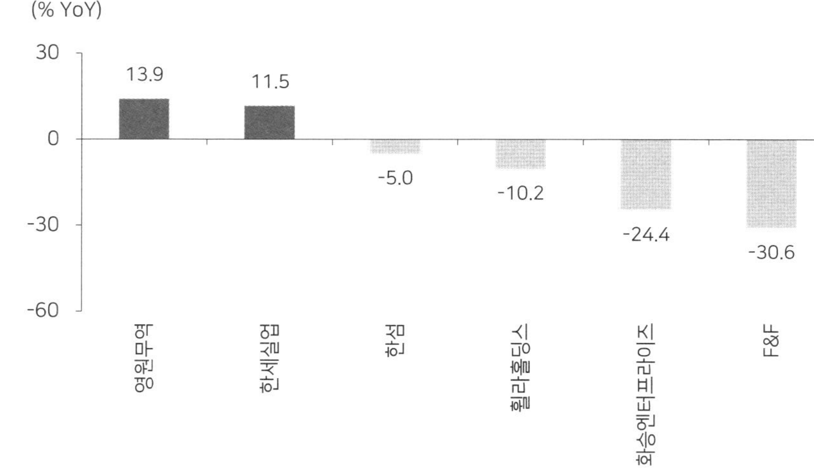

자료: Quantiwise, 메리츠증권 리서치센터

2021E Preview: 다 좋다

다 좋을 2021년

- 기저 영향 감안 전 업체 '+' 성장 실현 예상 (커버리지 6개사 평균 2021E 매출액 +9.3%, 영업이익 +30.2%)
- 펀더멘털 개선 + 모멘텀 강화 → 구간 변경, **Overweight**
- **[브랜드]** 카테고리 다각화 (Q↑) + 전개 지역 추가 (Q↑) + 온라인 강화 (C↓)
- **[OEM]** 고객사 Re-stocking (Q↑) + 수직계열화 (C↓) + FTA 확산 (Q↑) + 벤더 통합화 (Q↑)

산업별 순이익 증가율 및 컨센서스 변화율 (2021E)

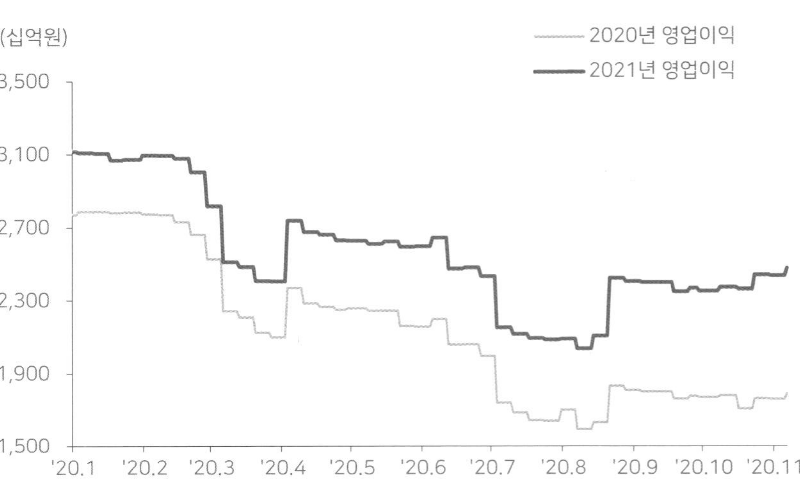

자료: Quantiwise, 메리츠증권 리서치센터

섬유의복 영업이익 컨센서스 추이

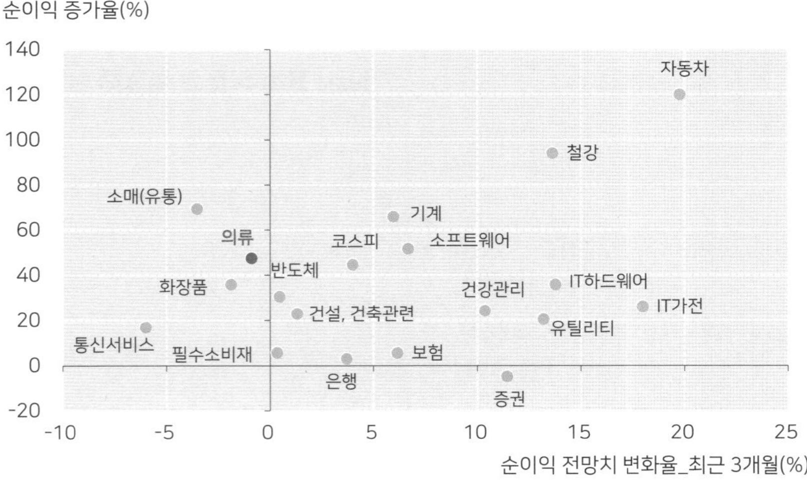

자료: Quantiwise, 메리츠증권 리서치센터

Part II

다 좋다

[브랜드] 저변 확장

핵심은 '저변 확장'

- 지속 가능 성장 도모 위한 필수 조건: **저변을 넓혀라!**
- 의류 브랜드 업체 내수 비중 절대적 (한섬 100% > F&F 66% > 휠라 36%, 아쿠시네트 제외)
- 인당 의류 구매, 전체 소비지출의 6.3% 내외 지속 → 더 '안'산다
- 한국 노령화 국가 (2017년 노령 인구 > 유소년 인구) → 주력 소비층 MZ 기여도 약화

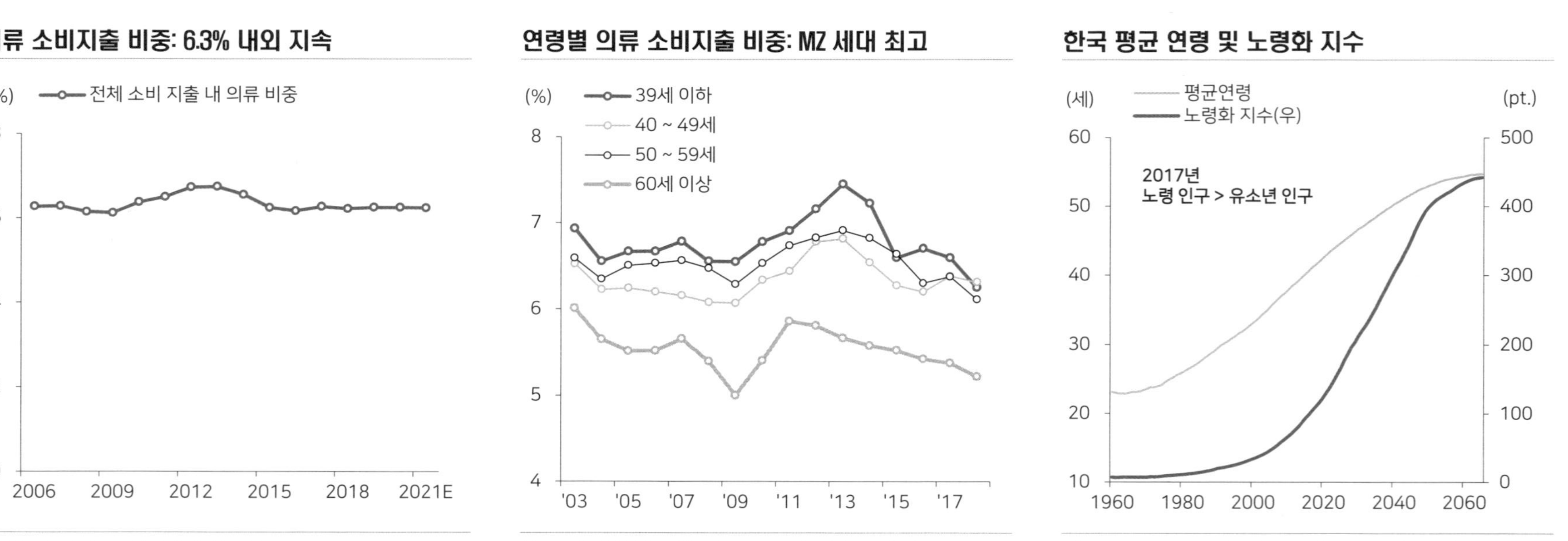

주: 2019~2021E은 당사 예상치 기준
자료: 통계청 국가통계포털, 메리츠증권 리서치센터

자료: 통계청 국가통계포털, 메리츠증권 리서치센터

자료: 통계청 국가통계포털, 메리츠증권 리서치센터

[브랜드] 저변 확장 ① 포트폴리오 다각화

라인업 확대 = 판매량↑

- 포트폴리오 다각화로써 신성장동력 확보 = 판매량 증가(Q↑)
- [라인업 확대]
  ① 세컨드 브랜드: 타깃 소비층 확장(Q↑) + 신규 소비자 유입(Q↑)
  ② 콜라보레이션: 제품 차별화(Q↑) + 희소성(P↑)

글로벌 업체 세컨드 브랜드

퍼스트 브랜드	세컨드 브랜드
Calvin Klein	CK
Dolce & Gabbana	D&G
Donna Karan	DKNY
Giorgio Armani	Emporio Armani
Boss	Hugo Boss
Karl Lagerfeld	Karl
Alexander McQueen	McQ
Balmain	Pierre Balmain
Chloé	See by Chloe
Vera Wang	Simply Vera

자료: 각 사 홈페이지, 언론 종합, 메리츠증권 리서치센터

한섬 세컨드 브랜드: 여성복 → 남성복 → 연소화

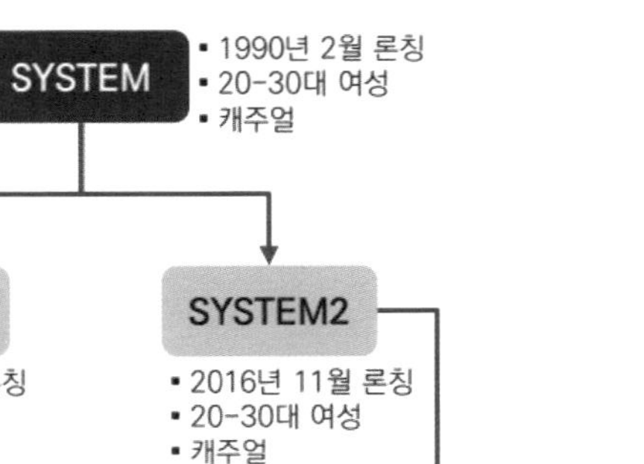

자료: 한섬, 메리츠증권 리서치센터

의류 브랜드 콜라보레이션 사례

GUCCI X MLB

FENDI X FILA

Louis Vuitton X Supreme

Off White X Nike

자료: 각 사 홈페이지, 언론 종합, 메리츠증권 리서치센터

[브랜드] 저변 확장 ① 포트폴리오 다각화

라인업 확대 = 판매량 ↑

- 포트폴리오 다각화로써 신성장동력 확보 = **판매량 증가** (Q ↑)
- **[라인업 확대]**
  ③ 카테고리 다각화: 타깃 소비층 확장 (Q ↑) + 신규 소비자 유입 (Q ↑)
  ④ 인수합병: 융복합 시너지 창출 + 브랜드 추가 통한 외형 성장 (Q ↑)

국내외 의류업체 인수합병 사례

인수자	업태	피인수자	업태	브랜드	국가	일자	인수 대금
해외							(백만달러)
VFC	의류	Sketchers	의류	스케쳐스	미국	2019년 1월	4,552
		Timberland	의류	팀버랜드	미국	2011년 6월	1,972
		Vans	의류	반스	미국	2004년 4월	315
Hanesbrands	의류	BNT	의류	Bras N Things	호주	2018년 2월	398
		Pacific Brands	의류	베를리	호주	2016년 4월	714
		Champion EU	의류	챔피온 EMEA 사업권	유럽	2016년 4월	251
국내							(십억원)
신세계인터내셔날	화장품/의류	RAWRAW	패션잡화(가방)	로우로우	한국	2019년 6월	2
		비디비치코스메틱	화장품	비디비치	한국	2012년 4월	6
		톰보이	의류	스튜디오톰보이, 코모도	한국	2011년 10월	18
F&F	의류	DUVETICA	의류	듀베티카	이탈리아	2018년 7월	4
한섬	의류	클린젠	화장품	코스메슈티컬 브랜드	한국	2020년 5월	10
현대백화점그룹	유통	SK바이오랜드	화장품/헬스케어	미정	한국	2020년 8월	120

주: 해외 업체는 최종 공시 일자 기준, 국내 업체는 최초 취득 일자 기준
자료: Bloomberg, Dart, 메리츠증권 리서치센터

[브랜드] 저변 확장 ② 플랫폼 다변화

해외 진출 = 판매량↑

- 플랫폼 다변화 통한 신성장동력 확보 = **판매량 증가(Q↑)**
- **[플랫폼 추가]**

  ① 해외 진출: 외형 확대(Q↑) 직결, 주가 프리미엄 요소로도 작용 가능
  - 직진출: 판매 직접 관여 함에 따라 소비자 반응 대응 용이
  - 수출/도매: 제반 비용 및 재고 부담 완화

휠라 Fwd. PER: 1차 확장 – 중국 성장 확대, 2차 확장 – 미국 고성장

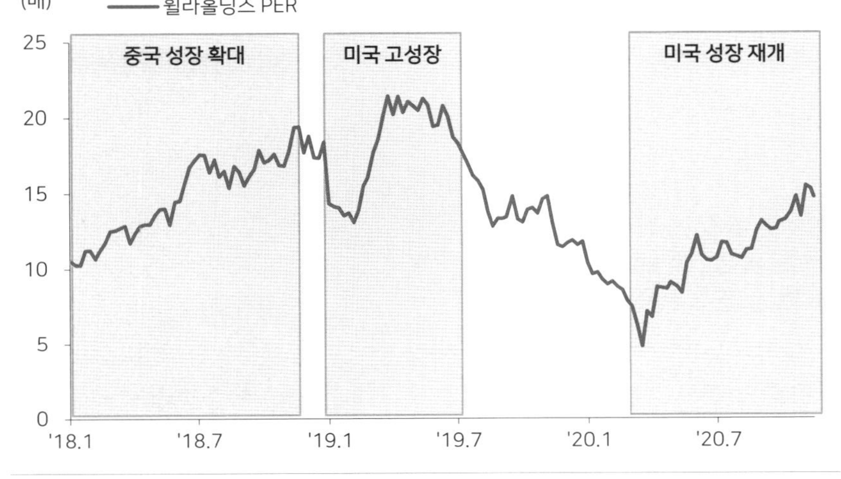

자료: Quantiwise, 메리츠증권 리서치센터

F&F Fwd. PER: 1차 확장 – 중국 판권 확보, 2차 확장 – 중국 도매 계약 체결

자료: Quantiwise, 메리츠증권 리서치센터

[브랜드] 저변 확장 ② 플랫폼 다변화

온라인 = 수수료 ↓ ≒ 판매량 ↑

- 플랫폼 다변화 통한 신성장동력 확보 = 수수료 절감 (C↓) ≒ 할인 제공 증가 (P↓) ≒ 판매량 증가 (Q↑)
- **[플랫폼 추가]**

② 온라인: 지급수수료 절감 따른 영업 레버리지 효과 창출
- 백화점 판매수수료율 평균 25% vs. 자사 온라인몰 판매수수료율 0%
- 온라인 주요 구입 품목 = 의류, 구매 경험 PC 69.2%, 모바일 64.6%

백화점 복종별 판매수수료

복종		판매수수료 (%)			
		평균	국내 브랜드	해외 브랜드	최고
남성복	정장	27.4	27.5	18.0	44.3
	캐주얼	28.5	28.5	26.8	42.9
	셔츠/넥타이	25.9	25.9	27.4	34.9
여성복	정장	25.8	25.8	-	44.5
	캐주얼	25.1	25.1	26.3	49.0
	란제리/모피	25.2	25.2	-	40.8
유아동복		25.4	25.4	25.2	40.7
진/유니섹스		22.2	22.2	-	46.4
스포츠용품		23.7	23.7	25.9	44.7

자료: 공정거래위원회, 2011년 대형유통업체 판매수수료 정보 공개, 메리츠증권 리서치센터

주요 온라인 쇼핑 품목: 의류 및 잡화 최상위권

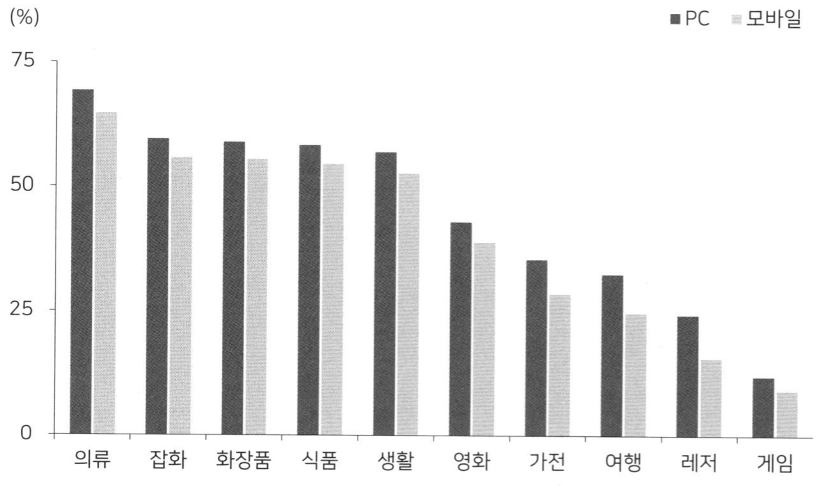

자료: DMC 미디어, 2019 인터넷 쇼핑 행태 및 구매 접점 분석 보고서, 메리츠증권 리서치센터

[브랜드] 저변 확장 ② 플랫폼 다변화

온라인 = 수수료 ↓ ≒ 판매량 ↑

- 플랫폼 다변화 통한 신성장동력 확보 = 수수료 절감 (C ↓) ≒ 할인 제공 증가 (P ↓) ≒ 판매량 증가 (Q ↑)
- [플랫폼 추가]

② 온라인: 멀티 채널 활용 급증 → 온라인 채널 강화 필수
- 소비의 목적, '소유'에서 '공유'로 이동 → 유기적 온/오프라인 활용
- 오프라인 매장 = 제품 체험의 공간, SNS = 정보 공유의 장, 온라인몰 = 최종 구매처

의류 구매 경로 다양화

채널 유형	발견	시도/테스트	구매	수령	반품	비중
오프라인	오프라인	오프라인	오프라인	오프라인	오프라인	35%
멀티	디지털	오프라인	오프라인	오프라인	오프라인	15%
디지털	디지털	디지털	디지털	디지털	디지털	10%
멀티	디지털	오프라인	디지털	디지털	오프라인	7%
멀티	오프라인	오프라인	오프라인	디지털	오프라인	6%
멀티	디지털	오프라인	디지털	디지털	디지털	5%
멀티	디지털	오프라인	오프라인	디지털	오프라인	4%

자료: A.T.Kearney, KOTRA, 메리츠증권 리서치센터

[OEM] 경쟁력 증대

핵심은 '경쟁력' 우위 여부

- 지속 가능 성장 도모 위한 필수 조건: 경쟁력을 높혀라!
- 의류 OEM, 자생적인 매출 실현 불가 (∵ 수주 확보/제품 생산/선적 이행 모두 거래선에 의해 결정)
- 비용 구조상 영업 레버리지 효과 창출 또한 제한적 (∵ 고정비 > 변동비)
- 노동 집약적 산업으로 제조 기술력 무차별

의류 업체 비용 구조: 원가 비중이 절대적

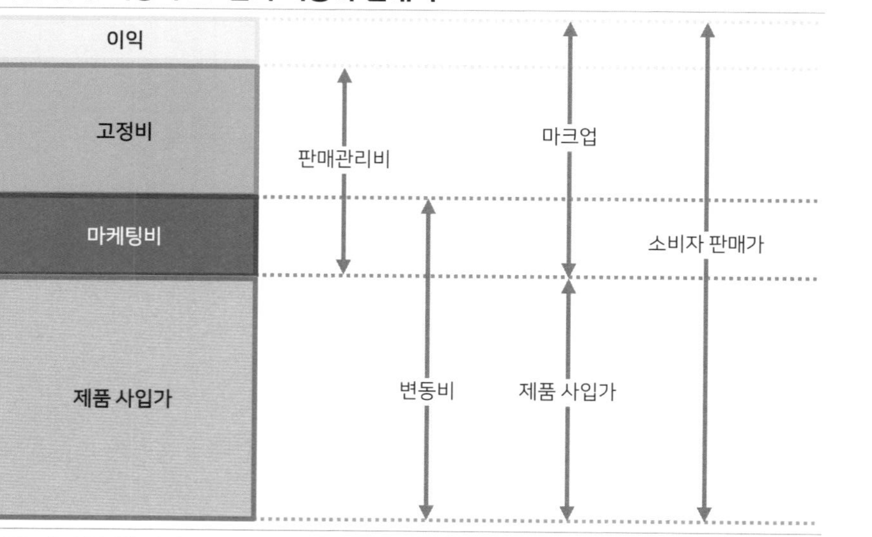

자료: 메리츠증권 리서치센터

섬유의복 업체별 비용 구조

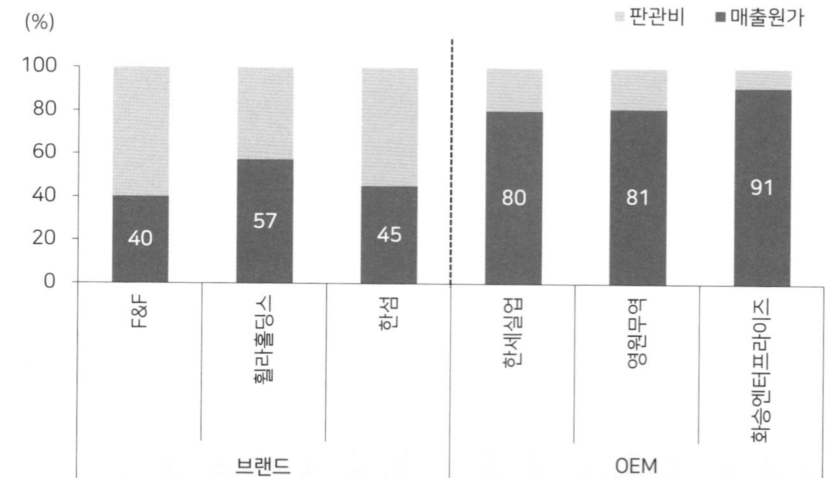

주: 2017~2019년 3개년 평균 값 적용
자료: Quantiwise, 메리츠증권 리서치센터

[OEM] 경쟁력 증대 ① 수직계열화

수직계열화 = 원가↓

- 후방 산업 수직계열화 → 원부자재 역내 조달 = 원가 절감 (C↓)
- [수직계열화]
  - 다수의 SKU, 다품종 소량생산 추세 → 단기간 내 제조 공정 자동화 불가능
  - 해답은 '후방 수직계열화', 구조적 원가 절감 및 본업 봉제와의 시너지 창출 가능
  - 국내 OEM, 2010년 후반부터 수직계열화 본격화, 2021E 인수합병 통한 계열사 추가 기대 가능

Pipeline production structure 직렬적 구조

원재료 → 섬유 → 직물 → 염색 및 가공 → 완제품

자료: 메리츠증권 리서치센터

OEM 업체별 수직계열화 현황

업체명	계열사명	지역	주요 사업	지분율
한세실업	칼라앤터치	베트남	원단 수출업	100%
	C&T VINA	베트남	직물 제조 및 염색업	100%
	C&T G-Tech	베트남	의류 염색 가공	100%
영원무역	DTI	베트남	직물 제조	100%
	YGA	방글라데시	의류 부품 제조	100%
화승엔터프라이즈	UNIPAX	베트남	모자 제조	50%

자료: DART, 메리츠증권 리서치센터

[OEM] 경쟁력 증대 ② 관세 혜택

무관세 지역 활용 = 수주↑

- 무관세 지역 내 생산 기지 집중 → 수주 증가(Q↑)
- 주력 거래선 다수 포진한 서구권향 출고에 관세 혜택 부여된 지역 내 생산 기지 집중
- **[미국]** CAFTA 활용, 가입국 **중남미**
  - CAFTA: Central American Free Trade Agreement '중미 자유 무역 협정', 전 품목 수출입 무관세
  - 최근 미국 CPTPP 재가입 기대 → **베트남** 낙수효과 기대

OEM 업체 생산 거점 무역 조항

회사명	생산 거점	서구권 무역 조항
한세실업	베트남	EU-FTA, EU-GSP, CPTPP
	중남미	CAFTA
	인도네시아	EU-GSP
영원무역	방글라데시	EU-GSP
	베트남	EU-FTA, EU-GSP, CPTPP
	중국	-
화승엔터프라이즈	베트남	EU-FTA, EU-GSP, CPTPP
	인도네시아	EU-GSP
	중국	-

자료: KOTRA, European Commission, United States Trade Representative, 메리츠증권 리서치센터

OEM 업체 거점별 생산 비중

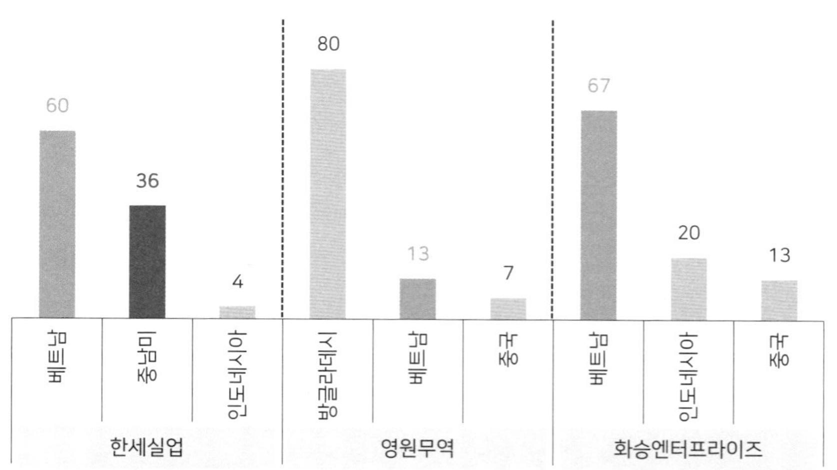

자료: DART, 메리츠증권 리서치센터

[OEM] 경쟁력 증대 ② 관세 혜택

무관세 지역 활용 = 수주 ↑

- 무관세 지역 내 생산 기지 집중 → 수주 증가(Q↑)
- 주력 거래선 다수 포진한 서구권향 출고에 관세 혜택 부여된 지역 내 생산 기지 집중
- [유럽] GSP 활용, 가입국 **방글라데시, 베트남, 인도네시아** 최적
  - GSP: Generalized System of Preferences '일반특혜관세제도', 전 품목 수출입 무관세
  - 2020년 8월 EU-베트남 FTA 공식 발효 → **베트남** 수혜 확대

OEM 업체 생산기지별 무역 조항

회사명	생산 거점	생산 비중(%)	서구권 무역 조항
한세실업	베트남	60	EU-FTA, EU-GSP, CPTPP
	중남미	36	CAFTA
	인도네시아	4	EU-GSP
영원무역	방글라데시	80	EU-GSP
	베트남	13	EU-FTA, EU-GSP, CPTPP
	중국	7	-
화승엔터프라이즈	베트남	67	EU-FTA, EU-GSP, CPTPP
	인도네시아	20	EU-GSP
	중국	13	-

자료: KOTRA, European Commission, United States Trade Representative, 메리츠증권 리서치센터

OEM 업체 거점별 생산 비중

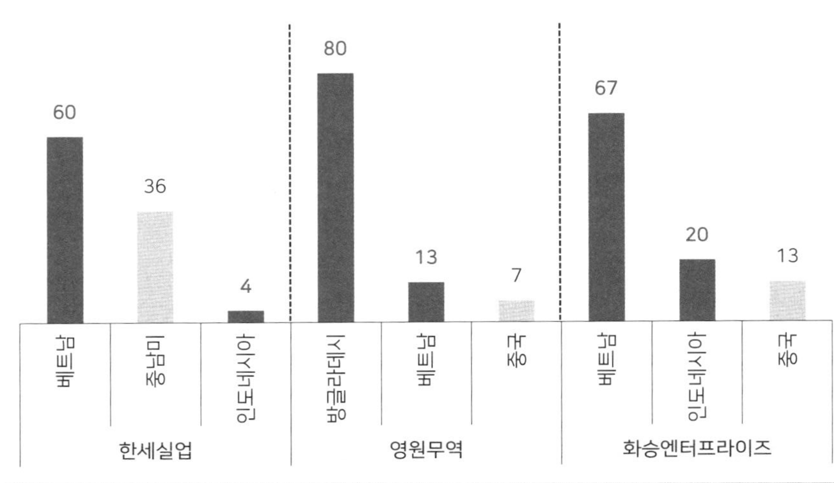

자료: 각 사, 메리츠증권 리서치센터

[OEM] 경쟁력 증대 ③ 벤더 통합화

벤더 통합화 = 수주 ↑

- 벤더 통합화 따른 대형사 물량 집중 → 수주 증가 (Q ↑)
- 미중간 무역 갈등 지속 → 중국 의류 수출 감소 → 베트남 최고 수혜국 등극, 방글라데시 또한 물량 확대
- 미국 패션 제품 수입국 의존도: **베트남 및 방글라데시** ↑ vs. 중국 ↓
  - 2010년 vs. 2020년: 베트남 8.2% → 19.2%, 방글라데시 5.5% → 8.1% vs. 중국 39.2% → 23.9%
- 글로벌 평균 대비 수출 단가 높은 국가는 **베트남 및 인도네시아**
  - 수출 단가 (USD/Square meter): 인니 $3.9 > 베트남 $3.4 > 평균 $2.9 = 방글라데시 $2.9 > 중국 $1.9

미국 의류 수입 국가별 의존도

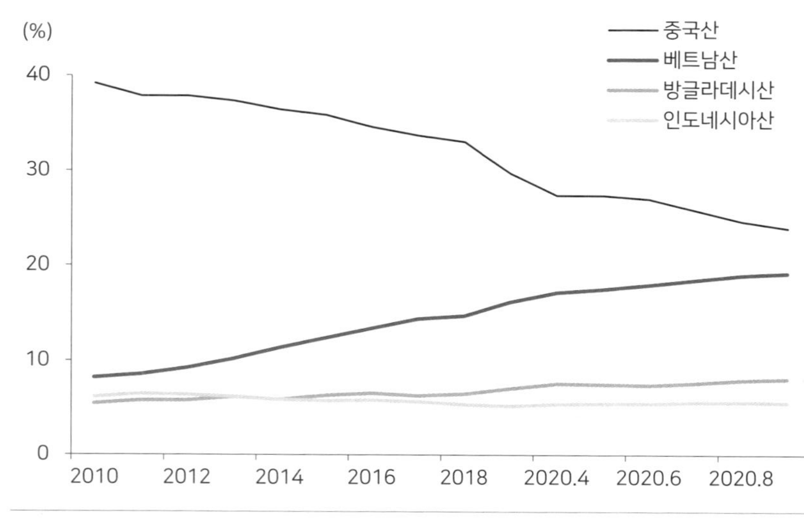

자료: U.S. General Imports, 메리츠증권 리서치센터

미국 의류 수입 단가

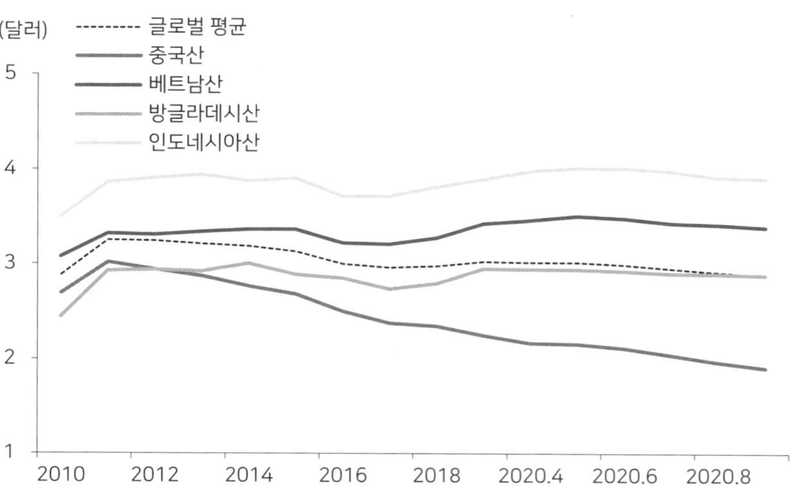

자료: U.S. General Imports, 메리츠증권 리서치센터

Part III

투자 전략

2021E 섬유의복 Positive!

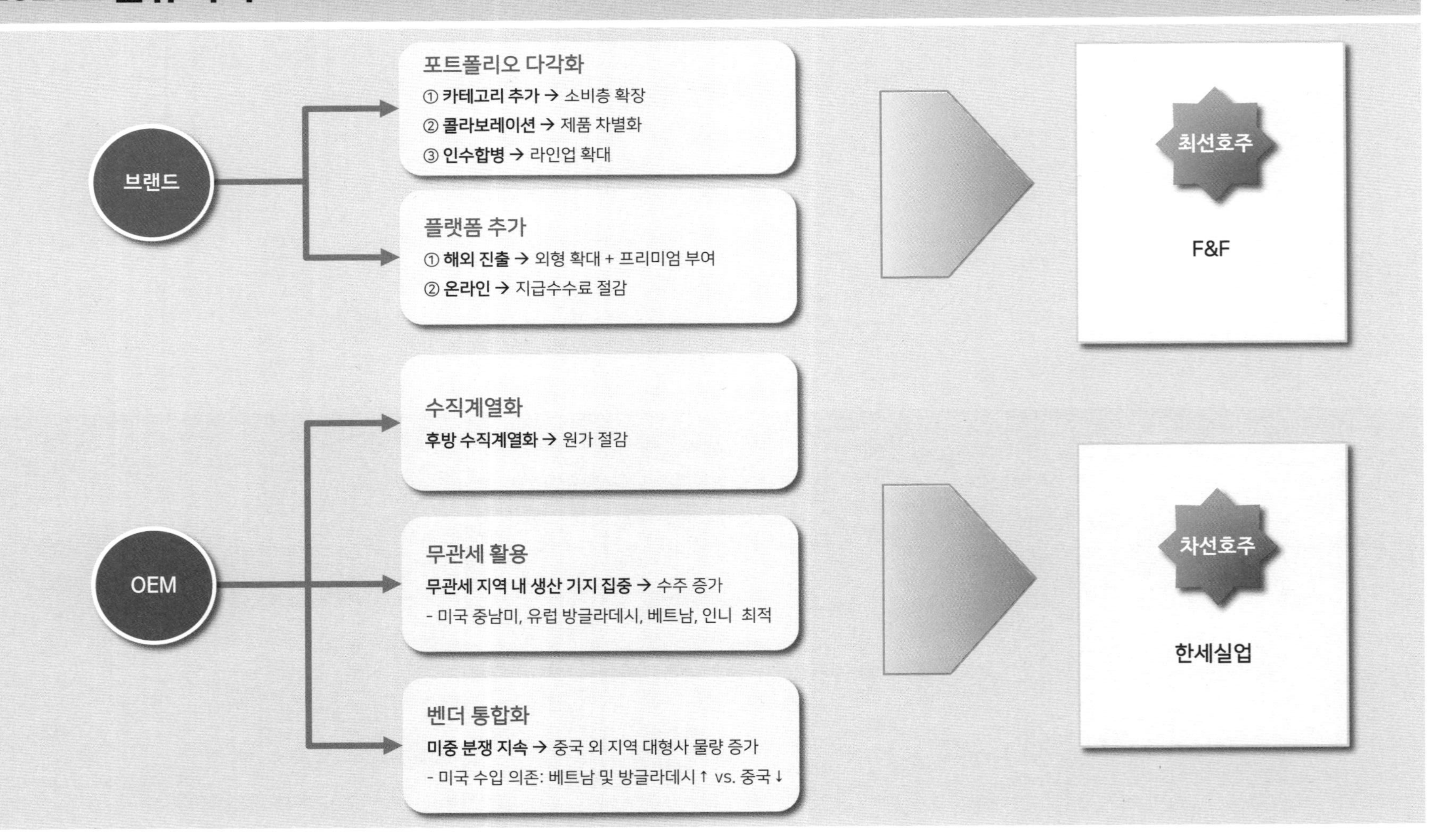
브랜드
포트폴리오 다각화
① 카테고리 추가 → 소비층 확장
② 콜라보레이션 → 제품 차별화
③ 인수합병 → 라인업 확대
플랫폼 추가
① 해외 진출 → 외형 확대 + 프리미엄 부여
② 온라인 → 지급수수료 절감
OEM
수직계열화
후방 수직계열화 → 원가 절감
무관세 활용
무관세 지역 내 생산 기지 집중 → 수주 증가
- 미국 중남미, 유럽 방글라데시, 베트남, 인니 최적
벤더 통합화
미중 분쟁 지속 → 중국 외 지역 대형사 물량 증가
- 미국 수입 의존: 베트남 및 방글라데시 ↑ vs. 중국 ↓
최선호주
F&F
차선호주
한세실업

자료: 메리츠증권 리서치센터

섬유의복 커버리지 투자 포인트

업태	회사명	포트폴리오 다각화		플랫폼 추가		
		카테고리 추가	콜라보레이션	인수합병	해외 진출	온라인
브랜드	F&F	● 신발, 가방	● 디즈니	● 듀베티카	● 중국, 홍콩, 마카오, 대만, 태국, 베트남	● 자사몰, 무신사
브랜드	휠라홀딩스		● BTS		● 전세계	● 자사몰, 무신사
브랜드	한섬	● 화장품	● BTS	● 클린젠		● 자사몰

업태	회사명	후방 수직계열화	무관세 지역 활용		벤더 통합화 수혜	
			미국	유럽	베트남	방글라데시
OEM	한세실업	● 염색/가공	● 중남미	● 베트남, 인니	● 비중 60%	
OEM	영원무역	● 니트 직물		● 방글라, 베트남	● 비중 13%	● 비중 80%
OEM	화승엔터프라이즈	● 모자/직물		● 베트남, 인니	● 비중 67%	

자료: 메리츠증권 리서치센터

섬유의복 커버리지 Valuation Table

업태		브랜드			OEM		
종목명		F&F	휠라홀딩스	한섬	한세실업	영원무역	화승엔터프라이즈
최대주주지분율(%)		58.8	21.1	34.6	56.7	50.7	72.0
외인율(%)		9.6	48.7	28.7	7.9	23.8	4.4
매출액(십억원)	2019	910.3	3,450.4	1,259.8	1,922.4	2,388.3	1,201.6
	2020E	845.4	3,275.5	1,182.7	1,841.8	2,526.8	1,161.0
	2021E	1,001.0	3,738.0	1,239.1	1,727.9	2,681.5	1,266.7
매출액성장률(%)	2019	36.2	16.8	36.7	12.2	13.7	-3.0
	2020E	-7.1	-5.1	-6.1	-4.2	5.8	-3.4
	2021E	18.4	14.1	4.8	-6.2	6.1	9.1
영업이익(십억원)	2019	150.7	470.7	106.5	59.0	237.6	85.4
	2020E	122.8	422.6	98.0	58.2	270.7	64.6
	2021E	167.7	573.3	104.6	93.7	286.4	94.4
OPM(%)	2019	16.6	13.6	8.5	3.1	9.9	7.1
	2020E	14.5	12.9	8.3	3.2	10.7	5.6
	2021E	16.8	15.3	8.4	5.4	10.7	7.5
순이익(십억원)	2019	110.2	266.8	85.3	-0.2	166.3	62.4
	2020E	93.9	213.4	79.7	49.6	171.7	39.6
	2021E	127.5	349.5	84.2	84.4	179.9	68.4
EPSG(%)	2019	0.6	61.0	17.7	-65.3	56.6	281.7
	2020E	-14.8	-17.7	-6.7	-366.6	14.0	-36.8
	2021E	36.2	56.4	5.9	83.2	4.8	72.9
ROE(%)	2019	25.1	23.8	8.4	-0.1	9.8	19.9
	2020E	18.3	15.8	7.4	12.2	9.0	8.9
	2021E	21.2	21.6	7.4	18.9	8.8	11.9
PER(배)	2019	15.7	12.1	9.1	적전	9.1	16.4
	2020E	13.8	10.1	9.4	14.1	6.9	21.7
	2021E	10.5	6.2	9.0	7.3	6.6	12.6
PBR(배)	2019	3.6	2.6	0.7	1.7	0.8	2.9
	2020E	2.4	1.5	0.7	1.7	0.6	1.6
	2021E	2.0	1.2	0.6	1.3	0.6	1.4
EV/EBITDA(배)	2019	9.1	8.2	4.1	10.4	4.9	9.9
	2020E	7.6	6.1	3.7	11.3	3.5	8.4
	2021E	5.8	4.5	3.6	7.3	3.5	6.4
순현금(십억원)	2019	70.3	-817.2	121.7	-294.9	68.4	-275.2
	2020E	99.8	-426.8	187.4	-304.8	94.8	-176.6
	2021E	168.9	-163.7	216.9	-255.0	79.0	-114.0

주: 2021년 1월 13일 종가 기준
자료: Quantiwise, 메리츠증권 리서치센터

기초

통신+5G+미디어

통신/미디어 기초세미나

통신/미디어
Analyst 정지수

Part I 통신서비스 산업 분석
Part II 5G 기술과 응용 산업
Part III 5G 네트워크 구조와 통신장비
Part IV 미디어/광고 산업 분석

기초
통신+5G+미디어

Part I

통신서비스 산업 분석

통신업에 대한 이해

구독 기반의 통신업 비즈니스

- 통신업은 가입자 중심의 구독형 비즈니스로 이동통신 기술 변화에 따른 교체 사이클이 발생
  ⇒ 가입자 성장기에 수익성이 하락하나 안정기에 접어들면서 점차 수익성이 개선
- 가입자 유치를 위한 대규모 인프라 설비투자가 수반됨에 따라 비용에서 감가상각비가 큰 비중을 차지
  ⇒ 통신사 기업가치 밸류에이션을 Earning(PER)이 아닌 EBITDA로 평가하는 이유
- Price(통신비)와 Quantity(가입자)에 따른 Sales(매출액)가 비교적 명확한 업종
  - 안정적이고 예상 가능한 실적을 바탕으로 높은 배당 성향을 가진 대표적인 경기 방어주로 구분
  - 과거 ARPU(Average Revenue Per User)를 통한 주가 전망이 가능했던 이유
  - 단, 산업 및 기술 발전에 따른 다양한 디바이스 출현으로 통신업 대표 지표인 ARPU에 대한 인식도 변화

통신업에 대한 이해와 기술 변화

자료: 메리츠증권 리서치센터

통신서비스 유무선 사업부 비교

무선통신, 초고속인터넷, IPTV 사업 비중이 90% 이상

- 통신서비스는 무선과 유선통신으로 구분되며, 유선은 초고속인터넷, IPTV, 집전화, 회사전화 등으로 세분화
- 무선통신, 초고속인터넷, IPTV는 전체 사업 비중의 약 90%를 차지하는 주요 사업부
  - 통신주 실적 컨센서스와 이익 추정에 가장 큰 영향을 미치는 요인들

통신서비스 사업 구조 및 업체별 매출 비중 (2019년 기준)

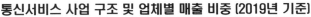

자료: 각 사, 메리츠증권 리서치센터

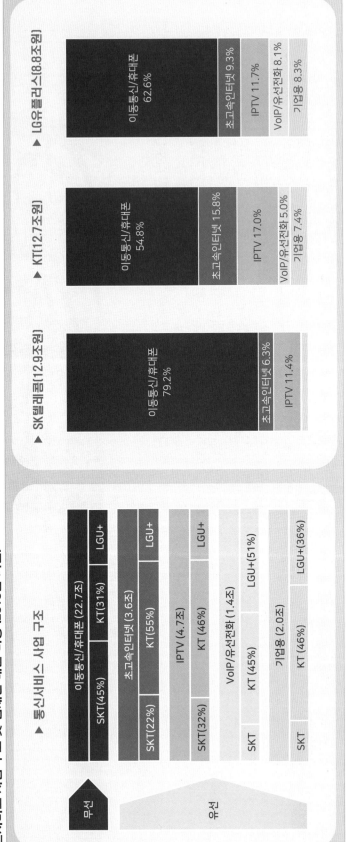

통신서비스 유무선 사업부 분석

▶ 무선통신

ARPU 결정변수	가입자 결정변수
데이터 사용량	알뜰폰(MVNO)
선택약정할인요금제	
사물인터넷	

- 무선 ARPU는 데이터 사용량 증가, 선택약정 할인 및 사물인터넷 가입자 둔화 시 상승
- 알뜰폰(MVNO) 시장 축소는 무선 가입자 증가 요인

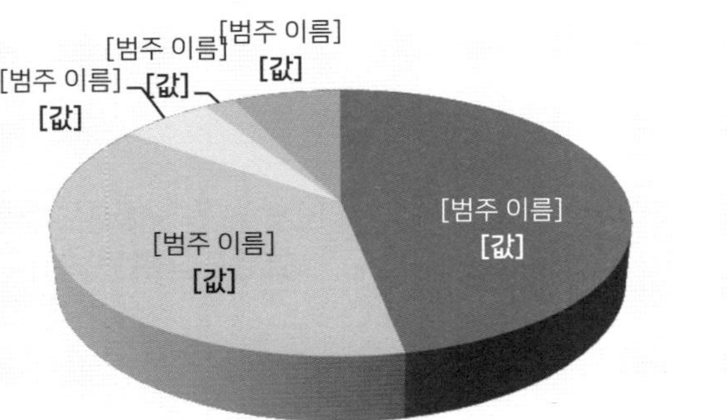

▶ 초고속인터넷

ARPU 결정변수	가입자 결정변수
고용량/고화질 콘텐츠	기가인터넷 보급
기가인터넷 요금제	

- 기가인터넷 비중 증가, 고용량/고화질 콘텐츠 소비 증가 시 초고속인터넷 ARPU 상승
- 기가인터넷 보급 확대는 가입자 증가로 연결

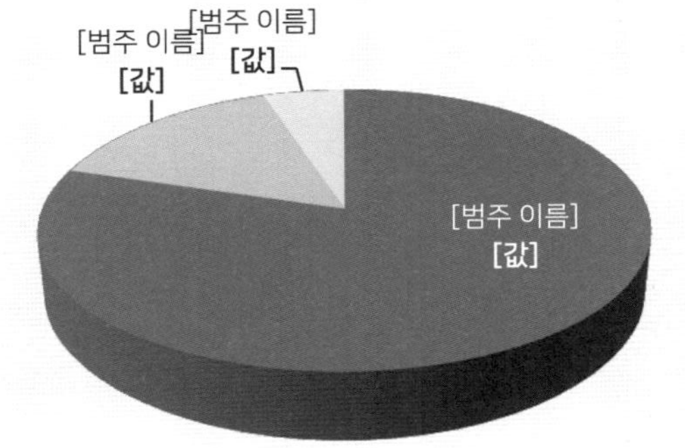

▶ IPTV

ARPU 결정변수	가입자 결정변수
UHD 채널수	유료방송 시장 경쟁 강도
VOD 매출	
홈쇼핑송출수수료	

- IPTV ARPU는 VOD 매출과 홈쇼핑송출수수료 증가 시 상승
- UHD 채널 보급 확대 시 ARPU 추가 상승
- 유료방송 시장 안정화는 가입자 둔화 요인

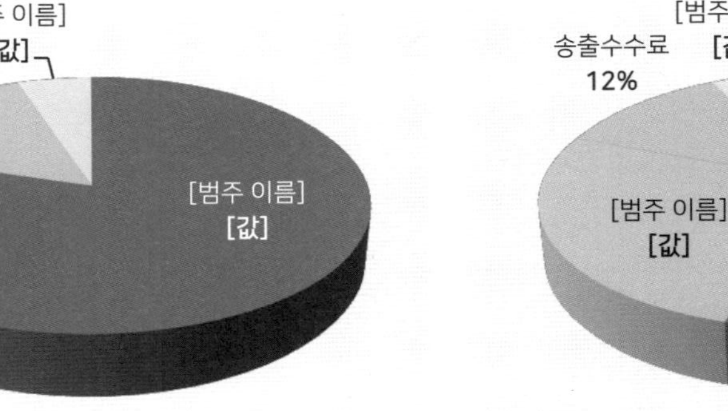

주: 무선통신과 초고속인터넷 매출 비중은 동사 추정치, IPTV 매출 비중은 방송통신위원회 자료 참고 (2015년 기준)
자료: 각 사, 방송통신위원회, 메리츠증권 리서치센터

[이동통신] 4세대 이동통신 시장 발전 과정

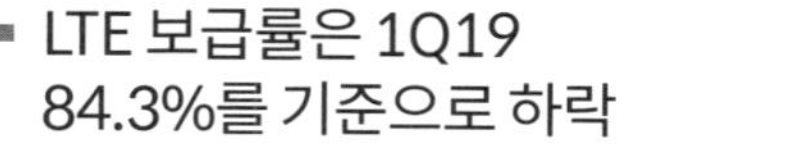

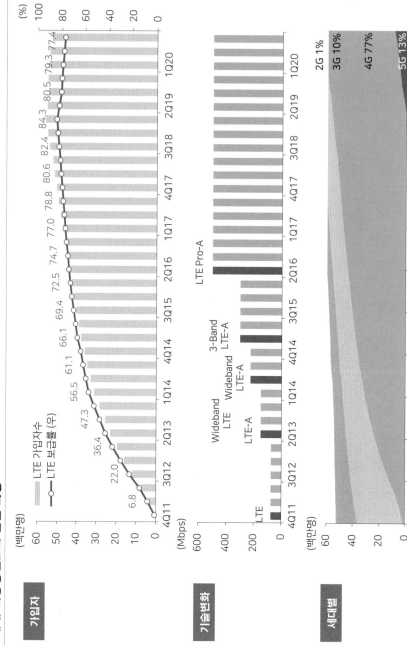

- LTE 보급률은 1Q19 84.3%를 기준으로 하락
- 4Q11 LTE 상용화 이후 Wideband, 3-Band, LTE Pro-A 기술 및 속도 개선 지속
- LTE 보급률 확대로 2G/3G 축소

4세대 이동통신(LTE) 발전 과정

가입자

(백만명) (%)

LTE 가입자수
LTE 보급률 (우)

6.8, 22.0, 36.4, 47.3, 56.5, 61.1, 66.1, 69.4, 72.5, 74.7, 77.0, 78.8, 80.6, 82.4, 84.3, 80.5, 79.3, 77.4

4Q11 3Q12 2Q13 1Q14 4Q14 3Q15 2Q16 1Q17 4Q17 3Q18 2Q19 1Q20

기술변화

(Mbps)

LTE
LTE-A
Wideband LTE
Wideband LTE-A
3-Band LTE-A
LTE Pro-A

4Q11 3Q12 2Q13 1Q14 4Q14 3Q15 2Q16 1Q17 4Q17 3Q18 2Q19 1Q20

세대별

(백만명)

2G 1%
3G 10%
4G 77%
5G 13%

4Q11 3Q12 2Q13 1Q14 4Q14 3Q15 2Q16 1Q17 4Q17 3Q18 2Q19 1Q20

자료: 과학기술정보통신부, 메리츠증권 리서치센터

[이동통신] 포화된 LTE 가입자 시장 & 5G 상용화

LTE 보급률 포화로 5G 조기 상용화 추진

- 4G LTE 보급이 시작된 2011년 이후 LTE 가입자 꾸준히 상승
  - 2019년 기준 통신 3사 LTE 보급률: SKT 84.7%, KT 82.7%, LGU+ 87.9% (산업 평균 80.8%)
- 4G LTE 보급률이 포화됨에 따라 통신사들은 가입자 Mix 개선을 위해 5G 조기 상용화 추진

통신 3사 이동전화 가입자 추이

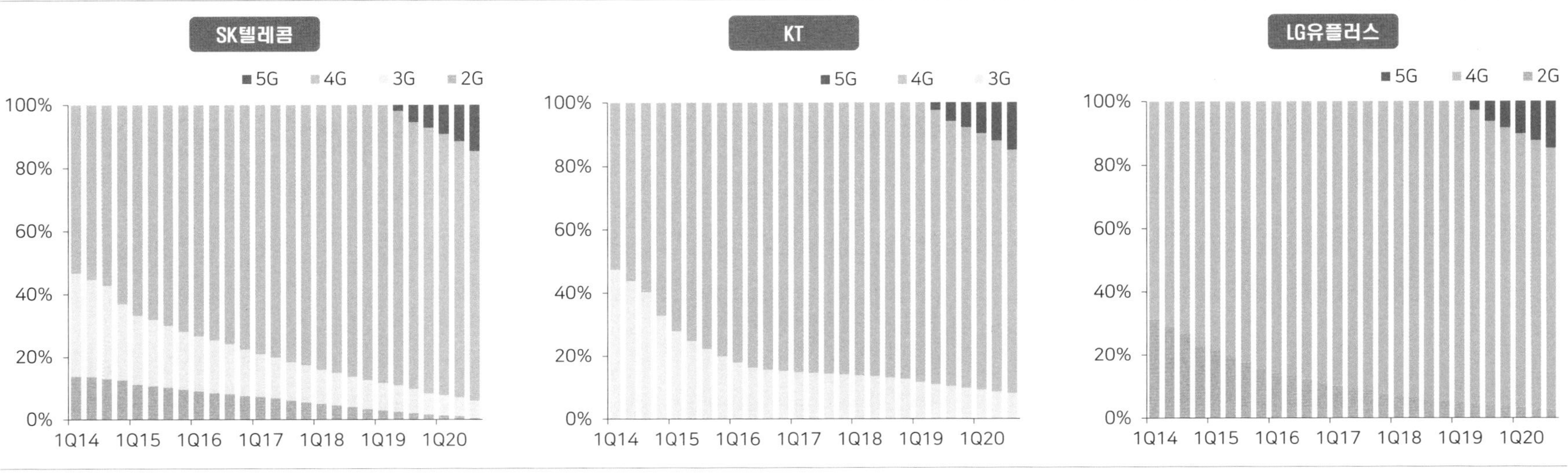

주: 알뜰폰(MVNO) 가입자가 포함되지 않은 순수 MNO 가입자 기준
자료: 각 사, 메리츠증권 리서치센터

[이동통신] 통신업종 주가를 대변하는 무선 ARPU?

무선 ARPU 상관성 약화
대안 지표에 대한 논의 활발

- 전통적으로 통신업종 주가 동행지표는 무선 ARPU
  - Why? 과거 무선 매출이 대부분을 차지하며, 구성 디바이스도 휴대폰이 유일한 단순한 사업 구조
- 최근 5년 간 통신업종 주가와 무선 ARPU의 상관성이 크게 약화
  - Why? 선택약정할인요금제 도입, 세컨디바이스 가입자 증가 등 ARPU 희석 요인이 대거 등장
- 무선 ARPU가 더 이상 통신업종 주가를 대표하지 못하면서 대안 지표에 대한 논의가 활발
- 결국 통신업종은 사업 전망과 이익 개선이 주가에 미치는 영향력이 더욱 커질 전망

통신업종의 전통적인 주가 동행지표 무선 ARPU! 현재는?

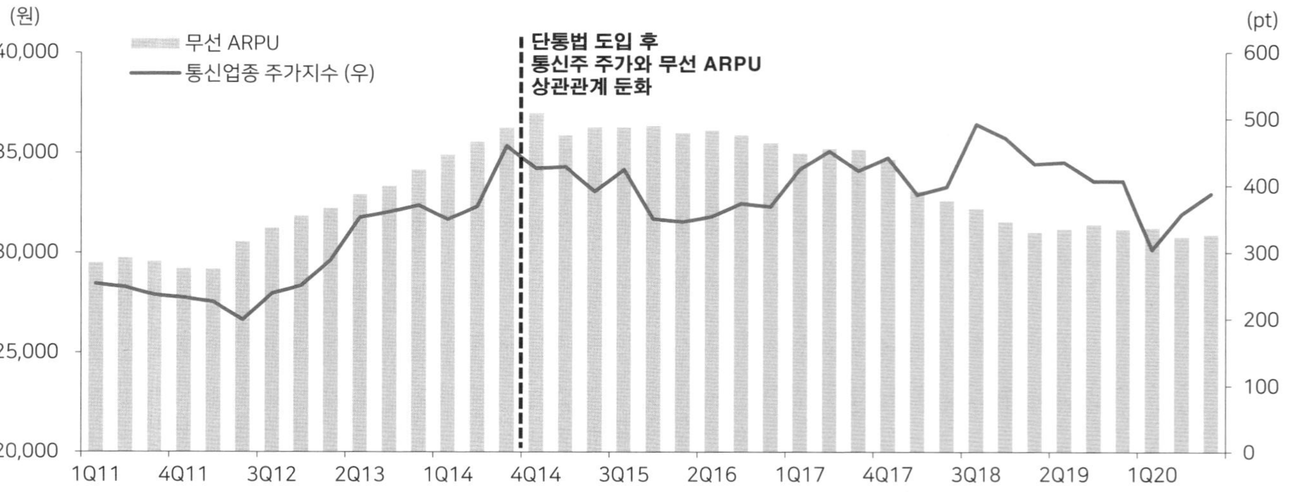

자료: 각 사, WiseFn, 메리츠증권 리서치센터

[이동통신] 무선 ARPU 하락과 선택약정할인요금제

무선 ARPU 하락세 지속

- 4G LTE 보급 확대와 함께 가파른 상승세를 유지하던 무선 ARPU는 단통법 도입으로 하락세 지속
- 무선 ARPU 하락 요인 중 하나인 선택약정할인 가입자수는 3Q20 기준 2,986만 가입자 돌파

※ 선택약정할인요금은 요금제에서 할인율 만큼 차감하는 방식으로, 무선 매출과 비용에 모두 인식되지 않기 때문에 무선 ARPU 하락의 주요인

통신 3사 무선 ARPU 현황

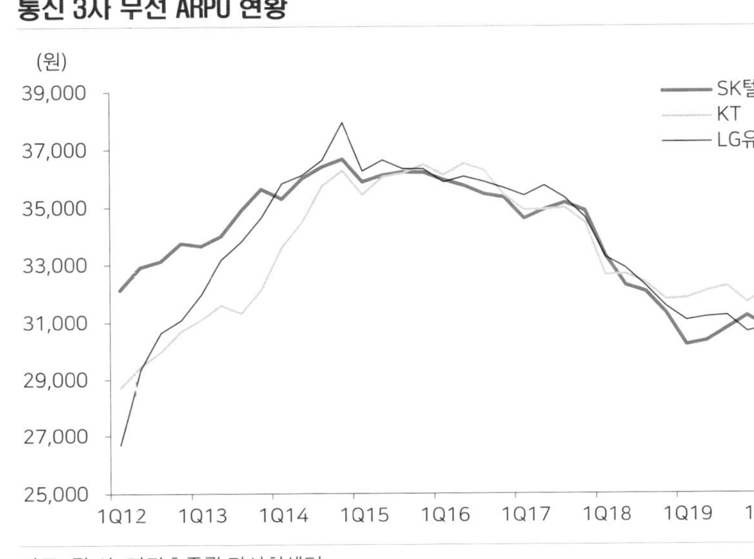

자료: 각 사, 메리츠증권 리서치센터

선택약정할인 가입자의 가파른 증가는 ARPU 하락 요인

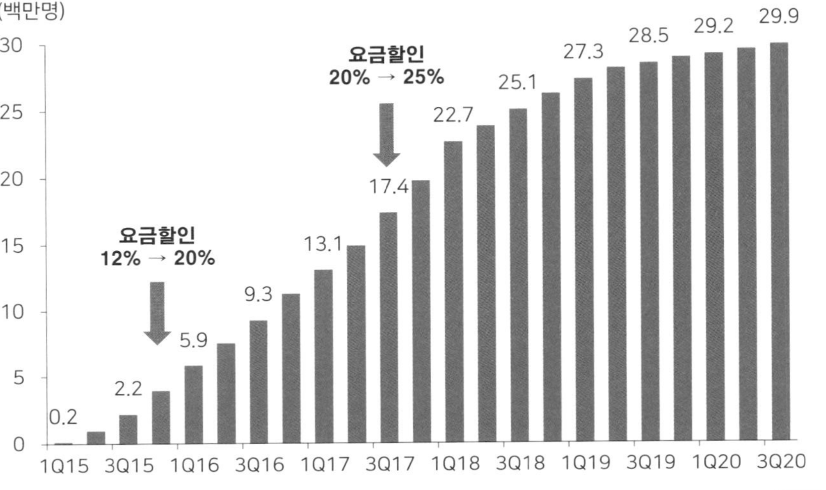

자료: 과학기술정보통신부, 메리츠증권 리서치센터

[이동통신] 5G 상용화와 무선 ARPU 반등

5G 가입자 확대로 무선 ARPU 하락세 진정

- 선택약정할인 가입자 증가와 IFRS 15 도입으로 통신 3사의 이동전화수익은 지난 5년간 하락
- 이동전화수익 감소에는 저소득층 요금감면과 기초연금수급자 요금감면 등 규제 영향도 포함
- 국내 5G 조기 상용화로 5G 가입자가 증가함에 따라 이동전화수익과 무선 ARPU 하락세 진정

이동전화수익 및 무선 ARPU 추이

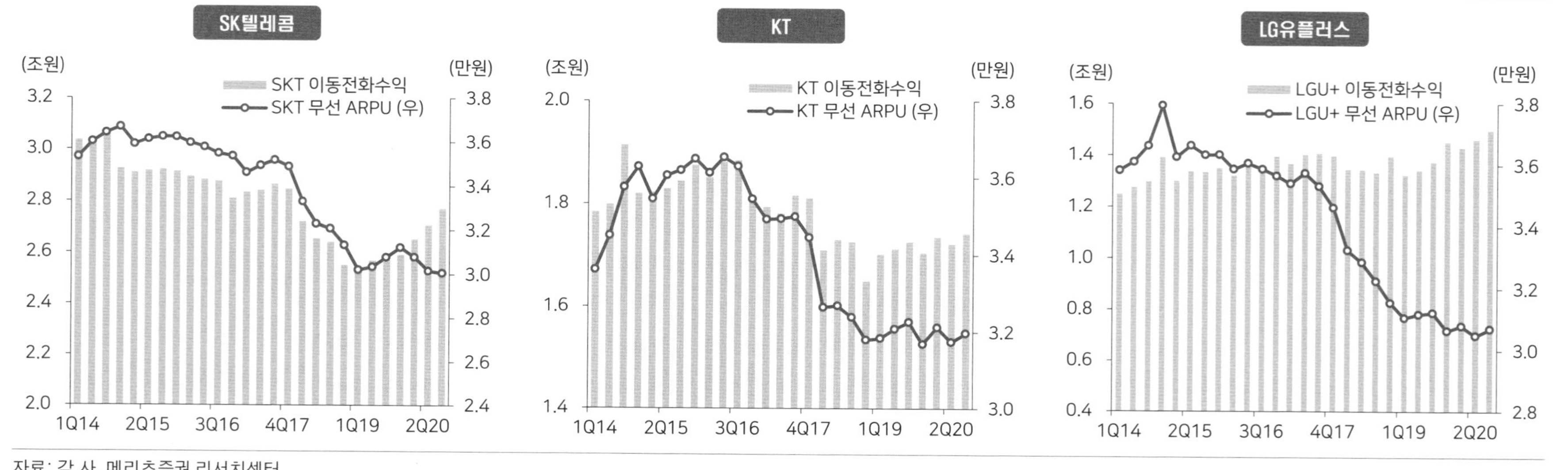

자료: 각 사, 메리츠증권 리서치센터

[이동통신] 무선 가입자 트렌드 분석

알뜰폰 가입자 성장 둔화
사물인터넷 가입자 비중 증가

- 초기 빠르게 성장하던 알뜰폰(MVNO)은 최근 가입자 성장이 둔화되며 10% 초반 시장 비중 차지
- 사물인터넷 가입자 빠르게 증가 추세로, 전체 회선에서 사물인터넷 회선이 차지하는 비중 18.9%
  ⇒ 사물인터넷 가입자 증가는 무선 ARPU 하락을 부추기는 요인

알뜰폰(MVNO) 가입자 및 비중 추이

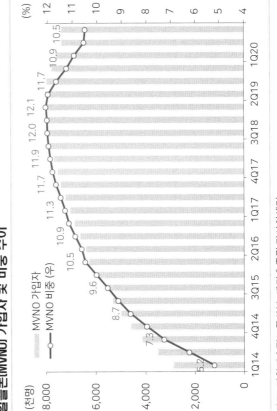

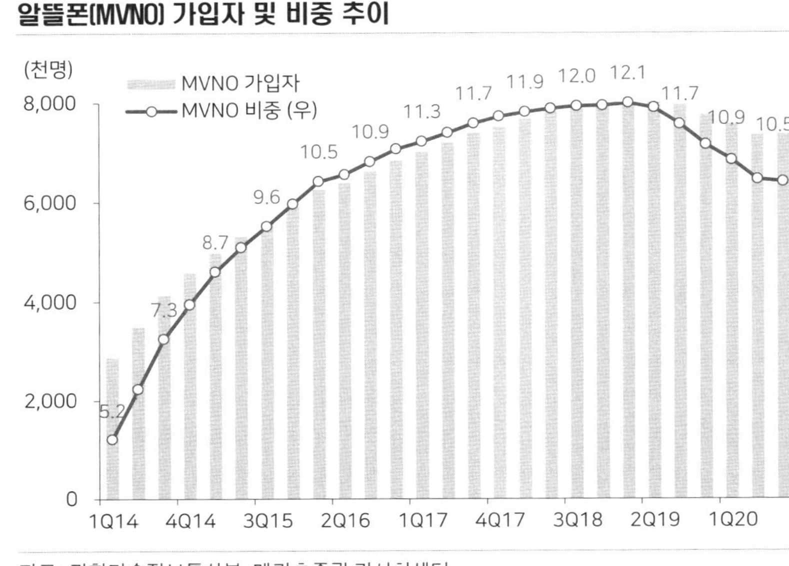

자료: 과학기술정보통신부, 메리츠증권 리서치센터

사물인터넷 가입자 확대 가속화

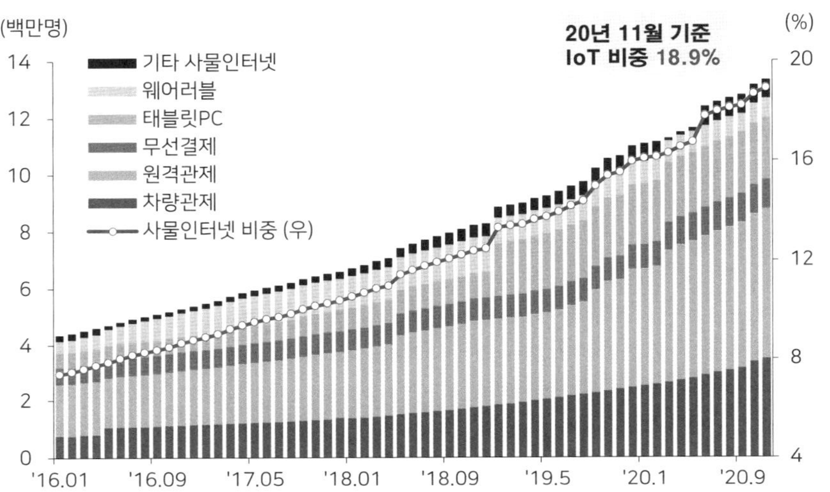

자료: 과학기술정보통신부, 메리츠증권 리서치센터

[이동통신] 번호이동시장(MNP) 안정화

번호이동시장(MNP) 안정화 & 해지율 감소

- 단통법 시행 이후 번호이동시장(MNP) 안정화
  ⇒ 선택약정할인율 상향 조정(20% → 25%)으로 번호이동보다 기기변경이 대세
- 공정위의 불법 보조금 실태 조사 및 사회취약계층 요금감면 시행으로 통신 3사 마케팅 여력이 축소됐으나, 5G 초기 가입자 유치 경쟁으로 2019년 마케팅비용은 일시적으로 증가
- 번호이동시장 안정화로 통신 3사 해지율 감소 추세 지속

월별 번호이동시장(MNP) 추이

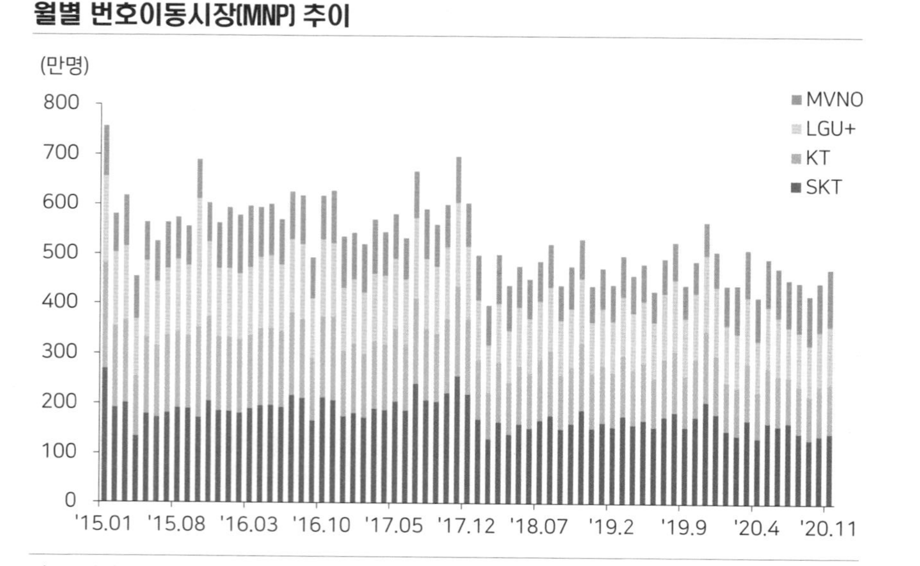

자료: 과학기술정보통신부, 메리츠증권 리서치센터

통신 3사 해지율 감소 추이 지속

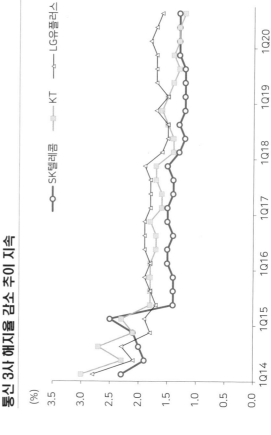

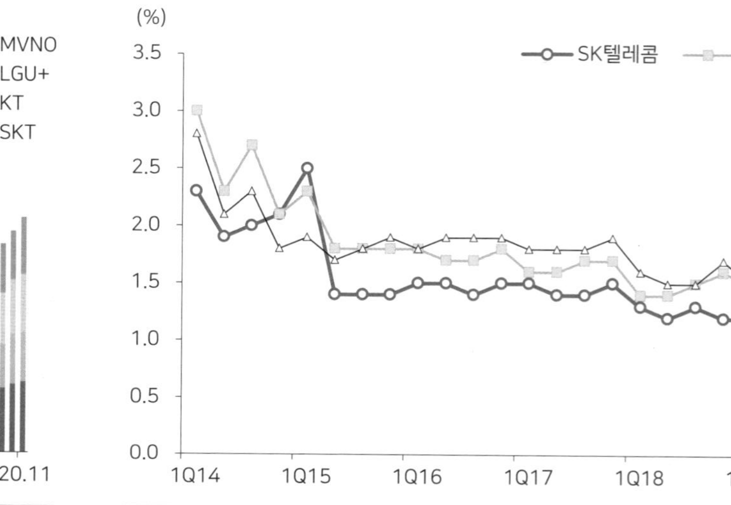

자료: 각 사, 메리츠증권 리서치센터

[이동통신] 마케팅비용 트렌드

마케팅비용 트렌드 분석

- 통신 3사의 SAC(인당보조금) 역시 안정화를 지속하다 5G 상용화 이후 소폭 증가
- 2018년 새로운 회계 기준인 IFRS15 도입으로 마케팅비용은 자산화 후 가입 기간에 맞춰 상각하는 구조
- 통신 3사 마케팅비용 합산: 2019년 8.04조원 → 2020년 8.37조원 전망
  ⇒ 2019년 집행된 대규모 마케팅비용이 2020년 실적에도 영향을 미치기 시작

통신 3사 SAC(인당보조금) 추이

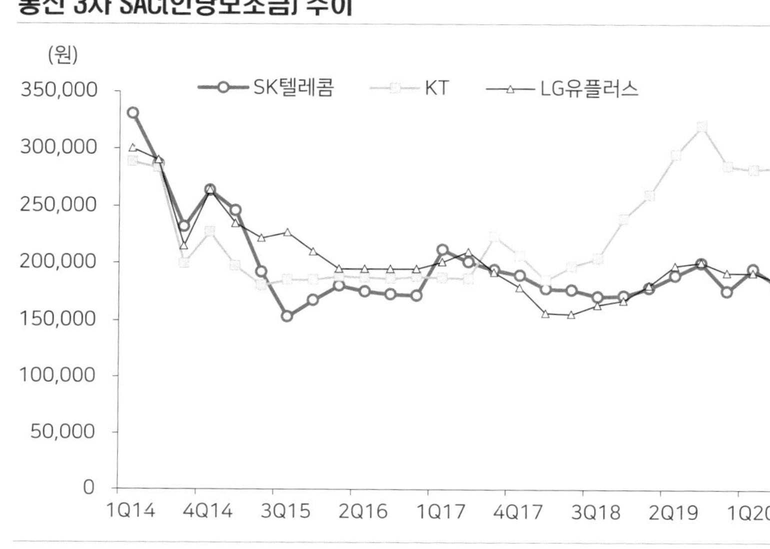

자료: 각 사, 메리츠증권 리서치센터

통신 3사 마케팅비용 추이

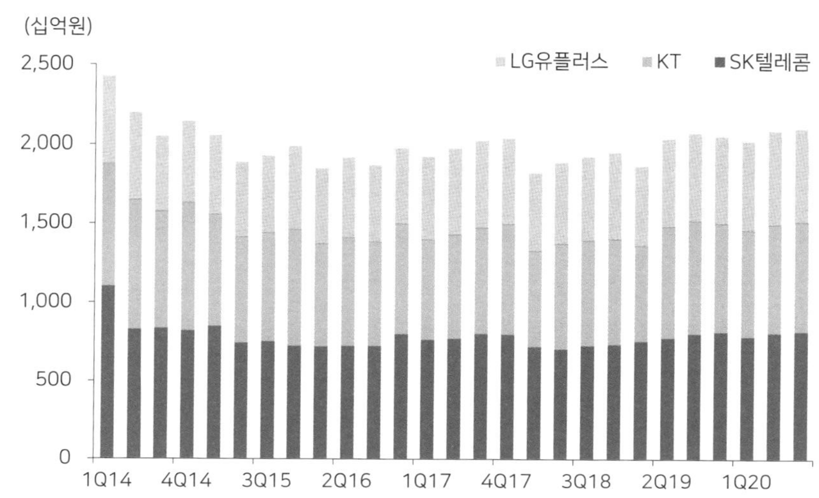

자료: 각 사, 메리츠증권 리서치센터

[초고속인터넷] 초고속인터넷 시장 발전 과정

초고속인터넷 발전 과정

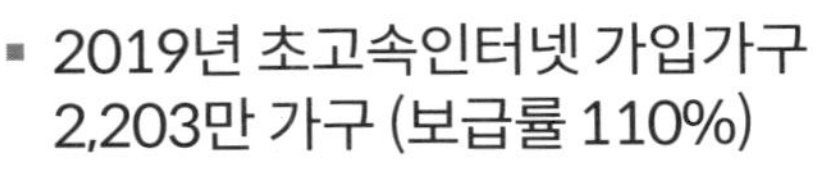

- 2019년 초고속인터넷 가입가구 2,203만 가구 (보급률 110%)

가입자

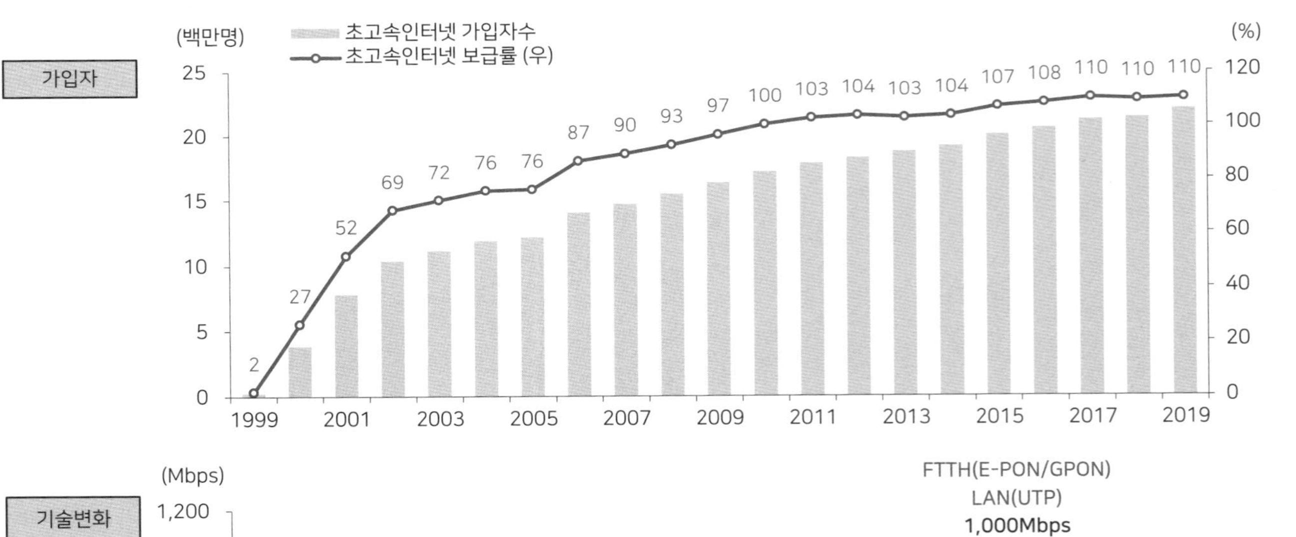

- 2014년 기가인터넷 도입 이후 초고속인터넷 속도 비약적 개선

기술변화

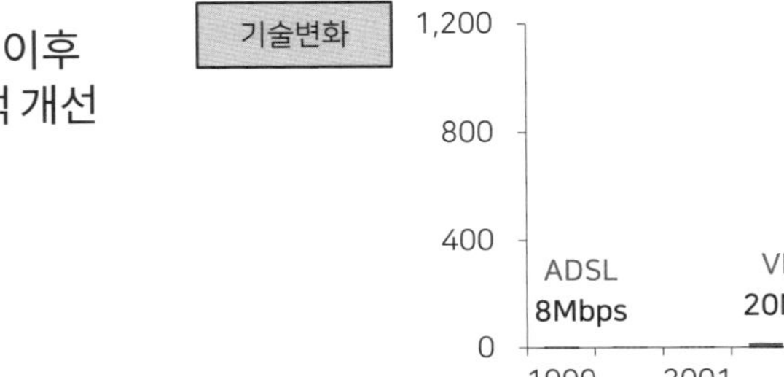

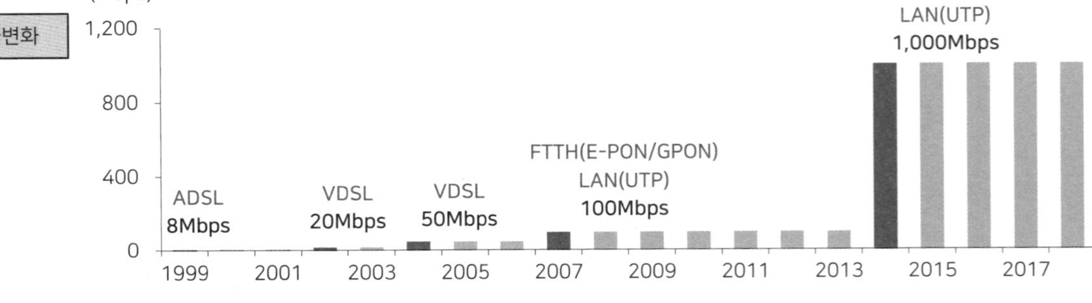

자료: 과학기술정보통신부, 메리츠증권 리서치센터

[초고속인터넷] 기가인터넷 확대로 매출 턴어라운드!

기가인터넷 비중 확대로 초고속인터넷 매출 성장 지속

- 기가인터넷 가입자 확대로 초고속인터넷 사업부를 포함한 유선 사업 전체 매출이 가파르게 상승
- 3Q20 기준 기가인터넷 가입자 비중: SK텔레콤 43.4%, KT 64.1%, LG유플러스 59.0%
  ⇒ 전체 가입자 중 기가인터넷 비중 55.5% 수준으로 여전히 추가적인 업사이드 가능
  ⇒ 기가인터넷 확대 지속으로 2020년 초고속인터넷 매출액 3조 8,390억원 전망(+1.9% YoY)

초고속인터넷 가입자 및 매출액 추이

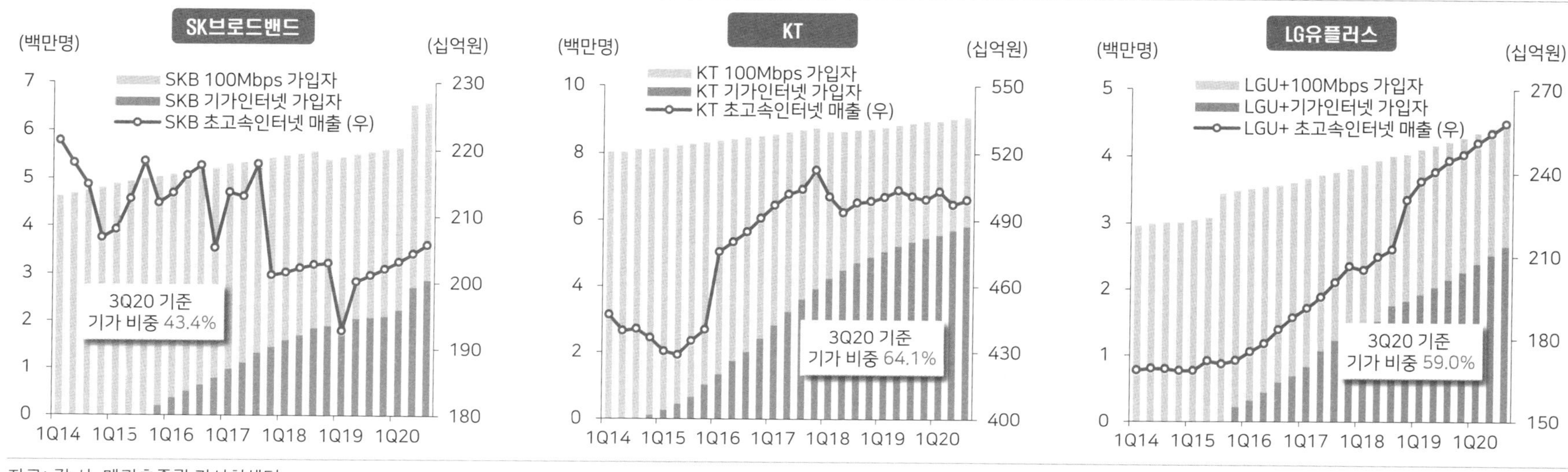

자료: 각 사, 메리츠증권 리서치센터

[IPTV] 유료방송 시장 발전 과정

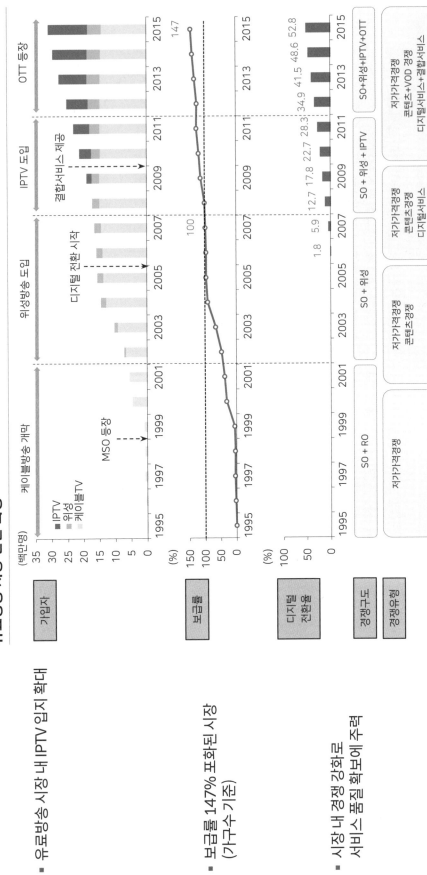

- 유료방송 시장 내 IPTV 입지 확대
- 보급률 147% 포화된 시장 (가구수 기준)
- 시장 내 경쟁 강화로 서비스 품질 확보에 주력

유료방송 시장 발전 과정

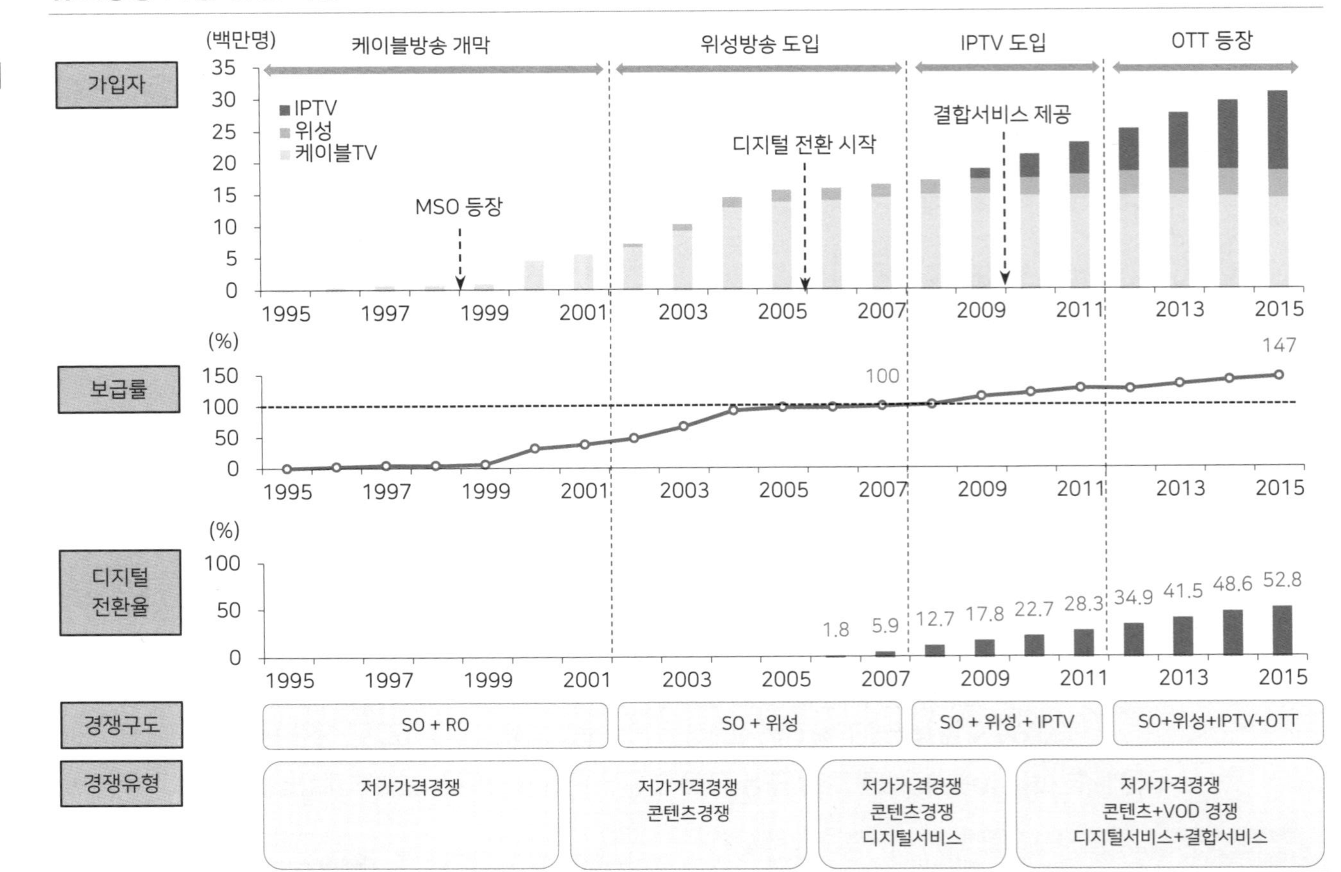

자료: 방송통신위원회, KOSIS, 메리츠증권 리서치센터

[IPTV] 유선 사업부의 Cash Cow

IPTV는 유선 Cash Cow 역할

- 시장 초기 IPTV는 초고속인터넷 설치 시 옵션으로 제공하던 '부가서비스' 개념에 불과
- 하지만, 통신 3사 IPTV 매출액은 초고속인터넷 매출액을 역전한 상황
- IPTV는 더 이상 부가서비스가 아닌 통신사의 'Cash Cow' 역할을 담당

유선 사업부 분기 매출 추이

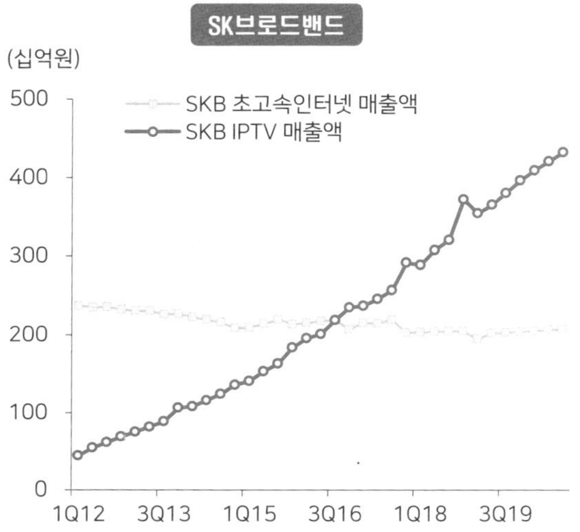

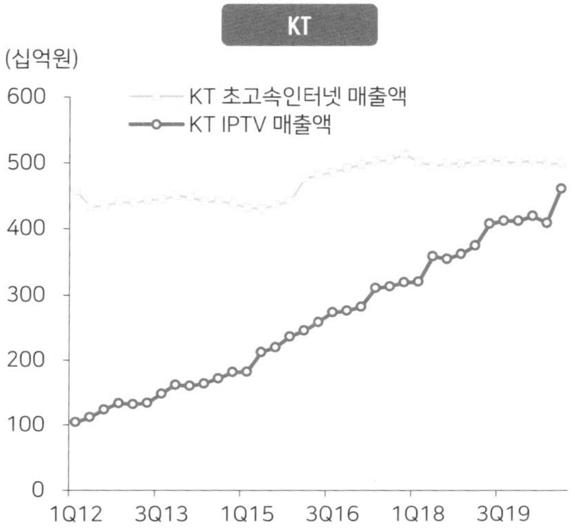

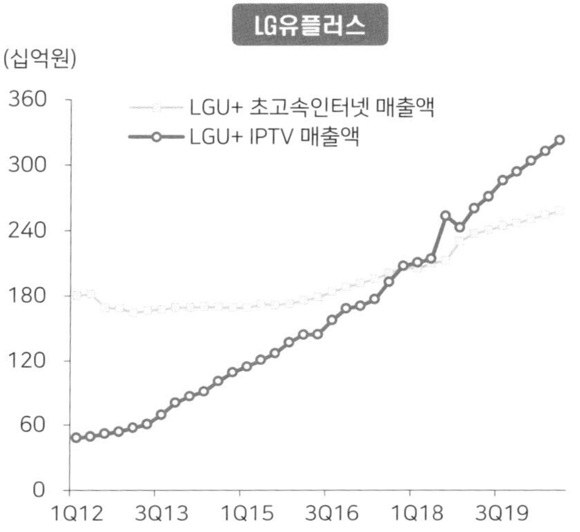

자료: 각 사, 메리츠증권 리서치센터

[IPTV] 유선 결합률 확대로 이익 개선 가속화

초고속인터넷 가입자 유치 경쟁도 완화 전망

- 자사 초고속인터넷 가입자 대비 IPTV 가입자 비중을 나타내는 유선 결합률도 꾸준히 상승 추세
- 3Q20 기준 유선 결합률: SKT 83.9%, KT 95.2%, LGU+ 107.2%
- 유선 결합률 포화로 무의미한 가입자 유치 경쟁보다는 수익성 위주의 사업 전략으로의 변화

통신 3사 유선 결합률(초고속인터넷 가입자 대비 IPTV 가입자) 추이

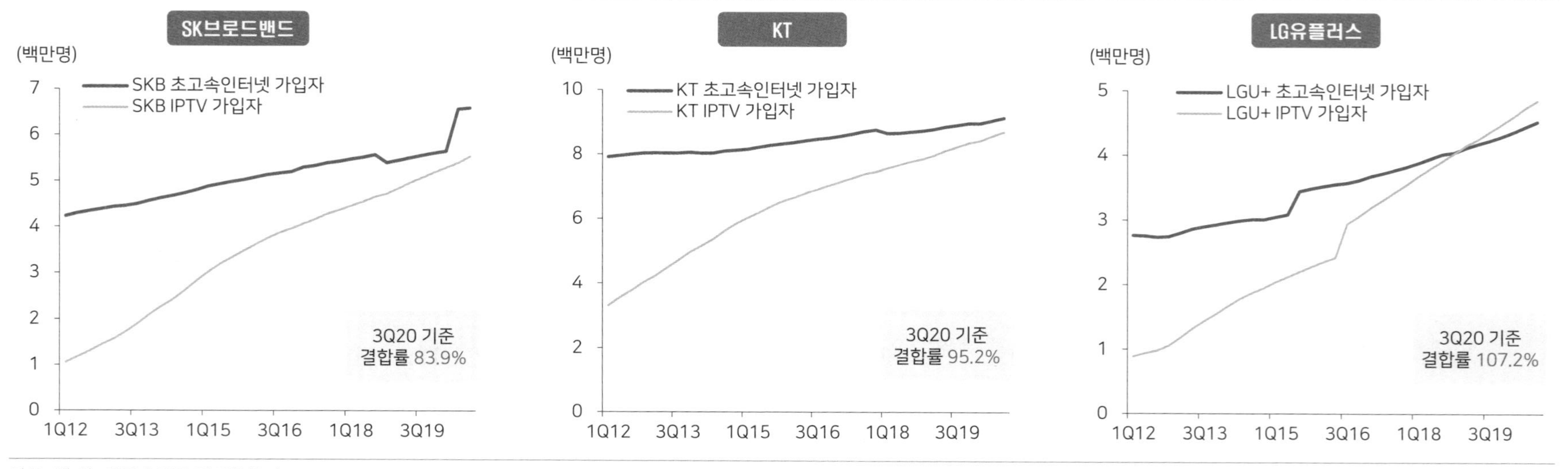

자료: 각 사, 메리츠증권 리서치센터

[IPTV] 높은 영업 마진을 기록 중인 IPTV

2020년 IPTV 3사 합산 영업이익률 10% 중반 예상

- 유료방송 가입자는 2017년 말 기준 IPTV가 케이블SO 가입자를 처음으로 역전
- 2019년 IPTV 매출액은 전년 대비 +12.0% 성장한 3조 6,080억원 추정
- 2019년 IPTV 3사 합산 영업이익 2,420억원(+74.1% YoY, OPm +6.7%) 기록
- 2016년까지 적자를 기록하던 IPTV 영업이익률은 2019년 6.7%을 기록했으며, 현재 10% 중후반까지 상승하며 실적 개선을 주도

IPTV 매출액은 케이블과의 격차를 더 벌릴 전망

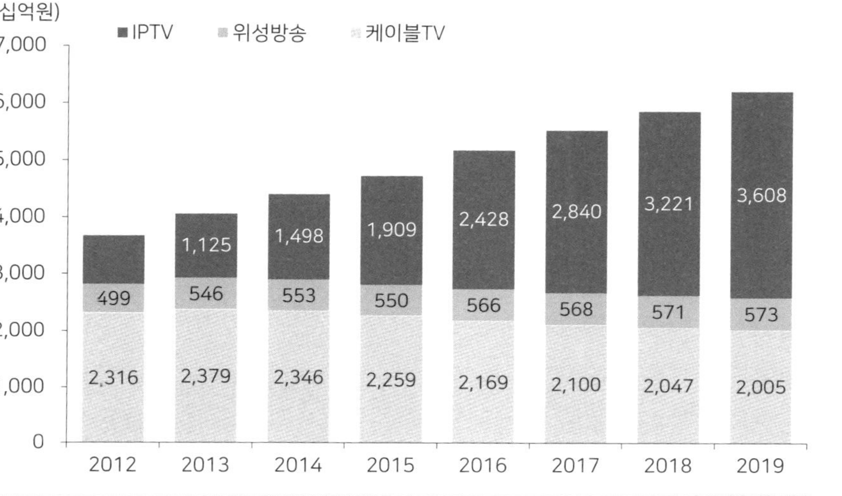

주: 방송통신위원회 발표 방송 매출액 기준
자료: 방송통신위원회, 메리츠증권 리서치센터

IPTV 본격적인 이익 기여 전망

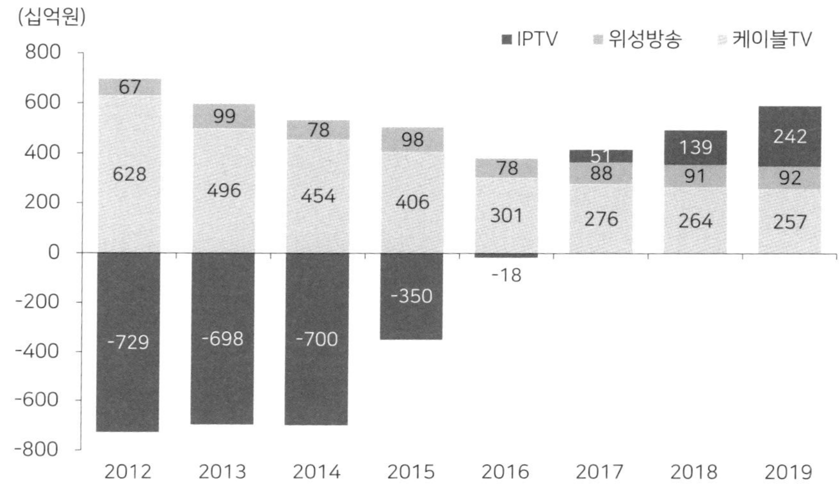

주: IPTV 영업이익은 2012~2014년 방송통신위원회, 2015~2019년은 당사 추정치
자료: 방송통신위원회, 메리츠증권 리서치센터

통신업종 주가와 규제 이슈

통신비에 영향을 줄 수 있는 규제 이슈에 선제적 대응 필수

- 통신주는 전통적인 규제산업으로서 정부 정책 및 동향에 많은 영향을 받음
- 과거와 달리 최근 3년 통신비 인하 관련 이슈 부각 시 주가가 하락하는 상관성이 높아지는 추세
- 따라서 통신비에 직/간접적인 영향이 예상되는 규제 이슈를 사전에 파악하고 대응하는 자세가 바람직

'통신비' 검색 빈도에 따른 통신업종 지수 반응

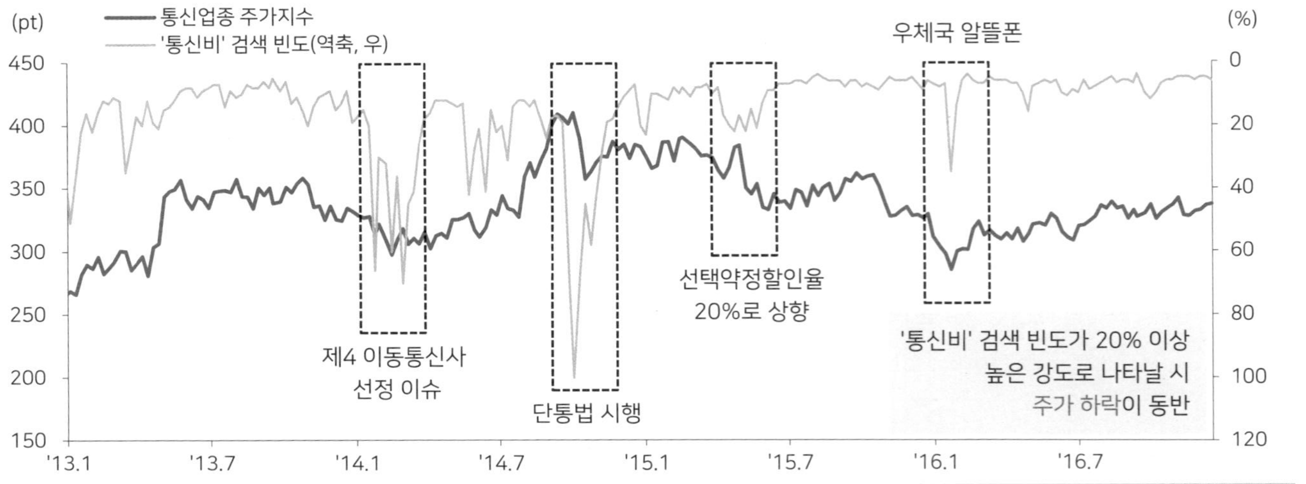

주: 네이버 트렌드 '통신비', '요금할인', '기본료' 등 요금 인하 관련 검색빈도수 추이의 역축 그래프
자료: WiseFn, 네이버 트렌드, 메리츠증권 리서치센터

통신업종 주가와 외국인 지분율

외국인 지분율과 높은 상관 관계를 보이는 통신주

- 전통적으로 국내 통신업종 주가지수와 외국인 지분율은 높은 상관 관계를 나타냄
  ※ 외국인이 보유할 수 있는 통신주 최대 지분율은 49%
- 외국인 지분율 추세 여부가 국내 통신업종 주가지수 전망에 중요한 지표로 활용

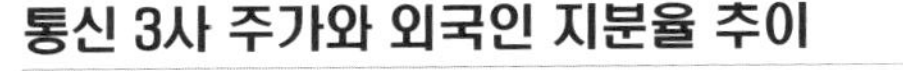

통신 3사 주가와 외국인 지분율 추이

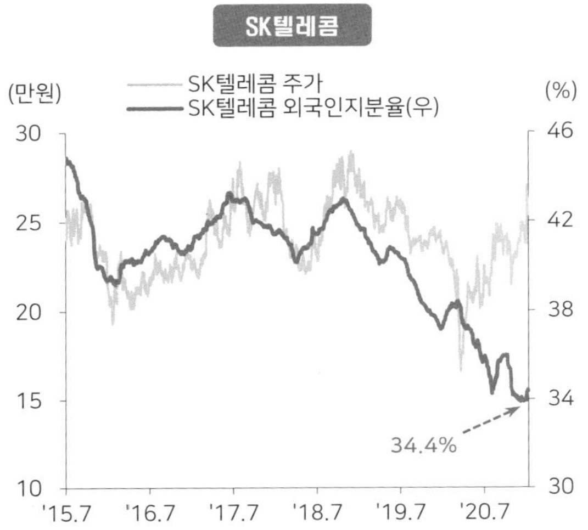

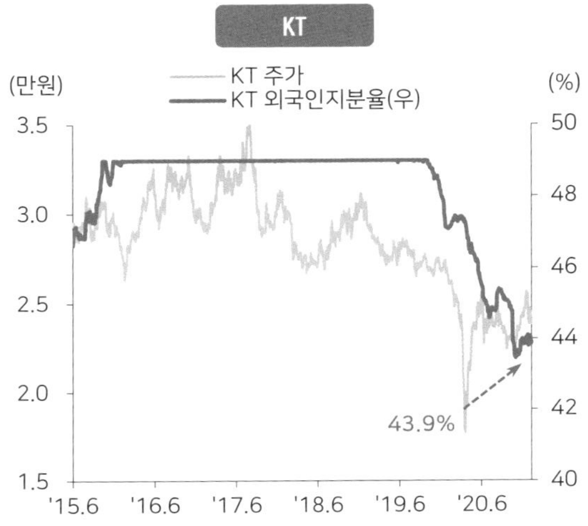

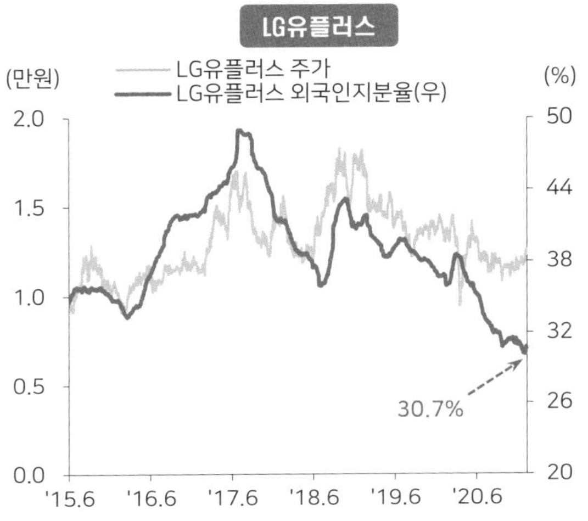

SK텔레콤
(만원)
(%)
SK텔레콤 주가
SK텔레콤 외국인지분율(우)
34.4%
'15.7
'16.7
'17.7
'18.7
'19.7
'20.7

KT
(만원)
(%)
KT 주가
KT 외국인지분율(우)
43.9%
'15.6
'16.6
'17.6
'18.6
'19.6
'20.6

LG유플러스
(만원)
(%)
LG유플러스 주가
LG유플러스 외국인지분율(우)
30.7%
'15.6
'16.6
'17.6
'18.6
'19.6
'20.6

자료: WiseFn, 메리츠증권 리서치센터

통신업종 주가와 금리

금리 상승 시기 통신주 주가는 하락하는 경향

- 금리 상승 시 통신주 주가 하락, 금리 하락 시 통신주 주가 상승의 움직임이 일반적
- 배당주로서의 통신주 주가가 금리 상승 시기에 투자 매력도 하락으로 이어지기 때문

금리와 통신주 주가는 반대 방향으로 움직이려는 성향

자료: WiseFn, 메리츠증권 리서치센터

통신서비스 사업 구조의 변화

SKT, KT 비통신 사업 확대, LGU+는 Pure Telco

- 통신사들은 본업인 통신업의 성장 정체를 해결하기 위한 방안으로 비통신 사업 비중을 꾸준히 확대
  - SK텔레콤은 무선 사업부 성장이 둔화됨에 따라 중장기적으로 비통신 사업 부문 확대 계획
  - KT는 이석채 회장 부임 당시 비통신 사업 확대 일환으로 금융, 보안, 부동산 시장 진출
  - LG유플러스는 유일한 Pure-Telco로서 전통적인 유무선 사업에 집중

2019년 기준 통신서비스 사업 구조: 별도 및 연결 매출액 비교

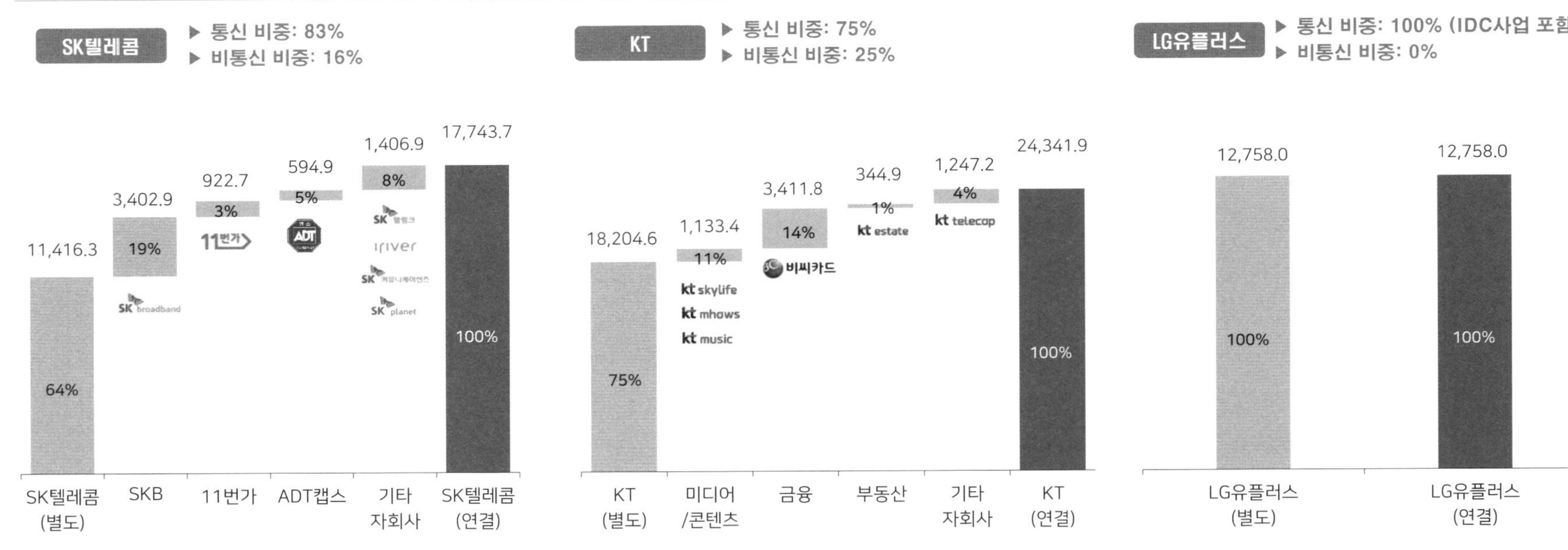

자료: 각 사, 메리츠증권 리서치센터

5G의 메인 비즈니스는 B2C가 아닌 B2B

5G의 핵심은 B2B 비즈니스

- 현재 통신업종 주가의 결정변수는 이동전화 시장의 성장 지표라 할 수 있는 무선 ARPU
  ⇒ 하지만, 이동전화 시장은 이미 포화 상태이며 높은 경쟁 강도와 잦은 규제로 성장의 한계가 뚜렷
- 5G 핵심 사업 영역은 '스마트폰(B2C)'이 아닌 자율주행차, 스마트공장 등 다양한 산업(B2B) 분야
- 통신사들은 일찍이 새로운 수익 창출 시장으로 B2B 시장을 주목
  - 5G가 지원하는 초저지연(URLLC) 기술은 소비자보단 제조 혁신을 위한 사업자에게 유용

5G를 통해 디지털화 가능한 매출 규모: 2026년 1조 2,330억 달러 전망

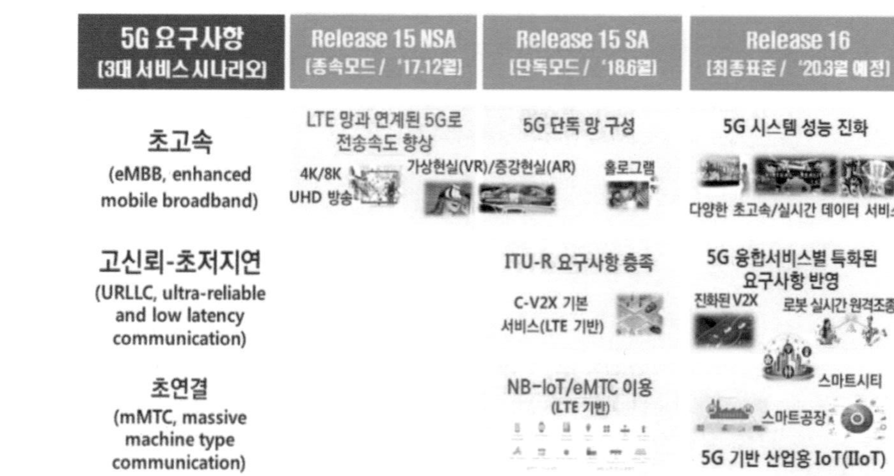

자료: Ericsson, 메리츠증권 리서치센터

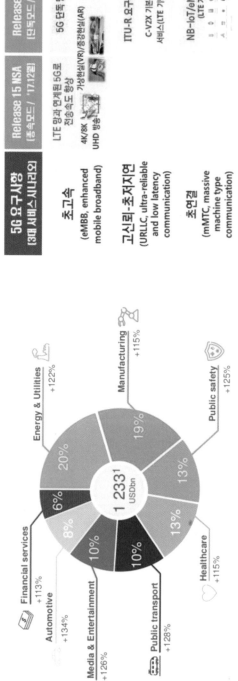

5G 기술 표준 진화 및 서비스 시나리오

5G 요구사항 (3대 서비스 시나리오)	Release 15 NSA (종속모드 / '17.12월)	Release 15 SA (단독모드 / '18.6월)	Release 16 (최종표준 / '20.3월 예정)
초고속 (eMBB, enhanced mobile broadband)	LTE 망과 연계된 5G로 전송속도 향상 4K/8K UHD 방송	5G 단독 망 구성 가상현실(VR)/증강현실(AR) 홀로그램	5G 시스템 성능 진화 다양한 초고속/실시간 데이터 서비스
고신뢰-초저지연 (URLLC, ultra-reliable and low latency communication)		ITU-R 요구사항 충족 C-V2X 기본 서비스(LTE 기반)	5G 융합서비스별 특화된 요구사항 반영 진화된 V2X 로봇 실시간 원격조종 스마트시티
초연결 (mMTC, massive machine type communication)		NB-IoT/eMTC 이용 (LTE 기반)	스마트공장 5G 기반 산업용 IoT(IIoT)

자료: 과학기술정보통신부, 메리츠증권 리서치센터

정부 주도로 활성화가 예상되는 5G B2B 사업

정부 주도 5G B2B 시장 개화

- 정부는 5G 전략산업 집중 지원체계를 구축하여 민간주도 시장 활성화를 뒷받침할 방침
- 5G 전후방 연관산업 구조화 및 전략산업 후보군 26개 도출
  - 5G 5대 핵심서비스로 실감콘텐츠, 스마트공장, 자율주행차, 스마트시티, 디지털 헬스케어 선정

정부, 5G 전략산업 집중 지원체계 구축

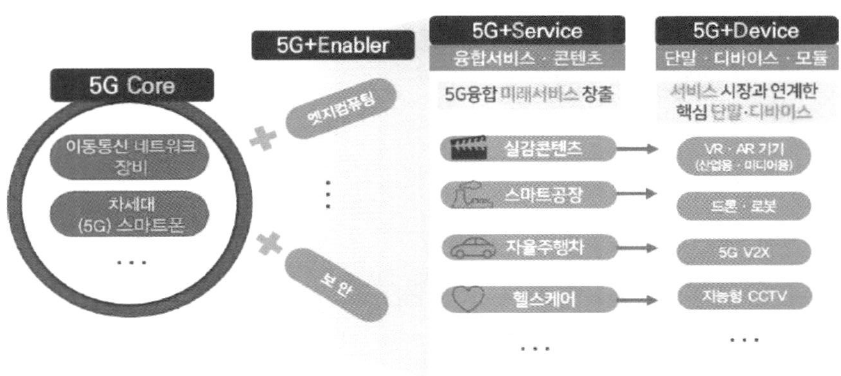

자료: 과학기술정보통신부, 메리츠증권 리서치센터

10대 5G 핵심산업 + 5대 5G 핵심서비스 선정

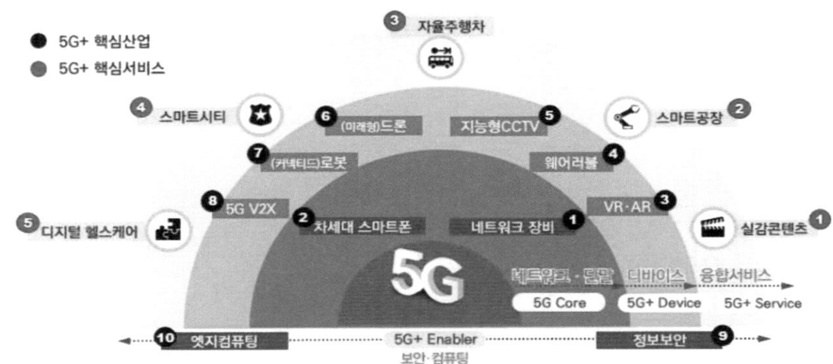

자료: 과학기술정보통신부, 메리츠증권 리서치센터

5G 를 접목한 B2B 사업이 미래 먹거리

5G B2B 매출 이미 시작

- KT는 현대중공업지주와 5G 기반 스마트 팩토리 사업 공동 협력을 위한 MOU 체결
  이를 통해 5G 커넥티드 로봇, 서비스 로봇, 스마트 팩토리 플랫폼 개발 등을 함께 추진할 계획
- SK텔레콤, 작년 12월 자동차 부품 전문기업 명화공업을 5G 1호 고객으로 확보
  '5G-AI 머신비전' 솔루션을 적용해 생산라인에서 제품의 결함 여부를 빠르게 확인 가능
- SK텔레콤은 SK하이닉스 공장 전체에 28GHz 주파수를 사용해 스마트 팩토리를 접목하는 방안을 구상

KT, 현대중공업과 5G 스마트 팩토리 협업

자료: KT

SK하이닉스 반도체 공정에 적용된 SK텔레콤 '슈퍼노바' 솔루션

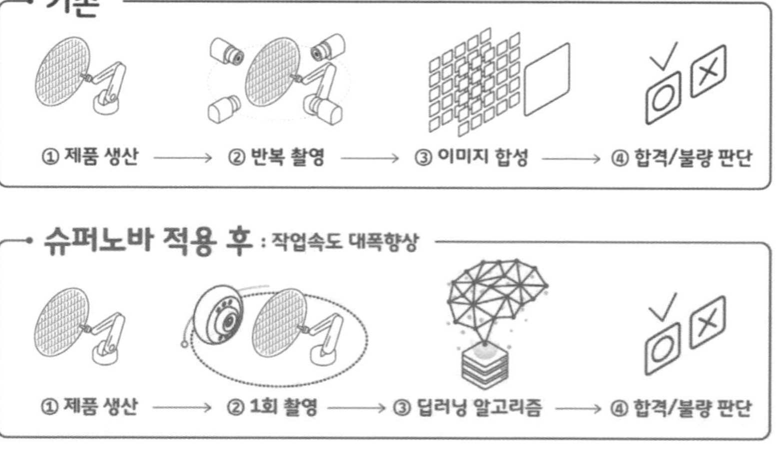

자료: SK텔레콤, 메리츠증권 리서치센터

부각되기 시작한 B2B 사업 성과

두각을 나타내는 B2B 매출

- 5G 상용화 이후 국내 통신 3사는 5G B2B 비즈니스 모델 개발 및 Use Case 확보에 주력
- 통신사 B2B 매출을 정확히 파악하긴 어려우나 공개된 데이터 기반으로 기업통신 매출은 꾸준히 증가
- 특히, B2B 플랫폼 사업자로의 전환을 선언한 KT의 경우 2014년부터 2020년까지 연평균 +7.8% 성장

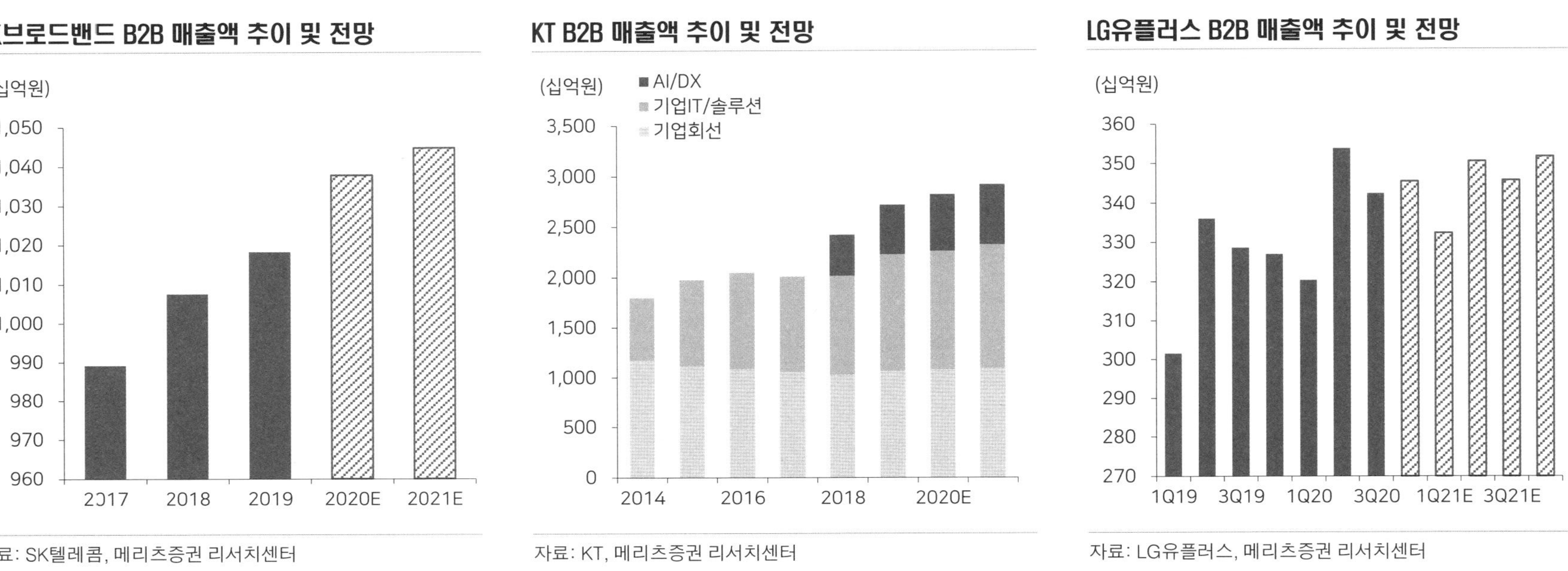

자료: SK텔레콤, 메리츠증권 리서치센터

자료: KT, 메리츠증권 리서치센터

자료: LG유플러스, 메리츠증권 리서치센터

KT의 B2B 사업 성과

준비된 B2B 사업자

- 2020년 연결 매출액 24.44조원(+0.4% YoY), 영업이익 1.24조원(+8.0% YoY) 전망
- 기존 주력 B2B 사업인 IDC, LTE-X 사업은 2016년부터 2019년까지 연평균 +19%, +89% 성장
  동 기간 B2B 관련 수주 금액도 연평균 +37% 고성장 기록
- 2019년 다소 부진했던 부동산 사업도 광진구 복합단지 개발을 계기로 2023년 7천억원 이상 매출 목표

KT B2B 사업 성과

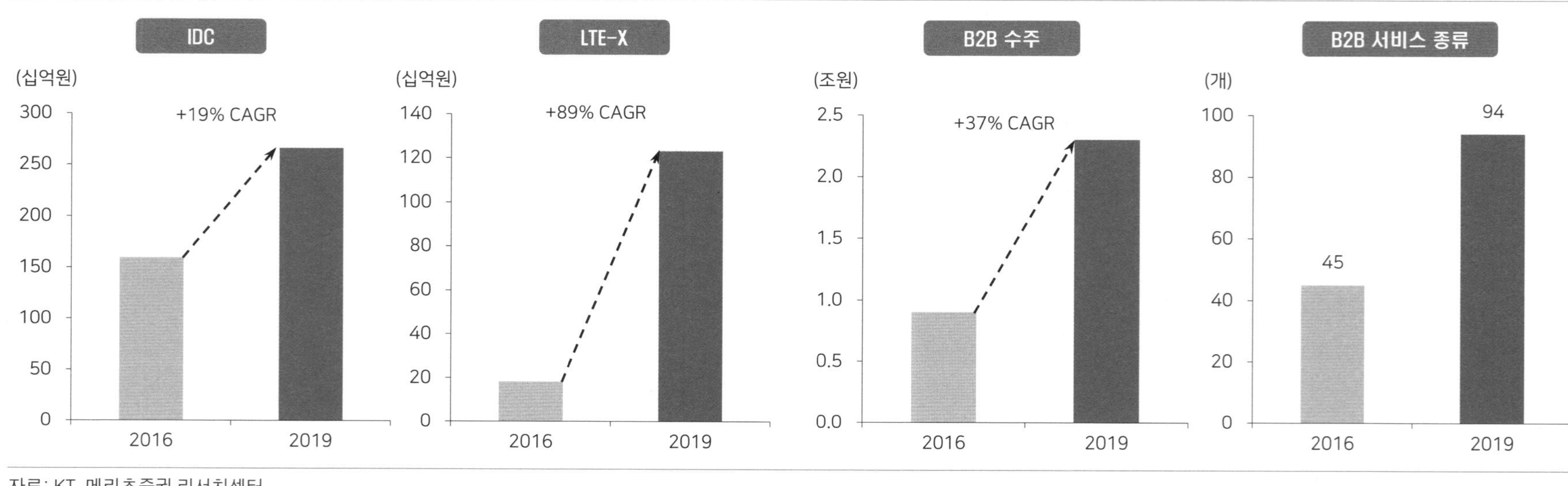

자료: KT, 메리츠증권 리서치센터

SK텔레콤의 New-ICT 회사 전환 선언

New-ICT 회사의 면모를 갖추고 있는 최근 3년

- SK텔레콤은 박정호 사장 부임 후 2년 간 New-ICT 회사를 목표로 사업 영역 재편 작업을 진행
- 비 통신 사업 중 미디어와 보안, 커머스를 중심으로 인수/합병/제휴 등을 추진
- 미디어 사업 영역에서는 티브로드 인수와 더불어 신규 OTT '웨이브(WAVVE)' 출범
  보안 사업에서는 ADT캡스와 SK인포섹을 인수하고 NSOK와 ADT캡스 합병을 추진
  커머스 영역에서는 11번가 분사 후 독립 법인을 설치하고 약 5천억원 규모의 투자 유치에 성공

SK텔레콤 사업부 재편

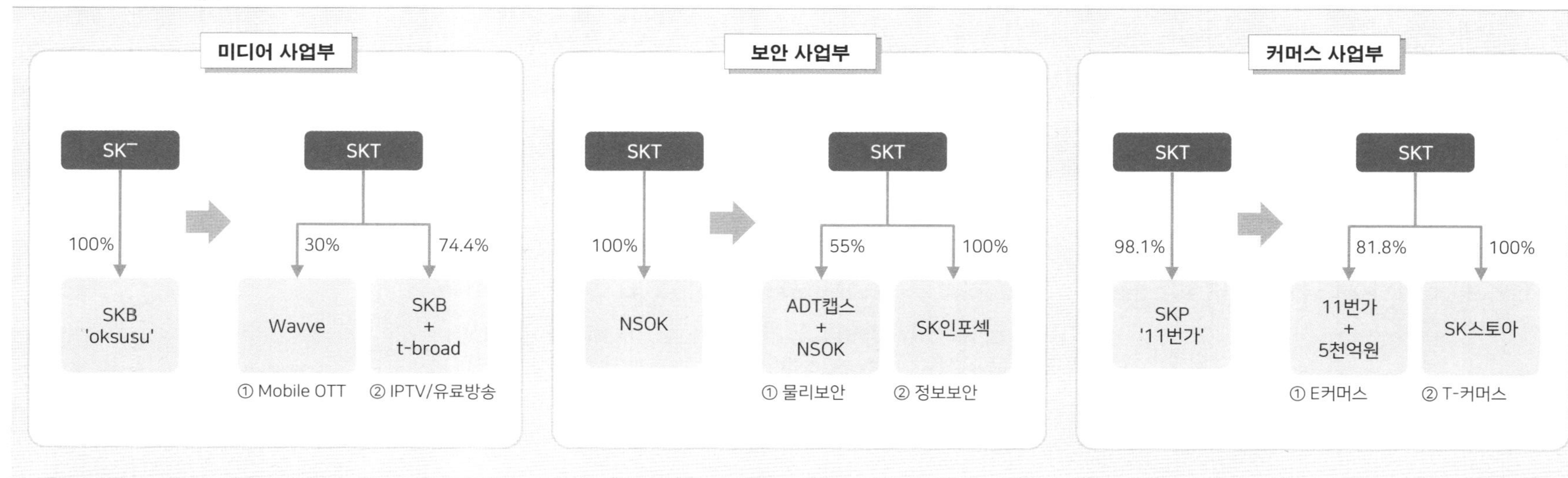

자료: SK텔레콤, 메리츠증권 리서치센터

SK텔레콤의 New-ICT 전략에 따른 실적 변화

ICT 사업부 성장에 따라 매출 및 이익 비중 증가 추세

- 최근 2년 간 SK텔레콤이 추진한 New-ICT 전략에 따라 매출 및 이익 구조의 변화 발생
- 2018년 기준 ICT 매출액은 기존 4.1조원에서 5.9조원으로 +42.7% 성장했으며, 전체 매출에서 차지하는 ICT 비중도 26%에서 34%로 증가
- 2018년 기준 ICT 영업이익은 750억원에서 3,140억원으로 증가했으며, 비중 역시 5%에서 19%로 성장

SK텔레콤 매출 구조의 변화 (2018년)

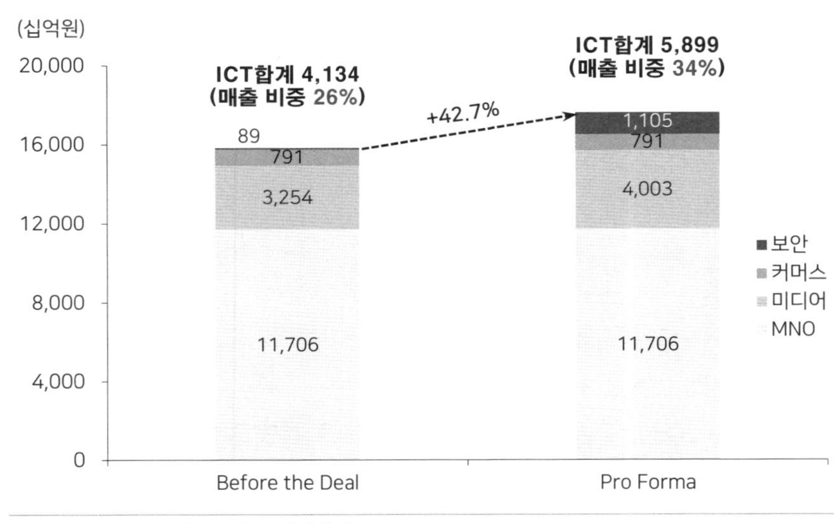

자료: SK텔레콤, 메리츠증권 리서치센터

SK텔레콤 이익 구조의 변화 (2018년)

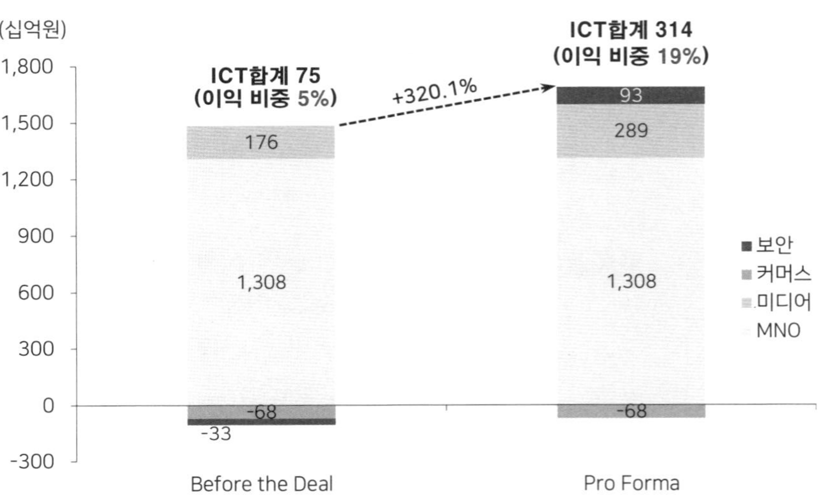

자료: SK텔레콤, 메리츠증권 리서치센터

Part II

5G 기술과 응용 산업

국내 이동통신 기술 변화

5G 정식 명칭은 'IMT-2020' 단일 기술 규격 채택

- 10년 마다 한 번씩 돌아오는 통신 네트워크 교체 사이클 (1990년대 2G → 2000년대 3G → 2010년대 4G → 2020년대 5G)
- 5G 정식 명칭은 국제전기통신연합(ITU)에서 지정한 'IMT-2020'
- 4G가 LTE와 WiBro 복수 표준이던 점과 달리, 5G는 세계 단일 기술 규격으로 채택

국내 이동통신 세대별 주요 기술 변화

자료: 산업자료 취합 정리, 메리츠증권 리서치센터

5G 네트워크: 초고속/초저지연/초연결의 시대

5G 기술 핵심 정의 세 가지
: 초고속 / 초저지연 / 초연결

- 5G 기술 핵심 정의 세 가지
  초고속: 대용량 데이터 전송을 위해 최대 다운로드 속도 20Gbps
  초저지연: Mission Critical 서비스를 위한 응답속도(Latency) 1m/s
  초연결: Massive IoT 서비스를 위해 1km^2 반경 안에 100만개 IoT 서비스 가능
- 5G 기술 핵심 정의 세 가지를 포함한 8개 항목을 ITU-R WP5D 24차 회의에서 완성
  26차 회의에서 최종 확정한 5개 항목을 추가해 기술성능 요구사항 완성

5G를 위한 13개 기술성능 요구사항

주: 파란색은 24차 회의에서 완성한 핵심 8개 항목, 회색은 이번 26차 회의에서 최종 확정한 5개 추가 항목
자료: ETRI, 삼성KPMG, 메리츠증권 리서치센터

5G 기술 진화 방향

준비 단계('17~'18년)
초기 상용화 단계('19~'20년)
확산 단계('21년~)

- **준비 단계(2017~2018년)**
  : 5G 핵심 기술에 대한 선제적인 검증, 평창동계올림픽 개최 지역과 수도권 일부 도심 지역 Test 확대
- **초기 상용화 단계(2019~2020년)**
  : 초기에는 4G LTE와 공존하는 형태로 초고속이 요구되는 일부 제한된 서비스 제공
- **확산 단계(2021년~)**
  : 초저지연/초고신뢰 등 5G로 구현 가능한 다양한 비즈니스 모델의 확산

5G 기술 진화 방향

자료: KT, 메리츠증권 리서치센터

5G NSA와 SA 상용화

2020년까지 NSA 방식 투자, 2021년 본격적인 SA 상용화

- 이르면 2020년 6월 28GHz 주파수 대역을 활용한 5G SA(Stand Alone) 상용화
- 속도, 지연시간, 연결성 측면에서 현재 상용화된 NSA(Non-Stand Alone) 방식보다 우수
- 스마트팩토리, 원격의료 등 B2B 사업 공간이나 일부 인구 밀집지역을 위주로 구축 예정
  ⇒ 일부 지역에 한해 상용화함에 따라 통신사 CAPEX 및 감가상각비에 미치는 영향은 제한적

5G NSA(Non-standalone)와 SA(Standalone) 동작

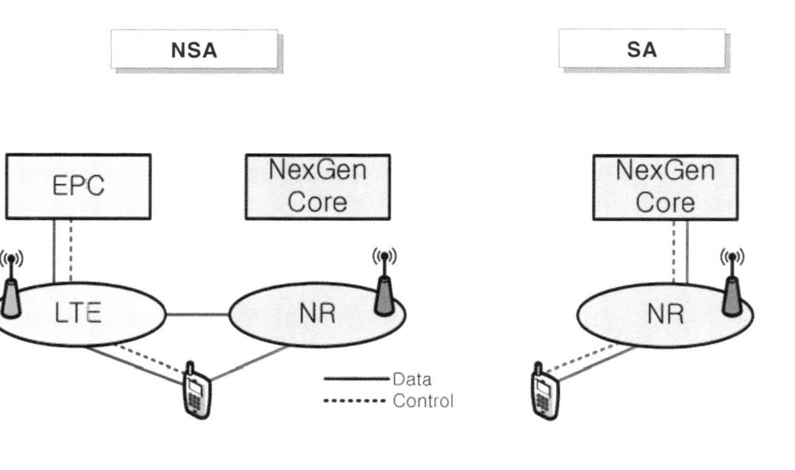

자료: 5G Forum, 메리츠증권 리서치센터

5G 주파수별 특징

주파수	3.5GHz	28GHz
특성	일반적인 통신서비스에 적합	직진성이 매우 강하고 투과율이 낮음
장점	커버리지 확대가 쉬움, 전세계 로밍에 유리	초고속 구현
최고속도	2~5Gbps	5Gbps 이상
적합한 서비스	스마트폰, AR/VR, 자율주행, IoT	스마트팩토리 등 제한적 공간 서비스
서비스 국가	한국, 영국, 스위스, 스페인, 중국 등	미국

자료: 산업자료 취합 정리, 메리츠증권 리서치센터

5G 기술 국제 표준화 Timeline

빨라지고 있는 5G 표준화 일정

- 5G 기술 국제 표준화는 국제전기통신연합(ITU)과 3GPP 중심으로 진행
  ⇒ ITU가 표준화 일정을 완성하면, 3GPP는 단계별 세부 기술 표준화 작업을 진행
- 퀄컴, 삼성전자, AT&T, KT 등 글로벌 ICT 업체들 요구로 인해 5G Timeline 단축
- 5G 기술 국제 표준화 주요 일정
  - 2017년 6월 5G 연구과제를 완료 ⇒ 예정대로 진행
  - 2018년 6월 5G NSA 표준 제정 ⇒ 2017년 12월 조기 도입
  - 2018년 6월 5G 1단계 표준을 완료 ⇒ 예정대로 진행
  - 2020년 3월 5G 2단계 표준 완료 ⇒ COVID-19로 6월로 연기

5G 기술 국제 표준화 Timeline

자료: ITU, Netmanias, 메리츠증권 리서치센터

5G 기술 국내 상용화 Timeline

'19년 4월 5G NSA 상용화
'20년 6월 5G SA 상용화 전망

- 4G는 2007년 연구를 시작해 4년 7개월 후 국내 상용화
- 5G는 2016년 연구를 시작해 4년 6개월 후인 2020년 6월 Standalone 5G 상용화 예정 (그 전에 LTE망과 연동한 NSA 표준 기반 5G가 2019년 4월 시작될 예정)

4G vs 5G 상용화 일정 비교

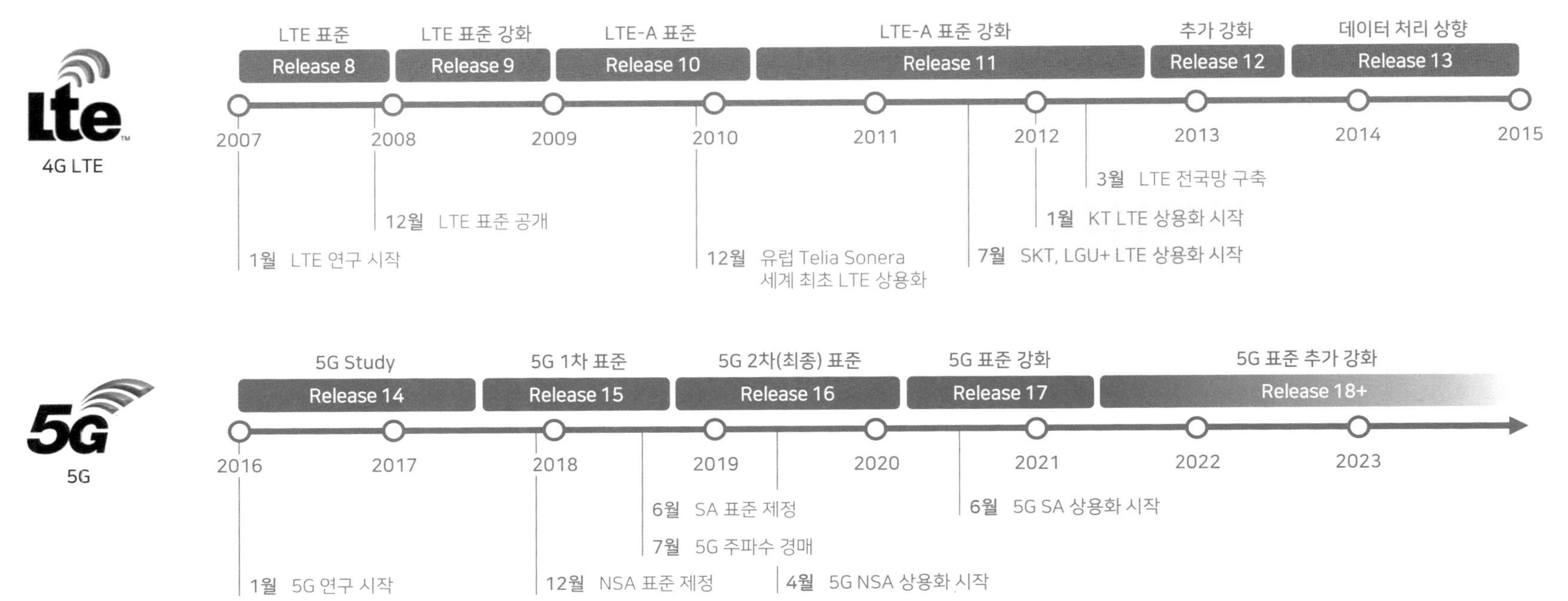

주: 3GPP는 각 표준 규격의 발전단계를 릴리즈(Release)로 구분. 4G LTE 규격은 Release 8부터 시작, 5G 규격은 Release 14부터 시작
자료: ITU, 메리츠증권 리서치센터

5G CAPEX 투자와 통신장비

통신 세대별 CAPEX 투자 및 통신장비 주요 지표 추이

국내 통신사 CAPEX

3G 연간 평균 CAPEX: 5.9조원(5yrs)
4G 연간 평균 CAPEX: 8.0조원(3yrs)
5G 연간 평균 CAPEX: 8.8조원(5yrs)

⇒ **결국, 5G는 4G 대비 약 2.6배 수준의 설비투자 필요 예상**

통신장비 주요 지표

2000년대
내수 기반으로만 성장했던 국내 유무선 통신장비 업체들

2010년대
전세계적 LTE 투자 확대
⇒ 국내 통신장비 업체들의 수출 증대

2020년대
글로벌 기술력을 보유한 업체 등장 + 5G와 기존 4G LTE 투자를 병행하며 실적 개선 지속

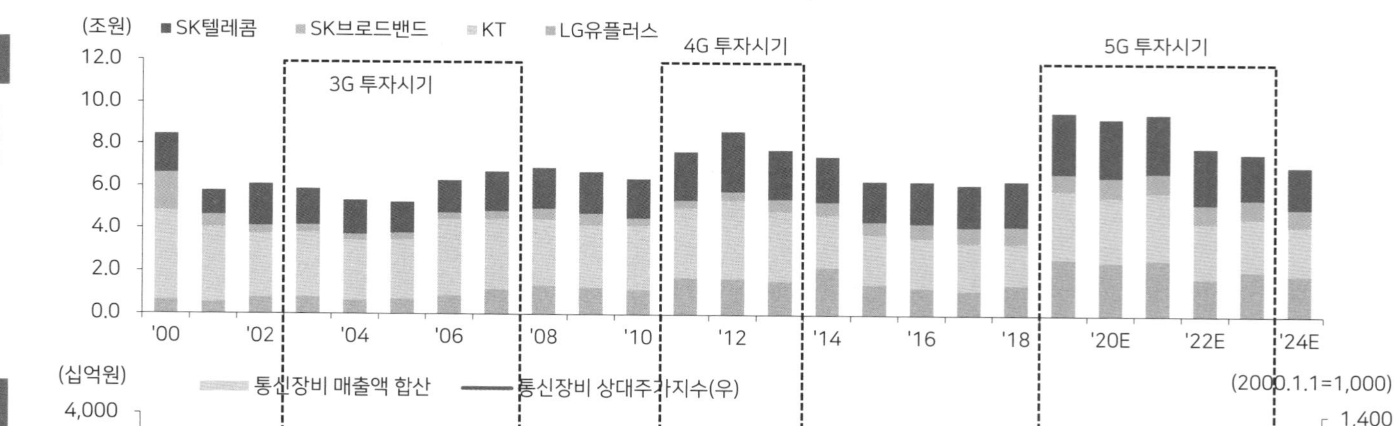

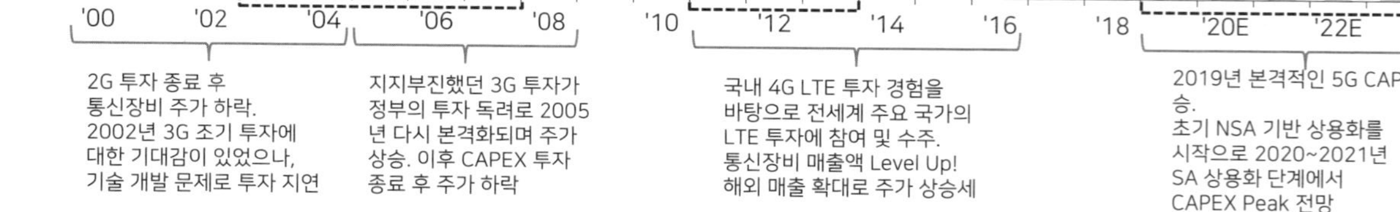

2G 투자 종료 후 통신장비 주가 하락. 2002년 3G 조기 투자에 대한 기대감이 있었으나, 기술 개발 문제로 투자 지연
지지부진했던 3G 투자가 정부의 투자 독려로 2005년 다시 본격화되며 주가 상승. 이후 CAPEX 투자 종료 후 주가 하락
국내 4G LTE 투자 경험을 바탕으로 전세계 주요 국가의 LTE 투자에 참여 및 수주. 통신장비 매출액 Level Up! 해외 매출 확대로 주가 상승세
2019년 본격적인 5G CAPEX 상승. 초기 NSA 기반 상용화를 시작으로 2020~2021년 SA 상용화 단계에서 CAPEX Peak 전망

자료: SK텔레콤, KT, LG유플러스, WiseFn, 메리츠증권 리서치센터

5G Value Chain의 변화

산업 구분 없이 치열하게 전개될 5G Value Chain

- 5G 시대에는 콘텐츠(C), 플랫폼(P), 네트워크(N), 디바이스(D)로 이어지는 Value Chain 내 역할 구분 모호
- 명확히 구분된 영역에서 사업을 벌이던 ICT 업체들의 무한 경쟁 체제로의 전환
- 통신사의 경우, 드라마 콘텐츠를 직접 제작하거나 제품 생산 및 판매에 관여하는 등 사업 영역을 확장
  ⇒ B2C보다 B2B 영역에서 역할이 중요해지는 5G 시대

5G Value Chain의 변화

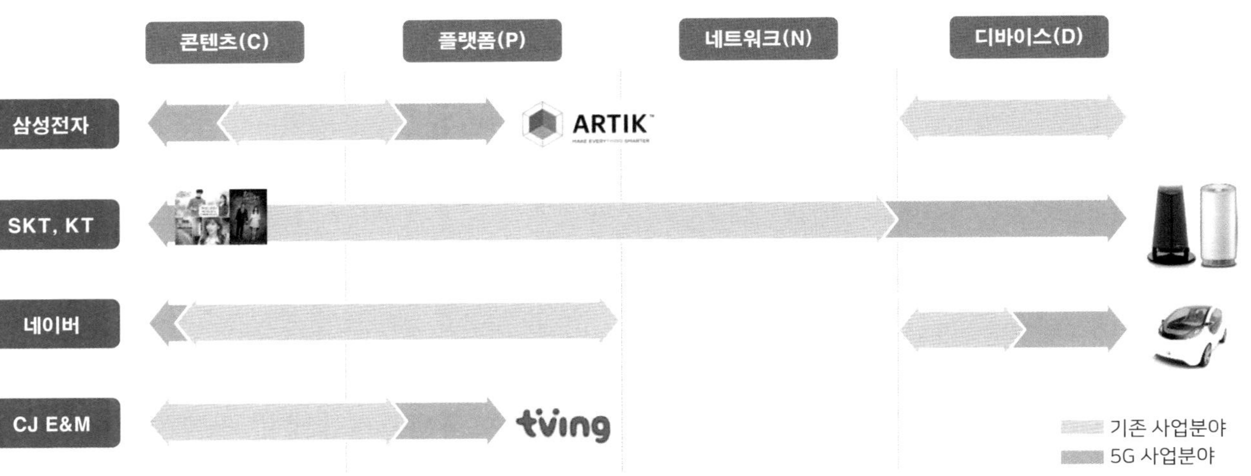

자료: 삼정KPMG, 메리츠증권 리서치센터

5G 서비스 적용 분야

3D 홀로그램 디스플레이, VR/AR, 원격 의료 서비스, 무인자율주행 자동차 등

- 5G 전환으로 초고용량 실감형 데이터 서비스, 초실시간 처리 서비스, 초연결 통신 서비스 가능
- 5G 기술 도입으로 서비스가 가능한 영역
  1) 초실감형 모바일 미디어 서비스: 3D 홀로그램 디스플레이, 4K/8K-UHD, VR/AR
  2) 버추얼 홈 서비스: 스마트홈 서비스
  3) 원격 의료 서비스
  4) 재난 대응 및 공공안전 서비스
  5) 무인자율주행 자동차

5G 적용 분야: 홈 IoT 등 버추얼 홈 서비스

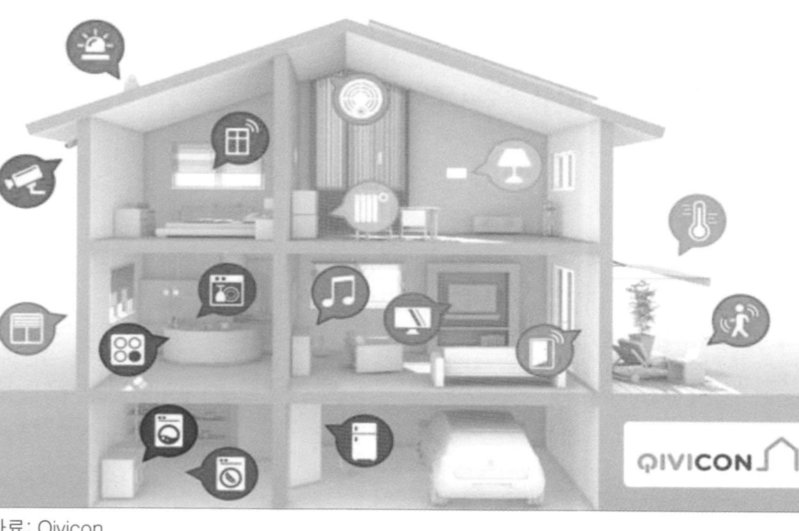

자료: Qivicon

5G 적용 분야: 자율주행차

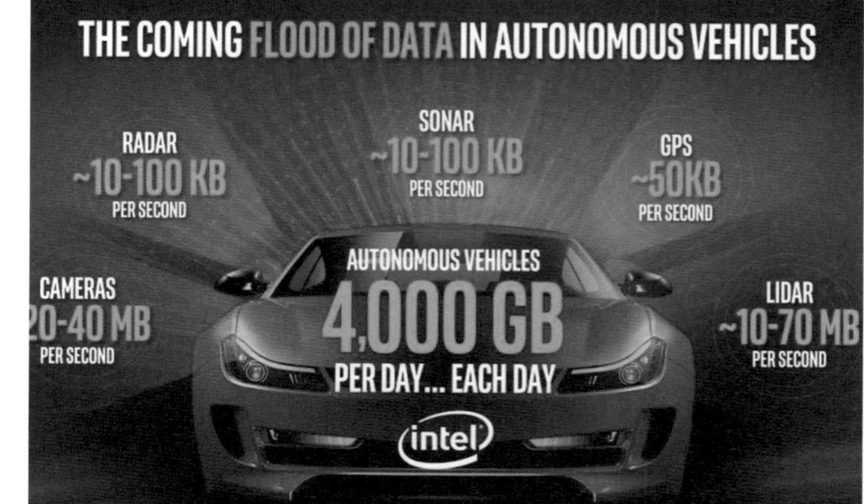

자료: Intel

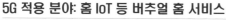

데이터 트래픽 증가 전망

스마트폰 월별 데이터 트래픽 '16년 5.1GB → '22년 25.0GB 5배 증가 전망

- 북미 스마트폰 월별 데이터 트래픽: 2016년 5.1GB → 2022년 25.0GB로 5배 증가 전망
- 데이터 트래픽 증가는 모바일 동영상이 주도할 전망
  ⇒ 모바일 동영상 트래픽 비중: 2016년 50% → 2022년 75% 차지할 전망

글로벌 스마트폰 월별 데이터 트래픽 전망

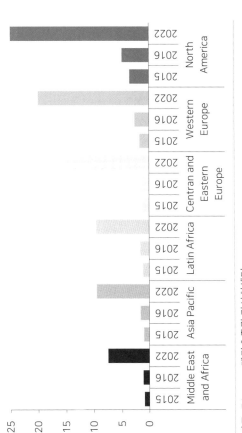

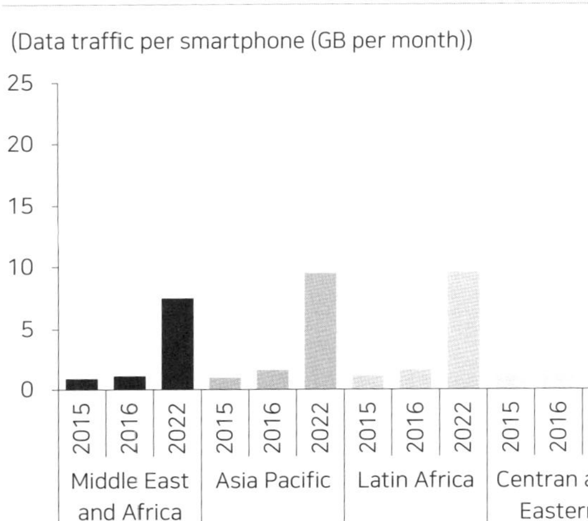

자료: Ericsson, 메리츠증권 리서치센터

어플리케이션별 월별 모바일 트래픽 전망

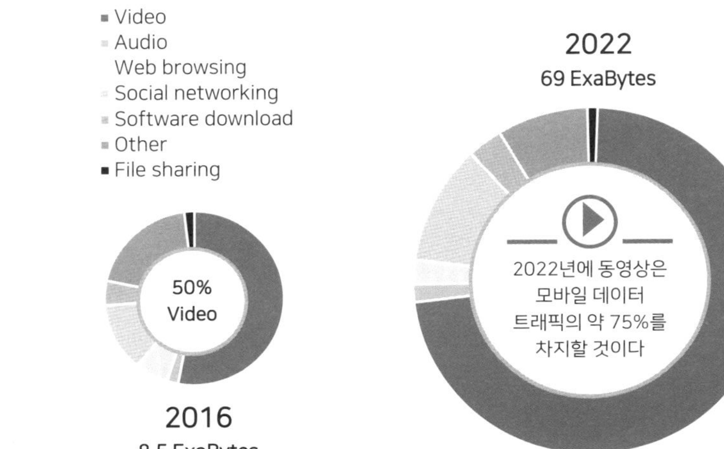

자료: Ericsson, 메리츠증권 리서치센터

데이터 트래픽 증가 요인 : 가상현실(VR)

10분짜리 동영상 관람 시, 가상현실(VR)은 FHD 대비 6~15배 데이터 트래픽 증가

- 가상현실(VR)에서 데이터 트래픽은 얼마나 증가할까?
  ⇒ 10분짜리 동영상 관람 시, 기존 FHD 대비 VR을 통한 데이터 트래픽 약 6배 증가
  FHD: 200MB (1Mbps x 10분 x 60초 / 8bit)
  VR: 1.2GB (16Mbps x 10분 x 60초 / 8bit)
- 1.2GB 데이터 트래픽 역시 현재 기술 수준에서 보급에 초점을 맞추어 임의로 낮춘 용량으로, 제대로 된 VR 영상 시청을 위해 Bit Rate를 높일 경우 데이터 트래픽은 10~15배로 폭증

가상현실(VR) 동영상은 기존 FHD 대비 6~15배 데이터 트래픽 소요

자료: 삼성전자, 메리츠증권 리서치센터

데이터 트래픽 증가 요인 : 폴더블 디스플레이

폴더블 디스플레이 스마트폰, 기존 스마트폰 대비 10~15배 트래픽 유발 예상

- 화면이 커질수록 필요로 하는 데이터량은 증가
- CISCO에 따르면, 스마트폰은 기존 피쳐폰 대비 24배, 랩탑은 515배 데이터 트래픽을 유발
- 스마트폰 대화면 추세와 활용도 측면 고려 시 폴더블 디스플레이를 채택한 스마트폰의 데이터 트래픽은 기존 스마트폰 대비 10~15배 증가 전망

기기별 데이터 사용량 비교

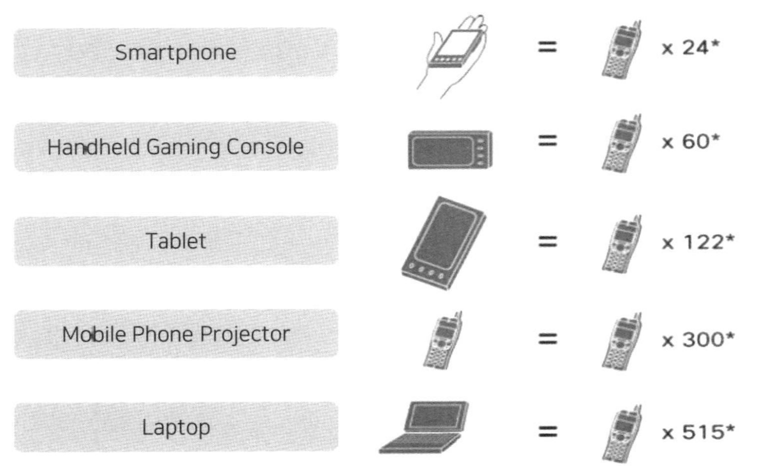

자료: CISCO, 메리츠증권 리서치센터

삼성전자가 공개한 'Galaxy Fold'

자료: 삼성전자

데이터 트래픽 증가 요인 : 사물인터넷(IoT)

Massive IoT 기술로 데이터 트래픽 증가 예상

- IoT는 Critical IoT와 Massive IoT로 분류
  - Critical IoT는 트래픽 안전, 자율주행차, 원격 수술 등 가용성/지연/신뢰성의 엄격한 요구사항 필요
  - Massive IoT는 스마트 빌딩, 원격검침 등 다수의 연결, 소량의 데이터에 관한 엄격한 요구사항이 특징
- IoT 개별 서비스에 대한 데이터 패킷은 보통 100~150byte로 기기당 데이터 트래픽 양은 적으나, IoT 연결 기기의 증가로 의미 있는 수준의 데이터 트래픽 증가가 가능

Massive IoT 도심 적용 시 성격별 트래픽 분류

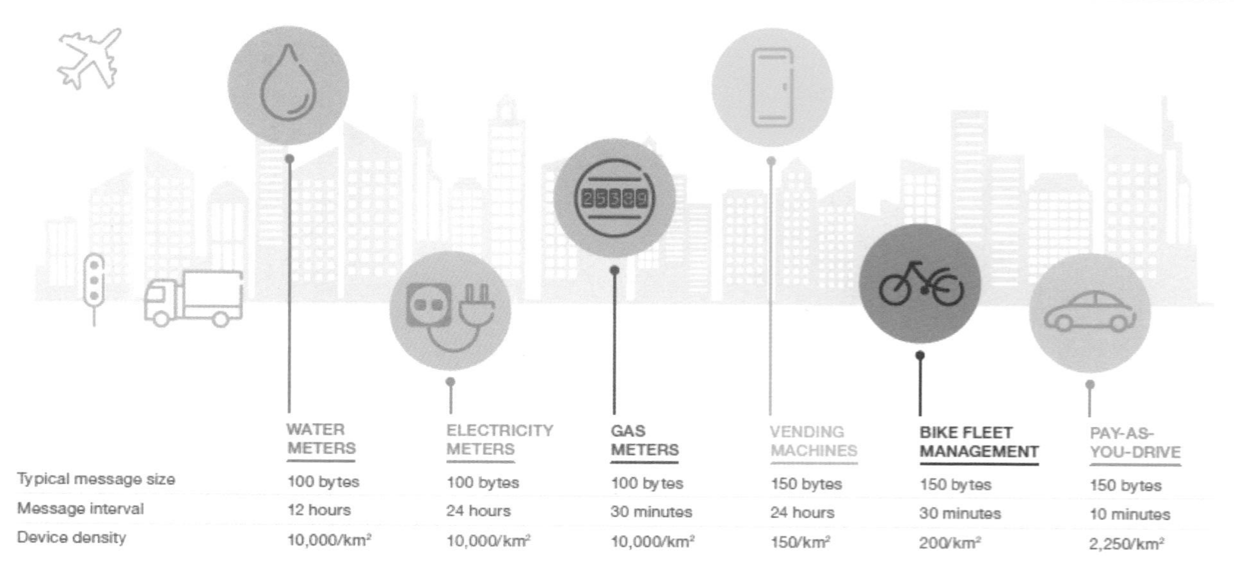

	WATER METERS	ELECTRICITY METERS	GAS METERS	VENDING MACHINES	BIKE FLEET MANAGEMENT	PAY-AS-YOU-DRIVE
Typical message size	100 bytes	100 bytes	100 bytes	150 bytes	150 bytes	150 bytes
Message interval	12 hours	24 hours	30 minutes	24 hours	30 minutes	10 minutes
Device density	10,000/km²	10,000/km²	10,000/km²	150/km²	200/km²	2,250/km²

자료: Ericsson, 메리츠증권 리서치센터

5G 네트워크 주요 무선 전송 기술

5G 주요 기술 세 가지
① mmWave
② Massive MIMO
③ 스몰셀을 통한 용량 증대

- 5G 네트워크에서 논의되고 있는 주요 기술 세 가지
- ① mmWave(초고주파 광대역폭을 활용한 초고속 데이터 전송기술)
  - 상용 이동통신 주파수 대역을 뛰어넘어 초고주파와 광대역을 활용한 기술
- ② Massive MIMO(대용량 다중 안테나 기술)
  - 무수히 많은 안테나 배열을 사용해 네트워크 용량을 늘리고 송신 에너지를 최소화
- ③ 스몰셀을 통한 네트워크 용량 증대 기술
  - 소형 기지국을 다수 설치하여 HetNet 기반 네트워크 용량을 증대하는 기술

5G 네트워크 주요 기술들

② Massive MIMO (Beamforming)
① Ultra Wideband. (cmWave, mmWave)
⑤ 5G O&M
③ Ultra-dense Small Cell
④ Multi-RAT (New Waveform)
IoT

자료: KICS, 메리츠증권 리서치센터

Massive MiMO(대용량 다중 안테나 기술)

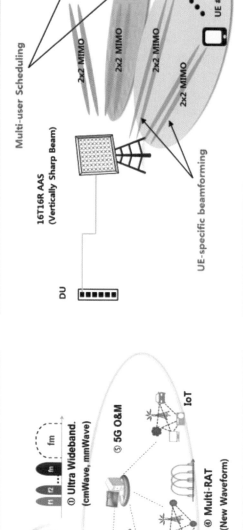

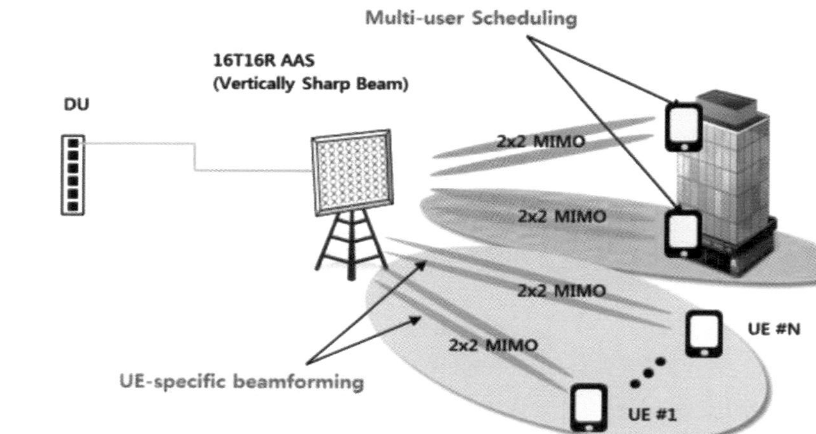

자료: KICS, 메리츠증권 리서치센터

Part III

5G 네트워크 구조와 통신장비

주요 네트워크 장비 분류 및 설명

국내 네트워크 장비 분류 체계

- 국내 네트워크 장비 시장은 크게 광네트워크 장비, 이동통신 장비, 네트워크 운영관리, 그리고 보안 및 소프트웨어로 분류
- 광네트워크 장비에는 광전송장비와 교환장비, 가입자망 장비, 그리고 광 모듈과 광 소재 등이 포함
- 이동통신 장비는 기지국 장비와 중계기, 스몰셀 등으로 구성

통신 네트워크 장비 분류 및 설명

분류	중분류	세분류	설명
광네트워크장비	광전송장비	WDM	빛의 파장을 달리하는 여러채널을 묶어 하나의 광섬유를 통해 전송하는 파장분할 다중전송 장비
		ROADM	새로운 광통신 회선 추가/삭제 시 소프트웨어만으로 망 설정 및 조절이 가능한 광전송장비
		MSPP	한 개의 광전송장비(SDH)에 다양한 형태의 데이터를 전송, 처리할 수 있는 네트워크 장비
		캐리어 이더넷	이더넷의 단점을 보완하여 동기식 이더넷 멀티미디어 서비스를 제공하는 전송 방식
	교환장비	라우터	PSTN망, ATM망, 이더넷망 등 서로 다른 네트워크망을 연결하기 위한 장비
		L2 스위치	서로 다른 네트워크 간 MAC주소로 스위칭하는 장비로 소규모 워크그룹 스위치가 해당
		L3 스위치	서로 다른 네트워크 간 IP주소로 스위칭하는 장비로 라우팅 프로토콜을 수행
		VoIP용 장비	VoIP 서비스 구현을 위한 장비
	가입자망 장비	PON	별도의 전원공급이 불필요한 광 분배기로 구성되는 FTTH 장비
		WiFi AP	WiFi 기술을 이용해 이동 단말기 등과 무선으로 데이터를 송수신하고 단말기를 인터넷에 접속
	광 모듈	광트랜시버	라우터와 스위치 등 광통신 장치에서 전기신호와 광신호를 상호 교환해주는 모듈
	광 소재 및 기타	광섬유, 광케이블	광통신의 전송로로 이용되는 광섬유와, 광섬유를 이용한 매체인 광케이블
		광섬유 융착접속기	광케이블이 끊어지거나 교체가 필요할 때 케이블을 연결해주는 장비
이동통신장비	기지국	기지국	무선통신의 서비스를 위해 네트워크와 단말기를 연결하는 무선 통신설비
	중계기	광 중계기	기지국의 RF 신호를 광 신호를 변환하여 광케이블을 통해 원하는 음영지역으로 전송하는 장비
		RF 중계기	광케이블 구간을 없애고, 미약한 RF 신호를 그대로 받아, 다시 깨끗한 RF 신호로 증폭시켜 전송
		DAS	기지국 신호를 중계해 주로 건물 내, 지하 등 전파음영지역을 해소 시키기 위하여 사용하는 장비
	스몰셀	피코셀	50m 이내 반경의 셀로 도심 밀집지역 및 지하에 배치되어 음영지역을 해소
		펨토셀	5~10m 반경의 초소형 기지국으로서, 음영지역 해소를 위해 가정, 카페 등에 설치
네트워크 운영관리	계측장비	시험/계측장비	서비스 및 제어 장치 등의 기능/성능/고장/서비스품질 등을 감시, 측정, 모니터링하는 S/W 및 장비
	검사장비	검사장비	개발 완료된 장비가 유통되기 앞서 시장이 요구하는 신뢰성, 안정성 등 기준 충족여부를 검증
보안 및 소프트웨어	보안장비	방화벽 장비	내외부 네트워크간 패킷을 선별하여 수용 또는 거부, 수정하는 기능을 수행하는 장비
	소프트웨어	소프트웨어 장비	서비스 및 장치 제어에 사용되는 운영체계(OS), 미들웨어, 가상화 S/W 등 S/W 및 제어 장비류

자료: 한국네트워크산업협회, 메리츠증권 리서치센터

주요 네트워크 장비 업체 및 실적

국내 주요 네트워크 장비업체

- 광전송장비 업체로는 코위버, 우리넷, 텔레필드, 가입자망 업체로는 다산네트웍스와 유비쿼스가 대표적 광 모듈 업체는 오이솔루션, 라이트론, 우리로 등
- 케이엠더블유와 에이스테크, 웨이브일렉트로 등은 무선 기지국 내 안테나와 RRH 장비를 주로 생산하며, 관련 기술을 발전시켜 스몰셀 시장에도 진출

국내 네트워크 장비 업체 설명 및 2019년 주요 실적

(십억원)

분류	중분류	종목	주요 제품	시가총액	매출액	영업이익	당기순이익
광네트워크장비	광전송장비	코위버	광전송장비(캐리어이더넷 등)	104.8	126.1	11.7	20.8
		우리넷	광전송장비(PTN, MSPP 등)	83.4	73.7	3.2	2.1
		텔레필드	광전송장비(MSPP 등)	30.7	56.5	5.7	4.9
	교환장비 + 가입자망 장비	다산네트웍스	FTTx 장비, 이더넷 스위치 장비 등	477.2	465.7	9.2	4.2
		유비쿼스	FTTx 장비, 스위치 장비 등	242.8	101.5	13.4	13.0
		머큐리	와이파이메 등	134.1	111.0	2.1	2.3
	광 모듈	오이솔루션	광트랜시버	598.1	210.3	58.3	45.9
		우리로	광트랜시버, 광분배기	46.5	115.4	-2.0	-6.1
		피피아이	광트랜시버, 광분배기	61.6	48.6	2.7	2.8
	광 소재 및 기타	대한광통신	광섬유, 광케이블	295.3	154.0	-9.2	-10.9
		이노인스트루먼트	광섬유 융착접속기	85.4	44.3	-16.1	-23.1
이동통신장비	기지국(스몰셀)	케이엠더블유	안테나, RRH, RF부품, 스몰셀	3,213.6	682.9	136.7	102.7
		에이스테크	안테나, RRH, RF부품, 스몰셀	1,105.9	378.6	2.7	-9.7
		알에프텍	안테나, 필터	291.9	284.5	13.1	-1.8
		기가레인	안테나, RFH부품	179.8	72.8	-29.6	-46.1
		알엔투테크놀로지	RRH, RF부품	149.0	21.0	2.8	0.9
		서진시스템	RRH 케이스	888.7	392.3	54.4	49.0
		RFHIC	RF부품	1,137.5	107.8	17.9	19.6
		메탈라이프	스몰셀	110.4	16.2	1.1	1.2
	중계기	쏠리드	중계기, DAS	587.1	229.3	-1.9	6.4
		에치에프알	중계기, DAS	387.8	168.7	10.0	9.9
		에프알텍	중계기	74.3	26.2	-1.1	-1.3
		CS	중계기	43.1	32.2	-0.9	-0.5
		기산텔레콤	중계기	38.0	67.1	4.0	3.6
네트워크 운영관리	계측장비	이노와이어리스	통신망 시험/계측기	409.6	96.8	15.3	13.1
보안 및 소프트웨어	보안장비	윈스	보안장비	217.1	75.3	13.5	13.3
	소프트웨어	텔코웨어	HLR, SCSF	115.0	41.8	3.4	4.3
	소프트웨어	나무기술	클라우드	99.6	84.7	4.1	3.8

주: 시가총액 항목은 2021년 1월 13일 기준
자료: 한국네트워크산업협회, WiseFn, 메리츠증권 리서치센터

통신장비와 네트워크의 발전 (2G/3G)

2G/3G 유무선 네트워크 구조

① 2G/3G 네트워크 구조

- 유선 네트워크: 댁내 연결된 전송 경로를 따라 아파트 단지 내 위치한 스위치 장비(혹은 DSLAM)로 이동한 후, 전화국사에 있는 대용량(상위) 스위치 장비를 거쳐 백본망으로 전송되는 구조
- 무선 네트워크: 무선 액세스망은 크게 기지국(BTS; Base Transceiver Subsystem), 기지국 제어기(BSC; Base Station Controller), 교환기(MSC; Mobile Switching Center)의 3단계 구조
- 2G/3G 기지국(BTS)은 데이터 처리부(DU; Digital Unit)와 무선 송수신부(RU: Radio Unit)가 함께 설치된 일체형 기지국(D-RAN) 방식

2G/3G 기지국(BTS) 구조 및 형상

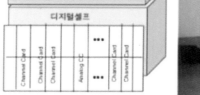

자료: ETRI, 메리츠증권 리서치센터

통신장비와 네트워크의 발전 (2G/3G)

2G/3G 유무선 네트워크 구조 (~2010년)

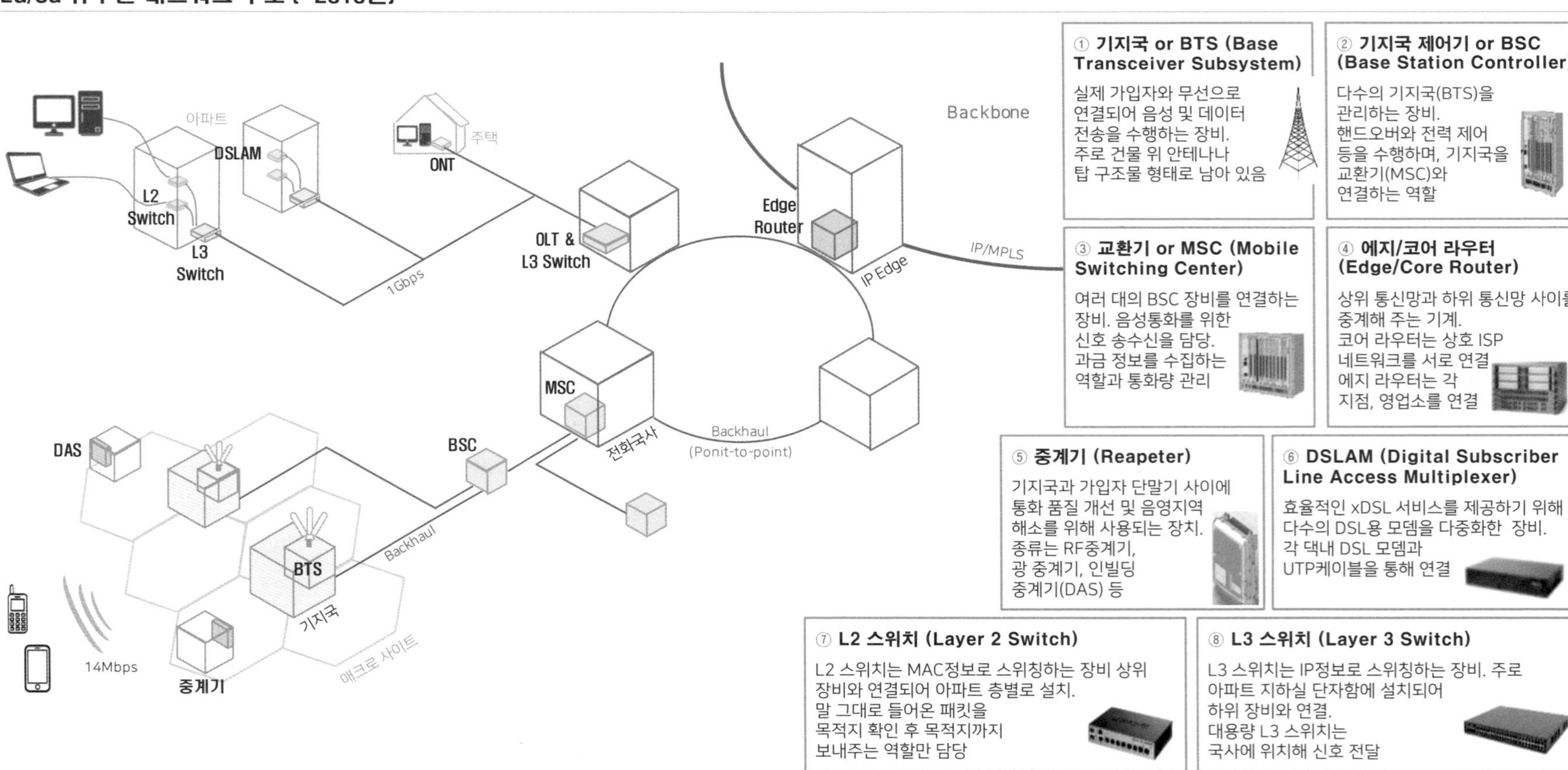
아파트
DSLAM
L2 Switch
L3 Switch
주택
ONT
1Gbps
OLT & L3 Switch
Edge Router
IP Edge
Backbone
IP/MPLS
MSC
전화국사
Backhaul (Ponit-to-point)
BSC
Backhaul
DAS
BTS
기지국
매크로 사이트
중계기
14Mbps
① 기지국 or BTS (Base Transceiver Subsystem)
실제 가입자와 무선으로 연결되어 음성 및 데이터 전송을 수행하는 장비. 주로 건물 위 안테나나 탑 구조물 형태로 남아 있음
② 기지국 제어기 or BSC (Base Station Controller)
다수의 기지국(BTS)을 관리하는 장비. 핸드오버와 전력 제어 등을 수행하며, 기지국을 교환기(MSC)와 연결하는 역할
③ 교환기 or MSC (Mobile Switching Center)
여러 대의 BSC 장비를 연결하는 장비. 음성통화를 위한 신호 송수신을 담당. 과금 정보를 수집하는 역할과 통화량 관리
④ 에지/코어 라우터 (Edge/Core Router)
상위 통신망과 하위 통신망 사이를 중계해 주는 기계. 코어 라우터는 상호 ISP 네트워크를 서로 연결 에지 라우터는 각 지점, 영업소를 연결
⑤ 중계기 (Reapeter)
기지국과 가입자 단말기 사이에 통화 품질 개선 및 음영지역 해소를 위해 사용되는 장치. 종류는 RF중계기, 광 중계기, 인빌딩 중계기(DAS) 등
⑥ DSLAM (Digital Subscriber Line Access Multiplexer)
효율적인 xDSL 서비스를 제공하기 위해 다수의 DSL용 모뎀을 다중화한 장비. 각 댁내 DSL 모뎀과 UTP케이블을 통해 연결
⑦ L2 스위치 (Layer 2 Switch)
L2 스위치는 MAC정보로 스위칭하는 장비 상위 장비와 연결되어 아파트 층별로 설치. 말 그대로 들어온 패킷을 목적지 확인 후 목적지까지 보내주는 역할만 담당
⑧ L3 스위치 (Layer 3 Switch)
L3 스위치는 IP정보로 스위칭하는 장비. 주로 아파트 지하실 단자함에 설치되어 하위 장비와 연결. 대용량 L3 스위치는 국사에 위치해 신호 전달

자료: 산업자료 취합 정리, 메리츠증권 리서치센터

통신장비와 네트워크의 발전 (2G/3G)

- 시장 규모가 가장 큰 백본(Backbone)망 시장은 Cisco, Nokia, Huawei 등 글로벌 통신장비 업체가 장악
- 국내 중소형/중견 통신장비 업체들은 진입장벽이 낮은 액세스(Access)망에서 제한된 사업 영위
- 2G/3G 국내 유선 통신장비 업체로는 다산네트웍스, 유비쿼스 등
- 2G/3G 국내 무선 통신장비 업체로는 중계기 장비를 생산하는 쏠리테크, 영우통신, 기산텔레콤 등이 주력

2G/3G 망을 구성하는 주요 장비 및 업체 정리

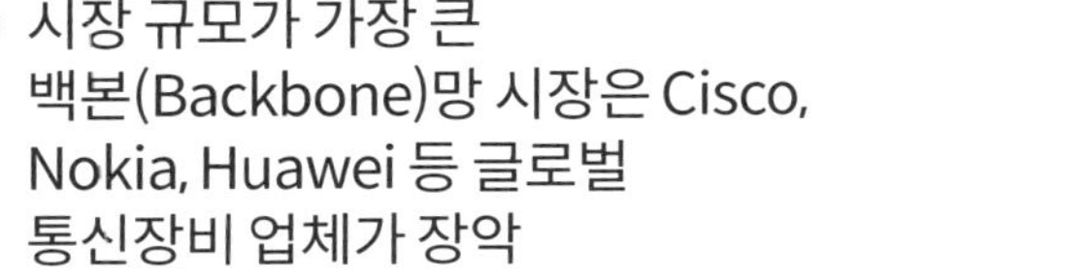

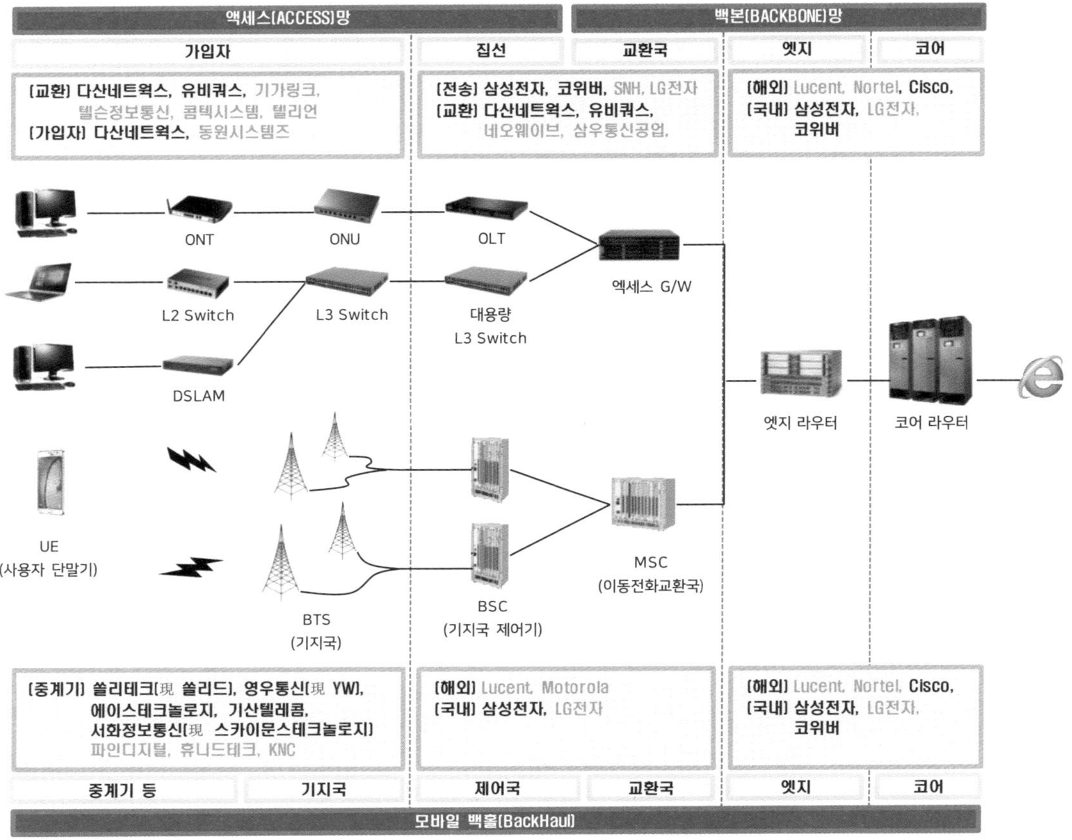

주: 음영 표시된 종목은 상장 폐지되거나 더 이상 해당 사업을 영위하지 않는 업체
자료: 산업자료 취합 정리, 메리츠증권 리서치센터

통신장비와 네트워크의 발전 (4G LTE)

4G LTE 유무선 네트워크 구조

② 4G LTE 네트워크 구조

- 유선 네트워크: 컴퓨터와 연결된 모뎀 단말기(ONT)를 지나 아파트 단지 내 위치한 광종단장치(ONU)나 전신주에 연결된 분배기(Splitter) 거쳐 전화국사에 있는 광회선단말(OLT)로 전송
- 무선 네트워크: 기지국 장비(eNodeB)와 코어 장비(EPC) 2단계 구조. 기존 중계기 외에 소형셀 추가 구축.
- 4G LTE 기지국은 데이터 처리부(DU; Digital Unit)와 무선 송수신부(RU; Radio Unit)로 분리

비용 부담 해소를 위해 기존 일체형 기지국(D-RAN)에서 분리형 기지국(C-RAN)으로 진화

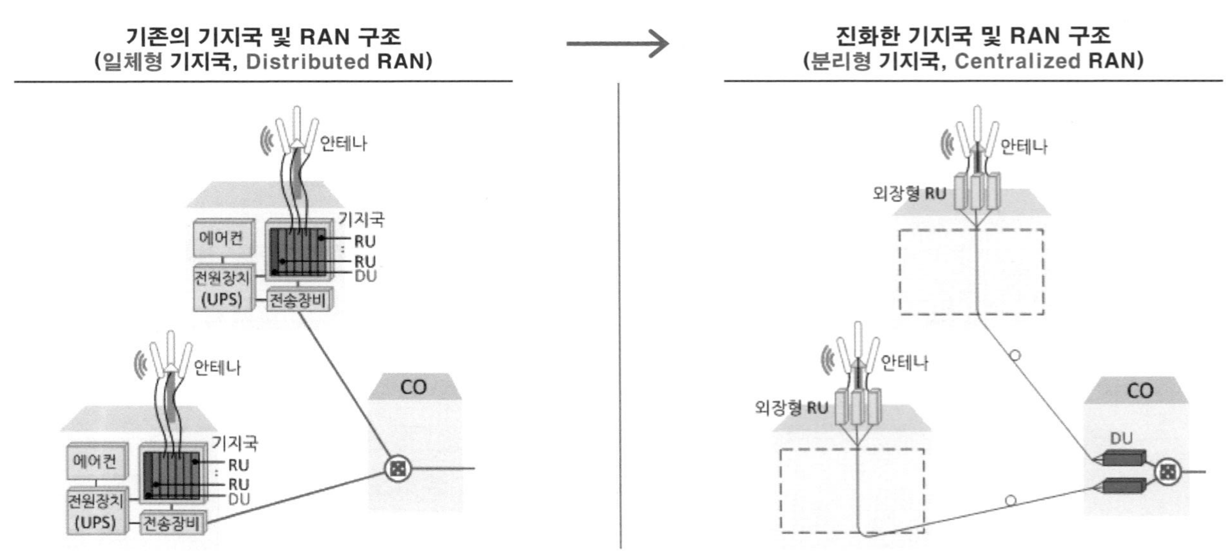

자료: 산업자료 취합 정리, 메리츠증권 리서치센터

통신장비와 네트워크의 발전 (4G LTE)

4G LTE 유무선 네트워크 구조 (2011~2019년)

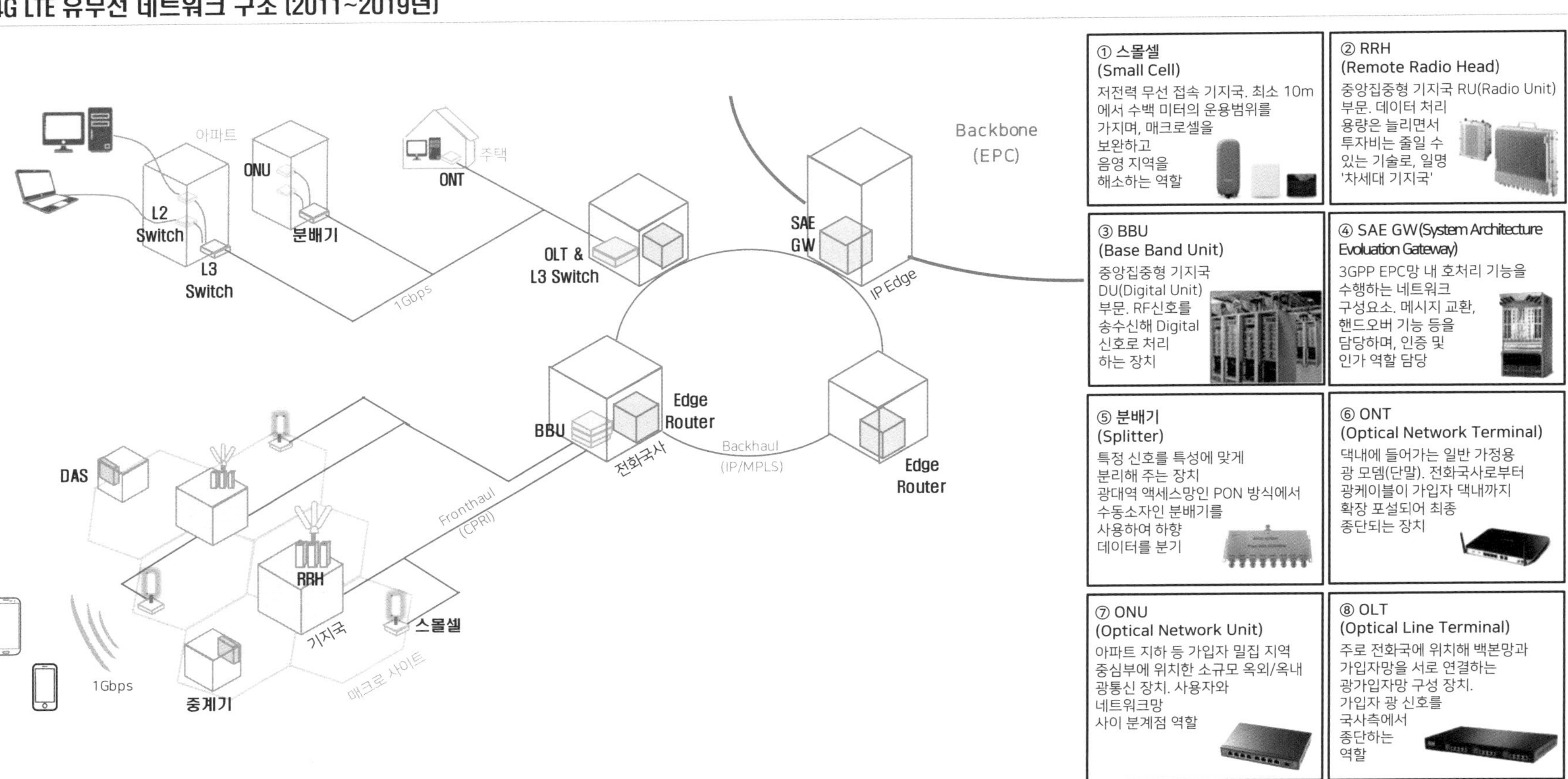

아파트
L2 Switch
L3 Switch
ONU
분배기
주택
ONT
1Gbps
OLT & L3 Switch
SAE GW
IP Edge
Backbone (EPC)
BBU
Edge Router
전화국사
Backhaul (IP/MPLS)
Edge Router
DAS
Fronthaul (CPRI)
RRH
기지국
스몰셀
매크로 사이트
중계기
1Gbps
① 스몰셀
(Small Cell)
저전력 무선 접속 기지국. 최소 10m 에서 수백 미터의 운용범위를 가지며, 매크로셀을 보완하고 음영 지역을 해소하는 역할
② RRH
(Remote Radio Head)
중앙집중형 기지국 RU(Radio Unit) 부문. 데이터 처리 용량은 늘리면서 투자비는 줄일 수 있는 기술로, 일명 '차세대 기지국'
③ BBU
(Base Band Unit)
중앙집중형 기지국 DU(Digital Unit) 부문. RF신호를 송수신해 Digital 신호로 처리 하는 장치
④ SAE GW(System Architecture Evoluation Gateway)
3GPP EPC망 내 호처리 기능을 수행하는 네트워크 구성요소. 메시지 교환, 핸드오버 기능 등을 담당하며, 인증 및 인가 역할 담당
⑤ 분배기
(Splitter)
특정 신호를 특성에 맞게 분리해 주는 장치
광대역 액세스망인 PON 방식에서 수동소자인 분배기를 사용하여 하향 데이터를 분기
⑥ ONT
(Optical Network Terminal)
댁내에 들어가는 일반 가정용 광 모뎀(단말). 전화국사로부터 광케이블이 가입자 댁내까지 확장 포설되어 최종 종단되는 장치
⑦ ONU
(Optical Network Unit)
아파트 지하 등 가입자 밀집 지역 중심부에 위치한 소규모 옥외/옥내 광통신 장치. 사용자와 네트워크망 사이 분계점 역할
⑧ OLT
(Optical Line Terminal)
주로 전화국에 위치해 백본망과 가입자망을 서로 연결하는 광가입자망 구성 장치. 가입자 광 신호를 국사측에서 종단하는 역할

자료: 산업자료 취합 정리, 메리츠증권 리서치센터

통신장비와 네트워크의 발전 (4G LTE)

- 국내 유무선 통신장비 업체들은 국내 4G LTE 투자 경험을 바탕으로 수출 비중을 확대
- 다만, 여전히 코어 네트워크 시장은 글로벌 통신장비 업체들이 장악하여 시장 진입에 어려움을 겪음
- 중계기의 필요성이 감소함에 따라 국내 중계기 시장 역시 소수 사업자로 재편
- 기지국 관련 시장의 확대로 케이엠더블유와 에이스테크 시장 진입

4G LTE 망을 구성하는 주요 장비 및 업체

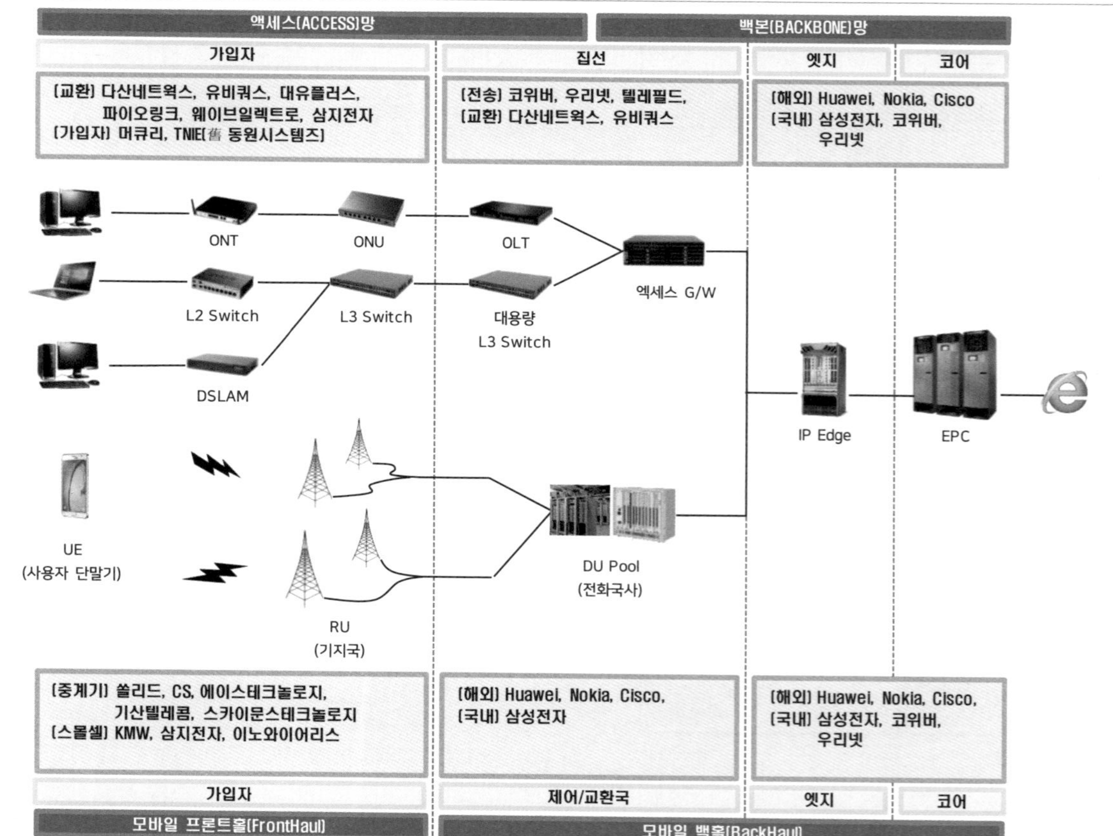

자료: 산업자료 취합 정리, 메리츠증권 리서치센터

통신장비와 네트워크의 발전 (5G)

5G에서는 펨토셀, 아웃도어 스몰 셀 등 다양한 무선 기술 등장

③ 5G 네트워크 구조

- 유선 네트워크: 10기가 인터넷 상용화, 대용량 광전송장비 확대 설치 등 유선 인프라 고도화 진행 중
  무선 네트워크: 스몰셀의 중요성 강조, BBU 기능의 일부를 RRH로 이동하는 방안 등이 검토

5G 유무선 네트워크 구조 (2020년~)

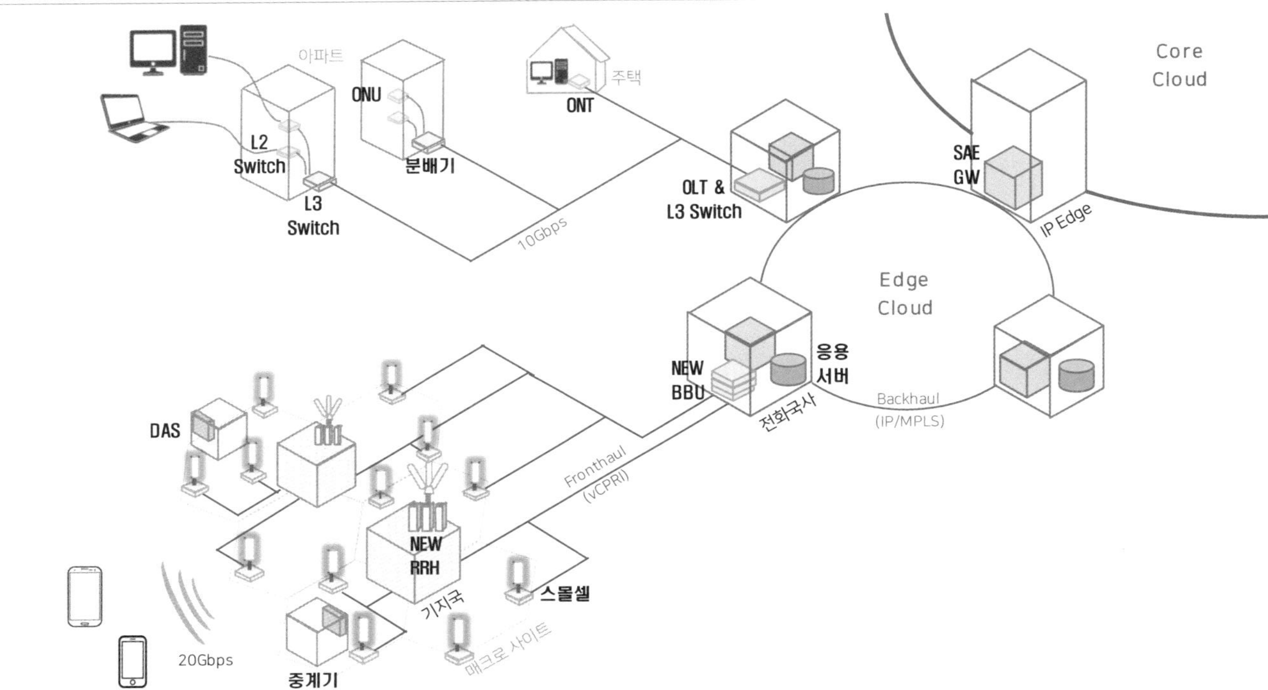

자료: 산업자료 취합 정리, 메리츠증권 리서치센터

Part IV

미디어/광고 산업 분석

국내 미디어 산업 생태계

▶ 국내 방송/광고 시장

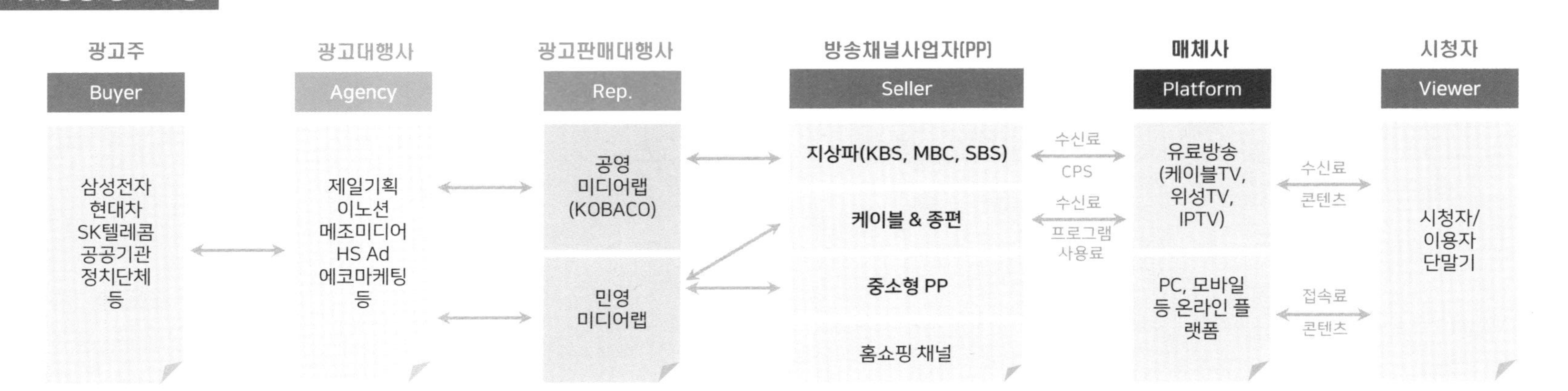
광고주
Buyer
삼성전자
현대차
SK텔레콤
공공기관
정치단체
등
광고대행사
Agency
제일기획
이노션
메조미디어
HS Ad
에코마케팅
등
광고판매대행사
Rep.
공영
미디어랩
(KOBACO)
민영
미디어랩
방송채널사업자(PP)
Seller
지상파(KBS, MBC, SBS)
케이블 & 종편
중소형 PP
홈쇼핑 채널
수신료
CPS
수신료
프로그램
사용료
매체사
Platform
유료방송
(케이블TV,
위성TV,
IPTV)
PC, 모바일
등 온라인 플
랫폼
수신료
콘텐츠
접속료
콘텐츠
시청자
Viewer
시청자/
이용자
단말기

▶ 국내 영화/배급 시장

투자사
Financing
배급사 계열
창투사
펀드
일반기업
등
제작 의뢰
수익 배분
제작사
Production
CJ E&M
쇼박스
롯데엔터
NEW
키위컴퍼니
등
배급 의뢰
수익 배분
배급사
Distribution
CJ E&M
쇼박스
월트디즈니
20th 폭스
NEW
롯데엔터
등
배급 수수료
제작완료 영화
상영관
Platform
CJ CGV
롯데시네마
메가박스
NEW
영화티켓
국내외 영화
관객
Viewer
시청자/
관람객

[광고] 국내 미디어/광고 시장 밸류체인

▶ 국내 방송/광고 시장

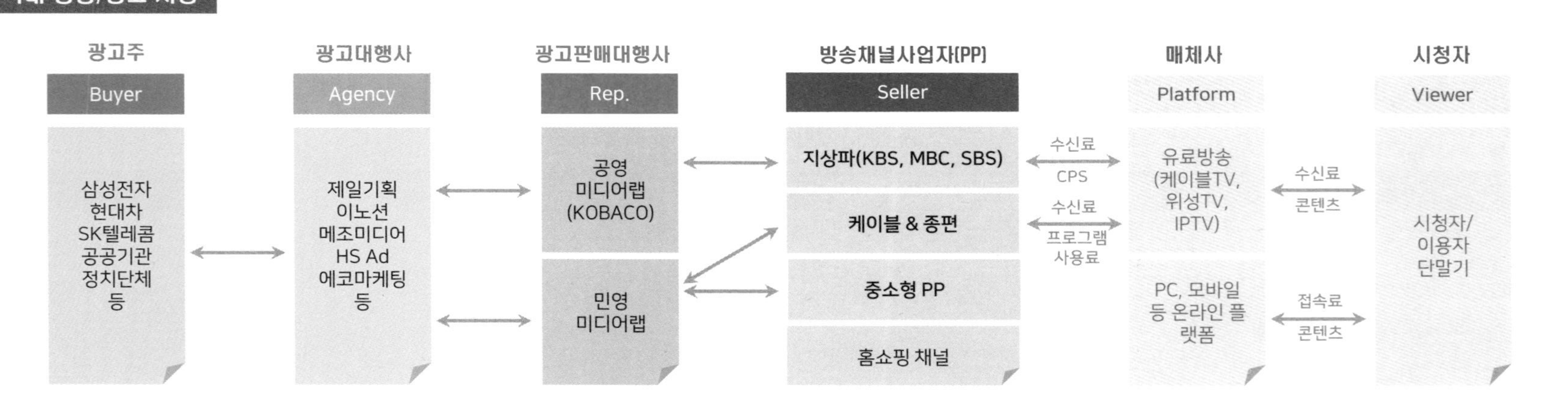
광고주
Buyer
삼성전자
현대차
SK텔레콤
공공기관
정치단체
등
광고대행사
Agency
제일기획
이노션
메조미디어
HS Ad
에코마케팅
등
광고판매대행사
Rep.
공영
미디어랩
(KOBACO)
민영
미디어랩
방송채널사업자(PP)
Seller
지상파(KBS, MBC, SBS)
케이블 & 종편
중소형 PP
홈쇼핑 채널
수신료
CPS
수신료
프로그램
사용료
매체사
Platform
유료방송
(케이블TV,
위성TV,
IPTV)
PC, 모바일
등 온라인 플
랫폼
수신료
콘텐츠
접속료
콘텐츠
시청자
Viewer
시청자/
이용자
단말기

▶ 국내 미디어/광고 시장 수익구조

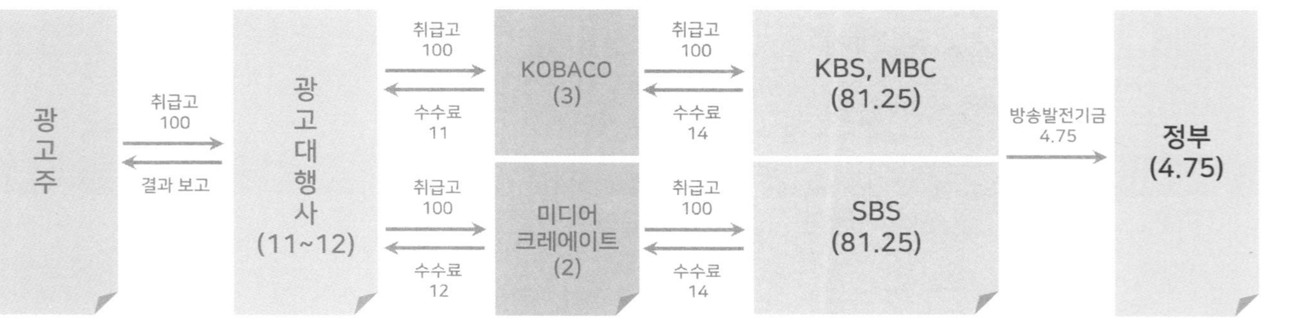
광고주
취급고
100
결과 보고
광고대행사
(11~12)
취급고
100
수수료
11
취급고
100
수수료
12
KOBACO
(3)
미디어
크레에이트
(2)
취급고
100
수수료
14
취급고
100
수수료
14
KBS, MBC
(81.25)
SBS
(81.25)
방송발전기금
4.75
정부
(4.75)

[광고] 국내 New 미디어/광고 시장 밸류체인

▶ 국내 방송/광고 시장

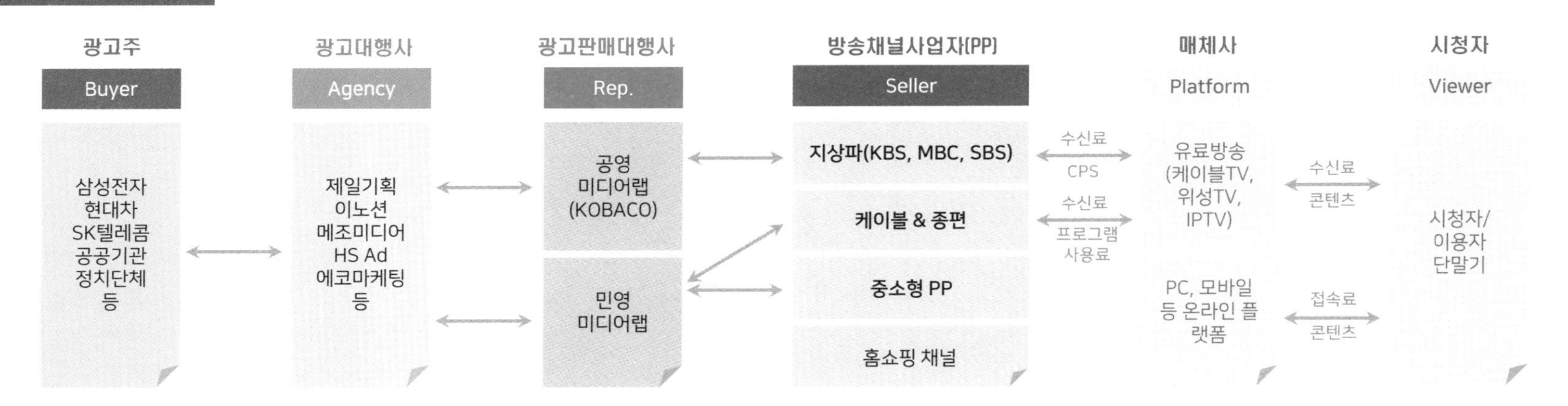

▶ 국내 New 미디어/광고 시장 수익구조

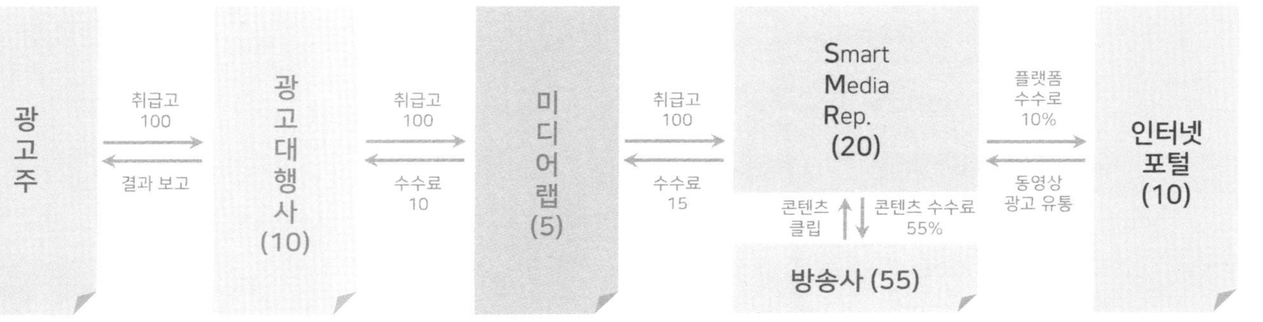

[방송] 국내 방송 시장 벨류체인

▶ 국내 방송/광고 시장

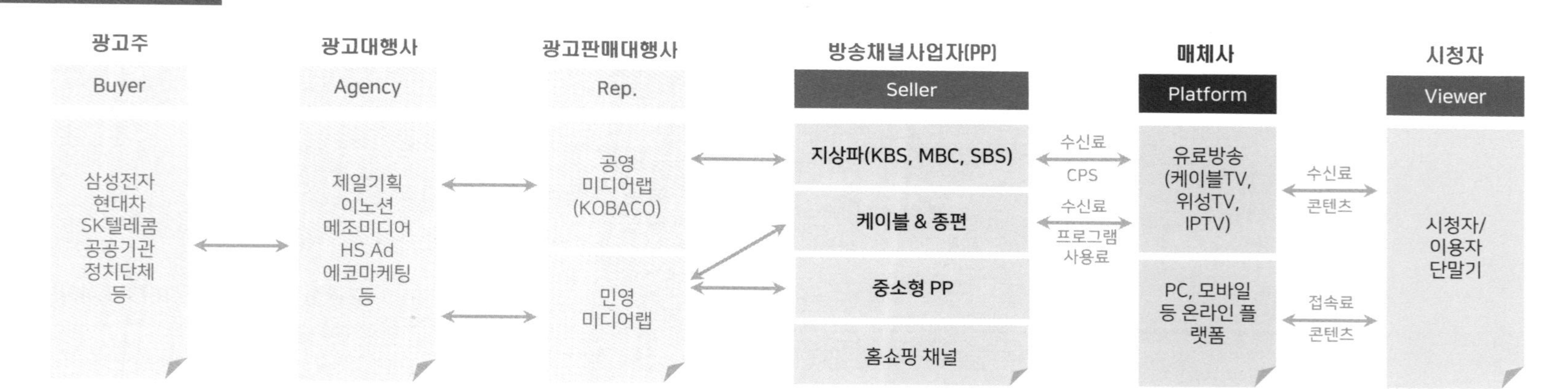
광고주
Buyer
삼성전자
현대차
SK텔레콤
공공기관
정치단체
등
광고대행사
Agency
제일기획
이노션
메조미디어
HS Ad
에코마케팅
등
광고판매대행사
Rep.
공영
미디어랩
(KOBACO)
민영
미디어랩
방송채널사업자(PP)
Seller
지상파(KBS, MBC, SBS)
케이블 & 종편
중소형 PP
홈쇼핑 채널
수신료
CPS
수신료
프로그램
사용료
매체사
Platform
유료방송
(케이블TV,
위성TV,
IPTV)
PC, 모바일
등 온라인 플
랫폼
수신료
콘텐츠
접속료
콘텐츠
시청자
Viewer
시청자/
이용자
단말기

▶ 국내 방송 시장 수익구조

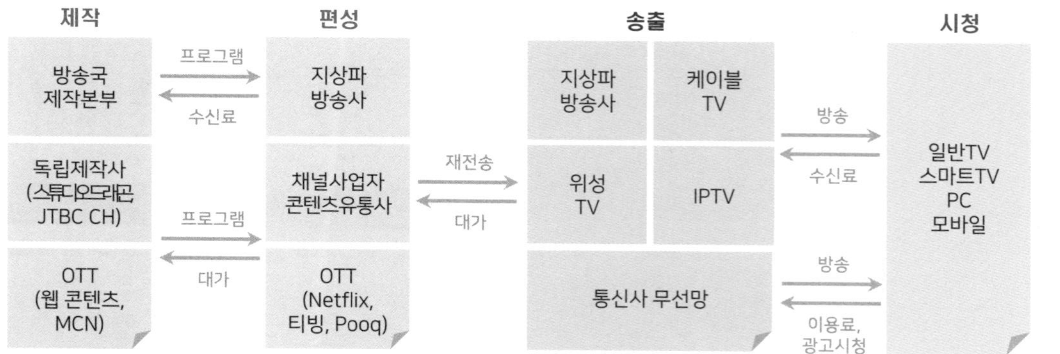
제작
방송국
제작본부
독립제작사
(스튜디오드래곤
JTBC CH)
OTT
(웹 콘텐츠,
MCN)
프로그램
수신료
프로그램
대가
편성
지상파
방송사
채널사업자
콘텐츠유통사
OTT
(Netflix,
티빙, Pooq)
재전송
대가
송출
지상파
방송사
케이블
TV
위성
TV
IPTV
통신사 무선망
방송
수신료
방송
이용료,
광고시청
시청
일반TV
스마트TV
PC
모바일

[영화] 국내 영화 시장 벨류체인

▶ 국내 영화/배급 시장

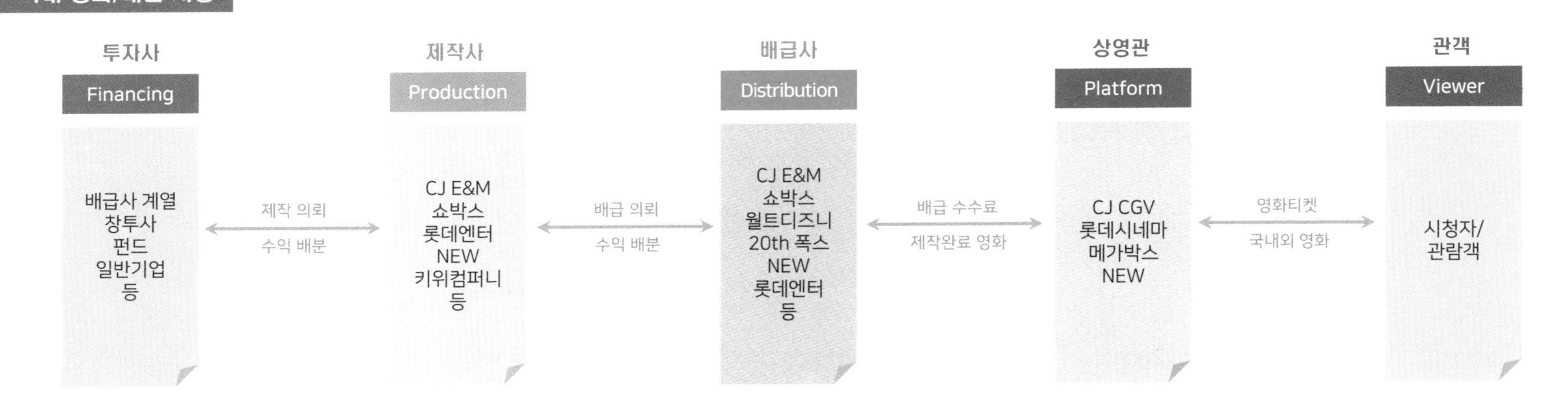

▶ 국내 영화 시장 수익구조

※ 제작비를 전체 수익의 20%로 가정

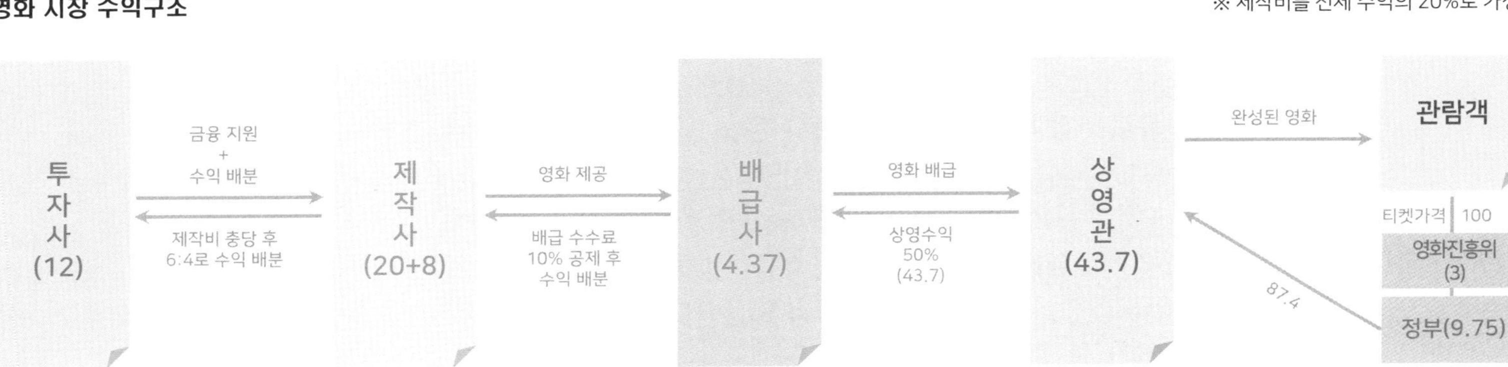

[광고] 국내 광고 업종 투자 포인트

광고 수익은 디지털로 확장
인건비는 변동 요인

- 광고 시장은 GDP 성장률에 연동되며, 짝수해 > 홀수해, 성수기(2Q, 4Q) > 비수기(1Q, 3Q) 관계 성립
- 일감 몰아주기 규제 등 정책 불확실성이 존재하며, 내수 침체로 국내보단 해외 성장이 주가 Catalyst
- 취급고에서 매체별 수수료율을 적용한 매출총이익 성장이 가장 중요하며,
  매출총이익 구성은 기존 전파(TV, 라디오), 인쇄(신문, 잡지)매체에서 뉴미디어(디지털)로 확장
- 비용의 대부분은 인건비로 신규 시장 진출 및 채용 규모 확대 등이 변동 요인

국내 광고 업종 수익 및 비용 구조

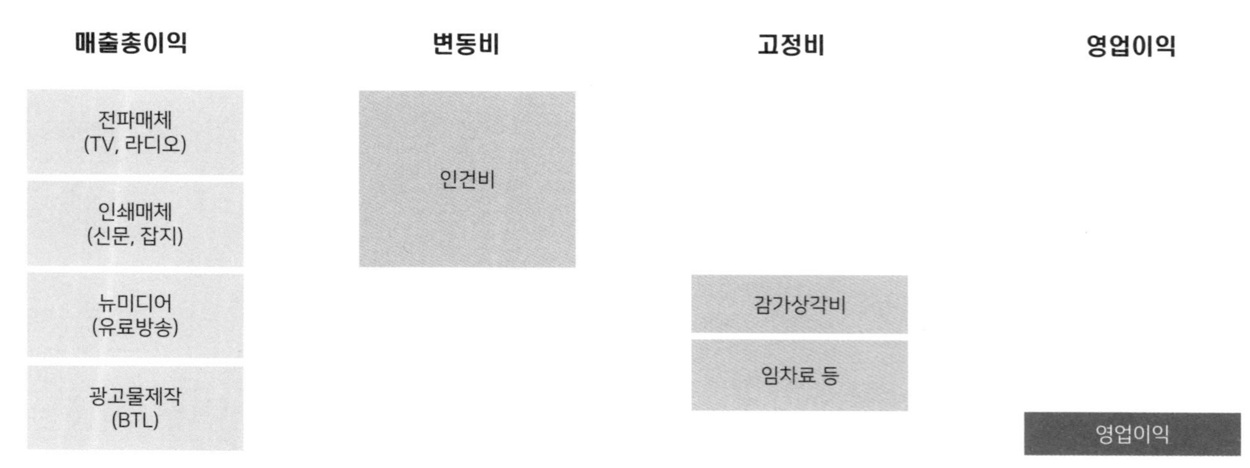

자료: 산업자료 취합 정리, 메리츠증권 리서치센터

[광고] TV 광고 유형

프로그램 광고

▶ 허용량: 프로그램의 1/100 (15초/개)
▶ 설명: 프로그램 스폰서로 참여해 방송 전후에 방송되는 광고

토막광고(SB)

▶ 허용량: 매시간 2회, 1분 30초 이내 (20초 or 30초)
▶ 설명: 프로그램과 프로그램 사이 광고

자막광고(ID, 곧이어)

▶ 허용량: 매시간 4회, 1회 10초, 화면 ¼ 이내
▶ 설명: 방송순서고지, 방송국명칭고지 시 화면 하단에 방송되는 자막형태의 광고

시보광고

▶ 허용량: 매시간 2회, 1일 10회, 1회 10초 이내
▶ 설명: 현재시간 고지 시 함께 방송되는 광고

간접광고(PPL)

▶ 허용량: 프로그램의 5/100 이내
▶ 설명: 방송프로그램 안에서 상품을 소품으로 활용해 그 상품을 노출시키는 형태의 광고

가상광고

▶ 허용량: 프로그램의 5/100 이내
▶ 설명: 방송프로그램에 컴퓨터 그래픽을 이용하여 만든 가상의 이미지를 삽입하는 형태의 광고

자료: 각 사 광고 취합, 메리츠증권 리서치센터

[광고] 광고 시장은 GDP 성장률과 높은 상관관계

광고 시장은 해당 국가의 GDP 성장률과 연동

- 광고 시장의 규모와 성장성을 판단하는 주요 지표는 해당 국가의 GDP 성장률
- 연간으로 보면 홀수해보다는 스포츠 이벤트가 많은 짝수해가 업황이 좋고, 분기로 나누어보면 1, 3분기가 비수기, 2, 4분기가 성수기로 계절성이 존재

국내 GDP와 GDP 내 광고 시장 비중

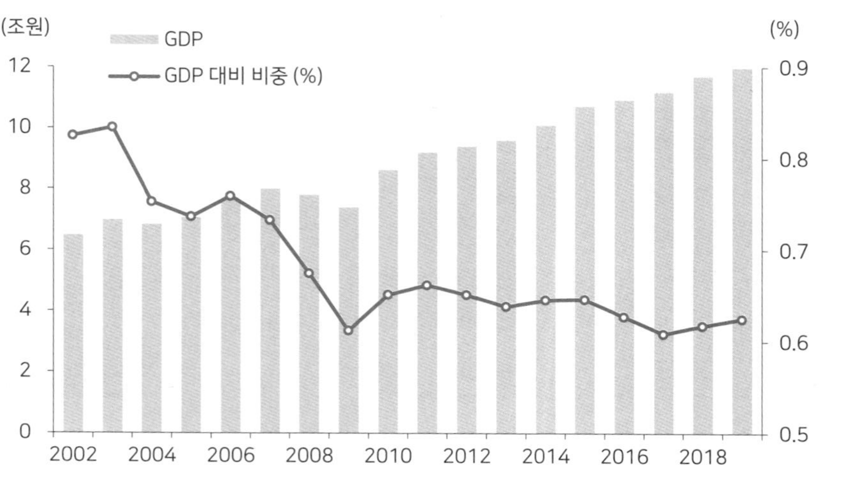

자료: 방송통신위원회, 메리츠증권 리서치센터

국내 GDP와 광고비 성장률 추이

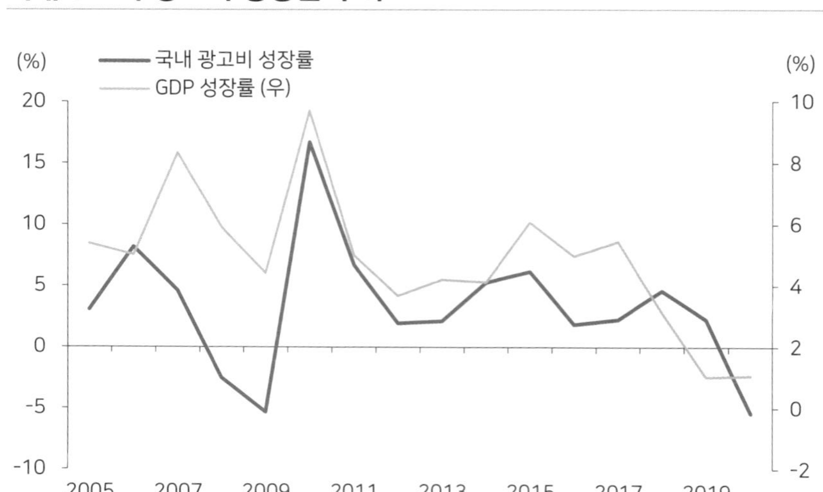

자료: 방송통신위원회, 메리츠증권 리서치센터

[광고] 안정적인 Captive 기반의 광고대행사

위기의 전통 매체 시장, Captive 물량 확대와 해외 시장 진출이 해답

- “광고는 제로섬(Zero-sum) 게임” ⇒ 매체가 늘어도 광고주들이 광고를 더 하진 않는다!
- 국내 광고 시장이 정체된 가운데, 온라인 광고는 성장하는 반면 전통 매체 시장은 역성장 지속
  ⇒ 이는 제일기획, 이노션 등 국내 광고대행사들에게 불안 요소
  ⇒ Captive 물량 확대나 해외 진출을 통해 위기를 극복하려는 노력
- Captive 유무는 가치 평가에 중요한 요소. 안정적인 Captive를 보유한 광고대행사가 실적 변동성 낮음

전통 매체 시장 역성장 지속

(조원)
6, 5, 4, 3, 2, 1, 0
2003, 2005, 2007, 2009, 2011, 2013, 2015, 2017, 2019
잡지
신문
라디오
지상파

자료: 방송통신위원회, 메리츠증권 리서치센터

국내 광고대행사 M&A 성장 전략

자료: 제일기획, 이노션, 메리츠증권 리서치센터

[광고] 국내 광고대행사 실적 개선은 해외 시장에서

국내 광고대행사 실적 개선은 해외 시장 성장에 기인

- 2019년 제일기획과 이노션은 대내외 불확실성으로 부진했던 해외 시장에서 성장 기록
- 제일기획은 유럽, 신흥 시장 성장과 중국 북미 시장 회복으로 해외 매출총이익 +10.3% YoY 성장 기록
- 이노션은 신차 대행 효과가 나타난 미주 지역 위주로 해외 매출총이익 +16.5% YoY 성장 기록

제일기획 지역별 매출총이익 추이 및 전망

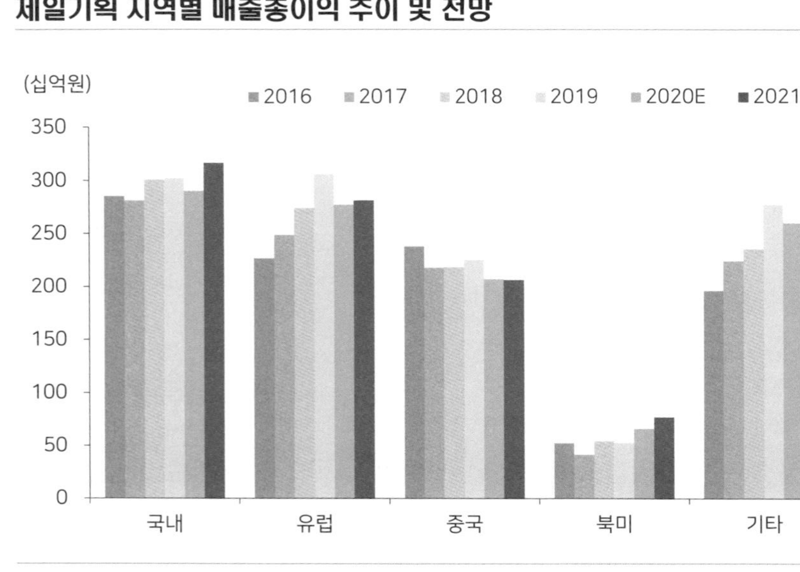

자료: 제일기획, 메리츠증권 리서치센터

이노션 지역별 매출총이익 추이 및 전망

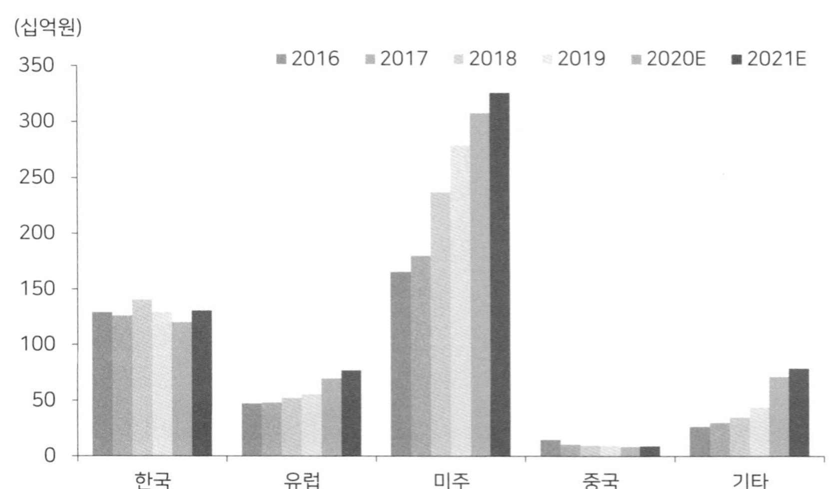

자료: 이노션, 메리츠증권 리서치센터

[광고] 저무는 전통 광고, 뜨는 디지털 광고

디지털 광고 시장이 전체 광고 시장 성장 견인

- 디지털 광고 시장이 방송 광고 시장 규모를 처음으로 역전한 2018년 이후 격차 더욱 확대
- 방송 광고 시장은 COVID-19 확산에 따른 기저효과로 2021년 전년 대비 +3.0% 소폭 개선 전망
- 2021년 디지털 광고 시장 규모는 6조 611억원으로 COVID-19 이후 두 자릿수 성장을 회복할 전망

방송 광고 카테고리별 시장전망

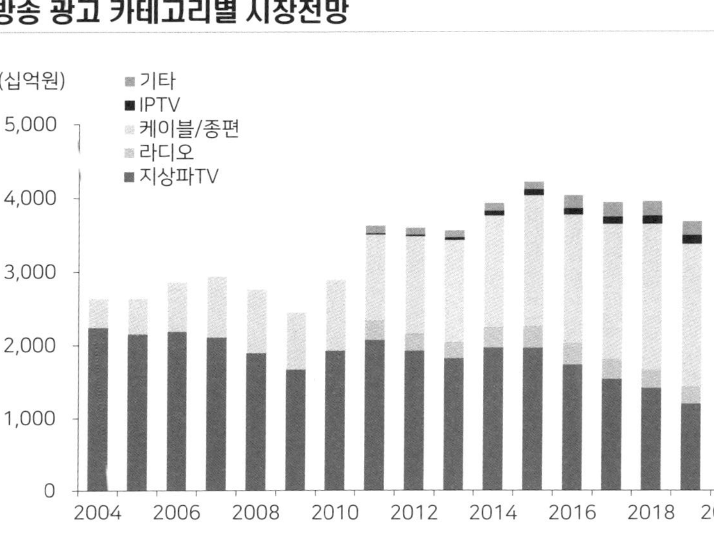

자료: 제일기획, 메리츠증권 리서치센터

디지털 광고 카테고리별 시장전망

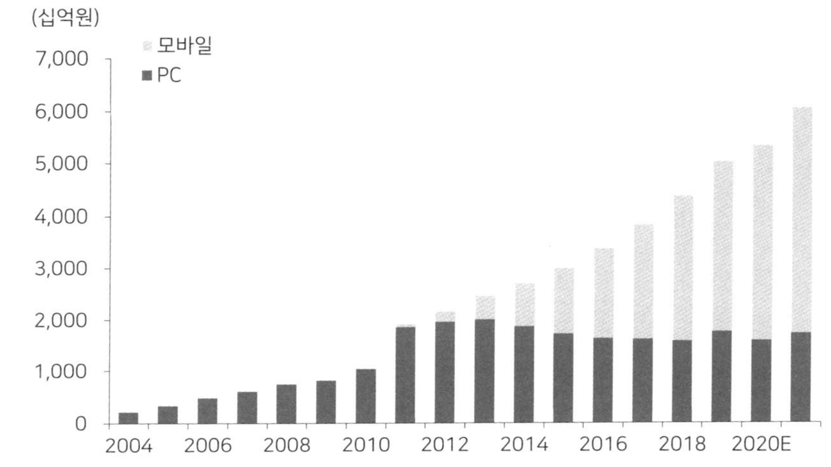

자료: 제일기획, 메리츠증권 리서치센터

[광고] 국내 광고대행사의 디지털 광고 비중 확대

국내 광고대행사의 디지털 광고 비중 확대 지속

- 2020년 국내 광고대행사의 디지털 경쟁력 강화로 디지털 광고 사업 비중 확대 지속
- 제일기획은 2010년 19%에 불과했던 디지털 매출 비중이 3Q20 기준 43%까지 확대
- 이노션은 디지털 역량 강화를 위해 '이노션 트레이딩 데스크(ITD; INNOCEAN Trading Desk)' 구축
- ITD는 고객 데이터와 실시간 입찰 알고리즘을 바탕으로 자동화된 플랫폼을 활용한 디지털 광고
- 이를 통해 미디어랩을 통한 기존 방식에서 DSP를 활용한 AD Exchange 방식으로 수익 구조 변화

제일기획의 디지털 사업 비중

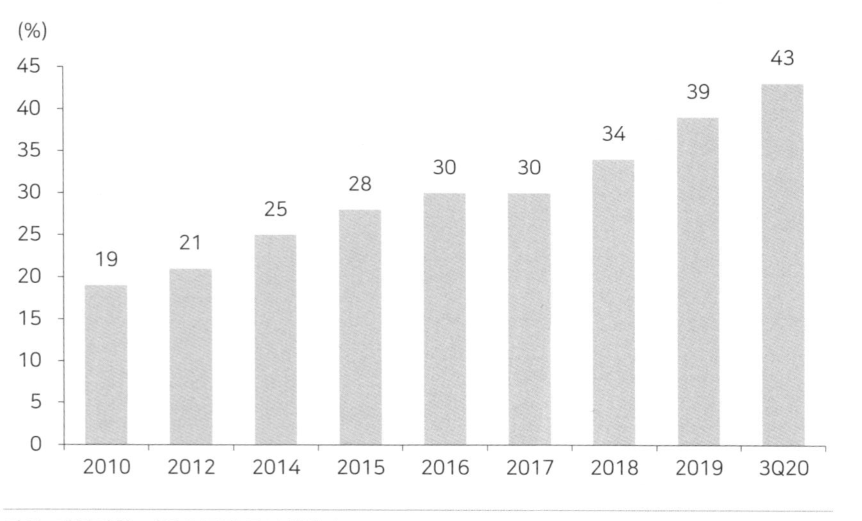

자료: 제일기획, 메리츠증권 리서치센터

이노션 ITD와 광고 수익 구조 변화

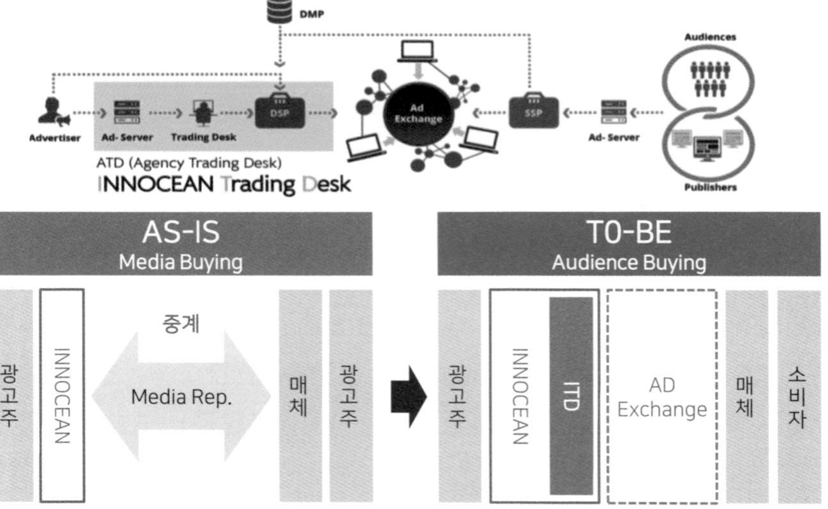

자료: 이노션, 메리츠증권 리서치센터

[방송] 국내 방송 업종 투자 포인트

방송 매출은 광고, 콘텐츠 판매 비용은 제작비가 변동 요인

- 방송 트렌드는 광고 수익에 의존했던 과거와 달리 콘텐츠 직접 판매로 수익모델 다변화
- 정부는 광고총량제 도입, 중간광고 도입 시도 등 방송 산업에 대한 우호적인 입장 유지
- 방송 매출액은 광고(최근 디지털 광고), 콘텐츠 판매, 원소스멀티유즈(OSMU) 등
- 비용은 제작비 비중이 가장 크고, 인건비와 구매비 등은 고정비 성격

국내 방송 업종 수익 및 비용 구조

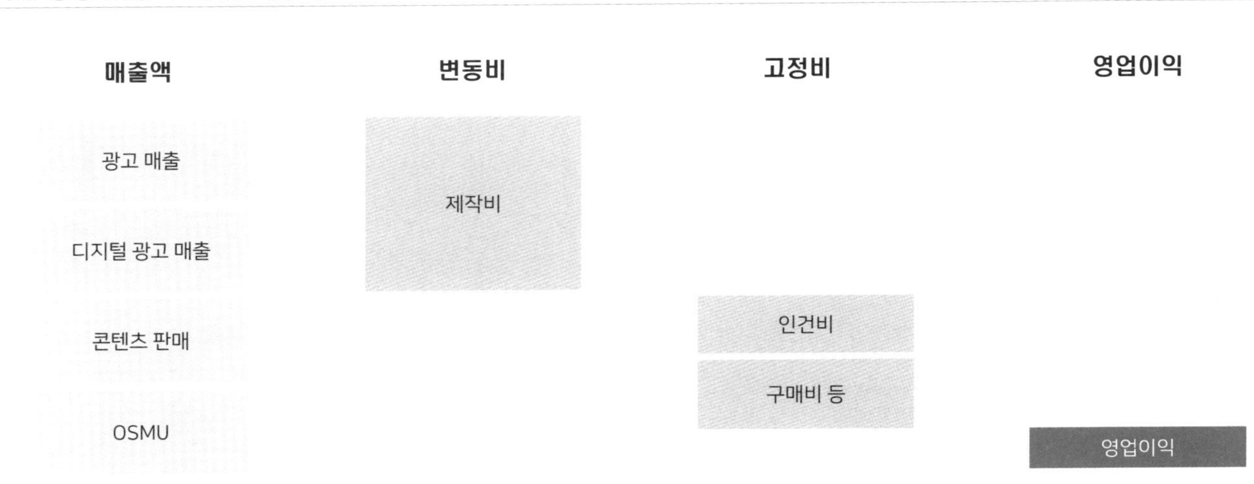

자료: 메리츠증권 리서치센터

[방송] 국내 드라마 산업 수익구조

과거

투자비용	2016년 이전 드라마	매출액
방송사 (70~90%) 제작사 (10~30%)		방송 광고 국내 2차 판권 해외 판권 일부 해외 판권 일부 PPL
외주제작이 안착하며 제작사는 방송사로부터 제작비의 70~90%를 지원 받는 구조	방송사는 방송 광고 수익과 재방영에 해당하는 2차 판권을 소유하며, 해외 판권의 일부를 제작사와 배분	제작사는 해외 판권 수익과 PPL, OST 수익 등으로 제작비를 충당하고 낮은 마진을 가져감
2012년 방영된 <해를 품은 달>의 총 제작비는 74억원이며, 방송사(MBC) 지원 제작비는 58억원	방송사(MBC)는 2차 판권 수입 11억원, 방송국 인센티브 3.2억원, 협찬 고지 5억원, PPL 30억원, OST	<해를 품은 달> 제작사인 '팬엔터'는 PPL 30억원, OST 수익 10억원 외에도 7개국 175억원(추정) 해외 판권 수익 일부를 인식

현재

투자비용	2016년 이후 드라마	매출액
방송사 (50~70%) 제작사 (30~50%)		방송 광고 디지털 광고 국내 2차 판권 해외 판권 PPL
기존 부실한 수익모델로 제작사들은 제작비의 상당 부분을 자체 조달하고 콘텐츠에 대한 IP를 확보하기 시작	방송사들은 나날이 증가하는 제작비 부담으로 드라마 판권 확보보다 안정적인 수익 확보에 주력	제작사는 해외 판권과 더불어 국내 2차 판권까지 확보하며 자체 수익모델을 강화
2016년 방영된 <태양의 후예>의 총 제작비는 130억원이며, 제작사인 'NEW'와 KBS의 SPC가 절반씩 출자해 투자 결정	KBS는 본방 광고 32개 완판으로 66억원 이상 수익 추정. 그 외 재방송 광고, 특판 광고 등을 통해 수익창출	제작사인 'NEW'는 중국 아이치이에 인터넷 전송권 48억원, KBS 국내 방영권 40억원, 일본 20억원 등 선판매. 그 외 PPL 30억원

[영화] 국내 영화 업종 투자 포인트

영화는 투자, 제작, 배급, 상영 4단계로 구성

- 수익은 영화관 입장권 수익과 2차 미디어 시장에서의 수익으로 구분
  국내는 2차 미디어 시장은 영화관 수익의 20%가 되지 않음
- 상영관 매출액은 상영매출 + 매점매출 + 스크린 광고 + 기타로 구성
  비용은 인건비, 감가상각비, 임차료 등 고정비 성격과, 마케팅비용 등 변동비 성격으로 구분
- 투자/배급사 매출액은 배급매출 + 부가판권매출 + 해외매출 등으로 구성
  비용은 고정비 형태의 인건비와 변동비 형태의 마케팅비용이 중요

국내 영화 업종 수익 및 비용 구조

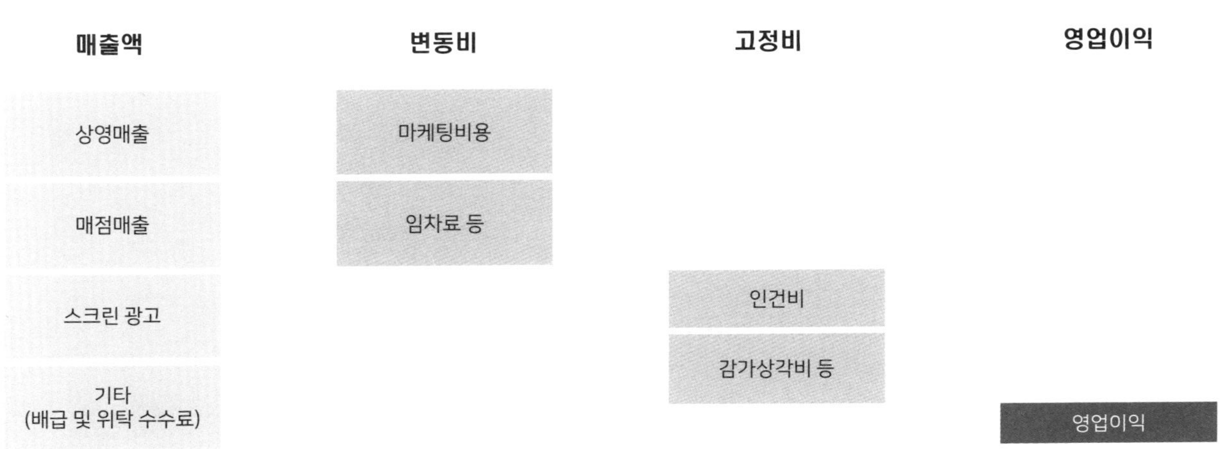

자료: 산업자료 취합 정리, 메리츠증권 리서치센터

[영화] 국내 영화 산업 수익구조

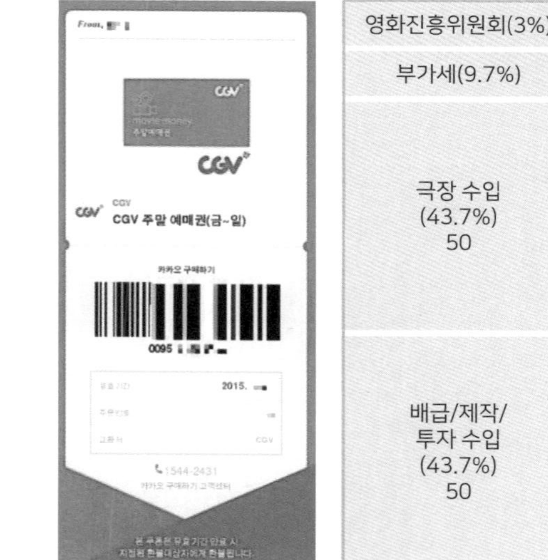

영화진흥위원회(3%)	영화진흥위원회(3%)				
부가세(9.7%)	부가세(9.7%)				
극장 수입 (43.7%) 50		극장 수입(43.7%)			
배급/제작/투자 수입 (43.7%) 50			배급사 수입(10%)		
			제작 비용	제작사(40%)	
				투자사(60%)	투자자1 투자자2 투자자3 투자자4

※ 해외영화는 극장과 투자/배급사가 40:60 비율로 배분하며, 제작비가 포함되지 않으므로 배급 수수료를 제외한 금액이 순수익

한 장의 영화 티켓은 영화진흥위원회, 정부, 상영관, 배급사, 제작사, 투자자에게 배분	가장 먼저 영화진흥위원회의 발전기금으로 티켓 가격의 3%를 공제하고 부가세 9.7%를 추가로 공제	영화발전기금과 부가세를 제외한 금액을 극장과 투자배급사가 절반씩 나눠 배분	투자/배급사 수익 중 배급 수수료 10%는 우선 공제 대상이며, 제작 비용을 충당하면 순수익이 남는 구조	이후 순수익을 제작사와 투자사가 일반적인 관례로 여겨지는 40:60 비율로 배분	투자사의 경우 공동투자 형태가 많으며, 투자 지분에 따라 차등 배분
2014년 개봉한 영화 <명량>은 누적관객수 1,511만 명으로 역대 한국영화 흥행 1위, 누적 매출액 1,166억 원을 기록	<명량> 누적 매출액 1,166억원 중 영화발전기금 35억원(3%), 부가세 116억원(10%)을 뺀 매출액은 1,015억원	이를 극장 사업자와 투자/배급사가 절반씩 나눠가져 약 500억원씩 배분	투자/배급사가 받는 500억원 중 배급 수수료 50억원(10%)과 총 제작비 190억원을 제외하면 260억원이 순수익으로 기록	이 수익을 일반적인 관례에 따라 제작사와 투자사가 40:60의 비율로 나누면, 제작사인 '빅스톤픽처스'는 104억원 수익 기록	CJ엔터와 산업은행 등 19개 투자사들은 156억원을 배분받으며, 이 중 가장 큰 투자 지분을 가진 CJ엔터는 100억원 이상의 이익 기록

[영화] 성숙기에 접어든 국내 영화 시장

성장이 제한적인 국내 B/O

- COVID-19 확산과 비대면의 강화로 글로벌 영화 산업은 가장 큰 타격을 입은 산업으로 분류
- 2020년 국내 박스오피스는 5,326억원(-72.2% YoY), 관람객수는 6,190만명(-72.7% YoY) 전망
- 2021년 COVID-19 국면이 완화되더라도 극장으로 향하는 관객수는 단기간에 평년 수준 회복은 어려울 전망

국내 박스오피스 추이 및 전망

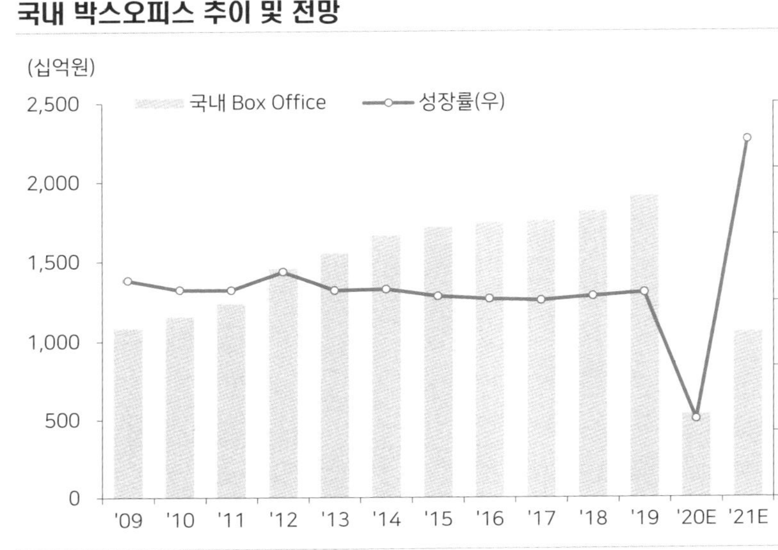

자료: KOFIC, 메리츠증권 리서치센터

국내 영화관 관람객수 추이 및 전망

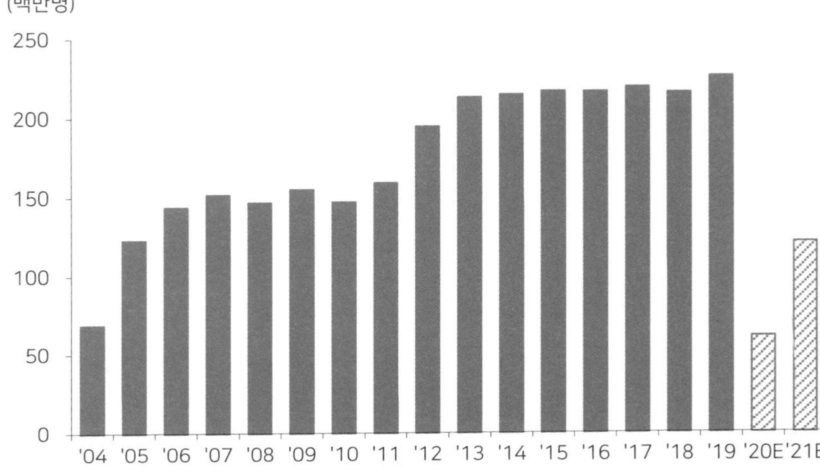

자료: KOFIC, 메리츠증권 리서치센터

[영화] 영화 티켓 가격 상승 효과는 기대보다 저조

과거 티켓 가격 인상 노력에도 불구하고 실적 개선은 미미

- 국내 영화 티켓 가격은 글로벌 평균 대비 여전히 낮은 수준으로 향후 성장 여력은 여전히 존재
- 국내 극장사업자들은 과거 여러 차례의 티켓 가격 인상을 통한 수익성 제고 노력 지속
- 다만, 최근에는 최저임금 상승과 맞물려 수익성 개선에는 큰 효과를 보지 못하고 있는 상황

세계 주요 국가들의 평균 영화 티켓 가격 비교

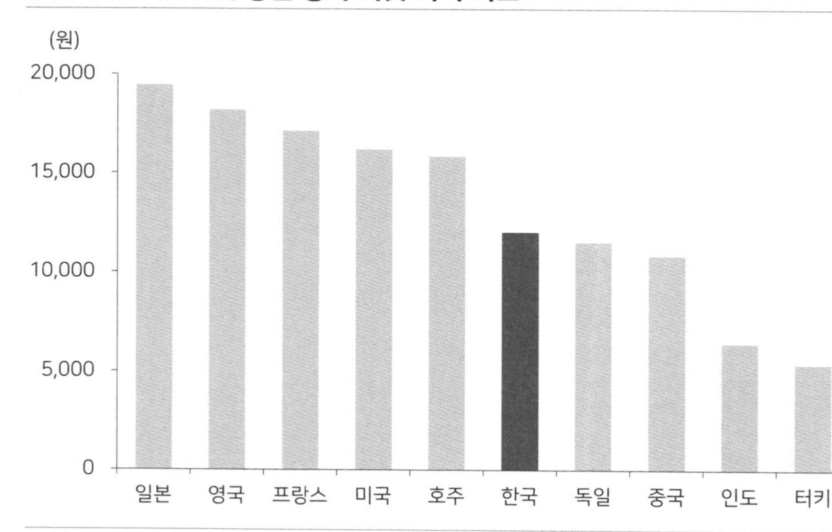

주: 2019년 기준
자료: 업계자료 취합 정리, 메리츠증권 리서치센터

국내 상영관 ATP(Average Ticket Price) 변화

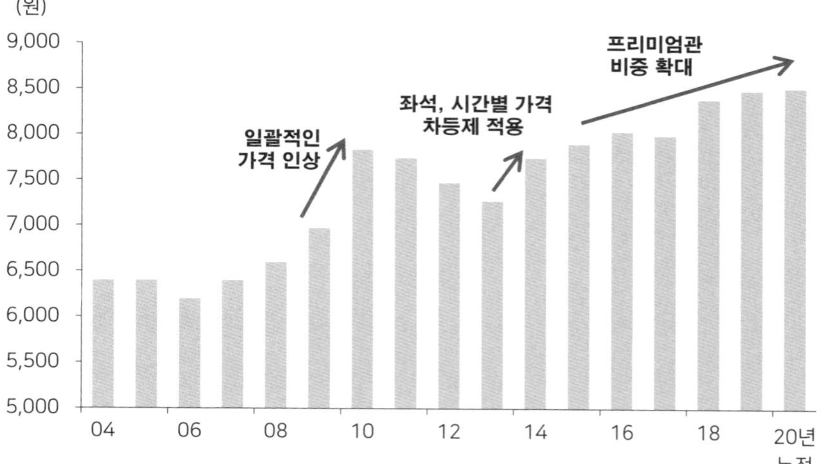

주: 2018년 ATP는 11월 19일까지의 누적 매출 기준
자료: KOFIC, 메리츠증권 리서치센터

[영화] 국내 영화 산업 시장점유율 고착화

상영/배급
모두 CJ 그룹사 상위권

- 국내 대표 극장사업자인 CJ CGV, 롯데시네마, 메가박스의 시장점유율 고착화 지속
  - 2019년 스크린 수 기준 3사 시장점유율: CJ CGV 42.3%, 롯데시네마 31.7%, 메가박스 24.2%
- 메가박스는 최근 3년 공격적인 출점을 지속했으나 사업 전략을 수익성 위주로 선회
- 최저임금 상승의 인건비 부담으로 인해 공격적인 출점이 제한적인 만큼 점유율 고착화 지속 전망
- 배급사는 증가하는 제작비 부담으로 국내 4대 배급사(CJ E&M, 롯데, NEW, 쇼박스) BEP 수준 상향
  ⇒ 국내 시장 성장이 제한된 만큼 경쟁 완화 및 수익성 개선은 힘들 듯

국내 멀티플렉스 사업자 스크린수 기준 시장점유율

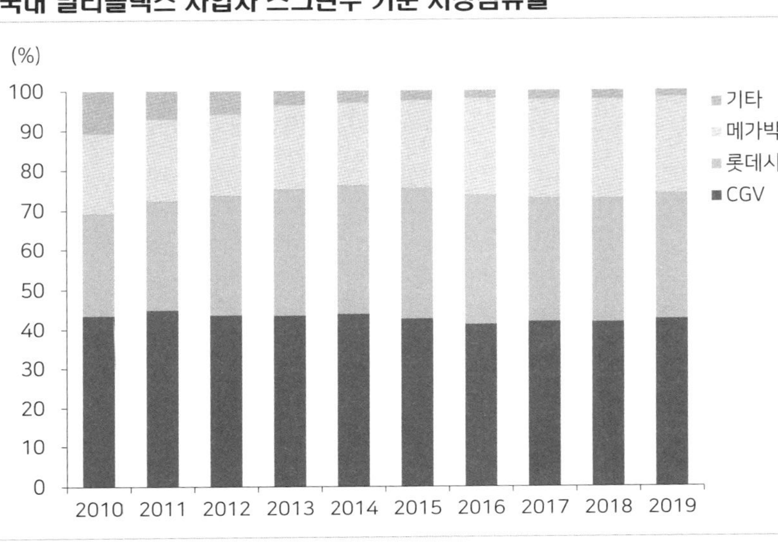

자료: KOFIC, 메리츠증권 리서치센터

국내 영화배급사 내 시장점유율 변화 추이

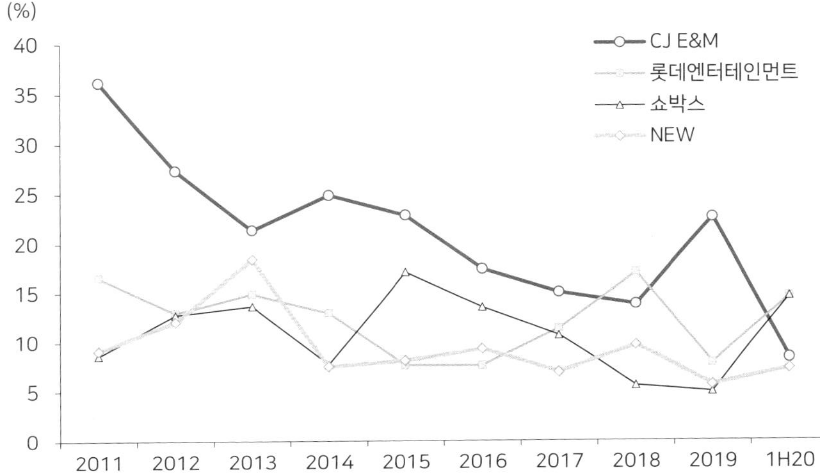

자료: KOFIC, 메리츠증권 리서치센터

[영화] 프리미엄관 위주로 성장하는 국내 극장 산업

프리미엄관을 통한 차별화 노력 지속

- 국내 극장사업자들은 글로벌 사업자들과 마찬가지로 프리미엄관을 통해 성장 정체를 타개
- 최근 4DX, IMAX, 스크린X 등 다양한 포맷이 적용된 프리미엄관 인기는 지속될 전망
- 해외 진출에 적극적인 CJ CGV는 다양한 프리미엄관을 통해 로컬 사업자들과의 차별화 노력 지속

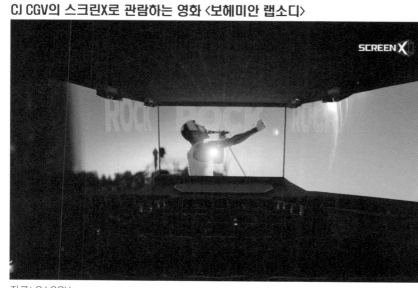

CJ CGV의 스크린X로 관람하는 영화 <보헤미안 랩소디>

일본에 수출된 CJ CGV의 4DX

자료: CJ CGV

자료: CJ CGV

통신/미디어

Underrated

Summary

Underrated

I 통신서비스

- COVID-19 영향에도 시장 예상을 상회하는 실적을 기록했으나, YTD 주가 수익률은 -7.3%로 KOSPI 대비 큰 폭으로 하회
- 통신업종 외국인 지분율은 최근 10년 내 최저 수준이나, DPS 상향이 예상되는 2021년 외인 수급 개선 예상
- 주파수 재할당, 요금 인하 등 불확실성에도 실적 개선 및 배당 매력으로 2021년 통신업종 주가지수 완만한 우상향 전망
- 2021년 통신 3사 합산 무선 매출액 24.3조원(+5.7% YoY), 무선 ARPU 성장률 +2.4%로 본업인 MNO 구조적 성장 예상
- 통신 3사 마케팅비용 자산화 규모는 4Q19를 기점으로 축소 혹은 정체되는 만큼 2021년 마케팅비용 부담 완화
- 5G 상용화 이후 통신사들은 B2B 사업 모델 확장에 주력. 5G 기업통신 매출은 2020년에 이어 2021년에도 꾸준히 성장
- 주파수 재할당 가격이 투자 심리 위축으로 이어질 수 있으나, 5G 저가 요금제 출시가 펀더멘털에 미치는 영향은 제한적

II 5G 네트워크 장비

- 국내 네트워크 장비 섹터 YTD 주가 수익률은 +22.7%를 기록했으며, 장비별 수익률은 중계기, 기지국, 전송/전달 장비 순
- 국내 CAPEX는 지연된 투자가 2021년 일부 재개되며, 중국은 2021년부터 본격적으로 5G 설비투자 확대 전망
- 일본은 2021년 221억달러(+10.0% YoY) CAPEX 투자가 예상되며, 미국도 C-band 주파수 경매 종료 이후 5G 투자 확대
- 12월 8일 예정된 미국 통신사 대상 C-band 주파수 경매(Auction 107) 종료 기점으로 미국 내 5G 투자 확대 예상
- 2020년 삼성전자 네트워크 매출액은 3.7조원으로 부진할 전망이나, 해외 5G 투자가 확대되는 2021년 6.4조원 전망
- 삼성전자 Verizon향 발주는 12월부터 본격적으로 발생. Value Chain 내 최선호주는 서진시스템과 기가레인

III 미디어/광고

- 국내 미디어/광고 섹터는 COVID-19 확산에 직격탄을 맞으며 KOSPI 수익률을 큰 폭으로 하회
- 2021년 국내 광고 시장은 기저효과로 전년 대비 +9.2% 증가한 12조 3,777억원 전망
- 제일기획, 이노션 등 국내 광고대행사들은 비용 효율화를 통해 COVID-19 영향을 무력화시키며 견고한 이익 체력을 확인
- 사회적 거리두기로 2020년 국내 박스오피스와 관람객수는 각각 전년 대비 -72.2%, -72.7% 감소할 전망이며, 신작 영화를 극장 대신 Netflix에 판매하거나, Netflix 오리지널이 극장에 상영되는 등 영화 산업 내 지각 변동 지속

시나리오별 2021년 전망

항목		변수	Worst	Base	Best
주가 결정 요인	1. 무선 ARPU	▪ 킬러 콘텐츠 ▪ 요금 인하 규제 ▪ 단말기 라인업	▪ 5G 가입자 성장 둔화 ▪ 선약할인율 상향 등 고강도 요금 규제 ▪ 5G 단말 라인업 판매 부진 → **무선 ARPU 정체**	▪ 5G 가입자 점진적 증가 ▪ 시민단체의 요금제 인하 요구 ▪ 프리미엄 5G 단말기 위주 확대 → **무선 ARPU 점진적 증가**	▪ 5G 가입자 성장 가속화 ▪ 요금 인하 규제 부재 ▪ 프리미엄 및 중저가 5G 단말 판매 확대 → **무선 ARPU 가파른 증가**
	2. 마케팅 경쟁	▪ 통신사 마케팅 전략 ▪ 정부 불법 보조금 규제	▪ 가입자 확보를 위한 출혈경쟁으로 선회 ▪ 규제 부재로 경쟁 심화 → **영업비용 증가 및 마진 악화 외국인 투자 심리 악화**	▪ 일반적인 수준 경쟁 지속 ▪ 공정위 주기적 조사로 경쟁 완화 → **영업비용 증가 및 마진 점진적 개선 외국인 투자 심리 점진적 개선**	▪ 출혈 경쟁 지양하고 서비스 차별화 시도 ▪ 적극적인 공정위 조사로 경쟁 완화 → **영업비용 증가 및 마진 점진적 개선 외국인 투자 심리 빠르게 개선**
	3. CAPEX	▪ 네크워크 품질 이슈 ▪ SA 상용화	▪ 주파수 재할당 가격 담보로 투자 확대 요구 ▪ 예상보다 비싼 SA 상용화 비용 → **예정 대비 높은 CAPEX 지출**	▪ 현재 수준의 기지국 및 장비 설치 ▪ 예상하는 수준의 SA 상용화 투자 비용 → **가이던스 내에서 CAPEX 집행**	▪ 장비 성능 향상으로 커버리지 대응 ▪ 예상보다 낮은 SA 상용화 비용 → **예상보다 낮은 CAPEX 집행**
산업 투자 전략			▪ 비중축소 ▪ 무선ARPU 등 및 영업이익률 등 주요지표 악화 추세 지속 ▪ 규제 강화 및 비용 증가에 따라 배당 안정성에도 의구심 발생. 외국인 투자 심리 악화 ▪ 본업은 부진하나 연결자회사의 실적 개선이 기대되는 SK텔레콤 선호	▪ 비중유지 ▪ 2020년 대비 무선ARPU 및 영업이익률 등 주요 지표 점진적 개선 전망 ▪ 현재 10년 내 저점 수준인 외국인지분율 반등 시작 ▪ 섹터 전반적으로 주가 상승이 기대되나, 연결 자회사 실적 개선 등 추가적인 장점이 있는 SK텔레콤 선호	▪ 비중확대 ▪ 무선매출의 가파른 상승이 그대로 이익 상승으로 이어질 전망 ▪ 기존 통신주가 가진 배당 및 안정성 뿐만 아니라 성장주로서 매력 발생 ▪ 현 주가 수준에서는 종목을 가리지 않고 섹터 전체 적극적 매수 필요
Top-Picks			▪ SK텔레콤	▪ SK텔레콤	▪ SK텔레콤, KT, LG유플러스

Part I

통신서비스

[2020년 Review] 시장 컨센서스를 상회한 이통사 실적

COVID-19 확산에도 견고한 이익 체력 증명

- COVID-19 확산에 따른 경기 불확실성으로 대부분의 섹터 실적이 부진한 반면, 국내 통신 3사의 2020년 실적은 시장 예상치를 모두 상회하며 견고한 이익 체력 증명
- 3Q20 누적 영업이익은 SK텔레콤(+4.0%), KT(+1.6%), LG유플러스(+13.2%) 모두 시장 컨센서스 상회

통신업종 영업이익 컨센서스 추이 변화

자료: WiseFn, 메리츠증권 리서치센터

3Q20 누적 영업이익 및 컨센서스 추이

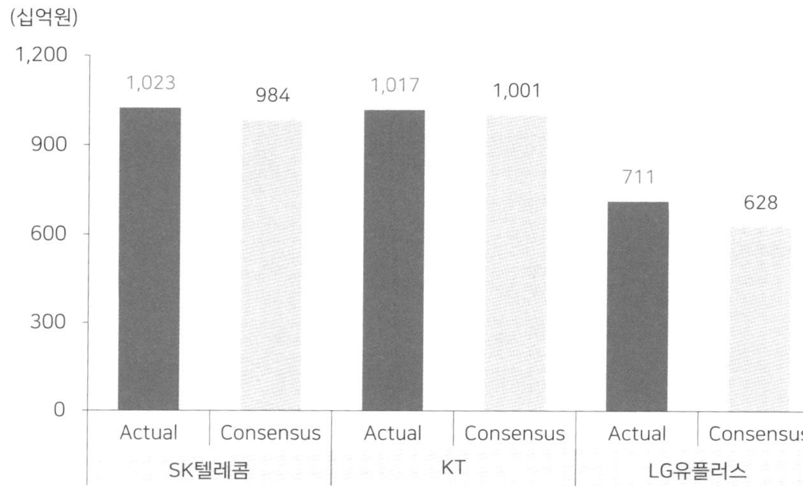

자료: WiseFn, 메리츠증권 리서치센터

[2020년 Review] 통신 3사 주가 수익률

KOSPI 대비 부진한 통신서비스 주가 수익률

- 통신서비스 섹터의 연초 대비 주가 수익률은 -7.3%로 코스피 수익률(+17.1%) 대비 큰 폭으로 하회
- COVID-19 영향에도 시장 예상을 상회하는 2020년 실적을 기록한 만큼 주가 하락은 과도하다는 판단
- 통신 3사 연초 대비 주가 수익률: SK텔레콤 -1.9%, KT -12.0%, LG유플러스 -17.7%

2020년 KOSPI 섹터별 YTD 수익률

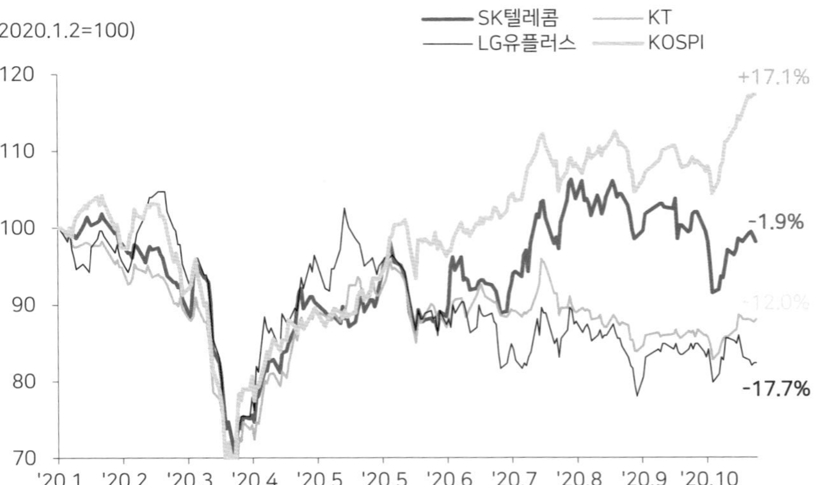

자료: WiseFn, 메리츠증권 리서치센터

2020년 통신 3사 상대주가 추이

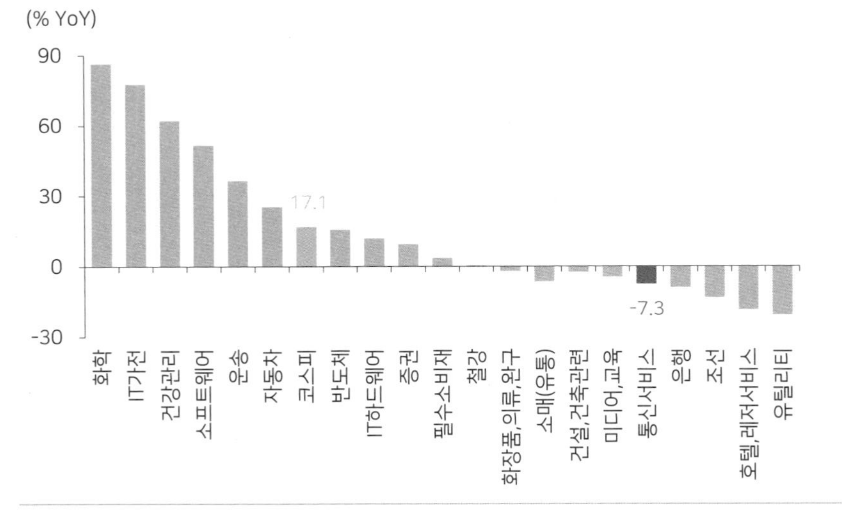

자료: WiseFn, 메리츠증권 리서치센터

[2020년 Review] 통신업종 주가지수와 외국인 지분율

외국인 지분율 하락이 지속되는 국내 통신업종

- 통신업종 주가지수는 전통적으로 외국인 지분율과 동행
- 통신업종 외국인 지분율은 5G 마케팅비용 증가로 실망스러운 실적을 발표한 2Q19 이후 급격히 하락
- 통신 3사 외국인 지분율: SK텔레콤 34.2%, KT 43.6%, LG유플러스 31.1%

SK텔레콤 주가 및 외국인 지분율 추이 / **KT 주가 및 외국인 지분율 추이** / **LG유플러스 주가 및 외국인 지분율 추이**

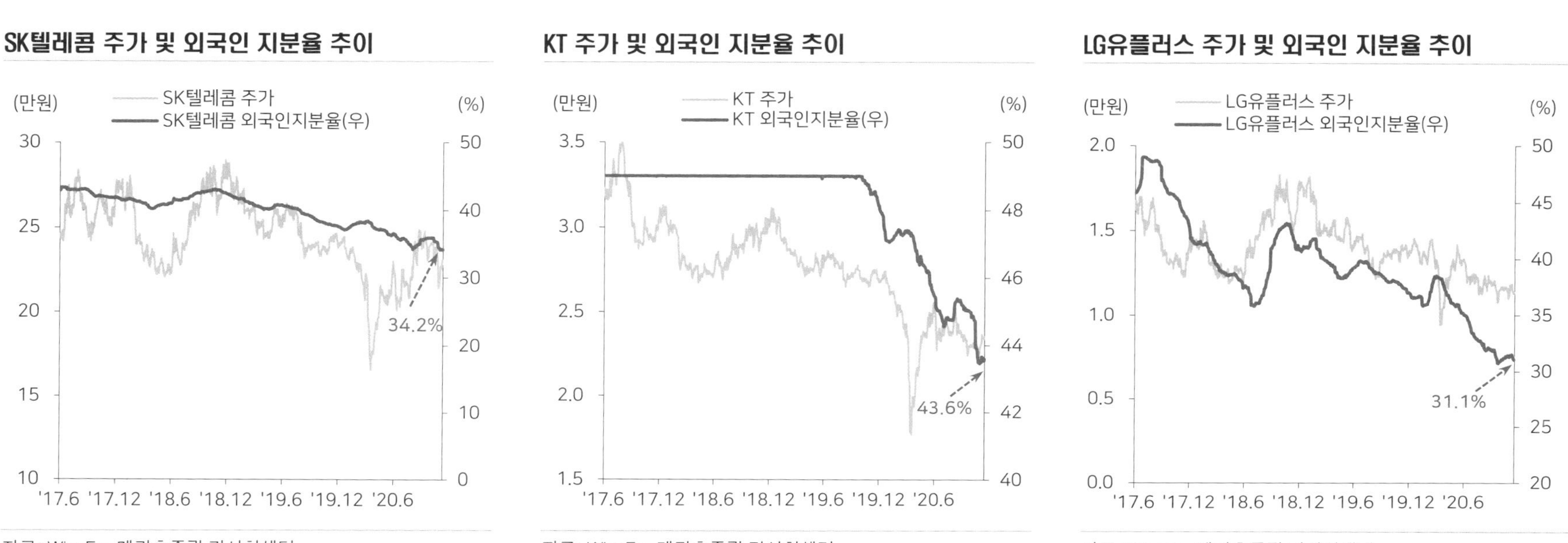

자료: WiseFn, 메리츠증권 리서치센터 / 자료: WiseFn, 메리츠증권 리서치센터 / 자료: WiseFn, 메리츠증권 리서치센터

[2020년 Review] 통신 3사 배당 및 배당차트

DPS 상향에 따른 배당 매력 부각

- SK텔레콤과 KT는 2020년 주주가치 제고를 위한 새로운 배당 정책을 발표
- 통신사들의 본업 회복과 연결 자회사 실적 개선으로 2021년 DPS 상향에 따른 배당 매력 부각 전망

국내 통신 3사 DPS 전망 및 배당차트

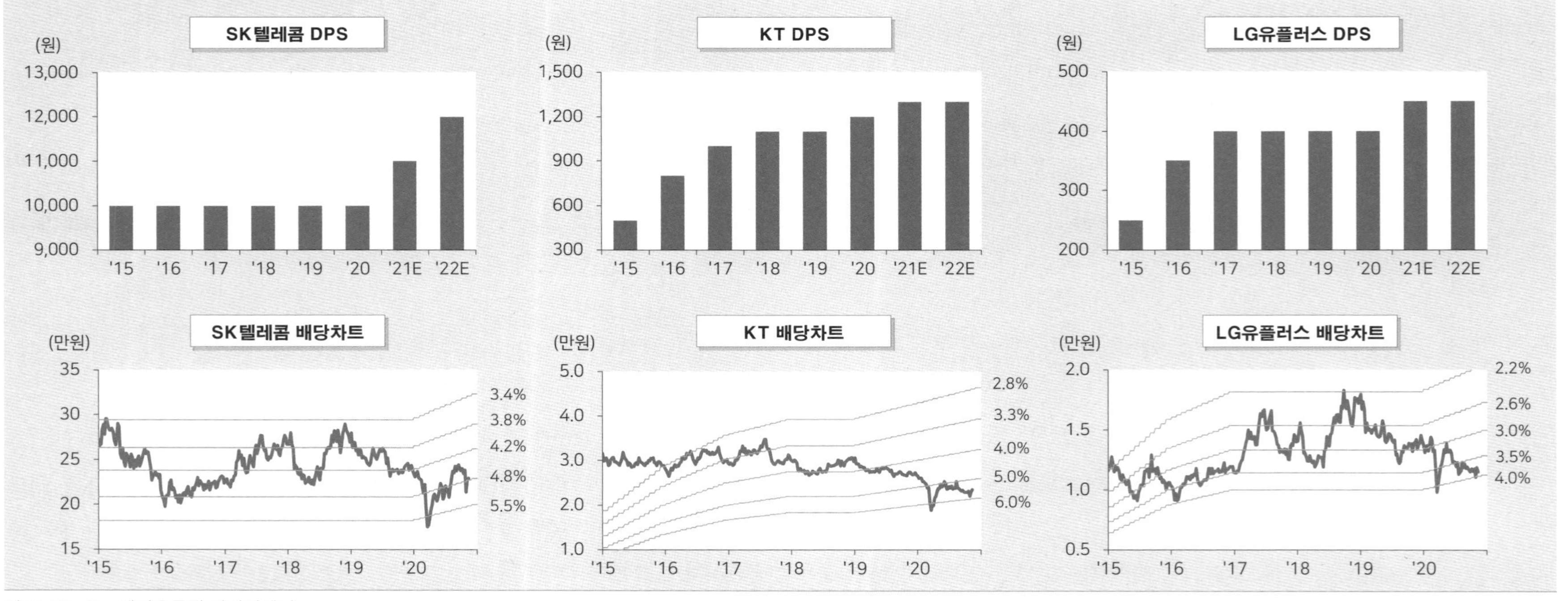

자료: WiseFn, 메리츠증권 리서치센터

[2021년 Outlook] 2021년 국내 통신업종 투자전략

2021년 통신업종 주가지수 완만한 우상향 전망

- 2021년 5G 단말 라인업 확대에 따른 가입자 증가와 마케팅 경쟁 완화로 통신 3사 실적 개선 전망
- 실적 개선과 배당 매력이 부각되며 2021년 통신업종 주가지수는 완만한 우상향 전망
- 정부의 주파수 재할당, 5G 저가 요금제 출시, 통신 요금제 규제 등 변수가 존재하나, 통신주 펀더멘털에 큰 영향을 주는 요인은 아니라고 판단

통신서비스 2021년 주가 전망

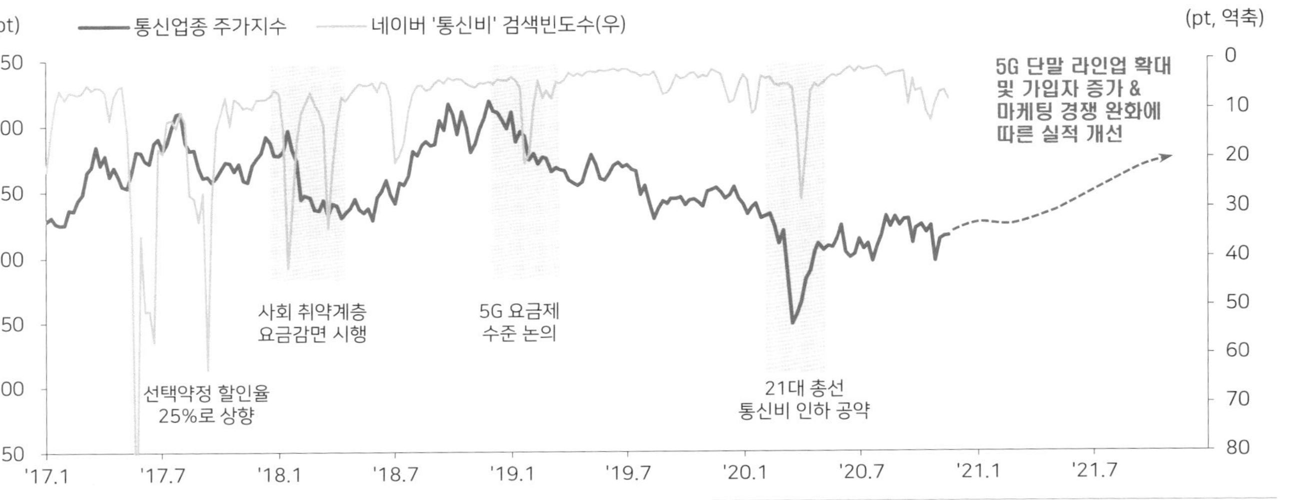

주: 네이버 트렌드 '통신비', '요금할인', '기본료' 등 요금 인하 관련 검색빈도수 추이의 역축 그래프
자료: WiseFn, 네이버 트렌드, 메리츠증권 리서치센터

[2021년 Outlook] MNO 사업은 회복기를 거쳐 성장기로 진입

'21년 통신 3사 무선 매출액 전년 대비 +5.7% 증가 전망

- 2020년 통신 3사 합산 무선 매출액은 22조 9,445억원으로 전년 대비 +3.9% 증가 전망
- 5G 가입자 및 M2M 회선 증가로 2021년 합산 무선 매출액은 24조 2,602억원(+5.7% YoY) 전망

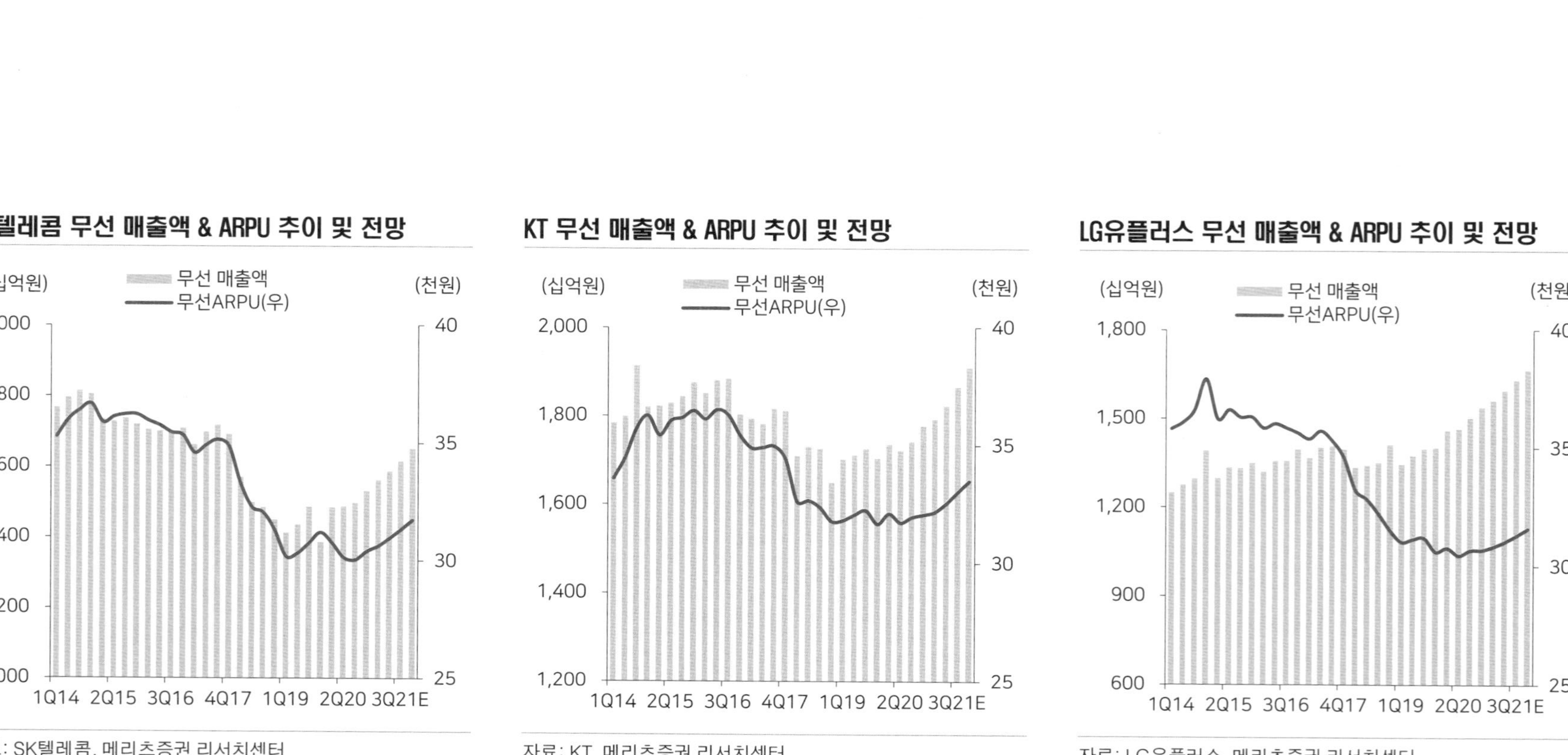

자료: SK텔레콤, 메리츠증권 리서치센터

자료: KT, 메리츠증권 리서치센터

자료: LG유플러스, 메리츠증권 리서치센터

[2021년 Outlook] 무선 ARPU 성장 지속

'21년 무선 ARPU 성장 지속

- 단통법이 도입된 2014년 10월 이후 국내 통신 3사의 무선 ARPU 성장률은 5년간 하락세
- M2M 및 IoT 회선 증가로 5G 가입자 유입에 따른 무선 ARPU 상승 효과가 희석됐으나, 보급률이 30%를 초과하는 2021년 무선 ARPU 상승세는 뚜렷하게 나타날 전망
- 2021년 통신 3사 무선 ARPU 성장률: SK텔레콤 +2.7%, KT +2.7%, LG유플러스 +1.8%

SK텔레콤 무선 매출액 및 ARPU 성장률

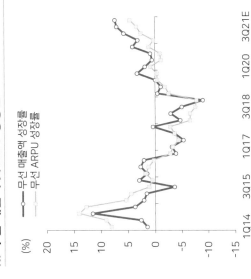

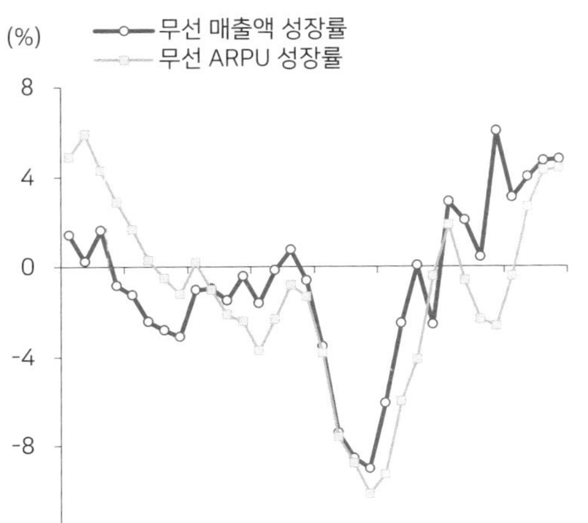
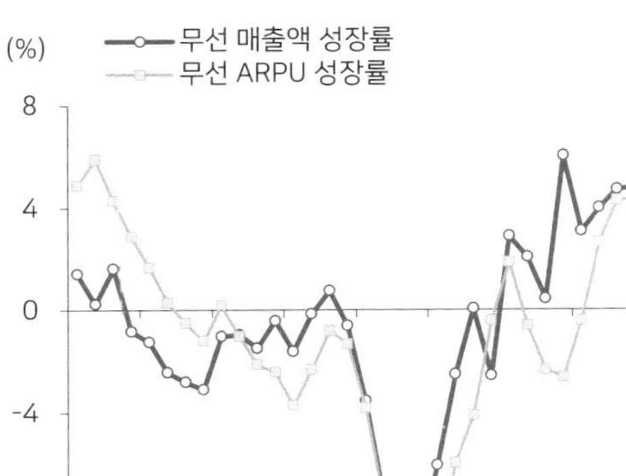

자료: SK텔레콤, 메리츠증권 리서치센터

KT 무선 매출액 및 ARPU 성장률

(%)
무선 매출액 성장률
무선 ARPU 성장률
20
15
10
5
0
-5
-10
-15
1Q14
3Q15
1Q17
3Q18
1Q20
3Q21E

자료: KT, 메리츠증권 리서치센터

LG유플러스 무선 매출액 및 ARPU 성장률

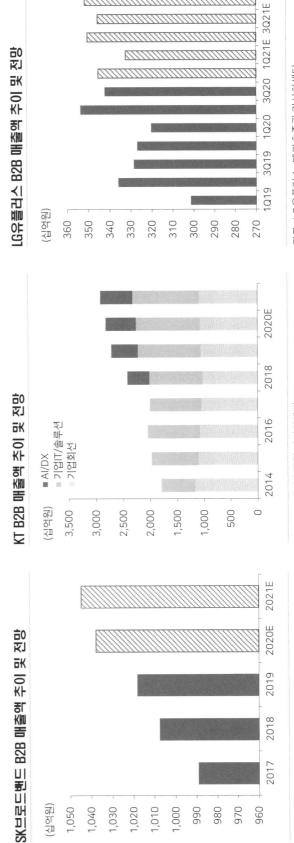

자료: LG유플러스, 메리츠증권 리서치센터

[2021년 Outlook] 마케팅비용 부담 완화

마케팅비용 자산화 규모 축소

- 2018년 새로운 회계 기준인 IFRS15 도입 이후 통신사업자들은 마케팅비용을 자산화한 후 상각
- 4Q19부터 3Q20까지 1년 동안 마케팅 경쟁이 완화되면서 마케팅비용 자산화 규모도 점진적으로 축소
- 마케팅비용 자산화 규모가 축소되는 만큼 2021년 인식되는 마케팅비용은 완화될 전망

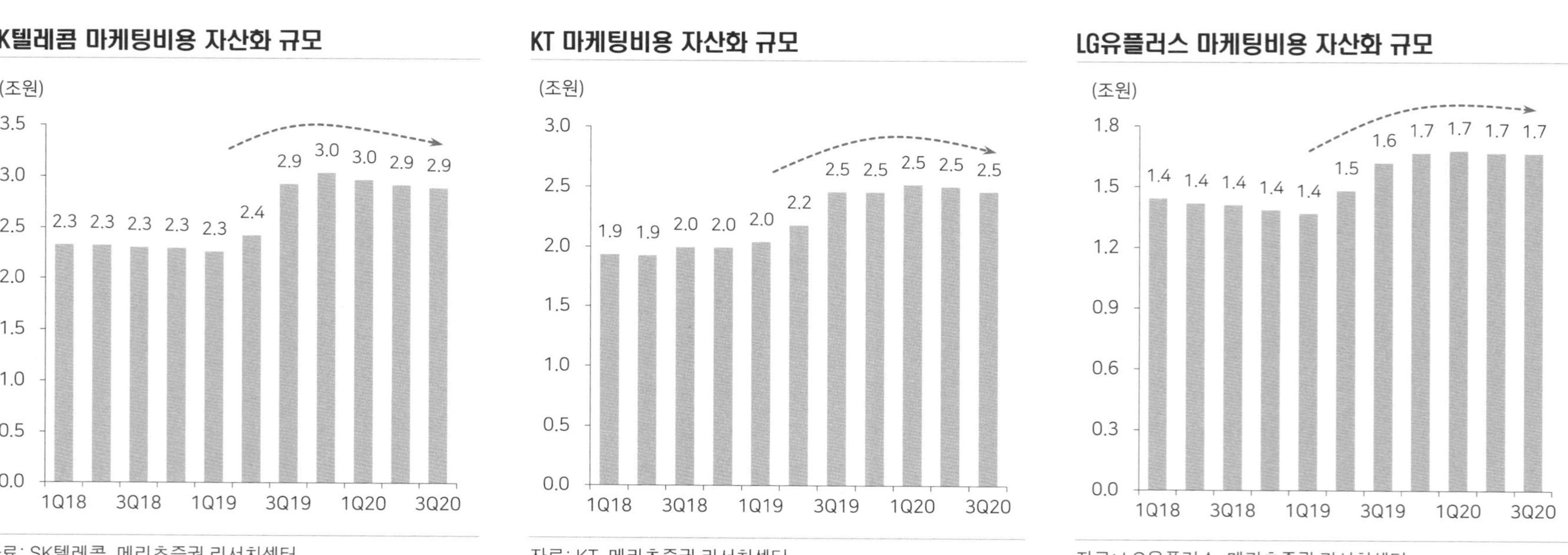

자료: SK텔레콤, 메리츠증권 리서치센터

자료: KT, 메리츠증권 리서치센터

자료: LG유플러스, 메리츠증권 리서치센터

[2021년 Outlook] 부각되기 시작한 B2B 사업 성과

두각을 나타내는 B2B 매출

- 5G 상용화 이후 국내 통신 3사는 5G B2B 비즈니스 모델 개발 및 Use Case 확보에 주력
- 통신사 B2B 매출을 정확히 파악하긴 어려우나 공개된 데이터 기반으로 기업통신 매출은 꾸준히 증가
- 특히, B2B 플랫폼 사업자로의 전환을 선언한 KT의 경우 2014년부터 2020년까지 연평균 +7.8% 성장

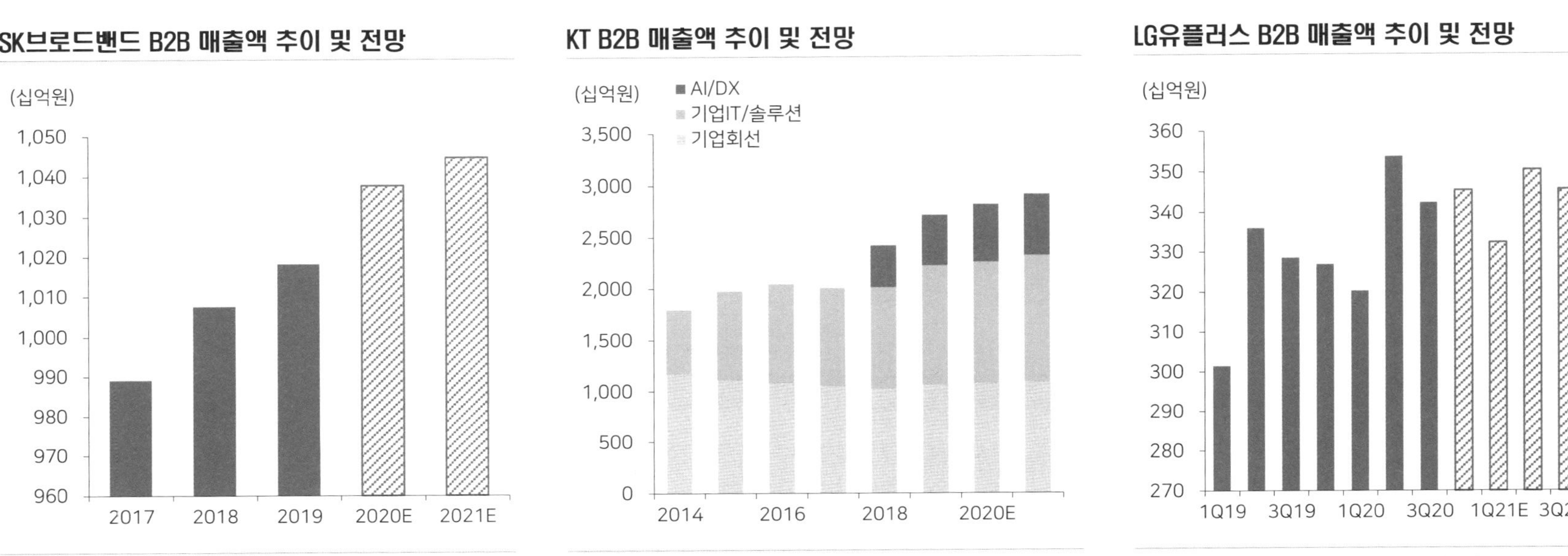

자료: SK텔레콤, 메리츠증권 리서치센터

자료: KT, 메리츠증권 리서치센터

자료: LG유플러스, 메리츠증권 리서치센터

[2021년 Outlook] 통신 3사 중장기 실적 전망

시나리오 분석에 따른 통신 3사 중장기 실적 전망

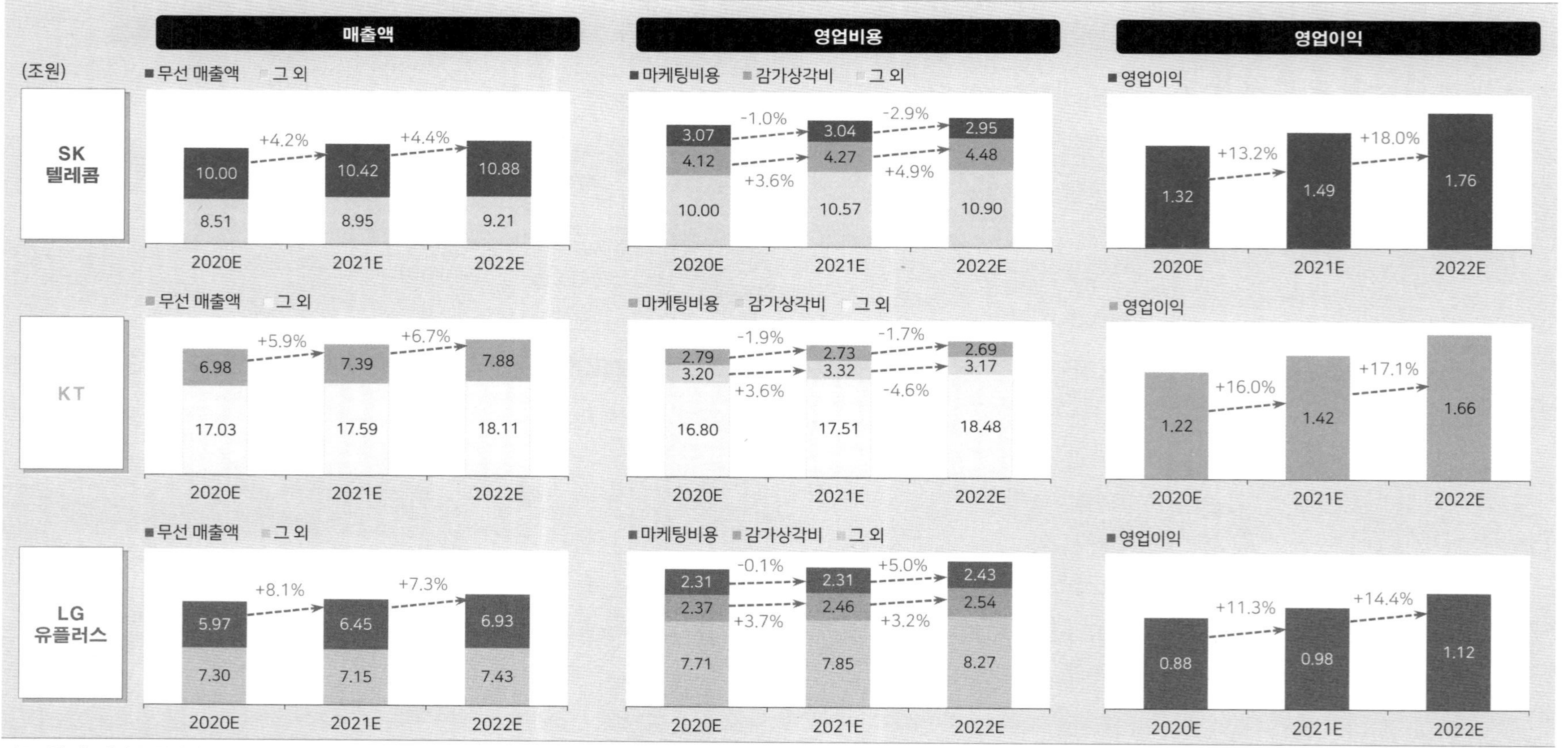

자료: 각 사, 메리츠증권 리서치센터

[2021년 Issue Brief] 주파수 재할당

2021년 주파수 재할당 이슈

- 2021년 예정된 주파수 310MHz 대역폭 재할당 대가에 대한 정부와 이통사의 의견 대립 지속
- 전파법 시행령 11조와 14조에 따르면, 주파수 재할당 가격 산정 기준은 예상 매출액에 과거 경매 낙찰가격을 추가로 반영할 수 있도록 규정
- 과거 경매가 반영 여부에 따라 통신사 추산 가격(1.43조원)과 정부 추산 가격(2.87조원)에 큰 괴리가 발생

전파법 시행령 11조(주파수할당의 공고)

제11조(주파수할당의 공고) ① 과학기술정보통신부장관은 법 제10조제1항에 따라 주파수할당을 하려는 때에는 다음 각 호의 사항을 공고하여야 한다. 다만, 제3호는 법 제11조제1항 단서에 따른 대가산정 주파수할당의 경우에만 해당하고, 제6호의2 및 제6호의3은 법 제11조제1항 본문에 따른 가격경쟁 주파수할당(이하 "가격경쟁주파수할당"이라 한다)에만 해당한다. <개정 2008. 12. 9., 2010. 12. 31., 2013. 3. 23., 2014. 12. 3., 2017. 7. 26.>

1. 할당대상 주파수 및 대역폭
2. 할당방법 및 시기
3. 주파수할당 대가
4. 주파수 이용기간
5. 주파수용도 및 기술방식에 관한 사항

5의2. 주파수할당을 신청할 수 있는 자의 범위

6. 제13조제2항에 따라 붙이는 조건

6의2. 가격경쟁주파수할당의 방법 및 절차

6의3. 법 제11조제2항에 따른 최저경쟁가격(이하 "최저경쟁가격"이라 한다)

7. 그 밖에 주파수할당에 관하여 필요한 사항

② 법 제10조제2항에 따른 위성주파수와 위성궤도(이하 "위성주파수등"이라 한다)의 할당 공고에 관하여는 제1항을 준용한다. 이 경우 제1항제1호의 "할당대상 주파수"는 "할당대상 위성주파수등"으로 본다. <신설 2016. 6. 21.>

③ 제1항 및 제2항에 따른 공고는 주파수할당을 하는 날부터 1월전까지 하여야 한다. <개정 2016. 6. 21.>

자료: 국가법령정보센터, 메리츠증권 리서치센터

2021년 재할당 주파수 및 가격 산정 기준

재할당 대상 주파수 및 대역폭

	SKT	KT	LGU+	합계
이용기간 종료 주파수	105MHz	95MHz	120MHz	320MHz
재할당 대역폭	95MHz	95MHz	120MHz	310MHz

주파수 재할당 가격 산정 기준

업계 추산	(예상 매출액 × X) + (실제 매출액 × Y) **= 약 1조4,300억원**
정부 규정	(예상 매출액 × X) + (실제 매출액 × Y) + 경매 낙찰가(약 1조4,400억원) **= 약 2조8,700억원**

자료: 과학기술정보통신부, 메리츠증권 리서치센터

[2021년 Issue Brief] 주파수 재할당

정부와 이통사 간 협의점 도출이 단기 주가에 중요

- 과학기술정보통신부는 지난 17일 310MHz 주파수 재사용 가격으로 5년 동안 4.4조원 제시
  ⇒ 재할당 가격은 과거 경매 가격에 과거 3G와 4G 주파수의 27% 가치 하락을 반영했다는 설명
- 특이사항은 국내 통신 3사의 향후 5G 투자 규모에 따라 이용대가 규모 역시 달라진다는 점
  ⇒ 정부는 이통사가 3.5GHz 5G 무선국 15만국 이상 투자 시 이용대가를 3.2조원까지 낮춰준다는 계획
- 5G 상용화 2년 차라는 점과 2G, 3G, LTE 주파수 가치 하락 감안 시 합리적 수준에서 가격 도출이 가능할 전망

과기정통부의 이동통신 주파수 재할당 세부 정책방안

	투자옵션 (사업자당 무선국 수)	할당대가 (3사 합계)
	3만국 미만	4.4조원 ± a
	3만국 ~ 6만국 미만	4.1조원 ± a
d	6만국 ~ 9만국 미만	3.9조원 ± a
c	9만국 ~ 12만국 미만	3.7조원 ± a
b	12만국 ~ 15만국 미만	3.4조원 ± a
a	15만국 이상	3.2조원 ± a

자료: 과학기술정보통신부, 메리츠증권 리서치센터

과기정통부 5G 도입 영향 대가 분석

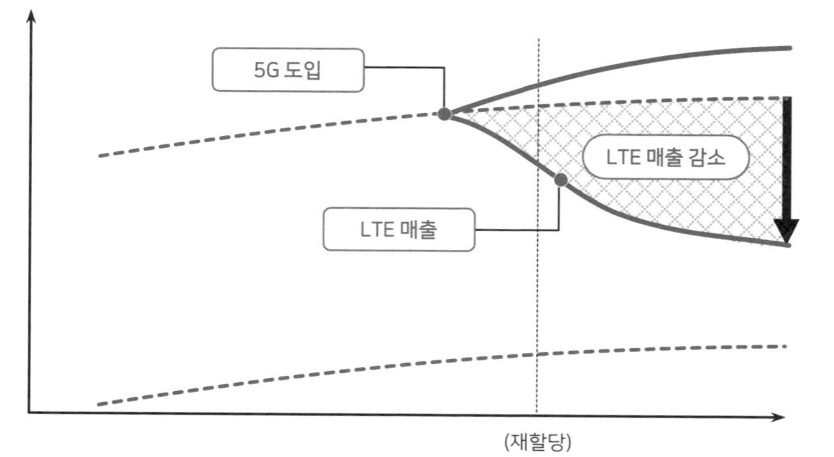

자료: 과학기술정보통신부, 메리츠증권 리서치센터

[2021년 Issue Brief] 5G 저가 요금제 출시

중저가 5G 요금제 출시에 따른 실적 악화는 제한적

- KT는 지난 10월 국내 통신 3사 중 처음으로 중저가 5G 요금제를 출시
  - 가장 낮은 요금제인 5G 세이브의 경우 선택약정할인 25% 적용 시 월 33,750원 수준
- SK텔레콤 역시 3Q20 실적 발표에서 2021년 상반기 중저가 5G 요금제 출시 계획을 밝힘
- 5G 중저가 요금제 출시에 대한 시장 우려가 존재하나, 5만원 대 이하 요금제 가입자 비중이 낮고 이미 각종 프로모션을 통해 5G 요금제 할인 혜택을 제공하는 만큼 실적에 큰 부담으로 작용하진 않을 전망

KT 중저가 5G 요금제 '5G 심플'

데이터에 집중한 실속형 요금제
5G 심플

5G 데이터 110GB 제공 및
음성/문자 기본제공

데이터 110GB 모두 사용한 이후에도
고화질 동영상은 최대 5Mbps로 지속 이용

자료: KT, 메리츠증권 리서치센터

KT 중저가 5G 요금제 라인업

요금제	데이터	음성	문자/기타	가격
5G 심플	데이터 무제한 (속도제한)	집/이동전화 무제한	문자 기본제공	월 69,000원
5G 슬림	데이터 무제한 (속도제어)	집/이동전화 무제한	문자 기본제공	월 55,000원
5G Y 슬림	데이터 무제한 (속도제어)	집/이동전화 무제한	로밍 데이터 무제한(속도제어)	월 55,000원
5G Y틴	데이터 무제한 (속도제어)	집/이동전화 무제한	문자 기본제공	월 47,000원
5G 세이브	데이터 무제한 (속도제한)	집/이동전화 무제한	문자 기본제공	월 45,000원

자료: KT, 메리츠증권 리서치센터

Part II

5G 네트워크 장비

[2020년 Review] 네트워크 장비 섹터 주가지수

해외 5G 투자 기대감에 상승한 네트워크 장비 주가

- 국내 네트워크 장비 섹터 주가 수익률은 2019년 초 대비 +120.9%, 2020년 초 대비 +22.7% 기록
- 네트워크 장비별로는 중계기 장비 수익률이 +50.1%로 가장 좋았고, 기지국(+29.5%)과 전송/전달 장비(+27.8%), 광 소재 및 기타(+17.5%) 순으로 양호한 주가 흐름 지속
- 2020년 국내 네트워크 장비업체 실적은 COVID-19 확산과 투자 지연으로 3Q20까지 대부분 부진

2020년 Meritz 네트워크 장비 섹터지수 추이

자료: WiseFn, 메리츠증권 리서치센터

2020년 국내 네트워크 장비 분야별 주가 추이

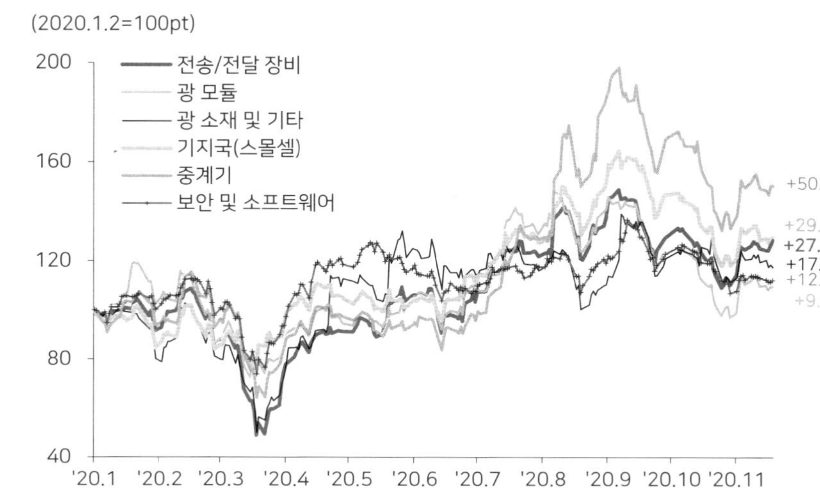

자료: WiseFn, 메리츠증권 리서치센터

[2020년 Review] 네트워크 장비 업체 실적 정리

(십억원)	3Q20						2020E						자산	부채	자본	부채비율
	Sales	(% YoY)	OP	(% YoY)	NI	(% YoY)	Sales	(% YoY)	OP	(% YoY)	NI	(% YoY)				(%)
코위버	17.2	-22.2	0.5	-74.8	1.7	-10.2	105.8	-16.1	7.2	-38.5	8.8	-57.8	149.6	29.6	120.0	24.7
우리넷	8.1	-54.4	-1.8	적전	-2.2	적전	59.8	-18.9	-1.9	적전	-2.0	적전	78.8	12.9	65.9	19.6
텔레필드	5.2	-66.8	-2.0	적전	-1.6	적전	47.0	-16.8	0.5	-90.7	-0.8	적전	54.9	32.1	22.8	140.5
다산네트웍스	122.9	8.0	3.1	흑전	2.8	흑전	418.5	-10.2	0.3	-96.8	-3.0	적전	470.1	215.0	255.1	84.3
유비쿼스	26.7	0.6	5.0	47.9	4.4	65.9	110.6	8.9	19.9	48.7	17.8	36.1	128.9	30.0	98.8	30.4
머큐리	33.2	14.7	1.1	6,210.3	2.0	9,440.7	122.6	10.4	5.6	166.0	7.0	202.0	117.2	43.0	74.2	58.0
오이솔루션	30.2	-50.3	5.0	-74.7	4.5	-71.1	117.3	-44.2	15.7	-73.0	15.9	-65.4	192.8	49.2	143.6	34.2
우리로	25.6	-13.4	-0.7	적전	3.0	흑전	113.4	-1.7	1.4	흑전	4.0	흑전	79.3	46.2	33.1	139.3
피피아이	6.4	-38.4	-1.3	적전	-1.1	적전	28.1	-42.3	-24.	적전	-1.7	적전	37.0	17.6	19.4	90.6
대한광통신	35.1	-6.9	-6.1	적확	-7.0	적확	141.4	-8.2	-14.3	적확	-14.6	적확	284.0	121.7	162.4	74.9
이노인스트루먼트	11.3	14.2	2.3	흑전	2.0	흑전	43.1	-2.8	4.2	흑전	4.8	흑전	112.7	37.1	75.6	49.1
케이엠더블유	74.5	-71.9	6.0	-89.5	1.3	-97.4	600.5	-12.1	92.7	-32.1	75.8	-26.2	379.2	138.7	240.5	57.7
에이스테크	56.6	-38.6	-11.1	적전	-12.7	적전	280.1	-26.0	-27.2	적확	-34,5	적확	389.7	307.4	82.3	373.5
알에프텍	78.0	-14.8	3.9	-42.2	-4.0	적전	293.9	3.2	15.0	14.1	-6.3	적확	290.8	139.4	151.4	92.0
기가레인	13.7	-7.4	-1.4	적축	-3.0	적축	66.7	-8.3	-8.1	적축	-12.2	적축	102.5	78.6	23.9	329.5
알엔투테크놀로지	4.0	-6.2	-0.8	적전	-0.9	적확	29.6	41.4	7.5	162.4	6.7	634.4	55.5	21.6	33.8	64.0
서진시스템	86.1	-21.1	-5.3	적전	-12.9	적전	359.6	-8.3	10.9	-80.0	-7.1	적전	677.2	403.2	274.0	147.2
RFHIC	9.7	-34.6	-3.9	적확	-0.6	적전	77.4	-28.2	1.1	-93.7	6.4	-89.5	261.1	70.8	190.3	37.2
메탈라이프	2.3	-33.3	-0.3	적전	-0.3	적전	14.8	-0.8	0.7	-34.8	0.8	-36.1	36.1	7.9	28.2	27.9
쏠리드	37.3	-30.8	-4.3	적전	-2.9	적전	193.9	-15.4	-3.3	적확	-0.7	적전	284.9	170.1	114.7	148.3
에치에프알	19.0	-58.8	-3.0	적전	-3.6	적전	126.0	-25.3	-6.5	적전	-6.8	적전	137.7	64.8	72.9	88.8
에프알텍	6.6	-30.0	-0.1	적전	0.0	-92.0	31.8	21.4	-0.2	적축	-0.2	적축	60.7	30.6	30.1	101.8
CS	10.8	15.0	0.3	흑전	0.3	125.0	39.7	23.4	0.2	흑전	0.3	흑전	29.2	7.2	22.0	32.6
기산텔레콤	15.9	8.3	0.1	-98.1	-0.2	적전	74.1	10.5	4.9	22.6	4.6	27.7	42.3	13.1	29.2	44.8
이노와이어리스	17.6	-12.8	2.3	-23.6	2.1	-27.6	89.2	-7.9	16.6	8.2	15.9	21.1	106.3	12.7	93.6	13.6
윈스	14.3	-5.8	1.3	-52.3	3.0	16.7	78.7	4.4	15.2	12.7	15.8	18.5	165.7	41.6	124.1	33.6
텔코웨어	8.8	-9.0	1.5	-20.4	1.9	-10.9	39.1	-6.3	1.5	-54.4	2.6	-39.0	115.6	7.4	108.2	6.8
나무기술	16.1	-14.3	-1.2	적확	-2.1	적확	90.1	6.3	-0.7	적전	-4.8	적전	46.3	21.9	24.4	89.8

주: 자산, 부채, 자본, 부채비율 항목은 2020년 3분기 기준
자료: WiseFn, 메리츠증권 리서치센터

[2021년 Outlook] 글로벌 5G CAPEX 전망

국내: 지연된 투자 '21년 재개
중국: '21년부터 투자 확대

- 국내 통신 3사는 2019년 9.59조원(+52.8% YoY)의 대규모 CAPEX 투자를 집행했으나, 2020년에는 COVID-19 확산으로 8.65조원(-9.9% YoY) 투자에 그칠 전망
- 2021년 국내 5G CAPEX는 정부의 투자 독려 및 28GHz 주파수 사용으로 8.96조원(+3.6% YoY) 집행 전망
- 중국은 정부 지원 하에 2020년 514억달러(+2.4% YoY) 규모의 CAPEX를 집행하며, 2021년 전년 대비 +8.7% 증가한 559억달러 규모의 설비투자 전망
- 중국의 신규 5G 기지국 투자는 2019년 30만국 → 2020년 60만국 → 2021년 90만국 계획

국내 통신 3사 CAPEX 추이 및 전망

(조원)

	'08	'09	'10	'11	'12	'13	'14	'15	'16	'17	'18	'19	'20E	'21E	'22E
LG유플러스	1.3	1.2	1.1	1.7	1.7	1.6	2.2	1.4	1.3	1.1	1.4	2.6	2.4	2.4	2.2
KT	3.2	3.0	3.1	3.3	3.7	3.3	2.5	2.4	2.4	2.3	2.0	3.3	2.9	3.1	2.7
SK텔레콤	2.4	2.5	2.2	2.6	3.3	2.9	2.7	2.5	2.7	2.8	2.9	3.7	3.4	3.5	3.3

자료: Bloomberg, 메리츠증권 리서치센터

중국 통신 3사 CAPEX 추이 및 전망

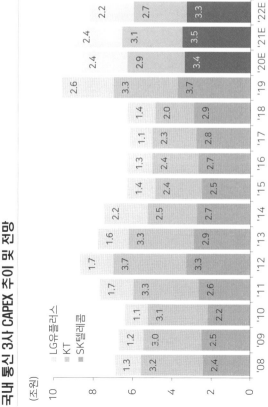

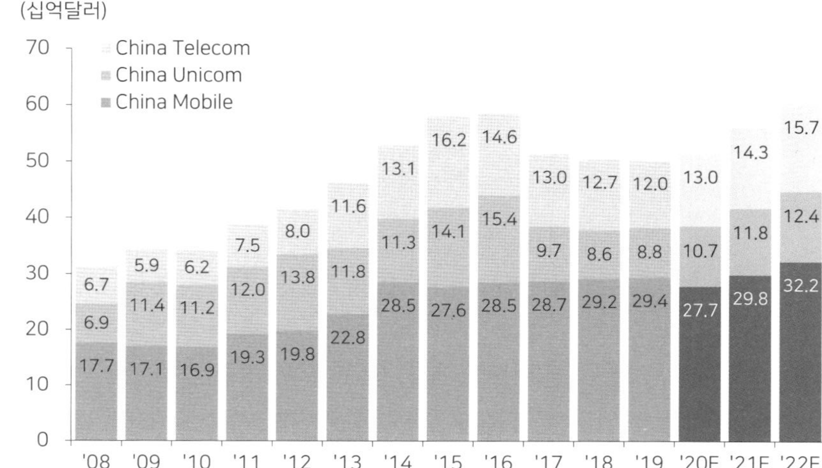

자료: Bloomberg, 메리츠증권 리서치센터

[2021년 Outlook] 글로벌 5G CAPEX 전망

일본: 올림픽과 5G 투자 재개
미국: 주파수 경매 종료 기점 대규모 5G 투자 단행

- 일본은 도쿄올림픽을 앞두고 5G 투자를 확대할 계획이었으나, COVID-19 확산으로 보수적 투자 집행
- 일본 합산 CAPEX는 2020년 201억달러(+3.3% YoY)에서 2021년 221억달러(+10.0% YoY)로 확대 전망
- 미국은 COVID-19 대규모 확산으로 2020년 5G 신규 투자가 거의 없었으며, 오는 12월 8일 C-band 주파수 경매 종료를 기점으로 대규모 5G 투자가 단행될 전망

일본 통신사 CAPEX 추이 및 전망

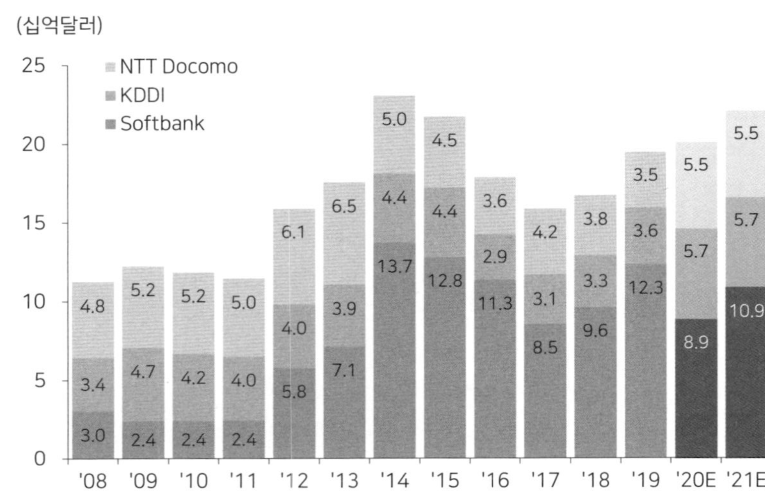

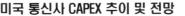

자료: Bloomberg, 메리츠증권 리서치센터

미국 통신사 CAPEX 추이 및 전망

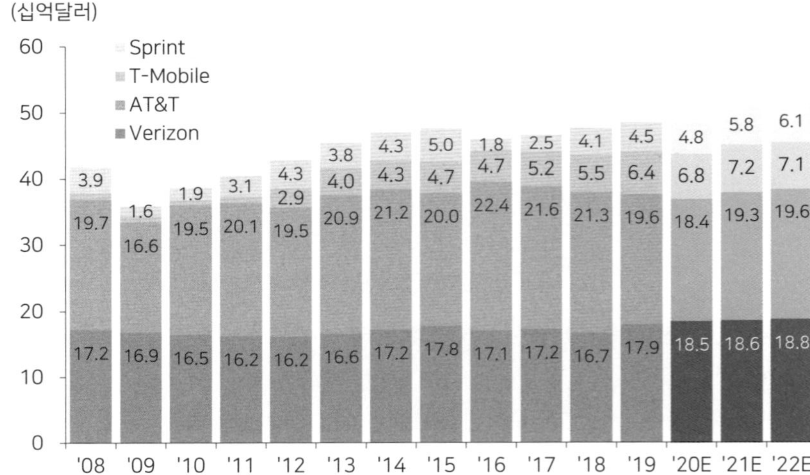

자료: Bloomberg, 메리츠증권 리서치센터

[2021년 Outlook] 미국 5G 투자 현황

Mid-Band 주파수 대역 부재로 확산이 어려운 미국 5G 투자

- 미국의 5G 투자 의지는 높으나, 주파수 위치 등 환경이 뒷받침되지 못하는 상황
- Mid-Band 주파수 부족 현상으로 미국 통신사들은 제한된 범위의 5G 서비스를 제공
  - 미국은 기존 보유한 600MHz 주파수와 경매를 통해 확보한 28GHz/39GHz 주파수만을 할당
- Verizon이 FWA 방식의 5G 상용 서비스를 채택하게 된 배경도 이러한 주파수 분배 어려움 때문

다른 나라와 달리 Mid-Band 주파수 대역이 없는 미국 상황

자료: Qualcomm, 메리츠종금증권 리서치센터

FWA(Fixed Wireless Access) 구조 설명

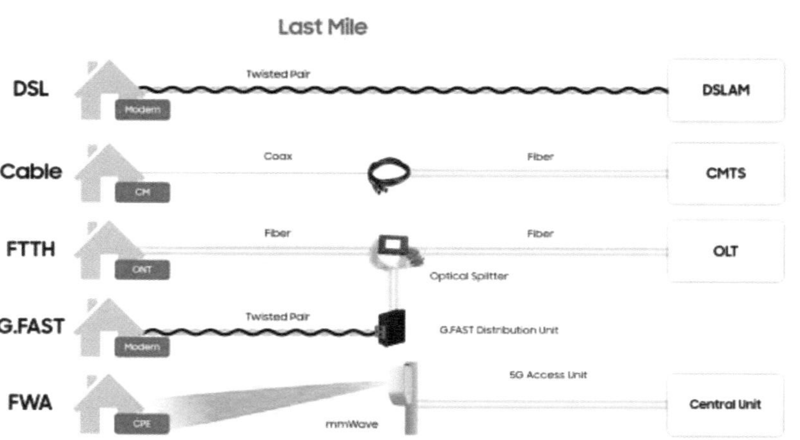

자료: 삼성전자, 메리츠종금증권 리서치센터

[2021년 Outlook] 미국 5G 서비스의 열악한 상황

속도와 연결성 모두 잡기 어려운 미국 5G 주파수 상황

- 미국 통신사별 5G 서비스 품질 조사에 따르면, T-Mobile의 600MHz 주파수 대역을 활용한 5G 서비스는 53% 확률로 연결 가능하나, 속도는 LTE에도 못 미치는 47.5Mbps 수준
- Verizon의 mmWave를 활용한 FWA 5G 서비스 속도는 722.9Mbps로 가장 뛰어나나, 연결성이 6%에 불과해 커버리지 한계를 명확히 보여줌

미국 통신사 5G 서비스 연결성 테스트 결과

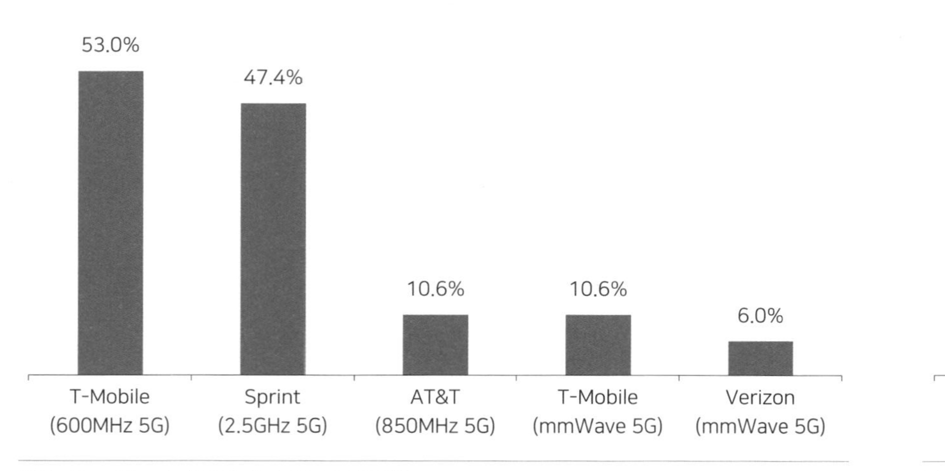

자료: OpenSignal, 메리츠종금증권 리서치센터

미국 통신사 5G 서비스 다운로드 속도 테스트 결과

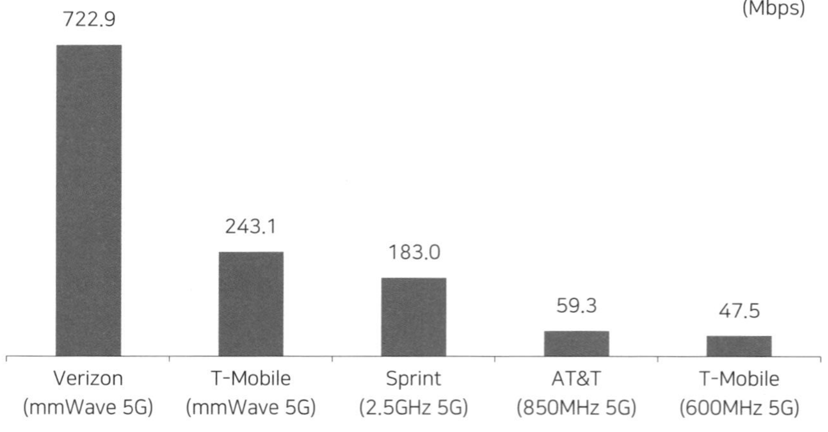

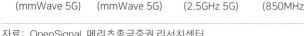

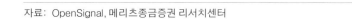

자료: OpenSignal, 메리츠종금증권 리서치센터

[2021년 Outlook] 미국 C-band 주파수 경매 시행

12월 8일 미국 C-band 주파수 경매 시행

- FCC는 오는 12월 8일 미국 통신사들을 대상으로 C-band 주파수 경매(Auction 107)를 시행
- 이번 주파수 경매는 3.7~3.98GHz 주파수 280MHz 대역폭을 할당할 예정이며,
  미국 전역을 의미하는 406 PEA(Partial Economic Areas) 지역 내 미국 인구 99% 이상 커버 가능
- 지난 8월 종료된 CBRS(Auction 105) 주파수 경매는 70MHz 대역폭을 228개 회사가 배분
- 이번 Auction 107 경매는 2021년 1월 종료될 전망이며, 이후 미국 내 5G 투자 본격화 예상

FCC 12월 8일 3.7~3.98GHz 주파수 경매 'AUCTION 107' 시행

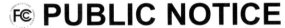

PUBLIC NOTICE

Federal Communications Commission
45 L Street NE
Washington, DC 20554

News Media Information: 202-418-0500
Internet: www.fcc.gov
TTY: 888-835-5322

DA 20-1333
November 12, 2020

AUCTION OF FLEXIBLE-USE SERVICE LICENSES IN THE 3.7–3.98 GHz BAND
57 APPLICANTS QUALIFIED TO BID IN AUCTION 107

AU Docket No. 20-25

1. By this Public Notice, the Office of Economics and Analytics (OEA) and the Wireless Telecommunications Bureau (WTB) identify 57 applicants that are qualified to bid in Auction 107.[1] Auction 107 will offer new flexible-use overlay licenses for spectrum in the 3.7–3.98 GHz band (3.7 GHz Service) throughout the contiguous United States, subject to clearing requirements.[2] Bidding in Auction 107 is scheduled to begin on December 8, 2020. This Public Notice also provides important information to qualified bidders concerning access to the Auction 107 bidding system, available educational materials, the mock auction, and the start of bidding for Auction 107. Finally, the Public Notice reminds all applicants, including those that are not qualified to bid, of certain requirements adopted for this auction.

I. **QUALIFIED BIDDERS AND NON-QUALIFIED APPLICANTS**

2. The short-form applications to participate in Auction 107 (FCC Form 175) have been reviewed for completeness and compliance with the Commission's rules, and the applicants have been classified into the categories listed below.

Qualified..........57 applicants
Non-Qualified..........17 applicants

II. **LICENSES TO BE OFFERED IN AUCTION 107**

2. Auction 107 will offer 5,684 new flexible-use overlay licenses for spectrum in the 3.7–3.98 GHz band throughout the contiguous United States subject to clearing requirements.[1] We will offer up to 280 megahertz of spectrum licensed on an unpaired basis in three blocks divided into 20-megahertz sub-blocks by partial economic area (PEA) in the contiguous states and the District of Columbia (PEAs 1–41, 43–211, 213–263, 265–297, 299–359, and 361–411).[2] Specifically, the A Block will cover 100 megahertz from 3.7–3.8 GHz in five 20-megahertz sub-blocks: 3700–3720 MHz (A1), 3720–3740 MHz (A2), 3740–3760 MHz (A3), 3760–3780 MHz (A4), and 3780–3800 MHz (A5). The B Block will cover 100 megahertz from 3.8–3.9 GHz in five 20-megahertz sub-blocks: 3800–3820 MHz (B1), 3820–3840 MHz (B2), 3840–3860 MHz (B3), 3860–3880 MHz (B4), and 3880–3900 MHz (B5). The C Block will cover 80 megahertz from 3.9–3.98 GHz, and four 20-megahertz sub-blocks will be licensed for flexible use: 3900–3920 MHz (C1), 3920–3940 MHz (C2), 3940–3960 MHz (C3), and 3960–3980 MHz (C4). The 20 megahertz at 3980–4000 MHz will be a guard band and not available for auction. All 3.7 GHz Service licenses will be issued for 15-year, renewable license terms.[3] A licensee in the 3.7–3.98 GHz band may provide any services permitted under terrestrial fixed or mobile allocations, as set forth in the non-Federal Government column of the Table of Frequency Allocations in section 2.106 of the Commission's rules, as modified by the *3.7 GHz Report and Order*.[4]

3. Figure 1 shows the band plan for the post-transition 3.7–4.2 GHz band.

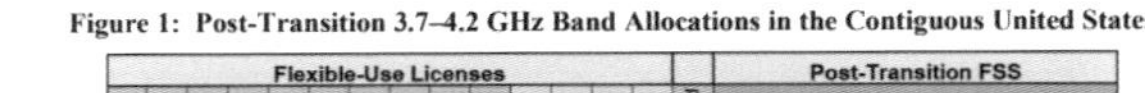

Figure 1: Post-Transition 3.7–4.2 GHz Band Allocations in the Contiguous United States

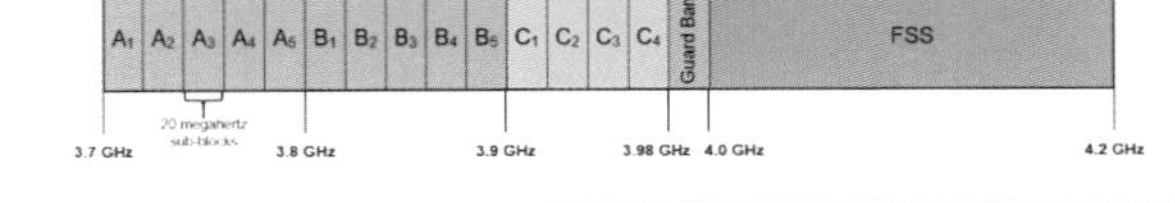

자료: FCC, 메리츠증권 리서치센터

[2021년 Outlook] 네트워크 장비 업체 실적 전망

	시가총액	매출액			영업이익			당기순이익			PER (x)			PBR (x)			ROE (%)		
(십억원)		2019	2020E	2021E	2019	2020E	2021E	2019	2020E	2021E	2019	2020E	2021E	2019	2020E	2021E	2019	2020E	2021E
코위버	94.0	126.1	105.8	118.0	11.7	7.2	10.5	20.8	8.8	8.9	4.2	10.7	10.6	0.7	0.7	0.7	18.9	7.2	6.9
우리넷	82.4	73.7	59.8	68.9	3.2	-1.9	3.3	2.1	-2.0	2.9	37.5	N/A	28.3	1.4	1.2	1.2	N/A	N/A	4.1
텔레필드	30.0	56.5	47.0	49.4	5.7	0.5	4.2	4.9	-0.8	3.8	6.5	N/A	8.0	1.1	1.1	1.0	19.7	N/A	13.3
다산네트웍스	432.5	465.7	418.5	489.1	9.2	0.3	24.5	4.2	-3.0	20.8	157.5	N/A	20.8	1.6	1.9	1.7	N/A	N/A	8.7
유비쿼스	190.6	101.5	110.6	123.5	13.4	19.9	22.0	13.0	17.8	21.6	13.1	10.7	8.8	1.7	1.9	1.6	13.2	18.6	19.3
머큐리	142.2	111.0	122.6	182.6	2.1	5.6	16.5	2.3	7.0	15.9	55.1	20.2	8.9	1.8	1.8	1.5	3.4	9.5	18.5
오이솔루션	531.2	210.3	117.3	267.3	58.3	15.7	43.3	45.9	15.9	40.3	10.7	33.4	13.2	3.8	3.4	2.7	44.4	10.8	23.2
우리로	43.2	115.4	113.4	119.1	-2.0	1.4	4.5	-6.1	4.0	4.0	N/A	10.8	10.8	2.1	1.4	1.2	N/A	13.5	11.8
피피아이	65.3	48.6	28.1	88.7	2.7	-2.4	5.2	2.8	-1.7	4.7	28.7	N/A	13.8	4.0	3.1	2.6	15.9	N/A	20.4
대한광통신	271.4	154.0	141.4	148.4	-9.2	-14.3	12.6	-10.9	-14.6	11.1	N/A	N/A	24.4	1.4	1.6	1.5	N/A	N/A	6.5
이노인스트루먼트	75.1	44.3	43.1	52.6	-16.1	4.2	5.5	-23.1	4.8	4.9	N/A	15.7	15.4	1.2	1.8	1.6	N/A	12.1	11.0
케이엠더블유	2,707.8	682.9	600.5	1,205.8	136.7	92.7	168.1	102.7	75.8	139.8	19.3	35.7	19.4	9.4	9.3	6.3	67.8	29.8	38.6
에이스테크	962.5	378.6	280.1	632.5	2.7	-27.2	64.4	-9.7	-34.5	46.8	N/A	N/A	20.6	3.5	17.6	9.5	N/A	N/A	60.0
알에프텍	263.5	284.5	293.9	358.4	13.1	15.0	29.5	-1.8	-6.3	24.3	N/A	N/A	10.8	1.3	2.1	1.7	N/A	N/A	17.5
기가레인	103.5	72.8	66.7	183.2	-29.6	-8.1	12.8	-46.1	-13.8	10.2	N/A	N/A	10.1	2.8	6.7	4.0	N/A	N/A	49.8
알엔투테크놀로지	106.6	21.0	29.6	39.7	2.8	7.5	10.1	0.9	6.7	9.4	78.7	16.0	11.3	2.4	2.8	2.3	3.4	19.1	22.1
서진시스템	762.9	392.3	359.6	702.0	54.4	10.9	88.9	49.0	-7.1	80.1	10.7	N/A	9.5	2.0	3.0	2.3	20.1	N/A	27.2
RFHIC	856.1	107.8	77.4	240.6	17.9	1.1	50.6	19.6	6.4	47.5	43.0	133.1	18.0	4.4	3.9	3.3	10.6	3.0	19.9
메탈라이프	66.2	16.2	14.8	30.2	1.1	0.7	5.9	1.2	0.8	5.2	62.0	86.5	12.7	3.8	2.5	2.1	6.2	2.9	17.9
쏠리드	516.1	229.3	193.9	308.8	-1.9	-3.3	17.9	6.4	-0.7	16.2	48.3	N/A	31.9	2.3	4.2	3.7	4.6	N/A	12.4
에치에프알	353.5	168.7	126.0	248.2	10.0	-6.5	18.3	9.9	-6.8	16.6	338.6	N/A	21.3	4.3	4.7	3.9	0.5	N/A	19.9
에프알텍	65.3	26.2	31.8	33.3	-1.1	-0.2	1.1	-1.3	-0.2	0.9	N/A	N/A	69.3	2.0	2.1	2.0	N/A	N/A	3.0
CS	47.0	32.2	39.7	46.7	-0.9	0.2	3.8	-0.5	0.3	3.4	N/A	184.7	13.7	2.4	2.1	1.8	N/A	1.2	14.5
기산텔레콤	40.4	67.1	74.1	77.8	4.0	4.9	6.9	3.6	4.6	6.4	9.2	8.8	6.3	0.9	1.0	0.9	10.6	12.4	15.0
이노와이어리스	375.3	96.8	89.2	156.9	15.3	16.6	24.7	13.1	15.9	23.4	15.2	23.6	16.0	2.5	3.9	3.1	17.8	17.9	21.6
윈스	204.3	75.3	78.7	95.3	13.5	15.2	20.3	13.3	15.8	18.6	12.1	12.9	11.0	1.5	1.7	1.5	12.5	13.5	14.4
텔코웨어	115.9	41.8	39.1	42.3	3.4	1.5	1.8	4.3	2.6	1.7	30.1	44.3	66.8	0.7	1.1	1.1	3.9	2.4	1.6
나무기술	102.4	84.7	90.1	97.3	4.1	-0.7	3.7	3.8	-4.8	3.3	23.1	N/A	30.7	4.5	7.7	6.2	24.4	N/A	22.3

주: 시가총액 항목은 2020년 11월 19일 기준
자료: WiseFn, 메리츠증권 리서치센터

[2021년 Outlook] 글로벌 시장 내 존재감이 커지는 삼성전자

기대감을 높이는 삼성전자 네트워크 사업 성과

- 삼성전자 네트워크 장비는 LTE 시절 노키아, 에릭슨, 화웨이 등에 밀려 국내 포함 일부 국가에서만 제한적으로 사용
- 하지만, 자체 기술력 향상과 급변하는 주변 상황으로 인해 5G 시장에서 중대한 기회를 맞이
- 과거 삼성전자와 LTE 장비 공급 계약을 체결한 통신사는 10개 사업자에 불과했으나, 5G 장비 공급을 시작한지 1년이 조금 넘은 현재 삼성전자와 공급 계약을 체결한 통신사는 15개 이상

삼성전자 LTE vs 5G 장비 공급 체결 국가 및 통신사 비교

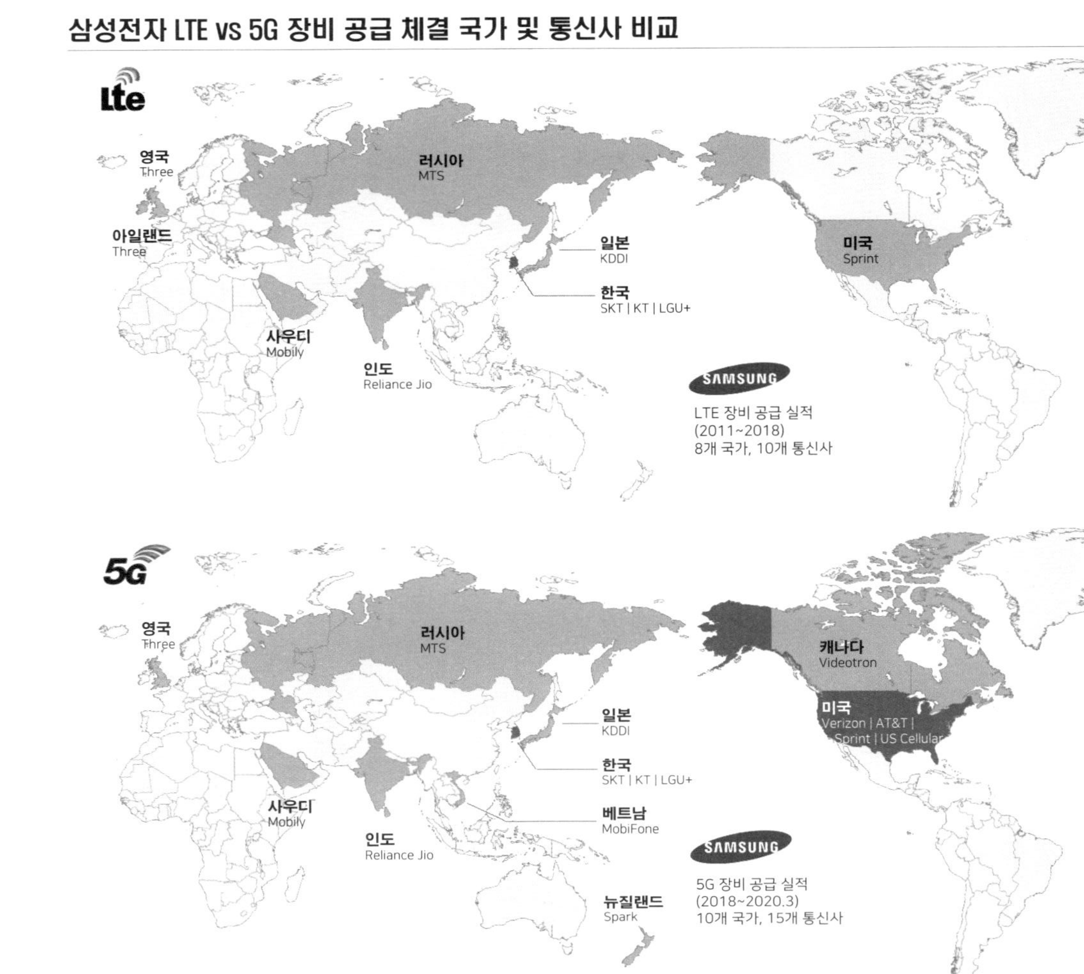

자료: 업계자료 취합 정리, 메리츠증권 리서치센터

[2021년 Outlook] 삼성전자 네트워크 사업부 실적 전망

삼성전자 네트워크 사업부 성장 재개 전망

- 삼성전자 네트워크 사업부는 국내 5G 대규모 투자로 2019년 4.9조원의 사상 최대 매출액 기록
- 2020년 매출액은 COVID-19에 따른 국내 CAPEX 축소와 해외 5G 투자 지연으로 3.7조원 전망
- 국내외 5G 투자가 본격화되는 2021년에는 6조원 이상의 매출이 가능할 전망이며, 글로벌 RAN 장비 시장 점유율도 15%까지 확대될 전망

삼성전자 네트워크 사업부 매출액 추이 및 전망

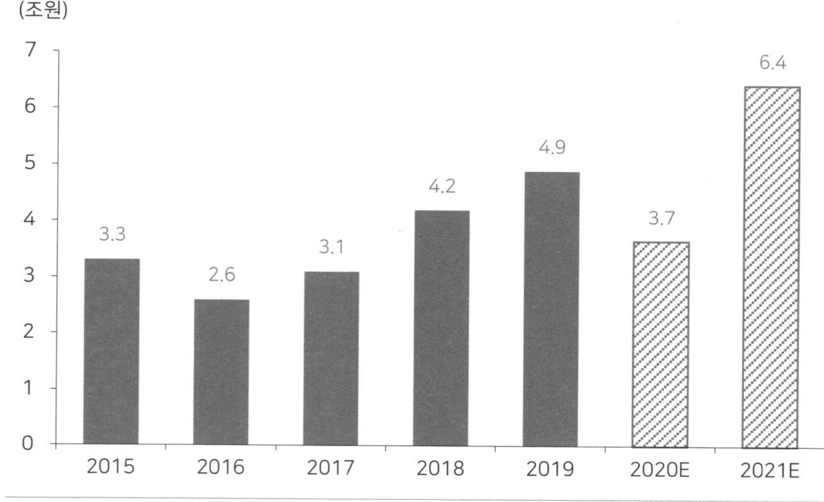

자료: 삼성전자, 메리츠증권 리서치센터

글로벌 RAN 장비 시장 점유율 추이 및 전망

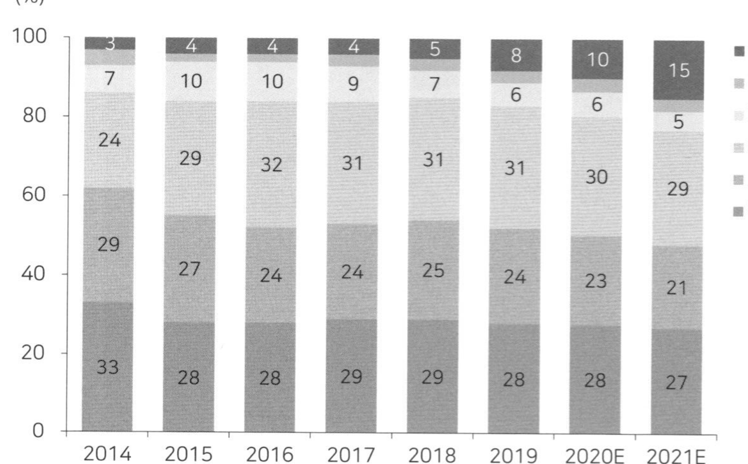

자료: 산업자료 취합 정리, 메리츠증권 리서치센터

[2021년 Outlook] 네트워크 장비 투자전략 및 Top Picks

네트워크 장비 최선호주는 서진시스템과 기가레인

- 삼성전자 네트워크 사업부의 Verizon향 발주는 12월부터 본격적으로 발생
- 일부 삼성전자 벤더 업체들의 경우 4Q20부터 삼성전자 Verzion향 매출이 실적에 반영될 전망
- 삼성전자 Value Chain 내 가장 큰 수혜가 예상되는 업체는 서진시스템과 기가레인

삼성전자 네트워크 장비 주요 벤더 현황

서진시스템
- 1996년 7월 설립
- 시가총액: 7,629억원
- 주력 상품: 통신/모바일 케이스
- 매출 내 삼성 비중: 57%

대덕전자 DAEDUCK
- 1972년 8월 설립
- 시가총액: 5,189억원
- 주력 상품: 인쇄회로기판
- 매출 내 삼성 비중: 5%

오이솔루션 OE SOLUTIONS
- 2003년 8월 설립
- 시가총액: 5,312억원
- 주력 상품: 광트랜시버
- 매출 내 삼성 비중: 59%

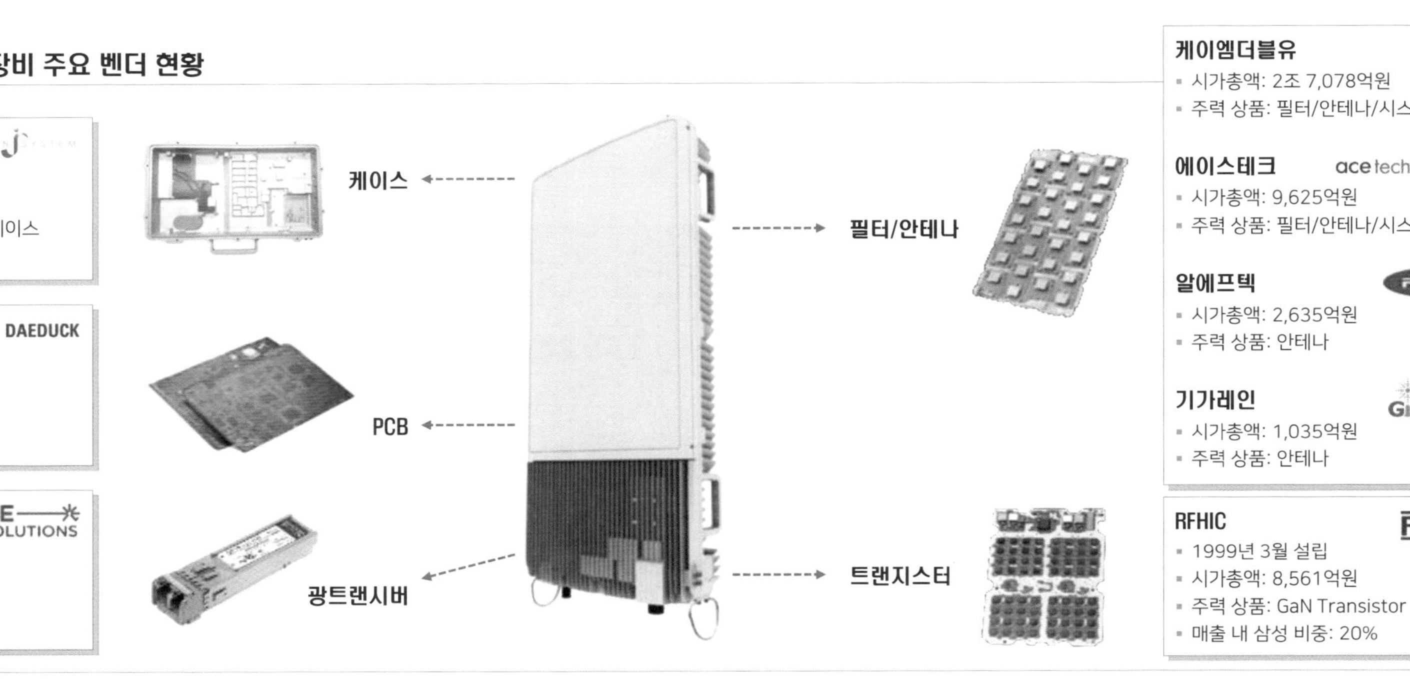

케이엠더블유 KMW
- 시가총액: 2조 7,078억원
- 주력 상품: 필터/안테나/시스템

에이스테크 ace technology
- 시가총액: 9,625억원
- 주력 상품: 필터/안테나/시스템

알에프텍 RFT
- 시가총액: 2,635억원
- 주력 상품: 안테나

기가레인 GigaLane
- 시가총액: 1,035억원
- 주력 상품: 안테나

RFHIC RFHIC
- 1999년 3월 설립
- 시가총액: 8,561억원
- 주력 상품: GaN Transistor
- 매출 내 삼성 비중: 20%

자료: FCC, 메리츠증권 리서치센터

미디어/광고

[2020년 Review] 미디어/광고 주가 수익률

COVID-19 확산에 취약한 국내 미디어/광고 섹터

- 국내 미디어/광고 섹터 주가는 COVID-19 확산에 직격탄을 맞으며 코스피 수익률을 크게 하회
- 광고대행사인 제일기획과 이노션 주가는 연초 대비 -9.7%, -13.8%로 마이너스 수익률 기록
- 사회적 거리두기 강화로 극장 사업자인 CJ CGV 주가가 가장 큰 폭으로 하락(-37.5%)

2020년 미디어/광고 상대주가 추이

자료: WiseFn, 메리츠증권 리서치센터

2020년 유료방송 3사 상대주가 추이

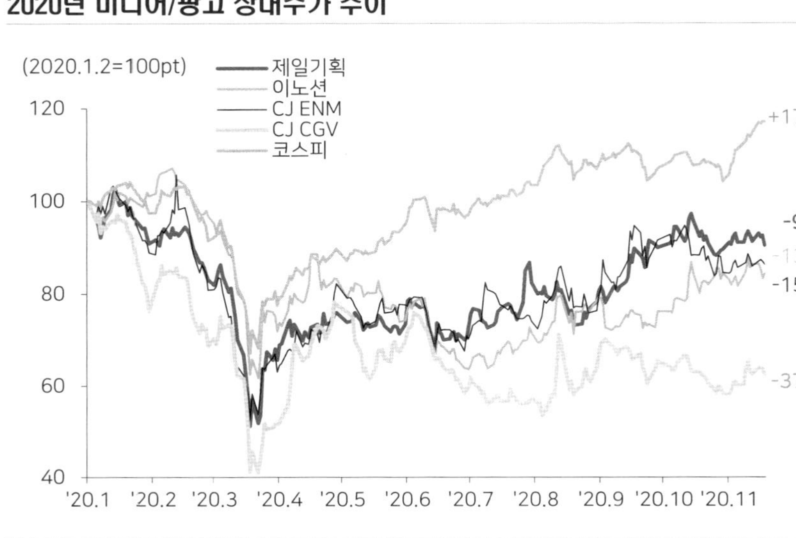

자료: WiseFn, 메리츠증권 리서치센터

[2021년 Outlook] 국내 매체별 광고 시장 전망

2021년 국내 광고 시장 12.4조원(+9.2% YoY) 전망

- 2020년 국내 광고 시장은 COVID-19 확산에 따른 경기 둔화 및 광고주 마케팅 예산 축소로 전년 대비 -5.3% 하락한 11조 3,353억원 전망
- 2021년 국내 광고 시장은 2020년의 낮은 기저효과로 전년 대비 +9.2% 성장한 12조 3,777억원 전망

매체별 광고 시장 추이 및 전망

구분	매체	광고비(십억원)					성장률(%)	
		2017	2018	2019	2020E	2021E	2020E	2020E
방송	지상파TV	1,531.3	1,412.2	1,195.8	956.6	1,060.0	-20.0	10.8
	라디오	277.7	249.8	231.9	208.7	227.1	-10.0	8.8
	케이블/종편	1,845.5	1,990.3	1,947.7	1,625.7	1,593.9	-16.5	-2.0
	IPTV	99.4	116.1	123.9	126.4	132.7	2.0	5.0
	위성,DMB 등 기타	200.3	198.0	191.2	175.6	172.0	-8.2	-2.1
	방송 계	**3,954.2**	**3,966.4**	**3,690.5**	**3,093.0**	**3,185.6**	**-16.2**	**3.0**
인쇄	신문	1,437.0	1,429.4	1,399.7	1,259.7	1,363.0	-10.0	8.2
	잡지	343.7	308.2	283.2	240.7	259.5	-15.0	7.8
	인쇄 계	**1,780.7**	**1,737.6**	**1,682.9**	**1,500.5**	**1,622.5**	**-10.8**	**8.1**
디지털	PC	1,624.5	1,592.4	1,770.8	1,605.5	1,746.3	-9.3	8.8
	모바일	2,215.7	2,801.1	3,282.4	3,752.0	4,314.8	14.3	15.0
	디지털 계	**3,840.2**	**4,393.5**	**5,053.2**	**5,357.5**	**6,061.1**	**6.0**	**13.1**
OOH		**1,002.4**	**1,034.2**	**1,038.0**	**899.8**	**999.7**	**-13.3**	**11.1**
제작		**607.2**	**573.1**	**510.1**	**484.6**	**508.8**	**-5.0**	**5.0**
총 계		**11,184.7**	**11,704.8**	**11,974.7**	**11,335.3**	**12,377.7**	**-5.3**	**9.2**

자료: 제일기획, 메리츠증권 리서치센터

[2021년 Outlook] 국내 매체별 광고 시장 전망

디지털 광고 고성장 지속

- 디지털 광고 시장이 방송 광고 시장 규모를 처음으로 역전한 2018년 이후 격차 더욱 확대
- 방송 광고 시장은 COVID-19 확산에 따른 기저효과로 2021년 전년 대비 +3.0% 소폭 개선
- 2021년 디지털 광고 시장 규모는 6조 611억원으로 COVID-19 이후 두 자릿수 성장을 회복할 전망

방송 광고 카테고리별 시장 전망

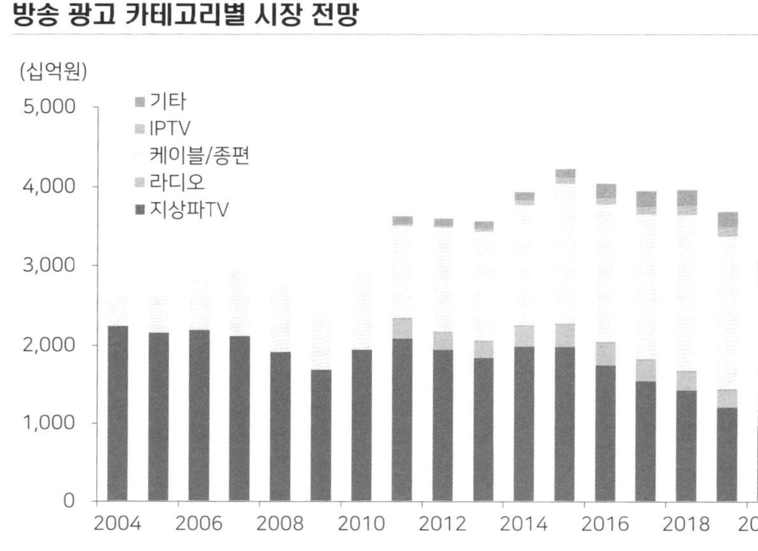

자료: 제일기획, 메리츠증권 리서치센터

디지털 광고 카테고리별 시장 전망

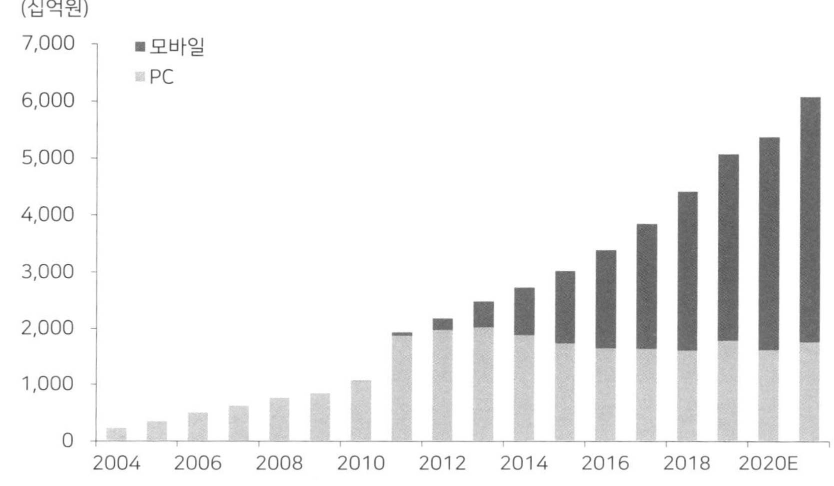

자료: 제일기획, 메리츠증권 리서치센터

[2021년 Outlook] 국내 광고대행사 실적 추이 및 전망

해외 매출총이익 점진적인 회복 전망

- 국내 광고대행사의 해외 매출총이익은 각 국가의 COVID-19 방역 수준에 따라 순차적으로 회복 전망
- 이노션의 경우 현대기아차의 글로벌 신차 출시와 브랜드(제네시스, 아이오닉) 마케팅 영향으로 국내외 광고 경기 위축에도 불구하고 2021년 안정적인 매출총이익 성장 가능

제일기획 매출총이익 추이 및 전망

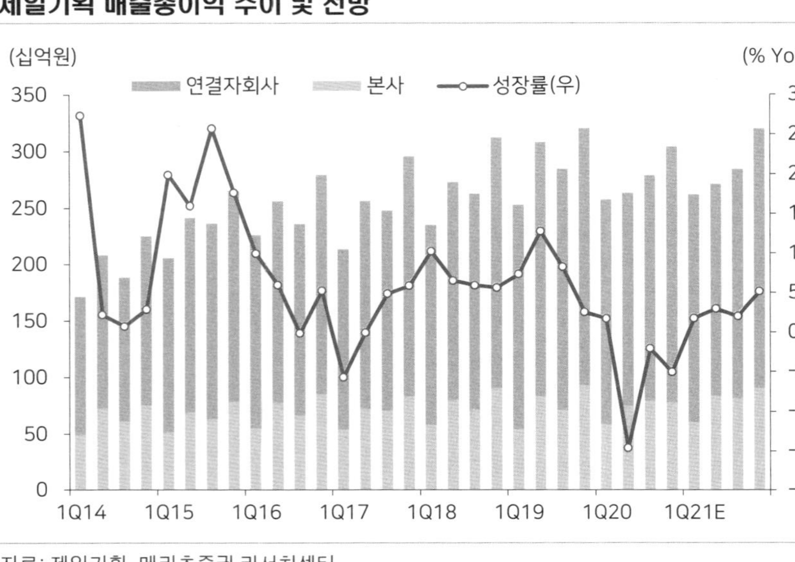

자료: 제일기획, 메리츠증권 리서치센터

이노션 매출총이익 추이 및 전망

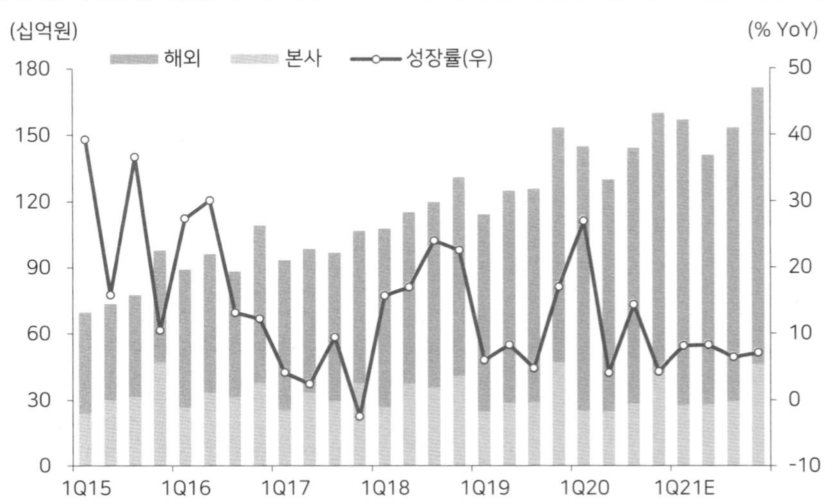

자료: 이노션, 메리츠증권 리서치센터

[2021년 Outlook] 국내 유료방송 시장 재편 완료 임박

국내 유료방송 시장 재편 마무리 국면

- 지난 10월 KT스카이라이프가 4,911억원에 현대HCN 인수를 결정한 데 이어, 최근에는 KT가 딜라이브 매각을 위한 예비입찰에 단독으로 참여한 것으로 파악
- 국내 5개 MSO(Multi System Operator) 사업자 중 4개 회사(CJ헬로, 티브로드, 현대HCN, 딜라이브) 매각 이후에는 중소형 케이블TV SO 사업자들은 자연스레 IPTV에 흡수될 전망
- 국내 유료방송 시장 재편으로, IPTV 3사의 콘텐츠 구매력 및 홈쇼핑 송출수수료 협상력 강화로 연결

시장 재편 이전 국내 유료방송 시장 점유율

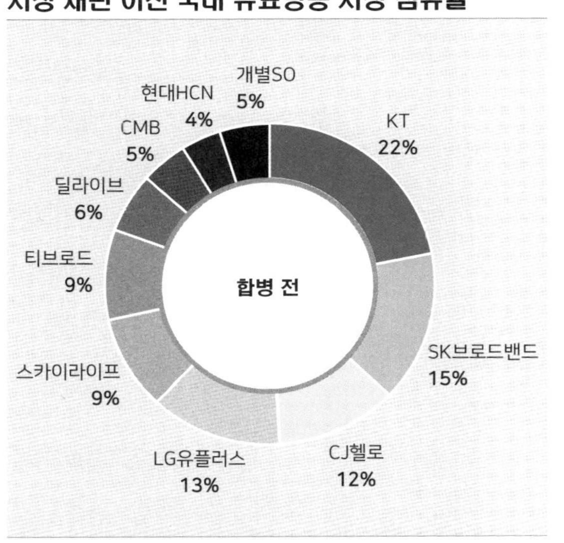

자료: 산업자료 취합 정리, 메리츠증권 리서치센터

현재 국내 유료방송 시장 점유율

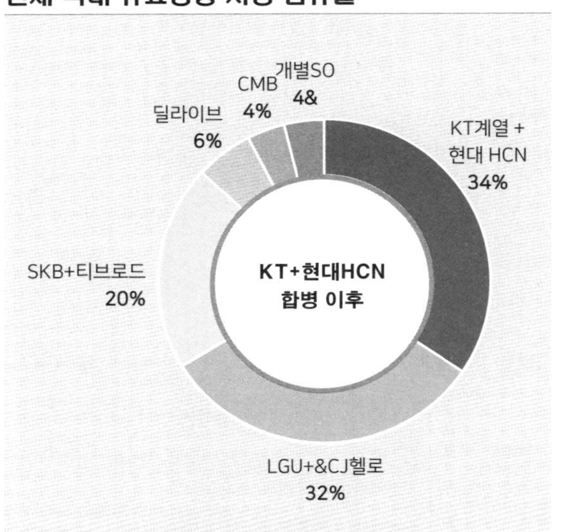

자료: 산업자료 취합 정리, 메리츠증권 리서치센터

시장 재편 이후 국내 유료방송 시장 점유율

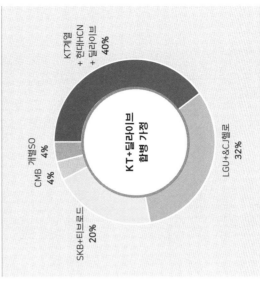

CMB 4%
개별SO 4%
SKB+티브로드 20%
KT계열 + 현대HCN + 딜라이브 40%
KT+딜라이브 합병 가정
LGU+&CJ헬로 32%

자료: 산업자료 취합 정리, 메리츠증권 리서치센터

[2021년 Outlook] 국내 박스오피스 전망

국내 박스오피스 전망

- COVID-19 확산과 비대면의 강화로 글로벌 영화 산업은 가장 큰 타격을 입은 산업으로 분류
- 2020년 국내 박스오피스는 5,326억원(-72.2% YoY), 관람객수는 6,190만명(-72.7% YoY) 전망
- 2021년 COVID-19 국면이 완화되더라도 극장으로 향하는 관객수는 단기간에 평년 수준 회복은 어려울 전망

국내 박스오피스 추이 및 전망

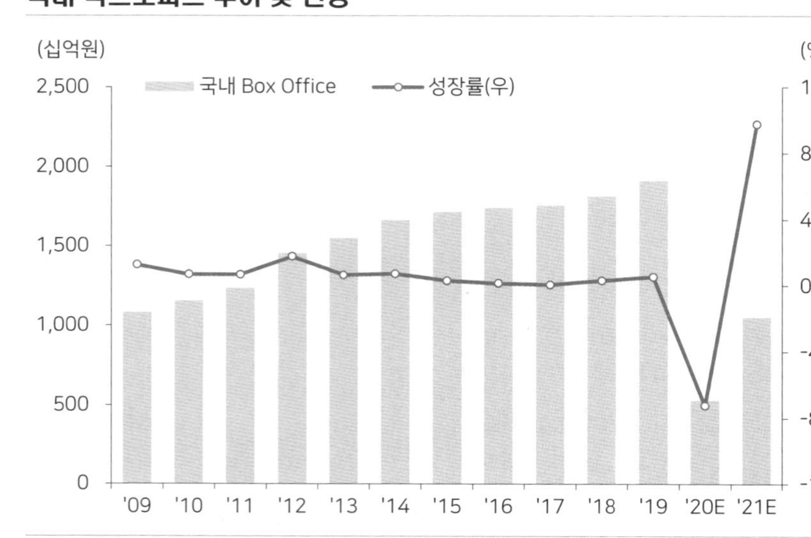

자료: KOFIC, 메리츠증권 리서치센터

국내 영화관 관람객수 추이 및 전망

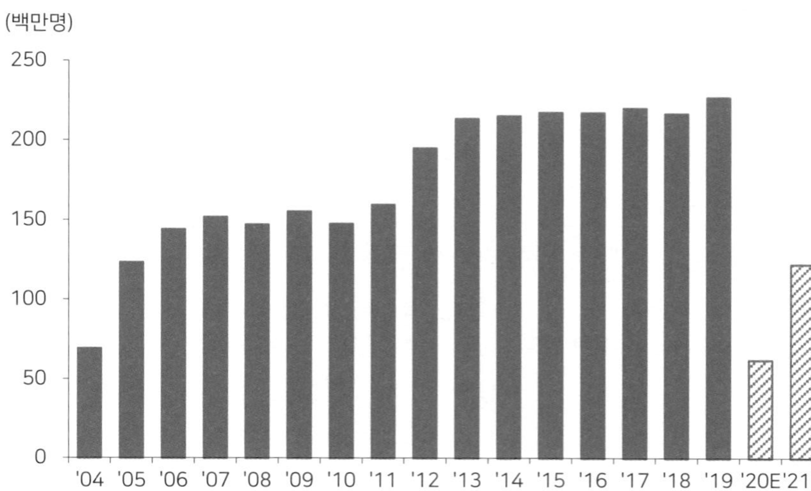

자료: KOFIC, 메리츠증권 리서치센터

[2021년 Outlook] 국내 영화 시장 현황 및 전망

영화 산업의 틀을 바꾼
COVID-19

- 국내 극장사업자 CJ CGV와 메가박스의 2020년 별도 매출액은 전년 대비 -60~70% 하락
- 사회적 거리두기로 제작사들도 신작 영화를 극장에 상영하는 대신 Netflix에 판매 결정
- 최근에는 Netflix의 오리지널 영화를 반대로 극장에 상영하기로 결정하는 등 영화 산업 내 지각 변동 지속

CJ CGV & 메가박스 별도 매출액 및 국내 관람객수

자료: 각 사, 메리츠증권 리서치센터

극장 대신 Netflix를 선택한 신작 영화들

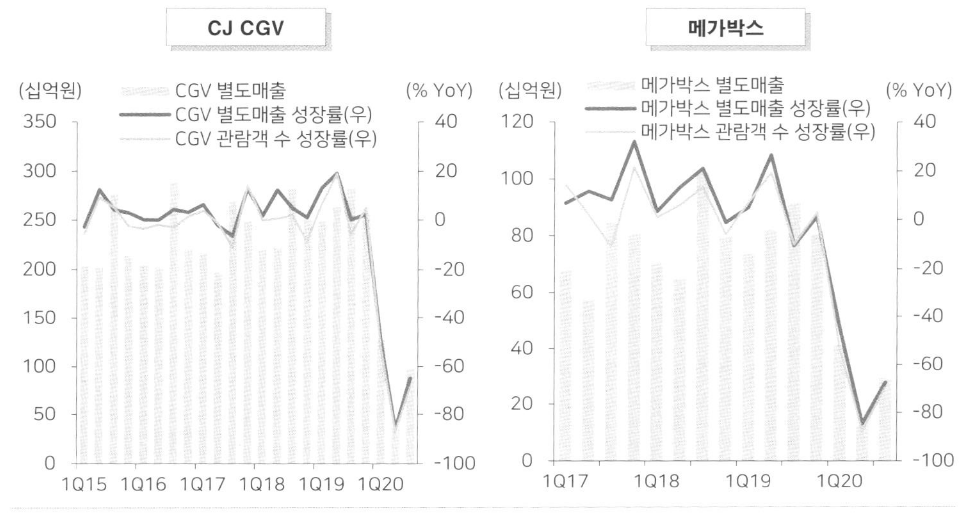

자료: Netflix, 메리츠증권 리서치센터

스몰캡/수소경제

수소-Energy Carrier

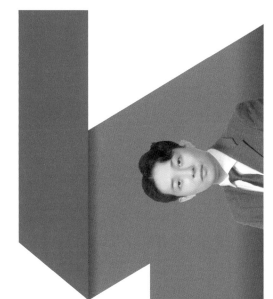

스몰캡
Analyst 이상현

Part I 수소경제의 당위성
Part II 수소산업 A to Z
Part III 수소 Upstream
Part IV 수소 Midstream
Part V 수소 Downstream ① 수소 모빌리티 & 충전소
Part VI 수소 Downstream ② 수소 연료전지

Summary

수소-Energy Carrier

수소 Value-Chain 투자 선호는 Downstream과 Midstream

- 수소 사업은 Upstream(생산), Midstream(저장, 유통), Downstream(활용)으로 구분
- 투자 매력도는 Downstream > Midstream > Upstream 순
- Upstream은 생산 기술별 단가 하락의 불확실성 존재
- Midstream는 수소 거래가격 하락폭 대비 운송 단가 하락폭은 제한적
- Downstream은 수소 경제 초반 최대 수혜. 수소충전소 대비 발전용 연료전지의 규모, 경제성 매력적
- 수소 모빌리티는 부품의 단가가 높은 연료전지스택, 수소 탱크 관련업체 수혜가 보다 클 것

수소 Value Chain별 주요 내용

구분	Upstream	Midstream	Downstream
역할	물, 천연가스 등에서 수소 추출	수소 저장 및 운송	발전소, 수소모빌리티, 인프라 등에 수소 활용
현황 요약	▪ 수소 경제 초반 그레이 수소(천연가스 개질)의 비중 절대적. 장기적으로 재생에너지 기반 그린 수소로 전환이 예상되는 가운데 블루 수소(CCUS 활용)가 가교 역할 ▪ 그린 수소 방법론은 알카라인 → PEM → SOEC로 진화할 전망. 수소 생산 원가 하락이 핵심	▪ 수소 대규모 저장, 장거리 운송을 위해 암모니아, 액체유기수소화합물 등 중간 변환이 필요 ▪ 수소 유통은 튜브트레일러, 파이프라인 등으로 구분	▪ 수소차는 상용차에 유리 ▪ 수소충전소는 수소차 확산에 필수적. On-site와 Off-site로 구분 가능. 정부의 공격적인 설치 계획에도 불구하고, 자체적인 수익성은 높지 않다는 판단 ▪ 발전용 연료전지는 REC 매출 및 개별요금제 적용 등 호의적 정책에 힘입어 충분한 경제성 확보 중
투자 매력	▪ 그린 수소로의 전환을 위해서 단가 하락 필수적. 경제성 확보에 걸림돌 ▪ 수전해 기술별 불확실성 존재	▪ 수소 사업은 대규모 저장, 장거리 운송이 목적. 저장 및 운송 밸류체인 역할 ↑ ▪ 운송단가 하락 위험 제한적 국내 수소 유통은 한국가스공사가 전담	▪ 생산 기술, 저장 및 운송 기술에 따른 불확실성 ↓ ▪ 수소 경제 초반 가장 빠른 성장을 이룰 수 있는 분야 ▪ 발전용 연료전지는 정부 지원책 감안 시 충분한 경제성 존재 ▪ 수소충전소 사업은 수소차 보급 확대에 의존도가 큼

자료: 메리츠증권 리서치센터

Part I

수소경제의 당위성

재생에너지 – 시간의 제약

높은 출력 변동을 평탄화시키기 위해 에너지 저장장치 필요

- 전기는 기본적으로 저장이 어렵기 때문에 소비 패턴에 맞춰 전력을 생산
- 화석연료 발전과 달리, 재생에너지 발전의 생산 시점은 인간이 조절하기 어려운 상황
- 수요 패턴을 생산에 맞추기 위해 ESS(Energy Storage System) 등이 필요

전통적인 전력 수요 패턴: California의 Camel Curve(2014, 2015년)

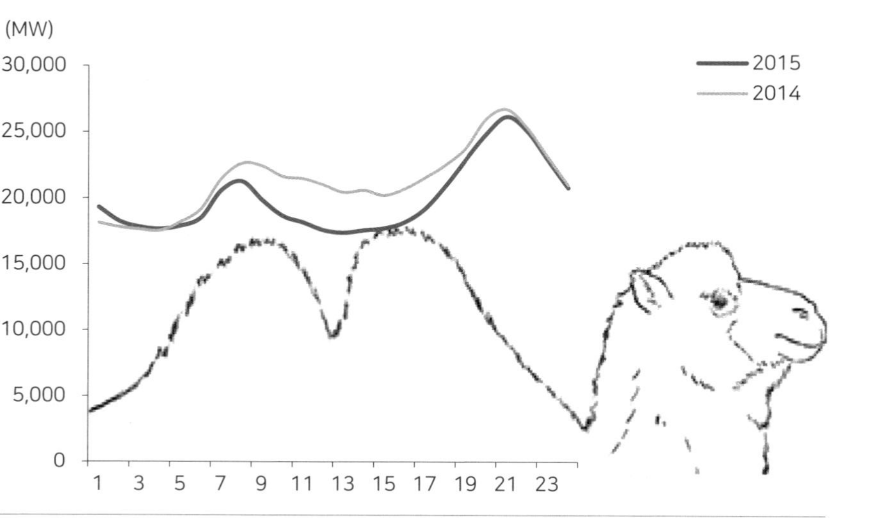

자료: CAISO, IEA, 메리츠증권 리서치센터

재생에너지 시대의 수요 패턴: California의 Duck Curve(2018, 2019년)

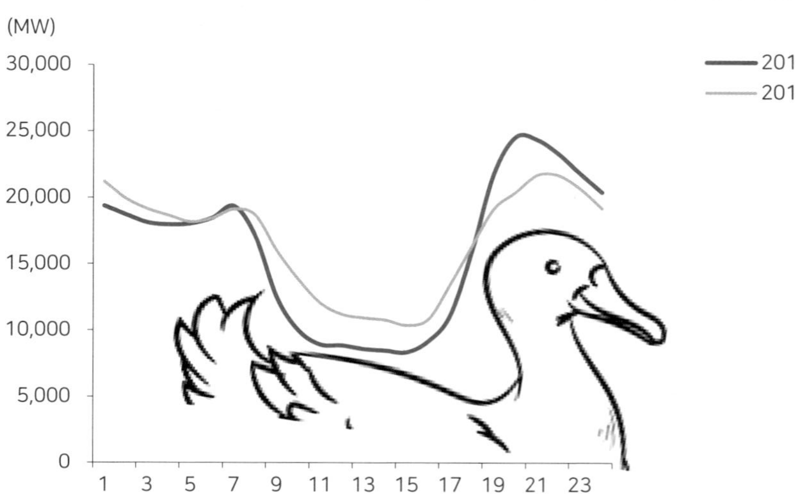

자료: CAISO, IEA, 메리츠증권 리서치센터

제주도에서 찾는 10년 후 미래

제주도에서는 출력 변동 문제 심각

- 제주도는 재생에너지 비중이 20%를 상회, 이미 한국의 2030년 목표를 초과
  → 재생에너지 비중이 높고 독립된 계통 가지고 있다는 점에서 국내 시장의 10년 후 미래 유추 가능
- 최근 특정 시간 전력 과잉 공급에 따른 재생에너지 발전 시설의 가동 중지 사례 증가
- ESS와 HVDC(High Voltage, Direct Current) 설치 통해 극복할 계획

재생에너지 비중 비교: 한국 전체 vs 제주도

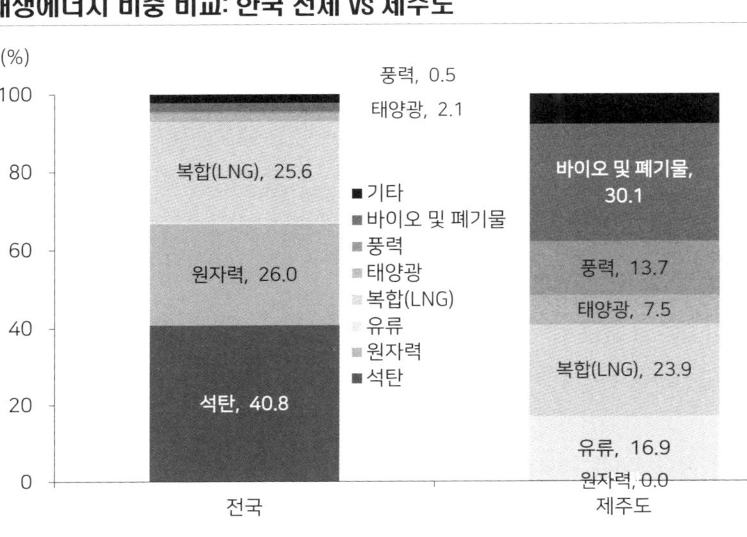

자료: 한국전력, 메리츠증권 리서치센터

제주도 풍력발전 출력 제어 추이

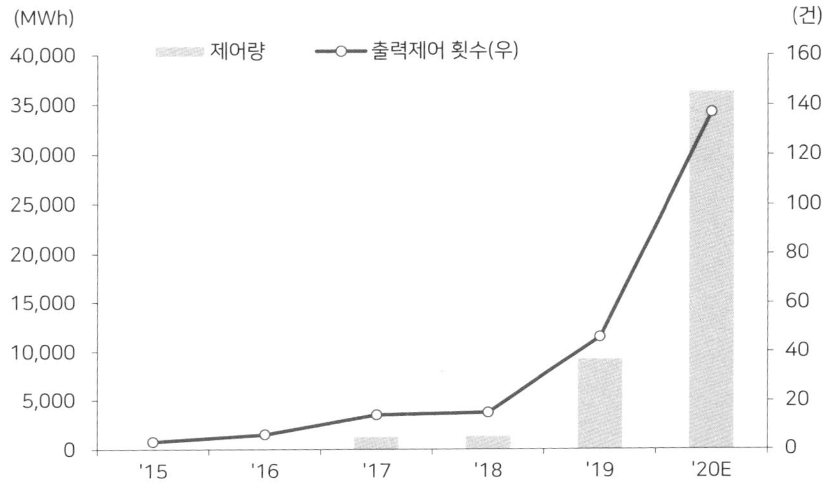

자료: 전력거래소, 메리츠증권 리서치센터

재생에너지 – 공간의 제약

재생에너지의 지역적 편중으로 인해 에너지 저장 수단 필요

- 재생에너지의 시간적 제약이 해결되더라도, 재생에너지가 풍부한 곳(ex. 제주도)이 아니라면 공간적 제약 발생
- 화석 연료와 마찬가지로 재생에너지는 특정 지역에 편중
- 사하라 사막 전체 면적의 1.2%만 태양광 패널로 덮는다면 전세계 필요 전력 생산 가능
  → 그렇게 하지 않는 이유는?

미국 내 태양광 복사 조도

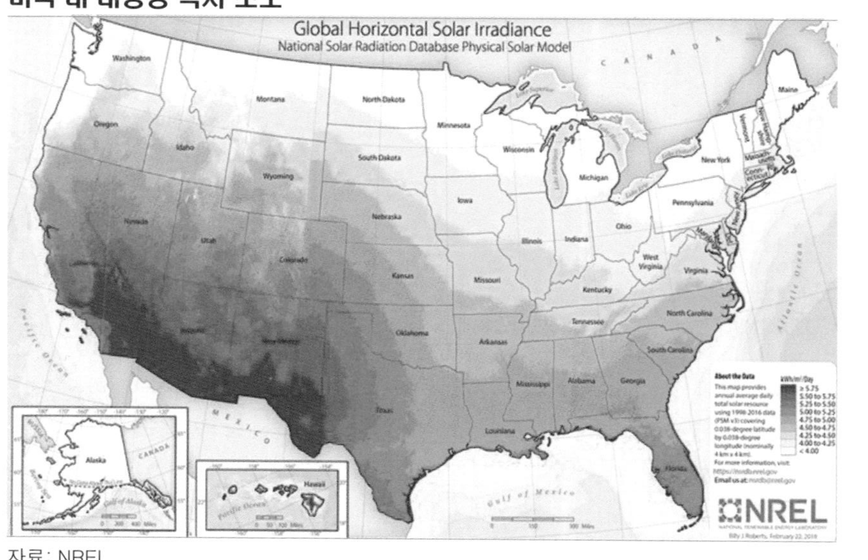

자료: NREL

사하라 사막을 태양광 패널로 덮는다면?

자료: What If

전기 - 저장이 어려운 재화

전력은 저장이 어려운 재화

- 지역적 편중은 화석 연료도 마찬가지지만, 재생에너지에서 해당 문제가 특히 부각되는 이유는 **전기가 저장, 운송이 어려운 재화**이기 때문
- 전기 에너지를 다른 에너지(화학 에너지, 수소 등)로 변환해야 할 필요성

국가별 전체 전력량 대비 송배전 손실률

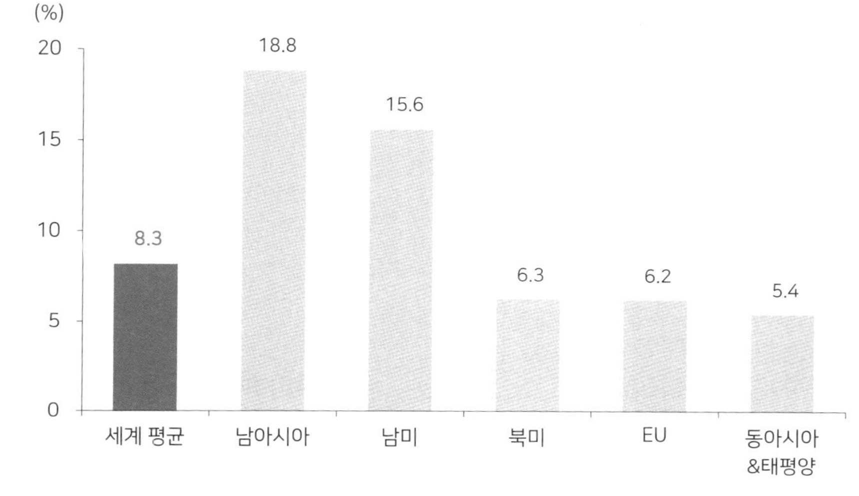

주: 2014년 기준
자료: World Bank, 메리츠증권 리서치센터

에너지 저장 장치별 방전률

배터리 시스템	자가 방전률
Primary Lithium-Metal	5년 내 10% 방전
Alkaline	연 2~3% 방전
Lead-Acid	월 5%
니켈 기반	24시간 내 10~15%, 이후 월 10~15% 방전
리튬이온	24시간 내 5%, 이후 월 1~2% 방전 (보호 회로가 추가적으로 월 3% 방전)

자료: Battery University, 메리츠증권 리서치센터

수소에 주목하는 이유

수소(H_2) = Energy Carrier 다양하고 유연한 에너지 수급 구조의 구축

- 『3E+S』: 에너지 계획 수립의 기본 원칙
  『3E+S』는 안전성(Safety)을 전제로 1) 에너지의 안정적인 공급(Energy Security),
  2) 저비용 에너지의 공급을 위한 경제 효율성(Economic Efficiency) 향상,
  3) 환경(Environment Conservation)을 고려한 에너지 수급 계획의 기본 관점
- **친환경 에너지원은 신재생에너지(태양광, 풍력, 수력 등)와 수소(H_2)가 있으며, 다양하고 유연한 에너지 수급의 대응을 위해 수소(H_2)가 Energy Carrier(에너지 운반체) 역할로 부각**

3E+S

Energy Security
Economic Efficiency
Environment Conservation
Safety

자료: 일본경제산업성, 메리츠증권 리서치센터

에너지 믹스 비교

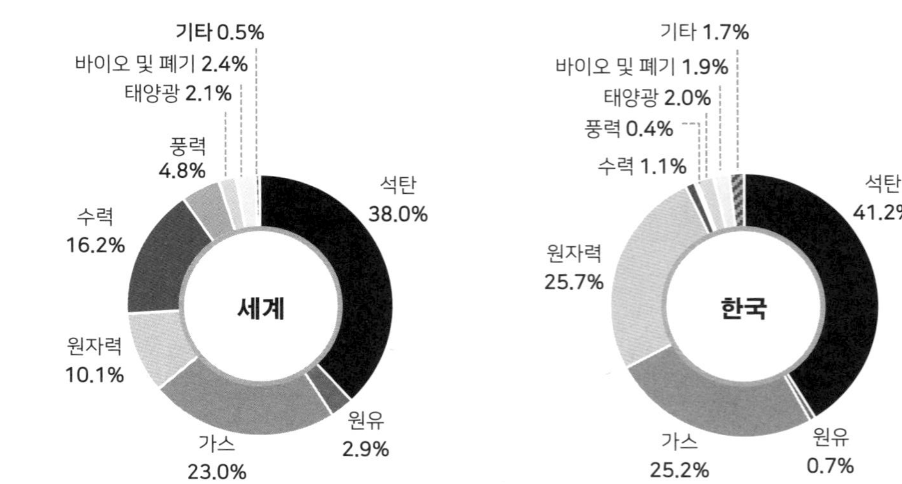

자료: IEA, 한국전력, 메리츠증권 리서치센터

수소 개발의 당위성

수소는 CO_2 Free 자원

- 수소는 지구상에서 가장 많이 존재하는 원소, 기타 원소와 화합물 형태로 존재
- 수소 경제 개발의 당위성은 (1) 수소는 온실가스 배출에서 자유롭고,
  (2) 글로벌 전 지역에서 생산이 가능(지정학 Risk-off, 지역간 에너지 보유 유무의 편차 전무)
- 수소가 Energy Carrier로 변모 가능성이 높은 이유는 CO_2 배출에서 자유롭고 대형화가 쉬운 특성 때문

에너지 변환의 변천과 수소에너지 시스템의 순환 구조

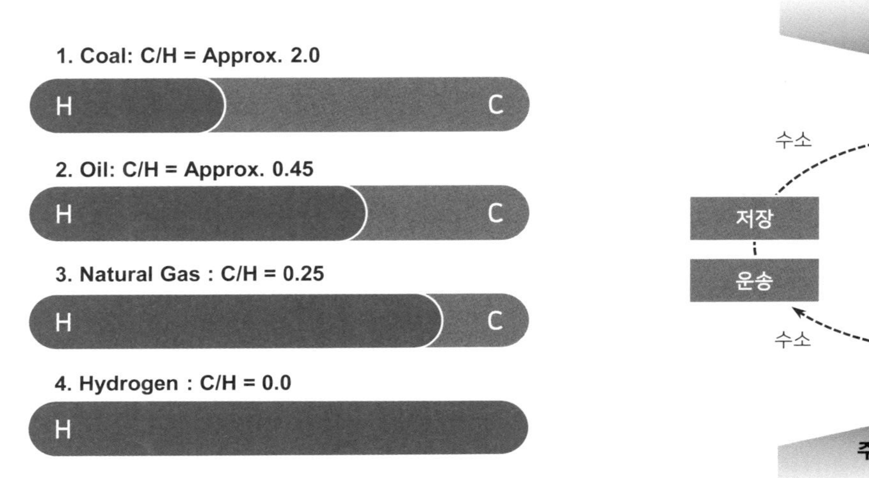

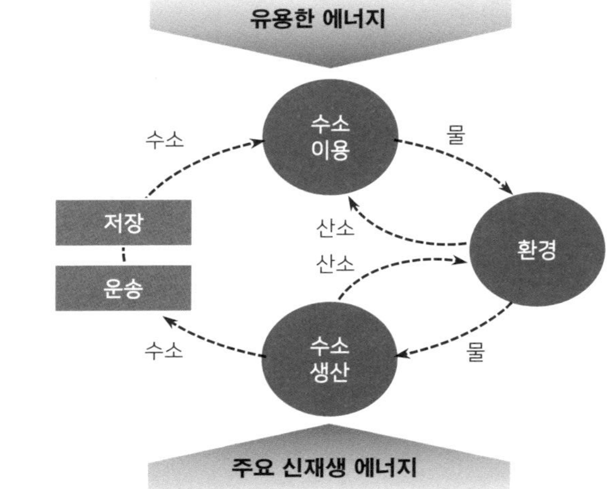

자료: 한국수소협회, 메리츠증권 리서치센터

수소 개발의 당위성 - ① CO_2 Free 자원, 수소

블루수소(Blue Hydrogen) CO_2 절감 효과 Grey, Brown 대비 각각 -63.3%, -78.0%

- 수소를 차량 연료로 사용할 경우 Grey수소는 화석 연료 대비 CO_2 배출량 평균 -25.1% 절감
  → 이산화탄소 절감 효과를 극대화하기 위해서 수소 생산 단계에서 CO_2 절감 필요
- 수소 1kg 생산 시 생산 방식별 CO_2 배출량 : Blue 4.4kg < Grey 12kg < Brown 20kg
- 화석 연료 기반 추출 수소 CO_2 배출량의 80% 이상이 수소 제조 단계에서 발생하는 직접 배출량
  : CCS(Carbon Capture & Storage) 기술 활용 시 배출량 약 62% 절감 가능
- Blue수소는 Grey수소 및 Brown수소 대비 CO_2 배출량 각각 -63.3%, -78.0% 절감 효과

연료별 자동차 주행 시 CO_2 배출량

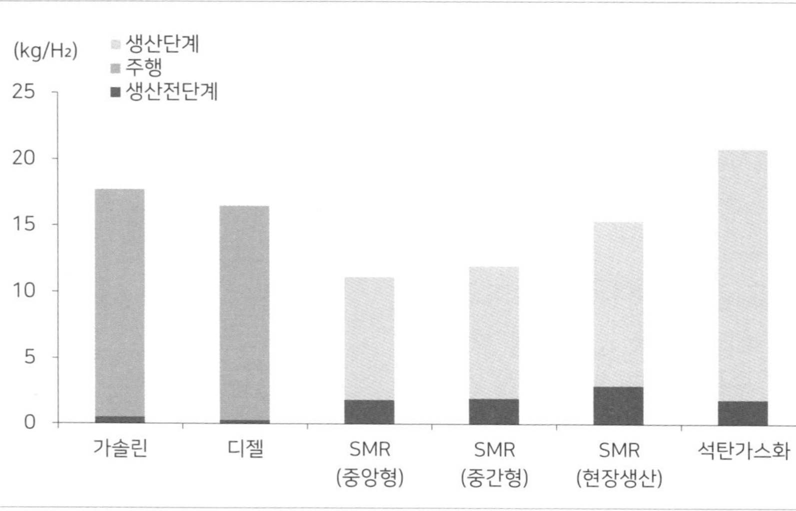

주: 2000cc 자동차가 80km를 주행했을 경우를 가정
자료: 에너지경제연구원, 메리츠증권 리서치센터

생산 방식에 따른 CO_2 배출량

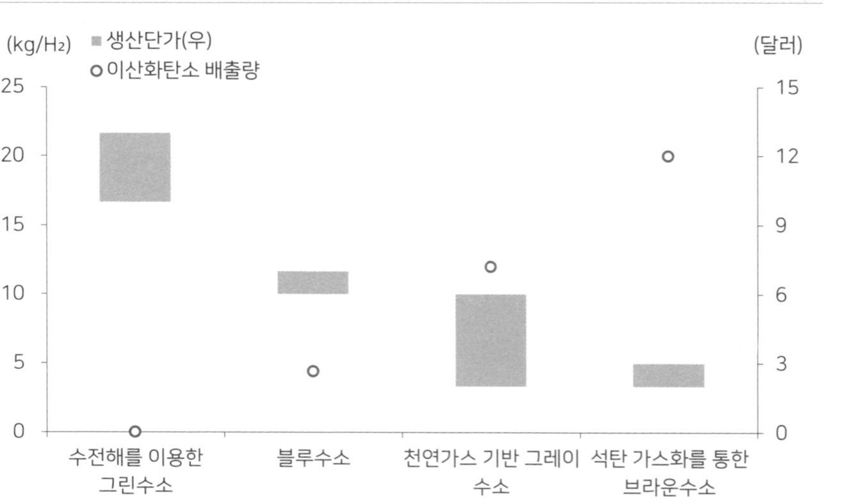

자료: 에너지경제연구원, SGH2, 메리츠증권 리서치센터

수소 개발의 당위성 - ① CO_2 Free 자원, 수소

친환경적 관점에서 수소공급방식은 CO_2 배출이 가장 적은 중앙공급이 적합

- 천연가스 개질방식(SMR)은 공급방식에 따라 중앙공급방식(Off-site)과 현장생산형(On-site)으로 구분
  1) 중앙공급방식: 일정 지역에서 대량 생산해 충전소까지 파이프라인 또는 튜브트레일러로 이송
  2) 현장공급방식: 충전소 근처에서 화석연료개질, 수전해 등을 통해 수소를 생산, 공급
- 중앙공급방식은 수소생산 용량에 따라 중앙형(108만kg)과 중간형(2.2만kg)으로 세분화
- 수소 생산 방식에 따른 이산화탄소 및 온실 가스 배출량 차별화
  : 중앙형(11.1kg/H_2) < 중간형(12.2kg/H_2) < 현장생산형(15.3kg/H_2)
- 수소의 친환경적 가치 고려 시 CO_2 배출이 가장 적은 중앙공급방식이 가장 적합

천연가스 증기개질(SMR) 방식별 이산화탄소 배출량

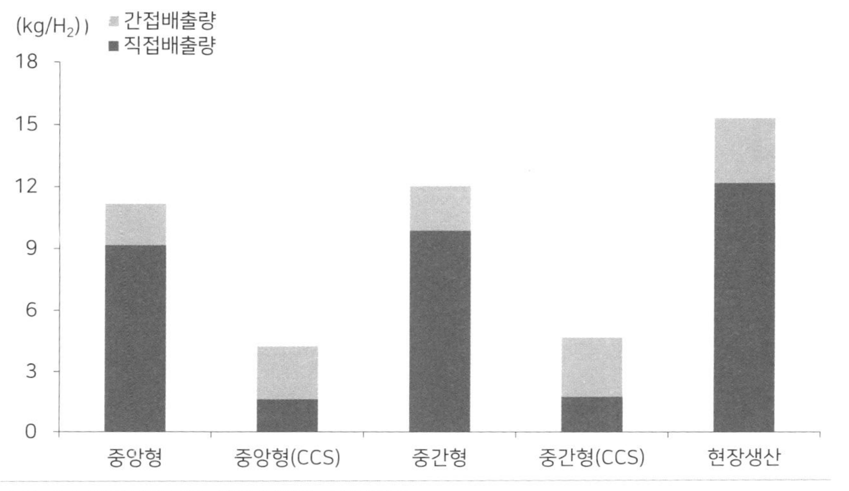

자료: 에너지경제연구원, 메리츠증권 리서치센터

천연가스 증기개질(SMR) 방식별 기타 온실가스 배출량

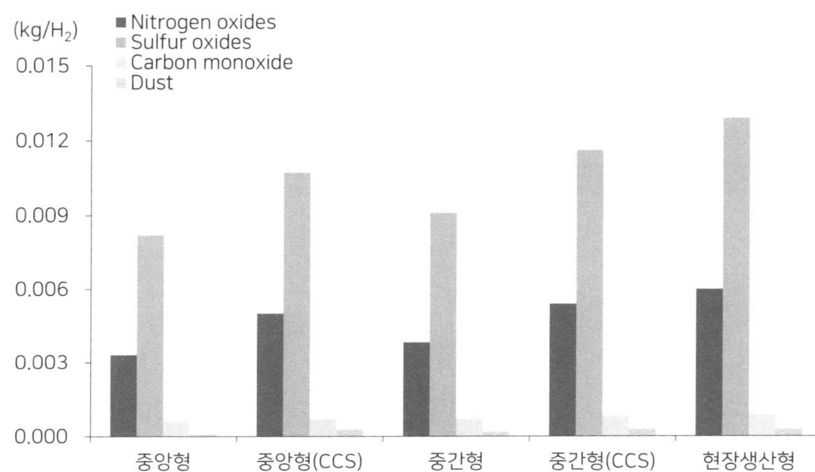

자료: 에너지경제연구원, 메리츠증권 리서치센터

수소 개발의 당위성 - ② 대형화, 장기 저장에 유리

다양한 저장 방법 중 수소가 대규모 저장, 장거리 운송에 가장 적합

- 일반적으로 에너지 저장 시설은 양수발전, ESS(전력 기반), 수소 연료전지로 구분
- 연료전지는 ① 탱크 크기만 키우면 된다는 점에서 대형화에 유리하고, ② 방전의 가능성에서 자유로우며, ③ 친환경이라는 점에서 대규모, 장기 저장에 유리한 저장 장치

에너지 저장 기술별 분류

대분류	중분류	소분류	저장 방식	장단점
화학적 저장	배터리	납축전지 니켈카드뮴 전지 니켈수소전지 나트륨황전지 니켈염화전지 리튬이온전지 금속-공기전지 안티모니화납액체전지	▪ 이온의 산화-환원 반응 이용하여 전기 충방전	▪ 에너지 밀도가 높고 효율 우수. 다만 대용량, 장기간 저장에 부적합하며 폭발 위험 존재
	플로우전지	바나듐 ZnBr 전지 PSBr 전지	▪ 레독스 기술 사용한 ESS. 양극전해질 탱크와 음극 전해질 탱크 따로 구분되어 있어 액체펌프를 통해 이를 순환	▪ 대용량 ESS에 적합하나 가격 및 내구성 측면에서 약점
	수소전지	연료전지	▪ 물을 전기 분해하여 수소 저장. 이후 저장해둔 수소로 전력 생산	▪ 수소탱크 크기만 키우면 되므로 대용량 저장에 적합. 수소 손실이 없으므로 장기간 저장도 가능. 다만 전력효율 개선 필요
전자기적 저장	전기적	슈퍼커패시터	▪ 양극판에 직류 전기 형태로 에너지 저장	▪ 한번에 많은 전력을 출력할 수 있지만 충방전 시간이 빨라 저장하는 에너지는 적음
	자기적	SMES(초전도에너지저장)	▪ 저항이 0인 초전도 코일에 전류를 흘려 자기장의 형태로 에너지 저장	▪ 높은 출력 및 빠른 응답속도가 장점. 다만 에너지 밀도 낮고 가격이 비쌈
열역학적 저장	압력	CAES(압축공기저장장치)	▪ 잉여 전력을 이용해 공기를 압축하여 저장, 압축 공기로 터빈 구동	▪ 암반 구조 지하에 대규모 공동을 만들어야 해 입지 선정이 한정적
	열	열 배터리	▪ 휴대용 손난로와 같이 저온 상변화 물질이 액체에서 고체가 될 때 열을 방출하는 성질 이용	▪ 상용화까지 상당한 시일 소요
물리적 저장	중력	PHS(양수 발전)	▪ 아래쪽 저수지의 물을 끌어올렸다가, 전력이 필요할 때 방수하며 발전	▪ 유지 관리 비용이 적고 대용량 저장에 적합. 다만 건설 기간이 길고 입지 선정이 한정적
	운동에너지	플라이휠	▪ 모터/발전기 축에 연결되어 있는 플라이휠에 회전관성 에너지 저장	▪ 높은 출력 및 빠른 응답속도가 장점. 다만 에너지 밀도 낮고 대기전력 손실 높음

자료: 한국에너지공단, 메리츠증권 리서치센터

2021 전망 스몰캡/수소경제

Part II

수소산업 A to Z

수소경제 활성화 로드맵

2019년 1월
수소경제 활성화 로드맵 발표로 장기적인 방향성 제시

- 정부는 2019년 1월 수소경제 활성화 로드맵을 발표
- 2040년까지 단계별 장기적인 방향성을 제시
  1) 에너지 패러다임의 전환
  2) 전후방 경제적 · 산업적 파급효과가 큰 미래 성장동력
  3) 온실가스 감축 등 친환경 에너지로 에너지 자립에 기여

수소경제 활성화 로드맵(2019. 1)

	2018	2022	2030	2040
수소차 (만대)	**0.18**	**8.1**	**'25년 상업 양산**	**620**
내수	0.09	6.7		290
승용차	0.18	7.9		590
택시				12
버스	2대	0.2		6
트럭				12
수소충전소 (개소)	**14**	**310**		**1,200**
연료전지 (GW)	**0.314**	**1.55**		**17.1**
발전용	0.307	1.5	'25년 수소가스터빈 개발 완료	15.0
내수		1.0		8.0
건물용	0.007	0.05		2.1
공급 (만톤)	**13**	**47**	**194**	**526**
방식(비중)	부생 추출(99%)	부생 추출(79%) + 수전해	부생 추출(50%) 수전해 + 해외수입	부생 추출(30%) 수전해 해외수입
수소 가격 (kg/원)		**6,000**	**4,000**	**3,000**

자료: 관계부처, 메리츠증권 리서치센터

수소 산업의 Value Chain

수소,
'에너지 캐리어'의 역할

- 수소는 에너지원(Source)보다는 에너지 운반체(Carrier)의 성격
  잉여 전력으로 물 전기분해→ 수소 생산/운송→ 연료전지에 저장→ 전력/열 에너지 활용
- 수소는 화합물 상태로 존재하여 이를 생산하는 과정에는 화합물을 수소로 분리하는 작업이 필요
  태양광 등 기타 에너지를 연료로 투입하여 가공/전환 생산하는 과정으로 1차 에너지원 성격과 다름

수소 산업의 Value-Chain

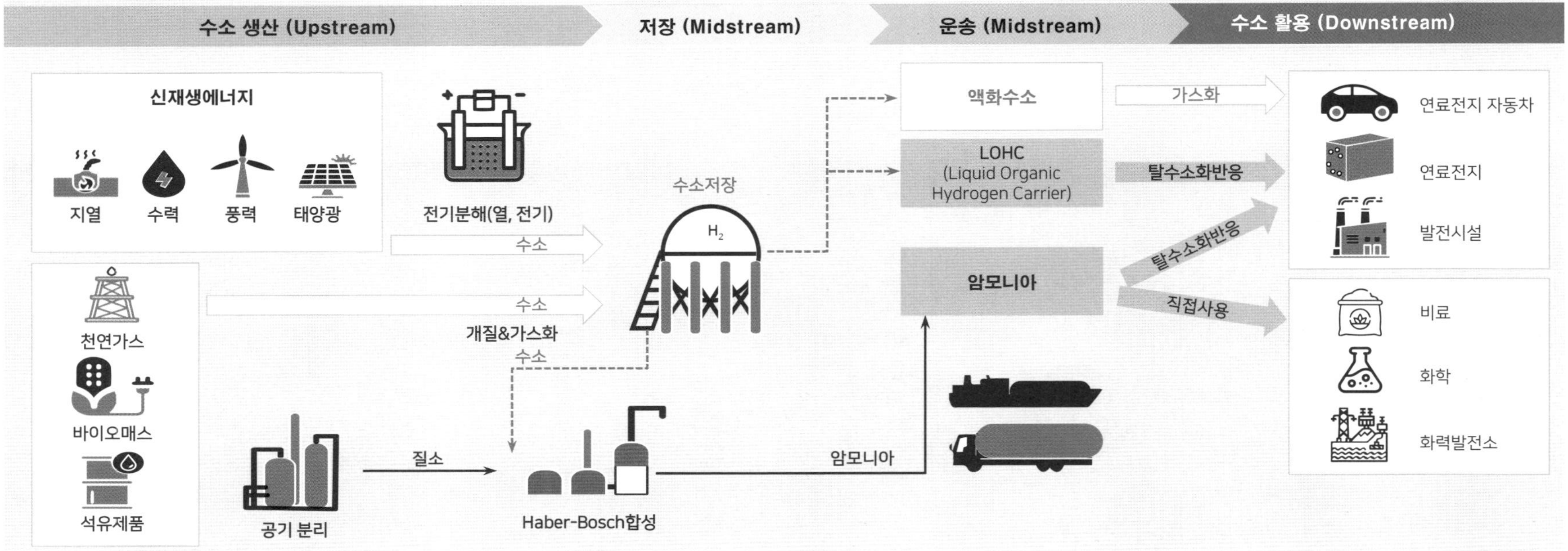

자료: 메리츠증권 리서치센터

Part III

수소 Upstream

수소 'Upstream' - 수소 생산 방식 비교

Grey 수소 비중 96%
Green 수소 비중 4%

- 수소 생산 방식 1) 화석연료에서 생산(정유/화학 설비의 부생수소, 천연가스 추출수소)
  2) 수전해 방법
  3) 열화학/고온 수전해 방법
- 수전해/열화학 방법이 탄소배출 제로 정책에 가장 부합되는 공법이나 분해에 투입되는 전력비용(전력비용 비중 80%)이 높아 상용화에 비용 부담이 큼: 운송비용 감안 시 최종 거래 가격이 평균 13달러/kg
- 수소의 경제성 확보를 위한 가격은 3$/kg / Wood Mackenzie 전망은 2030년 수소 가격 2.2$/kg, 공급가격 4.3~4.45$/kg 제시→ 신재생 LCOE(발전단가) 하락과 설비 대형화가 수소 가격 약세를 유도 가능

수소 생산 방식

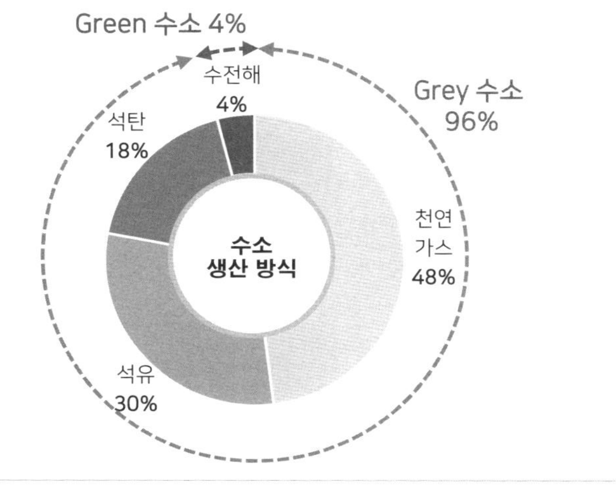

자료: 한국수소협회, 메리츠증권 리서치센터

수소의 활용

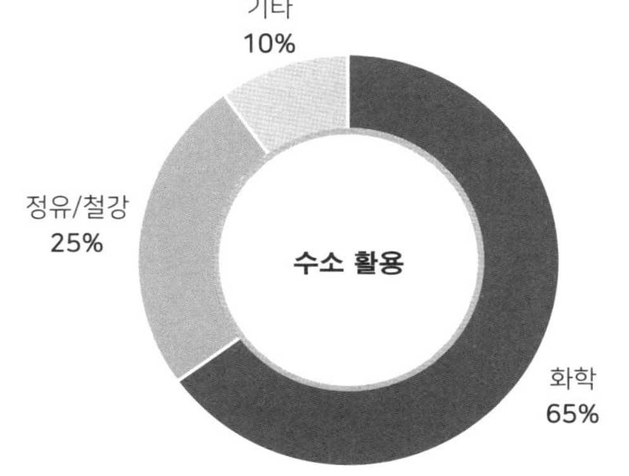

자료: 한국수소협회, 메리츠증권 리서치센터

수소 생산 방식별 비용 점검

수전해 수소 생산비용 절감을 위해서는 REC 가중치 변화가 필요

- 수소 1kg 생산에 CO_2 배출량은 Blue수소 4.4kg, Grey수소 12kg, Brown수소 20kg
- 국내 수소 생산 공법별 생산단가는 부생수소가 가장 저렴
  수소 1kg 당 생산비용은 부생수소 2천원 미만, 천연가스 2,700~5,100원, 수전해는 9,000원~1만원 이상
- 국내 수소경제 활성화 로드맵 이행의 첫 과정에서는 가장 저렴한 부생수소가 담당
  2030년 Green수소 생산비중 50%, 2040년 Green수소 생산비중 70% 계획

국내 수소방식별 생산비용 점검

(원)	2008	2022E	2030E	2050E
부생수소	1,500~2,000	1,500~2,000	1,500~2,000	1,500~2,000
추출수소	2,700~5,100	2,600~4,800	2,500~4,300	2,400~3,900
수전해	9,000~10,000	7,000~8,000	3,000	2,000
수입			3,000	2,000

자료: IRENA, 메리츠증권 리서치센터

국내의 수소 발전 동향

수소 발전은 온실가스 배출 감소 효과

- 한국 정부의 "수소경제 활성화 로드맵"은 2040년까지 연간 526만톤의 수소 공급 계획
- 국내의 이론상 수소 생산능력은 192만톤, 실질 생산능력 164만톤(자가 소비량 141만톤) 외부 판매하여 산업 연료로 사용 가능한 수소는 23만톤 수준
- 현재 국내 수소 생산설비의 가동률 상승(5%p 가정)으로 5.4만톤의 수소 추가 생산 가능
- 한국 정부의 수소 발전 당위성은 (1) 수소의 이산화탄소 방출량 감축 효과, (2) 분산발전 유도, (3) 에너지 자립도, (4) 기존산업과의 시너지 창출 효과

한국 정부의 수소 경제 활성화 로드맵

	2018년	2020년	2022년	2025년	2030년	2040년
전체 공급량(=수요량)	13만톤/연		47만톤/연		194만톤/연	526만톤/연
수송용 수소 수요 전망			3만톤/연	10만톤/연	37만톤/연	101만톤/연
수송용 수소 공급 전망		2.8만톤/연	2.8만톤/연	32.8만톤/연		
생산 공법	(1) 부생수소(1%) (2) 추출수소(99%)	(1) 부생수소 (2) 추출수소	(1) 부생수소 (2) 추출수소 (3) 수전해	(1) 부생수소 (2) 추출수소 (3) 수전해	(1) 부생수소 (2) 추출수소 (3) 수전해 (4) 해외생산	(1) 부생수소 (2) 추출수소 (3) 수전해 (4) 해외생산
세부 사항		▪ 풍력을 연계하여 500kW 수전해 시스템 기술개발 및 실증중	▪ 풍력을 연계하여 3MW 수전해 시스템으로 확대 계획	▪ 중규모 수소 생산기지 15% ▪ 소규모 수소 생산기지 2%	▪ 재생에너지와 연계한 100MW급 수전해 시스템을 개발하여 수소 대량 생산	
목표 수소 공급 가격		8,000원/kg	6,000원/kg		4,000원/kg	3,000원/kg

자료: 관계부처, 메리츠증권 리서치센터

국내 수소 시장 점검

수전해를 통한 Green 수소 경제성 확보 및 생산유도 필요

- 2040년 한국의 총 수소 생산 70%는 Green수소 방식으로 생산할 계획(약 368만톤)
- 수소 경제 활성화의 궁극적 목적은 CO_2 배출량 감소 → 재생에너지 공법의 수소 생산 필요성 대두 현재의 부생/추출 방식으로 수소 1kg 생산에 CO_2 는 8.6kg 생산
- Green수소 생산은 수전해 공법의 수소 생산 방식 → 전기분해에 필요한 전력비용 절감이 수익성의 핵심

국내 태양광/풍력 설치량 변화에 따른 수소 생산 가능량 점검

(만톤)		캐파 (GW)						
		45	50	60	70	80	90	100
이용률 (%)	15	98.6	109.5	131.4	153.3	175.2	197.1	219.0
	20	131.4	146.0	175.2	204.4	233.6	262.8	292.0
	25	164.3	182.5	219.0	255.5	292.0	328.5	365.0
	30	197.1	219.0	262.8	306.6	350.4	394.2	438.0

자료: 에너지경제연구원, 메리츠증권 리서치센터

에너지원별 수소 생산 단가 점검

수소생산방법	원자력수소		추출수소		수전해수소	
	황-요오드 열화학물분해	고온 수전해	석탄 가스화	천연가스 증기개질	화석 연료	신재생
수소 생산단가 (달러/kg)	2.1	2.3	1.8	2.9	3.8	7.9
수소 1톤 생산 시, CO_2 발생량 (톤)	없음	없음	18.5	11.0	28.2	없음
CO_2 감축 비용 (천원)	없음	없음	436	260	664	없음

자료: 에너지경제연구원, 메리츠증권 리서치센터

Blue수소는 Green수소 개발의 중간 단계

Grey → Blue → Green 수소

- Green수소는 Grey 수소에 비해 3~6배 정도의 비용이 발생하기 때문에 상용화까지 시간 필요
  → Blue수소(화석 연료를 기반으로 CCUS 기술을 활용해 생산한 수소)가 중간 단계
- CCUS(Carbon Capture Utilization and Storage)는 CO_2를 포집해 저장 및 활용하는 기술로 공정에서 발생하는 CO_2를 최대 90%까지 줄일 수 있는 기술
- 호주 정부는 일본 컨소시엄과 공동 투자(약 5,100만 달러)를 통해 초기 단계 사업 진행 중
  : 갈탄 수소 가격(3.5~4.5달러/kg)은 수전해 수소(5.8~8.7달러/kg) 대비 저렴
- 천연가스를 수증기에서 촉매 후, 수소 4개는 분자당 1개의 이산화탄소 발생
  수소 1kg 생산에는 이산화탄소 5kg 발생

글로벌 Blue 수소 생산 능력

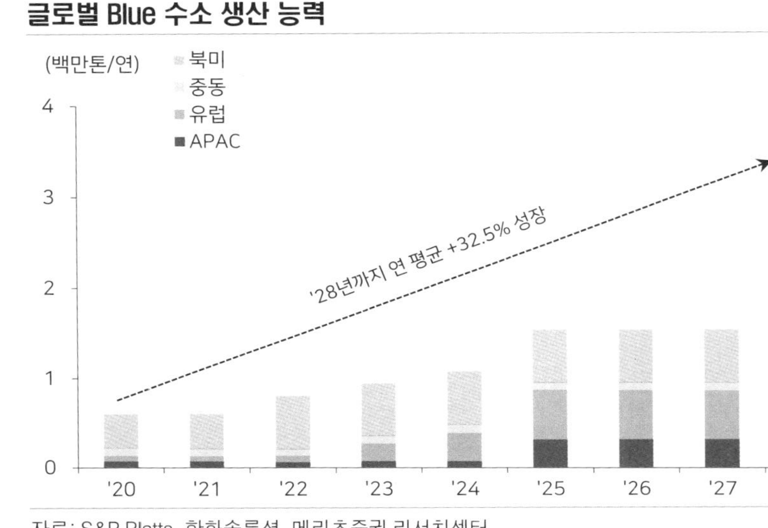

자료: S&P Platts, 한화솔루션, 메리츠증권 리서치센터

생산 방식별 수소 가격 비교

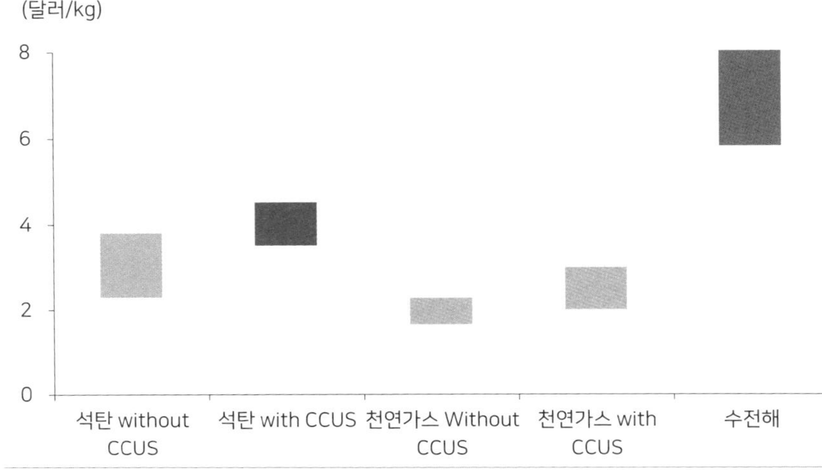

자료: Energypost, 메리츠증권 리서치센터

Blue수소는 Green수소 개발의 중간 단계

관련 기업
한국가스공사, SK가스, E1, 경동도시가스

- 국내의 경우 CCS를 활용한 Blue 수소 생산은 경제성 열위
  1) 포집된 CO_2의 수요처가 적고, 저장공간 또한 부족한 단점
  2) CO_2를 포집해 저장하는 비용(5만원) 대비 탄소 배출권(3만원 안팎)의 가격이 저렴
- 2040년 정부의 수소 목표 가격을 맞추기 위해 추출 수요 사용 비중 확대 필요
- 그러나 수소 경제의 친환경적 가치 고려 시 국내 수소 경제의 지향점은 탄소 배출이 '0'인 Green수소
  : 화석 연료 기반 추출 수소를 사용할 경우 탄소 배출량 저감 효과 미미

국내 수전해 및 추출 수소 가격 비교

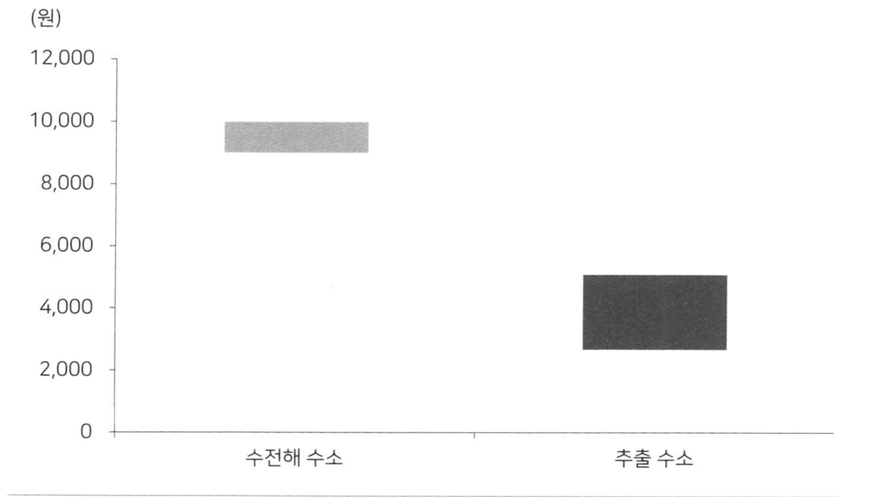

자료: 언론 종합, 메리츠증권 리서치센터

생산 방식별 수소 가격 비교

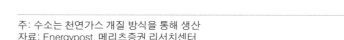

현대 아반떼		현대 넥쏘	
1.5만km 주행 시 CO_2 배출량(kg)	1,620	수소 1kg 생산시 CO_2 배출량(kg) ⓐ	8.6
		필요한 수소량(kg) ⓑ	158.25
		1.5만km 주행 시 CO_2 배출량(kg) (ⓐ × ⓑ)	1,360.9

주: 수소는 천연가스 개질 방식을 통해 생산
자료: Energypost, 메리츠증권 리서치센터

Green수소 생산: 수전해 공법

CO_2 Free의 이상적인 수소 생산 공법

- 수전해(물 전기분해) 방식은 물의 이온화에 활용되는 전해질(Electrolyzer)에 전력을 공급하여 물을 수소와 산소로 분해하는 기술
- 전해질의 종류에 따라 알칼라인(Alkaline), 고분자 전해질막(PEM), 고체산화물(SOEC) 수전해로 구분 현재까지는 알칼라인 수전해 공법이 상용화 중
- 현재 상업화된 공법은 알카라인 수전해, 향후 PEM을 거쳐 SOEC 공법이 대세가 될 전망

수전해 공법별 비교

	알칼라인	PEM	SOEC
에너지 효율	Low	Mid	High
전력효율	Low	Mid	High
설비 소형화	Low	High	Mid
설비 대형화	Mid	Mid	Mid
유지/보수 부담	Low	Low	Mid
장점	단순한 구조 / 특별한 물질 불필요	비부식성 전해질, 단순한 설계 디자인	100% 효율 기대, 액체흐름 분포 문제가 없음, 비부식성 전해질
단점	저효율, 낮은 전류밀도, 부식성 전해질	이온교환막, 귀금속 촉매 가격부담	고온 운전으로 구성 재료와 조립에 문제, 고온의 열원이 필요
비고	단기 상업화 가능성 높음	저가의 막과 촉매 개발 필요	기초 개발 단계, 저가 재료와 조립기술 개발 필요
기술 현황		전해조 가격 저감, 고효율 고분자 전해질막 제조	고온 내열성 재료 개발, 저가 전해질 개발
단계	상업화	실증 중	기초 연구

자료: 에너지경제연구원, 메리츠증권 리서치센터

수전해 공법: (1) 알칼라인

국내 한화솔루션이 알칼라인 수전해 공법으로 수소 생산

- 현재 기술 상용화가 가장 많이 진척된 공법으로 국내 한화솔루션이 2022년 알칼라인 수전해 공법으로 수소 생산 계획
- 알칼리 전해액을 이용하여 물을 전기분해하는 방법
  - **음극** (Cathode): $2H_2O + 2e^- \rightarrow H_2 + 2OH^-$
  - **양극** (Anode): $H_2O \rightarrow 2H^+ + 2e^- + \frac{1}{2}O_2$
- 알칼라인 수전해의 전기분해 장치는 단극식과 양극식
  단극식: 전극을 평형으로 연결하여 유지보수가 용이하나 낮은 효율성은 단점
  양극식: 분리막과 전극을 적층으로 구성, 높은 전압/밀도에서 이동 가능

알칼라인 수전해 원가 비중

알칼라인 수전해 원가 비중	
Stack	50%
Balance of Plant	20%
Gas Conditioning	15%
Power Electronics	15%

자료: Energypost, 메리츠증권 리서치센터

단극식 및 양극식 모식도

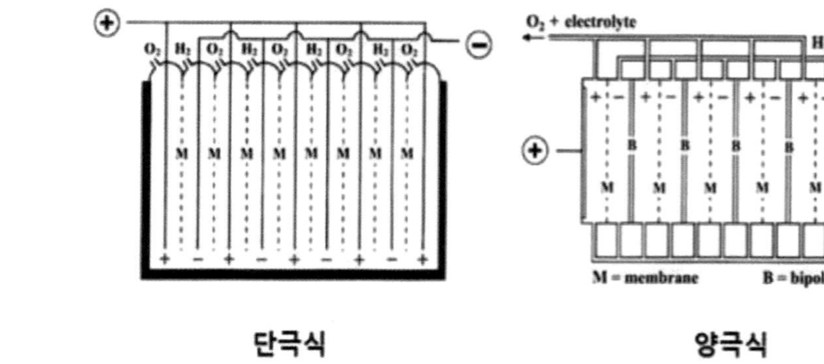

자료: Santos

수전해 공법: (2) PEM

실증 작업 중

- PEM 수전해는 이온전도성 고분자 전해질막을 전해질로 이용하여 물을 전기 분해하는 방식

  음극 : $2H^{+} + 2e^{-} \Rightarrow H_2$
  양극 : $2H_2O \Rightarrow O_2 + 4H^{+} + 4e^{-}$

- PEM은 유지보수가 용이하여 소형 수전해 시스템에 최적화, 현재는 실증 작업 중

PEM 수전해 장치 스펙

국가	회사	수소 생산 용량 (kg/h)	전력소비량 (kWh/kg)
캐나다	Hydrogenics	56.2	30MW: 75% HHV 2.5MW: 78% HHV 2.0MW: 80% HHV
독일	Siemens	100~2,000	~75%
미국	Proton OnSite	37.6	59

자료: Energypost, 메리츠증권 리서치센터

수전해 공법: (3) SOEC

미래의 수전해 기술

- 고체산화물 수전해는 800°C 이상의 고온 수증기를 전기분해하여 수소를 생산하는 방법
  전력 사용량은 적으나 고온 유지를 위한 가열은 필요
  음극(Cathode): $H_2O + 2e^- \Rightarrow H_2(gas) + O_2^-$
  양극(Anode): $O_2^- \Rightarrow \frac{1}{2}O_2(gas) + 2e^-$
- SOEC(Solide Oxide Electrolyzer Cell) 공법은 수소 생산에 필요한 전력(에너지)이 가장 적게 소모되어 효율성이 높은 편
  수소 제조원가가 가장 낮아 미래의 수전해 기술로 부각 중

EU의 고체산화물 수전해 기술개발 프로젝트

프로젝트	내용	기간	국가	단계
ADEL	SOEC 셀/스택 기초연구 및 재생에너지 연계 실증	2011~2013	스위스, 덴마크	기초/실증
HELMETh	신재생에너지를 활용한 SOEC와 메탄화 기술 통합 모듈 개발	2014~2017	독일	실증
SOPHIA	태양광 SOEC 통합 P2G 시스템 개발	2014~2017	네덜란드	기초/실증
SElySOs	SOEC 셀 성능 개선	2015~2019	그리스	기초연구
GrinHy	P2G 통합 시스템 실증	2016~2019	독일	기초/실증
ECO	SOEC 셀 성능 향상	2016~2019	덴마크	기초연구
REFLEX	P2G 모듈 개발/실증	2018~2020	프랑스	기초/실증

자료: Energypost, 메리츠증권 리서치센터

한국 정부의 수전해 기술 개발 지원 계획

태양광/풍력과 P2G 육성 계획

- 한국 정부는 2022년까지 MW급 수전해 수소 개발을 지원할 계획
  100MW급 재생에너지 발전과 연계한 Green수소 대량 생산의 실증 작업 계획
- 2022년까지 수전해 효율 70%로 향상을 위한 경제성 개발 지원
- 태양광 등 재생에너지 단지에서 수소 대량 생산을 지원할 계획

정부의 재생에너지 연계 수전해 기술 로드맵

단계 구분	시기	내용
1단계	2019~2021	▪ 수전해 및 제어기술 개발 ▪ 전력/가스 등 그리드 연계
2단계	2022~2023	MW급 실증 플랜트 구축과 운영 (1,000시간)

자료: 산업통상자원부, 메리츠증권 리서치센터

한국 정부의 수전해 효율성 향상 및 경제성 확보를 위한 기술 개발 추진

시기	과제
~2022	▪ 대용량 알칼리 수전해 기술(단일스택 기준 15kg-H2/h 이상) 확보 ▪ 고분자전해질 수전해 기술(단일스택 기준 15kg-H2/h 이상) 실증
~2025	▪ 수전해시스템 전력소비량 50kWh-H2 이하 달성 ▪ 수전해 기반 수소 생산 플랜트 상용화 및 국산화
2025~	▪ 수전해시스템 전력소비량 43kWh/kg 수준 달성

자료: Energypost, 메리츠증권 리서치센터

Green 수소 활성화에는 신재생 에너지원 확대 필요

신재생에너지 발전단가 하락으로 Green수소 이동 가속화

- Green수소의 생산 단가 하락 전망: 신재생에너지 투자확대/발전단가 하락
  신재생에너지는 고정비용 외 비용 발생 여지가 없어 규모의 경제 시현 가능
- Green수소 생산에 가장 근접한 신재생에너지는 태양광과 풍력 발전
  발전단가는 2009~2019년 태양광 총 -89% 하락, 육상풍력은 동기간 -70% 하락
- 2030년 Green수소의 가격 경쟁력이 부각될 시점으로 판단
  (1) EU는 2020년 현재의 수전해수소 가격 2.5~5.5유로/kg, 2030년 1.25~2.75유로/kg
  → 개질수소 수준으로 하락 전망
  (2) BNEF는 Green수소 가격이 2030년 1.33달러/kg, 2050년 0.76달러/kg로 하락
  → 개질수소 가격 (1.92~2.5달러/kg) 대비 Green 수소의 가격 경쟁력을 전망

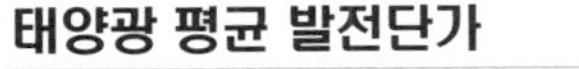
태양광 평균 발전단가

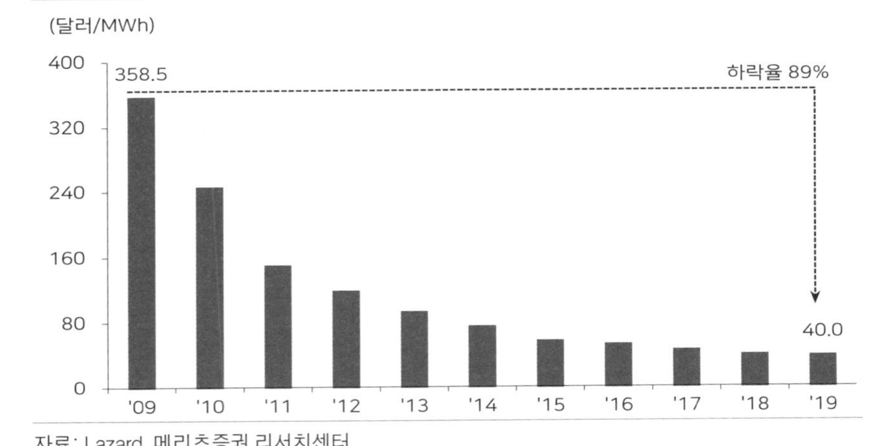

자료: Lazard, 메리츠증권 리서치센터

육상풍력 평균 발전단가

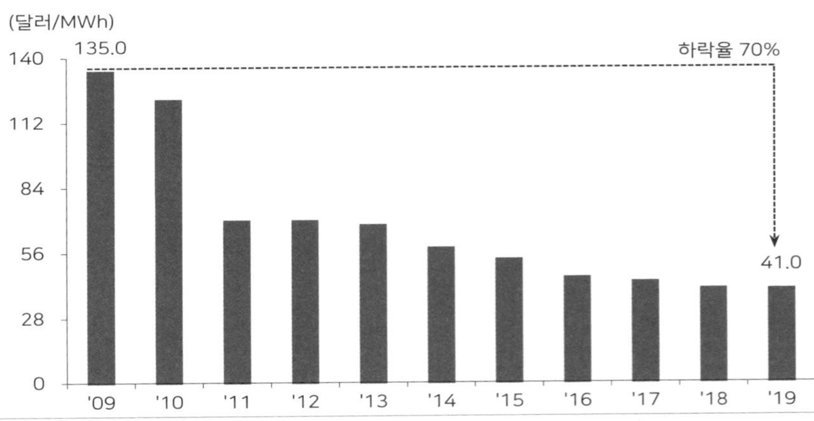

자료: Lazard, 메리츠증권 리서치센터

수전해 공법은 현재 알칼라인에서 PEM으로 이동 중

수전해 공법 전제조건

1) 고효율 시스템
2) 신재생 에너지를 활용한 저가 전력 공급 가능 여부

- 수전해 비용 구조는 전력비용 80%, 설비투자 15%, 기타 운영비용 5%
  → 전력 비용 하향이 수익성 확보에 핵심
- 수전해 공법 사용화 전제 조건은 1) 고효율 시스템, 2) 신재생 에너지원으로 저가 전력 공급 가능 여부
- 수전해 설비 대형화 움직임으로 단위 투자 규모 증가 시 CAPEX 절감효과가 큰 PEM 공법으로 기술 개발 비중 확대 중: '15~19년 PEM 수전해 설비가 90% 비중을 차지함
- 알칼라인 수전해는 스택을 1개 → 20개 증가 시 CAPEX 절감 효과 20%
  PEM 수전해는 스택을 1개 → 6개로 증가 시 CAPEX 절감 효과 40%

수전해 기반 수소 생산 원가 비중

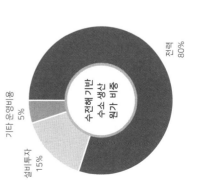

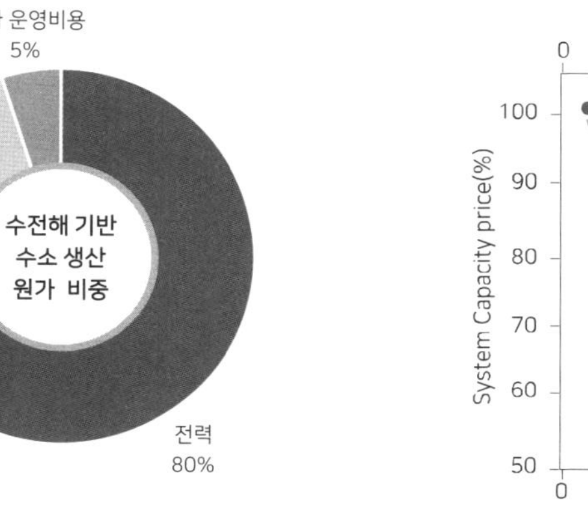

자료: IRENA, 메리츠증권 리서치센터

알칼라인 방식의 Capex 변화

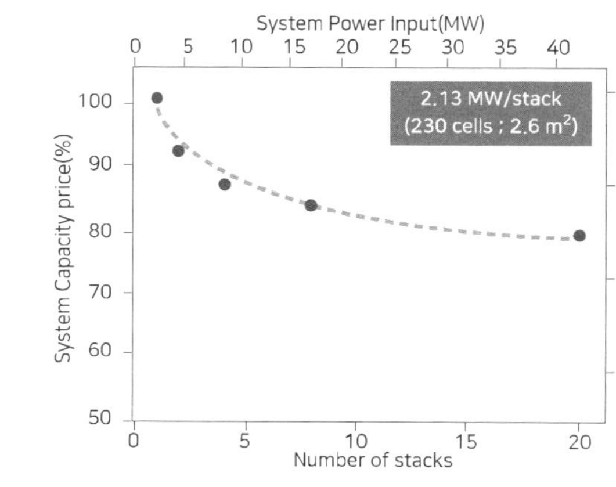

자료: IRENA, 메리츠증권 리서치센터

PEM 방식의 Capex 변화

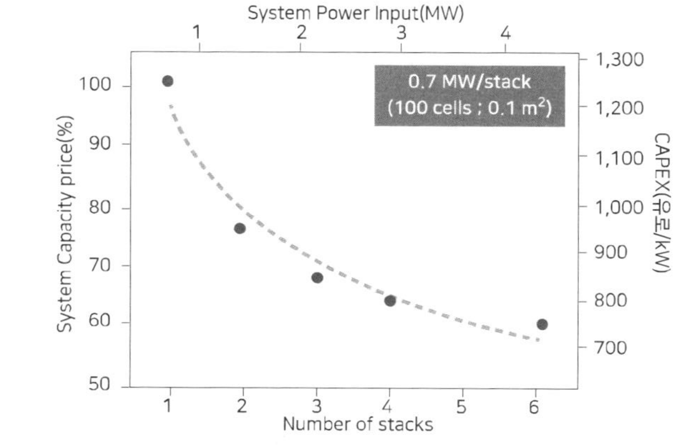

자료: IRENA, 메리츠증권 리서치센터

Part IV

수소 Midstream

수소의 다양한 저장 및 운송 기술

수소의 상태와 수요처 거리에 따라 다양한 운송 및 저장 방식을 활용

- 수소는 상태에 따라 크게 기체, 액체로 액체는 다시 액화와 액상 형태로 구분
- 수소의 상태와 도달거리에 따라 선박, 트럭, 파이프라인 등 효율적인 운송 방식을 활용

수소 운송, 유통, 저장 밸류체인

Collection	Transmission	Distribution	Demand
Pipeline ★	LNG Ship ★★★	Pipeline ★★	Industry ★★
Truck ★	Truck ★★★★	Truck ★★★★	Buildings ★
	Pipeline ★★		Transport ★
	Conversion & Reconversion (at appropriate points along value chain)	Storage	Power Generation ★★
	Liquefaction / Regasification	Storage Tanks	
	Chemical Conversion / Reconversion	Geological Storage	

★ Hydrogen gas
★ Liquid Hydrogen
★ Ammonia
★ LOHC

주: LOHC(Liquid Organic Hydrogen Carrier): 액상 유기물 수소 저장체
자료: IEA, 메리츠증권 리서치센터

수소 운송 방식 분류

수소 운송 상태		운송 방식	적합한 운송 조건
기체운송		배관	▪ 소규모, 단거리에 대해 연속 공급할 경우 ▪ 대규모, 장거리에 대해 연속 공급할 경우
		튜브 트레일러	▪ 중 · 소규모, 중 · 장거리에 간헐적 공급할 경우
액체운송	액화	탱크로리	▪ 액화 제조 및 저장 시설과 연계될 경우 ▪ 중 · 대규모, 중 · 장거리에 공급할 경우
	액상	탱크로리	▪ 액상 물질(암모니아, LOHC 등) 제조 시설과 연계될 경우 ▪ 중 · 대규모, 중 · 장거리에 공급할 경우

자료: 고등기술연구원, 메리츠증권 리서치센터

수소 저장 방식에 따른 운송비용 절감 방안

수소의 효율적인 저장 및 운송 방식은 '액화수소'

- 수소는 단위 질량당 에너지밀도는 가장 높으나 단위 부피당 에너지 밀도는 가솔린의 ¼수준으로 낮음
- 수소의 효율적인 저장 및 운송은 중량당 에너지 밀도, 부피당 에너지 밀도가 높은 액화수소가 합리적
- 수소를 액화하기 위해서는 초저온 냉동기가 필요하여 설치 및 운영에 따르는 비용이 발생
- 또한 액화수소는 초저온 단열 이송 · 저장 · 촉매 기술 등의 확보가 필요
- 이와 더불어 암모니아, LOHC 등을 활용한 액상 기술도 개발 및 검증 단계

수소의 에너지 밀도

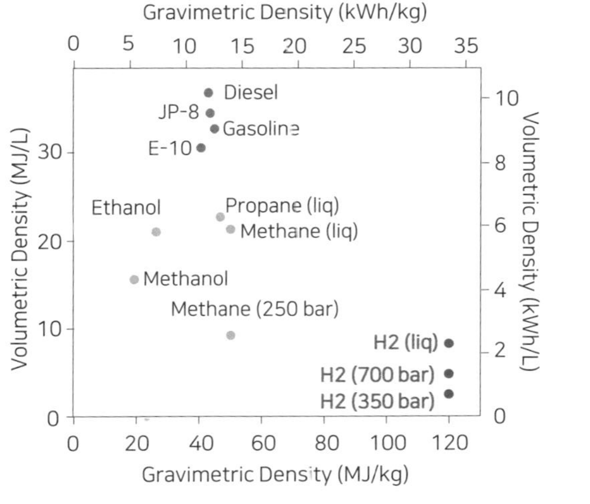

자료: USDRIVE, 메리츠증권 리서치센터

수소 운송방법에 따른 용량

수소 운송방법	H_2 (kg)
튜브트레일러 용량범위	106~295
일반적인 튜브트레일러 용량	165
액화수소 탱크로리 용량 범위	2,363~4,253
일반적인 액화수소 탱크로리 용량	2,836

자료: 에너지경제연구원, 메리츠증권 리서치센터

수소 운송방법에 따른 비용

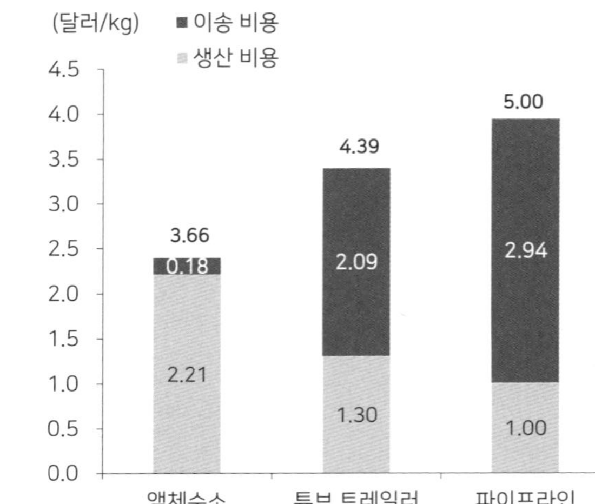

자료: 자기냉각 액화물질 융합연구단, 메리츠증권 리서치센터

수소 에너지밀도 향상을 위한 국내 저장 기술 현황

수소 저장의 핵심은 체적 에너지밀도 향상

- 국내는 Type1(200 bar) 수준의 고압기체 수소를 저장 및 운송하는 방식 상용화
- Type4(700 bar)는 수소연료전지차에 적용. Type1에 비해 70% 가벼움
- 액화 및 액상 저장 방식은 초기 개발 단계 수준

고압기체 수소 저장용기 Type별 구분

종류	형태	압력 (bar)	구조
Type1	금속 재질 (스틸, 알루미늄)	200	용기 전체가 금속재질 라이너로 구성
Type2	금속 재질 라이너 (스틸, 알루미늄) / 유리(탄소)섬유 복합재료 보강 (몸통 부분만 보강)	300	금속재질 라이너에 유리섬유 복합재료를 보강
Type3	알루미늄 라이너 / 탄소섬유 복합재료 보강 (전체보강)	400	알루미늄 라이너 전체에 탄소섬유 복합재료를 보강한 형태
Type4	비금속 라이너 / 금속 노출 / 탄소섬유 복합재료 보강 (전체보강)	700	플라스틱과 같은 비금속 라이너에 탄소섬유 복합재료로 용기 전체를 보강한 형태

자료: 한화솔루션, 메리츠증권 리서치센터

수소 저장 방식별 비교

구분	고압기체	액화	액상(암모니아)
특징	수소기체를 고압으로 압축	극저온 상태로 수소를 액체화	암모니아(NH_3) 등 화합물 형태로 액상 저장
저장조건	700기압	-253℃	-33.4℃
수소저장 (wt.%)	100	100	17.8
저장밀도 (kg/㎥)	39.6	70.8	120
운송방식	튜브 트레일러	탱크로리, 수소선박 등	기존 가솔린(디젤) 인프라, 선박 등
장점	▪ 기존 인프라 활용 ▪ 고순도 수소 저장	▪ 고가 압축기 불필요 ▪ 고순도의 수소 저장 및 대용량 운송 가능	▪ 기존 암모니아 인프라 활용 가능 ▪ 일반 압력용기 저장 가능 ▪ 직접 연료로 사용 가능
단점	▪ 고압 저장에 에너지 소모 大 ▪ 낮은 에너지 저장 밀도	▪ 액화에 에너지 소모 大 ▪ 장기간 저장 및 기화가스 제어 어려움 ▪ 액화플랜트 설치비용 大	▪ 수소 발생에 에너지가 필요 ▪ 유독 · 폭발 · 부식성이 있음 ▪ 액화플랜트 설치비용 大

자료: 수소경제 활성화 로드맵, 메리츠증권 리서치센터

수소 경제 활성화: 수소 운송 'Midstream' 방법론

수소 운송비용 비중
2030년 12%
2040년 17%

- 전력 비용 하락과 수소 생산 단가 하락은 필연적, 반면 수소 운송 비용 하락폭은 미미할 전망
- 한국 정부의 수소경제로드맵 상 2040년 수소 충전 가격은 3천원/kg, 평균 운송/저장 비용은 500원 총 원가에서 운송/저장이 차지하는 비중은 2030년 12%, 2040년 16.7%
- Wood Mackenzie는 2030년까지 수소 운송비용 2.1~2.3$/kg 전망
- 수소 생산 단가 보다 효율성/경제성이 높은 운송 방법 모색 필요

Green수소 생산단가와 운송비용

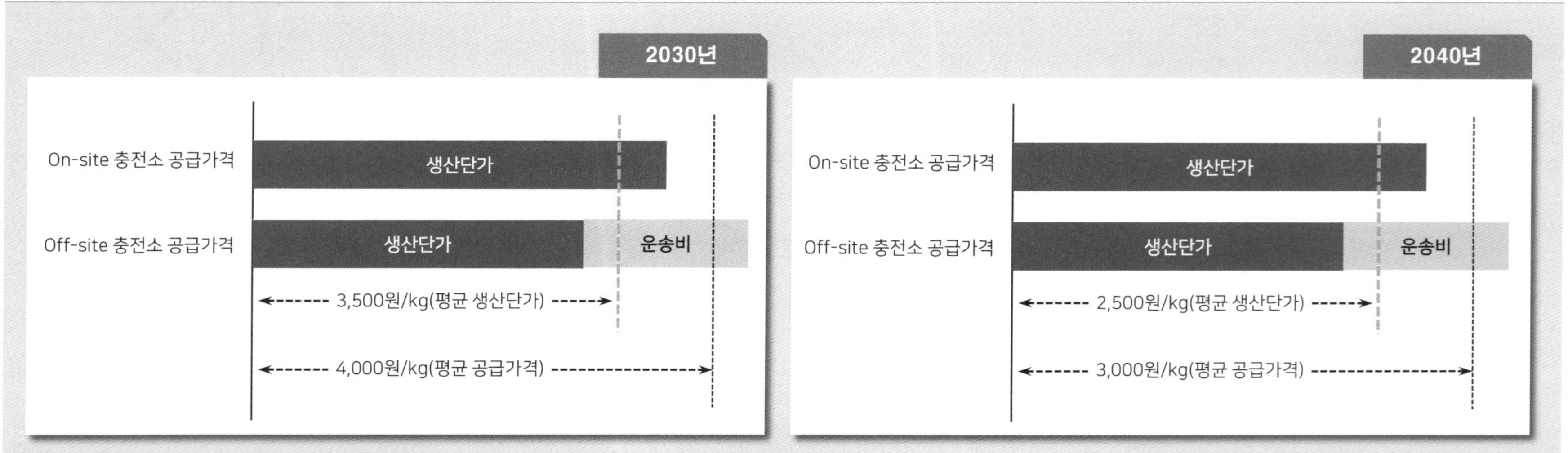

자료: 산업통상자원부, 메리츠증권 리서치센터

수소 운송의 Midstream: 암모니아

암모니아, 수소 에너지 Carrier로 가장 가능성이 높아

- 암모니아(NH_3)는 질소(N)에 수소 원자 3개가 결합된 화합물이며 촉매분해장치에서 6~9bar 가압과 열 450~600°C의 가열으로 질소와 수소, 미량의 암모니아로 분해
- 암모니아는 수소 에너지 Carrier로 가장 가능성이 높은 물질
  ① 분해/합성하는 과정에서 신재생에너지 활용 시 CO_2 배출없는 친환경 수소 생산 공법
  ② 암모니아 분해는 수전해 대비 수소 생산 효율성이 높음
  1) 필요전압이 낮음(암모니아 0.077V / 수전해 1.23V), 2) 3.8배 빠른 반응 속도
  ③ 암모니아는 상대적으로 끓는 점이 낮고(-33°C), 기존 운송 인프라 사용 가능한 장점 보유
  ④ 수소를 액상 암모니아 형태의 화합물로 변환시키면 대용량의 장거리 운송이 가능한 장점
- 국내 암모니아 기업은 원익머트리얼즈, 롯데정밀화학, 휴켐스, 남해화학/ 해외 AirProduct(APD US)

암모니아를 활용한 수소 생산

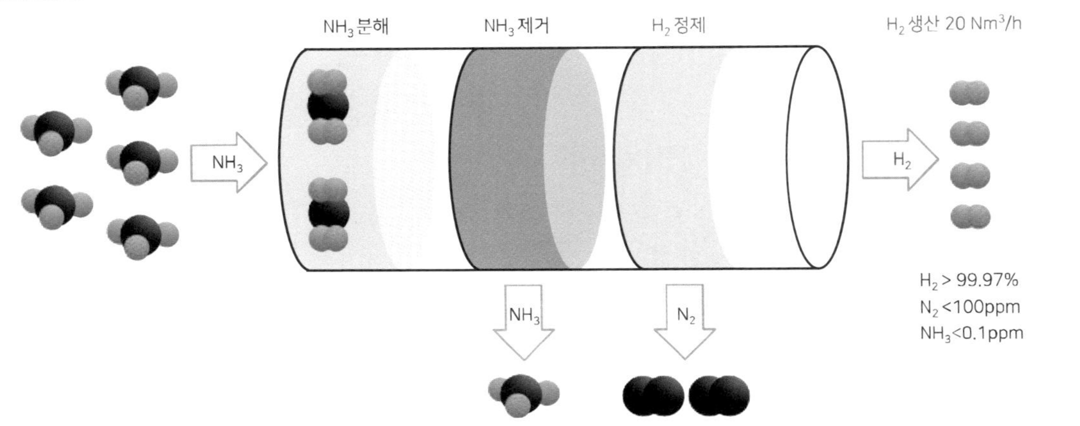

자료: H2KOREA, 메리츠증권 리서치센터

수소 운송 방법 비교

		암모니아	액화수소	LOHC
탱크용량		High	High	High
이동 수단	선박	High	Low	High
	파이프라인	High	High	High
	상용차	High	High	High
위험성		인화 및 독성	인화	톨루엔의 인화 및 독성
컨버젼		High	High	Mid

자료: IRENA, 메리츠증권 리서치센터

수소 운송의 Midstream: 액체유기수소화합물(LOHC)

국내는 한국가스공사가 '17년부터 유기용매 연구개발 착수

- LOHC 분해를 통한 수소 생산은 MCH 등 유기 용매에서 수소를 분리 추출
- 이에 사용된 톨루엔은 수소화 반응으로 수소에 첨가하면 액체유기수소화합물이 되어 수소의 이동/저장의 매체로 작용
  → 장점은 상온에서 안정한 액체로 장기보관 가능, 무게/부피 대비 수소저장용량이 높은 편
- 일본은 MCH-톨루엔 상호 전환 주기를 활용하여 수소의 저장/운송 기술 개발 중
- 국내는 한국가스공사가 2017년부터 유기 용매 관련 연구개발을 착수

수소 운송 Midstream

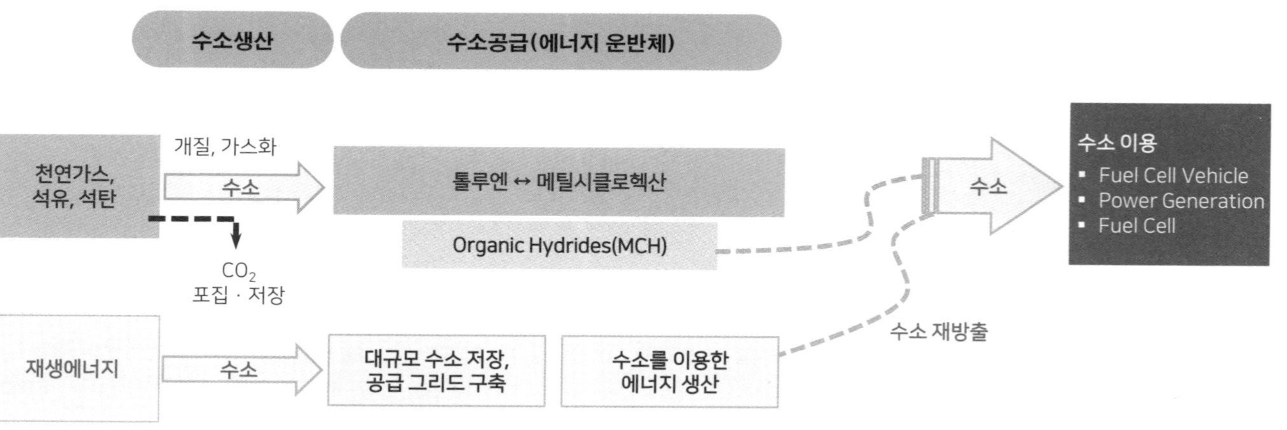

자료: H2KOREA, 메리츠증권 리서치센터

대규모 수소 공급을 위한 해외 수입(일본 사례)

『HySTRA』
액화수소 해외수입 프로젝트

- 일본의 해외 생산 수소 도입 프로젝트 'HySTRA'
- 호주의 갈탄을 이용하여 수소 생산, 저장, 운송으로 이어지는 그린수소 서플라이 체인 구축
- J-Power: 갈탄이 매장된 호주 현지에서 수소를 추출할 수 있는 가스화 플랜트 구축
- Iwatani: 생산된 수소를 배관을 통해 부두로 이송한 뒤 액화하여 대규모 탱크에 저장
- Shell Japan, Iwatani: 수입 및 유통
- Kawasaki: 저장된 수소를 일본으로 운송할 액화수소 운반선 건조

일본의 해외 생산 수소 수입 프로젝트 HySTRA

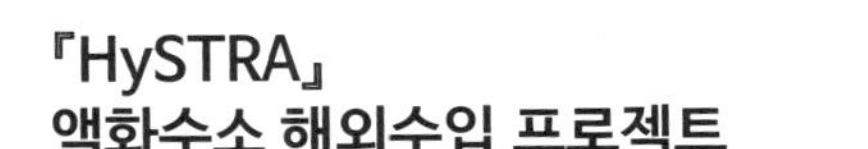
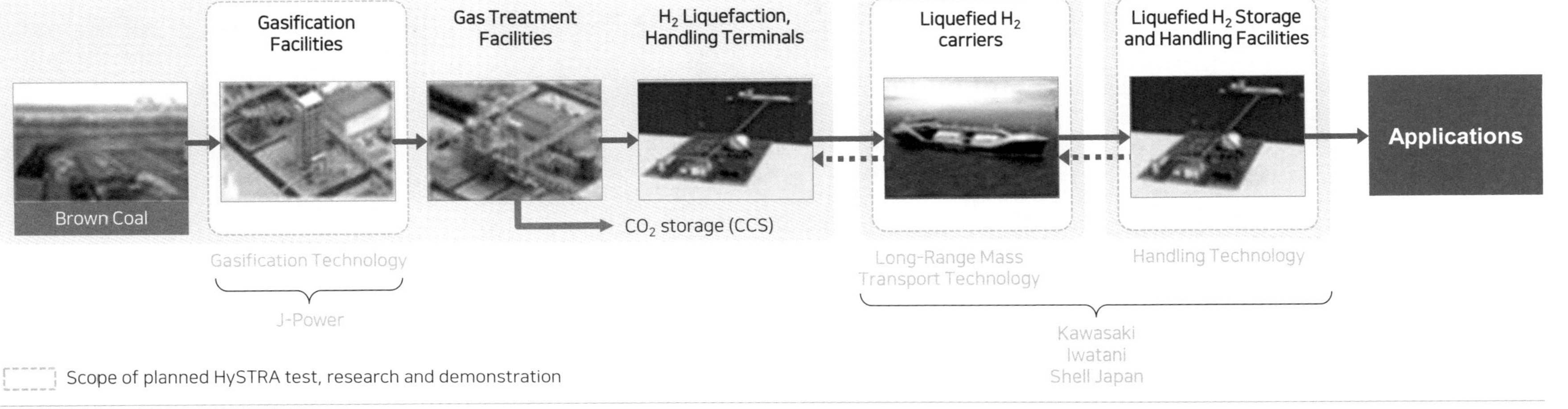
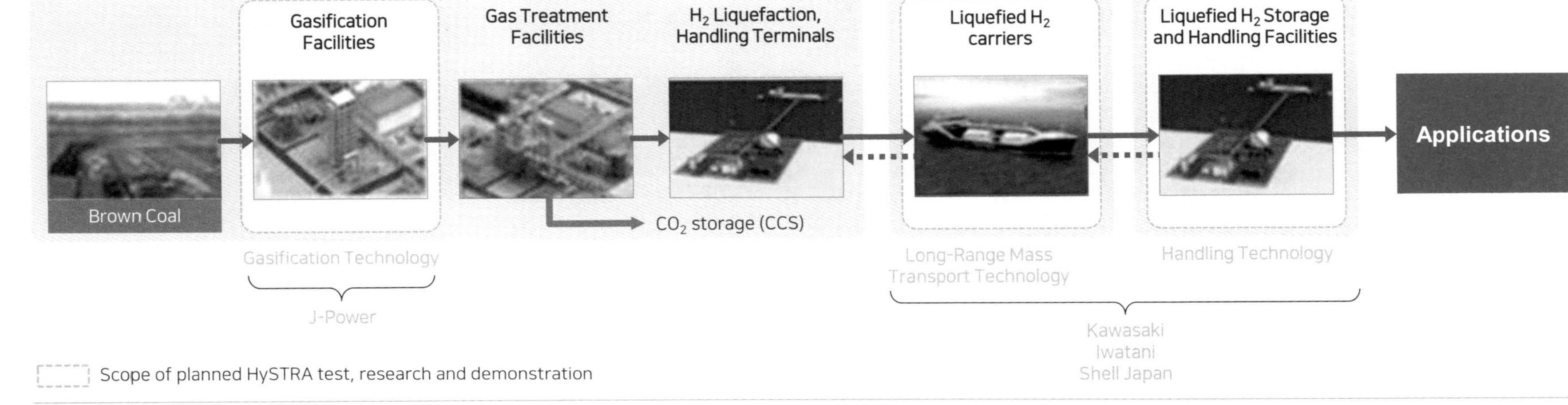

자료: Kawasaki, 메리츠증권 리서치센터

수소 운송비의 절감을 위한 저장 및 운송 방식 다변화

운송 1회당 운송 용량의 증가로 비용 절감

- 수소의 운송 1회당 운송 용량의 증가로 비용 절감이 가능 → 대용량 운송방식의 개발 및 상용화가 필요
- 수소 산업 국면별 수소 운송 방안
  - 초기: 배관 및 튜브트레일러(Type1)로 부생수소를 공급
  - 성장기: 배관 및 튜브트레일러(Type4), 탱크로리로 부생+추출+액체수소를 공급
  - 성숙기: 해외 Green수소 도입을 위해 액화수소선박을 활용

운송 용량에 따른 비용 비교

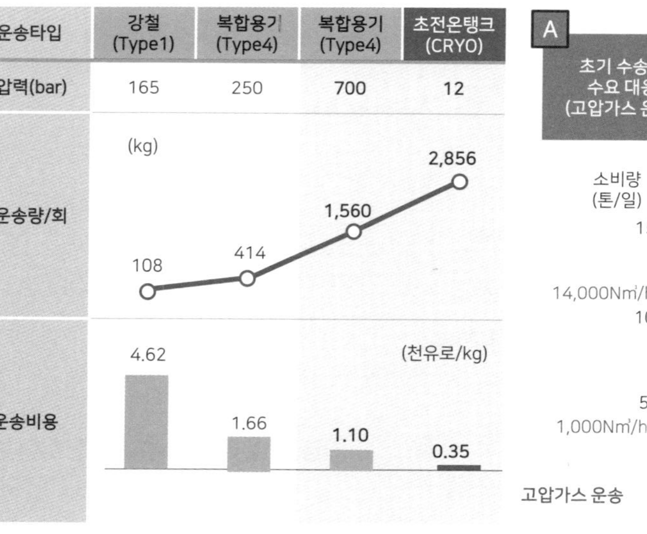

운송타입	강철 (Type1)	복합용기 (Type4)	복합용기 (Type4)	초전온탱크 (CRYO)
압력(bar)	165	250	700	12
운송량/회 (kg)	108	414	1,560	2,856
운송비용 (천유로/kg)	4.62	1.66	1.10	0.35

자료: H2KOREA, 메리츠증권 리서치센터

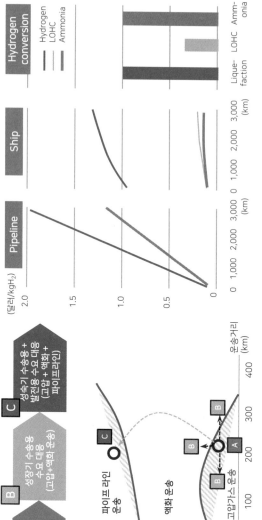

운송 용량 및 거리에 따른 최적운송 방식

A 초기 수송용 수요 대응 (고압가스 운송)
B 성장기 수송용 수요 대응 (고압+액화 운송)
C 성숙기 수송용 + 발전용 수요 대응 (고압 + 액화 + 파이프라인)

소비량 (톤/일) 15 10 5
14,000Nm³/h
1,000Nm³/h
파이프 라인 운송
액화 운송
고압가스 운송
운송거리 (km) 100 200 300 400

자료: H2KOREA, 메리츠증권 리서치센터

수소 운송 방식(파이프라인, 선박) 및 액체수소 전환 비용 비교

(달러/kgH_2) 2.0 1.5 1.0 0.5 0
Pipeline
Ship
Hydrogen conversion
Hydrogen
LOHC
Ammonia
0 1,000 2,000 3,000 (km)
0 1,000 2,000 3,000 (km)
Liquefaction LOHC Ammonia

주: 파이프라인 운반 수소는 기체 상태, 선박은 액체 상태 운송과 저장 비용 포함, 전환비용과 유통비용은 제외
자료: IEA, 메리츠증권 리서치센터

안정적 · 경제성 있는 수소 유통 체계 확립: 유통 전담기관 구축

『한국가스공사』 수소 유통전담기관을 수행

- 수소의 수요와 경제성이 확보되기 위해서는 대규모 수소의 공급으로 규모의 경제 시현, 저장 방식의 기술 향상과 규제 완화로 수소의 적정 가격 설정을 추진
- 단기적으로 천연가스 배관망 및 튜브트레일러를 이용
- 중기적으로 상용화 및 검증된 대형 수소추출기를 설치하여 수소생산기지를 구축하여 수요에 대응
- 장기적으로 재생에너지를 활용한 수전해 수소를 생산 및 해외에서 생산된 수소를 수입하는 전략

수소법 제34조에 따른 수소 유통 전담기관 주요 역할 및 수행 사업

구분	내용
주요 역할	▪ 수소경제 활성화를 위한 수소의 유통체계 확립, 수소의 거래 및 수소의 적정가격 유지 등에 관한 업무를 지원
수행 사업	▪ 수소의 유통 및 거래에 관한 업무 ▪ 수소의 적정 가격유지에 관한 업무 ▪ 수소의 수급관리에 관한 업무 ▪ 수소의 공정한 유통질서 확립을 위한 감시 · 점검 · 지도 및 홍보 ▪ 수소의 생산설비 및 충전소 등 이용설비 운영정보의 수집 · 제공 등

자료: 산업통산자원부, 메리츠증권 리서치센터

수소 유통 전담기관 주요 사업 계획

분류	내용
수소의 수급관리 및 유통질서 확립체계 구축	▪ 수소 생산량 및 지역별 수요예측을 통한 중장기 수급계획 수립 ▪ 부생수소, 추출수소, 수전해 수소 등 생산방식별 포트폴리오 분석 · 전망 및 중장기 수소 생산 · 공급 방식 다양화(액화 · 배관) 전략 등 ▪ 수소의 정량미달 판매 점검 및 정당한 사유없는 수소의 생산 감축 행위 감시 · 지도 등 공정한 유통질서 확립체계 구축
수소충전소 운영지원 및 실시간 정보제공 시스템 구축 · 운영	▪ 수소충전소에 튜브트레일러를 지원하여 수소의 운송비용 절감을 유도하고, 이를 통해 수소의 가격인하 도모 ▪ 울산 등 부생수소 공급지 기준으로 운송비용 추가 발생(예: 울산 7,00원, 안성 8,80원) ▪ 수소충전소 운영현황 · 가격정보 등 실시간 정보제공 시스템 구축을 통해 수소차 이용고객의 편의성 향상 제고 ▪ 전용 어플리케이션 개발 및 내비게이션과 연계 등 모바일 서비스 제공
수소시장 발전단계별 수소시장 모델 구축 · 운영	▪ 현행 수소의 유통구조 및 석유 · 전력 등 유사 에너지원과의 비교 분석을 통한 수소시장 운영 모델 개발 ▪ 합리적인 수소 거래가 이루어질 수 있도록 전자상거래 등의 플랫폼을 구축하여 수소 거래시장의 투명성 제고 ▪ 수소 생산자 · 유통사업자 · 충전소 사업자 · 정부 등 다양한 이해관계자 의견을 수렴 · 반영하여, 단계별 수소시장 모델 확정 · 구축 추진 ▪ 수소시장 활성화를 위해 초기에는 시장참여자 다수가 합의 가능한 수준에서 가격 안정화에 중점을 두고, 향후 시장 발전상황에 따라 자율시장 모델로 운영 추진

자료: 산업통상자원부, 메리츠증권 리서치센터

기존 인프라 활용을 통한 수소 유통 체계 구축

전국 LNG 공급망을 활용한 수소 인프라 구축

- 초기 수소 시장은 수요가 충분치 않아 천연가스 추출수소를 핵심 공급원으로 사용
- 전국 LNG 공급망을 활용하여 추출을 통한 수소 생산과 기존 인프라를 통한 공급체계 구축
- 전국 4개 인수기지(인천, 평택, 삼척, 통영)와 정압관리소 142개소를 수소 생산 및 공급기지로 활용 가능
- 추출을 통한 수소 생산의 문제점은 CO_2 의 배출로 2030년 전체 수소 생산의 50%, 2040년 30% 수준까지 단계적으로 축소하는 방향

수소생산기지 구축 후보지

구분	LNG 인수기지	유인운영 정압관리소	도시가스
후보지	인천 평택 삼척 통영	서울 17 인천 · 경기 31 강원 14 충청 11 전북 12 광주 · 전남 16 대구 · 경북 20 부산 · 경남 21	수도권 7 충북 2 대전 · 충남 3 강원 5 광주 · 전남 7 대구 · 경북 5 부산 · 울산 · 경남 4 제주 1
개소	4	142	34

자료: 수소경제 활성화 로드맵, 메리츠증권 리서치센터

한국가스공사 수소사업 추진 로드맵

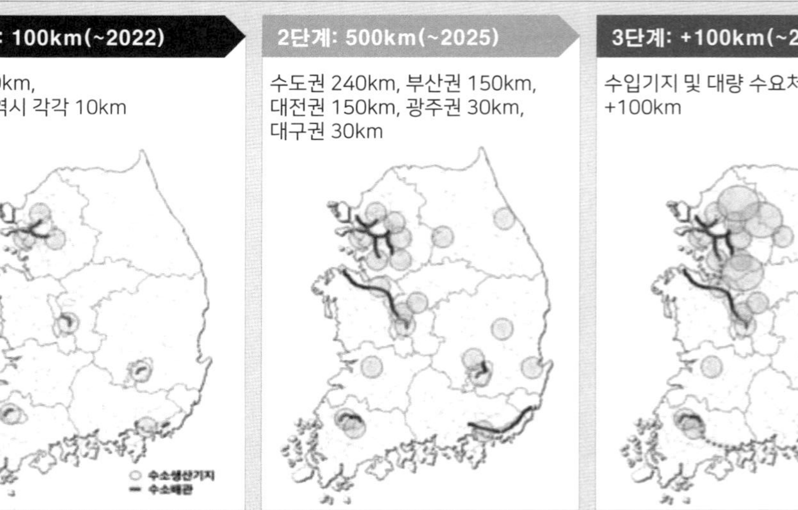

자료: 한국가스공사, 메리츠증권 리서치센터

Part V

수소 Downstream
① 수소 모빌리티 & 충전소

수소 'Downstream' ① 충전소

수소충전소:
수소차에 수소를 충전하는 곳

- 수소충전소의 구조는 수소공급장치, 압축장치, 저장장치, 충전장치, 운전장치로 구성
- 수소의 수급방식에 따라 Off-site(외부로부터 수소 공급), On-site(자체적으로 수소 생산) 방식으로 구분
- Off-site는 수소 생산지로부터 근거리에 구축, On-site는 생산지가 멀어 운송비용이 높은 현장에 구축

수소충전소 Value – Chain

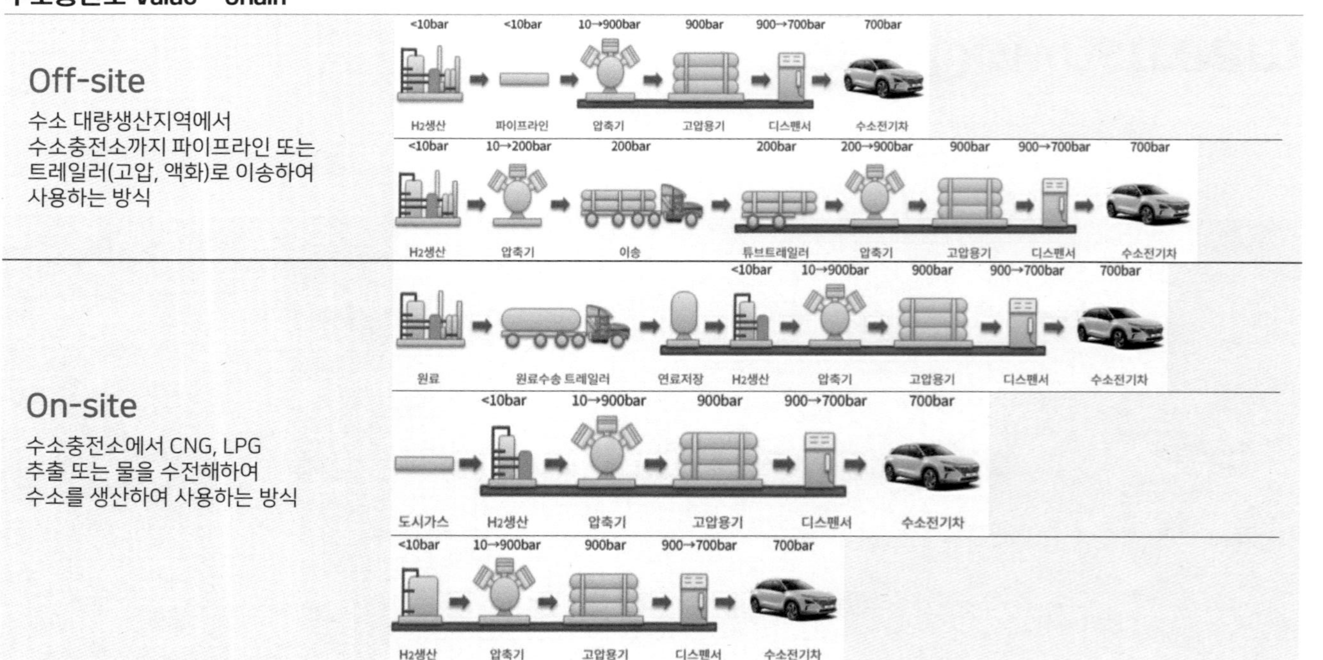

자료: HyNet, 메리츠증권 리서치센터

수소 'Downstream' ① 충전소

수소차 보급을 위해 충전소의 절대적인 규모가 필요

- 수소차 보급 확대에 요구되는 절대적·상대적 수소충전소 규모를 감안하여, 수소충전소를 2022년에는 310개소, 2040년에는 1,200개소 구축하는 것을 목표로 설정함
- 수소 생산 및 운송의 제약성 · 경제성을 고려하여 다양한 형태의 충전소 구축이 필요함
- 특히 시·도별 수소차 보급과 연계하여 도심지·고속도로 휴게소 등 교통망 거점 및 버스·택시 차고지 등에 수소충전소를 구축함

수소충전소 구축 로드맵

자료: 수소경제 활성화 로드맵, 메리츠증권 리서치센터

수소충전소의 경제성 확보 - 수소 모빌리티 보급 확대

2030년 수소충전소 1개소당 1,300대의 수소차 대응이 가능

- 수소충전소 운영의 경제성 확보를 위해서는 충전소 1개소당 평균적으로 대응 가능한 수소차의 보급이 뒷받침 되어야함
- 2018년 기준 국내 주유소 1개소는 약 1,800대 정도의 내연기관차(휘발유, 경유, 하이브리드차 등)에 연료를 제공함으로써 개별 주유소가 자생적으로 사업을 영위
- 2030년 수소 로드맵의 모빌리티 및 수소충전소의 보급 목표는 수소차 85만대, 수소충전소는 660개소로 충전소 1개소당 1,300대의 수소차 대응이 가능함

수송용 에너지 상대가격 비교

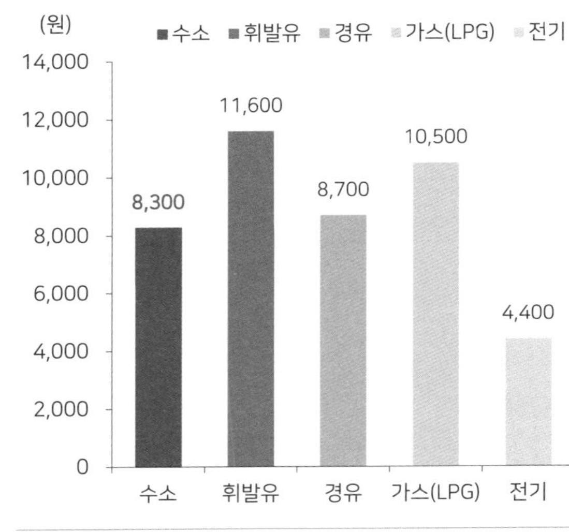

주: 100km 주행시 소비되는 연료비용
자료: 수소경제 활성화 로드맵, 메리츠증권 리서치센터

충전소 1개소당 충전 대응 차량대수(2018년 기준)

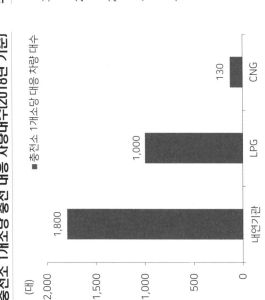

(대)
■충전소 1개소당 대응 차량 대수
2,000
1,500
1,000
500
0
1,800
1,000
130
내연기관
LPG
CNG

자료: 수소경제 활성화 로드맵, 메리츠증권 리서치센터

수소충전소 1개소당 대응 차량대수

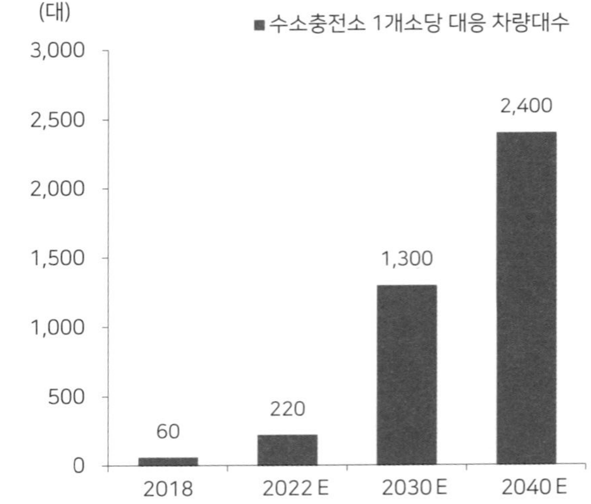

자료: 수소경제 활성화 로드맵, 메리츠증권 리서치센터

수소충전소의 경제성 확보 - 충전소 구축 방식과 대형화

수소충전소 구축 방식과 대형화로 구축 · 운영비용 감소

- 수소충전소는 Off-site(수소를 외부로부터 조달)와 On-site(수소를 충전소 내에서 직접 생산) 방식에 따라 구축비용이 약 26~56억원 정도 소요됨
- 수소충전소의 구축 방식 변경과 충전소 용량의 증가를 통해 구축 비용의 감소를 유도하는 방안으로 기술 개발을 진행하고 있음
- 수소충전소의 대형화를 위해 400~700bar 튜브트레일러나 액화수소 충전소 등 기술 개발 지원이 필요

수소충전소 구축 방식에 따른 비용 감소

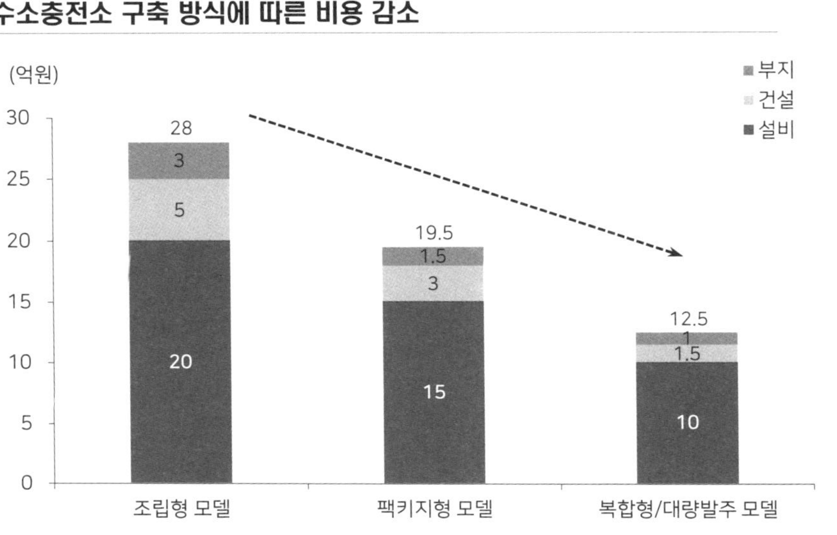

자료: H2KOREA, 메리츠증권 리서치센터

수소충전소 용량에 따른 수소가격

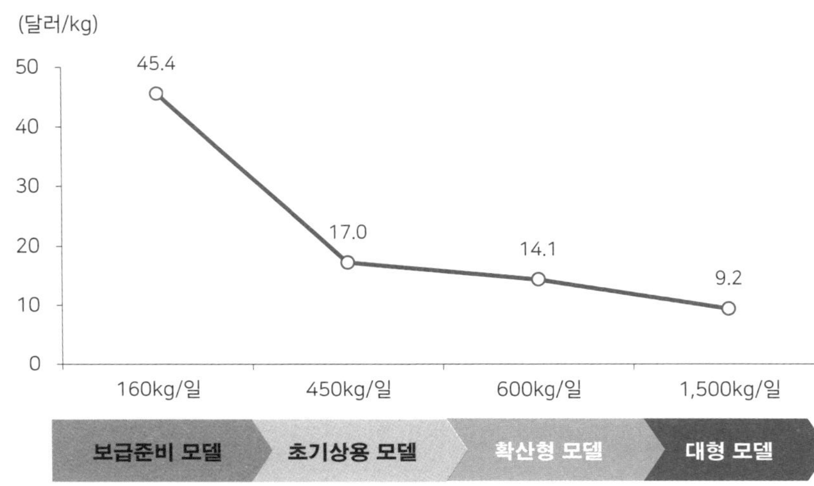

자료: H2KOREA, 메리츠증권 리서치센터

수소충전소 보급 확대를 위한 민관협의체 설립

수소충전소 민관협의체 『HyNet』, 『KoHygen』

- 수소충전소의 구축과 운영사업은 일정 수준의 수소차가 보급되기 이전까지 사업 영위가 어려워 구축 및 운영보조금 지급과 규제 완화의 조치가 필요
- 수소충전소 구축을 위해 민관협의체인 'HyNet(Hydrogen Network)'이 '19년 3월 출범에 이어 버스, 트럭 등 상용차용 수소충전소 구축을 위해 'KoHygen'을 '21년 2월 설립 계획
- 수소충전소의 정부 지원으로 환경부는 충전소 1개소당 구축비용의 50%(15억원 한도), 국토부는 고속도로 1기당 7.5억원을 지원

HyNet

구분	내용
설립일	2019년 3월 설립
설립목적	글로벌 수소경제를 선도하기 위한 수소전기차 산업 활성화
사업목표	전국적 공급망 구축, 수소 대중화 선도, 수소산업 발전지원, 수소기술 자립구축
참여사	넬코리아, 덕양, 범한퓨얼셀, 발맥스기술, 제이엔케이히터, 에어리퀴드코리아, 에코바이오홀딩스, 우드사이드, 코오롱인더스트리, 한국가스공사, 현대자동차, 효성중공업, SPG수소

자료: HyNet, 메리츠증권 리서치센터

KoHygen

구분	내용
설립일	2021년 2월 예정
설립목적	상용자동차용 수소충전소를 구축하고 운영
사업목표	2021년부터 10개의 기체 방식의 상용차 수소 충전소를 설치 2023년에는 액화수소방식의 수소충전소를 25개 이상 추가 설치
참여사	산업통상자원부, 환경부, 국토교통부, 부산광역시, 인천광역시, 울산광역시, 전라북도, 경상남도, 한국지역난방공사, 현대자동차, SK에너지, GS칼텍스, 현대오일뱅크, S-OIL, SK가스, E1

자료: KoHygen, 메리츠증권 리서치센터

프로젝트 수익성 분석 – 수소충전소

On-site 수소충전소 프로젝트의 IRR은 6.6%

Off-site 수소충전소 프로젝트의 IRR은 -3.0%

- On-Site 수소충전소 프로젝트의 IRR은 6.6% (수소경제로드맵 달성률 100%, 마진 1,000원 가정)
- Off-Site 수소충전소 프로젝트의 IRR은 -3.0% (수소경제로드맵 달성률 100%, 마진 1,000원 가정)
- 수소충전소 프로젝트 IRR은 로드맵 달성률과 판매마진에 따라 민감하게 변화

시나리오 분석: 달성률과 마진에 따른 On-Site 프로젝트 IRR 변화

IRR		마진(원/kg)				
		1,000	1,500	2,000	2,500	3,000
로드맵 달성률 (%)	20%	-	-15.1%	-12.0%	-9.6%	-7.8%
	40%	-5.3%	-3.1%	-1.3%	0.2%	1.5%
	60%	0.1%	2.1%	3.7%	5.2%	6.4%
	80%	3.8%	5.7%	7.3%	8.8%	10.1%
	100%	6.6%	8.5%	10.2%	11.8%	13.2%

자료: 메리츠증권 리서치센터

시나리오 분석: 달성률과 마진에 따른 Off-Site 프로젝트 IRR 변화

IRR		마진(원/kg)				
		1,000	1,500	2,000	2,500	3,000
로드맵 달성률 (%)	20%	-	-	-	-	-13.0%
	40%	-	-13.0%	-6.9%	-3.0%	0.1%
	60%	-13.0%	-4.8%	0.1%	3.7%	6.7%
	80%	-6.9%	0.1%	4.8%	8.4%	11.4%
	100%	-3.0%	3.7%	8.4%	12.1%	15.3%

자료: 메리츠증권 리서치센터

프로젝트 수익성 분석 - ① On-Site 수소충전소

On-Site 수소충전소 현금흐름 추정

(억원)	2018	2019	2020E	2021E	2022E	2023E	2024E	2025E	2026E	2027E	2028E	2029E	2030E	2031E	2032E	2033E	2034E	2035E	2036E	2037E	2038E	2039E	2040E
사업 N차년도			0	1	2	3	4	5	6	7	8	9	10	11	12	13	14	15	16	17	18	19	20
수익(총매출)			3.3	3.2	3.0	6.3	8.5	10.2	11.3	12.0	12.5	12.7	12.8	14.4	16.2	17.7	19.0	20.1	21.1	21.9	22.5	23.1	19.2
충전소당 수소차(대)			210	214	216	466	660	816	943	1,050	1,140	1,217	1,288	1,478	1,694	1,893	2,077	2,248	2,407	2,556	2,695	2,825	2,417
연간 충전회수			6.3	6.3	6.3	6.3	6.3	6.3	6.3	6.3	6.3	6.3	6.3	6.3	6.3	6.3	6.3	6.3	6.3	6.3	6.3	6.3	6.3
수소차 1회 최대충전량(kg)			31.6	31.6	31.6	31.6	31.6	31.6	31.6	31.6	31.6	31.6	31.6	31.6	31.6	31.6	31.6	31.6	31.6	31.6	31.6	31.6	31.6
지출																							
CAPEX(보조금 감안)			41																				
OPEX				3.25	3.25	3.25	3.25	3.25	3.25	3.25	3.25	3.25	3.25	3.25	3.25	3.25	3.25	3.25	3.25	3.25	3.25	3.25	3.25
인건비				0.97	0.97	0.97	0.97	0.97	0.97	0.97	0.97	0.97	0.97	0.97	0.97	0.97	0.97	0.97	0.97	0.97	0.97	0.97	0.97
수리비				1.52	1.52	1.52	1.52	1.52	1.52	1.52	1.52	1.52	1.52	1.52	1.52	1.52	1.52	1.52	1.52	1.52	1.52	1.52	1.52
전력비				0.21	0.21	0.21	0.21	0.21	0.21	0.21	0.21	0.21	0.21	0.21	0.21	0.21	0.21	0.21	0.21	0.21	0.21	0.21	0.21
기타				0.55	0.55	0.55	0.55	0.55	0.55	0.55	0.55	0.55	0.55	0.55	0.55	0.55	0.55	0.55	0.55	0.55	0.55	0.55	0.55
수소생산가(주)				1.37	1.28	2.61	3.49	4.06	4.40	4.57	4.60	4.53	4.39	5.04	5.77	6.44	7.06	7.64	8.17	8.66	9.13	9.56	8.17
감가상각비				2.1	2.1	2.1	2.1	2.1	2.1	2.1	2.1	2.1	2.1	2.1	2.1	2.1	2.1	2.1	2.1	2.1	2.1	2.1	2.1
이익 및 현금흐름																							
영업이익				-3.5	-3.6	-1.7	-0.3	0.8	1.6	2.1	2.6	2.9	3.1	4.1	5.1	6.0	6.7	7.2	7.6	7.9	8.1	8.2	5.8
EBITDA				-1.4	-1.5	0.4	1.8	2.8	3.6	4.2	4.6	4.9	5.2	6.1	7.2	8.0	8.7	9.3	9.7	10.0	10.2	10.2	7.8
법인세				0.0	0.0	0.0	0.0	0.2	0.3	0.5	0.6	0.6	0.7	0.9	1.1	1.3	1.5	1.6	1.7	1.7	1.8	1.8	1.3
NOPAT				-3.5	-3.6	-1.7	-0.3	0.6	1.2	1.7	2.0	2.3	2.4	3.2	4.0	4.7	5.2	5.6	5.9	6.2	6.3	6.4	4.5
순운전자본증감																							5.0
Free Cash Flow			**-41.0**	**-1.4**	**-1.5**	**0.4**	**1.8**	**2.7**	**3.3**	**3.7**	**4.1**	**4.3**	**4.5**	**5.2**	**6.0**	**6.7**	**7.2**	**7.7**	**8.0**	**8.2**	**8.4**	**8.4**	**11.6**

주: 수소생산가는 Mckinsey 참고
자료: 메리츠증권 리서치센터

프로젝트 수익성 분석 -② Off-Site 수소충전소

Off-Site 수소충전소 현금흐름 추정

(억원)	2018	2019	2020E	2021E	2022E	2023E	2024E	2025E	2026E	2027E	2028E	2029E	2030E	2031E	2032E	2033E	2034E	2035E	2036E	2037E	2038E	2039E	2040E
사업 N차년도			0	1	2	3	4	5	6	7	8	9	10	11	12	13	14	15	16	17	18	19	20
수익(총매출)			3.4	3.2	3.0	6.3	8.6	10.2	11.3	12.1	12.5	12.8	12.9	14.5	16.3	17.8	19.1	20.2	21.2	22.0	22.6	23.2	19.3
충전소당 수소차(대)			210	214	216	466	660	816	943	1,050	1,140	1,217	1,288	1,478	1,694	1,893	2,077	2,248	2,407	2,556	2,695	2,825	2,417
연간 충전회수			6.3	6.3	6.3	6.3	6.3	6.3	6.3	6.3	6.3	6.3	6.3	6.3	6.3	6.3	6.3	6.3	6.3	6.3	6.3	6.3	6.3
수소차 1회 최대충전량(kg)			31.6	31.6	31.6	31.6	31.6	31.6	31.6	31.6	31.6	31.6	31.6	31.6	31.6	31.6	31.6	31.6	31.6	31.6	31.6	31.6	31.6
지출																							
CAPEX(보조금 감안)			12																				
OPEX				3.09	3.09	3.09	3.09	3.09	3.09	3.09	3.09	3.09	3.09	3.09	3.09	3.09	3.09	3.09	3.09	3.09	3.09	3.09	3.09
인건비				0.97	0.97	0.97	0.97	0.97	0.97	0.97	0.97	0.97	0.97	0.97	0.97	0.97	0.97	0.97	0.97	0.97	0.97	0.97	0.97
수리비				1.52	1.52	1.52	1.52	1.52	1.52	1.52	1.52	1.52	1.52	1.52	1.52	1.52	1.52	1.52	1.52	1.52	1.52	1.52	1.52
운송비				0.50	0.50	0.50	0.50	0.50	0.50	0.50	0.50	0.50	0.50	0.50	0.50	0.50	0.50	0.50	0.50	0.50	0.50	0.50	0.50
기타				0.10	0.10	0.10	0.10	0.10	0.10	0.10	0.10	0.10	0.10	0.10	0.10	0.10	0.10	0.10	0.10	0.10	0.10	0.10	0.10
수소매입가				2.8	2.6	5.4	7.3	8.6	9.4	10.0	10.3	10.3	10.3	11.5	12.9	14.0	15.0	15.7	16.4	16.9	17.3	17.5	14.5
감가상각비				0.6	0.6	0.6	0.6	0.6	0.6	0.6	0.6	0.6	0.6	0.6	0.6	0.6	0.6	0.6	0.6	0.6	0.6	0.6	0.6
이익 및 현금흐름																							
영업이익				-3.3	-3.3	-2.8	-2.4	-2.1	-1.8	-1.6	-1.4	-1.3	-1.1	-0.7	-0.3	0.1	0.5	0.8	1.1	1.4	1.7	2.0	1.1
EBITDA				-2.7	-2.7	-2.2	-1.8	-1.5	-1.2	-1.0	-0.8	-0.7	-0.5	-0.1	0.3	0.7	1.1	1.4	1.7	2.0	2.3	2.6	1.7
법인세				0.0	0.0	0.0	0.0	0.0	0.0	0.0	0.0	0.0	0.0	0.0	0.0	0.0	0.1	0.2	0.2	0.3	0.4	0.4	0.3
NOPAT				-3.3	-3.3	-2.8	-2.4	-2.1	-1.8	-1.6	-1.4	-1.3	-1.1	-0.7	-0.3	0.1	0.4	0.6	0.9	1.1	1.3	1.5	0.9
순운전자본증감																							5.0
Free Cash Flow			**-12.0**	**-2.7**	**-2.7**	**-2.2**	**-1.8**	**-1.5**	**-1.2**	**-1.0**	**-0.8**	**-0.7**	**-0.5**	**-0.1**	**0.3**	**0.7**	**1.0**	**1.2**	**1.5**	**1.7**	**1.9**	**2.1**	**6.5**

자료: 메리츠증권 리서치센터

프로젝트 수익성 분석 - 주요 가정

수소충전소 주요 가정

	2018	2019	2020E	2021E	2022E	2023E	2024E	2025E	2026E	2027E	2028E	2029E	2030E	2031E	2032E	2033E	2034E	2035E	2036E	2037E	2038E	2039E	2040E
수소단가(원/kg)			8,000	7,500	7,000	6,750	6,500	6,250	6,000	5,750	5,500	5,250	5,000	4,900	4,800	4,700	4,600	4,500	4,400	4,300	4,200	4,100	4,000
생산단가(원/kg)			3,430	3,195	2,960	2,803	2,646	2,489	2,332	2,175	2,018	1,861	1,705	1,704	1,702	1,701	1,699	1,698	1,696	1,695	1,693	1,692	1,689
운송비(원/kg)			500	500	500	500	500	500	500	500	500	500	500	500	500	500	500	500	500	500	500	500	500
마진(원/kg)			1,000	1,000	1,000	1,000	1,000	1,000	1,000	1,000	1,000	1,000	1,000	1,000	1,000	1,000	1,000	1,000	1,000	1,000	1,000	1,000	1,000
기타(원/kg)			3,070	2,805	2,540	2,447	2,354	2,261	2,168	2,075	1,982	1,889	1,795	1,697	1,598	1,500	1,401	1,303	1,204	1,106	1,007	909	811
수소차(만대)	0.1	1.7	3.4	5.0	6.7	16.5	26.3	36.1	45.9	55.6	65.4	75.2	85.0	105.5	126.0	146.5	167.0	187.5	208.0	228.5	249.0	269.5	290.0
승용차	0.1	1.7	3.4	5.0	6.7	16.5	26.3	36.1	45.9	55.6	65.4	75.2	85.0	105.5	126.0	146.5	167.0	187.5	208.0	228.5	249.0	269.5	290.0
택시	0.1	1.7	3.3	4.9	6.5	15.8	25.1	34.4	43.8	53.1	62.4	71.7	81.0	100.4	119.8	139.2	158.6	178.0	197.4	216.8	236.2	255.6	275.0
버스	-	-	-	-	-	0.1	0.3	0.4	0.5	0.6	0.8	0.9	1.0	1.7	2.4	3.1	3.8	4.5	5.2	5.9	6.6	7.3	8.0
트럭	0.0	0.1	0.1	0.2	0.2	0.4	0.7	0.9	1.1	1.3	1.6	1.8	2.0	2.2	2.4	2.6	2.8	3.0	3.2	3.4	3.6	3.8	4.0
수소충전소(개소)	14	88	162	236	310	354	398	442	486	530	574	618	660	714	744	774	804	834	864	894	924	954	1,200
충전소당 수소차(대)	64	198	210	214	216	466	660	816	943	1,050	1,140	1,217	1,288	1,478	1,694	1,893	2,077	2,248	2,407	2,556	2,695	2,825	2,417
내연기관차 연평균 주유횟수	46.8	46.8	46.8	46.8	46.8	46.8	46.8	46.8	46.8	46.8	46.8	46.8	46.8	46.8	46.8	46.8	46.8	46.8	46.8	46.8	46.8	46.8	46.8
내연기관차 1회 평균 주유량(L)	32.9	32.9	32.9	32.9	32.9	32.9	32.9	32.9	32.9	32.9	32.9	32.9	32.9	32.9	32.9	32.9	32.9	32.9	32.9	32.9	32.9	32.9	32.9
내연기관차 연비(km/L)	12.5	12.5	12.5	12.5	12.5	12.5	12.5	12.5	12.5	12.5	12.5	12.5	12.5	12.5	12.5	12.5	12.5	12.5	12.5	12.5	12.5	12.5	12.5
수소차 연비 (Km/kg)	96.2	96.2	96.2	96.2	96.2	96.2	96.2	96.2	96.2	96.2	96.2	96.2	96.2	96.2	96.2	96.2	96.2	96.2	96.2	96.2	96.2	96.2	96.2
수소차 1회 최대충전량(kg)(주)	6.3	6.3	6.3	6.3	6.3	6.3	6.3	6.3	6.3	6.3	6.3	6.3	6.3	6.3	6.3	6.3	6.3	6.3	6.3	6.3	6.3	6.3	6.3
연간 충전회수	31.6	31.6	31.6	31.6	31.6	31.6	31.6	31.6	31.6	31.6	31.6	31.6	31.6	31.6	31.6	31.6	31.6	31.6	31.6	31.6	31.6	31.6	31.6
On-Site 구축비용(억원)	56	56	56	56	56	56	56	56	56	56	56	56	56	56	56	56	56	56	56	56	56	56	56
Off-Site 구축비용(억원)	27	27	27	27	27	27	27	27	27	27	27	27	27	27	27	27	27	27	27	27	27	27	27
정부보조금(억원)	15	15	15	15	15	15	15	15	15	15	15	15	15	15	15	15	15	15	15	15	15	15	15

주: 차량은 넥쏘기준
자료: 수소경제 활성화 로드맵, 메리츠증권 리서치센터

수송용 연료전지 원가 구조수송용 연료전지 원가 구조

수송용 연료전지(PEMFC) 구조 및 원가 비중

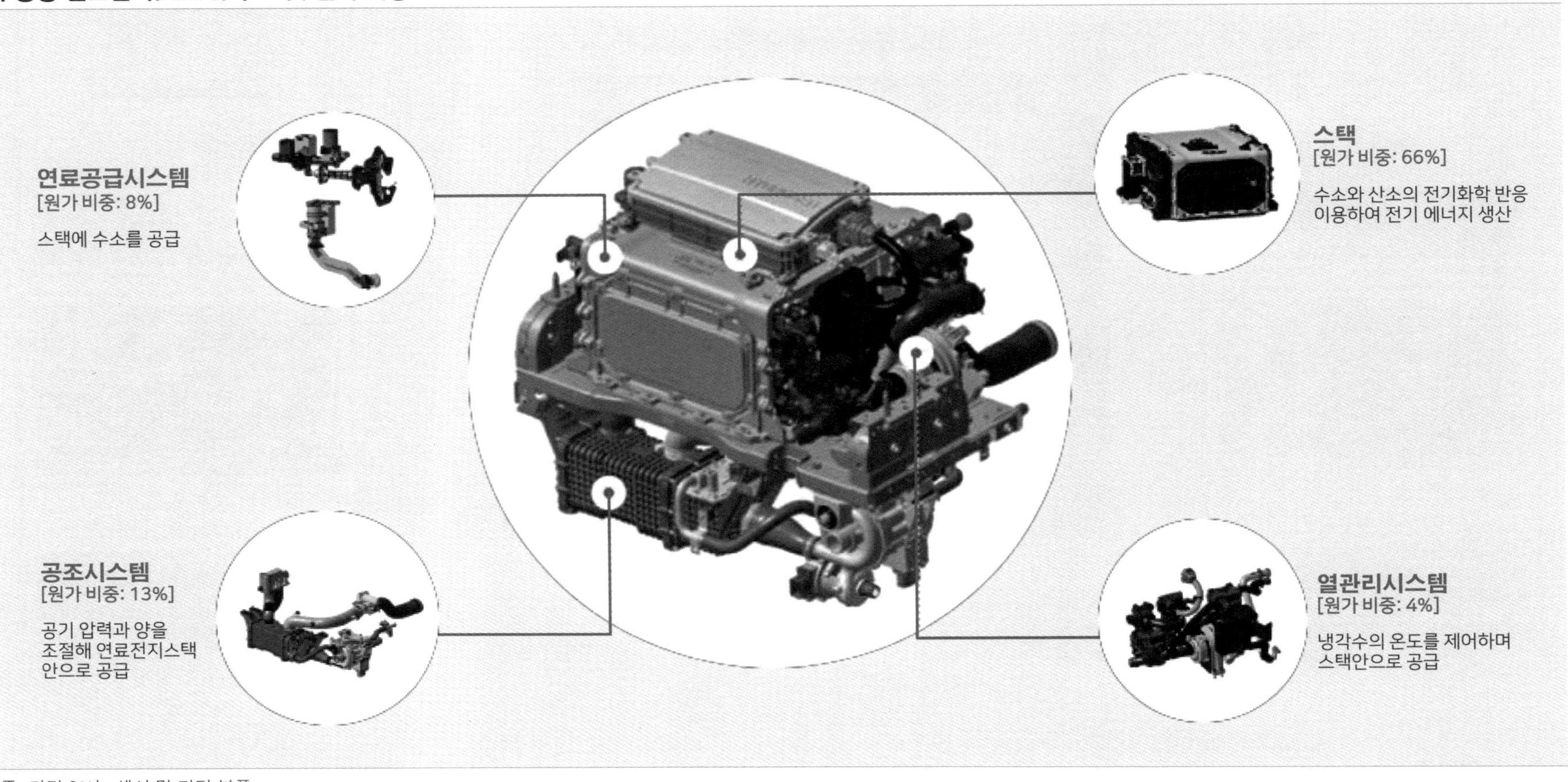

주: 기타 9%는 센서 및 기타 부품
자료: 수소경제 활성화 로드맵, DOE, 메리츠증권 리서치센터

수소충전소 구축 비용 구조

Off-Site 수소충전소 구조 및 원가 비중

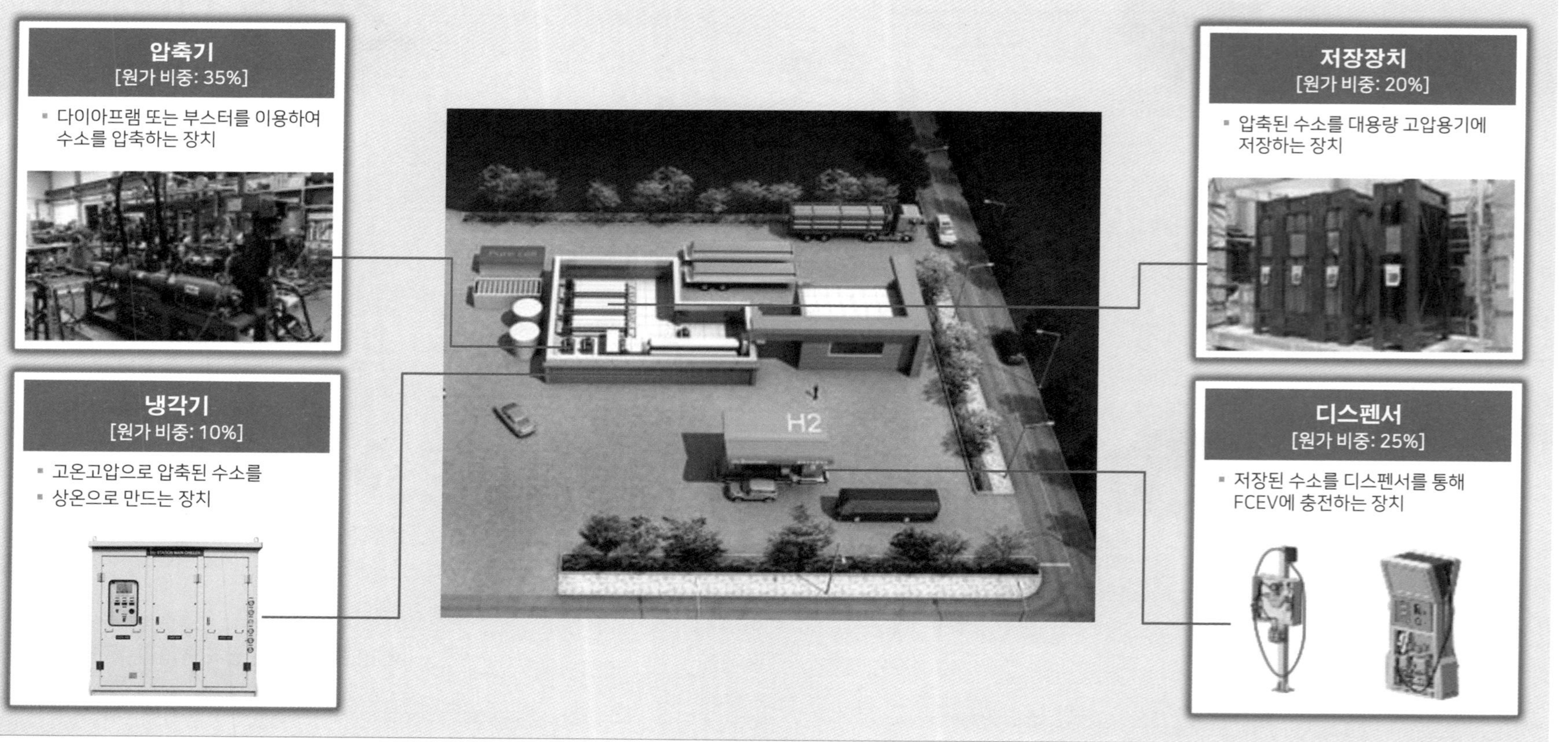

압축기
[원가 비중: 35%]
▪ 다이아프램 또는 부스터를 이용하여 수소를 압축하는 장치
냉각기
[원가 비중: 10%]
▪ 고온고압으로 압축된 수소를
▪ 상온으로 만드는 장치
H2
저장장치
[원가 비중: 20%]
▪ 압축된 수소를 대용량 고압용기에 저장하는 장치
디스펜서
[원가 비중: 25%]
▪ 저장된 수소를 디스펜서를 통해 FCEV에 충전하는 장치

주: 기타 10%는 기타 부품 및 서비스.
자료: 수소경제 활성화 로드맵, 언론, 메리츠증권 리서치센터

수소충전소 관련 업체 요약

	수소공급장치		압축장치		고압 저장용기		냉각/디스펜서(충전) 장치	
개요	Off-site: 배관 / 튜브 트레일러로 수소 이송 On-site: 수소 추출기로 수소 생산		수소를 저장하기 위한 압축 설비		수소를 저장하는 고압·중압용기		냉각장치: 차량에 주입 전 수소의 온도를 냉각시켜 체적 감소와 고속 충전이 가능	
관련 업체	엔케이	수소 튜브트레일러 및 수소충전소용 고압 용기 생산	범한산업(비상장)	정부 국책과제로 수소충전소용 압축기 개발	엔케이	수소 이송용 튜브트레일러 및 수소충전소용 고압 용기 생산	한국가스공사	700bar 압력의 수소충전을 위한 수소냉각장치 개발
	제이엔케이히터	CNG 및 LPG 가스를 기반으로 수소를 생산하는 수소추출기 생산	광신기계(비상장)	산업용 압축기 전문기업으로 국산화 개발	효성첨단소재	수소차에 탑재되는 연료저장탱크용 탄소 섬유 생산	MS이엔지(비상장)	일본 다쓰노(TATSUNO)와 기술협력을 통해 수소 디스펜서 개발
	이엠코리아	수전해(물을 전기분해) 설비로 수소 생산	지티씨(비상장)	수소충전소용 유압 압축기 설계 및 제작 기술에 대한 신기술 인증서	일진복합소재	수소차에 탑재되는 연료저장탱크		
	에코바이오	바이오가스(쓰레기 매립지 등)를 정제해 수소 생산			두산모빌리티이노베이션	수소차에 탑재되는 Type 4 수소용기 개발		
	HyNet	13개 업체(완성차, 가스공급, 설비공급)가 참여한 특수목적법인으로 수소충전소 구축(2022년 100개소) 사업을 진행 * 13개 참여업체: 한국가스공사, 현대차, 에어리퀴드코리아, 우드사이드, 에코바이오홀딩스, 코오롱인더스트리, 효성중공업, 넬코리아, 범한산업, 제이엔케이히터, SPG케미칼, 덕양, 발맥스기술							
	KoHygen	중앙부처 · 지자체 · 지역난방공사 · 민간기업 등이 참여한 특수목적법인으로 수소충전소 구축 및 운영 사업을 진행 * 참여단체 및 업체: 산업통상자원부,환경부,국토교통부,부산광역시,인천광역시,울산광역시,전라북도,경상남도,한국지역난방공사,현대자동차,SK에너지,GS칼텍스,현대오일뱅크,S-OIL,SK가스,E1							

자료: 메리츠증권 리서치센터

Part VI

수소 Downstream
② 수소 연료전지

국내 신재생에너지 설치목표

강력한 정책 목표에도 불구하고 경제성 부족한 재생에너지

- 2017년 말 발표된 8차 전력수급 기본계획에 따르면 국내 태양광과 풍력 발전용량은 각각 2019년 10.5GW, 1.5GW에서 2030년까지 33.5GW, 17.7GW로 성장
- '그린 뉴딜' 등 정책 목표 달성을 위해 연말 발표된 9차 전력수급 기본계획에서 목표치 상향 예상
- 그러나 글로벌 재생에너지 시장은 아직 화석연료 대비 경제성 부족 → 정부 보조 필요

8차전력 수급 기본계획 상 신재생에너지 보급 목표

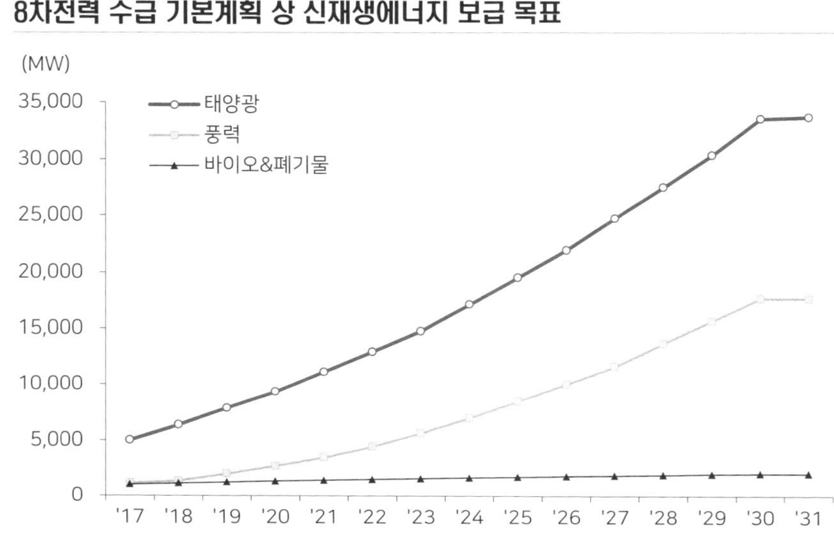

자료: 산업통상자원부, 메리츠증권 리서치센터

발전원별 LCOE 비교

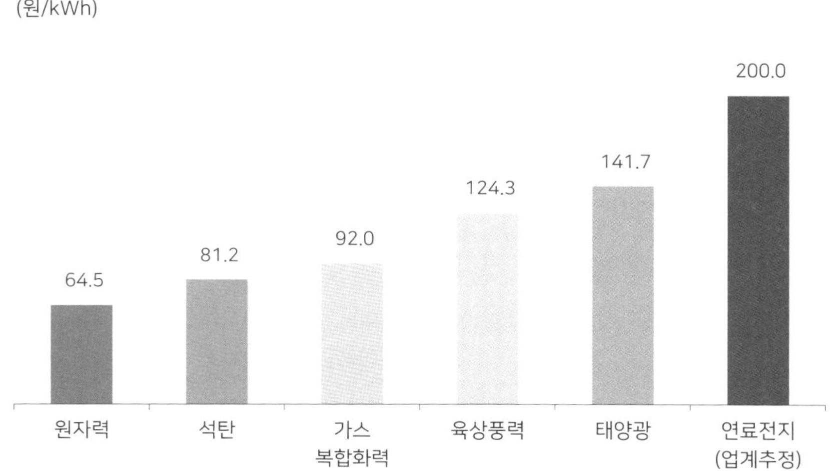

주: 2017년 에너지경제원 추정 국내 기준 원가
자료: 메리츠증권 리서치센터

분산형 전원의 대두

신재생에너지와 함께 분산형 전원이 대두

- 신재생에너지 비중 상승 시 전력 시장의 구조는 중앙집중형에서 분산형 전원으로 변화
- 분산형 전원은 수요처 근처에서 발전하여 바로 사용. 송배전 필요성↓
- GW 단위의 대규모 석탄/화력 발전소 대비 재생에너지는 소규모 설비이기 때문에 가능한 변화
- **필요성:** 1) 송배전망 투자 회피: 재생에너지의 지역적 편중으로 인한 송배전 투자 규모를 줄이고, 송배전 설치로 인한 환경 문제 및 지역 수용성 문제를 해결
  2) 높은 출력 변동을 수요가 자체적으로 해결. 전체 전력망의 안정성 증가

중앙집중형 전원에서 분산형 전원으로의 변화

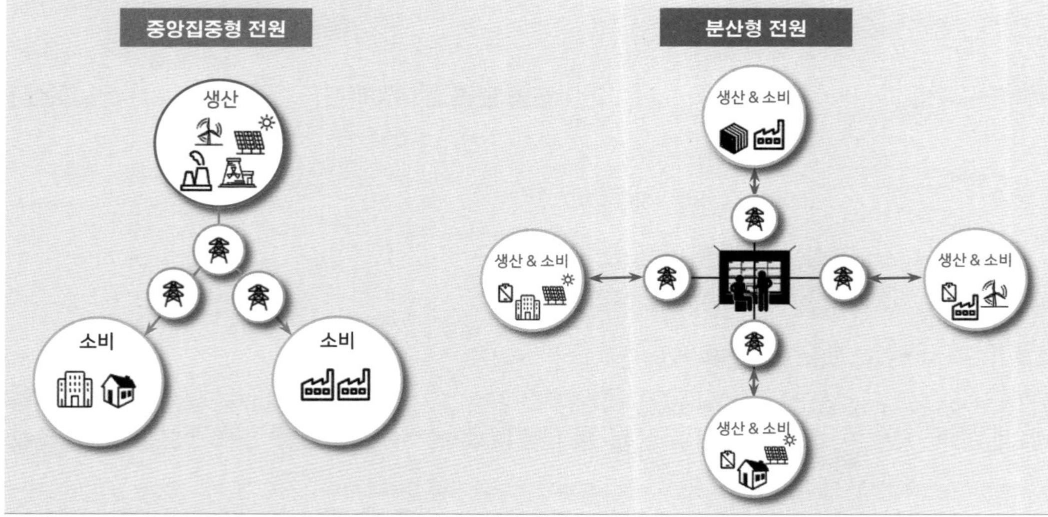

자료: 에너지경제원, 메리츠증권 리서치센터

분산형 전원 응용처별 투자비 추이 및 전망

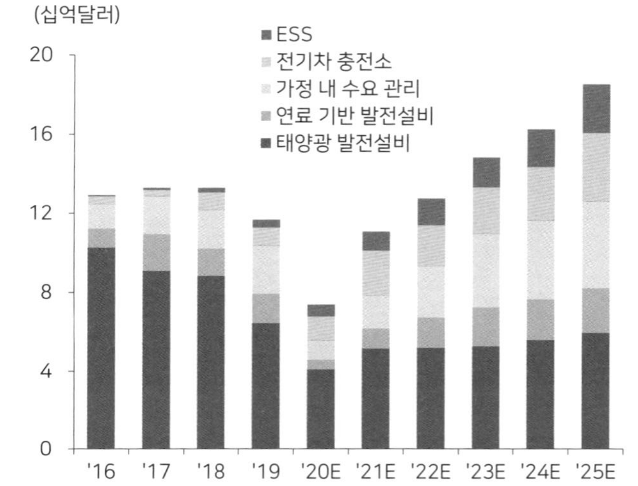

자료: Wood Mackenzie, 메리츠증권 리서치센터

분산형 전원의 한계점

전력계통 효율성과 안정성

- 분산형 전원 확산으로 전력계통 운영 효율성과 안정성 이슈가 부각될 가능성
  ex) 공급자-수요자의 영역 분산, 다양한 수평적 전력망 구조 상 전력계통 운영 효율성 이슈
- 분산형 전원의 한계는
  (1) 분산 전원 규모의 한계 → 소규모 발전소 운영으로 거래비용 증가, 설비 및 품질 관리의 비효율성
  (2) 전력계통 운영 효율성과 안정성의 한계 → 과전압/과부하로 전력품질 저하, 발전 출력 불확실성, 전력수급 유지 어려운 점 등의 비효율성 예상
  <u>**→ ESS의 필요성 증가**</u>

전력 시장 구조 점검

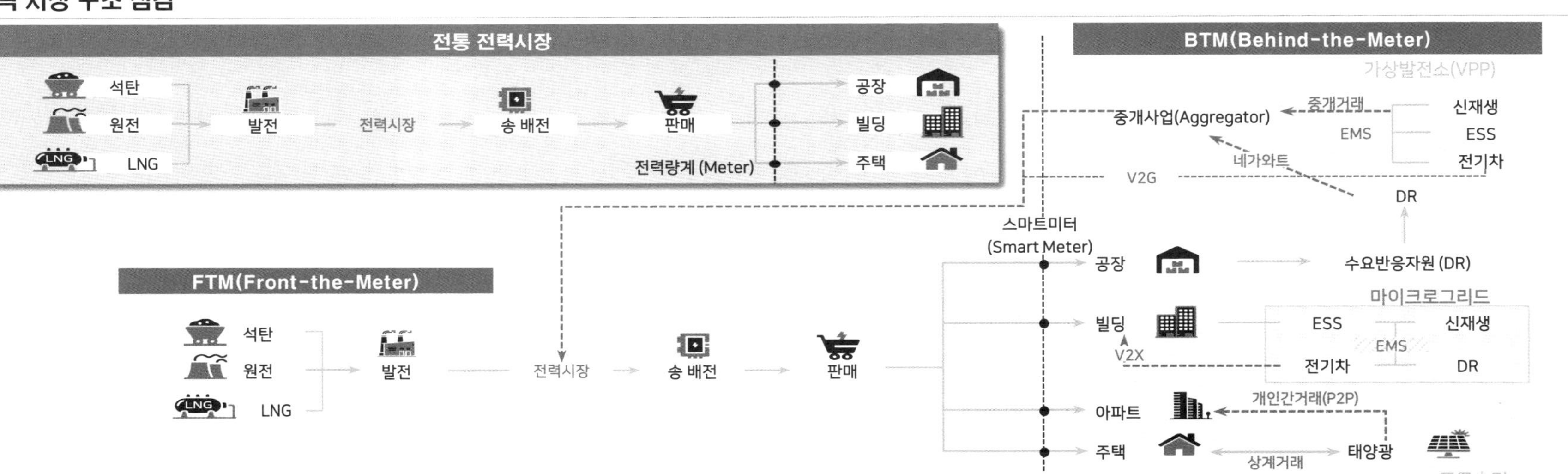

자료: 에너지경제원, 메리츠증권 리서치센터

ESS의 정의와 역할

ESS는 에너지를 저장할 수 있는 시스템을 총칭하는 단어

- ESS(Energy Storage System)는 에너지를 저장했다가 필요한 시간대에 사용할 수 있는 시스템
- 화학적, 물리적 저장 시스템을 통칭하는 말이나, 일반적으로는 리튬 배터리 기반 시스템을 지칭
- 발전, 송배전, 수요처 모든 곳에 설치되며, 설치 장소 및 용도에 따라 아래와 같이 구분
  1) 피크저감용(Behind-the-Meter): 수요처에 설치되어 경부하 시간대에 전력을 저장, 최대부하 시간대에 전력을 방전 → 국내 수요의 대부분을 차지
  2) 재생에너지 출력안정화(Front-the-Meter): 발전소에 설치되어 재생에너지의 출력 변동을 조정
  3) 주파수조정용: 송배전 시설에 설치되어 재생에너지로 인해 불규칙해지는 주파수를 안정화

리튬이온 배터리의 구동 원리

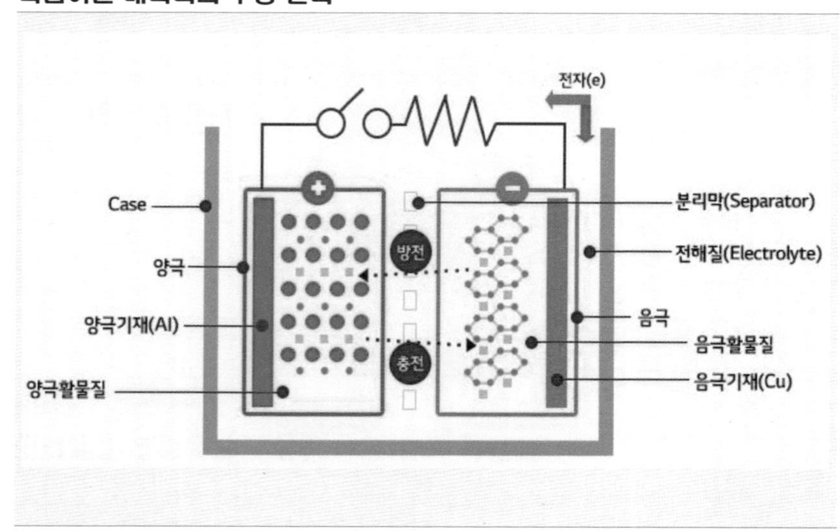

자료: LG화학, 메리츠증권 리서치센터

피크저감용 ESS의 역할

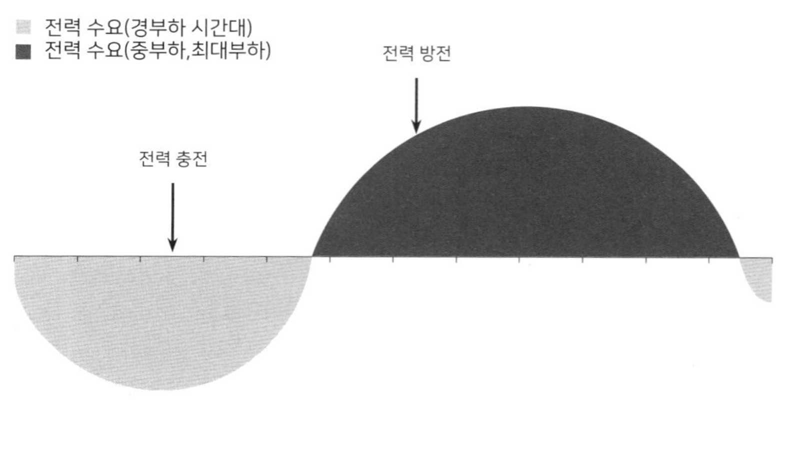

자료: 에너지경제원, 메리츠증권 리서치센터

미래 전력 시장의 모습

분산형 전원

주택용 태양광, 해상풍력 등

- 친환경, 분산형 전원을 실현시키기 위해 가장 이상적인 형태 2가지는 '주택용 태양광+ESS' 혹은 '해상풍력+연료전지'
- 저장 장치의 중요성: 분산형 전원 실현 위해서는 ESS, 수소 등 저장 장치 필수적

주택용 태양광 + ESS

자료: Futuresolarpv

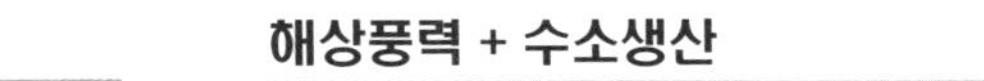

해상풍력 + 수소생산

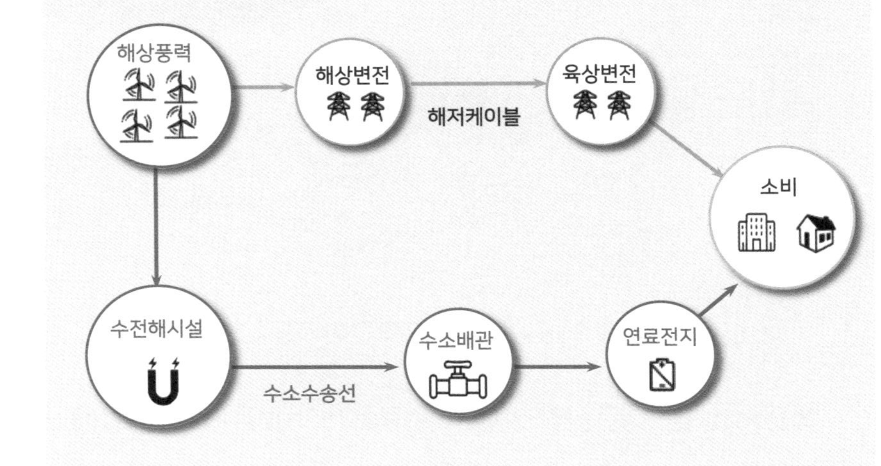

자료: 메리츠증권 리서치센터

가상발전소(VPP)의 등장

VPP는 분산형 전원의 한계점을 보완

- 가상발전소(VPP)는 정보통신 및 자동제어기술을 이용하여 다양한 분산에너지자원을 연결/제어하여 하나의 발전소처럼 운영하는 시스템
- 친환경 기반의 분산형 전원을 실현하기 위한 방법은 (1) Residential 태양광+ESS, (2) 해상풍력과 연료전지

가상발전소(VPP)의 사업 영역

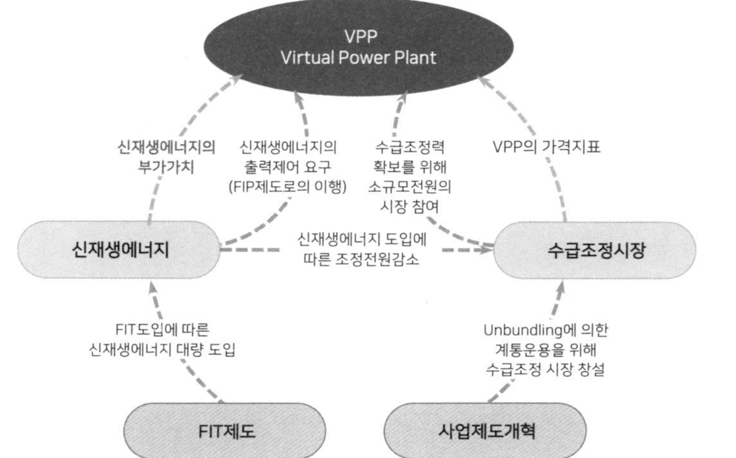

자료: 메리츠증권 리서치센터

신재생에너지 지원책

대표적인 신재생에너지 지원책

RPS와 FIT

- 대표적인 신재생에너지 지원책에는 RPS(Renewable Portfolio Standard)와 FIT(Feed-in Tariffs)가 존재
- RPS는 판매사업자에게 일정 비율 이상을 신재생에너지에서 구입할 것을 의무화(물량을 보장)
  FIT는 신재생에너지로 발전한 전력 가격이 기준가격보다 낮을 시 차액을 지급(가격을 보장)
- 미국의 경우 기본적으로 RPS를 채택하고 있으나 ITC(투자세액공제), PTC(생산세액공제) 등 감세제도 위주의 지원
- 해외에서 지원금은 전력 요금에 반영되는 경우가 대부분 → 소비자에게 투자 비용 전가

국가별 신재생에너지 지원책

국가	내용
독일	▪ 2000년 FIT 전국단위 실시 (kWh 당 8.5유로) ▪ 최근 재생에너지 보급이 목표를 대폭 상회함에 따라 '환경성'에서 '경제성' 위주로 정책 변화
미국	▪ 1983년 아이오와주에서 최초로 RPS 제도를 도입한 이후 여러 주에서 각각의 환경을 고려한 RPS 제도 수립 중 ▪ 투자세액공제(ITC)는 재생에너지 설비투자 금액에 대해 연방세 30%를 공제해주는 제도 ▪ 생산세액공제(PTC)는 발전사업자의 전력생산량 당 법인세 공제 해주는 제도 (풍력 kWh당 2.3센트)
일본	▪ 2003년 RPS 제도 시행했으나 경제성 낮은 신재생 보호 어려움. 발전원간 경쟁 저하 등 부작용으로 인해 2012년 FIT 시행
한국	▪ 2002년 FIT 제도 시행 후 재정 문제로 2012년 RPS 제도로 전환 ▪ 소규모 태양광 발전사업자들의 수익성 보장을 위해 2018년 제한적인 FIT제도 도입

자료: KEMRI, 메리츠증권 리서치센터

독일 전기요금 구성

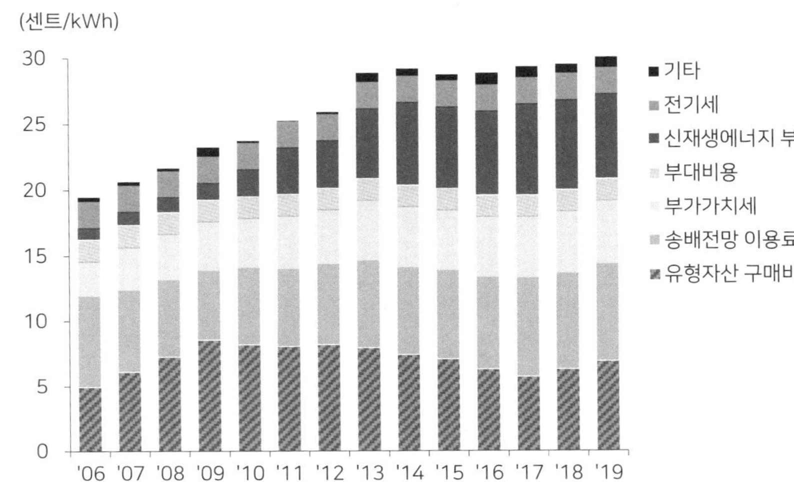

자료: BDEW, 메리츠증권 리서치센터

RPS 제도 상세설명

국내 RPS 제도 구조

- 발전사업자는 RPS 비율 만큼 신재생에너지를 통해 발전하는 것이 의무. 이를 채우지 못했을 시, 신재생에너지를 통해 발전했다는 증서(REC)를 외부에서 구매하여 의무 이행
- 산업통상자원부는 REC를 발전사업자에게 부여. 1MWh 당 REC 가중치는 발전원마다 다름 : 임야 태양광 0.7, 지붕 태양광 1.5, 육상풍력 1.0, 해상풍력 2~3.5, 연료전지 2.0, 석탄혼소 0.5
- 신재생발전사업자들의 매출 구조는 SMP(전력 판매 가격)+REC로 구성
- 발전 사업자들의 REC 구입 비용 중 기준가격 만큼은 한국전력에서 부담 -> 결과적으로 한국전력이 에너지 전환 비용을 부담하게 되는 구조

국내 RPS 제도 구조

- 총 발전량의 일정 비율을 신재생에너지로 생산해야 하는 RPS 의무 비율 부여
- 의무 비율 수행 실패 시 과징금 부과

산업통상자원부

- 자가 신재생에너지 발전을 제외하고 남은 RPS 의무량 만큼 외부 신재생에너지 발전 사업자로부터 REC 구입

한국전력

발전 사업자

신재생 발전 사업자

- 발전사업자의 REC 구입 비용 중 기준가격 만큼을 보전

- 발전량에 비례하여 REC 생산
- REC를 현물 시장, 혹은 계약 시장에서 판매

자료: 산업통상자원부, 메리츠증권 리서치센터

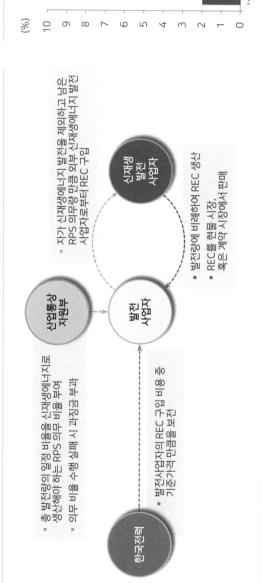

RPS 의무비율 추이 및 전망

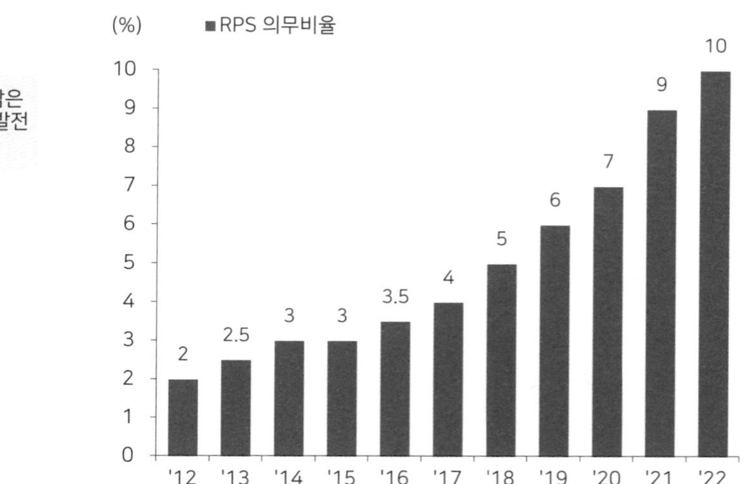

자료: 산업통상자원부, 메리츠증권 리서치센터

재생에너지 비중의 변화

HPS 도입으로 연료전지 설치 비중 증가

- REC 가중치는 재생에너지원별로 상이. 해상풍력 및 연료전지가 가장 높으며, 석탄혼소 발전 및 태양광이 낮은 편
- 수소경제위원회는 HPS(Hydrogen Portfolio Standard) 제도 2022년부터 도입 예정
  → 재생에너지 중에서도 수소연료전지 의무 발전 비중을 따로 규정. 연료전지에 힘을 실어주는 변화

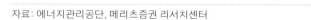

재생에너지별 REC 가중치

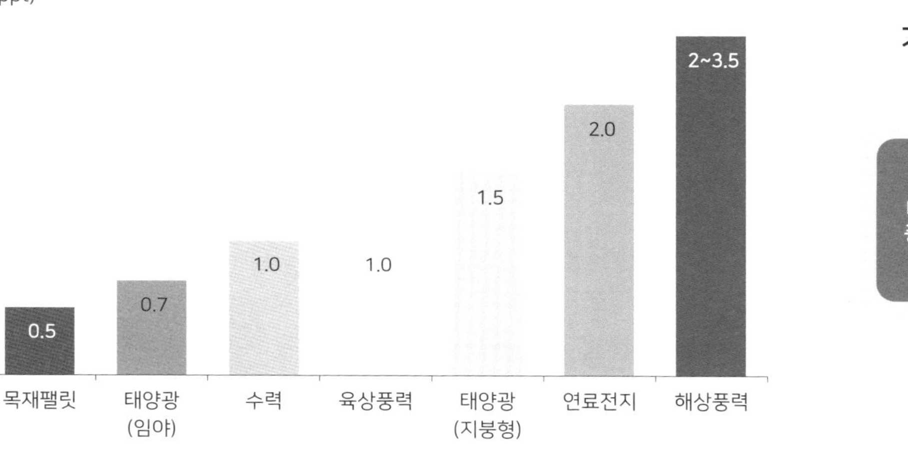

자료: 에너지관리공단, 메리츠증권 리서치센터

HPS 제도의 도입

자료: 에너지관리공단, 메리츠증권 리서치센터

수소 'Downstream' ② 발전용 연료전지

크기와 소음이 작다는 장점 바탕으로 국내에서 빠르게 성장한 발전용 연료전지

- 발전용 연료전지는 수소와 산소의 결합과정에서 발생하는 전기를 이용하는 발전원
- 2019년 기준 한국이 누적 설치량의 약 40%를 차지하는 등 국내 위주로 성장
- 설비 크기가 작고 적층 설치가 가능해 소요 면적이 작고, 소음 발생도 덜함 (연료전지 $250m^2$/MW vs 태양광 $10,000m^2$/MW, 풍력 $20,000m^2$/MW)

발전용 연료전지 구동 원리

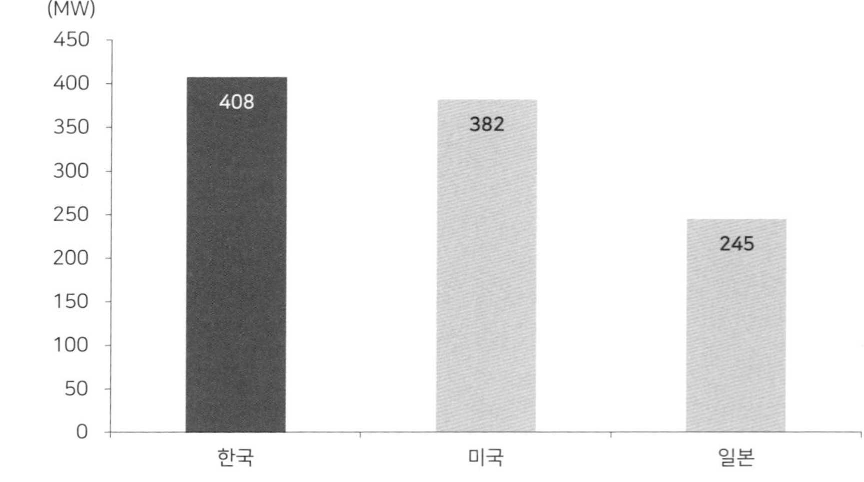

자료: 에너지관리공단 신재생에너지센터, 메리츠증권 리서치센터

국가별 발전용 연료전지 설치량

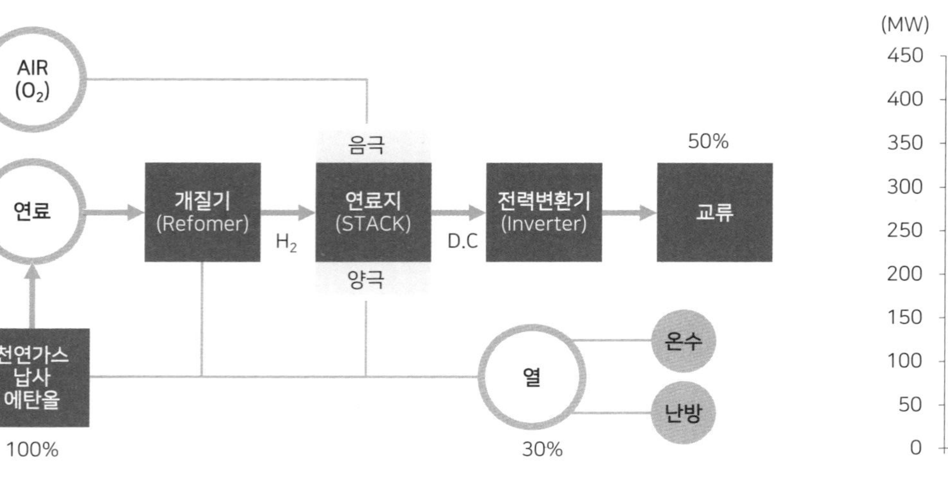

주: 2019년 기준, 기타 국가는 미미한 수준
자료: 산업통상자원부, 메리츠증권 리서치센터

발전용 연료전지 사업 구조 분석

연료전지 사업 구조

- 발전용 연료전지의 주요 투자자는 발전사 및 도시가스사. REC 수익을 노리고 재무적 투자자도 참여
- 연료전지 완성품 업체가 유지보수 서비스도 제공. 통상 20년에 달하는 장기 고정단가 계약을 체결. 이후 부품 교체 비용 등은 완성품 업체에서 부담하는 구조
- 연료전지의 원료는 수소. 수소는 대부분 천연가스 개질 방법으로 생산되고 있으나 향후 물의 전기 분해를 통한 Green수소, 포집 장치를 활용한 Blue수소의 비중이 증가할 전망

연료전지 발전단지의 수익 구조

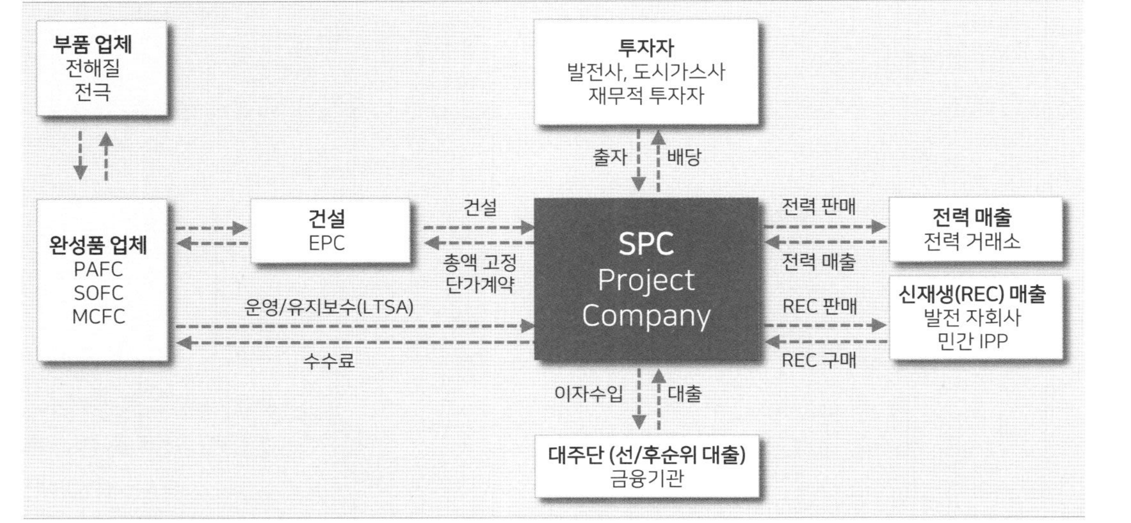

자료: 에너지관리공단, 메리츠증권 리서치센터

생산방법별 수소 생산 목표

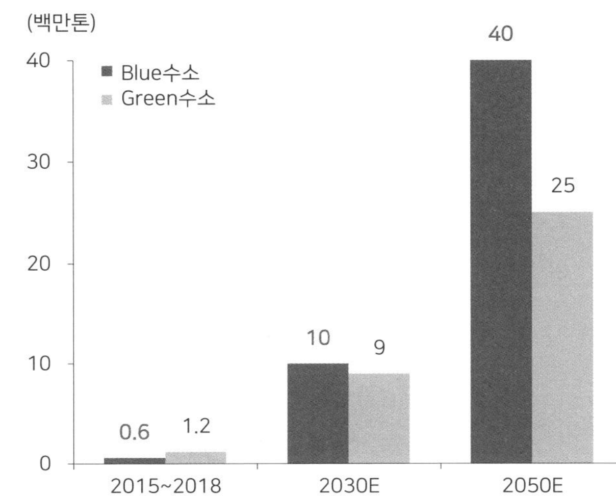

자료: IRENA, 메리츠증권 리서치센터

수소경제 활성화 로드맵에 담긴 목표

발전용 연료전지 설치량 급증과 함께 설치단가는 하락 전망

- 2019년 1월 발표된 수소경제 활성화 로드맵에 따르면 발전용 연료전지 설치용량을 2040년까지 15GW(내수 8GW)로 늘릴 계획
- 반면 연료전지 설치비는 kw 당 450만원 수준에서 156만원 수준으로 낮출 계획

수소경제 활성화 로드맵: 연료전지 설치 계획

구분		2018	2022	2040	비고
수소차(내수)		1.8천대 (0.9천대)	8.1만대 (6.7만대)	620만대 (290만대)	
수소충전소		14개소	310개소	1,200개소	
연료전지	발전용 (내수)	307MW	1.5GW (1GW)	15GW (8GW)	▪ 그린수소 REC 우대, 분산전원 지원 제도 설계 예정 ▪ 부품 국산화율 100% 달성 목표 ▪ 새만금 등 대규모 사업 추진
	가정 /건물용	7MW	50MW	2.1GW	
수소공급		연 13만톤	연 47만톤	연 526만톤 이상	
수소 가격			6,000원/kg	3,000원/kg	

자료: 산업통상자원부 외 관계부처, 메리츠증권 리서치센터

수소경제 활성화 로드맵: 연료전지 설치비 절감 계획

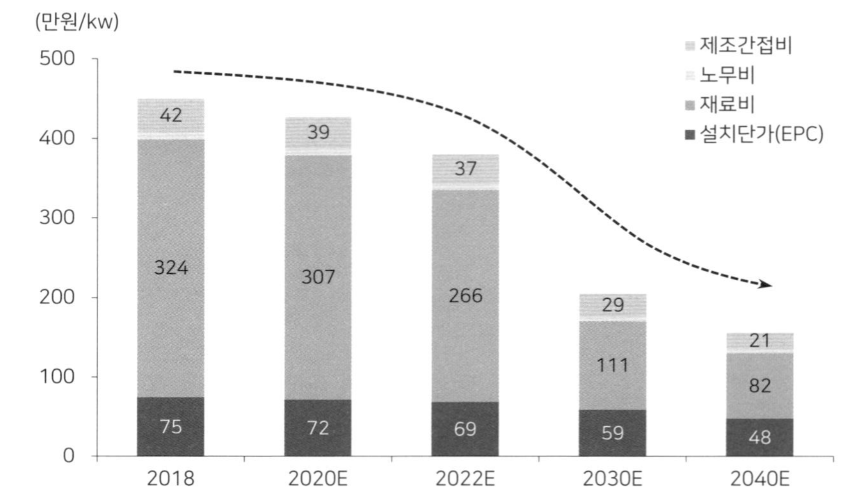

자료: 산업통상자원부 외 관계부처, 메리츠증권 리서치센터

프로젝트 수익성 분석 – 발전용 연료전지

연료전지 발전 프로젝트의 IRR은 6.1%

- 연료전지 발전 프로젝트의 IRR은 6.1% (REC 50,000원, 천연가스 가격 8원/MJ로 가정)
- 연료전지 프로젝트 IRR은 REC가격 및 천연가스 공급 가격에 따라 민감하게 변화. REC 가격은 시장 수급에 따라, 천연가스 공급 가격은 유가에 따라 변동

연료전지 발전 프로젝트(1MW)의 주요 투자지표 점검

주요 투자 지표	
IRR	6.1%
Payback 기간	8.52년
NPV(WACC 3% 가정)	12.9억원
주요 가정	
REC 가격	50,000원
단위 당 천연가스 사용량	0.18톤/MWh
천연가스 가격	8원/MJ

자료: 메리츠증권 리서치센터

시나리오 분석: 천연가스 가격/REC 가격에 따른 프로젝트 IRR 변화

		LNG가격(원/MJ)				
		6.0	7.0	8.0	9.0	10.0
REC가격(천원)	40	6.0%	2.9%	-0.9%	-5.9%	-18.3%
	45	8.8%	6.0%	2.9%	-0.8%	-5.8%
	50	11.4%	8.9%	6.1%	3.0%	-0.7%
	55	13.9%	11.5%	8.9%	6.1%	3.0%
	60	16.3%	14.0%	11.5%	8.9%	6.2%

자료: 메리츠증권 리서치센터

프로젝트 수익성 분석 - 발전용 연료전지

평균적인 국내 연료전지 발전소의1MW 당 현금흐름 추정(PAFC 기준)

(백만원)	n	n+1	n+2	n+3	n+4	n+5	n+6	n+7	n+8	n+9	n+10	n+11	n+12	n+13	n+14	n+15	n+16	n+17	n+18	n+19	n+20
수익																					
총 매출		1,419	1,405	1,391	1,377	1,363	1,350	1,336	1,323	1,309	1,296	1,405	1,391	1,377	1,363	1,350	1,336	1,323	1,309	1,296	1,283
발전량(MWh)		7,884	7,805	7,727	7,650	7,573	7,498	7,423	7,348	7,275	7,202	7,805	7,727	7,650	7,573	7,498	7,423	7,348	7,275	7,202	7,130
이용률(%)		90	90	90	90	90	90	90	90	90	90	90	90	90	90	90	90	90	90	90	90
발전량 당 매출(천원/MWh)		180	180	180	180	180	180	180	180	180	180	180	180	180	180	180	180	180	180	180	180
SMP(천원/MWh)		80	80	80	80	80	80	80	80	80	80	80	80	80	80	80	80	80	80	80	80
REC(천원/MWh)		100	100	100	100	100	100	100	100	100	100	100	100	100	100	100	100	100	100	100	100
지출																					
CAPEX	4,500																				
OPEX		1,021	1,015	1,009	1,003	997	991	985	979	973	967	1,015	1,009	1,003	997	991	985	979	973	967	962
원료비(천연가스)		621	615	609	603	597	591	585	579	573	567	615	609	603	597	591	585	579	573	567	562
LTSA 비용		275	275	275	275	275	275	275	275	275	275	275	275	275	275	275	275	275	275	275	275
판관비 및 기타		125	125	125	125	125	125	125	125	125	125	125	125	125	125	125	125	125	125	125	125
감가상각비		225	225	225	225	225	225	225	225	225	225	225	225	225	225	225	225	225	225	225	225
이익 및 현금흐름																					
영업이익		173	165	157	149	142	134	126	119	111	104	165	157	149	142	134	126	119	111	104	97
EBITDA		398	390	382	374	367	359	351	344	336	329	390	382	374	367	359	351	344	336	329	322
법인세		38	36	35	33	31	29	28	26	25	23	36	35	33	31	29	28	26	25	23	21
NOPAT		211	201	192	182	173	163	154	145	136	127	201	192	182	173	163	154	145	136	127	118
순운전자본증감																					
Free Cash Flow	-4,500	436	426	417	407	398	388	379	370	361	352	426	417	407	398	388	379	370	361	352	343
주요 가정																					
단위 당 천연가스 사용량 (톤/MWh)		0.18	0.18	0.18	0.18	0.18	0.18	0.18	0.18	0.18	0.18	0.18	0.18	0.18	0.18	0.18	0.18	0.18	0.18	0.18	0.18
천연가스 가격(원/MJ)		8.0	8.0	8.0	8.0	8.0	8.0	8.0	8.0	8.0	8.0	8.0	8.0	8.0	8.0	8.0	8.0	8.0	8.0	8.0	8.0
REC 가격(천원)		50.0	50.0	50.0	50.0	50.0	50.0	50.0	50.0	50.0	50.0	50.0	50.0	50.0	50.0	50.0	50.0	50.0	50.0	50.0	50.0

자료: 메리츠증권 리서치센터

연료전지의 종류

안정성과 내구도 측면에서 장점이 있는 PAFC, 효율성 측면에서 장점이 있는 SOFC

- 연료전지는 전해질의 종류에 따라 PAFC, MCFC, SOFC 등으로 구분
- 업체별로는 사실상 영업활동이 정지된 포스코에너지(MCFC)를 제외하면 두산퓨얼셀(PAFC)과 블룸SK퓨얼셀(SOFC)의 양강 체제가 형성
- SOFC는 전력 효율성이 높은 것이 장점. PAFC는 열 판매가 가능하고 안정성 및 내구도가 높으며, 재가동 시간이 짧다는 장점 보유

연료전지 유형별 특징

종류/특징	고온형 연료전지		저온형 연료전지		
	용융탄산염 연료전지 (MCFC)	고체산화물 연료전지 (SOFC)	인산염 연료전지 (PAFC)	알칼리 연료전지 (AFC)	고분자전해질막 연료전지 (PEMFC)
작동온도	550~700℃	500~1000℃	150~250℃	0~230℃	50~100℃
주 촉매	니켈/니켈산화물	Ceramic(페로브스카이트 구조)	백금	니켈/은	백금
가능한 연료	H_2, LNG(CH_4), CO	H_2, LNG(CH_4), CO	H_2, CO	H_2	H_2, 메탄올 (CH_3OH)
외부 개질기 필요성	No	No	Yes	Yes	Yes
출력밀도 (mW/cm²)	100-300	250-350	150-300	150-400	300-1,200
효율 (%LHV)	45~55	40~60	40~45	60-70	40-60
주용도	대규모발전, 중소사업소 설비	대규모발전, 중소사업소 설비, 이동체용전원	대규모발전, 중소사업소설비	우주발사체 전원	수송용 전원, 가정용 전원, 휴대용 전원
특징	발전효율 높음, 내부개질 가능, 열병합대응 가능	발전효율 높음, 내부개질 가능, 복합발전 가능	CO_2 내구성 큼, 열병합 대응 가능	CO_2에 민감, 제거장치 필수	저온작동 고출력밀도
과제	재료부식, 용융염휘산	고온열화, 열파괴	재료부식, 인산유출	전해질에서 누수현상 방지	고온운전 불가능, 고가의 촉매 및 전해질
주요 국내 업체	한국퓨얼셀(포스코에너지)	블룸SK퓨얼셀 (Bloom Energy-SK건설), 미코	두산퓨얼셀		에스퓨얼셀

자료: 한국에너지공단, 메리츠증권 리서치센터

발전용 연료전지 구축 비용 구조

발전용 연료전지 구조 및 원가 비중

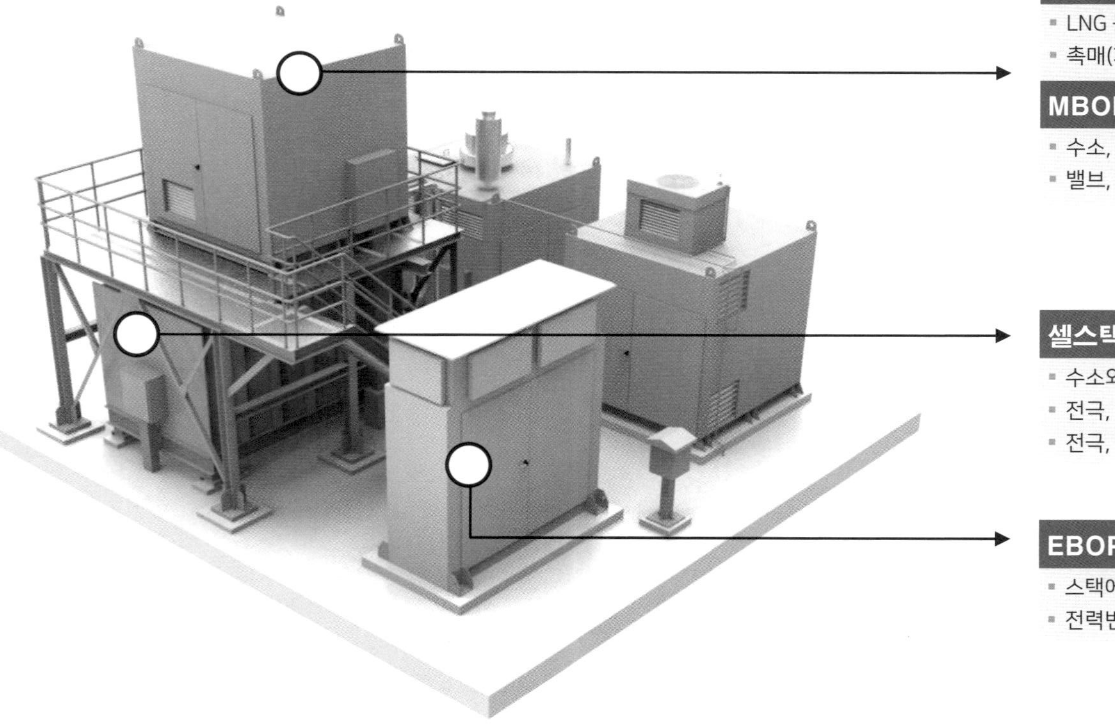

연료변환기 [원가 비중: 35%, 중요도: ★★★★☆]

- LNG 등 화석 연료를 수소로 변환
- 촉매(개질, 탈황) 반응기

MBOP [원가 비중: 15%, 중요도: ★★☆☆☆]

- 수소, 산소를 공급하는 기계장치
- 밸브, 블로워류

셀스택 [원가 비중: 30%, 중요도: ★★★★★]

- 수소와 산소의 화학적 반응으로 전기 생산
- 전극, 촉매, 분리판으로 구성
- 전극, 촉매 등 핵심 부품은 현재 수입의 의존

EBOP [원가 비중: 12%, 중요도: ★★☆☆☆]

- 스택에서 생산되는 직류를 교류로 변환. 시스템 제어
- 전력변환기, 제어기

주: 나머지 원가 8%는 전선 등 기타 부품
자료: 포스코에너지, 메리츠증권 리서치센터

연료전지 관련 업체 요약

	MEA, 전해질막 등		분리막 / 가스켓 / GDL		주변기기		연료전지 완성품	
개요	MEA는 전해질막(분리막)과 전극을 접합한 부품으로써, 수소이온와 전자를 분리시켜 선택적으로 통과시키는 역할. 저온에서는 촉매가 필요		분리판: 연료 공급, 연료극과 공기극을 격리 가스켓: 가스 누출 및 연료 섞임 방지 가스확산층: 연료와 산소를 MEA로 전달		수소, 산소 등을 스택에 공급하거나, 생성된 전류를 변환하여 공급하는 기기		연료전지를 제작하여 발전소, 가정, 건물, 차량 등 다양한 수요처에 납품	
관련 업체	현대모비스	MEA를 포함한 스택 완성품 판매	현대제철	현기차에 분리판 납품 중	뉴로스	수소차용 공기압축기(터보블로워) 생산	두산 퓨얼셀	PAFC 기반 발전용 연료전지 사업
	상아프론테크	불소계 분리막 원천기술 확보	세중공업	자회사 세종이브이 통해 현기차에 분리판 납품	유니크	수소제어모듈 공급 스택에 공급되는 수소량을 제어	에스 퓨얼셀	PEMFC 기반 가정/건물용 연료전지 사업
	시노펙스	불소계 소재인 이오노머와 PTFE로 구성된 분리막 생산	동아화성	수소차용 가스켓, 흡배기 호스 납품 자회사 동아퓨얼셀 PEMFC 개발 중			미코	SOFC 국내 최초 개발
	비나텍	MEA 완성품 및 내부 부품인 촉매 및 지지체 생산	평화 홀딩스	계열사 피에프에스에서 연료전지용 가스켓 생산			블룸SK 퓨얼셀	SK건설과 Bloom Energy 합작사로 SOFC 공급 예정
	켐트로스	전해질막과 촉매 간 바인더 역할을 하는 이오노머 개발	효성 첨단소재	수소연료탱크, 가스확산층에 들어가는 탄소섬유 판매				
	코오롱인더	수분을 공급해주는 막가습기, 불소계 분리막 생산 및 개발						
	동진쎄미켐	슬러리 분산, 코팅기술을 보유해 MEA 및 촉매 생산						

자료: 각 업체 사진, 메리츠증권 리서치센터

Compliance Notice

본 조사분석자료는 제3자에게 사전 제공된 사실이 없습니다. 당사는 자료작성일 현재 본 조사분석자료에 언급된 종목의 지분을 1% 이상 보유하고 있지 않습니다.

본 자료를 작성한 애널리스트는 자료작성일 현재 해당 종목과 재산적 이해관계가 없습니다.

본 자료에 게재된 내용은 본인의 의견을 정확하게 반영하고 있으며, 외부의 부당한 압력이나 간섭 없이 신의 성실하게 작성되었음을 확인합니다.

본 자료는 투자자들의 투자판단에 참고가 되는 정보제공을 목적으로 배포되는 자료입니다. 본 자료에 수록된 내용은 당사 리서치센터의 추정치로서 오차가 발생할 수 있으며 정확성이나 완벽성은 보장하지 않습니다. 본 자료를 이용하시는 분은 본 자료와 관련한 투자의 최종 결정은 자신의 판단으로 하시기 바랍니다.
따라서 어떠한 경우에도 본 자료는 투자 결과와 관련한 법적 책임소재의 증빙자료로 사용될 수 없습니다.